实务精解与百案评析

ANALYSIS OF PRIVATE LENDING
DISPUTES AND 100 CASE PRACTICE

民间借贷纠纷
实务精解与百案评析

郭丁铭　李睿　刘峰◎主编

中国法制出版社
CHINA LEGAL PUBLISHING HOUSE

前　言

民间借贷是指自然人、法人、其他组织之间及其相互之间进行资金融通的行为，但不包括经金融监管部门批准设立的从事贷款业务的金融机构及其分支机构发放贷款的行为。

自古以来，我国就有民间借贷的传统。自 1978 年改革开放至今，随着市场经济体制改革的深化，民间社会积累了巨大的财富，也出现了巨大的融资需求。为了财富的保值增值，加之银行存款利率较低，财产所有人遂通过民间借贷的方式获取较高的投资回报，而融资人鉴于银行等正规金融机构的高融资门槛和复杂冗长的审批程序，也频频以民间借贷的方式吸收民间资金。目前，我国民间借贷呈烈火蔓延之势，各个社会阶层、各行各业的人群都卷入了民间借贷的大潮。但是，因民众风险意识和法律知识的缺乏，我国每年爆发众多的民间借贷纠纷。据最高人民法院统计，2011 年全国法院审结民间借贷纠纷案件 59.4 万件；2012 年审结 72.9 万件，同比增长 22.68%；2013 年审结 85.5 万件，同比增长 17.27%；2014 年审结 102.4 万件，同比增长 19.89%；2015 年审结民间借贷案件 142 万件，同比增长 39%，涉案标的额高达 8207.5 亿元。伴随着以 P2P 为代表的互联网金融的迅猛发展，民间借贷纠纷数量激增，非法吸收公众存款、集资诈骗等违法犯罪现象日益频发。比如轰动全国的“e 租宝”案，金易融（北京）网络科技有限公司利用其运营的网络借贷平台“e 租宝”，捏造大量虚假融资项目，并提供虚假担保，以高息为诱饵，大肆吸收公众资金，涉案金额高达 500 亿元，受害民众超 50 万人。“e 租宝”只是我国众多发生问题的 P2P 平台之一。据网贷之家统计，截至 2015 年底，P2P 平台共有 3858 家，其中问题平台 1263 家。进入 2016 年问题平台数量迅速增多，截至 2016 年 2 月 29 日，问题平台共 2133 家，占总平台数比例高达 55.6%。民间借贷纠纷的逐年猛增在制造大量诉讼案件的同时，也对我国相关法律制度提出了挑战。长期以来，人民法院一直以最高人民法院 1991 年颁布的《关于人民法院审理借贷案件的若干意见》（法民〔1991〕21 号）作为民间借贷纠纷审理的主要依据。但是，1991 年的司法解释是对当时的民间借贷纠纷审理经验的总结，距今已有 15 年，这期间我国经济和社会环境发生了深刻变化，该司法解释显然已不适应当前的社会经济情况。为此，最高人民法院于 2015 年颁布了《最高人民法院关于审理民间借贷案件适用法律若干问题的规定》（法释〔2015〕18号），对民间借贷纠纷案件的审理规定了全新的规则。值此新旧司法解释交替之际，迅速准确地把握最新司法解释的内容和精神成为每一个法律工作者的新任务。

美国最高法院大法官霍姆斯（1841年~1935年）曾言："法律的生命并非逻辑而系经验。"案例正是审判经验的重要体现，案例学习也是非常重要的法学学习方法。秉此精神，本书以真实的民间借贷纠纷案例的精选和评析的方式进行编撰，以浙沪闽粤徽京等地的案例为主，同时兼顾中西部地区的代表性案例；以中级人民法院的审判案例为主，同时选取最高人民法院、高级人民法院和基层人民法院的经典案例。本书选取的一百个典型案例分为八类：民间借贷诉讼时效纠纷、民间借贷合同效力纠纷、民间借贷事实纠纷、民间借贷责任主体纠纷、民间借贷本金和利息纠纷、民间借贷担保纠纷、民间借贷刑民交叉纠纷、民间借贷诉讼程序纠纷。另外，每一个案例提取一个核心问题，在案例评析部分以核心问题为主，同时根据实际情况兼顾相关的争议焦点。最后，为了方便读者查阅相关法律法规和司法解释，特在附录部分附上了《合同法》第十二章借款合同的条文以及《最高人民法院关于审理民间借贷案件适用法律若干问题的规定》（法释〔2015〕18号）、《最高人民法院负责人就〈最高人民法院关于审理民间借贷案件适用法律若干问题的规定〉答记者问》、《关于认真学习贯彻适用〈最高人民法院关于审理民间借贷案件适用法律若干问题的规定〉的通知》、《关于人民法院审理借贷案件的若干意见》（法民〔1991〕21号）四个文件。

漫道雄关真如铁，而今迈步从头越。虽然民间借贷领域爆发了众多问题，但这已成事实，当务之急应当是如何准确地处理纠纷，恢复权利，实现公平和正义，这对法官、律师和其他法律工作者都是重大挑战。另外，提高普通民众对民间借贷的风险意识，扩展其法律知识，也是预防和减少民间借贷纠纷的重要方法。本书作为一本典型案例评析书，希望能为我国民间借贷领域的规范和民间借贷纠纷的公平解决贡献绵薄之力！

目　录
Contents

第一章　民间借贷诉讼时效纠纷

第二章　民间借贷合同效力纠纷

第三章　民间借贷事实纠纷

第四章 民间借贷责任主体纠纷

第五章　民间借贷本金与利息纠纷

第六章　民间借贷担保纠纷

第七章　民间借贷刑民交叉纠纷

第八章 民间借贷诉讼程序纠纷

第一章
民间借贷诉讼时效纠纷

导　言

民间借贷纠纷首先应当审查出借人的债权是否超过诉讼时效。诉讼时效是指权利人在法定期限内不行使自己的权利，其胜诉权归于消灭的制度，即丧失请求人民法院依诉讼程序强制义务人履行义务的权利。诉讼时效涉及起算、中断和中止等问题。诉讼时效的起算是指从哪个时点开始计算诉讼时效。诉讼时效的中断是指在诉讼时效进行期间，因法定事由的发生，使已经经过的时效期间归于无效，待时效中断的事由消除后，诉讼时效期间重新计算。诉讼时效的中止是指在诉讼时效进行期间，因发生法定事由阻碍权利人行使请求权，诉讼时效暂时停止进行，并在法定事由消失之日起继续进行的情况。就民间借贷纠纷而言，作为债权人的出借人因各种原因可能在诉讼时效期间经过后才向法院起诉借款人，此时，其债权成为自然债权，无法通过诉讼程序获得保护。因此，审查出借人的债权是否超过诉讼时效是司法程序继续进行的前提。本章主要讨论以下几个问题：

1. 借贷双方未约定还款期限，诉讼时效从何时起算？借贷双方未约定还款期限，贷款人可以随时请求借款人还款。如果贷款人在起诉之前并未向借款人请求还款，诉讼时效并未起算。如果贷款人在起诉之前已经向借款人请求还款，则从其请求的还款期限届满时开始计算诉讼时效。

2. 民间借贷出借人向借款人的配偶主张债权，诉讼时效是否中断？诉讼时效因提起诉讼、当事人一方提出要求或者同意履行义务而中断。从中断时起，诉讼时效期间重新计算。如果民间借贷债务属于夫妻共同债务，作为连带债务人，出借人向借款人的配偶主张权利对借款人发生诉讼时效中断的效果，因为对于连带债务人中的一人发生诉讼时效中断效力的事由，应当认定对其他连带债务人也发生诉讼时效中断的效力。

3. 民间借贷借款人入狱服刑是否导致诉讼时效中止？诉讼时效中止必须发生法定中止事由，包括不可抗力和其他阻碍权利人行使请求权的情况。民间借贷借款人入狱服刑，出借人可以向自己的住所地人民法院起诉，住所地与经常居住地不一致的，由出借人经常居住地人民法院管辖。因此，借款人入狱服刑并不妨碍出借人向法院行使请求权，故不发生诉讼时效中止。

4. 诉讼时效期间届满后借款人向出借人表示同意履行债务，效力如何？诉讼时效期间届满，当事人一方向对方当事人作出同意履行义务的意思表示或者自愿履行义务后，又以诉讼时效期间届满为由进行抗辩的，人民法院不予支持。

5. 借款人一审未提出诉讼时效抗辩，二审提出如何处理？当事人在一审期间未提出诉讼时效抗辩，在二审期间提出的，人民法院不予支持，但其基于新的证据能够证明对方当事人的请求权已过诉讼时效期间的情形除外。当事人未按照前款规定提出诉讼时效抗辩，以诉讼时效期间届满为由申请再审或者提出再审抗辩的，人民法院不予支持。

1. 借贷双方未约定还款期限，诉讼时效从何时起算？

——福建省渚港建工发展有限公司等与范某玉等民间借贷纠纷上诉案①

裁判要旨

借贷双方未约定还款期限，贷款人可以随时请求借款人还款。如果贷款人在起诉之前并未向借款人请求还款，诉讼时效并未起算。如果贷款人在起诉之前已经向借款人请求还款，则从其请求的还款期限届满时开始计算诉讼时效。

◎ 基本案情

范某玉为洪某伟的配偶。陈某明为邹某艳的配偶。

2009 年 10 月 16 日，范某玉向福建省渚港建工发展有限公司（下称渚港公司）出具借据一份，记载：“本人范某玉向福建省渚港建工发展有限公司借款 50 万元（人民币，下同）用于聚鑫广场安装工程，请把款汇入以下建行账号：户名陈某明：6227xxx”。陈某明上述账号于当日收到转款 49 万元。

2010 年 5 月 18 日，范某玉向渚港公司出具借据一份，记载：“兹向渚港建工借 60 万元整用于聚鑫广场水电施工，请汇农行卡号：陈某明：6228xxx”。

---

① 福建省高级人民法院民事判决书（2014）闽民终字第 86 号

2010年7月28日，范某玉再次向渚港公司出具借据一份，记载："兹向渚港工程借款50万元用于聚鑫广场工程，请转入以下卡号：泉建设银行xxx范某玉"。

陈某明、范某玉确认收到讼争三份借据项下款项160万元。

渚港公司向法院起诉，请求判令范某玉、洪某伟、陈某明和邹某艳返还160万元，并按月利率2%支付利息。

◎ 法院审理

原审法院认为：

一、关于讼争160万元款项的性质。综合渚港公司提交法庭的借据、转账凭证，可以认定其向范某玉、陈某明实际支付了借款160万元，范某玉、陈某明对上述证据的真实性亦无异议，只是主张讼争160万元款项系向渚港公司预支的施工款，在渚港公司应当支付给陈某明的承包工程款中予以了扣除，不存在借款事实。但范某玉、陈某明并未提交证据佐证抵扣事实，渚港公司也未认可该抵扣主张，因而对范某玉、陈某明上述主张不予采信。

二、关于渚港公司的起诉是否超出诉讼时效。诉讼时效期间从当事人知道或者应当知道权利被侵害时起算。讼争借条未约定借款期限，在渚港公司尚未主张权利时，并不确定权利受侵害，诉讼时效亦未起算。范某玉等四人认为本案诉讼时效应从第三张借据的出具当日即2010年7月28日起算，且渚港公司的起诉已经超出诉讼时效的主张没有依据，不能成立。

三、关于讼争借款是否系洪某伟、邹某艳各自夫妻共同债务的问题。根据《中华人民共和国婚姻法》第十九条第三款、《最高人民法院关于适用〈中华人民共和国婚姻法〉若干问题的解释（二）》第二十四条之规定，洪某伟、邹某艳并未举证渚港公司和范某玉、陈某明之间明确约定该笔借款为范某玉、陈某明的个人债务，也不能证明本案属于"夫妻对婚姻关系存续期间所得的财产约定归各自所有的，夫或妻一方对外所负的债务，第三人知道该约定的"情形，应当承担举证不力的后果。

四、关于讼争借款有无约定利息。渚港公司提交录音证据一份，拟证明陈某明承认三笔借款利息利率均为月利率2%。各原审被告质证认为该录音证据与本案没有关联，讼争款项系预支工程款，没有也不会约定利息。鉴于陈某明对录音证据的真实性、关联性予以否认，借据出具人范某玉亦否认有口头约定利息，原审法院认为渚港公司主张讼争借款口头约定月息2%依据不足，不予采信。

综上，原审法院认为陈某明主张160万系预支给自己的工程款，已由自己抵扣返还，但未能提交证据予以证明，不予采信，其自认借款人身份也不足以免除范某玉的还款责任，范某玉、陈某明应当对讼争借款承担共同还款责任。根据《中华人民共和国合同法》第二百一十一条之规定，讼争三张借据未约定借款利息，视为不支付利息，但应按中国人民银行同期贷款的利率，从渚港公司提起本案诉讼之日即2013年10月31日起支付逾期利息。对于范某玉、陈某明在各自夫妻关系存续期间向渚港公司所借上述款项，应按夫妻共同债务处理，二人配偶洪某伟、邹某艳应当承担相应还款责任。

原审法院判决如下：一、范某玉、洪某伟、陈某明、邹某艳应于判决生效之日起10日内共同向福建省渚港建工发展有限公司偿还借款1,600,000元并支付利息（利息按中国人民银行同期同类贷款利率，自2013年10月31日起计至判决确定的还款之日）；二、驳回福建省渚港建工发展有限公司的其余诉讼请求。

一审判决后，渚港公司与陈某明均不服，向二审法院提起上诉。

渚港公司上诉请求：1. 撤销厦门市中级人民法院（2013）厦民初字第1170号民事判决书第二项，依法支持渚港公司一审全部诉讼请求；2. 本案一、二审诉讼费用由陈某明、范某玉、洪某伟、邹某艳等四人承担。其理由是：一、本案录音证据可以作为认定案件事实的依据。本案录音证据的取得，是录音双方自觉、自由的意思表示，并未侵害他人合法权益或违反法律禁止性规定，不属于法律规定的不能作为认定案件事实的根据的证据。二、陈某明对录音证据的真实性、关联性予以否认，应当承担举证责任，否则应当承担相应的不利后果。陈某明是录音当事人之一，且录音内容亦与本案借款事实相符，与本案具有关联性。陈某明未提供任何证据加以证明，也未在法定的举证期限内提出鉴定申请，只是口头的否定，没有任何证据支持。三、讼争借款约定利息为月利率2%。陈某明明确表示讼争借款约定利息为月2%，不能因为范某玉否认口头约定利息，便否定讼争借款利息。

针对渚港公司的上诉，陈某明、范某玉、洪某伟、邹某艳共同答辩称：一、渚港公司在一审中提出的录音证据是不真实的，不能作为定案依据。录音证据的真实性、关联性由陈某明等四人举证是错误的。二、关于月利率2%的问题，渚港公司与陈某明等四人之间的160万元是预支工程款，不存在利息，工程也未结算。

陈某明上诉请求：1. 撤销厦门市中级人民法院做出的（2013）厦民初字第1170号民事判决书；2. 判决驳回渚港公司一审的全部诉讼请求；3. 本案的一、二审诉讼费用均由渚港公司承担。其理由是：一、原审法院在认定陈某明与渚港公司之间讼争的160万元款项的性质部分存在认定事实与适用法律两方面的错误。三张借据均有注明用于聚鑫商业广场工程等，且从2009年10月16日至2010年7月28日，正是陈某明班组为渚港公司进行工程（水电安装工程、消防安装工程、通风工程）施工的关键时期，如果没有向渚港公司预支工程施工款，只由陈某明自己垫资是无法实施上列工程的。因渚港公司尚拖欠陈某明承建泉州聚鑫商业广场工程款，陈某明已将渚港公司起诉至泉州市丰泽区法院（案号为（2013）丰民初字第5682号），本案的审理应等待该案的审理结果才能弄清讼争160万元是否已从渚港公司应付的工程款中扣回的事实。二、原审法院在认定诉讼时效部分也存在认定事实和适用法律两方面的错误。即使讼争的160万元款项是借款，也是短期借款（时间分别是2009年10月16日、2010年5月18日、2010年7月28日），渚港公司早已通过任何方便的方式扣回去。无须等到2013年10月31日通过诉讼的方式来主张权利。渚港公司至少在2010年底已向陈某明主张过该三笔所谓的借款，即意味着于2013年1月1日前，该三笔所谓的借款早已超出2年的诉讼时效。

针对陈某明的上诉，渚港公司答辩称：1. 本案160万元款项的性质为借款，三份借据的形式和内容都可以证明陈某明等是向渚港公司借款，而非预支工程款。至于借据注明用于聚鑫广场工程等，这只是双方对所借款项用途的约定，并不改变借款的性质。2. 借据没有约定还款期限，渚港公司可以随时要求陈某明等偿还，因此，渚港公司的起诉并未超出诉讼时效。3. 陈某明与渚港公司的工程款纠纷，与本案民间借贷纠纷分属不同的法律关系，两者之间并无关联性，所谓借款已抵扣工程款缺乏证据支持。综上，请求依法驳回陈某明的上诉请求。

二审法院认为本案争议焦点如下：

一、关于讼争160万元款项性质的问题

二审法院认为，虽然陈某明主张讼争160万元款项系向渚港公司预支的工程施工款，并已从渚港公司应付的工程款中扣回，但陈某明至今未提供足够的证据予以佐证。就陈某明提交的（2013）丰民初字第5682号案件的起诉状来看，亦看不出讼争160万元系预支工程款并已抵扣的事实。即使本案存在陈某明所述的预支工程款的事实，双方之间也是通过借贷的方式预支工程款，双方没有就预支的款项进行抵扣的口头或书面的合意。因此，原审法院依据三份借据及相应的转账凭证认定讼争160万元为借款并无不当。

二、关于渚港公司的起诉是否超过诉讼时效的问题

二审法院认为，从三份借据看，本案借款并未约定借款期限，渚港公司可以随时催告陈某明等人在合理期限内偿还借款。本案中，渚港公司未曾向陈某明等四人催讨过，陈某明等四人也未明确表示不履行债务，因此原审法院关于在渚港公司尚未主张权利时，并不确定权利受侵害，诉讼时效亦未起算的认定并无不当。陈某明关于在2013年1月1日前，该三笔所谓的借款早已超出2年的诉讼时效的主张没有依据，不予支持。

三、关于讼争款项有无约定利息的问题

二审法院认为，从三份借据内容看，并无约定利息。渚港公司主张双方有口头约定利息，但其仅提供录音证据一份，在陈某明等四人对录音证据真实性、关联性

予以否认的情况下，渚港公司并无其他证据相佐证，因此，渚港公司关于讼争借款有口头约定月2%利息的主张，不予支持。

二审法院驳回上诉，维持原判。

◎ 点评

本案的争议焦点之一是出借人渚港公司向法院请求保护其债权是否已经超过诉讼时效。诉讼时效是指权利人于一定期间内不行使请求法院保护其民事权利的权利即丧失该权利，人民法院对其民事权利不再予以保护的法律制度。诉讼时效主要涉及起算、中止和中断等问题。诉讼时效的起算是指诉讼时效期间从何时开始计算。《民法通则》第一百三十七条规定："诉讼时效期间从知道或者应当知道权利被侵害时起计算。但是，从权利被侵害之日起超过二十年的，人民法院不予保护。有特殊情况的，人民法院可以延长诉讼时效期间。"诉讼时效的中止又称诉讼时效的暂停，是指在诉讼时效进行中，因发生法定事由使权利人不能行使权利，暂时停止计算诉讼时效期间，待阻碍时效进行的法定事由消除后，继续计算诉讼时效期间。《民法通则》第一百三十九条规定："在诉讼时效期间的最后六个月内，因不可抗力或者其他障碍不能行使请求权的，诉讼时效中止。从中止时效的原因消除之日起，诉讼时效期间继续计算。"诉讼时效的中断是指在诉讼时效进行中，因发生法定事由，使得已经经过的时效期间归于无效，待时效中断的事由消除后，诉讼时效期间重新起算。《民法通则》第一百四十条规定："诉讼时效因提起诉讼、当事人一方提出要求或者同意履行义务而中断。从中断时起，诉讼时效期间重新计算。"因此，《民法通则》规定的诉讼时效中断事由包括权利人提起诉讼、权利人向义务人提出要求、当事人一方同意履行义务三种。

《合同法》第二百零六条规定："借款人应当按照约定的期限返还借款。对借款期限没有约定或者约定不明确，依照本法第六十一条的规定仍不能确定的，借款人可以随时返还；贷款人可以催告借款人在合理期限内返还。"据此，借贷双方未约定还款期限，出借人（贷款人）可以随时催告借款人在合理期限内返还。因此，出借人未催告之前，并不涉及诉讼时效的问题。一旦出借人催告完成，诉讼时效必然起算。此时应当如何起算诉讼时效呢？《最高人民法院关于审理民事案件适用诉讼时效制度若干问题的规定》（法释〔2008〕11号）第六条规定："未约定履行期限的合同，依照合同法第六十一条、第六十二条的规定，可以确定履行期限的，诉讼时效期间从履行期限届满之日起计算；不能确定履行期限的，诉讼时效期间从债权人要求债务人履行义务的宽限期届满之日起计算，但债务人在债权人第一次向其主张权利之时明确表示不履行义务的，诉讼时效期间从债务人明确表示不履行义务之日起计算。"据此，民间借贷双方未约定还款时间，自出借人要求借款人履行义务的宽限期届满之日起计算诉讼时效。但是，如果借款人在出借人第一次向其主张权利之时明确表示不履行义务的，诉讼时效期间从借款人明确表示不履行义务之日起计算。

就本案而言，出借人渚港公司与借款人范某玉等虽然有书面借据，但是没有约定还款期限。依据《合同法》第二百零六条的规定，出借人可以随时请求对方偿还借款，借款人也可以随时向对方归还借款。由于出借人渚港公司一直未向借款人范某玉等提出归还请求，故在其向法院起诉之前，其债权并未受到任何侵害。根据《民法通则》第一百三十七条，诉讼时效期间从知道或者应当知道权利被侵害时起计算。因此，出借人渚港公司向法院起诉前诉讼时效并未开始计算。

◎ 法条链接

1. **《民法通则》**

第一百三十五条　向人民法院请求保护民事权利的诉讼时效期间为二年，[①] 法律另有规定的除外。

第一百三十七条　诉讼时效期间从知道或者应当知道权利被侵害时起计算。但是，从权利被侵害之日起超过二十年的，人民法院不予保护。有特殊情况的，人民法院可以延长诉讼时效期间。

第一百四十条　诉讼时效因提起诉讼、当事人一方提出要求或者同意履行义务而中断。从中断时起，诉讼时效期间重新计算。

2. **《合同法》**

第二百零六条　借款人应当按照约定的期限返还借款。对借款期限没有约定或者约定不明确，依照本法第六十一条的规定仍不能确定的，借款人可以随时返还；贷款人可以催告借款人在合理期限内返还。

3. **《最高人民法院关于审理民事案件适用诉讼时效制度若干问题的规定》（法释〔2008〕11号）**

第六条　未约定履行期限的合同，依照合同法第六十一条、第六十二条的规定，可以确定履行期限的，诉讼时效期间从履行期限届满之日起计算；不能确定履行期限的，诉讼时效期间从债权人要求债务人履行义务的宽限期届满之日起计算，但债务人在债权人第一次向其主张权利之时明确表示不履行义务的，诉讼时效期间从债务人明确表示不履行义务之日起计算。

---

① 注：民法总则规定为3年。

2. 民间借贷出借人向借款人的配偶主张债权，诉讼时效是否中断？

——何某勇与洪某燕等民间借贷纠纷上诉案[①]

裁判要旨

诉讼时效因提起诉讼、当事人一方提出要求或者同意履行义务而中断。从中断时起，诉讼时效期间重新计算。如果民间借贷债务属于夫妻共同债务，作为连带债务人，出借人向借款人的配偶主张权利对借款人发生诉讼时效中断的效果，因为对于连带债务人中的一人发生诉讼时效中断效力的事由，应当认定对其他连带债务人也发生诉讼时效中断的效力。

◎ 基本案情

2008年1月17日，柳某国向何某勇出具借条一份，载明借款9.2万元，已还4万元。

2008年9月20日，柳某国向何某勇出具借条一份，载明借款6万元。

2009年8月13日，柳某国又向何某勇出具收条一份，载明收取何某勇购房款30万元（其中5万元属于柳某国垫付，但未垫付）。同日，何某勇与柳某国一同在工行华发路支行内，何某勇向柳某国交付了8,600元现金、转账61,400元（程某账户支付），合计7万元，这7万元最后被认定为柳某国诈骗犯罪所得。

2010年1月，何某勇与柳某国签订《协议书》一份，载明"何某勇以3,200元/每平方米的价格向闵行区吴泾新建村购买住房一套，现已经交了12万元的购房款，余下由担保人柳某国付清。"

另查明，2010年6月3日柳某国因涉嫌合同诈骗罪被刑事拘留，同年7月9日被逮捕。2010年11月10日，柳某国被法院以合同诈骗罪判处有期徒刑10年，剥夺政治权利1年，并处罚金4万元；另外责令柳某国退赔各被害人的经济损失，该判决并未对借款13万元作出认定。2010年12月29日刑事判决生效，其后，柳某国被送至上海市白茅岭监狱服刑。其后，洪某燕代替柳某国向何某勇（被害人之

---

① 上海市第一中级人民法院（2015）沪一中民一（民）终字第470号

一）退赔了12万元诈骗款，何某勇对此予以确认。

又查明，柳某国、洪某燕在2000年9月19日登记结婚，2012年7月6日经法院调解离婚。何某勇与案外人程某系夫妻关系。

2013年4月，何某勇与洪某燕在闵行区吴泾派出所就借款纠纷进行调解。

之后，何某勇向上海市闵行区人民法院起诉，要求判令柳某国、洪某燕偿还13万元借款。

◎ 法院审理

原审法院认为，本案的争议焦点主要在于：一、何某勇与柳某国是否存在借款13万元的事实；二、洪某燕是否对存在的借款承担还款责任；三、本案是否超过诉讼时效。

一、关于何某勇与柳某国是否存在借款13万元的事实。法院认为：1. 虽然柳某国不承认借款13万元，坚持认为只拿过何某勇12万元，但柳某国无法解释为何连续多次向何某勇出具借条，本案中柳某国多次向何某勇出具借条和收条，柳某国无法说明合理理由，即便柳某国称系遭到何某勇的威胁，而且既然受到何某勇的威胁，为何还继续写借条、收条，况且柳某国并未就此向法院举证。2. 庭审中，经反复询问何某勇与柳某国是否有转账的事实，何某勇坚称转账给柳某国，而柳某国坚称没有转账过。柳某国在陈述借款过程中说道“2009年买房子的时候，何某勇现金给我7万元，没有给我转账5万元”，在法官询问柳某国和何某勇有无转账时，柳某国称“没有转账过，都是现金给的钱”，这与本案查明2009年8月13日何某勇妻子程某转账给柳某国61,400元，明显不符。至于转账金额差异，因时间较长，何某勇称记忆有误也在情理之中，这点在2010年6月11日，公安机关对何某勇所做的询问笔录中也有反映，何某勇当时称“是不是工行账户我忘了，这两次是不是5万元和7万元，我具体记不清了，反正加起来应该就是12万元”。3. 柳某国被法院认定诈骗何某勇12万元。按照柳某国在庭审中陈述，“我后来陆陆续续又向何某勇借钱，总共加起来大概3、4万元本金”，“2009年买房子的时候，何某勇现金给我7万元，没有给我转账5万元，这些钱是签协议签给我的，我欠何某勇本金加起来12万元左右”。柳某国承认多次向何某勇借款，并承认欠款3、4万元本金，如果柳某国所述属实，那么法院所做的刑事判决认定诈骗金额12万元便不成立，因为这将正常借款也一并认定为诈骗。经查，柳某国在刑事案件中聘请了两位律师，且在案件判决后并未就任何犯罪事实提出上诉。而众所周知，刑事案件的证明标准是排除合理怀疑，对证据的要求极高，这远远超过了民事纠纷的证明标准，而对于生效的刑事判决所确认的事实，法院应直接采纳。故柳某国的陈述效力不高。4. 法院注意到柳某国、洪某燕的结婚证（持证人为柳某国）的原件系由何某勇提供给法庭，这与何某勇在公安机关陈述柳某国为了让何某勇相信其卖房子，将房产证、结婚证等押在何某勇处相符合。

原审法院认为，本案中虽然何某勇未能够直接提供有力的证据证明其向柳某国出借13万元。但基于以上分析，何某勇的陈述效力优于柳某国，且柳某国承认欠何某勇钱，只是认为所欠钱款已经包含在刑事判决书认定的12万元诈骗款内了，故法院有理由相信何某勇所述13万元借款存在（包括利息），合法的债权受法律保护，柳某国应予偿还，法院对此予以支持。

二、关于洪某燕是否对存在的借款承担还款责任。洪某燕认为，即便何某勇主张债务成立，因柳某国未将所借钱款用于家庭生活而其不应承担还款责任。何某勇认为，柳某国所借债务发生在2008年之前，在夫妻关系存续期间，故所负债务应按照夫妻共同债务处理。法院认为：1.《中华人民共和国婚姻法》第四十一条规定，离婚时，原为夫妻共同生活所负的债务，应当共同偿还。《最高人民法院关于适用〈中华人民共和国婚姻法〉若干问题的解释（二）》第二十四条规定债权人就婚姻关系存续期间夫妻一方以个人名义所负债务主张权利的，应当按夫妻共同债务处理。但夫妻一方能够证明债权人与债务人明确约定为个人债务，或者能够证明属于《中华人民共和国婚姻法》第十九条第三款规定情形的除外。上述法律规定和司法解释并不冲突，反而互相补充，既对债权人有周全的保护，避免夫妻之间恶意串通，损害债权人的利益，也对非直接借款的夫妻另一方提供保护，避免非直接债务人对借款人任何债务均负共同责任。诚然，如果债务人个人所负债务未用于夫妻家庭生活，而供自己挥霍，其所负债务当属个人债务。但就此未用于夫妻家庭生活的举证责任应在柳某国、洪某燕而非何某勇，柳某国、洪某燕虽提出此项抗辩，但并未就此进行举证，故应承担举证不能的不利后果。2. 本案并不存在何某勇与柳某国明确约定为柳某国个人债务，柳某国、洪某燕也未能举证存在《中华人民共和国婚姻法》第十九条第三款规定的情形，即柳某国、洪某燕在夫妻关系存续期间约定所得财产归各自所有，何某勇知晓该约定，柳某国所负债务才为个人债务。

基于以上分析，对于何某勇与柳某国的借款，该笔债务发生在柳某国、洪某燕婚姻关系存续期间内，柳某国、洪某燕未能证明该债务属于柳某国个人债务的情形，故洪某燕应对柳某国所负债务13万元负共同偿还责任。

三、关于何某勇主张权利是否已经超过诉讼时效。法院认为，1. 我国的《民法通则》第一百三十五条规定，向人民法院请求保护民事权利的诉讼时效期间为2年。同法第一百三十七条，诉讼时效期间从知道或者应当知道权利被侵害时起计算。柳某国所负债务发生在2008年年底前，对于13万元债务是以买房收款形式在2009年8月13日予以确认，2010年1月7日在《协议书》中再次写明已收12万元，余款由柳某国付清。在柳某国诈骗案发后，其于2010年6月3日被刑事拘留，同年7月9日被逮捕，2010年11月10日被判刑。何某勇2010年6月11日在公安机关做询问笔录时，便知道权利已经被侵害，应开始计算诉讼时效，但因柳某国被立案侦查，故诉讼时效中断。2. 因柳某国案件最后进入了刑事审理阶段，而最高人民法院《关于审理民事案件适用诉讼时效制度若干问题的规定》第十五条第二款规定刑事案件进入审理阶段，诉讼时效期间从刑事裁判文书生效之日起重新计算。经查，该刑事判决是在2010年12月29日生效，故何某勇与柳某国民间借贷的诉讼时效在2010年12月29日开始重新计算。3.《民法通则》第一百四十条规定诉讼时效因提起诉讼、当事人一方提出要求或者同意履行义务而中断。从中断时起，诉讼时效期间重新计算。本案中，何某勇多次找洪某燕索要13万元，应产生诉讼中断的效力。因该债务系夫妻共同债务，故对洪某燕主张及柳某国均产生诉讼中断的法律效力。4. 2013年4月中旬何某勇与洪某燕在闵行区吴泾派出所进行调解，根据最高人民法院《关于审理民事案件适用诉讼时效制度若干问题的规定》第十四条，权利人向人民调解委员会以及其他依法有权解决相关民事纠纷的国家机关、事业单位、社会团体等社会组织提出保护相应民事权利的请求，诉讼时效从提出请求之日起中断。故，同样产生诉讼中断之效力。基于以上分析，本案并未超过诉讼时效，柳某国、洪某燕的抗辩不成立，法院不予采纳。

原审法院判决：柳某国、洪某燕于判决生效之日起30日内共同归还何某勇借款人民币13万元。

判决后，洪某燕不服，上诉称：1. 虽何某勇提供两张借条欲证明柳某国向其借款13万元，但其未就交付钱款的事实进行举证，故原审法院认定双方存在13万元的借贷关系有误；2. 洪某燕对柳某国收入、经济状况不清楚。原审审理中，柳某国多次以口头或书面形式向法院表示，其未将合法所得或非法所得用于家庭生活。故如果柳某国在外有借款也不是其与洪某燕夫妻共同债务；3. 即使何某勇出借给柳某国钱款，则本案也已过诉讼时效。故请求驳回何某勇原审诉讼请求。

被上诉人何某勇辩称：1. 何某勇与柳某国在2005年经朋友介绍认识后，柳某国曾多次向何某勇借钱，到2009年7月间累计借款13万元。2009年8月柳某国以帮何某勇买房名义，又骗取何某勇12万元。2009年8月13日柳某国向何某勇出具收条，收条中包括前述两笔款项加上柳某国承诺垫付的5万元合计30万元；2. 涉案借款发生在柳某国、洪某燕夫妻关系存续期间，系该夫妻共同债务，应由洪某燕共同承担还款责任；3. 2010年10月柳某国因诈骗罪被法院判处有期徒刑10年，之后何某勇多次向洪某燕催讨退赔款12万元及涉案的13万元借款，因此，被上诉人向法院主张涉案借款未逾诉讼时效。请求驳回上诉人上诉请求。

二审法院驳回上诉，维持原判。

◎ 点评

本案的一个争议焦点是诉讼时效是否中断。诉讼时效中断是指在诉讼时效进行期间，因法定事由的发生，使已经经过的时效期间归于无效，待时效中断的事由消除后，诉讼时效期间重新计算。《民法通则》第一百四十条规定："诉讼时效因提起诉讼、当事人一方提出要求或者同意履行义务而中断。从中断时起，诉讼时效期间重新计算。"该条明确了诉讼时效中断的事由，但比较抽象概括。为此，《最高人民法院关于审理民事案件适用诉讼时效制度若干问题的规定》（法释〔2008〕11号）对诉讼时效中断的具体情况进行了明确。下面详细介绍。

一、提起诉讼的具体情形

《最高人民法院关于审理民事案件适用诉讼时效制度若干问题的规定》（法释〔2008〕11号）第十二条规定："当事人一方向人民法院提交起诉状或者口头起诉的，诉讼时效从提交起诉状或者口头起诉之日起中断。"第十三条规定："下列事项之一，人民法院应当认定与提起诉讼具有同等诉讼时效中断的效力：（一）申请仲裁；（二）申请支付令；（三）申请破产、申报破产债权；（四）为主张权利而申请宣告义务人失踪或死亡；（五）申请诉前财产保全、诉前临时禁令等诉前措施；（六）申请强制执行；（七）申请追加当事人或者被通知参加诉讼；（八）在诉讼中主张抵销；（九）其他与提起诉讼具有同等诉讼时效中断效力的事项。"第十八条规定："债权人提起代位权诉讼的，应当认定对债权人的债权和债务人的债权均发生诉讼时效中断的效力。"

二、当事人一方提出要求的具体情形

《最高人民法院关于审理民事案件适用诉讼时效制度若干问题的规定》（法释〔2008〕11号）第十条规定："具有下列情形之一的，应当认定为民法通则第一百四十条规定的'当事人一方提出要求'，产生诉讼时效中断的效力：（一）当事人一方直接向对方当事人送交主张权利文书，对方当事人在文书上签字、盖章或者虽未签字、盖章但能够以其他方式证明该文书到达对方当事人的；（二）当事人一方以发送信件或者数据电文方式主张权利，信件或者数据电文到达或者应当到达对方当事人的；（三）当事人一方为金融机构，依照法律规定或者当事人约定从对方当事人账户中扣收欠款本息的；（四）当事人一方下落不明，对方当事人在国家级或者下落不明的当事人一方住所地的省级有影响的媒体上刊登具有主张权利内容的公告的，但法律和司法解释另有特别规定的，适用其规定。前款第（一）项情形中，对方当事人为法人或者其他组织的，签收人可以是其法定代表人、主要负责人、负责收发信件的部门或者被授权主体；对方当事人为自然人的，签收人可以是自然人本人、同住的具有完全行为能力的亲属或者被授权主体。"第十一条规定："权利人对同一债权中的部分债权主张权利，诉讼时效中断的效力及于剩余债权，但权利人明确表示放弃剩余债权的情形除外。”

此处需要注意的是权利人通过邮局、快递公司以邮件方式主张权利，并保留发送邮件的收据作为证据的情形。《最高人民法院关于审理民事案件适用诉讼时效制度若干问题的规定》（法释〔2008〕11号）第十条第一款第（二）项规定：“具有下列情形之一的，应当认定为民法通则第一百四十条规定的‘当事人一方提出要求’，产生诉讼时效中断的效力：（二）当事人一方以发送信件或者数据电文方式主张权利，信件或者数据电文到达或者应当到达对方当事人的。”现实生活中要求权利人举证邮件到达义务人非常困难，故规定了“应当到达”，即根据客观情况推定邮件到达义务人。因此，权利人向法院提交邮件发送收据，并证明邮件内容为主张权利，其举证责任完成，如果义务人不能举证证明其没有收到邮件，或者其不能举证证明邮件内容没有主张权利的内容，其应当承担举证不能的后果。

三、同意履行的具体情形

《最高人民法院关于审理民事案件适用诉讼时效制度若干问题的规定》（法释〔2008〕11号）第十六条规定：“义务人作出分期履行、部分履行、提供担保、请求延期履行、制定清偿债务计划等承诺或者行为的，应当认定为民法通则第一百四十条规定的当事人一方‘同意履行义务’。”

四、向人民调解委员会等组织提出权利保护请求发生诉讼时效中断的效果

《最高人民法院关于审理民事案件适用诉讼时效制度若干问题的规定》（法释〔2008〕11号）第十四条规定：“权利人向人民调解委员会以及其他依法有权解决相关民事纠纷的国家机关、事业单位、社会团体等社会组织提出保护相应民事权利的请求，诉讼时效从提出请求之日起中断。”

五、向公、检、法报案或控告发生诉讼时效中断的效果

《最高人民法院关于审理民事案件适用诉讼时效制度若干问题的规定》（法释〔2008〕11号）第十五条规定：“权利人向公安机关、人民检察院、人民法院报案或者控告，请求保护其民事权利的，诉讼时效从其报案或者控告之日起中断。上述机关决定不立案、撤销案件、不起诉的，诉讼时效期间从权利人知道或者应当知道不立案、撤销案件或者不起诉之日起重新计算；刑事案件进入审理阶段，诉讼时效期间从刑事裁判文书生效之日起重新计算。”

六、连带债权人和连带债务人的诉讼时效规定

《最高人民法院关于审理民事案件适用诉讼时效制度若干问题的规定》（法释〔2008〕11号）第十七条规定：“对于连带债权人中的一人发生诉讼时效中断效力的事由，应当认定对其他连带债权人也发生诉讼时效中断的效力。对于连带债务人中的一人发生诉讼时效中断效力的事由，应当认定对其他连带债务人也发生诉讼时

效中断的效力。”

七、债权转让和债务承担时的诉讼时效规定

《最高人民法院关于审理民事案件适用诉讼时效制度若干问题的规定》（法释〔2008〕11号）第十九条规定：“债权转让的，应当认定诉讼时效从债权转让通知到达债务人之日起中断。债务承担情形下，构成原债务人对债务承认的，应当认定诉讼时效从债务承担意思表示到达债权人之日起中断。”

本案借贷事实发生于2008年年底前，出借人起诉时间是2013年，中间相隔四年多。借款人柳某国2010年6月3日涉嫌诈骗罪被刑事拘留，公安机关于2010年6月11日给出借人何某勇做询问笔录。此时，出借人应当知道其权利被侵害，诉讼时效起算。因此，至2012年6月11日之前，出借人应当向法院起诉。但是，出借人何某勇在公安机关做询问笔录证明其已经向公安机关报案并主张权利，诉讼时效中断。之后，借款人柳某国的刑事案件进入审理阶段，诉讼时效应当从刑事裁判文书生效之日起重新计算，而柳某国的刑事判决于2010年12月29日生效，故至2012年12月29日前，出借人何某勇应向法院起诉。尽管法院的刑事判决书只认定了12万元为诈骗款（刑事判决后洪某燕代替柳某国向何某勇退赔了12万元诈骗款），对本案所涉13万元借款没有认定，但不影响诉讼时效的中断。另外，出借人何某勇在诉讼时效中断期间多次找借款人柳某国的配偶洪某燕还款，因该债务是夫妻共同债务，作为连带债务人，对于连带债务人中的一人发生诉讼时效中断效力的事由，应当认定对其他连带债务人也发生诉讼时效中断的效力。最后，2013年4月中旬出借人何某勇与洪某燕在派出所进行调解，诉讼时效从提出请求调解之日起中断。因此，本案出借人起诉并未超过诉讼时效。

◎ 法条链接

1.《最高人民法院关于审理民事案件适用诉讼时效制度若干问题的规定》（法释〔2008〕11号）

第十四条 权利人向人民调解委员会以及其他依法有权解决相关民事纠纷的国家机关、事业单位、社会团体等社会组织提出保护相应民事权利的请求，诉讼时效从提出请求之日起中断。

第十五条 权利人向公安机关、人民检察院、人民法院报案或者控告，请求保护其民事权利的，诉讼时效从其报案或者控告之日起中断。

上述机关决定不立案、撤销案件、不起诉的，诉讼时效期间从权利人知道或者应当知道不立案、撤销案件或者不起诉之日起重新计算；刑事案件进入审理阶段，诉讼时效期间从刑事裁判文书生效之日起重新计算。

第十七条 对于连带债权人中的一人发生诉讼时效中断效力的事由，应当认定对其他连带债权人也发生诉讼时效中断的效力。

对于连带债务人中的一人发生诉讼时效中断效力的事由，应当认定对其他连带债务人也发生诉讼时效中断的效力。

3. 民间借贷借款人入狱服刑是否导致诉讼时效中止?

——陆某富与陆某根民间借贷纠纷上诉案[①]

裁判要旨

诉讼时效中止必须发生法定中止事由，包括不可抗力和其他阻碍权利人行使请求权的情况。民间借贷借款人入狱服刑，出借人可以向自己的住所地人民法院起诉，住所地与经常居住地不一致的，由出借人经常居住地人民法院管辖。因此，借款人入狱服刑并不妨碍出借人向法院行使请求权，故不发生诉讼时效中止。

◎ 基本案情

1996 年 6 月 5 日，陆某根向陆某富出具收条一份，收条内容为：今收到陆某富现金人民币 30,000 元整，作开港币票 1,300 万元之用，到桐乡后结清。陆某根在落款收款人处签名。

1998 年 6 月，陆某富向杭州市余杭区人民法院起诉，知晓陆某根被公安机关采取强制措施。

1998 年 7 月 10 日，因陆某富未在规定期限内预交案件受理费，也不提出缓交、免交申请，该院裁定按撤诉处理。

之后，陆某富因知晓陆某根被判处无期徒刑，一直未向陆某根催讨涉案款项。直至 2014 年 8 月 22 日，陆某富再次提起诉讼，请求判令陆某根返还 30,000 元整。

原审法院查明，1998 年 8 月 13 日，杭州市中级人民法院判决认定陆某根犯贷款诈骗、信用卡诈骗罪，判处无期徒刑，剥夺政治权利终身。陆某根提出上诉，浙江省高级人民法院经过二审审理，于 1998 年 12 月 8 日裁定维持原判。2010 年 9 月 16 日，杭州市中级人民法院对陆某根准予假释，假释考验期至 2014 年 10 月 26 日止。

---

① 浙江省杭州市中级人民法院（2015）浙杭商终字第 36 号

◎ 法院审理

原审法院认为，根据我国《民法通则》相关规定，向人民法院请求保护民事权利的诉讼时效期间为2年，法律另有规定的除外；诉讼时效因提起诉讼、当事人一方提出要求或者同意履行义务而中断，从中断时起，诉讼时效期间重新计算。本案中，陆某富于1998年6月向该院提起诉讼导致诉讼时效中断，陆某富应在之后2年内起诉。但陆某富之后一直未向陆某根主张权利，且未证明存在诉讼时效中止、中断的正当事由，导致超过2年诉讼时效，依法丧失胜诉权。陆某根辩称陆某富起诉已经超过诉讼时效，而陆某富以当时陆某根另有犯罪而被公安机关刑事拘留，后被判无期徒刑为由认为诉讼时效中止，该院认为，根据我国《民事诉讼法》第二十二条规定：下列民事诉讼，由原告住所地人民法院管辖；原告住所地与经常居住地不一致的，由原告经常居住地人民法院管辖：……（四）对被监禁的人提起的诉讼。因此，虽然陆某根被监禁，但陆某富提起诉讼并不存在法律上的障碍，不符合我国《民法通则》第一百三十九条以及《最高人民法院关于审理民事案件适用诉讼时效制度若干问题的规定》第二十条关于诉讼时效中止的规定，本案的诉讼时效并未中止，另本案双方当事人均认可收条上“到桐乡后结清”指收条出具后一个星期的时间，因此本案并不存在20年诉讼时效，陆某富于1998年向法院起诉导致诉讼时效中断，诉讼时效期间重新计算，为此后2年，并不符合《最高人民法院关于贯彻执行〈中华人民共和国民法通则〉若干问题的意见（试行）》第一百六十七条之规定，综上，该抗辩意见予以采信；辩称涉案款项并非借款，法院认为，在诉讼过程中，陆某富坚持以民间借贷法律关系主张权利，但仅提供证据收条，且从收条的内容看并未反映出借款的意思表示，对此陆某富负有提供其他证据予以佐证的举证责任，否则应承担相应的不利后果。据此，原审法院判决：驳回陆某富的诉讼请求。

陆某富不服原审法院判决，向二审法院提起上诉称，一、原审认定事实错误，偏信陆某根毫无根据编造的“抗辩”。本案借款事实原本清楚，双方在原审调解时的意见分歧只是利息问题。虽然陆某根不写“借条”，而写成“收条”，但其中内容对借款用途、还款有明确约定，并不存在陆某根辩称的“居间服务关系”。陆某富提供的是有效证据，足以证明陆某根有明显的借款事实。二、本案诉讼时效完全有法律保护。陆某富在1998年5月30日向原审法院起诉时，陆某根因另有犯罪而刑事羁押，在此特殊情况下，陆某富知道陆某根坐牢期间即使起诉也拿不到钱，还要先付出诉讼费，后发现陆某根假释出来，得有机会催讨。本案并没有超过20年的诉讼时效期间。三、其他法官存在干涉本案的问题。请求撤销原判，支持陆某富的原审诉讼请求，诉讼费用由陆某富承担。

二审法院驳回上诉，维持原判。

◎ 点评

本案涉及诉讼时效中止争议。诉讼时效中止，是指在诉讼时效进行期间，因发生法定事由阻碍权利人行使请求权，诉讼时效暂时停止进行，并在法定事由消失之日起继续进行的情况。《民法通则》第一百三十九条规定："在诉讼时效期间的最后六个月内，因不可抗力或者其他障碍不能行使请求权的，诉讼时效中止。从中止时效的原因消除之日起，诉讼时效期间继续计算。"《最高人民法院关于审理民事案件适用诉讼时效制度若干问题的规定》（法释〔2008〕11 号）第二十条规定："有下列情形之一的，应当认定为民法通则第一百三十九条规定的'其他障碍'，诉讼时效中止：（一）权利被侵害的无民事行为能力人、限制民事行为能力人没有法定代理人，或者法定代理人死亡、丧失代理权、丧失行为能力；（二）继承开始后未确定继承人或者遗产管理人；（三）权利人被义务人或者其他人控制无法主张权利；（四）其他导致权利人不能主张权利的客观情形。"因此，我国的诉讼时效中止必须满足以下条件：第一，必须发生法定中止事由，包括不可抗力和其他阻碍权利人行使请求权的情况。第二，上述事由必须发生在诉讼时效期间的最后 6 个月内。

诉讼时效中止不同于诉讼时效中断。诉讼时效中断是指在诉讼时效进行期间，因法定事由的发生，使已经经过的时效期间归于无效，待时效中断的事由消除后，诉讼时效期间重新计算。诉讼时效中止与中断有如下区别：第一，诉讼时效中止事由是不可抗力和其他阻碍权利人行使权利的客观情况，诉讼时效中断事由取决于当事人的主观意志，即当事人行使权利或履行义务的意思表示或行为。第二，诉讼时效中止事由只能发生在诉讼时效期间的最后 6 个月内，而诉讼时效中断事由可以发生在整个时效期间。第三，诉讼时效中止的效果是时效暂停，中止前已进行的时效期间仍然有效，待中止事由消除后时效继续进行。诉讼时效中断的效果是中断以前已进行的时效期间归于无效，中断以后重新起算。

本民间借贷事实发生于 1996 年 6 月，双方未约定还款时间。出借人陆某富于 1998 年 6 月起诉借款人陆某根，诉讼时效开始起算。1998 年 7 月 10 日，因陆某富未在规定期限内预交案件受理费，也不提出缓交、免交申请，法院裁定按撤诉处理。2014 年 8 月 22 日，陆某富再次起诉借款人。借款人陆某根抗辩诉讼时效经过，但出借人陆某富认为借款人被判入狱服刑，诉讼时效应当中止。《民事诉讼法》第二十二条规定："下列民事诉讼，由原告住所地人民法院管辖；原告住所地与经常居住地不一致的，由原告经常居住地人民法院管辖：（一）对不在中华人民共和国领域内居住的人提起的有关身份关系的诉讼；（二）对下落不明或者宣告失踪的人提起的有关身份关系的诉讼；（三）对被采取强制性教育措施的人提起的诉讼；

（四）对被监禁的人提起的诉讼。”据此，即使借款人入狱服刑，也不妨碍出借人向法院主张权利，故不能作为诉讼时效中止的事由。

◎ 法条链接

1. **《民事诉讼法》**

第二十二条 下列民事诉讼，由原告住所地人民法院管辖；原告住所地与经常居住地不一致的，由原告经常居住地人民法院管辖：

（一）对不在中华人民共和国领域内居住的人提起的有关身份关系的诉讼；

（二）对下落不明或者宣告失踪的人提起的有关身份关系的诉讼；

（三）对被采取强制性教育措施的人提起的诉讼；

（四）对被监禁的人提起的诉讼。

2. **《民法通则》**

第一百三十九条 在诉讼时效期间的最后六个月内，因不可抗力或者其他障碍不能行使请求权的，诉讼时效中止。从中止时效的原因消除之日起，诉讼时效期间继续计算。

3. **《最高人民法院关于审理民事案件适用诉讼时效制度若干问题的规定》（法释〔2008〕11号）**

第二十条 有下列情形之一的，应当认定为民法通则第一百三十九条规定的“其他障碍”，诉讼时效中止：

（一）权利被侵害的无民事行为能力人、限制民事行为能力人没有法定代理人，或者法定代理人死亡、丧失代理权、丧失行为能力；

（二）继承开始后未确定继承人或者遗产管理人；

（三）权利人被义务人或者其他人控制无法主张权利；

（四）其他导致权利人不能主张权利的客观情形。

4. 诉讼时效期间届满后借款人向出借人表示同意履行债务，效力如何？

——严某连与付某荣民间借贷纠纷上诉案[①]

裁判要旨

诉讼时效期间届满，当事人一方向对方当事人作出同意履行义务的意思表示或者自愿履行义务后，又以诉讼时效期间届满为由进行抗辩的，人民法院不予支持。

◎ 基本案情

2006年10月12日，付某荣作为收款人在房屋建筑公司支出凭单格式单据上签字确认："付给金塔工程系付暂借工程款款项，合计17万元"。严某连作为主管签字（以下简称字据1）。

2006年12月30日，付某荣在同样的房屋建筑公司支出凭单格式单据上签字确认："系付暂借工程款款项，合计2万元"。严某连亦作为主管签字（以下简称字据2）。

2007年2月10日，付某荣出具借条一份，载明："兹借到严某连人民币30万元正（整），利息按年3万元正（整）"，"到壹付清，2008年2月10号（严某连表示上述'到壹付清'字迹无法确认，付某荣则表示上述记载实际意思为'到壹（年）付清'，即到2008年2月10号付清），注过春节付工程款（严某连表示系借款用于过春节付工人工资，付某荣表示系预付工程款）"（以下简称字据3）。

2007年10月22日，付某荣出具欠条一份，载明："兹欠到严某连现金2万元，注因审计借款（严某连表示备注系指借款用于招待审计人员，付某荣则认为系审计费，审计费已在结算清单中扣除）"（以下简称字据4）。

另查明，2004年5月25日，严某连（乙方）与房屋建筑公司（甲方）就金塔四期施工项目签订项目承包协议一份，约定：乙方履行甲方与建设方签订的工程承包合同及有关协议；乙方向甲方缴纳项目管理费60万元及营业税3.41%；乙方承包项目所发生的人工费、材料费、业务交往费及其他一切费用等均有（由）乙方承

① 上海市第一中级人民法院民事判决书（2014）沪一中民一（民）终字第3135号

担和支付，甲方无须为乙方垫付……2004 年 9 月 30 日，北桥公司与房屋建筑公司就沪闵路建筑安装工程（即上述金塔四期工程）签订补充协议书一份，协议就工程概况、工程承包范围、合同工期、质量标准、合同价款、材料供应及价格等事项进行约定。

审理中，严某连陈述其实际承包金塔四期工程，因其系个人，不能承接该工程，故以房屋建筑公司为挂靠主体从北桥公司处承接工程，其将金塔四期工程中的3、4、5 号房屋分包给付某荣；付某荣则表示其实际从房屋建筑公司处承接金塔四期3、4、5 号房屋。双方均表示未就付某荣承包事宜签订书面协议。

严某连向法院起诉，请求判令付某荣返还510,000 元本金，并支付利息。

◎ 法院审理

原审认为，本案中，付某荣对收到相关款项的事实予以确认，故本案争议焦点在于双方之间是否存在相应金额的民间借贷关系。针对字据 1、字据 2，两份字据均系房屋建筑公司支出凭单的格式版本，且均注明“暂借工程款”，结合严某连所陈述的双方之间存在工程分包关系，且严某连提供的自制结算单亦无法确认双方已就工程款进行了最终结算，故上述字据 1、字据 2 无法认定为系单纯的借贷关系，故对严某连主张付某荣归还该两份借条项下的款项并支付利息的诉讼请求，不予支持。针对字据 3，已经明确记载“借到”“利息”字样，并未对还款明确约定限制性条件，故可认定该 30 万元（人民币，以下同）系民间借贷关系，付某荣以工程款未结算为由拒不还款，于法无据，不予采纳；与此同时，借条记载内容并未明确约定还款时间，付某荣所提出的遗漏“年”字的意见亦表明该借条在还款时间的约定上并不明晰，故该借款未超过诉讼时效。因此，严某连有权要求付某荣归还 30 万元，并支付相应利息 21 万元（年息 3 万元，计算 7 年）。针对字据 4，该欠条明确记载了欠款数额，亦未对还款条件作限制性约定，且与字据 1、字据 2 的记载方式存在明显不一致，故可认定该欠款与本案工程款无涉，付某荣亦应归还该欠条项下款项 2 万元并支付利息。关于利息计算方式，结合严某连的主张，酌情确认为以2 万元为本金，自 2008 年 4 月 1 日起算至 2014 年 3 月 31 日止，按照中国人民银行同期贷款利率计算的利息。

原审法院判决：一、付某荣于判决生效之日起 10 日内归还严某连款项 320,000 元；二、付某荣于判决生效之日起 10 日内支付严某连利息损失 210,000 元；三、付某荣于判决生效之日起 10 日内支付严某连以 20,000 元为本金，自 2008 年 4 月 1 日起算至 2014 年 4 月 1 日止，按照中国人民银行同期贷款基准利率计算的利息损失。

严某连不服原判，上诉称：一、本案所涉四笔均为对方向其借款，而非预付或预支的工程款，对方出具的凭条均为借据，明确双方间的借贷关系。二、分包人工程款均由相关公司以转账支票方式支付，而非现金，且均有支票签领单为证；而对方向其借款期间，同时承包数个工程，借款并非用于双方有合作关系的金塔四期工程。三、为涉案债务其一再向对方催讨，2014 年 2 月 19 日双方协商涉案债务的录音资料中，其认可对方垫付的装修款与本案不属同一法律关系，其不同意抵扣，但在该份录音中对方认可涉案债务并同意还款，因此诉讼时效问题没有逾期。请求撤销原判，改判支持其原审要求对方归还 51 万元本金及相应利息的诉请。

付某荣不服原判，上诉称：一、对方未付的工程款金额超过涉案所谓借款金额，而其方通过工程款结算主张相应权利已无可能；二、30 万元的借条对方在起诉状及一审庭审中均明确陈述借期一年。一审判决将借条遗漏“年”字分析为还款时间约定不明，显属牵细附会。该笔一年期的借款明显已过诉讼时效。三、对方曾让其装修房子，其垫付材料款 6 万元，应在本案中抵扣。请求撤销原判，改判驳回严某连原审诉请。

二审法院认为，本案二审争议焦点有三项：1. 字据 1、2 项下双方的借贷关系是否成立？2. 严某连主张债权是否逾诉讼时效？3. 付某荣垫付的 6 万元装修垫能否在本案二审中处理？

关于争议一，字据 1、2 不符合常规借贷字据的书写体例，且从字据记明的款项用途来看，双方没有理由不在之后的工程款结算中就该两张字据所涉款项予以统筹处理。因此，原审综合双方合作关系，字据记载内容对字据 1、2 所作分析认定具有合理性，二审法院予以认同。严某连的相关上诉请求，二审法院不予支持。

关于争议二，法律规定，诉讼时效期间届满，当事人一方向对方当事人作出同意履行义务的意思表示，又以诉讼时效期间届满为由提出抗辩的，人民法院不予支持。双方当事人就涉案债务在 2014 年本案一审起诉前有正式的交涉，交涉过程中付某荣有同意履行的意思表示，因此，付某荣此节上诉请求，二审法院不予支持。

关于争议三，付某荣就垫付装修款 6 万元在二审中主张抵扣的问题，对此，付某荣一审未作主张，而严某连以不同法律关系为由拒绝予以抵扣，因付某荣此节主张不属于本案二审处理范围，付某荣可另寻救济途径。

二审法院驳回上诉，维持原判。

◎ 点评

本民间借贷案件有两个问题需要注意：一是当事人自认的案件事实能否直接认定，一是超过诉讼时效当事人一方向对方当事人作出同意履行义务的意思表示的法律效力。

关于第一个问题，民事诉讼中一方当事人对事实自认，免除对方当事人对被承认的事实的举证责任。人民法院无需对该事实的真伪进行审查，可直接作为认定案件的依据。该观点的理论依据是当事人主义的民事诉讼模式。该模式认为民事诉讼以当事人的活动为中心，法院对当事人的诉讼活动只消极跟随，当事人依自己的意愿处分自己的权利，法院不进行干预，只评判当事人的举证和辩论是否违反诉讼程序法规，并对案件进行裁判。与此相对的理论是职权主义诉讼模式。该模式认为法院是民事诉讼活动的主导者，法官有责任主动审查案件事实的真相，诉讼进程以法官的案件调查为主线展开。《最高人民法院关于民事诉讼证据的若干规定》（法释〔2001〕33 号）第八条第一款规定："诉讼过程中，一方当事人对另一方当事人陈述的案件事实明确表示承认的，另一方当事人无需举证。但涉及身分关系的案件除外。"据此，民事诉讼中，一方当事人对案件事实的自认，对方当事人无需举证，法院应当直接认定。本案字据 3 载明："兹借到严某连人民币 30 万元正（整），利息按年 3 万元正（整）"，"到壹付清，2008 年 2 月 10 号，注过春节付工程款"。出借人严某连在起诉状及一审庭审中均明确陈述借期 1 年，故法院应当认定该事实。本案原审法院的观点是借贷双方对还款期限约定不明显然错误。需要注意的是，当事人虚假自认，可能损害第三方利益或社会公共利益的，法院应当主动审查当事人自认的事实。《最高人民法院关于审理民间借贷案件适用法律若干问题的规定》（法释〔2015〕18 号）特别规定法院要主动审查当事人双方是否属于虚假诉讼即是明证。

关于第二个问题，《最高人民法院关于审理民事案件适用诉讼时效制度若干问题的规定》（法释〔2008〕11 号）第二十二条规定："诉讼时效期间届满，当事人一方向对方当事人作出同意履行义务的意思表示或者自愿履行义务后，又以诉讼时效期间届满为由进行抗辩的，人民法院不予支持"。该条的立法理由是贯彻执行民事活动的诚实信用原则。本案民间借贷借款人付某荣提起上诉认为案涉债务已经超过诉讼时效。由于出借人承认 2007 年 2 月 10 日付某荣出具的 30 万元借条记载的"到壹付清"是指到壹年付清，故自 2008 年 2 月 10 日起 2 年内，出借人应当向法院起诉，否则诉讼时效经过。本案出借人一直到 2014 年才起诉，显然诉讼时效经过。但是，2014 年 2 月 19 日出借人与借款人协商涉案债务时，借款人认可涉案债务并同意还款，故其应当承担还款责任。

综上，本案原审法院事实认定和说理部分存在错误，但判决结果正确，故二审法院维持原判。

◎ 法条链接

1.《最高人民法院关于审理民事案件适用诉讼时效制度若干问题的规定》（法释〔2008〕11 号）

第二十二条 诉讼时效期间届满，当事人一方向对方当事人作出同意履行义务的意思表示或者自愿履行义务后，又以诉讼时效期间届满为由进行抗辩的，人民法院不予支持。

2.《最高人民法院关于民事诉讼证据的若干规定》（法释〔2001〕33 号）

第八条　诉讼过程中，一方当事人对另一方当事人陈述的案件事实明确表示承认的，另一方当事人无须举证。但涉及身份关系的案件除外。

对一方当事人陈述的事实，另一方当事人既未表示承认也未否认，经审判人员充分说明并询问后，其仍不明确表示肯定或者否定的，视为对该项事实的承认。

当事人委托代理人参加诉讼的，代理人的承认视为当事人的承认。但未经特别授权的代理人对事实的承认直接导致承认对方诉讼请求的除外；当事人在场但对其代理人的承认不作否认表示的，视为当事人的承认。

当事人在法庭辩论终结前撤回承认并经对方当事人同意，或者有充分证据证明其承认行为是在受胁迫或者重大误解情况下作出且与事实不符的，不能免除对方当事人的举证责任。

3.《最高人民法院关于审理民间借贷案件适用法律若干问题的规定》（法释〔2015〕18 号）

第十九条　人民法院审理民间借贷纠纷案件时发现有下列情形，应当严格审查借贷发生的原因、时间、地点、款项来源、交付方式、款项流向以及借贷双方的关系、经济状况等事实，综合判断是否属于虚假民事诉讼：

（一）出借人明显不具备出借能力；

（二）出借人起诉所依据的事实和理由明显不符合常理；

（三）出借人不能提交债权凭证或者提交的债权凭证存在伪造的可能；

（四）当事人双方在一定期间内多次参加民间借贷诉讼；

（五）当事人一方或者双方无正当理由拒不到庭参加诉讼，委托代理人对借贷事实陈述不清或者陈述前后矛盾；

（六）当事人双方对借贷事实的发生没有任何争议或者诉辩明显不符合常理；

（七）借款人的配偶或合伙人、案外人的其他债权人提出有事实依据的异议；

（八）当事人在其他纠纷中存在低价转让财产的情形；

（九）当事人不正当放弃权利；

（十）其他可能存在虚假民间借贷诉讼的情形。

第二十条　经查明属于虚假民间借贷诉讼，原告申请撤诉的，人民法院不予准许，并应当根据民事诉讼法第一百一十二条之规定，判决驳回其请求。

诉讼参与人或者其他人恶意制造、参与虚假诉讼，人民法院应当依照民事诉讼法第一百一十一条、第一百一十二条和第一百一十三条之规定，依法予以罚款、拘留；构成犯罪的，应当移送有管辖权的司法机关追究刑事责任。

单位恶意制造、参与虚假诉讼的，人民法院应当对该单位进行罚款，并可以对其主要负责人或者直接责任人员予以罚款、拘留；构成犯罪的，应当移送有管辖权的司法机关追究刑事责任。

5. 借款人一审未提出诉讼时效抗辩，二审提出如何处理？

——杨某娟与唐某敏等民间借贷纠纷上诉案[①]

裁判要旨

当事人在一审期间未提出诉讼时效抗辩，在二审期间提出的，人民法院不予支持，但其基于新的证据能够证明对方当事人的请求权已过诉讼时效期间的情形除外。

当事人未按照前款规定提出诉讼时效抗辩，以诉讼时效期间届满为由申请再审或者提出再审抗辩的，人民法院不予支持。

◎ 基本案情

唐某敏于2011年9月30日、2011年12月19日、2012年1月18日、2012年6月6日分别向孙某借款400万元、5万元、7万元、12万元，共计424万元，双方约定400万元利息为每月4%，其余三笔利息为每月5%。

2012年6月19日，李某春、崔某峰、李某红承诺以自己的资产及收入共同承担偿还借款义务。

2014年2月26日，孙某将上述债权转让给杨某娟。

因唐某敏、李某春、崔某峰、李某红一直未履行还款义务，杨某娟诉至法院请求：1. 唐某敏、李某春偿还借款本金424万元，并按中国人民银行同期同类贷款利率4倍支付利息；2. 崔某峰、李某红承担连带责任。诉讼费由唐某敏等四人承担。

◎ 法院审理

原审法院认为，孙某与唐某敏之间债权债务关系明确，现孙某将涉案债权转让

① 吉林省高级人民法院（2014）吉民一终字第140号

给杨某娟并在庭审前通知了唐某敏，杨某娟与唐某敏之间形成债权债务关系，根据《中华人民共和国合同法》第六十条第一款“当事人应当按照约定全面履行自己的义务”、第八十条“债权人转让权利的，应当通知债务人。未经通知，该转让对债务人不发生效力”，最高人民法院《关于人民法院审理借贷案件的若干意见》① 第六条“民间借贷的利率可以适当高于银行的利率，各地人民法院可根据本地区的实际情况具体掌握，但最高不得超过银行同类贷款利率的四倍（包含利率本数）。超出此限度的，超出部分的利息不予保护”的规定，唐某敏应偿还给杨某娟借款本金251万元及利息，其中227万元本金的利息计算方式为自2011年10月15日起至该判决生效时止，利率按中国人民银行同期同类贷款利率4倍计算；5万元本金的利息计算方式为自2011年12月19日起至该判决生效时止，利率按中国人民银行同期同类贷款利率4倍计算；7万元本金的利息计算方式为自2012年1月19日起至该判决生效时止，利率按中国人民银行同期同类贷款利率4倍计算；12万元本金的利息计算方式为自2012年6月7日起至该判决生效时止，利率按中国人民银行同期同类贷款利率4倍计算。李某春、崔某峰、李某红作为上述债务的连带保证人，对唐某敏的上述债务承担连带保证责任。

原审法院判决：一、唐某敏于本判决生效后7日内偿还给杨某娟借款本金251万元及利息。其中227万元本金的利息计算方式为自2011年10月15日起至本判决生效时止，利率按中国人民银行同期同类贷款利率4倍计算；5万元本金的利息计算方式为自2011年12月19日起至本判决生效时止，利率按中国人民银行同期同类贷款利率4倍计算；7万元本金的利息计算方式为自2012年1月19日起至本判决生效时止，利率按中国人民银行同期同类贷款利率4倍计算；12万元本金的利息计算方式为自2012年6月7日起至本判决生效时止，利率按中国人民银行同期同类贷款利率4倍计算。二、李某春、崔某峰、李某红对上述251万元本金及利息承担连带保证责任。

唐某敏等四人上诉称：1. 本案原告诉讼主体不适格，违反法律的规定，违背唐某敏的真实意思。唐某敏与杨某娟素不相识，从没有任何经济往来，发生经济往来的双方是孙某和唐某敏，起诉状的原告是孙某，让杨某娟成为原告是法官的个人意志，唐某敏未收到过债权人转让债务的通知，本案程序违法，原告主体错误。2. 本案已超过诉讼时效期间，本案借款时间为2011年，而2014年起诉已经超过两年的诉讼时效期间，法院不应受理该案。3. 李某春、崔某峰、李某红不应承担担保责任。该三人与孙某没有经济往来，担保文书没有写明是向孙某承担保证责任，孙某

---

① 本司法解释于2015年9月1日因《最高人民法院关于审理民间借贷案件适用法律若干问题的规定》实施而失效。

与唐某敏之间存在委托贷款的关系，孙某因未将银行贷款办妥，而将钱借给唐某敏以弥补唐某敏的损失，担保文书是为孙某替唐某敏在银行贷款而出具的，因贷款未办成，故该担保行为无效。4. 本案的财产保全程序违法，原审法院在孙某、杨某娟没有提供相应价值担保的情况下，对唐某敏等四人的财产采取保全措施，违反法律规定。5. 唐某敏所借的款项不应承担利息，依据法律规定，自然人之间的借款合同对支付利息没有约定或约定不明的，应视为不支付利息。6. 本案一审合议庭组成违法，一审判决书中载明的张某龙法官已经辞职，一审判决亦应无效。7. 一审认定的借款数额有误，2012 年 6 月 6 日支付的借款本金为 10 万元，一审认定为 12 万元没有证据支持。故请求撤销一审判决，发回重审。

杨某娟答辩称：1. 孙某在起诉后将债权转让给杨某娟，并不违反法律规定，故杨某娟在本案中的诉讼主体地位于法有据。2. 本案借款连续发生，当事人一直催要，故并未超过诉讼时效。3. 李某春等三人出具的担保书在孙某手中，无相反证据证明系其他用途，法院认定李某春等三人系为唐某敏的债务提供担保，并承担连带责任，有事实和法律依据。4. 关于诉讼保全，申请人一审提供了担保物，一审的保全措施并未违法。5. 关于利息部分，借款人应当依据约定支付利息，没有约定的，自到期日开始也应支付利息，该主张请法院依法判定。6. 一审法官张某龙是否辞职不清楚，唐某敏这一主张并无依据。7. 关于欠款数额，原审法院是依据证据认定的，唐某敏主张只收到 10 万元，没有证据支持。故唐某敏的上诉主张没有事实和法律依据。

二审法院认为：

1. 关于杨某娟的诉讼主体资格是否适格的问题。本案一审程序启动后，一审开庭之前孙某将其对唐某敏的债权转让给杨某娟，且一审庭审中合议庭向唐某敏等四人告知了债权转让事宜，故依据《中华人民共和国合同法》第八十条“债权人转让权利的，应当通知债务人。未经通知，该转让对债务人不发生效力”的规定，一审开庭时即发生了债权转让的法律效果，孙某对唐某敏的债权转让给杨某娟，实体权利人的变更导致了请求权权利人的变更和诉讼主体资格的转移，故原审法院将一审原告由孙某更换为杨某娟并无不当。

2. 关于本案诉讼时效的问题。依据《最高人民法院关于审理民事案件适用诉讼时效制度若干问题的规定》第四条“当事人在一审期间未提出诉讼时效抗辩，在二审期间提出的，人民法院不予支持”之规定，唐某敏等四人在一审并未提出诉讼时效抗辩，二审提出已丧失诉讼时效抗辩权，故其该项上诉主张于法无据，不予支持。

3. 关于 2012 年 6 月 6 日借款数额的问题。2012 年 6 月 6 日唐某敏出具的借据载明的金额为 12 万，但其主张实际收款数额为 10 万，在一审庭审中杨某娟的代理人孙某表示扣了2万元利息，依据《最高人民法院关于民事诉讼证据的若干规定》第八条第三款“当事人委托代理人参加诉讼的，代理人的承认视为当事人的承认。但未经特别授权的代理人对事实的承认直接导致承认对方诉讼请求的除外；当事人在场但对其代理人的承认不作否认表示的，视为当事人的承认”及第七十四条“诉讼过程中，当事人在起诉状、答辩状、陈述及其委托代理人的代理词中承认的对己方不利的事实和认可的证据，人民法院应当予以确认，但当事人反悔并有相反证据足以推翻的除外”的规定，对孙艳娟代理人认可12万元中扣了2万元利息的事实予以认定，依据《中华人民共和国合同法》第二百条“借款的利息不得预先在本金中扣除。利息预先在本金中扣除的，应当按照实际借款数额返还借款并计算利息”之规定，二审法院认定2012年6月6日孙某向唐某敏出借款项数额为10万元。

4. 关于利息款如何计算的问题。唐某敏所出具的2011年9月30日、2011年12月19日、2012年1月18日借据，分布载明利率为月利率四分、月利率五分、月利率五分，虽然唐某敏上诉主张不应支付利息，但其对借据的真实性并未提出异议，亦未提供不应支付利息的充分证据，故一审判决按照法律规定予以酌减并无不当，对其该部分上诉主张不予支持。唐某敏2012年6月6日出具的借据，因该份借据并未载明利息，故依据《中华人民共和国合同法》第二百一十一条“自然人之间的借款合同对支付利息没有约定或者约定不明确的，视为不支付利息”的规定，对杨某娟关于该笔借款履行期内的利息主张不予支持。然而，杨某娟在起诉时主张唐某敏还款，唐某敏至今尚未偿还，依据《中华人民共和国合同法》第二百零六条“借款人应当按照约定的期限返还借款。对借款期限没有约定或者约定不明确，依照本法第六十一条的规定仍不能确定的，借款人可以随时返还；贷款人可以催告借款人在合理期限内返还”，及第二百零七条“借款人未按照约定的期限返还借款的，应当按照约定或者国家有关规定支付逾期利息”的规定，唐某敏应当承担逾期还款的责任，故唐某敏应当对本金10万元，按照银行同期同类贷款利率向杨某娟支付利息，计算期间为自原审法院决定立案之次日，即2014年1月22日起至实际履行之日止。

5. 关于李某春等三人是否承担担保责任的问题。因该三人书写的承诺函中明确表示对唐某敏所借款项共同承担偿还责任，故三人对唐某敏所借款项承担连带还款责任的意思表示十分明确。虽然该承诺书并未载明向谁出具，但该证据原件由孙某持有并向法庭提交，且唐某敏等四人未提供证据证明该承诺书系出具给孙某之外的他人，故应当认定李某春等三人与孙某产生对唐某敏所欠债务承担连带担保责任的意思表示，因现孙某将债权转让予杨某娟，依据《中华人民共和国担保法》第二十二条“保证期间，债权人依法将主债权转让给第三人的，保证人在原保证担保的范围内继续承担保证责任”的规定，李某春等三人对唐某敏欠杨某娟的本金及利息承担连带担保责任。原审法院对该项的认定并无不当，依法予以维持。

6. 关于一审诉讼过程中财产保全行为是否违法的问题，因一审中采取的财产保全措施属于执行行为，依据《中华人民共和国民事诉讼法》第一百零八条“事人对保全或者先予执行的裁定不服的，可以申请复议一次。复议期间不停止裁定的执行”，故当事人对该行为有异议的，可以通过复议程序解决，该项请求不属于二审的审理范围。

7. 关于一审合议庭组成是否合法的问题。唐某敏虽主张一审合议庭成员张某龙法官已经辞职，其作出的法律文书无效，但并未提供证据证明合议庭存在违法法定程序的问题，且经二审法院了解，张某龙法官在本案一审审理期间并未辞职，故对唐某敏该项上诉请求不予支持。

二审法院判决如下：

一、撤销吉林省通化市中级人民法院（2014）通中民初字第27号民事判决；

二、唐某敏于本判决生效后7日内偿还杨某娟借款本金249万元及利息（其中227万元本金的利息，自2011年10月15日起至本判决生效时止按中国人民银行同期同类贷款利息的四倍计付；5万元本金的利息，自2011年12月19日起至本判决生效时止按中国人民银行同期同类贷款利息的四倍计付；7万元本金的利息，自2012年1月19日起至本判决生效时止按中国人民银行同期同类贷款利息的四倍计付；10万元本金的利息，自2014年1月22日起至实际履行之日止按中国人民银行同期同类贷款利息计付）；

三、李某春、崔某峰、李某红对上述249万元本金及利息承担连带保证责任；

四、驳回唐某敏的其他诉讼请求。

◎ 点评

本案的争议焦点之一是借款人、保证人在一审未提出诉讼时效抗辩，在二审提出是否应当支持。诉讼时效是指权利人于一定期间内不请求人民法院保护其民事权利，人民法院对其民事权利不再予以保护的法律制度。诉讼时效制度的意义是让权利人及时行使权利，因为经过较长时间后支持权利人的请求会破坏现有社会秩序和关系。

民间借贷审理实务中，借款人针对出借人的还款请求经常抗辩已过诉讼时效。法院对此应当仔细审查双方证据并结合案件事实作出判定。需要注意的情况是，借款人或保证人在一审未抗辩出借人诉讼请求已过诉讼时效，但在二审期间提出。上述情况发生的主要原因或者是借款人或保证人法律知识的缺乏，或者是主观疏忽。对此，《最高人民法院关于审理民事案件适用诉讼时效制度若干问题的规定》（法释〔2008〕11 号）第四条规定："当事人在一审期间未提出诉讼时效抗辩，在二审期间提出的，人民法院不予支持，但其基于新的证据能够证明对方当事人的请求权已过诉讼时效期间的情形除外。"因此，借款人或担保人一审期间未提出诉讼时效抗辩而在二审提出的，法院不会支持，例外的情况是有新证据足以证明出借人的诉讼请求已过诉讼时效期间。

本案借款人和担保人一审期间并未提出诉讼时效抗辩，但在二审提出，由于其没有提供新的证据进行证明，故二审法院没有支持其抗辩。本案例提醒了民间借贷中的借款人和保证人，如果出借人的还款请求已经诉讼时效，应当于一审期间进行抗辩，否则即使其在二审提出诉讼时效抗辩也不会获得法院支持。

另外需要注意的是债权转让情形下诉讼时效如何中断。《最高人民法院关于审理民事案件适用诉讼时效制度若干问题的规定》（法释〔2008〕11 号）第十九条第一款规定："债权转让的，应当认定诉讼时效从债权转让通知到达债务人之日起中断。"本案出借人孙某于 2014 年 2 月 26 日将债权转让给杨某娟，故从债权转让通知到达借款人之日起诉讼时效中断。当然，本案债权转让转让人孙某和受让人杨某娟并未向借款人发出债权转让通知，直到开庭审理时才告知。

◎ 法条链接

1.《最高人民法院关于审理民事案件适用诉讼时效制度若干问题的规定》（法释〔2008〕11 号）

第四条　当事人在一审期间未提出诉讼时效抗辩，在二审期间提出的，人民法院不予支持，但其基于新的证据能够证明对方当事人的请求权已过诉讼时效期间的情形除外。

当事人未按照前款规定提出诉讼时效抗辩，以诉讼时效期间届满为由申请再审或者提出再审抗辩的，人民法院不予支持。

第十九条　债权转让的，应当认定诉讼时效从债权转让通知到达债务人之日起中断。

债务承担情形下，构成原债务人对债务承认的，应当认定诉讼时效从债务承担意思表示到达债权人之日起中断。

第二章

民间借贷合同效力纠纷

导　言

合同有效与合同无效的法律后果截然不同。合同有效，当事人应当依照合同约定履行义务和享有权利，如果一方当事人违约，对方当事人可以诉请法院判令其承担违约责任。合同无效，合同约定的权利和义务对当事人无法律约束力，由此造成的损失依当事人的过错程度进行分担。《合同法》第五十八条规定："合同无效或者被撤销后，因该合同取得的财产，应当予以返还；不能返还或者没有必要返还的，应当折价补偿。有过错的一方应当赔偿对方因此所受到的损失，双方都有过错的，应当各自承担相应的责任。"就民间借贷合同而言，合同有效与无效的法律后果的最大区别是前者出借人可以诉请法院判令借款人依约支付利息（前提是约定的利息符合法律规定），而后者出借人只能获得借款人对其损失的赔偿。从法院的审判案例来看，民间借贷合同被判定无效，出借人的损失赔偿标准一般是出借资金被借款人占用期间的利息损失（以本金为基数按中国人民银行同期贷款利率计付利息），这与民间借贷双方约定的高额利息差距很大。另外，如果出借人对合同无效也有过错，其还要分担自己的损失。因此，民间借贷合同无效通常对出借人不利。当然，这些论述只针对一般情况，具体到个案差别难免。本章讨论民间借贷合同的效力和由民间借贷衍生出的其他合同的效力（不包括担保合同的效力问题），主要涉及以下问题：

1. 自然人之间的借款合同何时生效？自然人之间的借款合同为实践性合同，自出借人提供借款时生效，因此，自然人之间即使达成借贷合意，如果出借人未实际提供借款，借款合同不生效。除自然人之间的借款合同外，当事人主张民间借贷合同自合同成立时生效的，人民法院应予支持，但当事人另有约定或者法律、行政法规另有规定的除外。

2. 企业之间的民间借贷合同效力如何认定？企业之间的民间借贷合同如果是为了生产、经营需要订立，除存在《合同法》第五十二条、《最高人民法院关于审理民间借贷案件适用法律若干问题的规定》第十四条规定的情形外，当事人主张民间借贷合同有效的，人民法院应予支持。

3. 借款人的借贷行为被生效判决认定构成犯罪，民间借贷合同是否无效？借款人的借贷行为涉嫌犯罪，或者已经生效的判决认定构成犯罪，当事人提起民事诉讼的，民间借贷合同并不当然无效。人民法院应当根据合同法第五十二条、《最高人民法院关于审理民间借贷案件适用法律若干问题的规定》（法释〔2015〕18号）第十四条之规定，认定民间借贷合同的效力。

4. 未经村民会议讨论决定，村委会签订的借款合同是否无效？《村民委员会组织法》第二十四条规定，以借贷、租赁或者其他方式处分村集体财产应当经村民会议讨论决定。但是，该规定是为了对村委会的行为进行规范管理，是管理性强制性规定，并非效力性强制性规定。该条也没有明确规定未经村民会议讨论决定的借款合同无效。因此，除非存在合同法第五十二条、《最高人民法院关于审理民间借贷案件适用法律若干问题的规定》（法释〔2015〕18号）第十四条关于合同无效的情形，未经村民会议讨论决定，村委会签订的借款合同有效。

5. 民间借贷合同上的公章不是工商备案章，是否有效？民间借贷合同上的公章未进行工商备案，如果能证明是公司实际使用的公章，应当具有法律效力。

6. 单位内部通过借款形式向职工筹集资金，用于本单位的生产、经营，如何处理？法人或者其他组织在本单位内部通过借款形式向职工筹集资金，用于本单位生产、经营，且不存在合同法第五十二条、《最高人民法院关于审理民间借贷案件适用法律若干问题的规定》（法释〔2015〕18号）第十四条规定的情形，当事人主张民间借贷合同有效的，人民法院应予支持。

7. 民间借贷当事人在债务已届清偿期后约定以物抵债，但未办理物权转移手续，如何认定以物抵债协议的效力？债务清偿期届满后当事人达成以物抵债协议，在尚未办理物权转移手续前，债务人或第三人反悔不履行抵债协议，债权人要求继续履行抵债协议或要求确认所抵之物的所有权归自己的，人民法院应驳回其诉讼请求。但经释明，当事人要求继续履行原债权债务合同的，人民法院应当继续审理。

8. 民间借贷合同到期后，双方签订商品房买卖合同并以借款转为购房款，商品房买卖合同是否有效？当事人以签订买卖合同作为民间借贷合同的担保，借款到期后借款人不能还款，出借人请求履行买卖合同的，人民法院应当按照民间借贷法律关系审理，并向当事人释明变更诉讼请求。当事人拒绝变更的，人民法院裁定驳回起诉。但是，民间借贷合同到期后，双方签订商品房买卖合同并以借款转为购房款，民间借贷双方当事人的关系已经转为商品房买卖合同法律关系，除非存在无效或可撤销的情形，应当认定合同有效，并支持履行合同的请求。

6. 自然人之间的借款合同何时生效？

——严某汶与唐某强民间借贷纠纷再审案[①]

裁判要旨

自然人之间的借款合同为实践性合同，自出借人提供借款时生效，因此，自然人之间即使达成借贷合意，如果出借人未实际提供借款，借款合同不生效。除自然人之间的借款合同外，当事人主张民间借贷合同自合同成立时生效的，人民法院应予支持，但当事人另有约定或者法律、行政法规另有规定的除外。

◎ 基本案情

2009年9月14日，严某汶作为甲方，唐某强作为乙方，株洲景熙房地产开发有限公司（以下简称景熙公司）为担保方，签订借款协议，约定："1. 乙方向甲方借人民币580万元整；2. 借款期限：从2009年9月14日至2009年10月30日，时间为46天；3. 借款利息：每月利息按借款总额×百分之二计算。每月14日支付利息11.6万整，月结月清；4. 乙方以自己所有财产作抵押，担保方以公司现有房地产和财产作担保。……10. 乙方如违反上述条款中的任何一条，则算违约，乙方和担保方在偿还甲方借款本息的同时，同意赔偿甲方借款总额30%的违约金。"同时，唐某强出具借条一张："今借到严某汶人民币伍佰捌拾万元整（580.00万）详见借款协议借款人：唐某强担保人：景熙房产（公章）2009年9月14日前面借据作废，以此借条为准"。唐某强在借款期限到期后，除还利息46.8万元外，未偿还借款本金。

2010年4月15日，严某汶以"被告唐某强因资金周转困难向其借款580万元逾期未还，株洲景熙房地产开发有限公司作为担保方对此借款本金、利息、违约金及损失承担担保责任"为由，向湖南省株洲市中级人民法院起诉，请求判令：1. 两被告向原告偿还借款本金580万元；2. 两被告向原告支付违约金174万元；3. 两被告向原告支付利息17.4万元（一个半月）等。

---

① 湖南省株洲市中级人民法院（2015）株中法民一再初字第1号

◎ 法院审理

唐某强、景熙公司辩称：2008 年实际借款本金只有312 万元，即含原告向景熙公司股东马某娣出借的200 万元，及原告转据马某娣向曹某借款100 万元和利息12 万元，合计312 万元。由于被告方一直没有偿还利息和本金，到2009 年9 月14 日，将借款本金和拖欠的利息全部作为本金合计为580 万元，580 万元没有实际支付而是转据，且约定利息超出银行贷款利率4 倍，应予核减。同时提供银行转账凭证，证明其已支付利息款46.8 万元。

审理法院认为本案争议焦点是：一、本案借款本金的认定问题，即借款本金为580 万元还是312 万元？二、本案争议的借款利息应该如何合法计算？

自然人之间的借贷合同系实践性合同，人民法院审查民间借贷纠纷案件的原则是："借贷合意（借据、协议等）" + "借贷事实（实际出借款项的收条、转账凭证等）"。根据《中华人民共和国合同法》第二百一十条的规定，自然人之间的借款合同，自贷款人提供借款时生效。又按《最高人民法院关于民事诉讼证据若干规定》第五条第一款的规定，在合同纠纷案件中，主张合同关系成立并生效的一方当事人对合同订立和生效的事实承担举证责任。因此，本案原审原告严某汶对涉案借贷合同的成立并生效负举证责任。涉案借条系借贷双方形成借贷合意的凭证，但在借款人对借贷事实的发生提出抗辩，且人民法院对借贷事实产生不可排除合理怀疑时，出借人还应提交其他证据印证本案借贷事实是否实际发生。故本案出借人严某汶要求唐某强偿还借款本息，应对是否形成借贷合意及是否已将款项实际交付给借款人的借贷事实承担举证责任。

一、关于本案借款本金的认定

本案双方争议借款本金为580 万元或312 万元。从出借人原审原告严某汶自述来看，即其陈述："本案争议本金不是312 万元，截至2008 年9 月为止本金应是461 多万元（具体不记得），通过现金和转账支付，剩下119 万元为（付给曹某）现金89 万元，其余是利息，即本金461 万元按两分利率每月9 万元共13 个月的利息组成。总之，借据上的580 万元是由现金、转账、利息计算所得。"故本案涉案借条载明金额为580 万元可认定由以下三部分组成：

组成部分一：原审被告唐某强受让原审原告严某汶其他债权债务的转让部分。对此部分借款经过双方基本不持异议。即在涉案580 万元的借条中，双方均认可部分金额系源于唐某强受让案外人马某娣和曹某二人与严某汶发生的债务转让，法院确认该债务转让部分为涉案借款本金组成部分之一。其具体金额，据原审原告的陈述，对出借给马某娣的本金记不太清（是从2007 年10 月份开始借的）；对马某娣借曹某100 万元加12 万元（息）无异议。而据原审被告唐某强的陈述，系"由严某汶于2008年9月2日向景熙公司股东马某娣出借的200万元，及其后又转据马某娣向曹某借款本金100万元和利息12万元，合计借款本金为312万元。”再结合马某娣本人向公证部门出具的《证明材料》陈述：“本人于2009年9月在严某汶处借人民币200万元；在曹某处借100万元。本人证明以上两笔借款，其他借款与我无关。综上，唐某强应给严某汶偿还本金300万元。”故综合本案上述证据，可确认原审被告受让原审原告对马某娣和曹某的债权债务转让金额合计为马某娣的200万元及曹某112万元，合计312万元的债权债务转让款，应认定为涉案借条580万元中本金组成部分之一。

组成部分二：原审原告陈述主张涉案借条金额580万元尚包括“支付现金89万元”，即现金组成部分。此属个人民间借贷中的“大额现金交付”问题，人民法院审查原则主要是对“借贷事实”的审查。按《合同法》第二百一十条的规定，自然人之间的借款合同，自贷款人提供借款时生效；《最高人民法院关于依法妥善审理民间借贷纠纷案件促进经济发展维护社会稳定的通知》（〔2011〕336号）第七条规定，“人民法院在审理民间借贷纠纷案件过程中，对现金交付的借贷，可根据交付凭证、支付能力、交易习惯、借贷金额的大小等因素综合判断”；《最高人民法院关于审理民间借贷案件适用法律若干问题的规定（征求意见稿）》（2013年10月发布）第十八条［民间借贷事实的审查］人民法院审理民间借贷案件，应当根据借贷金额大小、款项交付等因素，综合判断借贷事实是否发生。”此外，最高人民法院民一庭《民事审判指导与参考2012年第1辑（总第49辑）》也明确了，“三、关于借贷证据的认定问题。较大金额以上的民间借贷关系，应当结合借据、银行资金往来的交付证据等材料予以综合认定；对于本金的认定。债权人主张现金交付、有借据没有交付证明的，应提供履行合同交付义务的证明。”因此，民间借贷关系中较大金额以上的现金交付的事实，出借人负有提供交付凭证以对借贷事实证明义务。由于本案借款人唐某强对涉案借款580万元中超出312万之外部分的金额提出了异议，即认为该部分金额并未实际现金交付，系计算高额利息所得，不属借款本金。依上述法律及最高法院司法政策精神规定，原审原告应对其陈述主张的“89万”大额借款是否现金交付，应进一步补证提供相关支付凭证，以印证该部分金额的借贷事实是否实际发生。本案原审原告虽提交的《借款协议》和《借条》形式完备，仅为借款合意，但原审原告未能提供相关交付凭证证明其陈述主张的“89万”大额借款以现金交付的事实。借款人原审被告虽未否定580万元借条的真实性，但对超出312万的部分又提出合理异议，且又进一步举证马某娣证明原审被告受让其债务金额共为300万元，出借人应就该部分大额现金交付的事实继续举证，且应形成完整的证据链，达到令人确信的程度，该部分债权请求权尚可得到支持。否则应承担该部分借款本金举证不能的不利后果。且双方在本案有银行转账的交易习惯。故本案只能认定原审原告主张的涉案580万元借款组成部分之一的“含包括支付89万现金”，尚不能认定该部分大额现金已经实际交付给借款人的借贷事实的发生。

组成部分三：原审原告陈述主张涉案借条580万元中含的利息计算所得部分。原审被告对此事实未予否认，法院予以确认。

总之，本案原审原告对于其主张的580万元借款，未能全部提供出具有银行转账凭证或其他支付凭证加以佐证，故仍不足以认定涉案借款580万元全部实际交付的借款事实发生。但综合全案事实和证据的分析，确定本案借款本金以出借人原审原告严某汶在本案申诉复查期间自认的出借的借款本金416万元为宜，此外的金额应为利息计算所得组成。故原审被告负有在约定还款期限内依法承担偿还有效借款本金和合法利息的民事责任。原审被告景熙公司作为担保人，未能依保证责任归还借款本息，依法应承担连带保证责任，其承担保证责任后，有权向债务人追偿。

二、对于本案原审原告主张的逾期利息和违约金的认定

本案原审原告既主张逾期利息又主张了违约金，法院将按在本金确定后，实际利率折算后以不超过中国人民银行规定的同期同类贷款基准利率的4倍计息支付。

综上，原审原告主张涉案借款为580万元的债权部分有借贷事实，部分因未实际交付而无借贷事实发生，属利息计算所得，故原审原告的债权主张部分成立，审理法院予以部分支持。

法院判决如下：

一、撤销法院（2010）民一初字第8号民事调解书；

二、唐某强在本判决生效之日起10日内偿付严某汶借款本金416万元及利息。（利息从2009年9月14日起，按照中国人民银行同期贷款基准利率的4倍开始计算：（一）2009年9月14日至2010年9月14日期间的利息折算后应抵扣已经偿还的46.8万元；（二）2010年9月14日至2013年10月11日期间的利息折算后应抵扣法院已执行的600万元，超出部分冲抵借款本金；（三）2013年10月11日之后的利息按照中国人民银行同期贷款基准利率的4倍计算至本息付清之日止。）

三、如被告唐某强不能在上述期限内偿还借款本息，由株洲景熙房地产开发有限公司承担连带清偿责任。株洲景熙房地产开发有限公司承担担保责任后，有权在承担保证责任范围内向唐某强追偿。

四、驳回严某汶的其他诉讼请求。

◎ 点评

本案所涉借款合同的双方主体是自然人，故需认定双方的借款合同是否生效。《合同法》将自然人之间的借款合同认定为实践性合同，特别规定自贷款人（出借

人）提供借款时生效，而将自然人与企业之间、企业与企业之间、金融机构与其他主体之间订立的借款合同认定为诺成性合同。《合同法》作出上述区别规定主要是因为日常生活中自然人之间的借款通常具有互助性质，不以利息获取为主要目的，经常是交付出借款项时书写收条等债权债务凭证。另外，如果自然人之间订立了借款合同，一方不履行合同，也不宜强迫其提供借款。至于自然人与企业之间、企业与企业之间、金融机构与其他主体之间订立的借款合同商事属性较强，通常以利息获取为目的，主体的专业水平和风险意识较高，诚信要求也较高，故借款合同成立时即生效。《最高人民法院关于审理民间借贷案件适用法律若干问题的规定》（法释〔2015〕18 号）第十条规定："除自然人之间的借款合同外，当事人主张民间借贷合同自合同成立时生效的，人民法院应予支持，但当事人另有约定或者法律、行政法规另有规定的除外。"该司法解释与《合同法》的立法精神一致。据此，法院审理自然人之间的民间借贷案件首先要查明出借人是否向借款人提供借款以及具体的借款金额。

本案出借人提供的借条记载借款金额为 580 万元，其主张其中的 89 万元是现金交付，但借款人予以否认，认为出借人根本没有向其提供这部分借款。所谓的现金交付的 89 万元实际上是高利息。由于出借人未能提供确切的证据证明上述 89 万元实际交付给借款人，审理法院并没有支持该部分的偿还请求。

本案给予我们的启示是：自然人之间的民间借贷，即使出借人有借款合同，如果不能证明已经向借款人实际交付借款及具体的借款金额，通常也难以获得法院支持。因此，出借人应当尽可能选择转账交付借款资金，如果是现金交付，也应当要求借款人向其出具收据，以免将来发生争议时因证据不足无法维护自己的合法权益。

◎ 法条链接

1.《合同法》

第二百一十条 自然人之间的借款合同，自贷款人提供借款时生效。

2.《最高人民法院关于审理民间借贷案件适用法律若干问题的规定》（法释〔2015〕18 号）

第十条 除自然人之间的借款合同外，当事人主张民间借贷合同自合同成立时生效的，人民法院应予支持，但当事人另有约定或者法律、行政法规另有规定的除外。

3.《最高人民法院关于依法妥善审理民间借贷纠纷案件促进经济发展维护社会稳定的通知》（法〔2011〕336 号）

七、注意防范、制裁虚假诉讼。人民法院在审理民间借贷纠纷案件过程中，要依法全面、客观地审核双方当事人提交的全部证据，从各证据与案件事实的关联程度、各证据之间的联系等方面进行综合审查判断。对形式有瑕疵的"欠条"或者

"收条"，要结合其他证据认定是否存在借贷关系；对现金交付的借贷，可根据交付凭证、支付能力、交易习惯、借贷金额的大小、当事人间关系以及当事人陈述的交易细节经过等因素综合判断。发现有虚假诉讼嫌疑的，要及时依职权或者提请有关部门调查取证，查清事实真相。经查证确属虚假诉讼的，驳回其诉讼请求，并对其妨害民事诉讼的行为依法予以制裁；对于以骗取财物、逃废债务为目的实施虚假诉讼，构成犯罪的，依法追究刑事责任。

7. 企业之间的民间借贷合同效力如何认定？

——丰禾农业（福建）有限公司与福安市悦达电机电器有限公司等民间借贷纠纷案①

裁判要旨

企业之间的民间借贷合同如果是为了生产、经营需要订立，除存在《合同法》第五十二条、《最高人民法院关于审理民间借贷案件适用法律若干问题的规定》第十四条规定的情形外，当事人主张民间借贷合同有效的，人民法院应予支持。

◎ 基本案情

2013年5月27日，被告福安市悦达电机电器有限公司因急需筹措生产经营流动资金，向原告丰禾农业（福建）有限公司借款550万元，双方签订一份《借款合同》，合同约定：借款期限3个月，即从2013年5月27日起至2013年8月26日止，月息3%，逾期增加罚息1.5%。并由被告福建悦达电机集团有限公司、陈某祥对借款承担担保责任。

还款期限届满后，被告福安市悦达电机电器有限公司拒不履行还款责任，丰禾农业（福建）有限公司请求法院依法判决被告福安市悦达电机电器有限公司立即返还借款550万元及利息（暂定90万）（月利率按3%和罚息1.5%，从2013年5月27日起算至实际还款之日止），被告福建悦达电机集团有限公司、陈某祥对本案550万借款的本息承担连带清偿责任。三被告共同赔偿原告其他损失费用10万元（包括律师代理费、差旅费等）。

---

① 福建省宁德市中级人民法院民事判决书（2014）宁民初字第253号

◎ 法院审理

根据各方当事人的诉辩意见，法院确认本案的争议焦点是：一、本案借款合同效力如何认定。二、被告目前尚欠原告本金多少及应按多少利率支付利息。三、原告主张的其他损失费用10万元是否应当支持。

一、关于合同效力问题

原告认为，本案的借款合同合法有效，应受法律保护。首先，2013年9月26日，最高人民法院副院长奚晓明在全国法院商事审判工作座谈会上就《商事审判中的几个法律适用问题》的讲话中关于企业间借贷的问题指出："对不具备从事金融业务资质的企业之案件，为生产经营需要所进行的临时性资金拆借行为，如提供资金的一方并非以资金融通为常业，不属于违反国家金融管制的强制性规定的情形，不应认定借款合同无效。"其次，本案原告不是从事金融业，更不是以"经营放贷业务、以放贷收益作为企业主要利润来源的"。原告之所以将企业资金借贷给被告，是因为被告福安市悦达电机电器有限公司因筹措生产流动资金且又急需返还农行贷款，遂向原告借款并声称款项挪借数日待农行款项放贷后，即返还原告款项，但被告借款后一直没有返还原告款项。随后又要求原告将款临时借给使用三个月，并支付相应利息。

被告认为原告没有金融借贷资质，按照法律规定，原告已经超出其经营范围，因此被告认为本案借款合同是无效合同。

法院认为，本案借款合同系双方真实意思表示，未违反法律、行政法规的强制性规定，且本案亦无证据证实原告是从事金融业或经营放贷业务并以放贷收益作为企业主要利润来源，因此，本案的借款合同应认定为有效。

二、被告目前尚欠原告本金多少及应按多少利率支付利息

原告主张其于2013年5月6日分别汇款100万和250万给被告，2013年5月27日汇款200万元给被告，上述款项合计550万元。被告借款后仅于2014年1月23日支付60万元利息。

被告对其向原告借款550万元的事实没有异议，但抗辩认为其从2013年6月27日开始每月支付247,500元利息总共支付5个月，合计1,237,500元。上述利息都是通过福安市悦达电机电器有限公司出纳账户支付给原告的关联企业三禾电机的出纳陈某光。后又于2014年1月23日再一次性支付60万元利息给原告，因此原告主张的利息过高，应按照2%的利率计算利息后将多余部分抵扣本金。

原告认可其在2014年1月23日有收取被告福安市悦达电机电器有限公司支付的60万元利息，对其余款项的支付不予认可，其主张实际并不存在三禾电机公司，仅存在国有企业三禾电器（福建）有限公司，陈某光是这个公司的技术员，而非原告公司员工，被告是否有向陈某光支付款项原告不清楚。

法院认为，被告福安市悦达电机电器有限公司主张其支付给陈某光的1,237,500元是支付给原告的利息，但对该主张被告未提供证据予以证实，且原告不予认可，对于该事实法院不予认定。关于被告主张的2014年1月23日支付给原告60万元利息的事实，双方均无异议，法院予以确认。

三、原告主张的其他损失费用10万元是否应当支持

原告主张其存在其他损失费用10万元，但对此并未予以举证证实。

法院认为，原告对自己的主张有义务举证予以证实，原告对自己的主张未提供相应证据予以证实，应承担举证不能的法律后果，对其该项主张，法院不予支持。

综上所述，法院认为，2013年5月27日，原告与三被告签订《借款合同》，合同约定被告福安市悦达电机电器有限公司向原告借款550万元，被告福建悦达电机集团有限公司与陈某祥对该笔借款提供连带保证责任。该《借款合同》系双方真实意思的表示，并未违反法律、行政法规的强制性规定，应属合法有效。但该《借款合同》确定的月利率3%过高，法院酌情调整为月利率2%，原告已履行出借款项的义务，被告福安市悦达电机电器有限公司借款后仅支付60万元利息，尚欠借款本金及利息未偿还，应承担还款义务，但在其偿还的款项中应扣除该60万元，被告福建悦达电机集团有限公司与陈某祥应承担连带保证责任。据此，法院判决如下：

一、被告福安市悦达电机电器有限公司应于本判决生效之日起15日内返还原告丰禾农业（福建）有限公司人民币550万元及利息（利息按月利率2%计算，自2013年5月27日起至实际还款之日止，计算的利息应扣除人民币60万元）。

二、被告福建悦达电机集团有限公司、陈某祥对上述债务承担连带偿还责任。

三、驳回原告福安市悦达电机电器有限公司其他诉讼请求。

◎ 点评

长期以来，我国司法实践中一直将企业之间的资金借贷合同认定为无效，主要理由是依据《最高人民法院关于审理联营合同纠纷案件若干问题的解答》（1990年11月12日）、《贷款通则》（中国人民银行1996年6月28日）、《最高人民法院关于对企业借贷合同借款方逾期不归还借款的应如何处理问题的批复》（1996年9月23日）、《中国人民银行关于对企业借贷问题的答复》（银条法〔1998〕13号）等规定，企业之间相互借贷破坏我国金融秩序，违反禁止性规定，损害社会公共利益。此种观点和判决的根本原因是我国金融行业的高度垄断体制。

自2013年2月党的十八届二中全会召开以来，围绕全面深化改革的主题，我国各领域市场化改革加快，这也包括金融行业。此种市场化改革的大潮也影响到司法审判。2013年9月，前最高人民法院副院长奚晓明在全国法院商事审判工作座谈会上作报告（《当前商事审判中需要注意的几个法律适用问题》），明确指出“在商

事审判中，对于企业间借贷，应当区别认定不同借贷行为的性质与效力。对不具备从事金融业务资质，但实际经营放贷业务、以放贷收益作为企业主要利润来源的，应当认定借款合同无效。在无效后果的处理上，因借贷双方对此均有过错，借款人不应当据此获得额外收益。根据公平原则，借款人在返还借款本金的同时，应当参照当地的同期同类贷款平均利率的标准，同时返还资金占用期间的利息。对不具备从事金融业务资质的企业之间，为生产经营需要所进行的临时性资金拆借行为，如提供资金的一方并非以资金融通为常业，不属于违反国家金融管制的强制性规定的情形，不应当认定借款合同无效”。自此，司法实践对企业之间的资金借贷合同效力的认定出现松动，有法院开始认定此类合同有效。

2015 年 8 月 6 日，《最高人民法院关于审理民间借贷案件适用法律若干问题的规定》公布实施。该规定根据市场化改革的大背景和经济发展的客观需要，明确了企业之间的借贷合同效力认定标准。其第十一条规定：“法人之间、其他组织之间以及它们相互之间为生产、经营需要订立的民间借贷合同，除存在合同法第五十二条、本规定第十四条规定的情形外，当事人主张民间借贷合同有效的，人民法院应予支持。”据此，企业之间的借贷合同不得一律认定无效，而要按如下标准考察：第一，是否为生产、经营需要订立民间借贷合同。第二，是否存在《合同法》第五十二条规定的合同无效情形：（一）一方以欺诈、胁迫的手段订立合同，损害国家利益；（二）恶意串通，损害国家、集体或者第三人利益；（三）以合法形式掩盖非法目的；（四）损害社会公共利益；（五）违反法律、行政法规的强制性规定。第三，是否存在该规定第十四条规定的合同无效情形：（一）套取金融机构信贷资金又高利转贷给借款人，且借款人事先知道或者应当知道的；（二）以向其他企业借贷或者向本单位职工集资取得的资金又转贷给借款人牟利，且借款人事先知道或者应当知道的；（三）出借人事先知道或者应当知道借款人借款用于违法犯罪活动仍然提供借款的；（四）违背社会公序良俗的；（五）其他违反法律、行政法规效力性强制性规定的。

就本案而言，被告福安市悦达电机电器有限公司向原告丰禾农业（福建）有限公司借款 550 万元用于补充生产经营流动资金，不是用作他途，也不符合《合同法》和《最高人民法院关于审理民间借贷案件适用法律若干问题的规定》（法释〔2015〕18 号）关于合同无效的规定，故他们之间的借款合同有效。

◎ 法条链接

1.《最高人民法院关于审理民间借贷案件适用法律若干问题的规定》（法释〔2015〕18 号）

第十一条 法人之间、其他组织之间以及它们相互之间为生产、经营需要订立的民间借贷合同，除存在合同法第五十二条、本规定第十四条规定的情形外，当事人主张民间借贷合同有效的，人民法院应予支持。

第十四条 具有下列情形之一，人民法院应当认定民间借贷合同无效：

（一）套取金融机构信贷资金又高利转贷给借款人，且借款人事先知道或者应当知道的；

（二）以向其他企业借贷或者向本单位职工集资取得的资金又转贷给借款人牟利，且借款人事先知道或者应当知道的；

（三）出借人事先知道或者应当知道借款人借款用于违法犯罪活动仍然提供借款的；

（四）违背社会公序良俗的；

（五）其他违反法律、行政法规效力性强制性规定的。

第二十六条 借贷双方约定的利率未超过年利率24%，出借人请求借款人按照约定的利率支付利息的，人民法院应予支持。

借贷双方约定的利率超过年利率36%，超过部分的利息约定无效。借款人请求出借人返还已支付的超过年利率36%部分的利息的，人民法院应予支持。

2.《合同法》

第五十二条 有下列情形之一的，合同无效：

（一）一方以欺诈、胁迫的手段订立合同，损害国家利益；

（二）恶意串通，损害国家、集体或者第三人利益；

（三）以合法形式掩盖非法目的；

（四）损害社会公共利益；

（五）违反法律、行政法规的强制性规定。

第二百零六条 借款人应当按照约定的期限返还借款。对借款期限没有约定或者约定不明确，依照本法第六十一条的规定仍不能确定的，借款人可以随时返还；贷款人可以催告借款人在合理期限内返还。

第二百零七条 借款人未按照约定的期限返还借款的，应当按照约定或者国家有关规定支付逾期利息。

3.《担保法》

第十八条 当事人在保证合同中约定保证人与债务人对债务承担连带责任的，为连带责任保证。

连带责任保证的债务人在主合同规定的债务履行期届满没有履行债务的，债权人可以要求债务人履行债务，也可以要求保证人在其保证范围内承担保证责任。

8. 借款人的借贷行为被生效判决认定构成犯罪，民间借贷合同是否无效？

——温州市靖宇实业有限责任公司诉邵某德等民间借贷纠纷上诉案①

裁判要旨

借款人的借贷行为涉嫌犯罪，或者已经生效的判决认定构成犯罪，当事人提起民事诉讼的，民间借贷合同并不当然无效。人民法院应当根据合同法第五十二条、《最高人民法院关于审理民间借贷案件适用法律若干问题的规定》（法释〔2015〕18号）第十四条之规定，认定民间借贷合同的效力。

◎ 基本案情

2008年12月11日，周某宇向邵某德借款200万元，并出具一份《借款借据》，约定借款期限为2008年12月11日至2009年1月9日，未书面约定利息，周某宇、温州市靖宇实业有限责任公司（以下简称靖宇公司）在“借款人”处签字盖章，温州经济技术开发区龙湾园区社区卫生服务中心（以下简称卫生服务中心）在“承保人”处盖章，并注明“今有周某宇向邵某德借款贰百万元，以医院担保”。上述协议签订后，邵某德分别于2008年12月5日向狄某红汇款90万元、2008年12月23日以转账本票的形式支付李某华62万元、2009年5月6日汇给狄某红44万元，另有4万元以信用卡刷卡方式支付，共计200万元。

2008年12月16日，周某宇向邵某德借款100万元，该笔款项已经过（2009）温永商初字第292号民事判决书认定，最终判决金额为95万元。

上述300万元借款之后，周某宇陆续还款785,000元，邵某德于2011年1月21日、4月22日两次在龙湾××××大队均承认周某宇尚欠其2,215,000元；2011年11月21日，周某宇在结算单上写明：“对未还款2,215,000元无异议，但前面的款项是往来款，不承认是借款，只承认最后借款3,000,000元，归还785,000元，

---

① 浙江省温州市中级人民法院民事判决书（2014）浙温商终字第1175号

属朋友关系”，邵某德在段末写明：“同意周某宇意见”。

2013 年 2 月 21 日，经（2012）温龙刑初字第 918 号刑事判决书认定，邵某德为该非法吸收公众存款案的受害人之一，认定周某宇“向邵某德吸收资金 3,000,000 元，已归还 785,000 元”。另查明，邵某德在（2012）温龙刑初字第 918 号刑事案件判决后，于 2013 年 5 月 13 日收回本金 12 万元。

2013 年 10 月 14 日，邵某德向原审法院提起诉讼，请求判令：1. 周某宇、靖宇公司共同偿还邵某德 200 万元及利息（自 2009 年 1 月 9 日起至实际履行完毕之日止按月利率 1.8% 计算）；2. 卫生服务中心对上述债务承担连带清偿责任。

周某宇在原审中辩称：1. 该笔 200 万元借款不是周某宇个人借款而是靖宇公司借款，是为购买公司厂房所借，该款项直接汇给公司财务，该事实在龙湾区公安局对周某宇立案侦查后就已证明；2. 周某宇已经偿还给邵某德的款项，具体在周某宇提供的证据中予以列明；3. 周某宇在借条上加盖公章是周某宇个人犯罪行为，该事实龙湾区人民法院（2012）温龙刑初字第 918 号刑事判决书，已将邵某德列为被害人，故而再行起诉没有法律依据，请求驳回邵某德的诉讼请求。

靖宇公司在原审中辩称：1.（2012）温龙刑初字第 918 号刑事判决书已经发生法律效力，在判决书第三页明确罗列了周某宇向邵某德非法吸收公众存款的事实，证明本案借款是周某宇个人行为而不是公司行为；2. 如果该借款为靖宇公司向邵某德借款，那么根据相关法律规定，应当裁定驳回起诉并移交公安机关审理。周某宇在靖宇公司占有 10% 股份，陈某占 90% 股份，陈某有外债 3 亿多，周某宇有外债 2 亿多，现陈某已经同意将其 20% 股份让给债权人重组靖宇公司，但陈某的债权人本身就是受害者，无法承担本案的法律后果。

卫生服务中心在原审中未作答辩。

◎ 法院审理

原审法院认为，本案争议的焦点有三：一、借款人是谁；二、借款合同是否有效；三、卫生服务中心承担多少的责任。具体阐述如下：

一、借款人是周某宇。尽管《借款借据》上靖宇公司在“借款人”处盖章，但无论是邵某德在龙湾区公安局经侦大队的两次询问笔录，还是与周某宇在结算单上的确认，都明确表示是周某宇尚欠其款项，（2012）温龙刑初字第 918 号刑事判决书亦将双方之间的 300 万元借款认定为周某宇个人非法吸收公众存款的犯罪行为，因此，为保证民事判决与刑事判决的统一性，本案借款关系的相对人是邵某德与周某宇。靖宇公司在《借款借据》的“借款人”处盖章，使邵某德对债务人的偿还能力产生信赖，邵某德支付的借款中有 134 万亦是汇入公司员工狄某红的账户，因此靖宇公司在该非法吸存的过程中存在过错，虽未被认定构成共同犯罪，仍应对周某宇上述债务的偿还承担民事上的补充赔偿责任。

二、《借款借据》因涉嫌非法吸存犯罪，借款合同应认定为无效，周某宇应当返还所取得的财产。至于邵某德请求的利息，由于借贷合同无效，利息约定自然同时归于无效，为与刑事退赔认定标准保持统一性，同时考虑非法吸存类案件参与者损失自负的处置原则，本案合同无效返还责任应限于本金损失，邵某德基于无效合同的约定请求支付利息损失，于法不符，不予支持。

三、卫生服务中心承担多少责任。《借款借据》因涉及非法集资类犯罪认定无效后，根据担保法的精神，主合同无效导致担保合同无效。最高人民法院《关于适用〈中华人民共和国担保法〉若干问题的解释》第八条规定："主合同无效而导致担保合同无效，担保人无过错的，担保人不承担民事责任；担保人有过错的，担保人承担民事责任的部分，不应超过债务人不能清偿部分的三分之一"。鉴于卫生服务中心在提供担保的时候其法定代表人为周某宇，应当明知此笔借款涉嫌犯罪，存在较大过错，因此认定卫生服务中心应对周某宇所负债务不能清偿部分的三分之一承担赔偿责任。

原审法院判决如下：一、周某宇于判决生效之日起 10 日内返还邵某德 1,095,000 元；二、靖宇公司对周某宇上述债务的偿还承担补充赔偿责任；三、卫生服务中心对周某宇上述债务不能清偿部分的三分之一承担赔偿责任；四、驳回邵某德的其他诉讼请求。

靖宇公司不服原审法院判决，向二审法院提起上诉称：原审法院判决靖宇公司承担补充赔偿责任，缺乏法律依据。民事的补偿赔偿责任，应有法律明确规定或当事人的约定。合同法中没有规定补充赔偿责任制度，同时本案所涉的借款合同中双方当事人也没有约定周某宇未履约的情况下，靖宇公司应承担补充赔偿责任。原审法院认定借款人为周某宇个人，且承认借款行为属非法吸收公共存款的犯罪行为，显然盖章是周某宇个人犯罪时造成的，靖宇公司根本不知情。如果让靖宇公司为周某宇的犯罪行为买单，明显不公平。靖宇公司原为温州宇辰能实业有限公司（以下简称宇辰能公司），该公司原有股东周某宇，拥有公司股权 10%，股东陈某占公司股权 90%。周某宇外债 2 亿多，陈某外债 3 亿多，现陈某及债权人已经同意将 20% 的股权转让给周某宇的债权人，由上百位债权人的代表出面，重组了现在的靖宇公司，现靖宇公司均是由他们的债权人组成。原审法院在明知上述情况下却让靖宇公司承担补充赔偿责任。况且陈某将自己 20% 股权转让给周某宇的债权人，也足以抵偿包括邵某德在内的其他债权人的损失。综上，上诉请求撤销原判，依法改判。

被上诉人邵某德辩称：借款发生时靖宇公司生产经营正常。债转股发生于借款后，属于非正常情况下的工商变更，请求维持原判。

原审被告周某宇与卫生服务中心未发表意见。

经审理，二审法院查明事实如下：周某宇与邵某德一致认可，2012 年 8 月 20 日周某宇与邵某德等人签订债权债务清理协议书。该协议书第二条约定周某宇结欠邵某德借款本息 2,215,000 元；第三条约定周某宇将其名下的宇辰能公司 10% 股份作为该协议项下用于清偿债务的财产或财产利益，周某宇另与宇辰能公司股东陈某存在股权纠纷，如果周某宇在与陈某之间的股权纠纷中能够争取到 20% 以上股份，则周某宇亦另行将宇辰能公司 20% 股权利益作为本协议项下用于清偿债务的财产或财产利益，邵某德等人按本协议确定的金额比例分享；第四条约定本协议签订之日起，周某宇所欠邵某德等人的债务（包括周某宇以宇辰能公司名义向邵某德等人所借的款项以及由宇辰能公司担保的债务）即视为已经清偿完毕，邵某德等人不得再向周某宇或宇辰能公司或其他任何担保人要求承担还款责任（周某宇或宇辰能公司在此前向邵某德等人出具的任何借条或借款借据均作废）；第七条约定周某宇与邵某德等人此后若办理股东变更登记，则应另行签订股权转让合同，其约定的股权转让价为平价转让，该用于股东变更登记的形式上的股权转让合同的股权转让方之间的转让款、工商登记变更等任何条款与本协议不一致的，以本协议为准。宇辰能公司于 2013 年 11 月 8 日经工商登记变更为靖宇公司，工商登记显示周某宇在该公司的股份为 10%，陈某在该公司的股份为 40%，公司法定代表人为项某雷，在该公司的股份为 48%。二审法院查明的其他事实与原审认定的事实一致。

二审法院认为，周某宇与包括邵某德在内的相关债权人签订的债权债务清理协议书，以周某宇持有的原宇辰能公司的股份抵偿债务有利债务清理。故该协议在未被依法确认无效或撤销之前，对周某宇与邵某德均具有法律约束力。该协议中双方明确约定自本协议签订之日起，周某宇欠邵某德等人的债务包括周某宇以宇辰能公司名义所借的款项即视为已经清偿完毕，原周某宇或宇辰能公司出具的任何借款借据均作废。本案所涉借款已被列入债权债务清理协议书中周某宇所欠债务范围，原周某宇向邵某德出具并加盖宇辰能公司公章的借款借据，因邵某德与周某宇的上述约定而丧失作为债权凭证的效力，现邵某德仍凭该借款借据主张债权，二审法院不予支持。原审法院部分事实认定及适用法律有误，实体处理不当，应予纠正。

二审法院判决如下：

一、撤销温州市龙湾区人民法院（2013）温龙商初字第 2485 号民事判决；

二、驳回邵某德的诉讼请求。

◎ 点评

本案涉及刑民交叉问题。长期以来，对刑民交叉问题法学界的意见并不一致。一种观点认为刑事优先民事，民事法律关系的认定和处理以刑事法律关系及处理结果为基础，故一旦当事人被判有罪，民事法律关系通常被认定为无效。另一种观点认为刑事法律关系与民事法律关系不能混为一谈，民事法律关系应当有其独立性，不能任意让刑事法律关系的处理结果决定民事法律关系的处理。在民事借贷纠纷处理中，因经常发生非法集资行为，集资人向社会公众以借款的方式吸收资金并出具借据、借条等债务凭证，当集资人无法依约偿还债务并被立案侦查时，出借人向法院提起诉讼要求集资人承担还款责任。但是，法院在司法审判中经常以集资人的集资行为被认定为犯罪，判决集资人与出借人之间的借贷法律关系无效。此种处理方式通常对出借人不利。出借人向集资人提供资金的动因是获取高额利息回报，一旦借贷法律关系被认定无效，约定的高额利息亦归于无效，出借人的利息主张和预期回报无法实现。本案的原审法院就持此种观点，认为"《借款借据》因涉嫌非法吸存犯罪，借款合同应认定为无效，周某宇应当返还所取得的财产。至于邵某德请求的利息，由于借贷合同无效，利息约定自然同时归于无效，为与刑事退赔认定标准保持统一性，同时考虑非法吸存类案件参与者损失自负的处置原则，本案合同无效返还责任应限于本金损失，邵某德基于无效合同的约定请求支付利息损失，于法不符，不予支持"。但是，《最高人民法院关于审理民间借贷案件适用法律若干问题的规定》（法释〔2015〕18号）对该问题予以明确。其第十三条规定："借款人或者出借人的借贷行为涉嫌犯罪，或者已经生效的判决认定构成犯罪，当事人提起民事诉讼的，民间借贷合同并不当然无效。人民法院应当根据合同法第五十二条、本规定第十四条之规定，认定民间借贷合同的效力。担保人以借款人或者出借人的借贷行为涉嫌犯罪或者已经生效的判决认定构成犯罪为由，主张不承担民事责任的，人民法院应当依据民间借贷合同与担保合同的效力、当事人的过错程度，依法确定担保人的民事责任。"据此，民间借贷合同是否无效不能再单凭借款人的借贷行为被已经生效的判决认定构成犯罪来认定，而应当依据《合同法》第五十二条和该规定第十四条来处理。

◎ 法条链接

1.《最高人民法院关于审理民间借贷案件适用法律若干问题的规定》（法释〔2015〕18号）

第十三条 借款人或者出借人的借贷行为涉嫌犯罪，或者已经生效的判决认定构成犯罪，当事人提起民事诉讼的，民间借贷合同并不当然无效。人民法院应当根据合同法第五十二条、本规定第十四条之规定，认定民间借贷合同的效力。

担保人以借款人或者出借人的借贷行为涉嫌犯罪或者已经生效的判决认定构成犯罪为由，主张不承担民事责任的，人民法院应当依据民间借贷合同与担保合同的效力、当事人的过错程度，依法确定担保人的民事责任。

第十四条 具有下列情形之一，人民法院应当认定民间借贷合同无效：

（一）套取金融机构信贷资金又高利转贷给借款人，且借款人事先知道或者应当知道的；

（二）以向其他企业借贷或者向本单位职工集资取得的资金又转贷给借款人牟利，且借款人事先知道或者应当知道的；

（三）出借人事先知道或者应当知道借款人借款用于违法犯罪活动仍然提供借款的；

（四）违背社会公序良俗的；

（五）其他违反法律、行政法规效力性强制性规定的。

2.《合同法》

第五十二条　有下列情形之一的，合同无效：

（一）一方以欺诈、胁迫的手段订立合同，损害国家利益；

（二）恶意串通，损害国家、集体或者第三人利益；

（三）以合法形式掩盖非法目的；

（四）损害社会公共利益；

（五）违反法律、行政法规的强制性规定。

9. 未经村民会议讨论决定，村委会签订的借款合同是否无效？

——新昌县大市聚镇桐中井村民委员会与梁某洪民间借贷纠纷上诉案①

裁判要旨

《村民委员会组织法》第二十四条规定，以借贷、租赁或者其他方式处分村集体财产应当经村民会议讨论决定。但是，该规定是为了对村委会的行为进行规范管理，是管理性强制性规定，并非效力性强制性规定。该条也没有明确规定未经村民会议讨论决定的借款合同无效。因此，除非存在合同法第五十二条、《最高人民法院关于审理民间借贷案件适用法律若干问题的规定》（法释〔2015〕18号）第十四条关于合同无效的情形，未经村民会议讨论决定，村委会签订的借款合同有效。

---

① 浙江省绍兴市中级人民法院民事判决书（2014）浙绍商终字第1078号

◎ 基本案情

徐某彬系被告新昌县大市聚镇桐中井村民委员会（以下简称桐中井村委）原村委主任。2011 年 3 月 21 日，徐某彬作为借款代表人向原告梁某洪出具“借款明细说明”，向原告梁某洪借款 22 万元，借款用途为支付村集体建设所欠村民误工费、运输费、工程款。双方约定借款月息三分，在村集体资金入账时归还。徐某彬作为借款代表人在“借款明细说明”中签字，借款人处加盖“新昌县大市聚镇桐中井村民委员会”公章。嗣后，大市聚镇桐中井村进行换届选举，徐某超任村委主任，并于 2011 年 5 月启用新的“新昌县大市聚镇桐中井村民委员会”公章。2012 年 3 月 5 日，徐某彬归还原告梁某洪借款 5 万元。因现任村委以借款未入账为由否认曾向原告发生借款行为，原告梁某洪于 2013 年 3 月诉至法院，请求法院判令桐中井村委返还 17 万元本金和利息。

◎ 法院审理

原审法院认为，被告向原告出具的“借款明细说明”载明了借款金额、用途、借款利率、还款条件等内容，被告原村委主任作为借款代表人签名并加盖被告公章，应视为原、被告间借款关系依法成立并受法律保护。借款发生后，徐某彬归还借款 5 万元，原告因此向被告主张其余借款本金 17 万元，并未加重被告的还款义务，对原告要求被告返还借款 17 万元的诉讼请求，法院予以支持。关于借款利息，双方约定为月利率 30‰，根据当时中国人民银行同期同类贷款基准利率，该利率过高，应以中国人民银行同期同类贷款基准利率的 4 倍计算利息，超出部分法院不予保护。原告要求被告支付自借款日起按中国人民银行同期同类贷款基准利率四倍计算的利息，法院予以支持。被告关于未向原告借款之辩解，与法院审理查明的事实不符，法院不予采信。

原审法院判决：被告桐中井村委返还原告梁某洪借款 17 万元，并支付自 2011 年 3 月 21 日起至判决确定还款日止，按中国人民银行同期同类贷款基准利率 4 倍计算的利息，限判决生效后 10 日内付清。

上诉人桐中井村委不服原审法院判决，向二审法院提起上诉称：本案涉嫌虚假诉讼，上诉人未收到过被上诉人的借款，借贷事实没有履行，上诉人无须承担还款义务：1. 本案借款涉嫌金额较大，被上诉人未提供相应的证据证明借贷已实际履行。2. 本案即使原村委主任徐某彬作为上诉人代表人对外借款，根据《中华人民共和国村民委员会组织法》第二十四条的规定，应经村民会议或村民代表大会讨论决定。徐某彬未经村民会议或村民代表会议讨论，擅自对外借款，对上诉人不产生法律效力，应视为其个人行为。3. 本案亦无证据证明徐某彬借得 22 万元巨款后，将该款项用于支付村集体建设所欠村民误工费、运输费、工程款等。且徐某彬所谓支付这些费用并没有经过相关财务手续。《新昌县大市聚镇村级财务管理制度》《新昌县大市聚镇村级财务双代理制度》均明确规定严格的财务管理制度。故即使徐某彬以上诉人名义借得款项后用于集体支出，实质亦是对村集体财务制度的严重践踏。4. 本案所涉借款行为存在不合情理之处。2011 年 3 月 21 日借款后就是换届选举，徐某彬落选。2007 年至 2012 年财务明细账证明上诉人在 2011 年 1～3 月份均有结余，无须对外借款。徐某彬离职 1 年后却以个人名义还款 5 万元，不符合常理。徐某彬离职时隔 2 年后才将村委会公章上交，本案有众多疑点。综上，请求撤销原审判决，依法改判驳回被上诉人对上诉人的全部诉讼请求；本案一、二审诉讼费用由被上诉人负担。

二审法院认为，本案的争议焦点是上诉人桐中井村委与被上诉人梁某洪是否存在借贷关系及本案所涉的款项是否实际交付。对此，二审法院作如下分析：

一、借条是证明双方存在借贷合意及借贷关系实际发生的直接证据，具有较强的证明力，除非有确凿的相反证据，一般不轻易否定其证明力。被上诉人原审中提交的借款明细说明中明确约定了借款用途、金额、期限，上诉人在借款人处加盖公章，并由时任村委会主任徐某彬作为代表人签字。虽然原审中上诉人对于公章的加盖时间提出异议，并对此申请司法鉴定，但因鉴定机构无法鉴定印章的形成时间，故结合印章的真实性，原审法院以此认定双方存在民间借贷关系并无不当。

二、关于本案所涉的借条的款项交付问题，本案被上诉人梁某洪在原审庭审中不仅提供了借款明细说明，还提供了由上诉人原村委主任徐某彬归还 5 万元的收条，又陈述相应的款项来源，并且作为借款代表人的原村委主任徐某彬亦出庭作证确认本案借款的交付、相应的用途及还款的经过。故原审法院以此认定本案所涉的款项已经交付并无不当，上诉人的该部分上诉理由不能成立。

三、关于本案是否涉嫌虚假诉讼的问题。上诉人虽主张根据《中华人民共和国村民委员会组织法》第二十四条规定，本案所涉的借贷应经过村民会议讨论决定方可办理，且根据村委的相关财务制度也是不允许时任村委主任徐某彬向外借贷。但《中华人民共和国村民委员会组织法》第二十四条的内容仅规定需经村民会议讨论决定的事项，并未明确未经村民会议讨论决定的事项即为无效，且该条款及村委的相关财务制度只是约束村委会内部的相关条款，不得约束作为第三人的被上诉人方。至于村委会的选举、公章上交、财务问题，系上诉人桐中井村委内部事宜，与本案缺乏关联性。上诉人亦未提供其他证据证明本案涉嫌虚假诉讼，故对上诉人该部分上诉理由，二审法院不予采纳。

二审法院驳回上诉，维持原判。

◎ 点评

本案民间借贷涉及村民委员会，比较特殊。

首先，我们了解村民委员会的法律地位。《村民委员会组织法》第二条规定："村民委员会是村民自我管理、自我教育、自我服务的基层群众性自治组织，实行民主选举、民主决策、民主管理、民主监督。村民委员会办理本村的公共事务和公益事业，调解民间纠纷，协助维护社会治安，向人民政府反映村民的意见、要求和提出建议。村民委员会向村民会议、村民代表会议负责并报告工作。"第三条规定："村民委员会根据村民居住状况、人口多少，按照便于群众自治，有利于经济发展和社会管理的原则设立。村民委员会的设立、撤销、范围调整，由乡、民族乡、镇的人民政府提出，经村民会议讨论同意，报县级人民政府批准。村民委员会可以根据村民居住状况、集体土地所有权关系等分设若干村民小组。"因此，村民委员会是我国乡（镇）所辖的行政村的村民选举产生的群众性自治组织，并非政府机关。通说认为其不是法人，但是具有民事诉讼主体资格。

其次，需了解村民委员会的职权。《村民委员会组织法》第八条规定："村民委员会应当支持和组织村民依法发展各种形式的合作经济和其他经济，承担本村生产的服务和协调工作，促进农村生产建设和经济发展。村民委员会依照法律规定，管理本村属于村农民集体所有的土地和其他财产，引导村民合理利用自然资源，保护和改善生态环境。村民委员会应当尊重并支持集体经济组织依法独立进行经济活动的自主权，维护以家庭承包经营为基础、统分结合的双层经营体制，保障集体经济组织和村民、承包经营户、联户或者合伙的合法财产权和其他合法权益。"第九条规定："村民委员会应当宣传宪法、法律、法规和国家的政策，教育和推动村民履行法律规定的义务、爱护公共财产，维护村民的合法权益，发展文化教育，普及科技知识，促进男女平等，做好计划生育工作，促进村与村之间的团结、互助，开展多种形式的社会主义精神文明建设活动。村民委员会应当支持服务性、公益性、互助性社会组织依法开展活动，推动农村社区建设。多民族村民居住的村，村民委员会应当教育和引导各民族村民增进团结、互相尊重、互相帮助。"第十条规定："村民委员会及其成员应当遵守宪法、法律、法规和国家的政策，遵守并组织实施村民自治章程、村规民约，执行村民会议、村民代表会议的决定、决议，办事公道，廉洁奉公，热心为村民服务，接受村民监督。"可见，村民委员会主要是一个服务组织和公共事务管理组织，但也享有依法管理本村属于村农民集体所有的土地和其他财产的权力。

最后，村民委员会行使管理职权时，应当履行内部表决程序。《村民委员会组织法》第二十四条规定："涉及村民利益的下列事项，经村民会议讨论决定方可办理：（一）本村享受误工补贴的人员及补贴标准；（二）从村集体经济所得收益的使用；（三）本村公益事业的兴办和筹资筹劳方案及建设承包方案；（四）土地承包经营方案；（五）村集体经济项目的立项、承包方案；（六）宅基地的使用方案；（七）征地补偿费的使用、分配方案；（八）以借贷、租赁或者其他方式处分村集体财产；（九）村民会议认为应当由村民会议讨论决定的涉及村民利益的其他事项。村民会议可以授权村民代表会议讨论决定前款规定的事项。法律对讨论决定村集体经济组织财产和成员权益的事项另有规定的，依照其规定。”但是，该条没有明确村民委员会未经上述表决程序对外实施民事法律行为无效。

本案所涉村民委员会未经村民会议讨论决定对外借款，该借款合同是否无效呢？从已有的司法判例来看，通常认为借款合同有效。理由是：《合同法》第五十二条第（五）项规定“违反法律、行政法规的强制性规定”的合同无效，而《最高人民法院关于适用〈中华人民共和国合同法〉若干问题的解释（二）》（法释〔2009〕5号）第十四条规定，合同法第五十二条第（五）项规定的“强制性规定”，是指效力性强制性规定。《村民委员会组织法》第二十四条是为了对村委会的行为进行规范管理，是管理性强制性规定，并非效力性强制性规定。该条没有明确规定未经村民会议讨论决定的借贷合同无效，且村委会签订的借贷合同仅涉及合同双方当事人利益，故村民委员会签订的借款合同有效。

需要注意的是，村民委员会只是村民自治性组织，是村公共事务和集体财产的管理者，但并不是集体财产的所有者，集体财产的所有者是全体村民。因此，当村民委员会签订的借款合同到期无法偿还时，只能以村民委员会名下财产清偿，并不能用集体财产清偿，而村民委员会名下少有财产。因此，与村民委员会签订借款合同一定要采取担保措施，以防债权落空。

◎ 法条链接

1.《村民委员会组织法》

第二条　村民委员会是村民自我管理、自我教育、自我服务的基层群众性自治组织，实行民主选举、民主决策、民主管理、民主监督。村民委员会办理本村的公共事务和公益事业，调解民间纠纷，协助维护社会治安，向人民政府反映村民的意见、要求和提出建议。村民委员会向村民会议、村民代表会议负责并报告工作。

第二十四条　涉及村民利益的下列事项，经村民会议讨论决定方可办理：

（一）本村享受误工补贴的人员及补贴标准；

（二）从村集体经济所得收益的使用；

（三）本村公益事业的兴办和筹资筹劳方案及建设承包方案；

（四）土地承包经营方案；

（五）村集体经济项目的立项、承包方案；

（六）宅基地的使用方案；

（七）征地补偿费的使用、分配方案；

（八）以借贷、租赁或者其他方式处分村集体财产；

（九）村民会议认为应当由村民会议讨论决定的涉及村民利益的其他事项。

村民会议可以授权村民代表会议讨论决定前款规定的事项。

法律对讨论决定村集体经济组织财产和成员权益的事项另有规定的，依照其规定。

10. 民间借贷合同上的公章不是工商备案章，是否有效？

——赵某平与浙江天目山酒业有限公司等民间借贷纠纷上诉案[①]

裁判要旨

民间借贷合同上的公章未进行工商备案，如果能证明是公司实际使用的公章，应当具有法律效力。

◎ 基本案情

2012年5月17日，洪某明、周某卿向赵某平出具借条一份，其上载明："兹借赵某平先生人民币伍拾万元整，明天汇入周某卿农业银行卡良山支行卡号：62×××17，借款期限2012年5月18日至2012年6月17日"。该借条担保人栏处盖有杭州荣焕实业有限公司（以下简称荣焕实业）、浙江天目山酒业有限公司（以下简称天目山酒业）公章，天目山酒业公章印鉴上有英文字样（以下简称该枚印章为英文章）。天目山酒业的法定代表人是余某。

2012年6月29日，洪某明、周某卿向赵某平出具借条一份，其上载明："兹借赵某平先生人民币伍拾万元正"。

2013年1月23日，洪某明、周某卿向赵某平出具还款承诺书一份，其上载明："借款人洪某明、周某卿于2012年5月18日，2012年6月29日分别向赵某平借款

---

① 浙江省杭州市中级人民法院民事判决书（2013）浙杭商终字第2035号

人民币伍拾万元整、合计壹佰万元整。借款人承诺2013年1月24日还款叁拾万元整，2013年3月10日前还款贰拾万元整，2013年4月30日前还款伍拾万元整。利息按原约定支付”。该还款承诺书担保单位栏处盖有荣焕实业、天目山酒业公章及余某私章，天目山酒业公章印鉴上有英文字样。赵某平于2012年5月18日、6月29日分两次将总计100万元借款款项交付给洪某明、周某卿。此后，洪某明、周某卿共计归还借款本金15万元，尚欠85万元未归还。现赵某平以洪某明未归还借款为由诉至法院，要求依法解决。

洪某明、周某卿系夫妻关系。周某卿系杭州天目山实业投资有限公司法定代表人，杭州天目山实业投资有限公司投资700万元到天目山酒业，投资比例为70%。

另查明，天目山酒业向杭州银行出具《情况说明》一份，该说明上载明“我公司因业务需要刻有三枚公章，三枚公章均在正常使用，我公司和贵行抵押登记中心所签的合同、协议以及其他材料上加盖的公章均具有法律效力，都是真实有效的，若由此引起的一切法律纠纷我公司愿承担全部责任。具体公章印模如下”。天目山酒业在工商局备案登记的公章无英文字样。

◎ 法院审理

原审法院认为，本案的争议焦点在于涉案还款承诺书担保单位栏处盖章的英文章是否为天目山酒业日常对外使用的公章。天目山酒业抗辩称其对外使用的公章在工商局做过备案登记，与备案章不一致的公章均不真实，不能体现公司意思。赵某平认为当时天目山酒业的公司章是由周某卿和洪某明出示的，因为周某卿与洪某明是天目山酒业的大股东，所以英文章肯定是真实有效的。周某卿则认为包括备案章在内，天目山酒业日常共有三套公章在使用，三套章均能对外代表公司意思，为此，周某卿提供了《情况说明》来加以证明。原审法院认为，周某卿提供的情况说明书上有三个公司印模，三个印模用肉眼即可判断出各自均不一致，公章1的印文与备案章上的印文一致，公章2的印文与法院调取的两份银行合同上的公司章上的印文一致，公章3的印文与英文章上的印文一致。公章1和公章2均在天目山酒业对外经济往来中予以使用，在与杭州银行环北支行的合同中，天目山酒业的法定代表人余某亲自签名对公章2的效力予以确认。既然公章1和公章2的法律效力均已在实际使用中被予以认可，那么同在《情况说明》上的公章3（即英文章）同样也应具备对外使用的法律效力。且天目山酒业成立于1997年，在近20年的经营过程中，公司同时使用多套章也符合常理。故原审法院认定还款承诺书上的英文章系天目山酒业日常使用的公章，具有对外的法律效力。综上，原审法院认为赵某平与洪某明、周某卿之间的民间借贷法律关系事实清楚，证据确凿，现借款期限已届满，洪某明至今未归还借款，理应承担相应还款责任，故赵某平要求洪某明、周某卿归还借款本金85万元，予以支持。荣焕实业、天目山酒业在借款担保单位栏处盖章，应视为其为借款的保证人，根据法律规定，当事人对保证方式没有约定的，按照连带责任保证承担保证责任，故赵某平主张荣焕实业、天目山酒业对洪某明、周某卿的还款义务承担连带保证责任，于法有据，予以支持。

原审法院判决如下：一、洪某明、周某卿应于本判决生效之日起10日内归还赵某平借款85万元；二、荣焕实业、天目山酒业对洪某明、周某卿的上述还款义务承担连带保证责任；三、荣焕实业、天目山酒业承担保证责任后，有权向洪某明、周某卿追偿。

宣判后，天目山酒业不服原审法院判决，向二审法院提起上诉称：天目山酒业在一审时向法庭提交了工商局公章备案等相关资料，庭审中也强调按照《章程》第十四条“股东会的表决程序”第3款“会议表决”第（3）项“股东会对公司为公司股东或者实际控制人提供担保作出决议，必须经出席会议的除上述股东或实际控制人支配的股东以外的其他股东所持表决权的过半数通过”，以及《公司法》第十六条第二款“公司为公司股东或者实际控制人提供担保的，必须经股东会或者股东大会决议”，“该项表决由出席会议的其他股东所持表决权的过半数通过”。但原审法院在判决书中对此没有体现。庭审中，赵某平承认其与洪某明、周某卿的债权债务凭证均在洪某明、周某卿家中形成，而天目山酒业自始至终没有参与，不知情。还款协议书中加盖的英文公章、法定代表人余某的印章均不是天目山酒业在使用的印章，是洪某明、周某卿夫妇刻制的，在借款人签名的同时自行加盖。天目山酒业与洪某明（杭州天目山实业投资有限公司代表，法定代表人为周某卿）曾签订《股权转让（框架）协议书》，该份协议书确定了洪某明、周某卿为天目山酒业的实际控制人地位。本案中，天目山酒业与赵某平之间不存在担保法律关系，《公司法》第十六条第二款规定公司为公司股东或者实际控制人提供担保的，必须经股东会或者股东大会决议，洪某明、周某卿夫妇利用其控股股东地位，未经股东会决议，在担保合同上加盖印章，即使印章真实合法，也不能代表公司意志。因此，双方不存在担保的合意，担保关系依法不能成立。而且，赵某平明知洪某明、周某卿夫妇违法担保，却予以接受，并非善意被保证人。天目山酒业依法不应当承担担保责任。天目山酒业在原审中多次提出公司章程及《公司法》规定的抗辩，但原审法院未予采纳错误。请求二审法院依法改判驳回赵某平对天目山酒业的诉讼请求。

二审法院驳回上诉，维持原判。

◎ 点评

本案的争议焦点是担保人在借据上所盖公章与工商备案公章不一致，担保人是否应当向出借人承担担保责任。公司实务中，经常有公司使用两套或两套以上公章，一套公章在工商行政管理部门备案，其他公章虽然实际使用，但并未进行工商备案。一旦公司与他人发生合同纠纷，即主张合同所盖公章与工商备案公章不一致，是他人私刻的假公章，公司不应当承担责任。解决此问题的关键是查明借据上所盖公章是否为公司真实使用的公章。如是，虽然未在工商部门备案，也应当承认其法律效力，反之则否。可见，此问题归根结底是一个举证责任分配问题。如果法院让公司举证证明借据上所盖公章是他人伪造，则公司应当首先举证，待其达到足够的证明程度后，再由他人举证反驳。如果法院让他人举证证明借据上所盖公章为公司真实使用的公章，则他人应当首先举证，待其完成证明责任后，再由公司举证反驳。他人举证的方式首先是查询公司在公安、税务、劳动和社会保障等机构留存的印文，其次是提供其他盖有争议公章的合法有效的法律文件，以证明公司在日常经营活动中真实有效地使用争议公章，最后，可以由公司自认争议公章有效。就本案而言，担保人天目山酒业向杭州银行出具《情况说明》一份，该说明上载明“我公司因业务需要刻有三枚公章，三枚公章均在正常使用，我公司和贵行抵押登记中心所签的合同、协议以及其他材料上加盖的公章均具有法律效力，都是真实有效的，若由此引起的一切法律纠纷我公司愿承担全部责任”。同时，该《情况说明》还留下了三枚公章的印模，三个印模用肉眼即可看出公章1的印文与工商备案章上的印文一致，公章2的印文与法院调取的两份银行合同上的公司章上的印文一致，公章3的印文与英文章上的印文一致，即公章3与本案争议公章的印文一致。因此，两级法院皆认为虽然争议公章未工商备案，但担保人一直实际使用，故具有法律效力，其应当承担担保责任。

最后补充一点，就所盖公章发生争议时，经常有人提出不是本人所盖，而是他人私盖，法院通常需要其举证，而不能空口否认。

◎ 法条链接

1.《民事诉讼法》

第六十四条　当事人对自己提出的主张，有责任提供证据。

当事人及其诉讼代理人因客观原因不能自行收集的证据，或者人民法院认为审理案件需要的证据，人民法院应当调查收集。

人民法院应当按照法定程序，全面地、客观地审查核实证据。

2.《最高人民法院关于适用〈中华人民共和国民事诉讼法〉的解释》（法释〔2015〕5号）

第九十条　当事人对自己提出的诉讼请求所依据的事实或者反驳对方诉讼请求所依据的事实，应当提供证据加以证明，但法律另有规定的除外。

在作出判决前，当事人未能提供证据或者证据不足以证明其事实主张的，由负有举证证明责任的当事人承担不利的后果。

3.《最高人民法院关于民事诉讼证据的若干规定》（法释〔2001〕33 号）

第二条 当事人对自己提出的诉讼请求所依据的事实或者反驳对方诉讼请求所依据的事实有责任提供证据加以证明。

没有证据或者证据不足以证明当事人的事实主张的，由负有举证责任的当事人承担不利后果。

11. 单位内部通过借款形式向职工筹集资金，用于本单位的生产、经营，如何处理？

——海南省国营八一总场因与李某企业债权转股权合同纠纷案[①]

裁判要旨

法人或者其他组织在本单位内部通过借款形式向职工筹集资金，用于本单位生产、经营，且不存在合同法第五十二条、《最高人民法院关于审理民间借贷案件适用法律若干问题的规定》（法释〔2015〕18 号）第十四条规定的情形，当事人主张民间借贷合同有效的，人民法院应予支持。

◎ 基本案情

李某于 1994 年 10 月调入海南省国营八一总场（以下简称“八一总场”），被分配到国营八一金岭水泥厂工作，2005 年任该厂销售科副科长。

2003 年，因金岭水泥厂拖欠建行贷款，将被法院拍卖时，厂里以进行股份制改造为名动员职工筹集资金自赎该厂并将职工投资购买该厂的款项用于偿还建行贷款。李某分别于 2003 年 10 月 12 日和 19 日各投入 100,000 元和 9,000 元共 109,000 给该厂，该厂出具给李某的收据中载明所投款项为“投股”。

2009 年，八一总场将该厂转让给海南金路水泥有限责任公司，因股份制改造未成功，八一总场将职工筹集的资金陆续退还给投资购买该厂股份的人员，但八一总场并未退还李某的投资款 109,000 元。

2015 年 4 月 16 日，李某遂向法院提起诉讼。

---

① 海南省第二中级人民法院（2015）海南二中民二终字第 45 号

◎ 法院审理

原审法院认为，企业向内部职工筹集资金的行为，必须遵守国家有关法律、法规的规定。本案中，八一总场以对其金岭水泥厂进行股份制改造为名动员包括李某在内的全厂职工出资入股以便筹集资金偿还所拖欠的银行贷款的行为，明显违反了《中国人民银行关于加强企业内部集资管理的通知》① 的规定，属无效的民事行为，且以集资方式入股不符合募资股份的法律特殊性，应视为企业向内部职工借资的行为。根据《中华人民共和国民法通则》第一百零八条“债务应当清偿。……”的规定，李某诉请八一总场返还投资款109,000元及利息，于法有据，应予支持。利息可参照中国人民银行同期一年期一般流动资金贷款基准利率计算，从李某主张权利之日起即从2015年4月16日起计至八一总场还款之日止。

原审法院判决：八一总场应于本判决生效之日起30日内偿还109,000元给李某并计付利息（利息按中国人民银行同期一年期一般流动资金贷款基准利率从2015年4月16日计至还清款之日止）。案件受理费1,540元，由八一总场负担。

上诉人八一总场不服原审判决，向二审法院提起上诉，请求撤销原审法院的错误判决，改判驳回被上诉人的诉讼请求。事实及理由有：一、原审法院认定的事实错误。李某的109,000元是2003年其自愿认投购买原金岭水泥厂股权的股金，后因改制不成而转为岗位风险抵押金。李某已共领取岗位风险抵押金的返还款48,505元及相关利息22,540.11元。岗位风险抵押金的退还是经过原金岭水泥厂在转让时根据岗位履行职责情况进行退还的决定，因李某岗位履职不清，原金岭水泥厂要求其回来对账以避免国有资产流失而做出暂不退还。原审法院将李某的109,000元投资款判为企业向职工的借资款是没有事实根据和法律依据的，是完全错误的。二、八一总场与李某不存在债务关系，原审法院引用《民法通则》第一百零八条及最高人民法院《关于人民法院审理借贷案件的若干意见》是适用法律错误。综上，请求二审法院查清事实，依法改判，支持上诉人的上诉请求。

被上诉人李某答辩称：2003年其为了保住工作维持生活而向亲戚朋友借了109,000元用于投股，有当时国营八一总场出具的收据证明。八一总场经银行给其汇的71,045.11元是其投资款109,000元在2003年至2009年的分红，并不是对其投资款109,000元的返还款。综上所述，国营八一总场的上诉，缺乏事实和法律依据，请求法院依法驳回其诉讼请求。

二审审理期间，上诉人八一总场向法庭提供一份《附件汇总表》，欲证明八一

---

① 该文件已失效。

总场2003年至2009年已经向李某返还了岗位风险抵押金71,045.11元。经质证，李某对该证据真实性没有异议，但认为71,045.11元是农场的利润分红，而非是对其投资款的返还。二审法院对该证据的真实性予以认可，但结合本案查明事实，对上诉人的证明意见不予认可。

经审理，二审法院二审期间查明的事实与原审法院查明的事实基本一致。

二审法院认为，本案争议的焦点为，一是被上诉人交付上诉人的109,000元是入股款还是借款，或者是岗位风险抵押金；二是上诉人支付给被上诉人的71,045.11元是否为上诉人对被上诉人的还款。

关于争议焦点一。根据本案查明事实，2003年上诉人因其金岭水泥厂拖欠建行贷款将被法院拍卖，于是以对水泥厂进行股份制改造为名动员全厂职工出资入股以便筹集资金偿还所拖欠的银行贷款。作为上诉人的职工被上诉人李某为此于当年10月分两次交付109,000元给上诉人。上诉人在筹集到职工投资款后用于解决其水泥厂资金困难，使金岭水泥厂得到正常生产经营。从表面上看，李某等上诉人的职工交付给上诉人的资金是入股款，实际上是上诉人水泥厂生产经营遇到困难，上诉人在本单位内通过借款形式向职工筹集资金，用于本单位水泥厂生产经营。因此，李某交付给上诉人的109,000元实际为上诉人向被上诉人的借款。原审法院认定上诉人向职工筹集入股资金行为为企业向内部职工借资的行为正确。上诉人在二审庭审中也承认筹集资金入股行为开始阶段实际为向职工借款帮助企业渡过难关，但后来转为岗位风险抵押金。被上诉人则答辩称上诉人未通知其投资款转为岗位风险抵押金之事，亦未经其同意，上诉人私自转为岗位风险抵押金是非法的。二审法院认为，上诉人未经被上诉人同意，将被上诉人的借款转为岗位风险抵押金，违反了劳动部、公安部、全国总工会《关于加强外商投资企业劳动管理、切实保障职工合法权益的通知》① 即劳部发（1994）118号文件关于企业不得向职工收取货币、实物等作为入厂抵押金的规定，故上诉人关于向李某的借款已经转为岗位风险抵押金的上诉意见不成立，不予支持。

关于争议焦点二。八一总场上诉称已经通过返还岗位风险抵押金方式在2003年至2009年之间返还了李某投资款即本案认定为借款71,045.11元，但也认可在这期间对其他入股的职工也按相同投资比例给予了返还，而2009年后在退投资款即本案认定为借款的时候全额退还给其他职工。被上诉人则称该款项是因为自己投了109,000元而上诉人发给自己的职工企业分红，并不是上诉人对自己投资款的返还。二审法院认为，上诉人在二审期间提交的《附件汇总表》等证据不能直接证明71045.11元是上诉人返还被上诉人109,000元投资款的部分还款，而且根据查明的

① 该文件已失效。

事实，上诉人对其他职工在最后返还投资款时是全额返还的，并没有扣除2003年至2009年间已经发给职工的那部分款项，也就是说上诉人对其他职工在2003年至2009年间发的那部分款项不认为是投资款的返还，而对被上诉人则又认为是对投资款的返还，显然是不合理的，相反被上诉人答辩主张是因为自己交了投资款而享受企业分红的意见，更符合情理，因此，对上诉人上诉主张已经返还给被上诉人借款71,045.11元的意见，二审法院不予认可。

《中华人民共和国民法通则》第一百零八条规定“债务应当清偿”及《最高人民法院关于审理民间借贷案件适用法律若干问题的规定》第十二条规定“法人或者其他组织在本单位内部通过借款形式向职工筹集资金，用于本单位生产、经营，且不存在合同法第五十二条、本规定第十四条规定的情形，当事人主张民间借贷合同有效的，人民法院应予支持”。被上诉人2003年交付给上诉人的109,000元投资款，实际上是企业向职工的借贷行为，因此，被上诉人请求返还109,000元及利息，于法有据，二审法院予以支持。

二审法院驳回上诉，维持原判。

◎ 点评

民间借贷实务中，由于银行等正规金融机构的融资门槛较高，管理较严，加之企业之间资金拆借不易，向社会公众融资的法律风险较大，一些单位转向本单位职工融资。从信息不对称的角度看，单位向职工借款在信息透明度上高于向外部主体融资，因为单位是法律拟制人，其实际的经营管理皆由职工负责，故职工有条件比较全面地掌握本单位的生产经营情况，评估借款风险，并且也便于借款之后的监管。加之单位管理层与职工朝夕相处，彼此比较熟悉，此种熟人社会也在一定程度上增加了管理层的还款压力和动力。但是，单位向职工借款并不都能依约还款，特别是单位的生产经营恶化，现金流枯竭时，未获清偿的职工必然和单位发生争议和冲突。当职工和单位对簿公堂时，单位可能会认为双方的借贷合同无效，理由是单位非法集资，扰乱正常的金融秩序，等等。针对此种情况，《最高人民法院关于审理民间借贷案件适用法律若干问题的规定》（法释〔2015〕18号）第十二条规定：“法人或者其他组织在本单位内部通过借款形式向职工筹集资金，用于本单位生产、经营，且不存在合同法第五十二条、本规定第十四条规定的情形，当事人主张民间借贷合同有效的，人民法院应予支持”。据此，单位与职工之间的借款合同有效，但应当满足以下条件：第一，所借款项用于本单位的生产经营活动。此处的“用于”有实际用于和约定用于两种理解。如果理解为实际用于，在单位挪用借款时，单位和职工之间的借款合同无效，职工利益受损，因为其预期的高于银行利率的收益无法兑现，但过错方是单位，并不是职工。比较而言，此处的“用于”理解为约定用于更为合理。第二，不存在《合同法》第五十二条规定的情况。《合同法》第五十二条规定："有下列情形之一的，合同无效：（一）一方以欺诈、胁迫的手段订立合同，损害国家利益；（二）恶意串通，损害国家、集体或者第三人利益；（三）以合法形式掩盖非法目的；（四）损害社会公共利益；（五）违反法律、行政法规的强制性规定。"单位和职工之间的借贷合同当然不能违反上述条款，否则无效。第三，不存在《最高人民法院关于审理民间借贷案件适用法律若干问题的规定》（法释〔2015〕18号）第十四条规定的民间借贷合同无效的情况。该条规定："具有下列情形之一，人民法院应当认定民间借贷合同无效：（一）套取金融机构信贷资金又高利转贷给借款人，且借款人事先知道或者应当知道的；（二）以向其他企业借贷或者向本单位职工集资取得的资金又转贷给借款人牟利，且借款人事先知道或者应当知道的；（三）出借人事先知道或者应当知道借款人借款用于违法犯罪活动仍然提供借款的；（四）违背社会公序良俗的；（五）其他违反法律、行政法规效力性强制性规定的。"

本案所涉争议发生于单位和职工之间。2003年海南省国营八一总场下属企业金岭水泥厂资金紧张，无法偿还银行贷款，面临被拍卖的命运。为此，单位以对水泥厂进行股份制改造为名动员全厂职工出资入股以便筹集资金偿还所拖欠的银行贷款。之后，金岭水泥厂用上述款项偿还银行贷款，恢复了正常的生产经营。职工提供给单位的资金名义上是入股，实质上是借款，单位在二审庭审中也承认筹集资金入股行为开始阶段实际为向职工借款帮助企业渡过难关。实质重于形式。因此，本案单位和员工之间的法律关系属于民间借贷关系，双方的合同是民间借贷合同。该合同并未违反法律、行政法规效力性强制性规定，应当有效。故法院判决单位偿还借款和利息。

◎ 法条链接

1.**《最高人民法院关于审理民间借贷案件适用法律若干问题的规定》（法释〔2015〕18号）**

第十二条 法人或者其他组织在本单位内部通过借款形式向职工筹集资金，用于本单位生产、经营，且不存在合同法第五十二条、本规定第十四条规定的情形，当事人主张民间借贷合同有效的，人民法院应予支持。

第十四条 具有下列情形之一，人民法院应当认定民间借贷合同无效：

（一）套取金融机构信贷资金又高利转贷给借款人，且借款人事先知道或者应当知道的；

（二）以向其他企业借贷或者向本单位职工集资取得的资金又转贷给借款人牟利，且借款人事先知道或者应当知道的；

（三）出借人事先知道或者应当知道借款人借款用于违法犯罪活动仍然提供借款的；

（四）违背社会公序良俗的；

（五）其他违反法律、行政法规效力性强制性规定的。

2.《合同法》

第五十二条　有下列情形之一的，合同无效：

（一）一方以欺诈、胁迫的手段订立合同，损害国家利益；

（二）恶意串通，损害国家、集体或者第三人利益；

（三）以合法形式掩盖非法目的；

（四）损害社会公共利益；

（五）违反法律、行政法规的强制性规定。

12. 民间借贷当事人在债务已届清偿期后约定以物抵债，但未办理物权转移手续，如何认定以物抵债协议的效力？

——王某甲诉景某坤、刘某彬合同纠纷上诉案①

裁判要旨

债务清偿期届满后当事人达成以物抵债协议，在尚未办理物权转移手续前，债务人或第三人反悔不履行抵债协议，债权人要求继续履行抵债协议或要求确认所抵之物的所有权归自己的，人民法院应驳回其诉讼请求。但经释明，当事人要求继续履行原债权债务合同的，人民法院应当继续审理。

◎ 基本案情

2011年2月13日，被告刘某彬欠原告王某甲140万元，原告多次找被告索要欠款，刘某彬称没有现金给付。王某甲与景某坤、刘某彬签订过户协议，景某坤将富锦市临江社区某房产折合100万元抵给王某甲，景某坤同意将上述房产过户到王

---

① 黑龙江省佳木斯市中级人民法院（2015）佳民终字第229号

某甲名下。景某坤、刘某彬将房屋产权证交给王某甲后，景某坤到房屋产权部门进行挂失，重新补办房屋产权证，于2013年3月29日在中国工商银行股份有限公司富锦支行办理贷款58万元，贷款期限为59个月，将房屋进行抵押登记。

◎ 法院审理

原审被告景某坤辩称：原告诉状所述的部分事实不清，被告刘某彬欠王某甲钱，双方产生争执，而景某坤与刘某彬协商，用景某坤房产为刘某彬抵债，所以才形成过户协议，实际上应该是抵债协议。本案过户协议符合《合同法》第六十五条规定，第三人代为履行的特征，第三人表示代替债务人清偿债务或者与债务人达成代替其清偿债务的协议。第三人景某坤不是原民间借贷合同的当事人，也就是说尽管景某坤承诺替刘某彬履行债务，但景某坤不是原民间借贷合同的主体。因此，本案不是房屋买卖协议纠纷实为第三人代为履行协议。根据第三人不履行债务或者履行不符合约定时，应由债务人承担责任的法律规定，王某甲应向刘某彬另行主张权利，不应向景某坤主张权利。王某甲主张损失100万元的诉讼请求及银行利率4倍的利息依法不能成立，景某坤作为王某甲与刘某彬债务纠纷案件中的第三人不代替刘某彬向王某甲履行债务时，王某甲与刘某彬之债务即恢复到原始状态，所以，原告将仍然存在且不确定的债务数额作为二被告共同违约给其造成损失系事实认定错误，更不符合法律规定，属于变相重复要求赔偿。故原告将债权作为损失依法不能成立，抵债协议中并未约定违约责任，在当事人未约定违约责任条款时则依法确定。本案抵债房产既未实际交付给原告，也未向其交付过租金。景某坤抵债房产依法属于其个人所有财产。综上，原告的诉讼请求依法不能得到支持，请求法院依法驳回原告诉讼请求。

原审被告刘某彬辩称：原告王某甲与被告刘某彬、景某坤签订的过户协议，实际上是抵债协议，不存在买卖关系。2011年2月13日，刘某彬与王某甲因欠款问题产生争执，刘某彬找景某坤商量，让景某坤以自己的房屋为刘某彬抵账，因王某甲没有把欠据拿来汇总，所以在过户协议上暂定价100万元，等王某甲把欠据拿来再进行结算。本案原告要求被告将房产过户更名到原告名下，没有合法的根据。这份协议是基于刘某彬与王某甲借款纠纷而签订的，其内容不是刘某彬和景某坤真实的意思表示，依法应该属于无效的协议。本案无论是买卖合同还是抵债合同，都是因王某甲与刘某彬的借款纠纷而发生的。因此，本案应为借款合同纠纷。原告提出被告赔偿违约损失的计算结果和方法是错误的，没有任何的事实和法律依据。被告刘某彬请求法院驳回原告不合理的诉讼请求。

原审法院判决认为，从本案的过户协议来看，符合债务人与债权人约定经第三人同意，由第三人所有财产折价归债权人所有，用以清偿债务的行为，符合以物抵债的特征。该协议具有实践性，在尚未办理物权转移手续前，清偿行为未成立，第三人反悔不履行抵债协议的，当事人应变更诉讼请求，按原债权债务合同继续履行。原告王某甲主张按过户协议办理产权过户手续，因景某坤反悔无法履行。诉讼中，原告王某甲虽变更诉讼请求，但没有要求继续履行原债权债务合同，而是以过户协议系债务转让协议，即刘某彬欠王某甲钱，没有支付，经王某甲同意，刘某彬将其 100 万元的债务转让给第三人景某坤，要求景某坤、刘某彬承担连带还款责任。原、被告三方达成的以物抵债协议，原告主张系债务转让证据不足。故对原告基于该认识所提出的请求，不予支持。

原审法院判决驳回原告王某甲的诉讼请求。

上诉人王某甲的上诉理由是，原审判决认定事实不清，过户协议签订后合同生效，房屋所有权归上诉人，被上诉人交过房租给上诉人姐姐，只是没有办理过户手续，不能否认上诉人获得房屋所有权的事实；没有法律明确规定就不能将该合同认定为实践性合同；该案涉嫌犯罪，应当移送公安机关侦查，被上诉人景某坤谎称房证丢失，重新补办房证并用此房办理抵押贷款，是诈骗行为。要求改判或移送。

被上诉人刘某彬答辩意见是，原审判决认定过户协议属于实践性合同符合法律规定，该协议必须经双方实际交付，并且办理转移登记才能生效；该案属于民事纠纷，不是涉嫌刑事犯罪原审法院没有必要移送公安机关，因物权未转移至上诉人名下，故景某坤办理贷款不构成诈骗罪，另外上诉人在一审中提交公安机关侦查卷宗可以证实已提出控告，公安机关已经立案；原审法院审判程序合法。

被上诉人景某坤的答辩意见是，依据最高人民法院民事审判指导意见，债务清偿期届满后当事人达成以物抵债协议，在尚未办理物权转移手续前，债务人反悔不履行抵债协议，债权人要求继续履行抵债协议或要求确认所抵之物的所有权归自己的，法院应驳回其诉讼请求，况且景某坤不是债务人。本案是民事纠纷，与上诉人举报案件是两个法律关系。

二审法院认为，本案是因债务人刘某彬与债权人王某甲间债权债务关系，由景某坤用其所有的房屋给付王某甲抵偿债务人刘某彬债务而产生的纠纷，其法律关系符合以物抵债的特征，该协议具有实践性。即债务清偿期届满后当事人达成以物抵债协议，在尚未办理物权转移手续前，债务人或第三人反悔不履行抵债协议，债权人要求继续履行抵债协议或要求确认所抵之物的所有权归自己的，人民法院应驳回其诉讼请求。上诉人关于其应已得到争议房屋所有权及赔偿损失的主张不能成立，二审法院不予支持。上诉人关于其已实际占有争议房屋的诉讼主张，因提供的证据不充分，二审法院不予支持。上诉人要求将案件移送侦查机关的请求，因本案民事纠纷是由上诉人提起的，且上诉人已向公安机关举报并已立案，法院继续审理上诉人依据过户协议所产生的纠纷并无不当，该项上诉请求不能得到支持。

二审法院驳回上诉，维持原判。

◎ 点评

本案的争议焦点是民间借贷当事人达成以物抵债协议随后又反悔，法院应当如何处理。以物抵债是指债务人与债权人约定以债务人或经第三人同意的第三人所有的财产折价归债权人所有，用以清偿债务的行为。因此，以物抵债既可以是债务人用自己的财产抵债，也可以由第三人以其所有的财产抵债。

当事人先达成以物抵债协议，之后一方当事人反悔，处理此类争议首先需要明确以物抵债协议是诺成性民事法律行为还是实践性民事法律行为。所谓诺成性民事法律行为，是指只需当事人意思表示一致即可成立生效的民事法律行为。所谓实践性民事法律行为，是指既需当事人意思表示一致，还需完成权利转移才能成立生效的民事法律行为，比如自然人之间的借款协议、保管协议等。据此，如果以物抵债协议视为诺成性民事法律行为，则一方当事人反悔时，另一方当事人可以请求履行该协议，如果以物抵债协议视为实践性民事法律行为，则一方当事人反悔时，另一方当事人不得请求履行该协议。

我国法律并没有明确以物抵债的法律性质。但是，《担保法》和《物权法》已经涉及以物抵债。《担保法》第七十一条第二款规定："债务履行期届满质权人未受清偿的，可以与出质人协议以质物折价，也可以依法拍卖、变卖质物。"该款明确允许质权人和出质人之间以质押财产折价抵债。《物权法》第一百九十五条第一款规定："债务人不履行到期债务或者发生当事人约定的实现抵押权的情形，抵押权人可以与抵押人协议以抵押财产折价或者以拍卖、变卖该抵押财产所得的价款优先受偿。协议损害其他债权人利益的，其他债权人可以在知道或者应当知道撤销事由之日起一年内请求人民法院撤销该协议。"该款也允许抵押权人和抵押人之间以抵押财产折价抵债，同时兼顾其他债权人的利益保护，赋予其撤销权。但是，上述两款规定只限于主债权债务设定质押或抵押的情形，故不能直接推演适用于所有的以物抵债协议。

从最高人民法院的观点来看，其支持将以物抵债协议视为实践性民事法律行为。该院民一庭曾在以物抵债案件审理中表达了上述观点，[①] 其主要理由是：1. 当事人在债务已届清偿期后约定以物抵债本质为代物清偿。台湾地区将代物清偿作为实践性民事法律行为对待。2. 从以物抵债的目的出发，应坚持其实践性特点。以物抵债的目的在于用他物抵原债，抵债行为并未改变原债的同一性，所以，只有物权转移给债权人，债务方消灭。因此仅有合意，而未实际履行物权转移的，债务并未消灭，抵债的目的也未实现。故从抵债的目的来看，应坚持其实践性特点。3. 坚持

① 参见《民事审判指导与参考》，2014 年第 2 辑。

以物抵债的实践性，对债权人和债务人都不存在不公平的问题。实践性合同的目的之一就是给予当事人一个在达成合意后实际交付前，审慎评估利害关系的机会，即使债务人反悔，不履行现实给付，意味着债务人认为他种给付于己不利，而此时仍按原债的关系履行，并未损害债权人的利益，更未增加债务人的利益。4. 从现实角度考虑。由于司法实践中将以物抵债作为诺成性合同对待，仅从合同法的角度查其效力，一定程度上导致了以物抵债被虚假诉讼所利用。但如果把以物抵债作为实践性合同对待，在当事人未履行物权转移之前，以以物抵债不成立而不予认定，便可避免与虚假诉讼的关联，一定程度上也保护了其他债权人的利益。5. 从诉权角度分析。以物抵债源于债权，但落脚点却在物权转移，在一个债法关系中，既要审查债权，也要审查物权。但物权与债权是完全不同的两个领域，审查的理念、规则、要素也完全不同：债权依据意思自治、鼓励交易原则，侧重从合同自由角度审查订约、履约、解约等情况。而物权则根据物权法定原则，重在审查物的占有使用状态、是否善意、处分权是否受限制、有无公示效力等方面。而对二者审查要素的区别往往被法官所忽视。同时在一个债法关系中，对债权和物权都要进行审查，无疑是难以周全的。事实上，司法实践中都是侧重债的关系的审查而忽略物的状态的审查，以致被虚假诉讼所利用。6. 最高人民法院在《关于人民法院执行工作若干问题的规定（试行）》第八十七条明确规定：当事人之间达成的和解协议合法有效并已履行完毕的，人民法院作执行结案处理。从该规定看，只有履行完毕的和解协议，债务才算消灭，基于此也可以推断出以物抵债协议的实践性。7. 从救济成本来看。当事人仅在案外达成抵债协议，如果有违反法律规定，尚可以诉至法院得到救济。但如果通过法院进行以物抵债，一旦法律文书予确认，如果事后证明有问题，需要付出的司法成本和代价太大。

本案审理法院的审理意见与最高人民法院的观点相同。需要注意的是，江苏省高级人民法院审判委员会曾就以物抵债案件的审理召开专门会议，并形成会议纪要。该纪要规定：“债务清偿期届满后当事人达成以物抵债协议，在尚未办理物权转移手续前，债务人反悔不履行抵债协议，债权人要求继续履行抵债协议或要求确认所抵之物的所有权归自己的，人民法院应驳回其诉讼请求。但经释明，当事人要求继续履行原债权债务合同的，人民法院应当继续审理。”据此，本案原告要求将以物抵债协议的标的物所有权确认为其所有，如果在法院释明后，其要求履行原来的民间借贷协议，法院应当继续审理，不得直接判决驳回其诉讼请求。

◎ 法条链接

1.《江苏省高级人民法院〔2014〕2 号审判委员会会议纪要》

三、关于债务清偿期届满之后以物抵债行为的性质及效力认定会议认为，对当事人在债务清偿期届满后的以物抵债协议，应区分两种情况进行认定与处理：

（一）债务清偿期届满后当事人达成以物抵债协议，在尚未办理物权转移手续前，债务人反悔不履行抵债协议，债权人要求继续履行抵债协议或要求确认所抵之物的所有权归自己的，人民法院应驳回其诉讼请求。但经释明，当事人要求继续履行原债权债务合同的，人民法院应当继续审理。

（二）当事人在债务清偿期届满后达成以物抵债协议并已经办理了物权转移手续后，一方反悔，要求认定以物抵债协议无效的，人民法院不予支持。但如当事人一方认为抵债行为具有《中华人民共和国合同法》第五十四条规定的可变更、可撤销情形的，可以依法请求人民法院或仲裁机构变更或撤销。

债权人在债务清偿期届满后通过以物抵债协议取得了所抵之物的所有权，后要求债务人承担标的物瑕疵担保责任的，人民法院可参照《中华人民共和国合同法》关于买卖合同的相关规定进行处理。

2.《担保法》

第七十一条 债务履行期届满债务人履行债务的，或者出质人提前清偿所担保的债权的，质权人应当返还质物。

债务履行期届满质权人未受清偿的，可以与出质人协议以质物折价，也可以依法拍卖、变卖质物。

质物折价或者拍卖、变卖后，其价款超过债权数额的部分归出质人所有，不足部分由债务人清偿。

3.《物权法》

第一百九十五条 债务人不履行到期债务或者发生当事人约定的实现抵押权的情形，抵押权人可以与抵押人协议以抵押财产折价或者以拍卖、变卖该抵押财产所得的价款优先受偿。协议损害其他债权人利益的，其他债权人可以在知道或者应当知道撤销事由之日起一年内请求人民法院撤销该协议。

抵押权人与抵押人未就抵押权实现方式达成协议的，抵押权人可以请求人民法院拍卖、变卖抵押财产。

抵押财产折价或者变卖的，应当参照市场价格。

4.《最高人民法院关于人民法院执行工作若干问题的规定（试行）》（法释〔1998〕15号）

87. 当事人之间达成的和解协议合法有效并已履行完毕的，人民法院作执行结案处理。

13. 民间借贷合同到期后，双方签订商品房买卖合同并以借款转为购房款，商品房买卖合同是否有效？

——赵某萍与浙江省义乌市天元置业有限公司、朱某峰等房屋买卖合同纠纷上诉案[①]

裁判要旨

当事人以签订买卖合同作为民间借贷合同的担保，借款到期后借款人不能还款，出借人请求履行买卖合同的，人民法院应当按照民间借贷法律关系审理，并向当事人释明变更诉讼请求。当事人拒绝变更的，人民法院裁定驳回起诉。但是，民间借贷合同到期后，双方签订商品房买卖合同并以借款转为购房款，民间借贷双方当事人的关系已经转为商品房买卖合同法律关系，除非存在无效或可撤销的情形，应当认定合同有效，并支持履行合同的请求。

◎ 基本案情

2006 年 9 月 8 日，赵某萍（甲方）与浙江省义乌市天元置业有限公司（以下简称义乌天元公司）（乙方）签订《借款协议书》。约定：由赵某萍出借给义乌天元公司人民币陆仟万元，专项用于乙方天元・滨江国际房地产项目的投资。年回报率百分之三十六，计：贰仟壹佰陆拾万元，相关税费由乙方承担。借款期限 2006 年 9 月 29 日起至 2008 年 3 月 28 日止。朱某峰愿以其个人在乙方 100% 股权、收益以及其个人资产为乙方对甲方的债务承担连带保证责任。并承诺，在保证期间不得就其名下的股权进行转让、赠与、抵押等处分。保证期限至甲方实现债权之日止，保证范围：借款、借款收益款、逾期利息、违约金及甲方为实现债权而产生的费用，包括但不限于诉讼费、代理费、保全费、差旅费等等。朱某峰也在该借款协议书上签字。

2006 年 10 月 9 日，赵某萍通过银行汇款给义乌天元公司 6,000 万元。借款到

---

① 浙江省高级人民法院（2014）浙民终字第 9 号

期后，义乌天元公司未能还款。

2008 年 2 月 27 日、3 月 28 日，义乌天元公司与赵某萍签订了 44 份《商品房买卖合同》（2 月 27 日签订 20 份，3 月 28 日签订 24 份）确定赵某萍购买义乌天元公司房产的具体位置、面积、单价、交房期限、办证期限等内容，并约定了交房时间、逾期交房违约责任、备案登记等事项。同日，义乌天元公司就涉案 44 套商品房各出具承诺书一份，承诺其与赵某萍签订的《商品房买卖合同》项下的房产，房款已付清，在签订合同前未预售给其他人，保证赵某萍为唯一买受人。同日，由义乌天元公司开具了 44 套房屋房款的收款收据。

2008 年 10 月 14 日，赵某灏、赵某萍（甲方）与义乌天元公司（乙方）和杨某民、朱某峰（丙方）签订了《和解协议》，约定了商品房向义乌市房地产管理部门申请登记备案、费用的支付、商品房价格的调整、回购、已诉案件的处理等问题，其中第四条约定：在 2009 年 9 月 30 日前，乙方可以按原《商品房买卖合同》的价格向甲方回购；也可以甲方认可的合法有效的资产（例如义乌火车站 91867 部队地块）置换上述房产，置换的价值不得低于上述房产的实际价值，如果甲方不同意置换的，乙方必须以现金回购。逾期则乙方无权回购。甲方可自行处理乙方没有回购的《商品房买卖合同》项下的房产，甲方通过转让（转让价格不得低于同层同方向房产市场交易价格）或拍卖等途径所得的转让款在扣除原购房价款、2009 年 9 月 29 日以后的投资回报款、所有的产权登记和交易税费后的余额部分，甲方应当返回给乙方。第八条约定：为确保甲方所购房产享有完整的物权和由此发生的相关债权的实现，丙方杨某民、朱某峰作为乙方的股东，对本和解协议所涉及的《商品房买卖合同》项下的房产的物权完整和相关债权承担连带保证责任。其保证的范围为房产物权遭受的损失、本和解协议约定的债权、违约金、赔偿金、实现债权的一切费用。

义乌天元公司对赵某萍购买的 44 套房屋进行了合同备案并于 2009 年 1 月 20 日办理了预售登记手续。

2009 年 1 月 20 日，赵某灏、赵某萍（甲方）与义乌天元公司（乙方）、杨某民、朱某峰（丙方）达成《补充协议（二）》，在确认前述《和解协议》及《补充协议》有效的前提下，对部分商品房的价格进行了调整。赵某萍认购的 44 套房屋购房总价为 31, 166, 890 元。

2010 年 5 月 14 日，义乌天元公司致函赵某灏、赵某萍，内容为：因房屋还没有装修完成，不具备综合验收的条件，因此暂时无法取得房屋所有权证；不能或没有办理《商品房买卖合同》登记备案的房产，我方正与建设部门协调当中，最终结果尚不知晓。如确实不能办理登记备案的，我方会及时通知你们办理退款手续并及时承担义务等。

2010年8月10日，赵某灏、赵某萍（甲方）与义乌天元公司（乙方）、杨某民、朱某峰（丙方）又签订了《补充协议》，该协议约定：……购房款退回时间统一约定于2011年11月30日前全部退清，具体退款计划为：2011年4月30日退还100万元，以后逢30号退还100万元，余下本息在2011年11月30日前全部退清购房款及利息……。各方确认2008年10月14日签署的《和解协议》和《补充协议》及2009年1月20日签署的《补充协议（二）》继续有效。本协议约定的内容与之前协议约定不符的，以本协议约定的为准。为保护甲方的权利，丙方继续承担连带责任担保。

赵某灏曾起诉义乌天元公司、杨某民、朱某峰商品房买卖合同纠纷，金华市中级人民法院作出（2011）浙金民初字第2号民事判决。

2011年7月17日，吴某明、赵某萍、赵某灏给义乌天元公司、杨某民、朱某峰两份催收函，对重新约定于2011年4月30日起还100万元，以后每月逢30号退还100万元，至2011年11月30日前全部还清本息进行催收。朱某峰在催收函中签字。

2013年3月23日，赵某灏、赵某萍、吴某明（甲方）与朱某峰（乙方）签订债权债务偿付意向书，约定：鉴于甲方与义乌天元公司之间的全部债权债务关系均由乙方及义乌天元公司的股东及法定代表人杨某民提供连带责任保证。且在到期后，甲方即向义乌天元公司、乙方及杨某民主张权利，并与乙方及杨某民就债务履行的相关事宜进行了多次协商……赵某萍在庭审中陈述，其购买的44套房屋义乌天元公司在2011年11月14日已全部交付。

2013年5月2日，赵某萍诉至原审法院，请求判令：1. 义乌天元公司立即协助赵某萍办理其所购买的44套房产（房产总价款为人民币31,166,890元）过户登记手续；2. 义乌天元公司向赵某萍支付逾期交房违约金4,830,867元（逾期交房违约金按合同约定每日0.02%自2009年10月1日计算至2011年11月14日，31,166,890元×2÷10000×775天）；3. 义乌天元公司向赵某萍支付逾期办证违约金62,333.78元（31,166,890×0.2%）；4. 杨某民、朱某峰对上述款项承担连带保证责任；5. 由义乌天元公司、杨某民、朱某峰承担本案全部诉讼费用。

◎ 法院审理

原审法院认为，赵某萍与义乌天元公司签订了《借款协议》，赵某萍向义乌天元公司汇款6,000万元，履行了义务。借款到期后，义乌天元公司未能归还借款。因此，双方依据《借款协议》中的约定，签订了《商品房买卖合同》，约定交房日期为2009年9月30日，并将借款转为商品房的购房款，义乌天元公司为此开具了房款收据并承诺保证赵某萍系所购房屋的唯一买受人。之后，又达成了《和解协议》、《补充协议》等，在上述两份协议中，赵某萍与义乌天元公司确认涉案商品房在2009年9月30日前，义乌天元公司可以商品房买卖合同约定的价格进行回购，这实质上是对商品房买卖是否履行给予了一定的宽限期，同时协议也明确了逾期则义乌天元公司无权回购，而到期后义乌天元公司未能回购。上述事实证实《商品房买卖合同》、《和解协议》、《补充协议》均是在《借款协议》的前提下，经过双方不断的协商逐渐形成的，此过程中义乌天元公司并无受欺诈、胁迫或重大误解之情形，符合意思自治原则，且涉案的商品房已向房管部门办理了预售登记手续，双方应按约定履行。杨某民、朱某峰提出《借款协议》、《商品房买卖合同》无效的抗辩理由不能成立。赵某萍向义乌天元公司、杨某民、朱某峰发函，义乌天元公司、朱某峰、杨某民在2010年5月14日回函说明无法交付及办理房屋产权的原因。2010年8月10日赵某萍与义乌天元公司、朱某峰、杨某民达成《补充协议》，对退款作了约定，即2011年4月30日起还100万元，以后每月逢30号退还100万元，至2011年11月30日前全部还清本息。到期未退款后，2011年7月17日赵某萍向朱某峰进行了催收，2013年3月23日赵某萍又与朱某峰达成了《债权债务偿付意向书》，朱某峰亦认可赵某萍的上述催讨行为。在多个保证人共同对债权人承担连带保证责任时，多个保证人是作为一个整体对债权人承担保证责任。当债权人在合同约定或有关法律规定的保证期间内只通知部分保证人还款的情况下，未得到还款通知的保证人不能免除还款责任。2011年11月14日义乌天元公司虽然已将44套房屋交付给赵某萍，但一直未配合办理房产过户手续，义乌天元公司应协助办理。现双方约定的商品房交房期限2009年9月30日已过，义乌天元公司应依据《商品房买卖合同》的约定承担逾期交房及逾期办证的违约责任。逾期交房的违约金按已交付房款31,166,890元，每日0.02%自房屋最后交付期限第二天即2009年10月1日起计算至2011年11月14日交房时止为4,830,867元。逾期办证的违约金按已付房款31,166,890元的0.2%即62,333.78元。杨某民、朱某峰亦应依约承担连带保证责任。

原审法院判决：一、由浙江省义乌市天元置业有限公司于判决生效后30日内协助赵某萍办理其所购买的44套房产（房号见附件）过户登记手续；二、由浙江省义乌市天元置业有限公司于判决生效后10日内支付给赵某萍逾期交房违约金4,830,867元；三、由浙江省义乌市天元置业有限公司于判决生效后10日内支付赵某萍逾期办证违约金62,333.78元；四、杨某民、朱某峰对第二、三项承担连带保证责任。

义乌天元公司上诉称：一、义乌天元公司和赵某萍之间是单纯的借贷关系，签订《商品房买卖合同》是作为债的担保，商品房买卖的相关约定条款属于流质条款，因此，双方的真实意思并非商品房买卖，而是通过签订《商品房买卖合同》以及后续的备案程序保障赵某萍债权的实现。《商品房买卖合同》约定的房产价格仅为当时市场价格的三分之一，如此显失公平的价格更不可能是真实的商品房买卖意思表示。二、义乌天元公司和赵某萍之间就赵某萍享有所有权的约定系流质条款，根据《中华人民共和国担保法》第四十条“订立抵押合同时，抵押权人和抵押人在合同中不得约定在债务履行期届满抵押权人未受清偿时，抵押物的所有权转移为债权人所有”的规定，应属无效。三、目前的司法实践中也一致认为，以借贷为目的签订房屋买卖合同作为担保的，应当认定双方名为房屋买卖关系实为民间借贷关系。

杨某民上诉称：一、我国法律从未规定，通知部分保证人的效力可以及于未得到通知的保证人。二、根据《中华人民共和国担保法》的规定，由于赵某萍未在担保期间内要求杨某民承担担保责任，杨某民的相应担保责任已经免除，原审判决适用法律错误。

二审法院驳回上诉，维持原判。

◎ 点评

近年来，因房地产市场不景气，银行限制房地产贷款，许多房地产开发商资金困难，不得不以民间借贷的方式向社会融资。资金出借人为了保障债权安全，通常以较低价格与房地产开发商签订《商品房买卖合同》，并约定房地产开发商在主债权债务到期日之前或之后一段时期内享有商品房回购权。此种融资模式中的出借人或者收回本金和利息，或者获得商品房，而房地产开发商或者返还借款和利息，或者向出借人出售商品房。可见，《商品房买卖合同》是作为民间借贷合同的担保。从各地法院的判决结果来看，通常有以下处理方式：①将《商品房买卖合同》认定为流质约定，故无效；②认为以《商品房买卖合同》作为民间借贷担保属于非典型担保，违反物权法定原则，出借人不能取得物权。③认为此种情况名为商品房买卖，实为民间借贷，应当按民间借贷审理。针对上述分歧，《最高人民法院关于审理民间借贷案件适用法律若干问题的规定》（法释〔2015〕18号）进行了明确。其第二十四条规定：“当事人以签订买卖合同作为民间借贷合同的担保，借款到期后借款人不能还款，出借人请求履行买卖合同的，人民法院应当按照民间借贷法律关系审理，并向当事人释明变更诉讼请求。当事人拒绝变更的，人民法院裁定驳回起诉。按照民间借贷法律关系审理作出的判决生效后，借款人不履行生效判决确定的金钱债务，出借人可以申请拍卖买卖合同标的物，以偿还债务。就拍卖所得的价款与应偿还借款本息之间的差额，借款人或者出借人有权主张返还或补偿。”

本案与前述情况类似，但有如下特点：第一，民间借贷合同签署时双方当事人并未签署《商品房买卖合同》，而是在借款将要届满时借款人预期自己无法偿还借款才与出借人签订《商品房买卖合同》。第二，出借人依据民间借贷合同享有的本金和利息全部转为购房款。第三，出借人并未向作为借款人的房地产开发商另行支付购房款，但借款人开具了44套房屋房款的收款收据。第四，作为借款人的房地产开发商对《商品房买卖合同》所涉44套房屋进行了合同备案并办理了预售登记手续。可见，民间借贷双方当事人的法律关系已经转变为商品房买卖合同关系，《商品房买卖合同》并不是对民间借贷合同的担保，加之《商品房买卖合同》没有无效瑕疵，且合同所涉商品房进行了合同备案并办理了预售登记手续，故两级法院判令作为借款人的房地产开发商协助出借人办理其所购买的44套房产过户登记手续，即支持出借人依据《商品房买卖合同》取得商品房的所有权。

另外，本案涉及保证人的诉讼时效中断问题。连带保证人杨某民认为出借人赵某萍未在担保期间要求其承担担保责任，故其应当免除担保责任。《最高人民法院关于适用〈中华人民共和国担保法〉若干问题的解释》（法释〔2000〕44号）第二十条第一款规定："连带共同保证的债务人在主合同规定的债务履行期届满没有履行债务的，债权人可以要求债务人履行债务，也可以要求任何一个保证人承担全部保证责任。"《最高人民法院关于审理民事案件适用诉讼时效制度若干问题的规定》（法释〔2008〕11号）第十七条第二款规定："对于连带债务人中的一人发生诉讼时效中断效力的事由，应当认定对其他连带债务人也发生诉讼时效中断的效力。"本案连带保证人为朱某峰和杨某民，而出借人赵某萍已经向朱某峰进行催收，故效力及于杨某民，其应当承担连带保证责任。

◎ 法条链接

1.《最高人民法院关于审理民间借贷案件适用法律若干问题的规定》（法释〔2015〕18号）

第二十四条 当事人以签订买卖合同作为民间借贷合同的担保，借款到期后借款人不能还款，出借人请求履行买卖合同的，人民法院应当按照民间借贷法律关系审理，并向当事人释明变更诉讼请求。当事人拒绝变更的，人民法院裁定驳回起诉。

按照民间借贷法律关系审理作出的判决生效后，借款人不履行生效判决确定的金钱债务，出借人可以申请拍卖买卖合同标的物，以偿还债务。就拍卖所得的价款与应偿还借款本息之间的差额，借款人或者出借人有权主张返还或补偿。

2.《最高人民法院关于适用〈中华人民共和国担保法〉若干问题的解释》（法释〔2000〕44号）

第二十条 连带共同保证的债务人在主合同规定的债务履行期届满没有履行债务的，债权人可以要求债务人履行债务，也可以要求任何一个保证人承担全部保证责任。

连带共同保证的保证人承担保证责任后，向债务人不能追偿的部分，由各连带保证人按其内部约定的比例分担。没有约定的，平均分担。

3.《最高人民法院关于审理民事案件适用诉讼时效制度若干问题的规定》（法释〔2008〕11号）

第十七条　对于连带债权人中的一人发生诉讼时效中断效力的事由，应当认定对其他连带债权人也发生诉讼时效中断的效力。

对于连带债务人中的一人发生诉讼时效中断效力的事由，应当认定对其他连带债务人也发生诉讼时效中断的效力。

第三章
民间借贷事实纠纷

导 言

民间借贷纠纷审理必须以查清民间借贷事实为基础，这涉及证据的采用取舍、民间借贷事实的存在与否、民间借贷法律关系与其他法律关系的区分以及民间借贷事实的认定方法等。由于社会生活的丰富多彩和社会关系的复杂多变，民间借贷事实的查明困难重重。从哲学层面考察，人类认识的真相和世界的客观真相并不一致，前者可以无限接近后者，但无法与后者完全契合。因此，法律真相也不等于客观真相，法律真相依赖于证据和法官的自由心证。正如最高人民法院审判委员会专职委员杜万华法官在答记者问中所言，“民间借贷案件的事实认定，大多是由法官根据经验法则，通过对证据材料的审查和其证明力的认定、判断、取舍，并对比各方当事人不同证据的证明力，推断当事人之间既往发生的法律关系的事实过程。这一过程中所涵盖的经验法则的选择与运用，证据证明力的判断等，都很难通过明确的法律规则来实现，更多的是依靠法官的自由心证。正因如此，司法实践中对于借贷关系是否发生的基本事实作出判断和认定的标准，存在一定程度的差异。虽然完全统一法官心证结果在客观上不可能实现，但通过更精细化的指引，规范事实认定的方向和进路，却是十分必要和可行的”。本章主要讨论以下问题：

1. 出借人有借款合同和收据是否足够证明借贷事实？即使出借人提供了借款合同和收据，如果其抗辩借贷行为尚未实际发生并能作出合理说明，法院应当结合借贷金额、款项交付、当事人的经济能力、当地或者当事人之间的交易方式、交易习惯、当事人财产变动情况以及证人证言等事实和因素，综合判断查证借贷事实是否发生。

2. 借款没有支付给单位而是支付给单位法定代表人、负责人或其他职工的，如何认定借款事实？民间借贷案件审理中，出借人将借款支付给借款单位法定代表人、负责人或其他职工，借款单位抗辩没有收到借款，其与出借人之间不存在民间借贷事实，只要有其他证据支持，也可以认定民间借贷事实。

3. 民间借贷纠纷案件审理能否仅凭转账凭证注明的资金用途内容判断转账款项的性质？民间借贷纠纷审理中，双方当事人通过银行转账完成资金交付的，不能单凭转账凭证上注明的资金用途来判定争议资金的性质，而应综合全部证据认定。否则，误判难免。

4. 只有金融机构转账凭证时民间借贷事实如何认定？原告仅依据金融机构的转账凭证提起民间借贷诉讼，被告抗辩转账系偿还双方之前借款或其他债务，被告应当对其主张提供证据证明。被告提供相应证据证明其主张后，原告仍应就借贷关系的成立承担举证证明责任。

5. 职工以“暂支单”的形式领款，能否据此认定与单位有借贷事实？如果职工领款是为了完成单位工作任务，比如业务招待、出差、采购等，不能依据暂支单认定职工与单位之间存在民间借贷事实，因为两者存在行政隶属关系，不是平等主体。如果发生争议，属于劳动合同争议。如果单位坚持认为双方存在民间借贷事实，法院应当以证据不足驳回其起诉。如果职工领款是因私人原因，与单位工作任务无关，比如个人或家庭用款，可以认定其与单位之间存在民间借贷事实，因为两者此时是平等主体。

6. 民间借贷借款人抗辩已经偿还借款应当举证证明。当事人对自己提出的主张，有责任提供证据。因此，民间借贷借款人抗辩其已经偿还全部或部分借款时，应当对其主张提供证据证明，否则，其应当承担不利的后果。

7. 民间借贷出借人为了避免争议，应当注意借贷资金交付证据的完整性。为了避免争议，民间借贷出借人最好避免现金交付，而应直接向借款人转账。如果需要委托他人转账的，一定要签订书面的委托付款文件，同时保留转账凭证，转账凭证汇款用途栏一定要如实填写借款等字样，以便形成完整的资金流转链条。

8. 被告依据基础法律关系提出抗辩或者反诉，并提供证据证明债权纠纷非民间借贷行为引起的，如何处理？原告以借据、收据、欠条等债权凭证为依据提起民间借贷诉讼，被告依据基础法律关系提出抗辩或者反诉，并提供证据证明债权纠纷非民间借贷行为引起的，人民法院应当依据查明的案件事实，按照基础法律关系审理。

9. 对于民间借贷诉讼中当事人承认的对己方不利的事实，法院是否应当予以确认？诉讼过程中，当事人在起诉状、答辩状、陈述及其委托代理人的代理词中承认的对己方不利的事实和认可的证据，人民法院应当予以确认，但当事人反悔并有相反证据足以推翻的除外。

10. 双方约定支付“分手费”是否为民间借贷？民间借贷应当有当事人双方的借贷合意，而分手费只是一方对另一方的补偿赠与，并不存在借贷合意。因此，支付分手费的一方当事人以此为依据提起民间借贷诉讼，请求法院判令接受分手费的对方当事人归还本息，法院应当驳回其诉讼请求。

11. 依据赌债提起民间借贷诉讼是否支持？民间借贷纠纷审理首先要查明是否

存在民间借贷事实。赌债并非民间借贷，如果原告坚持以民间借贷纠纷为由起诉，在没有足够证据的前提下，法院应当驳回其诉讼请求。

12. 当事人之间存在其他债权债务，是否可以通过约定将其转化为民间借贷债权债务？当事人双方约定将其他债权债务转化为民间借贷债权债务的，遵照民事活动意思自治原则，只要该约定是双方当事人的真实意思表示，不存在损害第三人、集体、国家或社会利益的情形，不违反法律，应当予以尊重，按民间借贷纠纷处理双方的争议。

13. 原被告双方当事人伪造借条并起诉，如何处理？原被告双方当事人伪造借条并诉至法院属于虚假诉讼，如果原告申请撤诉的，法院不予准许，并应当驳回其请求。诉讼参与人或者其他人恶意制造、参与虚假诉讼，法院应当依照《民事诉讼法》第一百一十一条、第一百一十二条和第一百一十三条之规定，依法予以罚款、拘留；构成犯罪的，应当移送有管辖权的司法机关追究刑事责任。单位恶意制造、参与虚假诉讼的，法院应当对该单位进行罚款，并可以对其主要负责人或者直接责任人员予以罚款、拘留；构成犯罪的，应当移送有管辖权的司法机关追究刑事责任。

14. 出借人有借款合同和收据是否足够证明借贷事实？

——重庆盛赢房地产开发有限公司诉周某勤等民间借贷纠纷上诉案[①]

裁判要旨

即使出借人提供了借款合同和收据，如果其抗辩借贷行为尚未实际发生并能作出合理说明，法院应当结合借贷金额、款项交付、当事人的经济能力、当地或者当事人之间的交易方式、交易习惯、当事人财产变动情况以及证人证言等事实和因素，综合判断查证借贷事实是否发生。

◎ 基本案情

2010 年 1 月 20 日，倪某辉以重庆江都建设集团有限公司的名义承建了重庆盛赢房地产开发有限公司（以下简称盛赢公司）开发的武隆县江口镇“映像芙蓉”

---

① 重庆市第五中级人民法院民事判决书（2014）渝五中法民终字第 04965 号

建设工程，因倪某辉、盛赢公司在开发建设建筑工程中需大量流动资金，故倪某辉向周某勤提出借款。

2013 年 8 月 14 日，周某勤与倪某辉、盛赢公司签订《借款合同》，周某勤为甲方（出借方），倪某辉为乙方（借款方），盛赢公司为丙方（担保方），合同主要内容为：一、借款金额、期限：1. 借款金额：人民币（大写）：柒万陆仟元整（¥76,000 元）。2. 借款方式：现金支付。3. 借款期限：壹个月，以乙方出具收条之日起计算。4. 借款利息：月息 2.5%。二、还款方式和借款用途：1. 还款方式：借款合同到期一次性还款。2. 借款用途：用于乙方承包的盛赢公司的工程业务。3. 乙方改变借款用途，应承担违约责任。三、担保责任：1. 丙方自愿为乙方向甲方的借款提供担保，丙方担保的方式为连带责任保证，担保时间：到乙方还清甲方的全部借款为止。2. 丙方担保的范围为主债权、违约金、损失赔偿金及甲方实现债权的费用（包括律师代理费、诉讼费、保全费、为保全而产生的担保费、执行费等）。3. 本合同的担保物为丙方的财产及债权，担保范围见合同第 3.2 条款。四、违约责任：乙方改变借款用途或逾期不能按合同约定归还甲方的全部借款，视为乙方违约，乙方必须向甲方赔偿资金占用损失人民币每日叁佰元整，并应承担甲方为了实现债权的所有损失（包括律师代理费、诉讼费、保全费、为保全而产生的担保费、执行费等）。

2013 年 8 月 14 日，周某勤向倪某辉支付现金人民币 76,000 元，倪某辉收到周某勤支付的现金人民币 76,000 元后，于当日出具收条一张，收条内容为：今收到周某勤人民币现金（大写：柒万陆仟元整）（小写：76,000 元整）。此收条作为出借人周某勤与借款人倪某辉于 2013 年 8 月 14 日所签订的《借款合同》的付款凭证。收款人倪某辉签字盖指纹。

同日，盛赢公司形成股东会决议，同意提供担保。

倪某辉收到周某勤支付的现金人民币 76,000 元后，将该款用于武隆县江口镇“映像芙蓉”建设工程借款期限届满后，倪某辉至今未向周某勤返还借款，故周某勤起诉，要求倪某辉立即偿还其借款本金 76,000 元并支付借款期限内的相应利息，同时以 76,000 元为基数按每月 3.75% 赔偿周某勤自 2013 年 9 月 14 日起至本金付清之日止的资金占用损失；判令倪某辉赔偿周某勤律师代理费 5,000 元人民币；判令盛赢公司对倪某辉的上述付款义务承担连带给付责任；本案案件受理费、保全费、保全担保费及其他诉讼费用由倪某辉与盛赢公司承担。

◎ 法院审理

盛赢公司一审答辩称：1. 周某勤主张其与倪某辉已经达成了借款合同关系，出借义务已经履行完毕，因为部分是通过银行转账完成交付的（有凭证），以及部分是通过给付现金的方式完成交付的（无证明）。然而借款合同为实践合同，对于现金交付的部分，周某勤若无法提供其实际交付的证明（包括但不限于周某勤的银行取款记录、现金的来源证明、周某勤的支付能力证明等证据），那么足以判定，在涉及周某勤无法提供支付凭证的案件中，周某勤与倪某辉、盛瀛公司签订的《借款合同》充其量不过是周某勤拟向倪某辉借款的意思表示，并不能证明周某勤已经向倪某辉出借了款项，履行了出借义务。因此，《借款合同》都尚未成立，对于倪某辉与盛瀛公司而言又何来的还款义务。2. 对于为什么会存在没有实际借款行为发生的“借款合同”以及所谓的“收条”，是因为倪某辉在开发建设建筑工程所需大量资金之际，为能取得有转款凭证予以证明的真实借款而作出的不真实意思表示，这实际上是一种变相的高利贷，用约定的不合法高额利息不断计入本金“利滚利”，只是通过虚假的“借款合同”和“收条”等形式表现出来，无法排除周某勤与倪某辉、盛瀛公司在签订合同之时还存在诸如欺诈、胁迫、乘人之危行为的可能性。因此，从这点上来看，《借款合同》也并未客观成立，倪某辉与盛瀛公司当然就不具有还款义务。再则，按照正常交易习惯，出借人在借款人迟迟没有归还欠款却仍然在每个月固定日期继续向对方提供借款的行为，明显不符合我们的生活逻辑，完全的现金出借也不符合社会基本生活经验法则。3. 在周某勤诉倪某辉与盛瀛公司（案号为2014南法民初字第00015号至00023号）这些案件中，倪某辉与盛瀛公司针对有实际借款行为发生的借款合同而向周某勤履行了多笔还款义务，而周某勤居然置事实于不顾，谎称倪某辉与盛瀛公司所还的都是与本次借款纠纷无关的其他借款款项，同时又没有任何证据证明。周某勤无法证明其与倪某辉、盛瀛公司之前存在债权债务关系，则应承担相应的举证不能的不利法律后果。因此在周某勤与倪某辉、盛瀛公司所涉及的这些借款案件中，倪某辉与盛瀛公司的还款应是合法有效的。4. 针对周某勤既诉求利息又诉求资金占用损失的情形，可以一并予以支持，但两者之和不能超过同期银行贷款利率的4倍。因此，周某勤请求倪某辉与盛瀛公司支付高额利息和资金占用损失既不合理又不合法，漠视法律的严肃性，有违公平公正。5. 周某勤诉求倪某辉与盛瀛公司支付这些争议案件的律师代理费用，盛瀛公司认为，《借款合同》中虽有关于律师费用以及担保费用等约定，但是周某勤主张的律师费均是按照虚构的争议金额来计算的，按照合同第四条的约定以及相关的法律规定，律师费用应该以实际的借款金额来计算。因此，周某勤主张的以争议金额为基础计算出的律师费于法无据，于理不合。另外，周某勤还主张保全费用和担保费用，诚然，合同虽有关于保全费用和担保费用的约定，但是保全费用的承担应以法庭最终查明结果为准，并不当然由倪某辉与盛瀛公司来承担。

原审法院审理认为，周某勤已经按照约定全面履行自己的出借义务，而倪某辉未按合同约定履行自己的返还借款义务，故应承担本案的全部民事责任。依照《借款合同》的约定和盛瀛公司股东会决议，盛瀛公司自愿为倪某辉向周某勤的借款提供担保，担保的方式为连带责任保证，故盛赢公司作为保证人，应当与债务人对债务承担连带责任。现周某勤起诉，要求倪某辉立即偿还其借款本金76,000元并支付借款期限内的相应利息的请求，理由正当、证据充分、符合法律规定，原审法院予以支持，鉴于双方当事人在《借款合同》中约定的利息超过了人民银行公布的同期同类贷款利率的4倍，故可按人民银行同期同类贷款利率的4倍支付利息；至于周某勤要求倪某辉支付以76,000元为基数按每月3.75%赔偿其自2013年9月14日起至本金付清之日止的资金占用损失的请求，因其利率超过了人民银行同期同类贷款利率的4倍，故应以借款本金76,000元为基数从2013年9月15日起按人民银行同期同类贷款利率的4倍支付逾期利息至借款本金付清之日止来计算为宜；至于周某勤要求倪某辉赔偿其律师代理费5,000元的请求，符合《借款合同》的约定、相关法律法规的规定、重庆市律师服务收费标准的规定，原审法院予以支持；至于周某勤要求盛赢公司对倪某辉的上述付款义务承担连带给付责任的请求，符合法律规定及《借款合同》约定，原审法院予以支持。至于盛赢公司《借款合同》尚未成立、周某勤未履行出借义务、存在没有实际借款行为发生的“借款合同”及所谓的“收条”、借款实际上是一种变相的高利贷等抗辩理由，因无相关证据证明，原审法院对此抗辩理由不予采信。

原审法院判决如下：一、倪某辉于本判决生效之日起10日内返还周某勤借款76,000元及借款期限内的利息1,418.67元，合计77,418.67元；二、倪某辉于本判决生效之日起10日内以借款本金76,000元为基数，从2013年9月15日起至上述借款本金付清之日止，按人民银行公布的同期同类贷款利率的4倍向周某勤支付逾期还款利息，利随本清；三、倪某辉于本判决生效之日起10日内赔偿周某勤律师代理费5,000元；四、盛赢公司对倪某辉的借款76,000元及借款期限内的利息1,418.67元、应支付的逾期还款利息、应赔偿的律师代理费5,000元、应负担的案件受理费、保全费承担连带给付责任；五、驳回周某勤的其他诉讼请求。

盛赢公司不服该判决，向二审法院提起上诉。请求：撤销原判，改判驳回被上诉人的诉讼请求，本案一、二审诉讼费用由被上诉人承担，理由为：一、被上诉人并未提交证据证明其通过现金完成出借义务，不能证实其向债务人出借了款项；二、本案与另外10个案件的出借日期都是每个月的固定某一天，借款数额呈现出一个明显的梯度与规律，并且都是通过现金方式支付，在原审被告、上诉人并未归还欠款的情况下，被上诉人仍然持续向原审被告借款，明显不符合生活常理，是明显的高利贷行为；三、律师费应以真实的借款金额为计算依据，本案借款并未实际发生，因此律师费、保全费以及担保费均不应由上诉人承担。

二审法院查明，周某勤诉借款人倪某辉、担保人盛赢公司11案中，案件金额共计169.2万元。该11件案件中，仅（2014）渝五中法民终字第4971号案件中的借款 60 万元支付方式为转账 50 万元加现金 10 万元，其余 10 案借款均为现金支付，且收条载明的借款时间均为每月 14 日，部分借款金额呈梯度性增长。

二审中，盛赢公司陈述周某勤诉倪某辉、盛赢公司 11 案中，除（2014）渝五中法民终字第 4971 号案件中借款 60 万元中的 50 万元转账为真实借款外，其余借款均为真实借款的利息转为借款本金（并签订相应金额的借款合同），具体计算方式为以出具借条当天之前的所有借款合同的金额相加之和作为基数按照月利率 5.5% 或 6% 计算而得出。

二审法院认为本案的争议焦点为：周某勤是否向倪某辉出借款项。

本案与（2014）渝五中法民终字第 04918、04920、04964、04966 ~ 04972 号等 11 案的借款时间均为每月的 14 日，虽然本案中倪某辉向周某勤出具了现金收条，但现盛赢公司与倪某辉主张借贷事实并未实际发生；且收条载明的借款金额呈与之前借款金额相关联的规律性递增，与盛赢公司所主张的利息转为本金的计算方式基本吻合；且在倪某辉并未归还借款亦未提供新的担保的情况下，周某勤仍于每月固定日期持续向倪某辉借款，该行为不符合常理，不能排除盛赢公司所主张的收条所载本金数额中包含高额利息以及收条所载现金借款并未实际交付的可能性。因此，本案收条对借款是否实际支付这一争议事实，不具备优势证明力，出借人还应提交其他证据印证借贷事实的实际发生。周某勤在二审中举示了其与周某杰、周某、赵某贵及徐某海的银行对账单等证据，但上述证据中所记载的现金支取时间及金额与周某勤诉倪某辉、盛赢公司相关案件中的借款时间及金额均不吻合；且周某勤就其声称向倪某辉出借的巨额款项，未举出证明其支付能力的客观证据，现周某勤并未提交其他证据证明其向倪某辉实际支付了现金借款，其在倪某辉尚未还款亦未提供其他担保的情况下仍持续向倪某辉借款且收条载明的借款时间均发生在每月的 14 日，周某勤对此并未作出合理解释。故二审法院认为，周某勤因就前述争议事实未尽到举证责任而应承担举证不能的不利法律后果，即因周某勤不能证明本案借款已实际支付，故本案《借款合同》并未生效。倪某辉对本案借款、利息及周某勤为本案支出的律师代理费并不负有偿还及支付义务，盛赢公司亦不负有相应的连带保证责任。

二审法院判决如下：

一、撤销重庆市南岸区人民法院（2014）南法民初字第 00017 号民事判决；

二、驳回周某勤的全部诉讼请求。

◎ 点评

本案的争议焦点是出借人周某勤是否向借款人倪某辉出借款项。虽然出借人向法院提供了借款合同和收条，但是两级法院作出了截然相反的判决。原审法院根据借款合同和收条，认为借款事实属实，支持出借人的诉讼请求。二审法院认为虽然出借人提供了借款合同和收条，但结合其他证据和社会生活常理，不能排除盛赢公司所主张的收条所载本金数额中包含高额利息以及收条所载现金借款并未实际交付的可能性，出借人周某勤不能证明本案借款已实际支付，故撤销原审法院判决，驳回出借人的诉讼请求。两级法院的相反观点在民间借贷审理实务中皆具有典型性。针对此问题，《最高人民法院关于审理民间借贷案件适用法律若干问题的规定》（法释〔2015〕18号）进行了明确，其第十六条第二款规定："被告抗辩借贷行为尚未实际发生并能作出合理说明，人民法院应当结合借贷金额、款项交付、当事人的经济能力、当地或者当事人之间的交易方式、交易习惯、当事人财产变动情况以及证人证言等事实和因素，综合判断查证借贷事实是否发生"。

就本案而言，二审法院没有单纯根据借款合同和收条认定借贷事实真实发生。主要理由是：1. 出借人起诉借款人和担保人的民间借贷案件加上本案共有11件，金额共计169.2万元。该11件案件中，仅（2014）渝五中法民终字第4971号案件中的借款60万元支付方式为转账50万元加现金10万元，其余10案借款均为现金支付，且收条载明的借款时间均为每月14日。2. 担保人盛赢公司陈述周某勤诉倪某辉、盛赢公司11案中，除（2014）渝五中法民终字第4971号案件中借款60万元中的50万元转账为真实借款外，其余借款均为真实借款的利息转为借款本金（并签订相应金额的借款合同），具体计算方式为以出具借条当天之前的所有借款合同的金额相加之和作为基数按照月利率5.5%或6%计算而得出。3. 二审法院查明，收条载明的借款金额呈与之前借款金额相关联的规律性递增，与盛赢公司所主张的利息转为本金的计算方式基本吻合。4. 出借人声称向借款人提供了169.2万元资金，但其没有提供证据证明自身具有相应经济能力。5. 出借人在借款人倪某辉尚未还款亦未提供其他担保的情况下仍持续向倪某辉借款且收条载明的借款时间均发生在每月的14日，出借人也未能作出合理解释。可见，本案二审法院的审理和判决体现了《最高人民法院关于审理民间借贷案件适用法律若干问题的规定》（法释〔2015〕18号）的精神。

民间借贷中当事人为了规避禁止高利贷的法律法规，经常通过分拆方式来具备资金支付的形式完备性，即真实的本金以转账方式完成，高额利息通过多份小额资金借贷合同和现金收条来证明。此种操作方式在民间借贷中比较常见。从本案的审理经过和判决来看，结合《最高人民法院关于审理民间借贷案件适用法律若干问题的规定》（法释〔2015〕18号）的相关规定，即使出借人提供了借款合同和收据，如果被告抗辩借贷行为尚未实际发生并能作出合理说明，法院应当结合借贷金额、款项交付、当事人的经济能力、当地或者当事人之间的交易方式、交易习惯、当事人财产变动情况以及证人证言等事实和因素，综合判断查证借贷事实是否发生。对想谋取高额利息的出借人而言，再按上述方式操作将难以实现目的。

◎ 法条链接

1.《**最高人民法院关于审理民间借贷案件适用法律若干问题的规定**》（**法释〔2015〕18号**）

第十六条 原告仅依据借据、收据、欠条等债权凭证提起民间借贷诉讼，被告抗辩已经偿还借款，被告应当对其主张提供证据证明。被告提供相应证据证明其主张后，原告仍应就借贷关系的成立承担举证证明责任。

被告抗辩借贷行为尚未实际发生并能作出合理说明，人民法院应当结合借贷金额、款项交付、当事人的经济能力、当地或者当事人之间的交易方式、交易习惯、当事人财产变动情况以及证人证言等事实和因素，综合判断查证借贷事实是否发生。

2.《**合同法**》

第二百一十条 自然人之间的借款合同，自贷款人提供借款时生效。

3.《**最高人民法院关于民事诉讼证据若干问题的规定**》（**法释〔2001〕33号**）

第七十三条 双方当事人对同一事实分别举出相反的证据但都没有足够的依据否定对方证据的人民法院应当结合案件情况，判断一方提供证据的证明力是否明显大于另一方提供证据的证明力，并对证明力较大的证据予以确认。

因证据的证明力无法判断导致争议事实难以认定的，人民法院应当依据举证责任分配的规则作出裁判。

15. 借款没有支付给单位而是支付给单位法定代表人、负责人或其他职工的，如何认定借款事实？

——赵某莲与中铁十八局集团建筑安装工程有限公司民间借贷纠纷上诉案[1]

裁判要旨

民间借贷案件审理中，出借人将借款支付给借款单位法定代表人、负责人或其

① 天津市第二中级人民法院民事判决书（2014）二中民一终字第0756号

他职工，借款单位抗辩没有收到借款，其与出借人之间不存在民间借贷事实，只要有其他证据支持，也可以认定民间借贷事实。

◎ 基本案情

2012 年 4 月 1 日，第三人张某文以中铁十八局集团建筑安装工程有限公司市政分公司名义和市政分公司经理身份与原告赵某莲签订借款合同，借款 30 万元资金用于工程项目，后张某文又将约定的“月利息 3%”载入借据。借款期限为 2012 年 4 月 1 日至 2012 年 10 月 1 日。至今，中铁十八局建筑安装工程有限公司尚欠原告 30 万元及逾期付款利息。

原告赵某莲诉讼请求：1. 依法判令被告偿还借款 30 万元及从 2012 年 10 月 1 日至 2014 年 7 月 31 日止的利息；2. 本案诉讼费用由被告承担。

◎ 法院审理

被告中铁十八局集团建筑安装工程有限公司辩称，原告的诉讼主体错误，公司从未向原告借过钱。张某文于 2008 年 2 月到 2011 年 3 月担任公司下属市政分公司的经理，而张某文与原告签订借条的时间是 2012 年 4 月 1 日，此时其已经不担任公司的经理。公司从未授权张某文签订任何借款合同，张某文的行为属于私盖印章的行为，且借据已经过了诉讼时效。

第三人张某文辩称，其当时负责市政分公司的工作，由于工程资金紧张，故向原告借款 30 万元用于工程。当时的职务是公司的副总经济师，主管市政分公司的工作。原被告双方提供的借条均是真实的，原告提交的上面“月利息 3%”字样也是其加上去的。

原审法院认为：被告对原告提交载有“月利息 3%”的借条的真实性、合法性不认可，认为原始借条上并没有约定过利息，从借条上可以清晰地反映出借条笔迹一致，但粗细不一致，属于事后张某文与原告恶意串通所为。第三人张某文庭审中承认原被告双方所提交借条均是真实的，原告提交的上面有“月利息 3%”字样也是其加上去的。被告并未提交其他证据对原告的借条真实性和合法性予以否定，法院对载有“月利息 3%”的借条予以认定。庭审中针对第三人张某文的借款行为是否为职务行为，原告主张张某文系以市政分公司经理名义，持有该分公司公章，并在原告借条上加盖了公章，因而其行为应为职务行为。被告提出其单位公司人 (2011) 24 号文件《关于张某鹏等一百三十四名同志任职的通知》，证明原告主张张某文是市政分公司经理没有依据。第三人张某文陈述借款当时其仍是市政公司负责人，借款用于市政公司的项目。被告并未向法庭提交关于借款当时免除张某文公司职务的任何证据，因而结合被告当庭陈述：“张某文于 2008 年 2 月到 2011 年 3

月担任中铁十八局集团建筑安装工程有限公司市政分公司经理”，法院认定第三人张某文的借款行为属于职务行为。关于借款金额，原告认为是前后借款共计30万，被告认为原告实际向张某文借款26万，其余4万元有可能是预先支付的利息，但无证据证明，并且提出案外人情况说明证明这4万元的给付方式应该是3万元汇款和1万元现金。并且认为如果预先扣除利息进行借款，计算利息时不得将扣除的金额计算在内。第三人张某文陈述除去工商银行转账凭证上的26万，其余4万元是以现金方式支付的。故法院认定借款金额应当为30万元整。

原审法院认为，第三人张某文系以被告方下属市政分公司经理身份与原告赵某莲签订借款合同，借款合同系当事人真实意思表示，合法有效。且由于在签订合同当时其并未被免除经理身份，因此具有代表公司的当然身份，其以中铁十八局集团建筑安装工程有限公司市政分公司名义对外签订的合同属于职务行为，因市政分公司属于中铁十八局集团建筑安装工程有限公司的下属分公司，不具有法人资格，因未能按期偿还借款而产生的责任理应由被告中铁十八局集团建筑安装工程有限公司承担。借据约定的还款日期是2012年10月1日，按照《中华人民共和国民法通则》关于诉讼时效的一般规定，原告起诉并未超出诉讼时效期间。

原审法院判决：一、本判决生效后20日内，被告中铁十八局集团建筑安装工程有限公司支付原告赵某莲借款本金30万元及自2012年10月1日至2014年7月31日止期间按照银行同期贷款利率的4倍计算的逾期利息。如果被告未按本判决指定的期间履行上述给付义务，应当依据《中华人民共和国民事诉讼法》第二百五十三条的规定加倍支付迟延履行期间的债务利息。二、案件受理费5,800元，减半收取2,900元（原告已预交），由被告中铁十八局集团建筑安装工程有限公司负担。

上诉人中铁十八局集团建筑安装工程有限公司上诉请求：撤销原审法院判决，依法改判驳回被上诉人原审诉讼请求。主要理由：原审认定事实错误，第三人张某文的借款行为不是职务行为。张某文与赵某莲签订借条期间已经不在担任经理职务，原审却予以认定，有悖事实。上诉人从未授权张某文签订借款合同，本案涉及的借款合同是张某文在空白纸上加盖上诉人的公章后书写的。借款是转到张某文个人账户，没有任何一笔款项转到上诉人及其下属市政分公司的账户，也没有证据证明该借款用在公司的工程项目上。借条上利息的约定是张某文后添加上的，合同无效。即使合同部分有效，在原借款合同没有约定利息的情况下，出借人要求借款人支付逾期利息的，应参照银行贷款利息的1倍计算。

经审理，被上诉人称本案涉及的借款30万元中有两笔系银行转账，分别为3万元和26万元，其余1万元系支付的现金。第三人张某文认可收到上述款项的方式和数额。二审法院查明的其他事实与原审法院查明的事实一致。

二审法院认为，被上诉人提供的印有中铁十八局集团建筑安装工程有限公司市政分公司公章的借款合同上，明确载明2012年4月1日向被上诉人借款30万元整，月利率3%。上诉人主张该借款合同是第三人张某文在空白纸上加盖公章后书写的，对此主张上诉人未能提供证据证明，二审法院不予采信。上诉人主张张某文的借款行为非职务行为，张某文与赵某莲签订借款合同期间已经不在担任其下属市政分公司经理职务。对此，张某文称签订借款合同期间，当时确实主管市政分公司的工作并未免职，二审法院结合上诉人在原审中认可张某文于2008年2月到2011年3月期间担任中铁十八局集团建筑安装工程有限公司市政分公司经理的陈述，上诉人对2011年3月之后张某文已免除经理一职的主张没有提供证据，故上诉人的该主张不能成立。关于上诉人称借出的款项系转到张某文个人账户，并未转到上诉人及其下属市政分公司账户的主张，借款合同上加盖有中铁十八局集团建筑安装工程有限公司市政分公司的公章，现有的资金流向仅能说明张某文系该借款的经手人，至于上诉人对借出的款项如何支配使用是其对自身权利的处分，并不能免除其还款责任。

二审法院驳回上诉，维持原判。

◎ 点评

民间借贷案件审理中，借款单位经常提出的抗辩理由是出借人将借款直接支付给借款单位的负责人或其他职工，没有转账到借款单位的账户。据此，借款人进一步抗辩其没有收到借款，其与出借人没有民间借贷法律关系，法院应当驳回出借人的诉讼请求。一般而言，如果出借人的资金没有移转给借款人，借款人没有清偿责任。但是，如果有证据证明或推定借款单位负责人或其他职工的收款行为等同于借款单位的收款行为，借款人仍然需要向出借人清偿。本案即是此种情况的典型案例。

本案中，赵某莲与中铁十八局集团建筑安装工程有限公司市政分公司签订借款合同，借款30万元资金用于工程项目，借款期限为2012年4月1日至2012年10月1日，中铁十八局集团建筑安装工程有限公司市政分公司的经手人是市政分公司经理张某文。但是，出借人赵某莲的30万元并没有支付给中铁十八局集团建筑安装工程有限公司市政分公司，而是支付给张某文。本案借款合同有中铁十八局集团建筑安装工程有限公司市政分公司的盖章和市政分公司经理张某文的签字，因借款合同不是自然人之间订立，故借款合同依法成立并生效。至于资金直接支付给市政分公司经理张某文，并不能否定民间借贷事实，只是出借人根据借款人的指示履行资金支付义务，市政分公司经理是收款经手人，代表公司行使收款权利，对借入的款项如何支配使用是市政分公司对自身权利的处分，故并不能免除其还款责任。

从民间借贷审理实践来看，类似情况并不少见。除了单位法定代表人或负责人外，出借人将借款支付给借款单位的财务人员也常见，甚至也有支付给普通职工的。就借款单位法定代表人或负责人而言，鉴于他们的特殊身份，其收款行为视为借款单位的收款行为。至于财务人员，法院也可能认定其收款等同于单位收款，理由也是财务人员的特殊身份。至于普通职工，则需要相关证据证明其是依据单位指示收款。

◎ 法条链接

1. 《合同法》

第四十九条 行为人没有代理权、超越代理权或者代理权终止后以被代理人名义订立合同，相对人有理由相信行为人有代理权的，该代理行为有效。

第五十条 法人或者其他组织的法定代表人、负责人超越权限订立的合同，除相对人知道或者应当知道其超越权限的以外，该代表行为有效。

16. 民间借贷纠纷案件审理能否仅凭转账凭证注明的资金用途内容判断转账款项的性质？

——熊某等与武汉军恒力鑫商贸有限责任公司民间借贷纠纷上诉案[①]

裁判要旨

民间借贷纠纷审理中，双方当事人通过银行转账完成资金交付的，不能单凭转账凭证上注明的资金用途来判定争议资金的性质，而应综合全部证据认定。否则，误判难免。

◎ 基本案情

2011 年 2 月 13 日，熊某向武汉军恒力鑫商贸有限责任公司（以下简称军恒公司）出具借据一份，载明：今借军恒力鑫商贸有限公司人民币伍万元整（￥：50,000）。于 2013 年 2 月 20 日前全额还款。并以百步亭 xx 苑 xxx－xxx 室购房合同原件一份，身份证复印件两份作为担保抵押。借款人：熊某。同日，熊某填写了一份借支单，借支事由：外借款（房屋抵押）。

---

① 湖北省武汉市中级人民法院民事判决书（2013）鄂武汉中民二终字第 00980 号

2011年2月15日，军恒公司转账支付50,000元到熊某的银行卡上，交易凭证上注明劳务费。

熊某、余某于2005年9月12日登记结婚，系夫妻关系。军恒公司系2010年4月14日成立的有限责任公司，注册资金500,000元，该公司有两名股东，胡某甲（即法定代表人）占70%的股份、胡某乙占30%的股份，目前经营状态为开业。

◎ 法院审理

原审认为，熊某2011年2月13日向军恒公司出具一份50,000元借据，同日熊某填写一份借支单，载明外借款。2011年2月15日军恒公司支付熊某50,000元。虽在转账凭证中载明劳务费，但熊某未与军恒公司形成劳务关系，也未向军恒公司提供任何劳务帮助，熊某抗辩为军恒公司的法定代表人亲戚帮忙属另一法律关系。军恒公司与熊某之间借贷关系成立，熊某借得的50,000元应当返还，并按照国家有关规定向军恒公司支付资金占用损失。余某与熊某系夫妻关系，根据《最高人民法院〈关于适用中华人民共和国婚姻法〉若干问题的解释（二）》第二十四条规定，余某应与熊某共同偿还债务。

原审法院判决：一、熊某、余某于判决生效后15日内偿还武汉军恒力鑫商贸有限责任公司借款本金50,000元；二、熊某、余某于判决生效后15日内偿还武汉军恒力鑫商贸有限责任公司资金占用损失（按50,000元本金，自2013年2月21日起至判决确定的付款之日止，按中国人民银行同期贷款利率标准计算）。

宣判后，熊某、余某不服，向二审法院上诉称：我们与军恒公司并不存在借贷关系。熊某为军恒公司的法定代表人胡某甲的亲戚帮忙后，胡某甲承诺要支付熊某5万元作为劳务费。为了能从军恒公司账上支取这笔费用，胡某甲要求熊某出具借据并以购房合同、身份证复印件等作为抵押。熊某轻信了胡某甲的话，以为出具借据及抵押只是走个形式，军恒公司转账凭证上也注明了是劳务费。这笔钱就是胡某甲给的劳务费，并不是借款。请求二审撤销原判，依法改判。

军恒公司辩称：熊某向我公司出具借据并以购房合同作抵押，我公司向他转账支付了5万元，双方之间的借贷关系是真实的。转账凭证上虽然写着“劳务费”，但这仅仅是因为公司规定向个人支付大额金额时不能写明借款，实际上这就是借给熊某的钱。请求二审驳回上诉，维持原判。

二审期间，熊某申请证人胡某乙（军恒公司的股东）、朱某出庭作证。胡某乙、朱某均表示曾听胡某甲说过涉案5万元系胡某甲私人与熊某之间的经济纠纷，与军恒公司无关，不算在军恒公司的账内。军恒公司质证认为，胡某甲的说法只是公司清算意义上的结果，而不是法律结果，熊某与军恒公司及胡某甲均并无劳务关系，不存在支付劳务费，借款是真实的。二审法院认为，两名证人的证言均未能证明涉案5万元是劳务费而不是借款，不能达到熊某的证明目的。

二审查明的事实和一审查明的一致。

二审法院认为，二审双方争议的焦点是涉案5万元的性质到底是熊某向军恒公司的借款还是胡某甲支付给熊某的劳务费。熊某向军恒公司出具“借据”，载明向军恒公司借款5万元且以熊某自己的购房合同原件和身份证复印件作担保抵押，并约定了还款时间。同日，熊某还在军恒公司的借支单上签名。军恒公司在熊某出具借据之后，向熊某的银行卡实际转账了5万元。军恒公司在转账凭证上注明的是“劳务费”，对此军恒公司解释是为了规避军恒公司不得向个人支付大额借款的内部规定。而熊某与军恒公司之间并无劳务关系，熊某也未能提交任何证据证实其为军恒公司或者军恒公司的法定代理人胡某甲提供过劳务。熊某申请的两名证人在二审出庭均未能证明涉案5万元系胡某甲支付给熊某的劳务费。因此，认定军恒公司向熊某支付劳务费依据不足。结合熊某出具借据在先的事实，涉案5万元应为军恒公司支付给熊某的借款。现借款到期，熊某应该向军恒公司偿还本金及逾期利息。对熊某的上诉请求，二审法院不予支持。

二审法院驳回上诉，维持原判。

◎ 点评

民间借贷实务中，借贷双方通过银行转账交付资金，通常需要在转账凭证上的汇款用途一栏填写资金用途。因各种原因，汇款用途一栏所填内容与款项的真实性质并不一致。当双方就转账款项性质发生争议时，如果仅仅凭汇款用途一栏所填内容来认定，则可能会发生误判。笔者在司法实践中曾碰到两个案例，双方当事人对银行转账款项性质发生争议。下面逐一大致介绍。

一、案例1

原被告是爷孙关系，爷爷是原告，孙子是被告。2012年9月6日，被告向原告借款900,000元。当日，被告陪同原告到银行转账，并包办了全部转账事宜，包括填写转账单据、代原告签名等。转账完成后，被告未将转账凭证交给原告。之后，被告一直未向原告归还上述借款。之后，原告向法院起诉被告归还借款。被告答辩转账资金900,000元不是其向原告所借资金，而是原告归还先前欠款，理由是转账凭证汇款用途一栏所填内容为“还款”。对此，原告答辩如下：第一，原告身患疾病，加之有轻度老年痴呆症状，手脚行动不便，老眼昏花，并没有填写转账凭证，转账凭证上的所有内容皆由被告填写，被告趁原告生理劣势故意将“借款”写为“还款”，歪曲事实（注：转账时原告86岁，被告23岁）；第二，被告作为一位23岁的年轻人，没有正式工作，也没有商业实体，没有收入来源，缺乏向原告出借900,000元的资金实力；第三，原告作为一位80多岁的老人，有稳定的退休工资，有完善的社会保险，有多套房产，并且五个子女对其照顾有加，不存在向20来岁的孙子借900,000元的理由；第四，被告主张是偿还欠款，但其没有提供借款合同，也没有提供借据、借条或欠条等债权债务凭证，更没有提供银行转账资料。

此案例如果单凭汇款用途一栏所填内容进行判断，借贷双方地位完全相反，真实的出借人变成借款人，真实的借款人变成出借人，法院如果据此认定，真成了葫芦僧判断葫芦案了。

二、案例2

2011年1月，甲公司和乙公司签订一份合作协议，约定共同合作运作开发一城中村改造项目。2011年10月28日，甲公司以转账方式将400万元汇至乙公司账户，“附加信息及用途”一栏填写“暂借款”。之后，甲公司起诉乙公司偿还上述400万元借款和利息。乙公司答辩如下：第一，甲公司没有提供借款合同，也没有提供借条、借据、欠条等债权债务凭证，单凭转账凭证无法证明借贷关系的存在。第二，企业之间的资金拆借数额达400万元，对如此数额的借款，甲公司作为一个专业的商业投资公司，并没有要求乙公司签订借款合同，也没有要求乙公司提供担保，更没有要求乙公司出具借条、借据、欠条等债权债务凭证，这明显不合常理。第三，“附加信息及用途”一栏填写“暂借款”是甲公司单方面的意思表示，乙公司并不认可。第四，双方之间签订了合作运作开发城中村改造项目的合作协议，争议款项是双方的合作往来款。

此案例如果单凭甲公司自己填写的汇款用途内容判定，又会发生误判。

就本案而言，出借人军恒公司在转账凭证上填写的是“劳务费”，借款人熊某答辩双方不存在民间借贷事实，主要依据是出借人自己将争议款项注明为“劳务费”。但是，熊某向军恒公司出具了借据一份，载明：今借军恒力鑫商贸有限公司人民币伍万元整（￥：50,000），于2013年2月20日前全额还款，并以百步亭xx苑xxx－xxx室购房合同原件一份，身份证复印件两份作为担保抵押。借款人：熊某。同日，熊某还填写了一份借支单，借支事由：外借款（房屋抵押）。比较双方证据，法院认定争议款项为民间借贷。

综上，在民间借贷纠纷审理中，双方通过银行转账完成资金交付的，不能单凭转账凭证上注明的资金用途来判定争议资金的性质，而应综合全部证据认定。否则，误判难免。

◎ 法条链接

1.《民事诉讼法》

第六十四条　当事人对自己提出的主张，有责任提供证据。

当事人及其诉讼代理人因客观原因不能自行收集的证据，或者人民法院认为审理案件需要的证据，人民法院应当调查收集。

人民法院应当按照法定程序，全面地、客观地审查核实证据。

2. **《最高人民法院关于民事诉讼证据的若干规定》（法释〔2001〕33号）**

第五条 在合同纠纷案件中，主张合同关系成立并生效的一方当事人对合同订立和生效的事实承担举证责任；主张合同关系变更、解除、终止、撤销的一方当事人对引起合同关系变动的事实承担举证责任。

对合同是否履行发生争议的，由负有履行义务的当事人承担举证责任。

对代理权发生争议的，由主张有代理权一方当事人承担举证责任。

17. 只有金融机构转账凭证时民间借贷事实如何认定？

——古某仪与广州市番禺区大龙街傍江东村股份合作经济社民间借贷纠纷上诉案①

裁判要旨

原告仅依据金融机构的转账凭证提起民间借贷诉讼，被告抗辩转账系偿还双方之前借款或其他债务，被告应当对其主张提供证据证明。被告提供相应证据证明其主张后，原告仍应就借贷关系的成立承担举证证明责任。

◎ 基本案情

2012年4月16日，古某仪现金存入500,000元到广州市番禺区大龙街傍江东村股份合作经济社于广州农村商业银行开立的账号，古某仪于存款凭证上注明款项来源是“往来款”。同日案外人巫某莲现金存入100,000元到广州市番禺区大龙街傍江东村股份合作经济社的上述账号。

案外人江某琼（2006年至2012年8月江某琼任广州市番禺区大龙街傍江东村股份合作经济社出纳）于2009年11月9日在广州农村商业银行开立账号，该账号至2013年7月7日仍有消费记录。2012年1月10日至2012年8月10日古某仪共

① 广东省广州市中级人民法院民事判决书（2014）穗中法金民终字第104号

存入2,927,000元到案外人江某琼于广州农村商业银行开立的账号内，分别为：2012年1月10日存入150,000元、2012年1月12日存入137,000元、2012年2月20日存入40,000元、2012年6月13日存入500,000元、2012年6月19日存入300,000元、2012年7月4日存入500,000元，2012年7月5日存入500,000元、2012年8月10日存入800,000元。

案外人江某琼2012年6月14日至2012年8月11日通过其于广州农村商业银行开立账号共转账3,805,490.46元到广州市番禺区大龙街傍江东村股份合作经济社的银行账户，分别为：2012年6月14日转账500,000元、2012年6月19日转账200,000元、2012年6月26日转账50,000元、2012年6月28日转账50,000元、2012年7月4日转账496,071.19元、2012年7月5日转账500,000元、2012年7月11日转账70,000元、2012年7月15日转账90,000元、2012年7月16日转账40,000元、2012年8月10日转账1,140,000元、2012年8月11日转账669,419.27元。

此外，2012年4月18日案外人江某琼存入150,000元到古某仪账户，款项来源注明是“租金”；2012年4月23日案外人杨某珊存入50,000元到古某仪账户，款项来源注明是“租金”。古某仪为证实其主张还提供以下证据：古某仪从广州农村党风廉政信息公开平台打印的资料：包括《番禺区大龙街道滂江东村2012年村委会组成及分工》《番禺区大龙街道滂江东村2013年村委会组成及分工》《番禺区大龙街道傍江东村2012年4月村务公开监督（理财）小组理财结果公布表》《番禺区大龙街道傍江东村2012年5月村务公开监督（理财）小组理财结果公布表》《番禺区大龙街道傍江东村2012年6月村务公开监督（理财）小组理财结果公布表》《番禺区大龙街道傍江东村2012年7月村务公开监督（理财）小组理财结果公布表》《番禺区大龙街道傍江东村2012年8月村务公开监督（理财）小组理财结果公布表》《番禺区大龙街道傍江东村2012年6月现金收支明细公布表》《番禺区大龙街道傍江东村2012年7月现金收支明细公布表》《番禺区大龙街道傍江东村2012年8月现金收支明细公布表》，证实案外人江某琼在广州农村商业银行开立账号是广州市番禺区大龙街傍江东村股份合作经济社的现金账户。

广州市番禺区大龙街傍江东村股份合作经济社为证实其主张提供2012年9月4日广州市番禺区大龙街傍江东村民委员会作出的《关于对江某琼违反财务制度的处理规定》，内容是：“江某琼，身份证号码为：xxx，从2006年起任职本村出纳员一职。今年大龙街农村审计组对我村2011年度的财务收支情况进行审计时，发现存在重大问题：出纳员江某琼未能按现金、银行存款账户分别逐单明细登记核算，没有实行日清月结，出现水电费不及时入账到村集体银行账户内，存在严重‘坐收坐支’现象，出现大数额短款。江某琼本人承认审计事实。针对审计组发现的重大问题，我村支村两委立即召开工作会议讨论并一致决定如下：一、立即开除江某琼出纳员职务；二、对江某琼进行追收欠款（审计组对江某琼核算出的欠款，其已于2012年8月11日全部归还村委会）。……被开除人签名：江某琼。”此外，广州市番禺区大龙街傍江东村股份合作经济社还提供2012年4月1日至同月9日《广州市番禺区农村集体经济组织费用报销审批单》共七份，证明上述期间广州市番禺区大龙街傍江东村股份合作经济社的开支共计53,777.75元。

依古某仪申请，原审法院向广州市番禺区大龙街道农业技术服务中心取2012年4月26日广州市番禺区人民政府大龙街道办事处作出的《关于番禺区大龙街道傍江东村2011年度财务收支情况的审计报告》以及2012年8月29日该中心作出的《关于番禺区大龙街傍江东村2011年度财务收支情况的审计建议书》。上述报告内容包括：“二、资产盘点情况。1、货币资金盘点。经审计实施日盘点（指2012年4月16日）……其中库存现金5,428.20元……通过盘点，发现现金上日（上日指2012年4月15日）结余659,205.95元，出纳储存现金过大，未能按会计制度及相关规定执行。……本次盘点未发现长短款，账存与实存一致。……三、存在问题……经过对该村2011年的相关财务资料及经济业务的有关资料进行了审计，发现该村主要存在的问题如下：一是集体资金的管理不符合相关规定，内部控制不严谨，存在安全隐患。出纳储存现金过大，未能按会计制度及相关规定执行；未能按现金、银行存款账户明细分别逐一核算，不能清晰反映现金和银行存款的明细情况，不能坚持日清月结，坐收坐支现象十分普遍……”；上述审计建议书内容包括：“……一是你村出纳员江某琼未能按现金、银行存款账户分别逐单明细登记核算，没有实行日清月结，出现水电费不及时入账村集体银行账户，存在严重‘坐收坐支’现象，截至2012年7月18日短款1,631,563.37元。对审计中发现的问题，我中心立即采取措施召开支村两委工作会议作集体讨论，停止江某琼的出纳员工作，并对其进行追收欠款。经过多方努力，出纳员江某琼已于2012年8月11日全部归还欠款……”

庭审中，古某仪陈述：古某仪是广州市番禺区大龙街傍江东村人，古某仪的母亲在江某琼之前任该村出纳，广州市番禺区大龙街傍江东村股份合作经济社的法定代表人古某成口头向古某仪借款，古某仪将款项存入广州市番禺区大龙街傍江东村股份合作经济社以及出纳江某琼的账户，当时没有约定借款利息，口头约定几天后归还。需要说明的是，本案经过三次开庭审理，古某仪在第三次庭审的法庭辩论阶段，要求变更本案的诉讼请求为要求广州市番禺区大龙街傍江东村股份合作经济社返还不当得利290万元。

古某仪的原审诉讼请求为：1. 广州市番禺区大龙街傍江东村股份合作经济社还古某仪借款290万元，并从起诉日起按银行同期逾期贷款利率支付利息至清偿之日止；2. 广州市番禺区大龙街傍江东村股份合作经济社承担诉讼费。

◎ 法院审理

原审法院认为，古某仪于2012年6月13日至2012年8月10日存入案外人立账号的260万元不能认定为古某仪出借给广州市番禺区大龙街傍江东村股份合作经济社的款项，理由是：1. 古某仪不能举证证明江某琼的上述银行账号由广州市番禺区大龙街傍江东村股份合作经济社控制使用。从原审法院调取的江某琼上述银行账号于2011年8月3日至2013年7月7日的交易明细清单可见，江某琼上述银行账号于2012年6月14日至2012年8月11日向广州市番禺区大龙街傍江东村股份合作经济社转账3,805,490.46元，除此之外江某琼与广州市番禺区大龙街傍江东村股份合作经济社没有其他交易记录，江某琼被开除后，上述银行账户仍由其本人支配使用。2. 古某仪未能举证证明其受广州市番禺区大龙街傍江东村股份合作经济社指示将上述款项转账给江某琼，且江某琼未出庭作证证实其作为中间人代收代转；而作为借贷双方，既没有借款协议，又通过他人代收代转，明显不符合常理。

古某仪主张其于2012年4月16日现金存入500,000元到广州市番禺区大龙街傍江东村股份合作经济社账户系出借给广州市番禺区大龙街傍江东村股份合作经济社的款项，对此原审法院予以采信，理由是：根据最高人民法院《关于民事诉讼证据的若干规定》第七十三条第一款的规定："双方当事人对同一事实分别举出相反的证据，但都没有足够的依据否定对方证据的，人民法院应当结合案件情况，判断一方提供证据的证明力是否明显大于另一方提供证据的证明力，并对证明力较大的证据予以确认。"本案中古某仪认为上述500,000元系借款且广州市番禺区大龙街傍江东村股份合作经济社通过当时的出纳江某琼于2012年4月18日还款150,000元、通过当时的会计杨某珊于2012年4月23日还款50,000元。广州市番禺区大龙街傍江东村股份合作经济社确认收到500,000元款项，但认为古某仪的该笔现金存款系替江某琼补短款，并对还款情况予以否认。从广州市番禺区大龙街傍江东村股份合作经济社的陈述来看，其以古某仪存入广州市番禺区大龙街傍江东村股份合作经济社账户的100,000元、江某琼的母亲巫某莲存入广州市番禺区大龙街傍江东村股份合作经济社账户的100,000元、广州市番禺区大龙街傍江东村股份合作经济社在2012年4月1日至同月9日未计账的开支53,777.75元、2012年4月16日广州市番禺区大龙街傍江东村股份合作经济社的库存现金5,428.20元的总和与《关于番禺区大龙街道滂江东村2011年度财务收支情况的审计报告》中的（审计组）"发现现金上日（上日指2012年4月15日）结余659,205.95元"金额一致为由，认为古某仪是替江某琼补短款，但古某仪对此予以否认，广州市番禺区大龙街傍江东村股份合作经济社亦未能让江某琼出庭作证证实古某仪现金存入广州市番禺区大龙街傍江东村股份合作经济社账户的500,000元是替其本人补短款。在《关于对江某琼违反财务制度的处理规定》、《关于番禺区大龙街道傍江东村2011年度财务收支情况的审计报告》、《关于番禺区大龙街傍江东村2011年度财务收支情况的审计建议书》文件中确实均提到江某琼存在短款情况，但对江某琼短款的时段及金额、如何补短款、哪些款项是补短款也没有江某琼本人确认。因此广州市番禺区大龙街傍江东村股份合作经济社关于其收到古某仪涉案500,000元是古某仪替江某琼补短款的主张原审法院不予采信。此外，关于古某仪陈述的还款，除江某琼转账150,000元给古某仪外，还有杨某珊转账500,000元给古某仪，广州市番禺区大龙街傍江东村股份合作经济社仅提供杨某珊书面证言驳斥还款，但证人杨某珊应当出庭作证，因此对杨某珊书面证言原审法院不予采信。基于江某琼、杨某珊当时是广州市番禺区大龙街傍江东村股份合作经济社的工作人员这一特殊身份，古某仪认为两人的转账系替广州市番禺区大龙街傍江东村股份合作经济社还款符合情理，原审法院予以确认。综上，古某仪提供证据证明了其已实际出借500,000元给广州市番禺区大龙街傍江东村股份合作经济社且广州市番禺区大龙街傍江东村股份合作经济社已部分还款，古某仪提供的证据的证明力明显大于广州市番禺区大龙街傍江东村股份合作经济社提供的反驳证据的证明力，因此原审法院认定上述500,000元款项是古某仪出借给广州市番禺区大龙街傍江东村股份合作经济社的款项。扣除广州市番禺区大龙街傍江东村股份合作经济社已还200,000元，广州市番禺区大龙街傍江东村股份合作经济社还应偿还300,000元借款给古某仪。根据最高人民法院《印发〈关于人民法院审理借贷案件的若干意见〉的通知》① 第九条的规定，公民之间的定期无息借贷，出借人要求借款人偿付逾期利息，或者不定期无息贷款经催告不还；出借人要求偿付催告后利息的，可参照银行同类贷款的利率计息。广州市番禺区大龙街傍江东村股份合作经济社还应偿还借款利息给古某仪，利息的计算方法为：按中国人民银行同期同类贷款利率计算300,000元自起诉之日即2013年4月27日起至清偿之日止的利息。

原审法院判决：一、广州市番禺区大龙街傍江东村股份合作经济社于判决生效之日起3日内偿还300,000元借款本金及利息（利息的计算方法为：按中国人民银行同期同类贷款利率计算300,000元自2013年4月27日起至清偿之日止）给古某仪；二、驳回古某仪的其余诉讼请求。

广州市番禺区大龙街傍江东村股份合作经济社不服原审判决，提起上诉称原审法院查明事实和适用法律错误。首先，广州市番禺区大龙街傍江东村股份合作经济社没有对古某仪举债50万的事实。原审法院认定50万元系广州市番禺区大龙街傍

---

① 已失效。

江东村股份合作经济社对古某仪的借款没有事实和法律依据。1. 古某仪没有提交任何借据、借条或其他有借据、借条形式的材料。对以上事实，古某仪在开庭时也确认了没有任何的借款凭据。2. 根据“谁主张谁举证”原则，古某仪应对这50万元是借款关系承担举证责任，否则应承担不利的法律后果。但古某仪只提供了一张在用途栏上注明有“来往款”字样的50万元汇款单外，没有其他证据证明。古某仪没有完成存在借款关系的举证责任。3. 相反，广州市番禺区大龙街傍江东村股份合作经济社举证证明了50万元不是借款。这50万元钱是案外人江某琼作为出纳员应当纳入村集体账户的钱。(1) 广州市番禺区大龙街傍江东村股份合作经济社提交了一份《证明》、一份《违反财务制度的处理决定》一份《审计建议书》(广州市番禺区大龙街傍江东村股份合作经济社提交的证据1、2、5)，证明：案外人江某琼曾经有短款（挪用）100多万的事实，已被村委作出开除处理。(2) 广州市番禺区大龙街傍江东村股份合作经济社提交了由古某仪签名的50万元汇款单与巫某莲签名的10万元汇款单（广州市番禺区大龙街傍江东村股份合作经济社提交的补充证据2），证明了：由出纳员江某琼保管的一个尾号为016969的村集体银行账户于2012年4月16日收到50万元钱，同一时间（4月16日上午11：34：24收到50万，上午11：59：15收到10万，前后相差不到半小时）该账户也收到江某琼的母亲巫某莲的10万元钱，这二笔钱性质是一样的，最终都是作为案外人江某琼个人向当日正在审计的街道审计组上报其为村集体保管的金额。(3) 广州市番禺区大龙街傍江东村股份合作经济社还提交了7张费用报销单和审计组审计的一张《银行存款余额调节表》（广州市番禺区大龙街傍江东村股份合作经济社提交的补充证据3），证实了：古某仪汇款的50万，加上案外人江某琼母亲汇的10万，加上费用开支53,777. 75元，再加上库存现金5,428.2元，上述总数额为659,205.95，与原审法院到番禺区大龙街街道调取的《关于番禺区大龙街傍江东村2011年度财务收支情况的审计报告》审计结果所陈述的“账存与实存一致”的数额一致，也就是出纳员江某琼的保管的资金659,205.95与会计的资金账面数额659,205.95元一致。进一步证明了案外人江某琼个人用古某仪汇款的50万，加上案外人江某琼自己母亲汇的10万向审计组申报其应保管的数额。如果江某琼没有这60万，那么她就涉嫌挪用公款或者职务侵占。(4) 关于50万这笔款，广州市番禺区大龙街傍江东村股份合作经济社在开庭时向法庭作了进一步合理解释：第一，古某仪第一次开庭时，连自己通过哪个账户支付的都不知道，第一次开庭后才向法院申请调查。从一般生活经验常理来分析，如果借款50万这么一大笔的数据，别人没有开具借据，借款人连银行凭据都没有留住，可见古某仪说是借款不符合常理。第二，从50万汇款单的表面记载内容来看，古某仪自己在汇款单用途栏填写的是“来往款”，可见古某仪自己也不认为是借款。4. 广州市番禺区大龙街傍江东村股份合作经济社穷尽了以上举证能力来证明双方不存在借款关系，相比，古某仪却没有提供任何证据证明双方存在借款关系。原审法院根据最高人民法院《关于民事诉讼证据的若干规定》第七十三条第一款来比较双方提供的证据证明力，从而得出“古某仪的证据的证明力大于广州市番禺区大龙街傍江东村股份合作经济社提供的反驳证据的证明力”，这完全是“本末倒置”，没有事实依据。

二审法院认为，本案争议焦点在于涉案的50万元是否广州市番禺区大龙街傍江东村股份合作经济社广州市番禺区大龙街傍江东村股份合作经济社向古某仪古某仪借款。首先，虽然双方之间未订立借款合同，但是本案所涉的50万元由古某仪的账户划入广州市番禺区大龙街傍江东村股份合作经济社的账户，双方之间形成基本的联系。广州市番禺区大龙街傍江东村股份合作经济社认为是案外人向古某仪借款，但古某仪予以否认，案外人亦未予以确认。其次，时任广州市番禺区大龙街傍江东村股份合作经济社财务人员的江某琼和杨某珊向古某仪实际还款20万元，如果广州市番禺区大龙街傍江东村股份合作经济社与古某仪之间不存在借款关系，则广州市番禺区大龙街傍江东村股份合作经济社无须通过其财务人员向古某仪还款。综合本案证据，原审认定涉案的50万元属于广州市番禺区大龙街傍江东村股份合作经济社向古某仪借款正确。

二审法院驳回上诉，维持原判。

◎ 点评

民间借贷案件的事实审查是民间借贷案件审理的重点和难点。由于民间借贷主体通常并不是专业的法律从业人员，不具备专门的法律知识和风险防控意识，加之民间借贷主体的特殊目的和需求，经常导致民间借贷事实模糊不清，给法官审理案件带来很大的困难。《最高人民法院负责人就〈最高人民法院关于审理民间借贷案件适用法律若干问题的规定〉答记者问》（2015 年 8 月 6 日）对此问题有非常深刻的阐述：民间借贷案件的事实认定，大多是由法官根据经验法则，通过对证据材料的审查和其证明力的认定、判断、取舍，并对比各方当事人不同证据的证明力，推断当事人之间既往发生的法律关系的事实过程。这一过程中所涵盖的经验法则的选择与运用，证据证明力的判断等，都很难通过明确的法律规则来实现，更多的是依靠法官的自由心证。正因如此，司法实践中对于借贷关系是否发生的基本事实作出判断和认定的标准，存在一定程度的差异。虽然完全统一法官心证结果在客观上不可能实现，但通过更精细化的指引，规范事实认定的方向和进路，却是十分必要和可行的……现实中，原告提起诉讼往往仅依据借据、收据、欠条等债权凭证或者仅依据金融机构转账凭证作为证明借贷关系已经发生的证据，如果被告抗辩已经偿还借款，或者被告抗辩转账系偿还双方之前借款或其他债务，在此情况下，就存在着证明责任的承担问题，而不能仅仅依据借据、收据、欠条等，简单地认定借贷关系已经发生以及已经发生的借贷关系的内容。为此，《最高人民法院关于审理民间借贷案件适用法律若干问题的规定》提出了有关举证责任分配的要求，即：被告应当对其抗辩的主张提出相应的证据加以证明，而不能仅仅一辩了之。如果被告提不出相应的证据，或者提供的证据不以证明其主张的，则一般要认定借贷关系已经发生。当然，如果被告提供了证据证明其主张的，此时举证证明责任发生转移，应当由原告就借贷关系的成立承担举证证明责任。

最高院的上述答问提到了法官的自由心证在借贷事实审查中的重要作用，即在缺乏充分证据的情形下，法官应当依赖自由心证做出判断。同时，也指明了诉讼双方通过来回举证来支持自己的主张。《最高人民法院关于审理民间借贷案件适用法律若干问题的规定》第十七条规定："原告仅依据金融机构的转账凭证提起民间借贷诉讼，被告抗辩转账系偿还双方之前借款或其他债务，被告应当对其主张提供证据证明。被告提供相应证据证明其主张后，原告仍应就借贷关系的成立承担举证证明责任。"该条明确了原告只提供金融机构的转账凭证而没有借据、收据、收条等证据时，法院不得据此判定借贷事实不存在，而是由被告举证抗辩，若被告无法举证抗辩，则其会承担不利后果，若被告能举证抗辩，则原告应当继续就借贷关系的成立承担举证责任。这种举证责任转移可以一直继续，直至一方举证不能时止。就本案而言，原告提供了50万元的银行转账凭证，以此证明借贷事实。但是，被告广州市番禺区大龙街傍江东村股份合作经济社提供的抗辩证据无法支持其抗辩请求，自然需要承担举证不能的不利后果，两级法院认定借贷事实存在符合《最高人民法院关于审理民间借贷案件适用法律若干问题的规定》。

◎ 法条链接

1.《最高人民法院关于审理民间借贷案件适用法律若干问题的规定》（法释〔2015〕18号）

第十七条　原告仅依据金融机构的转账凭证提起民间借贷诉讼，被告抗辩转账系偿还双方之前借款或其他债务，被告应当对其主张提供证据证明。被告提供相应证据证明其主张后，原告仍应就借贷关系的成立承担举证证明责任。

18. 职工以“暂支单”的形式领款，能否据此认定与单位有借贷事实？

——刘某宾与上海掌尚广告有限公司民间借贷纠纷上诉案[①]

裁判要旨

如果职工领款是为了完成单位工作任务，比如业务招待、出差、采购等，不能依据暂支单认定职工与单位之间存在民间借贷事实，因为两者存在行政隶属关系，不是平等主体。如果发生争议，属于劳动合同争议。如果单位坚持认为双方存在民间借贷事实，法院应当以证据不足驳回其起诉。

如果职工领款是因私人原因，与单位工作任务无关，比如个人或家庭用款，可以认定其与单位之间存在民间借贷事实，因为两者此时是平等主体。

◎ 基本案情

2012 年 2 月 27 日，上海掌尚广告有限公司（以下简称掌尚公司）通过银行转账向刘某宾交付款项人民币 20,000 元（以下币种均为人民币），银行付款回单上的摘要记载为暂支款。

2012 年 6 月 8 日，掌尚公司开具了《暂支单》一份，记载：受款人刘某宾；暂支金额壹万元；预计归还日期 2012 年 12 月 31 日。该《暂支单》上受款人签收处有刘某宾的签名。同日，掌尚公司向刘某宾以银行转账方式交付了 10,000 元，掌尚公司银行账户历史交易明细表记载交易摘要为“费用”。

2012 年 6 月 27 日，掌尚公司开具了《暂支单》一份，记载：受款人刘某宾；暂支事由深圳差旅费；暂支金额叁仟元。该《暂支单》上受款人签收处有刘某宾的签名。掌尚公司表示该款是以现金形式交付的。

2012 年 7 月 5 日，掌尚公司开具了《暂支单》一份，记载：受款人刘某宾；暂支事由杭州、南京油、过路费；暂支金额壹仟伍佰元正。该《暂支单》上受款人签收处有刘某宾的签名。掌尚公司表示该款是以现金形式交付的。

2012 年 9 月 13 日，掌尚公司通过银行转账向刘某宾交付款项 10,000 元，银行

① 上海市第二中级人民法院（2015）沪二中民四（商）终字第 956 号

付款回单上的摘要记载为借款。

2012 年 10 月 19 日，掌尚公司通过银行转账向刘某宾交付款项 15,000 元，银行付款回单上的摘要记载为暂支款。

2013 年 7 月 23 日，掌尚公司开具了《暂支单》一份，记载：受款人刘某宾；暂支金额陆仟元正；预计归还日期 2013 年 8 月 3 日。该《暂支单》上受款人签收处有刘某宾的签名。同日，掌尚公司向刘某宾以银行转账方式交付了 6,000 元，掌尚公司银行账户历史交易明细表记载交易摘要为"借款"。

2013 年 10 月 17 日，掌尚公司开具了《暂支单》一份，记载：受款人刘某宾；暂支事由客户餐费（新浪）；暂支金额壹仟元正。该《暂支单》上受款人签收处有刘某宾的签名。掌尚公司表示该款是以现金形式交付的。

掌尚公司认为刘某宾于 2012 年期间陆续向其借款 66,500 元，因多次催讨无果，遂提起诉讼，请求判令刘某宾归还借款本金 66,500 元。

原审另查明：刘某宾在掌尚公司处工作时间为 2012 年 1 月 4 日至 2013 年 12 月 5 日，担任副总经理。

◎ 法院审理

原审法院认为，掌尚公司主张双方之间存在借贷关系，且刘某宾未偿还借款，对此掌尚公司负有证明义务。本案中，掌尚公司陈述刘某宾向掌尚公司多次借款，并提供了双方之间存在款项往来的银行转账凭证、暂支单等，旨在证明掌尚公司与刘某宾之间存在借贷关系，且存在交付借款的事实。然而，款项往来期间，刘某宾时任掌尚公司副总经理，其也认可确实收到了涉案款项，但认为所有款项性质都是因公用款，用于支付差旅费、招待费等等，且也报销入账，款项性质并非一般意义上因私而产生的借款。掌尚公司举证的"暂支单"顾名思义其仅是暂时支付款项的单据，不能替代借条的作用，从部分暂支单上明确载明了暂支事由是"深圳差旅费""杭州、南京油、过路费""客户餐费（新浪）"，依此定性涉案款项性质是私人用途的借款，显然依据不足，故此种性质的暂借款是刘某宾在任职期间因公事向单位暂借款，待事后与单位再行结算，暂借凭证发生在 2012 至 2013 年期间，而刘某宾 2013 年 12 月 5 日已离职，本案起诉时间则是 2015 年 1 月，按照公司常规的财务报销制度，刘某宾暂支的款项从常理亦应推定已和掌尚公司结算完毕。至于涉案款项中唯一一笔银行转账凭证上记载摘要为借款的，因掌尚公司并未提交其他证据加以印证，而凭证上的记载内容往往是汇款人的单方所述，因此，不足以证明款项的实际性质。综上所述，掌尚公司仅依据暂支单、银行转账凭证等来证明涉案款项性质是刘某宾的因私借款，并基于此主张其和刘某宾之间存在借贷关系，显然缺乏足够的证据，原审法院难以支持。据此，原审法院作出如下判决：对掌尚公司的诉讼请求不予支持。

原审判决后，上诉人掌尚公司不服，向二审法院提起上诉称：掌尚公司做账单据清楚载明，暂支单上写明费用用途的，属于因公费用，是要用发票报销的；没有写明用途的，属于个人提前支款或借款，在工资中抵扣或还款。本案中，刘某宾没有提供发票，应属于向掌尚公司的借款。刘某宾每月都向掌尚公司提前预支工资，掌尚公司为保证其生活不受影响，没有扣完其全部工资，且一直催促其还款。掌尚公司认为原审认定事实不清，依据不足，请求撤销原判，改判支持其原审的诉讼请求。二审中，掌尚公司提供了2012年10月19日刘某宾发送给掌尚公司相关人员的邮件，证明刘某宾预支了当月的工资。

被上诉人刘某宾答辩称：掌尚公司所述没有提供发票就是借款的观点不能成立。本案也不存在刘某宾预支工资的事实，而且即使有预支工资也与借款性质不同。况且掌尚公司也没有提供证据证明曾催促刘某宾归还借款。刘某宾认为原审判决正确，请求维持原判。此外，刘某宾认为掌尚公司在二审中提供的证据不属于新证据，而且邮件至多反映刘某宾有预支工资的意愿，但掌尚公司是否同意预支、预支多少都不清楚，也与借款无关。

二审法院经审理查明，原审查明事实属实，二审法院予以确认。

二审法院另查明，刘某宾被掌尚公司解除劳动关系后，双方曾发生劳动合同纠纷，上海市普陀区人民法院于2014年10月26日作出（2014）普民一（民）初字第1500号民事判决，判令掌尚公司支付刘某宾解除劳动合同赔偿金、工资、年终奖等。该判决书并无记载掌尚公司曾向刘某宾提出过归还借款。

二审法院认为，当事人对自己提出的诉讼请求所依据的事实或者反驳对方诉讼请求所依据的事实有责任提供证据加以证明。没有证据或者证据不足以证明当事人的事实主张的，由负有举证责任的当事人承担不利后果。根据双方的诉辩意见，本案二审的主要争议焦点在于掌尚公司与刘某宾是否存在借款关系，刘某宾是否应承担本案的还款责任。正如原审法院所言，虽然掌尚公司提供了暂支单、银行转账凭证，以及刘某宾的自认，可以证实刘某宾收到过系争款项。但是从部分暂支单上记载的事项，以及刘某宾当时在掌尚公司担任副总经理等事实，可反映刘某宾收取的款项系因公事所致。尽管掌尚公司还提及刘某宾与掌尚公司之间存在预支工资的情形，但是刘某宾对此并不予以确认，掌尚公司也未就此提供有效证据予以佐证。加之，在刘某宾离职时，掌尚公司也未就此与其进行结算。根据现有证据，掌尚公司所述其与刘某宾之间存在借款关系的依据并不充分，原审法院对其诉讼请求不予支持，并无不当。

二审法院驳回上诉，维持原判。

◎ 点评

本案的争议焦点是职工以“暂支单”向单位领款，是否可以认定其与单位存在民间借贷事实。单位日常经营活动中，职工因工作需要常常预先向单位支取款项，待完成工作事项后再以发票等费用开销凭证报销，此种领款行为需要填写“暂支单”，极端的情况可能还要求职工向单位出具借条。但是，因社会生活的复杂性，职工也可能因私人原因向单位借款，写“暂支单”并出具借条。无论哪种情况，当职工未按单位内部财务管理制度报销所领款项或未归还借款时，单位可能以民间借贷纠纷为由诉至法院要求职工归还上述款项。

关于此问题，《最高人民法院关于职工执行公务在单位借款长期挂账发生纠纷法院是否受理问题的答复》（1999 年 4 月 5 日）（〔1999〕民他字第 4 号）指示：“经研究，同意你院审判委员会倾向性意见，即刘某受单位委派，从单位预支 15000 元处理一起交通事故是职务行为，其与单位之间不存在平等主体间的债权债务关系，人民法院不应作为民事案件受理。刘某在受托事项完成后，因未及时报销冲账与单位发生纠纷，应由单位按其内部财会制度处理”。据此，凡是职工因公务向单位预支款项，不作为民事案件受理，应由单位按其内部财会制度处理。

地方法院对此问题也有专门规定。《上海市高级人民法院关于审理民间借贷合同纠纷案件若干意见》（沪高法民一〔2007〕第 18 号）第六条规定：“用人单位以暂支单形式向劳动者放款，因此引起的纠纷应区分情况予以处理。高院民一庭在《关于审理劳动争议案件若干问题的解答》（沪高法民一〔2002〕6 号）中规定了‘劳动者或用人单位占有对方财物的行为与劳动权利义务相牵连的，应作为劳动争议案件；劳动者或用人单位占有对方财物的行为，与劳动权利义务没有关系或属于非法占用或临时占用，因此发生争议的，不作为劳动争议案件。’因此，在用人单位以暂支单形式向劳动者放款的情形下，如果该款项与劳动关系关联的，如属于预支工资、奖金或出差费用等，作为劳动争议案件，否则，按照一般民事案件处理。”因此，对单位以暂支单形式向劳动者放款引发的争议，如果所放款项与劳动关系关联的，作为劳动争议案件处理，否则，作为民事案件处理。

综上，此类案件处理的一般原则是：单位以暂支单形式向职工放款引发的争议，如果该款项的用途为职工履行职务，则作为劳动争议处理，如果该款项的用途与职工履行职务无关，则作为普通民事案件处理。

上述两份文件主要规定此类案件应当作为何种案件处理，并没有规定是否可以依据“暂支单”认定职工与单位存在民间借贷事实。对此，可以根据上述两个文件的精神和一般法理进行分析。

暂支者，暂时支取也。就职工与单位而言，是指职工暂时向单位支取特定款项，待事情完成后再与单位报销结算。暂支单不等于借款合同，因为职工与单位之间并不存在借款的合意。暂支单只能证明职工从单位领取特定数额款项的事实。至于职工向单位领取款项是民间借贷还是因公务领款需要根据其他证据查明：

1. 如果职工领款是为了完成单位工作任务，比如业务招待、出差、采购等，不能依据暂支单认定职工与单位之间存在民间借贷事实，因为两者存在行政隶属关系，不是平等主体。如果发生争议，属于劳动合同争议。如果单位坚持认为双方存在民间借贷事实，法院应当以证据不足驳回其起诉。

2. 如果职工领款是因私人原因，与单位工作任务无关，比如个人或家庭用款，可以认定其与单位之间存在民间借贷事实，因为两者是平等主体。

◎ 法条链接

1. 《最高人民法院关于职工执行公务在单位借款长期挂账发生纠纷法院是否受理问题的答复》（1999 年 4 月 5 日）（〔1999〕民他字第 4 号）

吉林省高级人民法院：

你院吉高法〔1998〕144 号《关于职工执行公务在单位借款长期挂账发生纠纷法院是否受理问题的请示》收悉。经研究，同意你院审判委员会倾向性意见，即刘某受单位委派，从单位预支 15,000 元处理一起交通事故是职务行为，其与单位之间不存在平等主体间的债权债务关系，人民法院不应作为民事案件受理。刘某在受托事项完成后，因未及时报销冲账与单位发生纠纷，应由单位按其内部财会制度处理。

2. 《上海市高级人民法院关于审理民间借贷合同纠纷案件若干意见》（沪高法民一〔2007〕第 18 号）

6. 用人单位以暂支单形式向劳动者放款，因此引起的纠纷应区分情况予以处理。高院民一庭在《关于审理劳动争议案件若干问题的解答》（沪高法民一〔2002〕6 号）中规定了“劳动者或用人单位占有对方财物的行为与劳动权利义务相牵连的，应作为劳动争议案件；劳动者或用人单位占有对方财物的行为，与劳动权利义务没有关系或属于非法占用或临时占用，因此发生争议的，不作为劳动争议案件。”因此，在用人单位以暂支单形式向劳动者放款的情形下，如果该款项与劳动关系关联的，如属于预支工资、奖金或出差费用等，作为劳动争议案件，否则，按照一般民事案件处理。

3. 《中华人民共和国民事诉讼法》

第六十四条 当事人对自己提出的主张，有责任提供证据。

当事人及其诉讼代理人因客观原因不能自行收集的证据，或者人民法院认为审理案件需要的证据，人民法院应当调查收集。

人民法院应当按照法定程序，全面地、客观地审查核实证据。

4.《最高人民法院关于适用〈中华人民共和国民事诉讼法〉的解释》（法释〔2015〕5号）

第九十条　当事人对自己提出的诉讼请求所依据的事实或者反驳对方诉讼请求所依据的事实，应当提供证据加以证明，但法律另有规定的除外。

在作出判决前，当事人未能提供证据或者证据不足以证明其事实主张的，由负有举证证明责任的当事人承担不利的后果。

5.《最高人民法院关于民事诉讼证据的若干规定》（法释〔2001〕33号）

第二条　当事人对自己提出的诉讼请求所依据的事实或者反驳对方诉讼请求所依据的事实有责任提供证据加以证明。

没有证据或者证据不足以证明当事人的事实主张的，由负有举证责任的当事人承担不利后果。

19. 民间借贷借款人抗辩已经偿还借款应当举证证明

——柳某与丁某民间借贷纠纷案[①]

裁判要旨

当事人对自己提出的主张，有责任提供证据。因此，民间借贷借款人抗辩其已经偿还全部或部分借款时，应当对其主张提供证据证明，否则，其应当承担不利的后果。

◎ 基本案情

2015年2月6日，被告丁某向原告借款7,500元，并给原告出具借条一份，内容为“今借柳某柒仟伍佰元正，特此证明。丁某，2015年2月6日”。

2015年7月11日，被告丁某向原告借款14,000元，并给原告出具借条一份，内容为“今丁某借柳某现金壹万肆仟元正，14,000.00，2015年7月11号，丁某”。

2015年9月27日，被告丁某借原告现金20,000元，并给原告出具借条一份，内容为“今借柳某现金贰万元正，20,000.00. 丁某，2015年9月27日”。原、被告双方就上述三笔借款均未约定利息及还款期限。

---

① 山东省青岛市黄岛区人民法院（2015）黄民初字第10425号

经原告多次催要上述借款，被告一直未还。原告为维护自身合法权益，故诉至法院，请求依法判令：一、被告偿还原告借款41,500元，并自起诉之日按银行同期贷款基准利率的4倍支付利息；二、本案诉讼费包含保全费由被告承担。

◎ 法院审理

被告丁某未提交书面答辩意见，庭审中口头辩称：2015年2月6日借原告的7,500元，在借款大约十天后已经还给原告，当时是到原告家里还的，把钱放在沙发上了，当时向原告要过借条，原告没给说撕掉了，也没有打收到条。2015年7月11日的借款14,000元只认可借了原告现金10,000元，至今没还。认可2015年9月27日借原告现金20,000元没还。

法院认为：债是按照合同的约定或法律的规定在当事人之间产生的特定的权利和义务关系。合法的借贷关系受法律保护。被告丁某分别于2015年2月6日、2015年7月11日、2015年9月27日向原告柳某借款，并出具借条三份，载明了借款金额，并有被告的签名，这是原、被告双方的真实意思表示，足以证实双方形成民间借贷法律关系，不违反法律、行政法规的禁止性规定，合法有效，对当事人具有法律约束力。原告依约定向被告支付借款，被告也应履行还款义务。庭审中被告丁某辩称2015年2月6日借原告7,500元借款已经偿还给原告，原告对此不予认可且被告未提交证据予以证明，故法院对被告的该项辩称意见不予认可。被告还辩称对原告主张的2015年7月11日借款14,000元，被告只认可借款10,000元，其余4,000元不予认可。被告丁某是有完全民事行为能力的成年人，其给原告出具14000元的借条时应该能认识到需要对自己的行为承担相应的法律责任，且其又无相关证据予以证明，故法院对被告的该项辩称意见不予认可。此外，被告还辩称原告提交的三份证据均是在原告的逼迫下所写，对此原告不予认可，且被告未提交相关证据予以证明，故法院对被告的该项辩称意见不予认可。原告提供的证据不足以认定该三笔借款的借款期限，借条上也没有约定还款期限，原告可以随时要求被告履行还款的义务。综上，故对原告柳某要求被告丁某偿还借款41,500元的诉讼请求，法院予以支持。因原、被告双方未约定借款利息亦未约定还款期限，原告应自其主张权利之日即起诉之日按银行同期贷款基准利率主张逾期利息，故对被告辩称的因双方未约定利息故不同意支付逾期利息的辩称意见不予认可，对原告要求按银行同期贷款基准利率的4倍支付利息的诉讼请求，法院不予支持。

法院判决如下：

一、被告丁某于本判决生效后10日内偿还原告柳某借款41,500元及利息（自2015年10月19日至判决生效之日以41,500元为本金按银行同期贷款利率计算）；

二、驳回原告柳某的其他诉讼请求。

◎ 点评

民间借贷纠纷中的借款人经常会针对出借人抗辩其已经偿还全部或部分借款，但是，其又无法提供确切的证据。此种情况如涉及借款金额较大时，法官通常不会采信。但是，如果借款金额较小时，借款人的上述抗辩却容易引发法官的犹豫。从生活常识来说，大额民间借贷的资金出借和偿还通常会以转账方式进行，但小额民间借贷确实存在借款人以现金方式偿还了全部或部分借款但没有要求出借人返还借条或出具收条的情况。这类似于小额民间借贷的出借人以现金方式向借款人提供了借款但未要求借款人出具借条的情形。但是，如果立法为了顾及上述情形中已经偿还全部或部分借款的借款人的利益，则会导致只依据口头抗辩而不需要书面证据认定案件事实的后果，其造成的损害远远大于其意图维护的利益。因此，《最高人民法院关于审理民间借贷案件适用法律若干问题的规定》（法释〔2015〕18 号）第十六条第一款规定："原告仅依据借据、收据、欠条等债权凭证提起民间借贷诉讼，被告抗辩已经偿还借款，被告应当对其主张提供证据证明。被告提供相应证据证明其主张后，原告仍应就借贷关系的成立承担举证证明责任。"该规定正是《民事诉讼法》第六十四条第一款和《最高人民法院关于适用〈中华人民共和国民事诉讼法〉的解释》（法释〔2015〕5 号）第九十条立法精神的体现。据此，借款人抗辩已经偿还借款，其应当提供证据证明还款事实，否则，需要承担举证不能的后果。本案被告丁某答辩称其已经偿还了 7,000 元借款，由于其无法提供证据证明，法院对其抗辩不予认可。

◎ 法条链接

1. **《最高人民法院关于审理民间借贷案件适用法律若干问题的规定》（法释〔2015〕18 号）**

第十六条　原告仅依据借据、收据、欠条等债权凭证提起民间借贷诉讼，被告抗辩已经偿还借款，被告应当对其主张提供证据证明。被告提供相应证据证明其主张后，原告仍应就借贷关系的成立承担举证证明责任。

被告抗辩借贷行为尚未实际发生并能作出合理说明，人民法院应当结合借贷金额、款项交付、当事人的经济能力、当地或者当事人之间的交易方式、交易习惯、当事人财产变动情况以及证人证言等事实和因素，综合判断查证借贷事实是否发生。

2. **《民事诉讼法》**

第六十四条　当事人对自己提出的主张，有责任提供证据。

当事人及其诉讼代理人因客观原因不能自行收集的证据，或者人民法院认为审理案件需要的证据，人民法院应当调查收集。

人民法院应当按照法定程序，全面地、客观地审查核实证据。

3.《**最高人民法院关于适用〈中华人民共和国民事诉讼法〉的解释**》（**法释〔2015〕5号**）

第九十条 当事人对自己提出的诉讼请求所依据的事实或者反驳对方诉讼请求所依据的事实，应当提供证据加以证明，但法律另有规定的除外。

在作出判决前，当事人未能提供证据或者证据不足以证明其事实主张的，由负有举证证明责任的当事人承担不利的后果。

20. 民间借贷出借人为了避免争议，应当注意借贷资金交付证据的完整性

——叶某兰与六安永翔钢材现货交易市场管理有限公司等民间借贷纠纷上诉案①

裁判要旨

为了避免争议，民间借贷出借人最好避免现金交付，而应直接向借款人转账。如果需要委托他人转账的，一定要签订书面的委托付款文件，同时保留转账凭证，转账凭证汇款用途栏一定要如实填写借款等字样，以便形成完整的资金流转链条。

◎ 基本案情

彭某雄系六安永翔钢材现货交易市场管理有限公司（简称永翔钢材公司）法定代表人。

2011年7月4日，永翔钢材公司、彭某雄向叶某兰出具借款借据，约定永翔钢材公司向叶某兰借款200万元，由叶某兰委托上海亮登贸易商行（简称亮登贸易商行）将借款汇入借款人指定账户［户名：六安百伟钢铁物资贸易有限公司（简称百伟钢铁公司），开户行：建行六安开发区支行，账号：34×××85］。上海岳坤贸易商行（简称岳坤贸易商行）于当日通过银行向百伟钢铁公司银行账户汇款200万元。

---

① 安徽省高级人民法院民事判决书（2014）皖民二终字第00629号

2011年9月8日，永翔钢材公司、彭某雄向叶某兰出具借款借据，约定永翔钢材公司向叶某兰借款50万元，由叶某兰委托叶某君将借款汇入借款人指定账户（户名：陈某玉，开户行：无锡工行东亭支行，账号：62×××89），叶某君于当日通过银行向陈某玉银行账户汇款50万元。

2011年10月24日，永翔钢材公司、彭某雄向叶某兰出具借款借据，约定永翔钢材公司向叶某兰借款20万元，由叶某兰将借款汇入彭某雄账户。叶某兰于当日通过银行向彭某雄账户汇款20万元。

2012年11月7日，永翔钢材公司、彭某雄向叶某兰出具借款借据，约定永翔钢材公司向叶某兰借款20万元，由叶某兰委托叶某芳将借款汇入彭某雄账户。叶某芳于当日通过银行向彭某雄账户汇款20万元。以上借款借据均约定借款利率为月息3%，并约定逾期资金占用费按月息3%计算，由借款人承担出借人实现债权的费用，包括但不限于律师费、差旅费、评估费。彭某雄、永翔钢材公司在借款人一栏签名、盖章。

2012年11月7日，彭某雄与叶某兰签订了确认书，载明：永翔钢材公司从2011年7月4日至2012年11月7日分4次向叶某兰借款总金额290万元。叶某兰与彭某雄在该确认书上签名。

2014年3月12日，亮登贸易商行出具情况说明，载明：亮登贸易商行于2011年7月受叶某兰委托，将200万元汇入百伟钢铁公司，由于当时其公司账户余额不足，故又委托岳坤贸易商行在2011年7月4日向百伟钢铁公司银行账户汇款200万元。

岳坤贸易商行于2011年8月4日注销。

2013年10月29日，叶某兰向原审法院起诉，请求判令：永翔钢材公司、彭某雄归还借款290万元及利息160万元，并承担本案诉讼费。

◎ 法院审理

永翔钢材公司、彭某雄原审辩称：叶某兰并未提供其实际履行给付借款的证据，如银行汇款单据等，其诉请不应得到支持。

原审法院认为，合法的民间借贷受法律保护。2011年7月4日，永翔钢材公司、彭某雄向叶某兰出具借款借据后，叶某兰指定的亮登贸易商行并未按约定履行出借义务，叶某兰辩称因亮登贸易商行资金不足，委托岳坤贸易商行向永翔钢材公司、彭某雄指定的账户转款200万元，但提供的证据不能证明叶某兰或亮登贸易商行与岳坤贸易商行存在委托汇款关系。根据《合同法》第二百一十条规定，叶某兰虽提供了该200万元借款的借据及确认书，但提供的证据不能证明其履行了该笔借款的出借义务，故叶某兰要求偿还该笔借款的请求，不予支持。其余3笔借款共90

万元，叶某兰已按合同约定将出借款项汇入彭某雄及其妻子陈某玉的账户，结合彭某雄借款后出具的确认书，能够证明叶某兰履行了出借义务。永翔钢材公司、彭某雄辩称叶某兰未履行出借义务的理由不能成立。彭某雄、永翔钢材公司在借据的借款人一栏签名、盖章，且部分借款是通过银行汇入彭某雄账户，故可以认定彭某雄、永翔钢材公司为共同借款人。双方在借款借据中约定了利息，永翔钢材公司、彭某雄应依约支付利息，但约定的利率过高，同时叶某兰主张160万元的利息也超过了法律规定民间借贷利率限额计算所得的数额，应按中国人民银行同期贷款利率4倍计算。

原审法院判决：一、彭某雄、永翔钢材公司于判决生效之日起30日内共同偿还叶某兰借款本金90万元并支付利息（其中50万元自2011年9月8日起计息，20万元自2011年10月24日起计息，20万元自2012年11月7日起计息，利率均按中国人民银行同期贷款利率4倍，计算至判决确定的给付之日止）；二、驳回叶某兰的其他诉讼请求。

叶某兰不服原审法院前述民事判决，向二审法院上诉称：1. 原审判决认定事实不清。亮登贸易商行2014年3月12日给原审法院出具一份情况说明，明确其委托岳坤贸易商行在2011年7月4日向百伟钢铁公司汇款200万元，原审判决对该200万元不予认定错误。2. 原审判决适用法律不当。《最高人民法院关于民事诉讼证据的若干规定》第二条规定，当事人对自己提出的诉讼请求所依据的事实或反驳对方诉讼请求所依据的事实有责任提供证据加以证明。本案中，叶某兰提供了2011年7月4日的借款借据，约定叶某兰向彭某雄、永翔钢材公司指定账户汇款200万元；2012年11月7日双方对账，彭某雄、永翔钢材公司确认其四次向叶某兰借款290万元；原审法院调取的银行转账凭证证实百伟钢铁公司收到该200万元；彭某雄、永翔钢材公司对确认书及借款借据的真实性不持异议。叶某兰已经完成了举证责任。彭某雄、永翔钢材公司如认为该200万元是基于其他业务而发生的款项，应承担相应的举证责任，否则应承担不利后果。请求撤销原审判决第二项，改判支持叶某兰对彭某雄、永翔钢材公司另外200万元的诉讼请求。一、二审案件受理费由彭某雄、永翔钢材公司负担。

彭某雄、永翔钢材公司庭审辩称：叶某兰未实际出借200万元。原审判决叶某兰没有履行出借义务符合法律规定，请求驳回上诉，维持原判。

二审中，叶某兰为支持其上诉主张，提交了岳坤贸易商行个人独资企业营业执照、个人独资企业设立登记申请书、准予注销登记通知书。证明：岳坤贸易商行的成立情况。

叶某兰申请证人郑某出庭陈述称：其是岳坤贸易商行的法定代表人，叶某君是该公司的实际投资人。该公司已于2011年8月注销。岳坤贸易商行与亮登贸易商行的实际投资人均是叶某君。2011年8~9月间，经叶某君安排向百伟钢铁公司汇款200万元，岳坤贸易商行与百伟钢铁公司没有业务往来。

彭某雄、永翔钢材公司质证认为：叶某兰提交证据的真实性无异议，但对证人郑某证言的真实性有异议。郑某称在公司注销后汇款，说明他对汇款事实不清楚。

二审法院审查认为：对叶某兰提交的证据，彭某雄、永翔钢材公司对真实性无异议，二审法院予以确认。郑某的证言反映其受叶某君安排转款，对汇款用途并不清楚，且彭某雄、永翔钢材公司对证言的真实性有异议，故二审法院对该证言不予采信。

当事人所举其他证据，与原审相同，相对方的质证意见同于原审，二审法院认证意见与原审一致。

二审法院二审另查明：百伟钢铁公司的股东为陈某玉、叶某良，法定代表人是陈某玉。经营范围：钢材、金属材料、五金机电销售等。岳坤贸易商行经营范围：销售钢材及制品、金属制品及材料等。百伟钢铁公司《企业活期查询明细表》载明：2011年7月4日，岳坤贸易商行转入百伟钢铁公司200万元，备注“往来款”。

除上述事实外，二审法院对原审法院查明的其他事实予以确认。

二审法院认为，综合双方当事人的举证、质证及诉辩意见，本案二审的争议焦点为：叶某兰主张彭某雄、永翔钢材公司偿还借款本金200万元及利息的诉讼请求应否支持。分析认定如下：

根据2011年7月4日借款借据的约定，案涉借款200万元由叶某兰委托亮登贸易商行汇入永翔钢材公司指定的百伟钢铁公司账户，但无证据证明亮登贸易商行实际支付上述借款。叶某兰虽提交情况说明反映是由于亮登贸易商行资金不足，故又委托岳坤贸易商行向百伟钢铁公司账户汇款200万元，但从百伟钢铁公司银行账户明细查询情况看，2011年7月4日，岳坤贸易商行转入百伟钢铁公司账户200万元，备注为“往来款”而非借款，叶某兰对此没有进一步举证说明，且结合岳坤贸易商行及百伟钢铁公司均具有从事钢材销售经营业务的情况，百伟钢铁公司也未提交证据证明该200万元款项的性质，故原审判决未支持叶某兰该200万元诉讼请求并无不当。叶某兰的上诉理由不能成立，二审法院不予支持。

二审法院驳回上诉，维持原判。

◎ 点评

民间借贷争议中借款人的常见抗辩理由是其没有收到出借人的资金，出借人并没有向其提供借款。为此，出借人需要举证证明资金实际交付。在现金交付的情况下，如果金额较小，出借人持有借据、欠条、收据等债权凭证，法院一般会支持，但是，如果借款金额较大，法院可能不会认可。在转账支付的情况下，如果出借人未能提供转账凭证，则其还款请求不会获得法院支持。本案即是此种情况。2011 年 7 月 4 日，永翔钢材公司、彭某雄向叶某兰出具借款借据，约定永翔钢材公司向叶某兰借款 200 万元，由叶某兰委托亮登贸易商行将借款汇入借款人指定账户［户名：百伟钢铁公司，开户行：建行六安开发区支行，账号：34 × × ×85］。据此，借贷双方约定的出借资金转账路径是亮登贸易商行向百伟钢铁公司转账 200 万元。但是，出借人没有提供亮登贸易商行向百伟钢铁公司转账 200 万元的转账资料。虽然出借人叶某兰陈述由于亮登贸易商行资金不足，故又委托岳坤贸易商行向百伟钢铁公司账户汇款 200 万元，但是，2011 年 7 月 4 日岳坤贸易商行转入百伟钢铁公司账户 200 万元备注为“往来款”，而非借款，且无其他证据证明该笔款项的性质。据此，两级法院皆认为出借人无法证明其向借款人实际提供了借款，故驳回其关于 200 万元借款的诉讼请求。

就本案判决而言，也有值得商榷之处。理由是：第一，借贷双方借据出日为 2011 年 7 月 4 日，岳坤贸易商行转入百伟钢铁公司账户 200 万元的时间也是 2011 年 7 月 4 日，两者存在因果关系。第二，岳坤贸易商行注销日为 2011 年 8 月 4 日，故岳坤贸易商行向百伟钢铁公司转账是在其注销之前。第三，岳坤贸易商行与百伟钢铁公司从未有业务往来，故不可能有业务款往来，本案出借人委托岳坤贸易商行向百伟钢铁公司转账借款符合逻辑。

虽然出借人叶某兰提供了证人郑某出庭作证，但郑某的证言与事实不符：其陈述 2011 年 8 ~9 月间，经叶某君安排岳坤贸易商行向百伟钢铁公司汇款 200 万元，但实际汇款时间是 2011 年 7 月，且 2011 年 8 月 4 日岳坤贸易商行已经注销，不可能转账。故法院没有采纳其证言。由于此关键证据的瑕疵，导致出借人的证据无法形成完整的证据链。

综上，本案给我们的教训是：为了避免争议，民间借贷出借人最好避免现金交付，而应直接向借款人转账。如果需要委托他人转账的，一定要签订书面的委托付款文件，同时保留转账凭证，转账凭证汇款用途栏一定要如实填写借款等字样，以便形成完整的资金流转链条。

◎ 法条链接

1. 《合同法》

第二百一十条 自然人之间的借款合同，自贷款人提供借款时生效。

21. 被告依据基础法律关系提出抗辩或者反诉，并提供证据证明债权纠纷非民间借贷行为引起的，如何处理？

——郑州东风建筑工程有限公司与满某生等民间借贷纠纷上诉案[①]

裁判要旨

原告以借据、收据、欠条等债权凭证为依据提起民间借贷诉讼，被告依据基础法律关系提出抗辩或者反诉，并提供证据证明债权纠纷非民间借贷行为引起的，人民法院应当依据查明的案件事实，按照基础法律关系审理。

◎ 基本案情

2009年7月5日，郑州东风建筑工程有限公司（以下简称东风公司）与华北水利水电学院签订了一份《华北水利水电学院新校区学生公寓楼主体工程施工合同》，约定东风公司承包华北水利水电学院新校区学生公寓C23施工图纸、预算编制说明、答疑纪要范围内所包括内容工程施工（桩基工程除外）。

2009年9月3日，东风公司与满某生就上述合同所约定的工程的投资事宜签订了一份《投资协议》，协议约定东风公司对工程进行全面管理与施工，东风公司派驻具备相应资质的管理人员进行现场施工管理，费用由满某生承担；满某生承担上述工程中劳务人员的劳务费等的支付义务或出资义务，并承担国家行政业主管部门规定应缴纳的税金和费用及按东风公司规定应缴纳的各项基金。

2011年10月13日，满某生出具委托书一份，内容为："因本人出差在外办事，不能办理有关借款手续等其他事宜，现全权委托满某玲代为办理借款等其他事，所有由满某玲办理的手续我认可并负经济和法律责任。"

2011年10月17日，满某玲向东风公司出具了一份借据，内容为："今借到人民币476,200元，借款用途说明用于华北学院劳务工资。"在东风公司提交的该份借据后附有一份华北水利学院C23工程9月份甲方拨款计划支付明细，明细中列举

① 河南省郑州市中级人民法院民事判决书（2014）郑民四终字第1874号

了该476,200元的明细情况。

2012年1月12日，满某玲又向东风公司出具一份借据，内容为："今借到人民币40,896元，借款用途说明华北水院税款（发票640,000元）。"

之后，东风公司根据满某玲向其出具的两份借据向法院起诉，要求满某玲、满某生偿还借款本金和利息。

◎ 法院审理

原审法院认为，东风公司与满某生之间就东风公司所承包的华北水利学院新校区学生公寓楼主体工程签订有一份《投资协议》，从该投资协议的内容看，该协议实际是工程的转包合同，东风公司与满某生之间实际为工程转包关系。东风公司所提供的两份借据虽写明为借据，但从借据中借款用途说明及借据后所附的"华北水利学院C23工程9月份甲方拨款计划支付明细"来看，东风公司所主张的两份借据的款项均系东风公司与满某生在履行工程转包合同中的一些款项支出，而并非简单的借贷关系，虽然东风公司与满某生签订的《投资协议》约定劳务费和税费应由满某生负担，但东风公司应按照工程合同关系在与满某生就工程量进行核算的基础上向满某生主张权利，东风公司主张与满某生、满某玲之间系借贷关系明显与事实不符，故对东风公司的主张不予支持。

原审法院驳回东风公司的诉讼请求。

东风公司不服原审法院判决，向二审法院提起上诉称：1. 一审法院认定事实不清，本案双方当事人之间存在真实的债权债务关系，满某生、满某玲依法应承担还款责任。东风公司所持满某生、满某玲出具的借据法律关系明确，同时满某生、满某玲对东风公司主张的两张"借据"的真实性没有异议。双方当事人合作的工程早已于2010年完工，时隔3年多，双方的工程款早已结清。若满某生、满某玲认为东风公司违反投资协议有拖欠其款项的行为，完全可依据双方的投资协议另行起诉东风公司，而不是在本案中借机混淆视听。另外，满某生、满某玲所述的领取工程款向东风公司出具"借条"的情况是明显有违常理的，严重不符合逻辑。满某生、满某玲一再声称其若不打借条东风公司就不拨付工程款，却不能举证证明该说法，因此在无法否认借据真实性的情况下，一审法院仅依据满某生、满某玲的抗辩理由就否认债权的真实性实属没有查明案件事实。2. 原审程序违法，原审法院不应认定满某生、满某玲在举证期限外提交的证据材料。原审开庭前东风公司依法进行阅卷，此时满某生、满某玲并未提交证据，而在开庭时满某生、满某玲却提交了一系列证据，即该庭审时提交的证据均未在举证时限内提交。原审法院认可满某生、满某玲在举证期限外提交证据的行为有违民事诉讼法、民事诉讼证据若干规定的基本精神。综上，原审认定事实不清、程序违法。故请求：二审法院撤销

(2013)金民二初字第5373号民事判决书，依法改判或发回重审，并依法判决满某生、满某玲承担本案全部诉讼费用。

满某生、满某玲答辩称：1. 满某生与东风公司之间是挂靠关系，满某生是华北水院新校区学生公寓楼主体工程的实际施工人，合同约定每笔工程款均应转到东风公司账户，东风公司再支付给满某生。2. 满某生与东风公司之间不存在民间借贷关系，东风公司在原审中提供的两份借据，从借款用途、说明及借据后所附华北水院C23工程9月份甲方拨款计划支付明细，明细中列举了该47万余元的明细情况，足以证明东风公司主张的两份借据款项非简单的借贷关系。综上，东风公司上诉理由不成立，应予以驳回。

二审法院经审理查明的事实与原审认定一致。

二审法院认为，2009年9月3日，东风公司与满某生签订了《投资协议》，约定由满某生承担华北水利学院新校区学生公寓楼主体工程中劳务费等的支付义务或出资义务，并承担应缴纳的税金、费用及各项基金等。满某生委托满某玲向东风公司出具借据，借款用途是用于华北学院劳务工资及税款，并附有该工程支付明细，与《投资协议》的约定相互印证，东风公司与满某生之间并非简单的民间借贷法律关系，而是与华北水利学院新校区学生公寓楼主体工程的转包有关，所以双方应先对该工程进行结算，但至今东风公司没有提交结算的依据，仅依据借据主张债权，二审法院依法不予支持。东风公司上诉称该工程早已于2010年完工，时隔3年多，双方的工程款早已结清。但无相应的结清的证据，二审法院不予采信。

二审法院驳回上诉，维持原判。

◎ 点评

本案原告东风公司认为原被告之间是民间借贷法律关系，本案被告满某生、满某玲却认为双方之间并不存在民间借贷法律关系，而是工程转包和工程款支付法律关系，可见，原被告双方对基础法律关系存在争议。民间借贷实务中，有资金往来的当事人双方经常就基础法律关系发生争议，主要原因是双方当事人有业务往来，对同一笔资金，一方认为是提供借款，另一方认为是支付业务款项。特别是原告向法院提供了借据、收据、欠条等债权凭证来证明民间借贷法律关系后，被告提供其他证据抗辩原告的诉讼请求，认为双方并不存在民间借贷法律关系，而是其他类型法律关系，其没有义务偿还债务。处于中立地位的法院审理此类案件时，应当严格审查双方的证据，仔细分析原被告双方之间的真实法律关系，而不能简单依据借据、收据、欠条等债权凭证认定民间借贷事实。《最高人民法院关于审理民间借贷案件适用法律若干问题的规定》（法释〔2015〕18号）第十五条第一款规定：“原告以借据、收据、欠条等债权凭证为依据提起民间借贷诉讼，被告依据基础法律关系提出抗辩或者反诉，并提供证据证明债权纠纷非民间借贷行为引起的，人民法院应当依据查明的案件事实，按照基础法律关系审理。”就本案而言，原告东风公司依据两份借据向法院提起民间借贷诉讼，但是，被告提供了《华北水利水电学院新校区学生公寓楼主体工程施工合同》、东风公司与满某生就上述合同所约定的工程的投资事宜签订的《投资协议》等相关证据，认为借据所涉资金是支付工程款，不是原告向其出借资金，再加之两份借据所记载的借款用途是用于华北学院劳务工资及税款，并附有该工程支付明细，与《投资协议》的约定相互印证，据此，审理法院认定原被告双方是工程转包和工程款支付法律关系，并不是民间借贷法律关系，故判定驳回东风公司的诉讼请求。

◎ 法条链接

《最高人民法院关于审理民间借贷案件适用法律若干问题的规定》(法释〔2015〕18号)

第十五条 原告以借据、收据、欠条等债权凭证为依据提起民间借贷诉讼，被告依据基础法律关系提出抗辩或者反诉，并提供证据证明债权纠纷非民间借贷行为引起的，人民法院应当依据查明的案件事实，按照基础法律关系审理。

当事人通过调解、和解或者清算达成的债权债务协议，不适用前款规定。

22. 民间借贷诉讼中当事人承认的对己方不利的事实，法院是否应当予以确认？

——项某琴与杭州萧山众兴煤炭有限公司等民间借贷纠纷上诉案[①]

裁判要旨

诉讼过程中，当事人在起诉状、答辩状、陈述及其委托代理人的代理词中承认的对己方不利的事实和认可的证据，人民法院应当予以确认，但当事人反悔并有相反证据足以推翻的除外。

① 浙江省杭州市中级人民法院民事判决书（2014）浙杭商终字第1851号

◎ 基本案情

2013年10月22日，杭州萧山众兴煤炭有限公司（以下简称煤炭公司）向项某琴借款4,000,000元，约定于同年10月28日归还，由胡某林、余某红、杭州萧山世宏物资有限责任公司（以下简称物资公司）提供连带责任担保，保证期限至煤炭公司还清全部借款并履行全部附随义务为止。借款到期后，煤炭公司已向项某琴返还借款2,700,000元，余款1,300,000元至今未还。胡某林、余某红、物资公司也未履行担保义务。

另外，俞某恩是物资公司的法定代表人。

◎ 法院审理

原审法院认为，项某琴与煤炭公司之间的民间借贷关系成立。煤炭公司向项某琴借款后未按约定期限予以返还，应当承担民事责任。胡某林、余某红、物资公司作为担保人应当在担保责任范围内承担担保义务。俞某恩确实在向项某琴提供的还款保证承诺上签字，但在俞某恩的签字上还加盖了物资公司的印章，俞某恩称系履行职务行为的抗辩意见符合日常惯例；项某琴认为俞某恩也为煤炭公司的借款提供了担保，证据不足，不予支持。煤炭公司、胡某林、余某红经合法传唤无正当理由未到庭参加诉讼，视为对项某琴的起诉事实和诉讼请求抗辩权的放弃。

原审法院作出判决：一、煤炭公司返还项某琴借款1,300,000元；二、煤炭公司赔偿项某琴自2013年10月29日起至判决限定的借款1,300,000元还款期限届满之日止按中国人民银行同期同档次贷款基准利率计算的利息损失；三、上述款项，限煤炭公司于判决生效后10日内付清；四、胡某林、余某红、物资公司对上述煤炭公司应承担的付款义务负连带责任；胡某林、余某红、物资公司承担保证责任后有权向煤炭公司追偿；五、驳回项某琴的其余诉讼请求。

宣判后，上诉人项某琴不服原审法院上述民事判决，向二审法院提起上诉称：一、原审法院对基本事实认定错误，俞某恩应承担保证责任。1. 在项某琴所提交的录音资料中，俞某恩明确其个人与公司共同对煤炭公司承担保证责任。该录音资料系因项某琴无法联系到借款人而由其儿子屠某荣向担保人俞某恩个人进行催讨时进行的客观录音，俞某恩对该录音也无异议。2. 一审庭审中，俞某恩答辩时承认其个人对煤炭公司的债务提供了担保；在对案涉借条进行质证时，俞某恩仍然承认其个人需承担担保责任。原审法院进行发问时，俞某恩一开始予以承认，后才否认该节事实，改称其是作为物资公司的法定代表人签字。可见，俞某恩在一审庭审中一度认可其个人需承担担保责任，这与项某琴提供的录音资料可以相互印证，而其之后的否认明显前后矛盾。二、原审法院基于错误事实得出的结论错误。1. 原审法院在有明确证据证明俞某恩具有其个人也应承担担保责任的意思表示的前提下，仍以符合日常惯例为由认可俞某恩的抗辩明显错误。2. 从保护债权人的利益出发，应予认定俞某恩个人的担保责任。本案中除俞某恩外的其他被上诉人均系公告送达，已无实际履行能力，如在有明确证据的情况下仍让俞某恩免除保证责任，必将导致项某琴的重大损失。3. 民事审判具有很强的示范作用，俞某恩前后表述明显不一，有违诚实信用原则，法院如采纳俞某恩的抗辩，必然导致社会诚信缺失，有违法治精神。综上，请求二审法院撤销原审判决第四项判决内容，依法改判胡某林、余某红、物资公司、俞某恩对上述煤炭公司应承担的付款义务负连带责任，胡某林、余某红、物资公司、俞某恩承担保证责任后有权向煤炭公司追偿，并判令本案一、二审诉讼费用由煤炭公司、胡某林、余某红、物资公司、俞某恩承担。

二审法院二审查明，2013 年 10 月 22 日，煤炭公司向项某琴借款 4, 000, 000 元，约定于同年 10 月 28 日归还，由胡某林、余某红、物资公司、俞某恩提供连带责任保证，保证期限至煤炭公司还清全部借款并履行全部附随义务为止。借款到期后，煤炭公司已向项某琴返还借款 2, 700, 000 元，余款 1, 300, 000 元至今未还。胡某林、余某红、物资公司、俞某恩也未履行担保义务。

另查明，一审庭审中，俞某恩答辩称其与物资公司均为煤炭公司向项某琴借款提供了担保。

二审法院认为，项某琴与煤炭公司之间的民间借贷关系合法有效，应受法律保护。本案的争议焦点在于俞某恩是否应为煤炭公司所欠债务承担连带保证责任。诉讼过程中，一方当事人对另一方当事人陈述的案件事实明确表示承认的，另一方当事人无须举证。就本案而言，虽然案涉借条中保证人处俞某恩的签名上加盖了物资公司的公章，但俞某恩在一审庭审中答辩称其与物资公司均为煤炭公司向项某琴借款提供了担保，故俞某恩承认的对己不利的事实应予以确认，且项某琴就该节事实无须举证。俞某恩在一审法庭辩论终结前撤回承认，但未经项某琴同意，亦未提供相应证据推翻其承认的事实或者证明其承认行为是在重大误解情况下作出，二审法院对其关于在案涉借条上签字系履行职务行为的抗辩意见不予采信。综上，项某琴的上诉理由成立，原审法院实体处理不当之处，二审法院予以纠正。

二审法院判决如下：

一、维持杭州市萧山区人民法院（2014）杭萧商初字第 68 号民事判决第一、二、三项，即杭州萧山众兴煤炭有限公司返还项某琴借款 1, 300, 000 元；杭州萧山众兴煤炭有限公司赔偿项某琴自 2013 年 10 月 29 日起至判决限定的借款 1, 300, 000 元还款期限届满之日止按中国人民银行同期同档次贷款基准利率计算的利息损失；上述款项，限杭州萧山众兴煤炭有限公司于判决生效后 10 日内付清。

二、撤销杭州市萧山区人民法院（2014）杭萧商初字第 1779 号民事判决第四、五项以及案件受理费负担部分。

三、胡某林、余某红、杭州萧山世宏物资有限责任公司、俞某恩对上述杭州萧山众兴煤炭有限公司应承担的付款义务负连带清偿责任；胡某林、余某红、杭州萧山世宏物资有限责任公司、俞某恩承担连带清偿责任后，有权向杭州萧山众兴煤炭有限公司追偿。

◎ 点评

本案两级法院的分歧在于：当事人在诉讼过程中承认的对己不利的事实，后又反悔，是否应当确认该事实。原审法院没有确认，理由是：第一，俞某恩否认了先前承认的为煤炭公司借款提供担保的事实；第二，俞某恩的否认理由符合日常惯例，因为其作为物资公司的法定代表人，在向出借人项某琴提供的还款保证承诺上签字并加盖物资公司印章，乃代表公司履行职务，非私人行为。第三，出借人项某琴没有足够证据证明俞某恩也为煤炭公司借款提供了担保。

二审法院确认俞某恩为煤炭公司借款提供了担保，理由是：第一，一审庭审中，俞某恩承认其个人对煤炭公司的债务提供了担保，此情况属实；第二，虽然俞某恩后来否认其对煤炭公司的债务提供担保，但是其没有提供足够的证据来证明。

根据本案审理情况，结合相关法律规定，二审法院的观点正确。理由如下：第一，《最高人民法院关于民事诉讼证据的若干规定》（法释〔2001〕33 号）第八条规定："诉讼过程中，一方当事人对另一方当事人陈述的案件事实明确表示承认的，另一方当事人无需举证。但涉及身分关系的案件除外。"本案出借人项某琴陈述俞某恩也为煤炭公司借款提供了担保，而俞某恩在一审过程中明确承认了该事实。因此，出借人无需另外举证证明，法院应当直接确认该事实，原审法院要求出借人另外举证显然不符合该规定。第二，《最高人民法院关于民事诉讼证据的若干规定》（法释〔2001〕33 号）第七十四条规定："诉讼过程中，当事人在起诉状、答辩状、陈述及其委托代理人的代理词中承认的对己方不利的事实和认可的证据，人民法院应当予以确认，但当事人反悔并有相反证据足以推翻的除外。"本案一审过程中俞某恩先是承认自己也为煤炭公司的债务提供了担保，这对其显然不利，但随后又以法定代表人履行职务为由否认，但是，其没有提供相关证据来证明其没有提供担保。据此，法院也应当确认其提供担保的事实。

另外，本案所涉担保条款约定保证期限至煤炭公司还清全部借款并履行全部附随义务为止，依据《最高人民法院关于适用〈中华人民共和国担保法〉若干问题的解释》（法释〔2000〕44 号）第三十二条，这属于保证期间约定不明，保证期间为主债务履行期届满之日起 2 年。因借款合同约定 2013 年 10 月 28 日归还借款，故保证期间为 2013 年 10 月 29 日开始的 2 年时间。

◎ 法条链接

1.《最高人民法院关于民事诉讼证据的若干规定》（法释〔2001〕33号）

第八条 诉讼过程中，一方当事人对另一方当事人陈述的案件事实明确表示承认的，另一方当事人无需举证。但涉及身分关系的案件除外。

第七十四条 诉讼过程中，当事人在起诉状、答辩状、陈述及其委托代理人的代理词中承认的对己方不利的事实和认可的证据，人民法院应当予以确认，但当事人反悔并有相反证据足以推翻的除外。

2.《合同法》

第一百零七条 当事人一方不履行合同义务或者履行合同义务不符合约定的，应当承担继续履行、采取补救措施或者赔偿损失等违约责任。

第二百零六条 借款人应当按照约定的期限返还借款。对借款期限没有约定或者约定不明确，依照本法第六十一条的规定仍不能确定的，借款人可以随时返还；贷款人可以催告借款人在合理期限内返还。

第二百零七条 借款人未按照约定的期限返还借款的，应当按照约定或者国家有关规定支付逾期利息。

3.《担保法》

第十八条 当事人在保证合同中约定保证人与债务人对债务承担连带责任的，为连带责任保证。

连带责任保证的债务人在主合同规定的债务履行期届满没有履行债务的，债权人可以要求债务人履行债务，也可以要求保证人在其保证范围内承担保证责任。

第二十一条 保证担保的范围包括主债权及利息、违约金、损害赔偿金和实现债权的费用。保证合同另有约定的，按照约定。

当事人对保证担保的范围没有约定或者约定不明确的，保证人应当对全部债务承担责任。

第三十一条 保证人承担保证责任后，有权向债务人追偿。

4.《最高人民法院关于适用〈中华人民共和国担保法〉若干问题的解释》（法释〔2000〕44号）

第三十二条 保证合同约定保证人承担保证责任直至主债务本息还清时为止等类似内容的，视为约定不明，保证期间为主债务履行期届满之日起二年。

23. 双方约定支付“分手费”是否为民间借贷？

——胡某某与邵某某民间借贷纠纷上诉案[①]

裁判要旨

民间借贷应当有当事人双方的借贷合意，而“分手费”只是一方对另一方的补偿赠与，并不存在借贷合意，且有违公序良俗。因此，支付分手费的一方当事人以此为依据提起民间借贷诉讼，请求法院判令接受“分手费”的对方当事人归还本息，法院应当驳回其诉讼请求。

◎ 基本案情

2009 年 6 月 15 日，胡某某通过银行卡向邵某某转账 20 万元。后，胡某某向法院起诉，要求邵某某返还借款 20 万元，赔偿该款自起诉之日起按银行贷款利率计算的利息损失。邵某某认可收到胡某某转账的 20 万元，但认为是因为胡某某介入其的婚姻生活，导致其丈夫提出离婚诉讼，而由胡某某支付的分手补偿款。

以上事实，有转账凭证及当事人陈述在卷佐证。

◎ 法院审理

原审法院认为，胡某某提供转账、存款凭证等交付凭证，既可以作为款项交付的直接证据，也可以成为证明借贷合意的间接事实，根据经验法则，可以推定借贷合意的存在。本案中邵某某认可收到胡某某转账的 20 万元，但认为是胡某某支付的分手补偿款，该抗辩不足以对借款关系真实性产生合理怀疑。故邵某某对借款 20 万元应予返还，并赔偿利息损失，对胡某某的诉讼请求，法院依法予以支持。

原审法院判决：邵某某应于判决发生法律效力之日起 10 日内归还胡某某借款 20 万元及利息（自 2014 年 7 月 9 日起至实际给付之日止，按银行同期贷款利率计算）。

邵某某不服原审判决，向二审法院提起上诉称：一、2008 年时，被上诉人胡某某与其交往密切，甚至介入其婚姻。足疗店的事情发生后，其与前夫闹离婚，要求

---

① 江苏省无锡市中级人民法院（2015）锡民终字第 1116 号

胡某某也离婚；胡某某当时称自己妻子要生第二个孩子，希望不受干扰，愿意给其一笔钱，让其前夫不再去找胡某某；其当时提出要胡某某支付50万元作为补偿，胡某某称只有20万元。二、胡某某提供的证据不足以证明与其之间存在借款合意，双方不存在借款事实。此外，其于2010年离婚时已分得了可观的财产，并无必要借款20万元；而且，2014年初，胡某某向其发短信要求借款而不是催还借款，这些事实足以对借款事实的真实性产生怀疑。只有待胡某某完成上述举证事项后，其才负有提供反证的责任。综上，原审法院依据经验法则作出存在借款事实的推定有误，请求二审法院驳回胡某某的诉请。

被上诉人胡某某辩称：上诉人邵某某原从事钢管生产及贸易，其从事钢管贸易，双方有业务往来，当时关系较好。2009年邵某某称因为离婚诉讼，名下财产被冻结，向其借款50万元用于诉讼，其实际出借20万元；出借后，考虑到邵某某忙于诉讼，且其当时生意较好，就没有好意思提出还款。2013年遇到邵某某，听说其已经不做钢管生意，且对其态度冷淡，其就想催邵某某还款。碍于面子，其以手头缺钱需要借款为由发了信息，因为邵某某拒绝归还20万元，其才提起诉讼。邵某某离婚的原因与其无关，上述20万元更不是分手补偿款。综上，原审判决正确，请求二审法院驳回上诉，维持原判。

双方当事人对原审查明的事实均无异议，二审法院予以确认。

二审另查明，2008年底，邵某某与胡某某有一次在足疗时，被邵某某前夫发现，胡某某当时写下了保证书；事后，胡某某又被人殴打。

在胡某某陈述认为双方就足疗、未曾同居过时，邵某某情绪激动，反问“有没有关系你不清楚吗！你不是说被我前夫打，住了几个月吗?”胡某某承认了被殴打的事实。

本案的争议焦点是：胡某某基于民间借贷事由向邵某某主张20万元还款是否成立。

二审法院认为，关于涉案20万元系借款还是分手费，胡某某与邵某某均只有本人陈述予以证明，法院应当运用逻辑推理和日常生活经验，对双方陈述有无证明力和证明力大小进行判断。本案中，胡某某只提供支付邵某某20万元的汇款凭证，邵某某抗辩该款系胡某某为解除双方的婚外情而支付的分手费，为此，提供了：1.其与胡某某妻子之间的短信往来，证明三方均明知邵某某与胡某某之间的婚外情；2.2014年初胡某某要求借款的短信，证明之前双方没有结欠的款项。结合审理过程中，胡某某自认2008年底2009年初，其与邵某某共同足疗时被邵某某的前夫带人强行拍照，并出具了保证书；其后还被邵某某的前夫殴打；以及在被邵某某强烈质疑胡某某否认两人感情时，胡某某不敢回应的事实，法官有理由相信邵某某与胡某某之间存在婚外情，导致邵某某离婚，胡某某有可能为结束双方之间的感情而支付分手费20万元。胡某某应就双方存在借款合意承担进一步的举证责任，鉴于胡某某未提供相应证据，且未对2014年初为何没有向邵某某催讨还款，反而向其借款作出合理的解释，故应承担举证不能的不利法律后果。

胡某某与邵某某在各自婚姻存续期间保持婚外恋情，违背社会公序良俗，胡某某主张因此而已经给付邵某某的费用，二审法院不予支持。

综上，原审法院认定事实有误，二审法院予以纠正，对原审判决依法改判。二审法院判决如下：

一、撤销江阴市人民法院（2014）澄滨民初字第1338号民事判决；

二、驳回胡某某的诉讼请求。

◎ 点评

本案的争议焦点是一方当事人向另一方当事人支付“分手费”是否属于民间借贷。现代社会生活和人际关系日益复杂，男女之间因感情纠纷发生争议，一方当事人为了不影响自己的正常生活、社会声誉和家庭关系，常常通过向另一方支付“分手费”的方式进行补偿，以达到息事宁人的目的。但是，在支付“分手费”之后，该当事人出于后悔或其他原因，又以民间借贷纠纷为由向法院起诉，请求判令对方返还其支付的“分手费”。对于此种情况，应当严格依照民间借贷的法律性质进行判定。《合同法》第一百九十六条规定：“借款合同是借款人向贷款人借款，到期返还借款并支付利息的合同。”因此，民间借贷事实首先应当有民间借贷的合意，即当事人双方就借款人向出借人借款并到期返还本息达成一致意见。但是，一方当事人向另一方当事人支付“分手费”显然不存在借贷合意。支付“分手费”的一方并不要求对方返还该费用，接受“分手费”的一方也从来没承诺返还该费用，“分手费”实际上是一方对另一方的赠与。因此，如果支付“分手费”的一方当事人以民间借贷纠纷为由向法院起诉，请求判令对方返还该费用，法院应当以证据不足以证明双方存在民间借贷事实驳回其诉讼请求。

本案原告胡某某通过银行卡向被告邵某某转账20万元。之后，胡某某以民间借贷纠纷为由起诉邵某某。原审法院依据转账凭证认定民间借贷事实成立，判令邵某某返还借款本息。但是，二审法院运用逻辑推理和日常生活经验，认定胡某某向邵某某转账20万元属于“分手费”，故双方不存在民间借贷的事实。

◎ 法条链接

1.《合同法》

第一百九十六条 借款合同是借款人向贷款人借款，到期返还借款并支付利息的合同。

2.**《最高人民法院关于审理民间借贷案件适用法律若干问题的规定》（法释〔2015〕18号）**

第十七条 原告仅依据金融机构的转账凭证提起民间借贷诉讼，被告抗辩转账系偿还双方之前借款或其他债务，被告应当对其主张提供证据证明。被告提供相应证据证明其主张后，原告仍应就借贷关系的成立承担举证证明责任。

3.**《中华人民共和国民事诉讼法》**

第六十四条 当事人对自己提出的主张，有责任提供证据。

当事人及其诉讼代理人因客观原因不能自行收集的证据，或者人民法院认为审理案件需要的证据，人民法院应当调查收集。

人民法院应当按照法定程序，全面地、客观地审查核实证据。

4.**《最高人民法院关于适用〈中华人民共和国民事诉讼法〉的解释》（法释〔2015〕5号）**

第九十条 当事人对自己提出的诉讼请求所依据的事实或者反驳对方诉讼请求所依据的事实，应当提供证据加以证明，但法律另有规定的除外。

在作出判决前，当事人未能提供证据或者证据不足以证明其事实主张的，由负有举证证明责任的当事人承担不利的后果。

5.**《最高人民法院关于民事诉讼证据的若干规定》（法释〔2001〕33号）**

第二条 当事人对自己提出的诉讼请求所依据的事实或者反驳对方诉讼请求所依据的事实有责任提供证据加以证明。

没有证据或者证据不足以证明当事人的事实主张的，由负有举证责任的当事人承担不利后果。

24. 依据赌债提起民间借贷诉讼是否支持？

——曾某广与广州市龙华咨询服务有限公司民间借贷纠纷上诉案[1]

裁判要旨

民间借贷纠纷审理首先要查明是否存在民间借贷事实。赌债并非民间借贷，如果原告坚持以民间借贷纠纷为由起诉，在没有足够证据的前提下，法院应当驳回其

---

① 广东省广州市中级人民法院（2014）穗中法金民终字第1735号

诉讼请求。

◎ 基本案情

2010年3月17日，曾某广、清新县清晖房地产开发有限公司（以下简称“清晖公司”）、广州市龙华咨询服务有限公司（以下简称“龙华公司”）签订《债权债务转让合同》，约定：曾某广将拥有清晖公司的债权2,250万元转让给龙华公司所有；龙华公司将2,250万元债权用于与清晖公司合作开发山湖世纪C区房地产项目的50%股权投入；同时清晖公司、龙华公司签订《山湖世纪C区项目合作协议》；如合作不成，此债权债务恢复原状等等。同日，清晖公司与龙华公司、罗某生签订《山湖世纪C区项目合作协议》，约定：三方就山湖世纪C区合作开发，清晖公司将其名下的山湖世纪花园项目C区作为合作项目用地与龙华公司进行合作，占该项目50%股权；根据债权债务转让合同确认的罗某生欠龙华公司的债务作价作为龙华公司对该项目的投资，拥有该项目50%股权等等。

2010年3月23日，罗某生出具《收条》，内容为：根据《债权债务转让合同》《山湖世纪C区项目合作协议》的约定收到曾某广交来罗某生的借条原件四份，分别是：2009年5月3日金额为230万元；2009年5月12日金额为200万元；2009年5月16日金额为570万元；2009年5月22日金额为1,770万元，其中借款本金中的2,250万元用于抵作龙华公司在山湖世纪C区项目合作中的50%股权投入，余下借款及利息由清晖公司向龙华公司或曾某广重新出具借条。

2010年12月7日，清晖公司（甲方）、龙华公司（乙方）、罗某生（丙方）、曾某广（丁方）签订《协议书》，约定：解除《债权债务转让合同》《山湖世纪C区项目合作协议》，终止山湖世纪C区项目合作关系，恢复四方的债权债务关系；清晖公司、罗某生、龙华公司共同确认清晖公司、罗某生共欠曾某广本息合计2,650万元；合同第四条还约定偿还方式及期限为：清晖公司、罗某生连带向曾某广承担偿还责任直至付清为止：“1.2010年12月底前向丁方偿还100万元；2.2011年1月底前向丁方偿还100万元；3.2011年3月底前向丁方偿还100万元；4.2011年4月底前向丁方偿还200万元；5.2011年6月底前向丁方偿还100万元；6.2011年7月底前向丁方偿还200万元；7.2011年8月底前向丁方偿还200万元；8.2011年9月底前向丁方偿还150万元；9.2011年10月底前向丁方偿还150万元；10.剩余1,350万元清晖公司以其开发的山湖世纪第九栋一楼商铺作价抵偿给曾某广……”；清晖公司、罗某生任何一期未按照约定期限还款，曾某广有权提前一次性收回全部款项；同时清晖公司、罗某生还应向曾某广承担1,000万元违约金及合理的律师费；清晖公司、罗某生违反第四条第10项的约定，曾某广有权直接向清晖公司、罗某生追偿余下1,350万元的款项，并有权要求清晖公司、罗某生赔偿曾某广的损失，损失计算方法为：以本金1,350万元按同期银行借款利息的4倍从2010年6月算至还清为止等等。

因罗某生向清远市公安局清新分局报案称其被韩某华等合同诈骗，该局于2012年12月24日、2013年1月11日立案侦查，曾某广为该案的犯罪嫌疑人之一。2013年5月24日，清远市公安局清新分局作出《取保候审决定书》，对曾某广涉嫌罗某生被合同诈骗案采取取保候审的强制措施。2014年5月19日，清远市公安局清新分局因对曾某广取保候审期限届满，依法予以解除。

2013年5月10日，清远市公安局清新分局对曾某广进行讯问，曾某广陈述："我与罗某生在2010年3月曾合作过山湖世纪C区项目，但是合作不久后由于罗某生单方面毁约就取消了合作……从2009年至2011年5月，我在银行方面和韩某华、罗某生、龙某乙有多笔大金额的交易……主要是两部分构成，一部分是正常资金借贷，一部分为赌资借贷和偿还……韩某华、罗某生、龙某乙三人在2009年5月份左右多次在清新赌博，让我做担保，罗某生、龙某乙在赌博中都输了很多钱，我分多次借款给罗某生、龙某乙二人……罗某生向我借款且比较多的，其中有很大部分是由于他在赌博中欠下韩某华的，由于我为其做担保，我把他输了的钱给韩某华，所以罗某生就欠下我很钱，具体多少我记不得……通过银行和现金两种方式借款的，如果数额是几十万的话，很多次我都是通过现金的方式借款给他们的，主要用于他们公司的公司周转；如果是因赌博形成的债务，都是通过银行转账的方式进行借贷和还款的……罗某生输了750万元，并写了一张借条给我"。关于罗某生欠曾某广的债务，曾某广陈述为："总的来说有三笔大数，其中一笔是2,650万元，一笔是750万元，还有一笔是1,141.7万元……2,650万元债务是我在2010年底与罗某生取消合作山湖世纪项目后重新确认的，这笔债务都是罗某生在经营房地产生意时多次以现金或银行转账的方式向我借款的，其中1,350万我要求罗某生将他公司名下的商铺抵给我；750万的债务是我在清新酒店为韩某华、罗某生、龙某乙三人赌博作担保时，罗某生输了钱，我为其还了750万元赌债给韩某华而形成的；最后一笔的1,141.7万元债务本金是932万元，是2011年3月份罗某生因资金周转向我借款的……自2009年开始罗某生分多次向我还款，具体情况我不记得，我记得在还款计划表上的记录是2,650万的债务罗某生已经分多次偿还500万元，750万元的债务罗某生已经还款70万元……都是通过银行转账的方式，有部分是我自己收款的，有部分是历丰担保公司的杜某锋帮我收款的……"

2013年5月13日，曾某广在清远市清新区公安局的《讯问笔录》中对如何与罗某生认识陈述为："罗某生是在2009年左右认识的……"

广东省清远市中级人民法院（2014）清中法刑二终字第71号《刑事判决书》查明：2009年5月至6月间，韩某华以营利为目的多次与曾某广（另案处理）、罗某生、龙某乙进行赌博，并由韩某华提议曾某广负责“担数”（为赌博各方输赢数额提供担保或垫付赌资）并收取一定比例的利息额，其中在清新区清新花园酒店客房内的两次赌博中，罗某生输给韩某华750万元，由曾某广担保支付给韩某华，再由曾某广向罗某生追偿等事实。

罗某生及其妻子吴某在2009年7月27日至2011年5月5日向曾某广、杜某锋共支付1,115万元，其中2009年7月27日至2010年1月25日，罗某生、吴某向曾某广支付490万元，2011年1月4日至2011年4月6日吴某向曾某广支付255万元，罗某生向曾某广支付50万元；2011年4月11日至2011年4月28日吴某向杜某锋支付270万元，2011年5月5日，罗某生向曾某广支付50万元。罗某生认为上述款项除370万元外，其余745万元均为曾某广不当得利，要求曾某广返还。

曾某广表示，其主张的2400万元借款本金及利息为上述《协议书》项下的2,650万元扣减罗某生已经偿还的250万元计算所得，确认收取了罗某生2011年1月4日至2011年4月6日的255万元；2010年1月25日前的罗某生支付的款项与本案无关，其余罗某生、吴某支付的款项不予认可，且罗某生的主张已经超过了诉讼时效。

曾某广还提供了取款回单、银行印务凭证、银行业务回单拟证明其在借贷发生期间有能力支付现金。罗某生、清晖公司质证确认收到了曾某广出借的370万元，曾某广所称的借款时间2009年5月3日至2009年5月22日内只有四份凭证发生，不能证明曾某广在银行支取了2,400万元出借给罗某生。

以上事实有《山湖世纪C区项目合作协议》、《债权债务转让合同》、《协议书》、《讯问笔录》、（2014）清中法刑二终字第71号《刑事判决书》、取款回单、银行业务凭证、银行业务回单及当事人陈述等在案佐证。

2013年4月22日，曾某广向原审法院提起诉讼，请求判令：1. 清晖公司、罗某生连带承担偿还曾某广欠款2,400万元及利息120万元（从2011年3月1日算至2013年3月31日止，按同期银行贷款利率计算至还清之日止）；2. 清晖公司、罗某生连带向曾某广支付违约金1,000万元；3. 清晖公司、罗某生连带承担曾某广损失暂计648万元（实际损失以本金1,350万元为基数按同期银行贷款利率的4倍从2010年6月1日计至还清1,350万元止）；4. 清晖公司、罗某生承担本案的全部诉讼费用。

在原审诉讼过程中，罗某生提起反诉，请求判令：1. 曾某广向罗某生返还不当得利745万元；2. 曾某广向罗某生支付相应的利息（以745万元为本金，按银行同期贷款利率计算，自反诉之日起计至付清全部款项之日止）；3. 曾某广承担本案的全部诉讼费用。

◎ 法院审理

原审法院认为，本案的争议焦点为涉案借款是否真实、合法。

曾某广主张其与罗某生、清晖公司之间存在民间借贷关系，尚有2,400万元本金及利息未还。罗某生、清晖公司极力否认。曾某广应当对存在借贷关系以及借贷内容等事实承担举证责任。根据2010年3月23日罗某生出具的《收条》记载：罗某生分别于2009年5月3日、2009年5月12日、2009年5月16日、2009年5月22日向曾某广出具借条，总金额为2,770万元。曾某广认为上述借款为罗某生多次向其借款，将借款汇总后出具的借条，但没有提供证据证明，原审法院不予采信。四份借条形成时间在短短20天内，借贷金额巨大，在该上述借条出具期间内，除清晖公司、罗某生认可的370万元借款外，曾某广提供的其余银行存、取款均发生在借条出具期间之外，因此原审法院认为曾某广提供的证据不足以证明其具有支付能力。曾某广不能明确说明款项具体支付情况，包括支付的时间、支付形式、支付金额，也没有提供向罗某生支付的凭证等其他证据佐证。综上，除罗某生自认的借款370万元外，曾某广没有证据证明其与罗某生之间存在其主张的其他借贷，故对曾某广主张借款本金2,400万元及利息、违约金和损失，没有事实依据和法律依据，原审法院不予支持。

关于罗某生的反诉请求，罗某生认为向曾某广支付了1,115万元除370万元借贷款外其余745万元是曾某广因赌博获取的不当得利，应予返还罗某生。曾某广认为罗某生的反诉已经超过了2年的诉讼时效，且罗某生主张的款项为罗某生向曾某广借款后的还款。原审法院认为，首先，罗某生主张曾某广不当得利的诉讼时效为2年，自罗某生知道或应当知道其权利受到侵害时起计算。罗某生主张的款项最后一笔支付时间为2011年5月5日，既然罗某生认为其支付的款项为赌博款，则其在付款时即已经知道其权利受到侵害，应自该日起计算诉讼时效。罗某生向公安机关报案，公安机关于2012年12月24日、2013年1月11日立案侦查，应当中断诉讼时效，因此罗某生于2013年7月24日提起反诉，其反诉主张没有超过2年的诉讼时效。其次，《最高人民法院关于民事诉讼证据的若干规定》第七十四条规定："诉讼过程中，当事人在起诉状、答辩状、陈述及其委托代理人的代理词中承认的对己方不利的事实和认可的证据，人民法院应当予以确认，但当事人反悔并有相反证据足以推翻的除外。"根据罗某生陈述，其自认反诉主张的款项为赌博款即赌资，赌资或因赌博获取的收益依法应予收缴，不应返还。故罗某生的反诉请求没有事实和法律依据，原审法院不予支持。

原审法院判决如下：一、驳回曾某广的全部诉讼请求；二、驳回罗某生的全部反诉请求。

原审法院判后，曾某广不服，向二审法院提起上诉。

二审期间，二审法院依职权向广东省清远市清新区人民法院调取了韩某华刑事案件档案资料。档案资料显示，在清远市公安局清新分局侦查韩某华、霍某等涉嫌诈骗罗某生一案中，曾某广多次确认其于2009年5月间参与韩某华与罗某生之间的赌博，为赌博各方输赢数额提供担保或垫付赌资；霍某确认韩某华叫其将记录有龙华公司和罗某生关于山湖世纪C区项目合作协议内容的《山湖世纪C区合作项目协议》、记录有债权转让到龙华公司内容的《债权转让通知书》、记录有罗某生拖欠韩某华款项内容的《还款协议书》以及记录有小城逸景家园项目合作协议内容的《小城逸景家园项目合作协议》等方面的文档找律师咨询。清远市公安局清新分局从韩某华实际控制经营的公司的电脑、员工霍某的电子邮箱中搜查到与涉案《债权债务转让合同》《山湖世纪C区项目合作协议》内容基本一致的文件，以及霍某就前述合同的具体条款内容与律师进行来往沟通的电子邮件。广东省清远市中级人民法院作出（2014）清中法刑二终字第71号刑事判决，认定韩某华的行为构成赌博罪，判处韩某华有期徒刑2年并处罚金等。

再查明，曾某广对于其诉请2,400万元的构成在一审陈述称，“罗某生因资金周转向其借款多次，2009年5月书面结算4笔，后2010年3月总结为1笔2,770万元，后又分出2,250万元进行投资，后因投资不成，本金加利息结算为2,650万元，罗某生后还款250万元，因此主张2,400万元”，对于2009年5月结算之前的债务凭证，曾某广称只有“370万银行转账凭证，其余是现金，现金支付情况由于次数太多、时间太长，记不清，没有其他证据。”在一、二审审理过程中，曾某广为了证明其具有现金支付能力，提供《取款记录统计》以及相应取款凭证，其中显示，曾某广于2008年4月2日至2008年6月23日期间支取20,740,000元，于2009年3月1日至2009年5月20日期间支取5,701,110.14元，于2009年6月22日至2009年12月21日期间支取7,698,600元等。

二审法院驳回上诉，维持原判。

◎ 点评

民间借贷纠纷审理首先需要查明是否存在民间借贷事实。本案出借人单纯凭借条，没有银行转账记录或现金交付的直接证据，向法院起诉请求判令借款人归还本息，但未获法院支持。其中的原因是案件相关证据指向原被告之间实为赌债。具体分析如下：

第一，本案案外人韩某华因于2009年5月至6月间，以营利为目的，多次与曾某广、罗某生等赌博，并由韩某华提议曾某广负责“担数”（为赌博各方输赢数额提供担保或垫付赌资）而被判决犯赌博罪。公安部门从韩某华实际控制经营的公司的电脑、员工霍某的电子邮箱中搜查到与涉案《债权债务转让合同》《山湖世纪C区项目合作协议》内容基本一致的文件，以及霍某就前述合同的具体条款内容与律师进行来往沟通的电子邮件。但是，韩某华、霍某皆非《债权债务转让合同》、《山湖世纪C区项目合作协议》的当事人，其无正常理由保留上述合同，也无合理理由就合同条款向律师咨询沟通。因此，本案出借人曾某广主张其与清晖公司、罗某生有合作关系存疑。

第二，本案出借人曾某广提供的借条于2009年5月3日至22日期间出具，公安机关侦查韩某华赌博一案时，曾某广多次承认其于2009年5月间参与韩某华与罗某生之间的赌博，两者时间重合，故上述借条有重大嫌疑乃为赌债而出具。

第三，本案出借人曾某广在2009年与罗某生相识，借条系于2009年5月3日至22日之间出具，两人在相识不到半年的时间内，一方以现金形式向另一方多次出借巨款达2,000多万元，且无任何担保，这与生活常理不符。

第四，本案出借人曾某广为了证明其具有现金支付能力，提供了银行取款凭证，其中显示曾某广于2008年4月2日至2008年6月23日期间支取20,740,000元，于2009年3月1日至2009年5月20日期间支取5,701,110.14元，于2009年6月22日至2009年12月21日期间支取7,698,600元等。但是，上述取款时间与其主张的向借款人提供了2,000多万元借款的时间不符。

《最高人民法院关于审理民间借贷案件适用法律若干问题的规定》（法释〔2015〕18号）第十六条第二款规定："被告抗辩借贷行为尚未实际发生并能作出合理说明，人民法院应当结合借贷金额、款项交付、当事人的经济能力、当地或者当事人之间的交易方式、交易习惯、当事人财产变动情况以及证人证言等事实和因素，综合判断查证借贷事实是否发生。"因此，法院在综合各种证据之后，依据逻辑推断和生活常理，认定原被告双方有赌债之嫌，出借人无法证明民间借贷事实，并据此驳回其诉讼请求。

另外，本案借款人罗某生提起反诉，请求判令曾某广向其返还不当得利745万元及相应的利息。但是，其自认上述不当得利为赌债。依据我国法律，赌博犯罪中用作赌注的款物、换取筹码的款物和通过赌博赢取的款物属于赌资，赌资应当依法予以追缴；赌博用具、赌博违法所得以及赌博犯罪分子所有的专门用于赌博的资金、交通工具、通讯工具等，应当依法予以没收。因此，法院驳回其反诉请求。

◎ 法条链接

1.《最高人民法院、最高人民检察院关于办理赌博刑事案件具体应用法律若干问题的解释》（法释〔2005〕3号）

第八条 赌博犯罪中用作赌注的款物、换取筹码的款物和通过赌博赢取的款物属于赌资。通过计算机网络实施赌博犯罪的，赌资数额可以按照在计算机网络上投注或者赢取的点数乘以每一点实际代表的金额认定。

赌资应当依法予以追缴；赌博用具、赌博违法所得以及赌博犯罪分子所有的专门用于赌博的资金、交通工具、通讯工具等，应当依法予以没收。

2.《最高人民法院关于审理民间借贷案件适用法律若干问题的规定》（法释〔2015〕18号）

第十六条 原告仅依据借据、收据、欠条等债权凭证提起民间借贷诉讼，被告抗辩已经偿还借款，被告应当对其主张提供证据证明。被告提供相应证据证明其主张后，原告仍应就借贷关系的成立承担举证证明责任。

被告抗辩借贷行为尚未实际发生并能作出合理说明，人民法院应当结合借贷金额、款项交付、当事人的经济能力、当地或者当事人之间的交易方式、交易习惯、当事人财产变动情况以及证人证言等事实和因素，综合判断查证借贷事实是否发生。

25. 当事人之间存在其他债权债务，是否可以通过约定将其转化为民间借贷债权债务？

——高某与秦某民间借贷纠纷上诉案[①]

裁判要旨

当事人双方约定将其他债权债务转化为民间借贷债权债务的，遵照民事活动意思自治原则，只要该约定是双方当事人的真实意思表示，不存在损害第三人、集体、国家或社会利益的情形，不违反法律，应当予以尊重，按民间借贷纠纷处理双方的争议。

◎ 基本案情

秦某起诉称：其与高某系朋友关系，2014年2月至4月间，高某分三次从秦某

---

① 北京市第三中级人民法院（2015）三中民（商）终字第09145号

处借款15,000元并出具欠条。落款日期为2014年2月2日及2月22日的欠条约定了还款时间，现已超过还款期限。秦某表示三张借条载明的借款包括经协商确认用于生活支出的费用共计13,000元，以及高某摔坏秦某手机的2,000元赔偿款。经秦某多次催要，高某未还款，故秦某起诉来院，要求高某归还借款15,000元并承担本案诉讼费。

高某答辩称：2013年12月至2014年6月间，高某与秦某系男女朋友关系，涉案款项用于共同生活支出，其与秦某之间不存在借贷关系；高某用自己的公积金9,000元偿还秦某的信用卡欠款；高某是在秦某威逼利诱并被殴打的情况下书写借条的。综上，高某不同意还款。

秦某表示：高某无经济来源，秦某支持二人共同生活支出。秦某主张借条形成于同居期间，已无法就借条所对应的具体款项明细做出说明，而是经由双方确认，对同居期间的共同支出做出分割，确定由高某应承担的部分，由高某以借条形式固定下来；除双方共同支出外，双方发生争执时，高某摔了秦某手机一部，高某同意折价2,000元赔偿，并将其写入借条；同居期间，支出项目繁多且无法可查。

高某表示：高某亦出钱用于共同生活支出；双方发生口角时，秦某殴打、欺骗高某，要求高某写下借条，高某为挽回感情，才写下借条，承认摔了手机，但否认双方曾就手机赔偿达成一致，更未协商赔偿金额。

原审法院经审理查明，高某共向秦某出具借条三张。落款日期为2014年2月2日的借条载明：今秦某借给高某5,000元，自2014年2月2日到2014年5月31日还清，期限4个月。落款日期为2014年2月22日的借条载明：今秦某借给高某5,000元，自2014年2月22日到2014年5月31日还清，期限4个月。落款日期为2014年4月25日的借条载明：高某向秦某借钱5,000元，用于生活所需。

诉讼中，秦某和高某均表示双方在涉案款项发生期间为男女朋友关系，并认可涉案款项已经用于共同生活支出。高某认可摔秦某的手机的事实。

◎ 法院审理

原审法院认为，秦某持有高某出具的借条三张，借条共载明借款15,000元，用于二人共同生活及手机赔偿。从高某向秦某多次出具借条的行为可以看出，双方对于已经支出的生活费用及手机赔偿款形成了借贷的意思表示，生活费用支出在先不影响双方事后达成一致的意思表示，本案涉及的款项虽用于共同生活支出，经双方确认，可以转化为借贷，故该院认为秦某和高某之间形成借贷关系。手机赔偿一事是否存在，不影响对借条的确认，高某作为完全民事行为能力人，应对其行为负责。高某没有向该院提交任何证据，现有证据不足以证明高某有过还款行为，亦不足以证明秦某胁迫高某书写借条。落款日期为2014年2月2日、2月22日的两张借条载明了还款期限，至起诉之日还款期限已经届满。落款日期为2014年4月25日的借条未载明还款期限，现秦某以起诉方式催要借款符合法律规定。落款日期为2014年2月2日、2月22日的两张借条载明了还款期限，至起诉之日还款期限已经届满。落款日期为2014年4月25日的借条未载明还款期限，现秦某以起诉方式催要借款符合法律规定。综上，该院对秦某主张偿还15,000元的主张予以支持。

原审法院判决：高某于判决生效之日起10日内偿还秦某借款本金15,000元。

高某不服原审法院民事判决，向二审法院提起上诉，请求：1. 撤销一审判决，改判驳回秦某的诉讼请求；2. 本案一、二审诉讼费由秦某负担。其主要上诉理由是：1. 双方之间不存在民间借贷法律关系，原因是：双方系男女朋友关系，共同生活期间的大部分开支均由高某负担，高某书写借条是想向高某母亲要钱用于共同生活；其次，借条载明借款用途是用于共同生活，秦某也应当负担相应生活费用，借条中有2,000元是手机赔偿款，并不属于借款，属于造成的财产损失；2. 出具借条后高某给秦某7,000元公积金，应当扣除；3. 原审法院适用《合同法》第二百零六条属于适用法律错误。

二审法院另查明：2014年4月，高某取出公积金7,000元代为偿还秦某的信用卡欠款。二审法院查明的其他事实与原审法院查明的事实一致。

上述事实有三张借条、当事人陈述、二审开庭笔录、二审谈话笔录等在案佐证。

二审法院认为，关于借款事实的真实性。本案中，秦某依据2014年2月2日、2月22日及4月25日的借条要求高某偿还15,000元借款，高某认可借条的真实性，但提出双方之间不存在民间借贷关系，出具借条仅是为向其父母要钱。但高某对上述主张未提供充分证据证明，高某作为完全民事行为能力人，其在书写或签署书面文件时应当意识到相应法律后果，并承担由此而产生的法律责任，现秦某以借条为据要求高某偿还借款，高某应当予以偿还。对高某主张双方之间不存在民间借贷法律关系的上诉理由，二审法院不予采信。

关于还款金额。庭审中，高某提出欠条出具后，其曾经取出公积金7,000元代为偿还秦某的信用卡欠款，秦某认可该事实，二审法院对此予以认定。秦某称随后其曾偿还高某7,000元，高某用7,000元支付了两人的房租，但对于偿还7,000元的事实，秦某并未提供证据予以证明，因此二审法院对此不予认定。此外，秦某提出高某偿还秦某信用卡后，高某又重新出具了本案三张借条的事实，秦某亦未提供证据证明，二审法院对此亦不予采信。综上，高某已经向秦某偿还借款7,000元，目前欠款金额为8,000元，原审法院认定的欠款金额错误，二审法院予以纠正。

关于高某主张已经支出的生活费用应当共同承担的上诉理由，高某未提供证据证明双方对生活费用负担有过约定，并且对于用于共同生活的费用金额以及支付主体均无证据证明，故二审法院对该项上诉理由不予采信。

关于高某主张借款中2,000元属于手机赔偿款，不应按照民间借贷关系审理的上诉理由，二审法院认为，双方均认可借条中有2,000元是高某对秦某的手机赔偿款，双方通过借条将手机赔偿款转化为借款，该种处理方式是当事人之间真实意思表示，未改变债权债务主体和金额，亦不违反法律规定，合法有效。故高某该项上诉理由没有法律依据，二审法院对此不予采信。

综上，二审法院认为，高某的上诉请求部分成立，二审法院予以支持。二审法院判决如下：

一、撤销北京市朝阳区人民法院（2014）朝民（商）初字第32053号民事判决；

二、高某于本判决生效之日起10日内偿还秦某借款本金8,000元；

三、驳回秦某的其他诉讼请求。

◎ 点评

本案的争议焦点之一是原被告双方关于手机损害赔偿款能否转化为民间借贷款。一般而言，民间借贷法律关系的成立生效应当有当事人双方的借贷合意。如果发生于自然人之间，出借人还应当提供借款双方的民间借贷法律关系才能生效。但是，日常生活和经营活动中，当事人之间存在其他种类债权债务关系，基于各种原因，双方协商约定将其他种类债权债务转化为民间借贷债权债务。当债务人违反约定未按期偿还时，债权人向法院以民间借贷纠纷为由起诉债务人，债务人通常会抗辩双方不存在民间借贷事实，其未向债权人借款，故法院应当驳回债权人的诉讼请求。对于此问题，一般遵照民事活动意思自治原则，只要关于债权债务转化的约定是双方当事人的真实意思表示，不存在损害第三人、集体、国家或社会利益的情形，应当予以尊重，按民间借贷纠纷处理双方的争议。本案被告高某于双方发生争执时摔了原告秦某手机一部，高某同意折价2,000元赔偿，并将其写入借条。此种转化约定是双方当事人自由意思表示，不违反法律，也不损害第三人、集体、社会或国家的利益，应当予以尊重，故法院认定该2,000元赔偿款属于民间借贷款。与此类似的债权债务转化案例颇多，下面简单介绍几例。

1. 原告委托被告为自己处理相关事务，并支付了1,500元报酬。之后，原告发现被告无能力完成委托事项，多次要求被告归还1,500元，被告向原告出具借条一张，约定某年某月某日前归还1,500元，故原、被告之间法律关系转化为民间借贷法律关系。

2. 原告代被告向某制造有限公司购买制砖设备，为其向某制造有限公司垫付货款100,000元，被告向原告出具借条，原告的垫付货款转化为民间借贷，该借贷关系依法成立，依法成立的借贷关系受法律保护，被告应向原告全面履行自己的还款义务。

3. 原、被告合伙承包工程，工程完工后，工程款由被告一人全部领取。原告算账后催告被告支付其应得收益，被告无钱归还，向原告出具借条承诺到期归还，原、被告之间的合伙关系转化为民间借贷关系。

4. 原告为承包方，被告为发包方，双方签订建设工程施工合同。工程完工后，被告无力支付全部工程款，向原告出具借条，承诺某年某月某日之前还款，原、被告之间的建设工程施工合同关系转化为民间借贷关系。

5. 原告与被告合伙入股，原告共出资 40,000 元，后原告退股，并退回入股款 5,000 元，双方约定剩余的 35,000 元入股款转为被告欠原告的借款，被告就上述欠款为原告出具欠条一份，双方合伙关系转化为民间借贷关系。

6. 被告从原告处拿走价值 50 万元的银行承兑汇票，后偿还原告 44,000 元，并于 2013 年 10 月 2 日向原告出具借条一份，内容为："今借到樊某现金肆拾伍万陆仟元整（456,000 元），杨某，2013. 10. 2。"2014 年 10 月 24 日，原告提起诉讼，要求被告尽快偿还其借款 456,000 元。原被告之间由不当得利法律关系转化为民间借贷法律关系。

◎ 法条链接

1. **《合同法》**

第二百一十条　自然人之间的借款合同，自贷款人提供借款时生效。

2. **《民法通则》**

第四条　民事活动应当遵循自愿、公平、等价有偿、诚实信用的原则。

第六条　民事活动必须遵守法律，法律没有规定的，应当遵守国家政策。

第七条　民事活动应当尊重社会公德，不得损害社会公共利益，破坏国家经济计划，扰乱社会经济秩序。

26. 原被告双方当事人伪造借条并起诉，如何处理？

——何某与翟某、朱某等民间借贷纠纷再审案[①]

裁判要旨

原被告双方当事人伪造借条并诉至法院属于虚假诉讼，如果原告申请撤诉的，法院不予准许，并应当驳回其请求。诉讼参与人或者其他人恶意制造、参与虚假诉讼，法院应当依照《民事诉讼法》第一百一十一条、第一百一十二条和第一百一十三条之规定，依法予以罚款、拘留；构成犯罪的，应当移送有管辖权的司法机关追究刑事责任。单位恶意制造、参与虚假诉讼的，法院应当对该单位进行罚款，并可以对其主要负责人或者直接责任人员予以罚款、拘留；构成犯罪的，应当移送有管辖权的司法机关追究刑事责任。

◎ 基本案情

2013 年 1 月 6 日，原审原告何某诉称：其于 2012 年 3 月 10 日借给四被告人民币 25 万元，约定于同年 4 月 9 日还款。借款到期后被告未能还款，在原告的追要下四被告仅于同年 8 月还款 10 万元，尚余 15 万元未还。现要求四被告偿还借款 15 万元并支付利息 6,000 元。四名原审被告辩称：借款属实，同意在 2013 年 1 月 15 日前一次性偿还借款并支付利息。

◎ 法院审理

再审查明：2012 年下半年，何某经其朋友徐某介绍租用起凤街二号楼底楼的一间从事中介服务，该中介未起字号也未办理工商注册登记。2013 年 1 月初左右，徐某从别的中介处接到三笔提取住房公积金的业务，何某从事的中介也从别的中介处接到一笔住房公积金提取业务，经徐某策划，以何某与翟某、朱某之间存在民间借贷债权债务，宋某、张某为该笔借款的担保人为由，准备通过法院诉讼途径提取该四人的住房公积金，何某对此表示同意。徐某将翟某等四人叫到何某所开办的中介

---

① 江苏省南通市港闸区人民法院（2015）港民再初字第 00002 号

办公室，让翟某根据其口述的借条内容书写了一张并无事实基础的借款金额为250,000元的假借条，内容为："今借何某人民币贰拾伍万元整，借期一个月，到期还本付息。今借人翟某、朱某，担保人张某、宋某"，落款日期提前为"2012.3.10"。徐某取得借条后，自行起草了民事诉状，诉状中虚构了并不存在的翟某等四人向何某借款250,000元借款，经催要已还100,000元，尚欠150,000元未还的事实，并附上伪造的借条作为证据，于2013年1月6日和何某一起到法院提起诉讼。法院于次日立案并召集双方调解，由于事前徐某向何某、翟某等五人交代了如何向法院虚构借款事实，并吩咐他们要统一口径，在调解中翟某等四人与何某相互配合向法庭做出虚假陈述，承认借款是事实，并承诺于2013年1月15日前归还欠款。在法院主持下双方当事人顺利达成了调解协议，协议约定："翟某、朱某于2013年1月15日前一次性归还何某人民币156,000元；宋某、张某对上述款项承担连带清偿责任。"之后，徐某书写了申请执行书，以何某的名义向法院申请强制执行，同时提供了四人住房公积金账户等线索。经法院强制执行，将翟某、朱某、宋某、张某四人的住房公积金账户上的款项共计133,600元扣划至法院账户，并于同年2月25日将上述强制执行款交由何某领取，何某至银行取现后将此133,600元交给徐某，徐某交给何某2,000元，余款由徐某与翟某等四人按事先约定的比例进行费用结算等。

上述事实，有原审证据借条、诉状、申请执行书、发还保管款收据等书证，原审原、被告的当庭陈述，徐某和原审当事人在检察机关所做的调查笔录、检查材料等证据证实。

法院再审认为，虚假诉讼是指民事诉讼各方当事人恶意串通，采取虚构法律关系、捏造案件事实、伪造证据等方式提起民事诉讼，或者利用虚假仲裁裁决、公证文书申请执行，使人民法院作出错误裁判或执行，损害国家、集体、社会公共利益或者第三人合法权益的行为。《住房公积金管理条例》第五条规定："住房公积金应当用于职工购买、建造、翻建、大修自住住房，任何单位和个人不得挪作他用。"本案原审中，何某与翟某、朱某、宋某、张某等人为达到违规套取住房公积金之目的，恶意串通，伪造证据，虚构借款25万元及尚欠15万元借款的事实，致使人民法院做出了错误的调解书并执行完毕，其行为已构成虚假诉讼。该行为不仅破坏了住房公积金管理秩序，损害了社会公共利益，还严重妨碍人民法院民事诉讼活动的正常秩序，损害了司法权威，浪费了司法资源。因此，原审民事调解书应予撤销，何某的诉讼请求应予驳回。本案经法院审判委员会讨论决定，依照《中华人民共和国民法通则》第九十条，《中华人民共和国民事诉讼法》第一百一十一条第一款第（一）项、第一百一十二条，最高人民法院《关于适用〈中华人民共和国民事诉讼法〉的解释》第一百九十条第一款之规定，判决如下：

一、撤销南通市港闸区人民法院（2013）港民调初字第0006号民事调解书。

二、驳回何某的诉讼请求。

◎ 点评

本案是一起典型的民间借贷虚假诉讼。房屋买卖中介人员徐某进行策划，原审原告何某与原审被告翟某、朱某、宋某、张某四人参与并配合，目的是通过法院的审理和执行程序套取翟某、朱某、宋某、张某四人的住房公积金账户资金，采取的方式是伪造借条，原审原告何某作为出借人，原审被告翟某、朱某作为借款人，原审被告宋某、张某作为保证人，最后徐某、何某获得报酬，翟某、朱某、宋某、张某四人各分得自己住房公积金账户资金。由于我国对住房公积金的支取和使用有严格规定，故上述人员的行为破坏了住房公积金管理秩序，损害了社会公共利益，也严重妨碍了人民法院民事诉讼活动的正常秩序，损害了司法权威，浪费了司法资源。

民间借贷审判领域中的虚假诉讼问题非常突出。因社会关系和利益的复杂，为了某些特殊目的，自然人、法人或非法人组织相互串通，伪造证据材料，制造虚假的民间借贷，并通过正常司法程序进入法院，以获得有利判决。法院在此类案件审理中难以察觉虚假诉讼当事人之间的真实关系，经常作出支持虚假诉讼当事人利益的判决，损害了真正权利人的利益，激化了社会矛盾，浪费了司法资源，扰乱了司法审判秩序。正如最高人民法院负责人就《最高人民法院关于审理民间借贷案件适用法律若干问题的规定》答记者问所言："虽然《民事诉讼法》第112条中新增加了对虚假诉讼的规定，但实践中审判人员很难明确识别、认定虚假诉讼，而民诉法中'虚假诉讼构成犯罪的，依法追究刑事责任'的一般性规定，在刑法中也并没有相对应的条款，没有具体的罪名，也没有相应的处罚措施。立法的不完善致使虚假民间借贷诉讼的违法成本非常低，诉讼当事人恶意串通、虚构法律关系向法院提起诉讼所追求的不法利益，与当事人制造、参与虚假诉讼付出的成本的巨大差异对当事人做出不法行为产生了不当的激励。因此，必须加大对虚假诉讼的预防和打击，以维持诚实守信的诉讼环境。"为此，《最高人民法院关于审理民间借贷案件适用法律若干问题的规定》（法释〔2015〕18号）对民间借贷虚假诉讼进行了规定。其第十九条规定："人民法院审理民间借贷纠纷案件时发现有下列情形，应当严格审查借贷发生的原因、时间、地点、款项来源、交付方式、款项流向以及借贷双方的关系、经济状况等事实，综合判断是否属于虚假民事诉讼：（一）出借人明显不具备出借能力；（二）出借人起诉所依据的事实和理由明显不符合常理；（三）出借人不能提交债权凭证或者提交的债权凭证存在伪造的可能；（四）当事人双方在一定期间内多次参加民间借贷诉讼；（五）当事人一方或者双方无正当理由拒不到庭参加诉讼，委托代理人对借贷事实陈述不清或者陈述前后矛盾；（六）当事人双方对借贷事实的发生没有任何争议或者诉辩明显不符合常理；（七）借款人的配偶或合伙人、案外人的其他债权人提出有事实依据的异议；（八）当事人在其他纠纷中存在低价转让财产的情形；（九）当事人不正当放弃权利；（十）其他可能存在虚假民间借贷诉讼的情形。”第二十条规定：“经查明属于虚假民间借贷诉讼，原告申请撤诉的，人民法院不予准许，并应当根据民事诉讼法第一百一十二条之规定，判决驳回其请求。诉讼参与人或者其他人恶意制造、参与虚假诉讼，人民法院应当依照民事诉讼法第一百一十一条、第一百一十二条和第一百一十三条之规定，依法予以罚款、拘留；构成犯罪的，应当移送有管辖权的司法机关追究刑事责任。单位恶意制造、参与虚假诉讼的，人民法院应当对该单位进行罚款，并可以对其主要负责人或者直接责任人员予以罚款、拘留；构成犯罪的，应当移送有管辖权的司法机关追究刑事责任。”

本案审理和宣判时《最高人民法院关于审理民间借贷案件适用法律若干问题的规定》（法释〔2015〕18号）尚未施行，故法院只是驳回原审原告何某的诉讼请求，否则，依据该规定，法院可对徐某、何某、翟某、朱某、宋某、张某处以罚款、拘留。

◎ 法条链接

1.《最高人民法院关于审理民间借贷案件适用法律若干问题的规定》（法释〔2015〕18号）

第十九条 人民法院审理民间借贷纠纷案件时发现有下列情形，应当严格审查借贷发生的原因、时间、地点、款项来源、交付方式、款项流向以及借贷双方的关系、经济状况等事实，综合判断是否属于虚假民事诉讼：

（一）出借人明显不具备出借能力；

（二）出借人起诉所依据的事实和理由明显不符合常理；

（三）出借人不能提交债权凭证或者提交的债权凭证存在伪造的可能；

（四）当事人双方在一定期间内多次参加民间借贷诉讼；

（五）当事人一方或者双方无正当理由拒不到庭参加诉讼，委托代理人对借贷事实陈述不清或者陈述前后矛盾；

（六）当事人双方对借贷事实的发生没有任何争议或者诉辩明显不符合常理；

（七）借款人的配偶或合伙人、案外人的其他债权人提出有事实依据的异议；

（八）当事人在其他纠纷中存在低价转让财产的情形；

（九）当事人不正当放弃权利；

（十）其他可能存在虚假民间借贷诉讼的情形。

第二十条 经查明属于虚假民间借贷诉讼，原告申请撤诉的，人民法院不予准许，并应当根据民事诉讼法第一百一十二条之规定，判决驳回其请求。

诉讼参与人或者其他人恶意制造、参与虚假诉讼，人民法院应当依照民事诉讼法第一百一十一条、第一百一十二条和第一百一十三条之规定，依法予以罚款、拘留；构成犯罪的，应当移送有管辖权的司法机关追究刑事责任。

单位恶意制造、参与虚假诉讼的，人民法院应当对该单位进行罚款，并可以对其主要负责人或者直接责任人员予以罚款、拘留；构成犯罪的，应当移送有管辖权的司法机关追究刑事责任。

2. **《民事诉讼法》**

第一百一十一条 诉讼参与人或者其他人有下列行为之一的，人民法院可以根据情节轻重予以罚款、拘留；构成犯罪的，依法追究刑事责任：

（一）伪造、毁灭重要证据，妨碍人民法院审理案件的；

（二）以暴力、威胁、贿买方法阻止证人作证或者指使、贿买、胁迫他人作伪证的；

（三）隐藏、转移、变卖、毁损已被查封、扣押的财产，或者已被清点并责令其保管的财产，转移已被冻结的财产的；

（四）对司法工作人员、诉讼参加人、证人、翻译人员、鉴定人、勘验人、协助执行的人，进行侮辱、诽谤、诬陷、殴打或者打击报复的；

（五）以暴力、威胁或者其他方法阻碍司法工作人员执行职务的；

（六）拒不履行人民法院已经发生法律效力的判决、裁定的。

人民法院对有前款规定的行为之一的单位，可以对其主要负责人或者直接责任人员予以罚款、拘留；构成犯罪的，依法追究刑事责任。

第一百一十二条 当事人之间恶意串通，企图通过诉讼、调解等方式侵害他人合法权益的，人民法院应当驳回其请求，并根据情节轻重予以罚款、拘留；构成犯罪的，依法追究刑事责任。

第一百一十三条 被执行人与他人恶意串通，通过诉讼、仲裁、调解等方式逃避履行法律文书确定的义务的，人民法院应当根据情节轻重予以罚款、拘留；构成犯罪的，依法追究刑事责任。

3. **《住房公积金管理条例》**

第五条 住房公积金应当用于职工购买、建造、翻建、大修自住住房，任何单位和个人不得挪作他用。

第四章

民间借贷责任主体纠纷

导　言

欠债还钱，天经地义。民间借贷出借人作为债权人，有权要求借款人归还本息，作为债务人的借款人应当承担本息清偿义务。因此，民间借贷纠纷责任主体应当是借款人。但是，因社会生活的复杂和法律法规的特殊规定，在满足特定条件时，民间借贷责任主体不再局限于借款合同和借据等债权凭证上的借款人，而延伸或转移至其他主体。本章主要讨论以下问题：

1. 夫妻一方对外借款一般应当认定为夫妻共同债务。债权人就婚姻关系存续期间夫妻一方以个人名义所负债务主张权利的，应当按夫妻共同债务处理。

2. 夫妻一方对外借款满足特定条件可以认定为个人债务。夫妻关系存续期间夫妻一方对外举债，原则上应认定为夫妻共同债务，但也有例外。例外情况可分为法定情形和酌定情形。法定情形是指出借人与借款人明确约定为个人债务，以及夫妻对婚姻关系存续期间所得的财产约定归各自所有且第三人知道该约定。酌定情形主要包括：借款人平时有赌博恶习，在外频繁欠赌债；夫或妻一方在离婚前较近时间内对外大额举债；夫妻双方感情破裂，长期分居，并最终离婚；夫妻一方对外举债，但没有将所借资金用于家庭；出借人是夫妻一方的近亲属，了解所借资金不大可能用于夫妻共同生活。当然，为夫妻共同生活所负债务是认定夫妻共债务的基本原则。

3. 企业代表人以个人名义借款如何处理？企业法定代表人以个人名义与出借人签订民间借贷合同，所借款项用于企业生产经营，出借人请求企业与个人共同承担责任的，人民法院应予支持。

4. 企业法定代表人以企业名义签订民间借贷合同，但所借款项用于其个人使用，如何处理？企业法定代表人或负责人以企业名义与出借人签订民间借贷合同，出借人、企业或者其股东能够证明所借款项用于企业法定代表人或负责人个人使用，出借人请求将企业法定代表人或负责人列为共同被告或者第三人的，人民法院应予准许。

5. 他人以公司名义对外借款，公司是否应当承担清偿责任？他人以公司名义对外借款，如果其行为构成表见代理的，公司应当承担清偿责任。

6. 借款人的内部人未获授权以借款人名义借款如何处理？代理人没有代理权、超越代理权或者代理权终止后以被代理人名义订立合同，第三人有理由相信行为人有代理权的，该代理行为有效。但是，如果代理人和第三人串通，损害被代理人的利益的，由代理人和第三人负连带责任。

7. 分公司对外借款，总公司是否应当承担清偿责任？《公司法》规定“分公司不具有法人资格，其民事责任由公司承担”，故分公司的对外借款应当由总公司承担清偿责任。

8. 未履行或未全面履行出资义务的股东是否应当对公司债务承担赔偿责任？公司债权人请求未履行或者未全面履行出资义务的股东在未出资本息范围内对公司债务不能清偿的部分承担补充赔偿责任的，人民法院应予支持；未履行或者未全面履行出资义务的股东已经承担上述责任，其他债权人提出相同请求的，人民法院不予支持。

9. 有限责任公司因主要财产、账册、重要文件等灭失，无法进行清算，股东是否应当对公司的借款承担连带清偿责任？有限责任公司的股东因怠于履行义务，导致公司主要财产、账册、重要文件等灭失，无法进行清算，债权人主张其对公司债务承担连带清偿责任的，人民法院应依法予以支持。

10. 一人公司股东是否对公司借款承担连带责任？一人有限责任公司的股东不能证明公司财产独立于股东自己的财产的，应当对公司债务承担连带责任。

11. 公司控股股东滥用公司法人地位，损害债权人利益，是否应当对公司借款承担连带责任？公司股东应当遵守法律、行政法规和公司章程，依法行使股东权利，不得滥用公司法人独立地位和股东有限责任损害公司债权人的利益。公司股东滥用公司法人独立地位和股东有限责任，逃避债务，严重损害公司债权人利益的，应当对公司债务承担连带责任。

12. 向公司出借资金的民间借贷出借人能否请求抽逃出资的股东承担责任？公司成立后，股东不得抽逃出资。公司债权人请求抽逃出资的股东在抽逃出资本息范围内对公司债务不能清偿的部分承担补充赔偿责任、协助抽逃出资的其他股东、董事、高级管理人员或者实际控制人对此承担连带责任的，人民法院应予支持；抽逃出资的股东已经承担上述责任，其他债权人提出相同请求的，人民法院不予支持。

13. 公司未经股东会议或董事会议表决向贷款人提供担保，是否应当承担担保责任？公司未经股东会议或董事会议表决向贷款人提供担保，不得直接依据《公司法》第十六条认定担保协议无效，除非有其他合同无效的情形。

14. 为借款人出借银行账户向出借人收款，出借银行账户人是否应当向出借人承担责任？出借银行账户是违反金融管理法规的违法行为。人民法院除应当依法收缴出借账户的非法所得并可以按照有关规定处以罚款外，还应区别不同情况追究出借人相应的民事责任。

15. 他人在债权凭证或者借款合同上签字，如何处理？他人在借据、收据、欠条等债权凭证或者借款合同上签字或者盖章，其可能是借款人、保证人或见证人。因此，首先应当查明债权凭证或者借款合同是否明确其为借款人或保证人，如果未表明其为借款人或保证人身份或者承担保证责任，或者通过其他事实不能推定其为借款人或保证人，他人不承担责任。

16. 民间借贷中第三人向债权人承诺替借款人还款，借款人是否免责？民间借贷中第三人向债权人承诺替借款人还款，如果债权人没有同意借款人将债务移转给第三人，借款人仍然需要承担清偿责任，反之，借款人免责。

17. 民间借贷债务转移需要出借人同意。民间借贷借款人将债务转移给第三人必须取得出借人的同意，出借人同意可以明示或默示的方式做出意思表示。出借人未明确表示同意，如果其向第三人主张债权或受领第三人以债务承担为意图的债务履行，可推定其同意。

27. 夫妻一方对外借款一般应当认定为夫妻共同债务

——陈某梨诉陈某宇等民间借贷纠纷上诉案①

裁判要旨

债权人就婚姻关系存续期间夫妻一方以个人名义所负债务主张权利的，应当按夫妻共同债务处理。

◎ 基本案情

2013 年 7 月 15 日、25 日，被告黄某霞分别向原告陈某梨借款 20,000 元（人民币，下同）、30,000 元，合计 50,000 元；借款时约定月利率 3% 即 3 分，借款期限 1 年，其中，被告黄某霞在 2013 年 7 月 25 日借条上写上“陈某宇”，借款时被告黄某霞出具二张借条给原告。借款后，被告黄某霞未归还借款。

---

① 福建省福州市中级人民法院民事判决书（2015）榕民终字第 772 号

另查，2012 年 12 月 17 日被告黄某霞、陈某宇在婚姻登记机关登记结婚，结成夫妻关系。

◎ 法院审理

原审判决认为，合法的借贷关系受法律保护。被告黄某霞向原告借款 50,000 元，有被告黄某霞出具给原告的借条为据。以上事实清楚，证据充分，原审法院予以确认。根据《最高人民法院关于人民法院审理借贷案件的若干意见》第六条"民间借贷的利率可以适当高于银行的利率，各地人民法院可根据本地区的实际情况具体掌握，但最高不得超过银行同类贷款利率的四倍。超出此限度的，超出部分的利息不予保护"的规定，借款时，双方约定每月支付息金 1,500 元即月利率 3%，超过法律规定的范围；但原告主张按银行同期贷款利率 4 倍计算利息符合相关规定，予以支持；借款时，被告黄某霞、陈某宇系夫妻关系，属于夫妻关系存续期间共同债务，原告要求两被告共同偿还借款本息符合相关法律规定，予以支持。被告黄某霞经原审法院合法送达，无正当理由逾期不到庭参加诉讼，原审法院依法缺席判决。为此，依照《中华人民共和国合同法》第四十四条、第六十条、第一百九十六条、第二百零六条，《中华人民共和国民事诉讼法》第一百四十四条，《最高人民法院关于适用〈中华人民共和国婚姻法〉若干问题的解释（二）》第二十四条，《最高人民法院关于人民法院审理借贷案件的若干意见》[①] 第六条之规定，原审法院判决：被告黄某霞、陈某宇应于本判决生效之日起 10 日内向原告陈某梨偿还借款本金 50,000 元，并支付利息（从 2014 年 7 月 25 日起至款项还清之日止按银行同期贷款利率 4 倍计算）。

宣判后，陈某宇不服，向二审法院提起上诉称：原审被告黄某霞所借 50,000 元款项并未用于家庭共同生活和经营生意，而是用于赌博，应属其个人债务。借条中"陈某宇"三个字不是上诉人本人所签，原审法院判决上诉人承担共同还款责任是错误的。上诉请求：1. 撤销原审判决；2. 本案案件受理费由被上诉人承担。

被上诉人陈某梨答辩称：原审判决认定事实清楚，适用法律正确，请求驳回上诉人的上诉，维持原判。

二审法院认为，本案借款 50,000 元有借条为据，事实清楚，借贷关系明确，二审法院予以确认。根据谁主张谁举证的原则，上诉人主张上述借款是原审被告黄某霞用于赌博，应对此承担举证责任，但其未能提供相关证据予以证明，故该上诉理由依法不能成立，二审法院不予支持。本案借款行为发生于上诉人和原审被告黄某霞婚姻关系存续期间，且上诉人没有证据证明存在《最高人民法院关于适用〈中

① 已失效。

华人民共和国婚姻法〉若干问题的解释（二）》第二十四条中的法定除外情形，即债权人与债务人明确约定为个人债务或者债权人知道债务人夫妻对婚姻关系存续期间所得财产约定归各自所有。因此，原审判决认定涉案借款为上诉人和原审被告黄某霞的夫妻共同债务，并应共同承担还款责任，是合法正确的。

二审法院驳回上诉，维持原判。

◎ 点评

现实生活中，夫妻一方因各种原因以自己的名义对外借款，当逾期未偿还债务时，夫妻另一方以自己不知情、自己没签字或所借款项并未用于夫妻共同生活等各种借口主张自己不应当承担偿还责任，而应当由夫妻中直接借款的一方承担责任。此问题实为夫妻共同债务的认定。对该问题，我国《婚姻法》和相关司法解释已有规定。《婚姻法》第四十一条规定："离婚时，原为夫妻共同生活所负的债务，应当共同偿还。共同财产不足清偿的，或财产归各自所有的，由双方协议清偿；协议不成时，由人民法院判决。"据此，原告主张为夫妻共同债务的，应当举证证明夫妻合意举债或所借债务用于夫妻共同生活。但是，由债权人举证证明所借债务用于夫妻共同生活实属不易，对债权人非常不利。《最高人民法院关于适用〈中华人民共和国婚姻法〉若干问题的解释（二）》（法释〔2017〕6号）第二十四条规定："债权人就婚姻关系存续期间夫妻一方以个人名义所负债务主张权利的，应当按夫妻共同债务处理。但夫妻一方能够证明债权人与债务人明确约定为个人债务，或者能够证明属于婚姻法第十九条第三款规定情形的除外。"《婚姻法》第十九条第三款规定："夫妻对婚姻关系存续期间所得的财产约定归各自所有的，夫或妻一方对外所负的债务，第三人知道该约定的，以夫或妻一方所有的财产清偿。"可见，该司法解释对《婚姻法》第四十一条进行了明确，免除了债权人的举证责任，认为婚姻关系存续期间夫妻一方以个人名义所负债务应当按夫妻共同债务处理。但是，如果夫妻一方能够证明债权人与债务人明确约定为个人债务，或者债权人知道夫妻对婚姻关系存续期间所得的财产约定归各自所有的，不属于夫妻共同债务。此规定实现了举证责任倒置，即由债权人举证转向夫妻双方举证，这对债权人的利益保护非常有利。

◎ 法条链接

1.《婚姻法》

第十九条第三款 夫妻对婚姻关系存续期间所得的财产约定归各自所有的，夫或妻一方对外所负的债务，第三人知道该约定的，以夫或妻一方所有的财产清偿。

第四十一条 离婚时，原为夫妻共同生活所负的债务，应当共同偿还。共同财产不足清偿的，或财产归各自所有的，由双方协议清偿；协议不成时，由人民法院判决。

2.《最高人民法院关于适用〈中华人民共和国婚姻法〉若干问题的解释（二）》（法释〔2017〕6号）

第二十四条 债权人就婚姻关系存续期间夫妻一方以个人名义所负债务主张权利的，应当按夫妻共同债务处理。但夫妻一方能够证明债权人与债务人明确约定为个人债务，或者能够证明属于婚姻法第十九条第三款规定情形的除外。

28. 夫妻一方对外借款满足特定条件可以认定为个人债务

——黄某诉罗某、卜某民间借贷纠纷上诉案[①]

裁判要旨

夫妻关系存续期间夫妻一方对外举债，原则上应认定为夫妻共同债务，但也有例外。例外情况可分为法定情形和酌定情形。法定情形是指出借人与借款人明确约定为个人债务，以及夫妻对婚姻关系存续期间所得的财产约定归各自所有且第三人知道该约定。酌定情形主要包括：借款人平时有赌博恶习，在外频繁欠赌债；夫或妻一方在离婚前较近时间内对外大额举债；夫妻双方感情破裂，长期分居，并最终离婚；夫妻一方对外举债，但没有将所借资金用于家庭；出借人是夫妻一方的近亲属，了解所借资金不大可能用于夫妻共同生活。当然，为夫妻共同生活所负债务是认定夫妻共债务的基本原则。

◎ 基本案情

卜某分别于2011年11月22日、2012年6月21日向黄某借款，黄某通过汇款及现金方式交付借款。2014年4月24日，卜某重新向黄某出具借条两份，借款金额分别为20万元及5万元，其中在金额为5万元借条下方注明“另加陆万元”。嗣后，卜某还款5,000元。

---

① 浙江省湖州市中级人民法院（2015）浙湖商终字第413号

另查明，卜某自2007年开始赌博，其于2014年12月19日向罗某坦白在外有赌债170余万元。卜某、罗某原系夫妻关系，于2014年12月22日离婚。因卜某在外举债，2015年已有多人向该院诉请判令二人归还借款。黄某向二人多次催讨余款未果，故诉至法院。

黄某向原审法院起诉，请求判令：1. 卜某、罗某立即归还黄某借款人民币30.5万元；2. 本案诉讼费由卜某、罗某承担。

罗某原审答辩称：罗某对该笔借款不知情，与卜某无借款合意，且该借款未用于夫妻共同生活，本案所涉借款不是夫妻共同债务。

卜某原审未进行答辩。

◎ 法院审理

原审法院认为，黄某与卜某的借贷关系有黄某提供的借条及部分汇款凭证为据，卜某经该院合法传唤无正当理由拒不到庭抗辩，视双方的借贷合法有效，双方均应按约定全面履行。黄某与卜某未约定借款期限，卜某应在黄某起诉后的合理期限内归还借款，卜某未归还借款，视为违约，应承担继续履行的违约责任。基于借条上注明的“另加陆万元”无卜某签字确认，且黄某仅能提供借款当日5万元的汇款凭证，未能提供其他相应证据证明存在该6万元借款，该院对该6万元借款不予认定。该借款虽发生在卜某与罗某夫妻关系存续期间，但无证据证明二被告有举债合意，罗某举证证明卜某平时不上班，且未参与公司经营，卜某因生产经营需要以其个人名义向黄某借款的可能性较小；另罗某举证证明卜某自2007年开始赌博，且因卜某在外举债，2015年已有多人向该院诉请判令卜某、罗某归还借款，罗某系浙江安吉宋茗白茶有限公司的股东，结合其收入情况，无须对外举债用于家庭共同生活，故卜某举债用于家庭生活可能性较小，本案债务不宜认定为夫妻共同债务。综上，该院对黄某合理部分诉请予以支持。

原审法院判决：一、卜某于判决生效后10日内偿还黄某借款24.5万元；二、驳回黄某其他诉讼请求。

黄某不服原审判决，向二审法院提起上诉称：一、一审对“另加陆万元”不予认定是错误的，对该6万元，黄某系以现金交付给卜某，且“另加陆万元正”是卜某亲笔所写，因卜某出具5万元借条后没有把6万元现金借款写在一起，经黄某提出，卜某才在借条下左方添加。卜某一审未到庭是理亏，放弃了权利，应承担另加6万元的法律责任。罗某虽对借条上卜某的签字真实性有异议，但未提出笔迹鉴定。二、一审未按夫妻共同债务认定是错误的，本案借款发生在卜某与罗某夫妻关系存续期间，应认定为共同债务。根据婚姻法解释（二）第二十四条及婚姻法第十九条第三款规定，婚姻关系存续期间夫妻一方以个人名义所负债务应“以夫妻共同债务处理为原则，以夫妻个人债务处理为例外”，例外为夫妻一方与债权人明确约定为个人债务或夫妻双方实行约定财产制且债权人事先知道的，本案没有例外情形，应认定为夫妻共同债务。一审以无证据证明罗某与卜某有举债合意、罗某借款可能性较小、罗某证明卜某平时不上班及其自2007年开始赌博等理由未将本案认定为夫妻共同债务，不符合婚姻法及其司法解释的规定。综上，请求二审撤销原判，改判卜某、罗某对30.5万元共同承担还款责任，一、二审诉讼费用由卜某、罗某承担。

罗某二审答辩称：一、罗某对本案所涉借条不知情，借条的真实性以及借款的真实履行情况由法院认定，但有一点可以肯定罗某并没有用过黄某所诉的借款。二、本案所涉借款不能认定为夫妻共同债务。1. 罗某对借条不知情，借条中也只有卜某一人签字，黄某没有证据证明罗某对此笔债务知情且有举债合意，也从未与罗某商谈借款的事情。2. 黄某提供的证据并不足以证明被卜某对外大量举债是用于夫妻共同生活和经营，即使借款属实，罗某也没有分享到此笔借款所带来的利益，认定夫妻共同债务没有法律依据。三、罗某一审提供了充分的证据证明：1. 卜某存在赌博的习惯，而且赌博金额很大；2. 卜某因为赌博私自对外大量举债；3. 卜某系家庭主妇，并不参与家庭经营，家庭支出都由罗某承担；4. 卜某和罗某夫妻感情于2006年感情破裂，一直是分居状态，最终于2014年12月离婚。结合目前卜某外出下落不明的事实看，卜某不可能对外举债用于家庭经营生活，所以本案债务不应认为夫妻共同债务。四、一审法院目前已有7个案件都是卜某单方对外借款，从常理看，也不可能因为夫妻共同生活所需单方大量举债，而且罗某也不需要对外举债用于家庭生活。请求驳回上诉，维持原判。

二审法院确认一审查明的事实。另查明，借款发生时黄某与卜某系妯娌关系。

二审法院认为，本案二审期间的主要争议焦点为：一、本案出借款项的实际金额；二、罗某对本案的借款是否要承担还款责任。关于争议焦点一，卜某于2014年4月24日向黄某出具两张借条对之前的借款进行确认，表明借到5万元和20万元。虽然5万元借条下方有“另加陆万元正”字样，但卜某并未明确表示该6万元已借到或收到，黄某亦无证据证明该6万元已实际交付，且“另加”还有“再借”之意，故在黄某未提供充分证据证明6万元已实际交付的情况下，根据现有证据，二审法院对该6万元不予认定，二审法院对一审认定的25万元出借金额予以确认。关于争议焦点二，夫妻共同债务是指夫妻双方或一方为共同生活需要，或出于共同生活目的从事经营活动所引起的债务。非为共同生活所负债务，为举债人的个人债务，除当事人另有约定之外，应由个人负责偿还。认定婚姻关系存续期间的债务究竟属于夫妻共同债务还是个人债务，应从以下三个标准判断：一是夫妻有无共同举债的合意；二是夫妻是否分享了举债所带来的利益；三是是否具有表见代理的情形。本案中，所涉借条上只有卜某一人签字，且借款发生后2年多时间里，罗某都没有在借条上签字，无证据表明罗某与卜某有举债的合意，涉案借款事后也未得到罗某追认。另外，从罗某提供的证据来看，其经营公司，有较好的收入，无须向外借款用于日常生活开支。黄某多次出借款项给卜某，应当尽一定的注意义务，其作为卜某夫妇的近亲属，对卜某的生活状况应当了解，卜某无正式工作，且有赌博习惯，黄某应当明白借款可能不属于夫妻共同债务的风险。现没有证据证明借款系两被上诉人的共同意思表示，也没有证据证明罗某分享了涉案借款带来的利益，出借人黄某也未能提供有力证据证明本案借款符合表见代理的情形，因此，黄某要求罗某对卜某所负债务承担还款责任的请求于法无据。

二审法院驳回上诉，维持原判。

◎ 点评

本案的争议焦点是夫妻关系存续期间夫妻一方对外举债，是否为夫妻共同债务。对于此类案件，法院通常的处理方式是判定为夫妻共同债务。法律依据是《最高人民法院关于适用〈中华人民共和国婚姻法〉若干问题的解释（二）》（法释〔2017〕6号）和《婚姻法》。前者第二十四条规定："债权人就婚姻关系存续期间夫妻一方以个人名义所负债务主张权利的，应当按夫妻共同债务处理。但夫妻一方能够证明债权人与债务人明确约定为个人债务，或者能够证明属于婚姻法第十九条第三款规定情形的除外。"后者第十九条第三款规定："夫妻对婚姻关系存续期间所得的财产约定归各自所有的，夫或妻一方对外所负的债务，第三人知道该约定的，以夫或妻一方所有的财产清偿。"根据公布的相关案例，法院认定为夫妻共同债务的案件大概为2%左右。可见，仍然有少部分案件法院不会将夫妻一方的对外举债认定为夫妻共同债务。法院未认定夫妻共同债务的情形可分为两大类。一类是有法定情形，即债权人与债务人明确约定为个人债务，以及夫妻对婚姻关系存续期间所得的财产约定归各自所有的，第三人知道该约定。另一类是酌定情形，此类理由主要有以下几种：

第一，借款人平时有赌博恶习，在外频繁欠赌债。夫或妻一方欠下的赌债，或举债归还赌债，当然不能认定为用于家庭生活经营。

第二，夫或妻一方在离婚前较近时间内对外举债。比如夫妻双方于6月份离婚，夫或妻一方在5月份对外举债，数额较大。法院对此种情形可能不会认定为夫妻共同债务。

第三，夫妻双方感情破裂，长期分居，并最终离婚。法院对此种情况也可能不认定为夫妻共同债务。

第四，夫妻一方对外举债，但没有将所借资金用于家庭。由于所借资金未用于家庭生活经营，故不能认定为夫妻共同债务。

第五，出借人是夫妻一方的近亲属，了解他们的家庭情况，如果夫妻双方存在前面四种情形，法院更不可能支持出借人将债务认定为夫妻共同债务，因为出借人不是善意第三人。

当然，如果案件同时存在以上多种情形，法院不认定为夫妻共同债务的概率就更大。

本案法院未支持出借人，未将讼争民间借贷债务认定为夫妻共同债务。理由是：第一，案涉夫妻关系早已破裂，并最终离婚。第二，对外举债的一方有赌博恶习，在外欠下多笔赌债。第三，出借人为夫妻一方的近亲属，熟悉案涉夫妻的家庭情况。第四，所借资金没有用于家庭生活经营的可能和必要。可见，法院是根据酌定情形而不是法定情形认定争议债务不属于夫妻共同债务。

综上，民间借贷中的出借人为了防范风险，最好在向夫妻一方出借资金时要求夫妻双方签字。

◎ 法条链接

1.《最高人民法院关于适用〈中华人民共和国婚姻法〉若干问题的解释（二）》（法释〔2017〕6号）

第二十四条 债权人就婚姻关系存续期间夫妻一方以个人名义所负债务主张权利的，应当按夫妻共同债务处理。但夫妻一方能够证明债权人与债务人明确约定为个人债务，或者能够证明属于婚姻法第十九条第三款规定情形的除外。

2.《婚姻法》

第十九条 夫妻可以约定婚姻关系存续期间所得的财产以及婚前财产归各自所有、共同所有或部分各自所有、部分共同所有。约定应当采用书面形式。没有约定或约定不明确的，适用本法第十七条、第十八条的规定。

夫妻对婚姻关系存续期间所得的财产以及婚前财产的约定，对双方具有约束力。

夫妻对婚姻关系存续期间所得的财产约定归各自所有的，夫或妻一方对外所负的债务，第三人知道该约定的，以夫或妻一方所有的财产清偿。

29. 企业代表人以个人名义借款如何处理？

——陈某与宁波三唯机械工业有限公司民间借贷纠纷上诉案①

裁判要旨

企业法定代表人以个人名义与出借人签订民间借贷合同，所借款项用于企业生产经营，出借人请求企业与个人共同承担责任的，人民法院应予支持。

◎ 基本案情

2011年5月30日，陈某向宁波三唯机械工业有限公司（以下简称“三唯公司”）出具借条一份，载明：“今借宁波三唯公司人民币贰拾万元整￥200,000元。”同年5月31日，三唯公司将美元49,800元汇入陈某指定的案外人童某的银行账户。根据当日美元牌价，美元49,800元折合人民币322,016.76元。童某于同日退还三唯公司人民币122,016.76元。

三唯公司以陈某未按期归还借款为由，于2014年1月21日向原审法院起诉，请求判令：陈某归还三唯公司借款本金人民币200,000元，并支付自起诉日起至实际履行日止按年利率6.55%计算的利息。

陈某在原审中答辩称：陈某系宁波市江北三盛机械工业有限公司（以下简称“三盛公司”）法定代表人。2011年5月，三唯公司与陈某口头约定将该笔借款用于三盛公司购买数控机床。三唯公司要求陈某先书写借条，并于同年5月31日将美元49,800元汇入三盛公司童某个人账户，童某将该笔款项汇入案外人盛某进账户，盛某进于同年6月1日将人民币200,000元汇入三盛公司账户，后该款项用于购买数控机床。陈某作为三盛公司法定代表人，有权代表三盛公司对外借款并在借条上签字。该笔借款并非陈某个人行为，借款人应系三盛公司。陈某并未收到三唯公司交付的借款，亦未与三唯公司约定利息。综上，请求驳回三唯公司的诉讼请求。

◎ 法院审理

原审法院认为，合法的借贷关系受法律保护。三唯公司向陈某提供借款后，陈

① 浙江省宁波市中级人民法院民事判决书（2014）浙甬商终字第455号

某应及时归还，否则，应承担相应的民事责任。陈某称是以三盛公司法定代表人的身份向三唯公司借款并出具借条，真正的借款人应系三盛公司。法院认为，民间借贷是否成立主要应考虑借贷合意和借款交付两个要素。陈某向三唯公司书写了借条（借贷合意），并要求三唯公司将款项汇入童某账户（借款交付）。至于童某是否以三盛公司具体业务经办人的身份收到款项、款项最终是否用于三盛公司购买机床，均不能影响三唯公司与陈某之间借贷关系的成立。在涉诉事实发生之前，三唯公司与三盛公司发生的两次借贷关系中，陈某出具的借条明确写明三盛公司借款，款项亦直接交付至三盛公司账户。三唯公司借款给三盛公司时，在借条书写形式、款项交付方式上均与借款给陈某个人存在差异。综上，陈某称借款人系三盛公司的答辩意见，不予采信。三唯公司与陈某未约定借款期限，故三唯公司可催告陈某在合理期限内返还。现三唯公司起诉的行为可视为向陈某催告还款，陈某应及时返还。三唯公司要求陈某归还借款本金的诉讼请求，于法有据，予以支持。因双方未就借款利息进行约定，故三唯公司有权要求陈某支付自起诉之日起的逾期利息。

原审法院判决如下：陈某归还三唯公司借款本金人民币200,000元，并支付自2014年1月21日起至判决确定的履行之日止按中国人民银行公布的同期同档次贷款基准利率计算的逾期利息，于判决生效之日起10日内付清。

陈某不服原审法院上述民事判决，向二审法院提起上诉称：三盛公司与三唯公司素有款项往来，2010年9月27日，三盛公司向三唯公司借款200,000元，因陈某系三盛公司法定代表人，三唯公司将美元41,000元（结汇金额为人民币274,355.60元）直接付至陈某个人账户，陈某结汇后将人民币74,355.60元退还给三唯公司，向案外人孙某强经理出具金额为人民币200,000元的借条一份，并注明借款人为三盛公司。第二笔借款人民币80,000元系三唯公司直接付至三盛公司账户，因借款事实清楚，三盛公司未出具借条，现三盛公司已归还该笔借款。2011年5月30日，陈某在孙某强处提前出具涉案借条，因款项未汇至陈某账户，而是汇入三盛公司童某个人账户，故借条上未注明三盛公司借款。在原审庭审中，三盛公司全体股东已到庭证明三盛公司向三唯公司借款人民币400,000元的事实。请求撤销原判，改判驳回三唯公司原审的诉讼请求。

三唯公司答辩称：陈某在原审庭审时已承认涉案借条的真实性，因借条是证明双方当事人存在借贷合意以及借贷关系实际发生的直接证据，具有较强的证明力，在陈某未提供反驳证据前，一般不轻易否定借条的证明力。陈某认为2011年5月30日出具的借条系三盛公司借款，因涉案借条中未载明三盛公司系借款人，因此，涉案款项是三唯公司借给陈某个人而非三盛公司的，至于该款项实际用途不影响对借款主体的认定。请求驳回上诉，维持原判。

二审中，陈某向二审法院提供了如下证据：证据1. 中国银行股份有限公司宁波洪塘支行（以下简称中国银行）历史交易清单1份，拟证明2010年9月27日三盛公司借款美元41,000元（折合人民币274,355.60元）系汇入陈某个人账户而非汇入三盛公司账户的事实；证据2. 中国银行历史交易清单1份，拟证明2011年1月1日至5月31日，陈某个人账户具备结汇条件；证据3. 三盛公司出具的证明1份；证据4. 中国银行客户回单18份（17份复印件，1份原件）。证据3、4拟证明上述两笔借款的借款人均为三盛公司，至2013年12月12日三盛公司已归还人民币275,000元，以及上述款项均汇入三唯公司出纳董某波个人账户的事实。三唯公司经质证认为：对证据1、2的真实性、关联性均不予认可，历史交易清单中来往款交易对象不明，且与本案无关；陈某个人是否有结汇额度不等于涉案借款必须汇入其个人账户，陈某应当在借条中载明系三盛公司借款，否则应当以借条记载内容为准；对证据3真实性、合法性、关联性均有异议，三盛公司为法定代表人陈某出具证明不具有真实性，三盛公司与三唯公司之间款项往来与本案无关；证据4不属于二审新证据，上述款项系三盛公司支付的租金并非三盛公司还款。上述证据已由三唯公司向宁波市江北区人民法院提供［案号为（2014）甬北庄民初字第49号］；证据4中有5张客户回单内容重复，应予扣除。

三唯公司向二审法院提供了如下证据：证据1. 民事起诉状1份；证据2. 增值税专用发票12份（水费、电费发票）；证据3. 中国银行客户回单8份；证据4. 产品明细单11份；证据5. 宁波市江北区人民法院受理案件通知书1份。拟证明陈某提交的中国银行客户回单中相应金额系三盛公司支付给三唯公司的房租，与本案无关。陈某经质证认为：对证据的真实性无异议，但认为三唯公司与三盛公司之间的租赁合同纠纷与本案无关。

二审法院经审查认为：因三唯公司对陈某提供的证据均有异议，且上述证据与本案争议内容缺乏关联性，不足以证实涉案人民币200,000元系三盛公司借款；三唯公司与三盛公司的租赁合同纠纷法院尚在审理过程中，对于三唯公司提供的证据及主张的事实，二审法院亦不作认定。

二审法院认为，根据双方当事人争议的主要内容，本案的争议焦点为：涉案人民币200,000元借款的实际借款人是陈某还是三盛公司。根据陈某向三唯公司出具的借条载明："今借宁波三唯公司人民币贰拾万元整￥200,000元。借具人：陈某。"陈某认为其系三盛公司法定代表人，因此，该笔借款的实际借款人为三盛公司。但根据双方交易习惯，三盛公司借款时陈某会在借条上记载系公司借款。因此，涉案借款的实际借款人应当以借条上载明内容为准。况且，如果涉案款项系三盛公司借款，三唯公司未将涉案借款汇入三盛公司账户，而是汇入案外人童某个人账户，三盛公司对此未表示异议，明显与常理不符。二审中，陈某提供的银行历史交易明细、证明以及客户回单，与本案争议内容均缺乏关联性，难以认定涉案款项系三盛公司借款。陈某认为实际借款人系三盛公司的主张，缺乏事实与法律依据，二审法院不予采信。

二审法院驳回上诉，维持原判。

◎ 点评

长期以来，我国司法实践一直将企业之间的借贷合同认定为无效合同，为了规避此法律风险，企业法定代表人直接以个人名义与其他企业签订借款合同，而所借资金用于企业经营活动。特别是法定代表人同时是企业股东的情形下，企业法定代表人更有机会实施上述借款行为。

鉴于法定代表人的特殊身份，其实施的法律行为对企业利益有重大影响。一方面，企业是法律拟制主体，本身无生命，企业活动需要通过法定代表人来实施。另一方面，法定代表人具有企业代表人和自然人的双重身份，其行为不能一概认定为企业行为，也不能一概由企业来承受全部法律后果，只有其以法人的名义并在授权范围之内行为，才能将法律效果归属于企业。据此，在企业法定代表人以个人名义向其他企业借款时，如果所借款项实际用于企业经营活动，如果仍然由法定代表人个人承担法律责任，既对法定代表人个人不公，也不利于更好地保护债权人利益。《最高人民法院关于审理民间借贷案件适用法律若干问题的规定》（法释〔2015〕18 号）对该问题进行了明确。其第二十三条第二款规定："企业法定代表人或负责人以个人名义与出借人签订民间借贷合同，所借款项用于企业生产经营，出借人请求企业与个人共同承担责任的，人民法院应予支持。"据此，如果法定代表人以个人名义向他人借款，其应当承担法律责任。但是，如果所借款项用于企业生产经营，为了更好地保护债权人利益，债权人可以请求企业与法定代表人共同承担责任。可见，法定代表人以个人名义对外借款，无论如何其都不能对外免责，只能在债权人请求时，与企业共同对外承担责任。

就本案而言，企业法定代表人陈某以个人名义向三唯公司借款并出具借条，因此，无论所借款项由何人所用，其都应当承担责任。虽然其提出该笔借款是企业借款，资金用于企业活动，但是，根据《最高人民法院关于审理民间借贷案件适用法律若干问题的规定》（法释〔2015〕18 号）第二十三条第二款的规定，即使其有充分证据证明此主张，在债权人三唯公司不请求企业与法定代表人共同承担责任时，也只能由法定代表人承担偿还责任，反之，如果债权人请求企业与法定代表人共同承担责任的，人民法院应当支持。

◎ 法条链接

1. **《民法通则》**

第三十八条 依照法律或者法人组织章程规定，代表法人行使职权的负责人，是法人的法定代表人。

2.《最高人民法院关于贯彻执行〈中华人民共和国民法通则〉若干问题的意见（试行）》

58. 企业法人的法定代表人和其他工作人员，以法人名义从事的经营活动，给他人造成经济损失的，企业法人应当承担民事责任。

3.《最高人民法院关于审理民间借贷案件适用法律若干问题的规定》（法释〔2015〕18号）

第二十三条 企业法定代表人或负责人以企业名义与出借人签订民间借贷合同，出借人、企业或者其股东能够证明所借款项用于企业法定代表人或负责人个人使用，出借人请求将企业法定代表人或负责人列为共同被告或者第三人的，人民法院应予准许。

企业法定代表人或负责人以个人名义与出借人签订民间借贷合同，所借款项用于企业生产经营，出借人请求企业与个人共同承担责任的，人民法院应予支持。

30. 企业法定代表人以企业名义签订民间借贷合同，但所借款项用于其个人使用，如何处理？

——天津市和民商贸有限公司与忻州市泰丰工贸有限公司、张某等企业借贷纠纷案①

裁判要旨

企业法定代表人或负责人以企业名义与出借人签订民间借贷合同，出借人、企业或者其股东能够证明所借款项用于企业法定代表人或负责人个人使用，出借人请求将企业法定代表人或负责人列为共同被告或者第三人的，人民法院应予准许。

◎ 基本案情

被告张某、被告李某系夫妻关系，二被告同为被告忻州市泰丰工贸有限公司

① 天津市滨海新区人民法院（2015）滨港民初字第2271号

（以下简称泰丰公司）的股东，其中，张某为泰丰公司的法定代表人。2009 年 12 月 30 日，被告泰丰公司向原告天津市和民商贸有限公司出具借据，确认从原告处借款 1,000,000 元用于从山西离柳煤矿往山东发煤使用，利息按实际使用天数计算，利息按年息 20% 计算，期限自 2009 年 12 月 29 日至 2010 年 5 月 29 日。同日，原告通过银行转账将 1,000,000 元打入被告泰丰公司账户内。

2010 年 1 月 10 日，被告泰丰公司又出具一份借据，确认自原告处借款 1,000,000 元，用于从山西离柳煤矿往山东发煤使用，利息按实际使用天数计算，期限自 2010 年 1 月 11 日至 2010 年 2 月 10 日。2010 年 1 月 11 日，原告通过银行转账形式将 400,000 元打入被告泰丰公司账户，1 月 12 日，原告通过银行转账形式将该 600,000 元打入被告泰丰公司账户内。在上述两份借据中，被告泰丰公司加盖了单位公章，法定代表人张某亦在该借据上签字确认。

借款到期后，被告泰丰公司未能偿还借款，原告认为被告的借款应用于“从山西离柳煤矿往山东发煤”，但实际上被告使用借款用于“从山西离柳煤矿往山东发煤”的业务早在 2010 年即已完成，该借款在 2010 年应当归还。原告多次催促还款，但被告张某和李某将此款项擅自用于购买二自然人名下的房屋、汽车等，而以“等到从内蒙古讨回钱即归还”为由搪塞数年之久。被告违背诚信的行为给原告造成重大利益损失，故请求法院判令三被告共同偿还借款 200 万元并支付利息 220 万元（截止至 2015 年 6 月），按照年息 20% 的约定支付利息至实际还款日。

◎ 法院审理

被告泰丰公司辩称：1. 原告所诉被告主体错误，从原告出具的借条反映的借款人是被告泰丰公司，第二、第三被告并非借款人，本案的案由是借贷纠纷，因而原告诉第二、第三被告没有任何法律依据，请求法庭依法予以驳回原告对第二、第三被告提起的诉讼。2. 原告诉请 220 万元的利息不符合双方的约定，其计算也无任何法律依据，且高于借贷本金，请法庭不予支持。3. 原告诉状所称将借款用于购买第二、第三被告名下的房屋、汽车等，此种说法与事实不符，属于故意将第二、第三被告涉诉的虚假诉讼，严重侵害了二人的权益，二被告保留对原告追究相应法律责任的权利。

被告张某、被告李某未作答辩。

法院认为，原告与被告泰丰公司签订的两份借款协议，系双方的真实意思表示，合法有效。故被告泰丰公司在收到原告提供的借款后，应按借款协议的约定偿还借款，拒不偿还，应承担相应的法律责任。

原告与被告泰丰公司于 2009 年 12 月 30 日签订的借款协议中约定了借款利率（年利率 20%）及借款期限，双方对借款利率的约定不违反法律规定，故原告要求被告泰丰公司支付借款期间的利息的诉讼请求法院予以支持。对逾期利息双方没有约定，被告应依《最高人民法院关于审理民间借贷案件适用法律若干问题的规定》自逾期还款之日（2010 年 5 月 30 日）起按照借期内的利率支付资金占用期间利息。

原告与被告泰丰公司于 2010 年 1 月 10 日签订的借款协议中对借款期间利息约定不明，法院结合合同内容、交易方式、交易习惯、市场利率等因素，酌定借款期间的利息按中国人民银行规定的同期贷款利率计算。对于逾期利息，双方既未约定借期内的利率，也未约定逾期利率，被告应依《最高人民法院关于审理民间借贷案件适用法律若干问题的规定》自逾期还款之日起按照年利率 6% 支付资金占用期间利息。

被告泰丰公司提交的证据可以证明被告张某、被告李某现有的个人财产（房屋、车辆）的取得或是在向原告借款之前，或是受赠，或是抵债所得。被告张某（被告泰丰公司的企业法定代表人）以企业名义与原告签订借贷合同所取得的款项，原告未能提交证据证明该款被二被告用于个人生活，故原告要求二被告承担还款义务的诉讼请求法院不予支持。

法院判决如下：

一、被告忻州市泰丰工贸有限公司于本判决生效后 10 日内向原告天津市和民商贸有限公司偿还借款本金人民币 2,000,000 元及利息（2009 年 12 月 30 日 1,000,000 元借款期间的利息 200,000 元，逾期利息以 1,000,000 元为基数，按年利率 20% 计算自 2010 年 5 月 30 日至还清借款之日止；2010 年 1 月 10 日 1,000,000 元借款期间的利息以 1,000,000 元为基数，自 2010 年 1 月 12 日至 2010 年 2 月 10 日按中国人民银行规定的同期贷款利率计算，逾期利息以 1,000,000 元为基数，按年利率 6% 计算自 2010 年 3 月 11 日至还清借款之日止）；

二、驳回原告天津市和民商贸有限公司其他诉讼请求。

◎ 点评

本案涉及企业法定代表人以企业名义借贷但用于个人生活和消费的问题。根据《公司法》的规定，企业法定代表人只能由董事长、执行董事或经理担任。因此，企业法定代表人或者是高管人员，或者同时为股东。民间借贷实务中，企业法定代表人以企业名义借贷，但借款用于其个人生活和消费，其行为直接损害企业利益，也不利于出借人，因为出借人向企业提供借款一般都约定用于企业经营活动，如果法定代表人将企业借款用于个人生活消费，必然减少企业财产，也影响企业的经营和发展，导致企业偿债能力下降，极端的情况出借人会因企业破产血本无归。此时，囿于合同的相对性原则，出借人无法直接向法定代表人追索。针对此种情况，

《最高人民法院关于审理民间借贷案件适用法律若干问题的规定》(法释〔2015〕18号)第二十三条第一款规定:“企业法定代表人或负责人以企业名义与出借人签订民间借贷合同,出借人、企业或者其股东能够证明所借款项用于企业法定代表人或负责人个人使用,出借人请求将企业法定代表人或负责人列为共同被告或者第三人的,人民法院应予准许”。据此,企业法定代表人或负责人以企业名义进行民间借贷,出借人、企业或者其股东能够证明所借款项用于企业法定代表人或负责人个人使用,法院应担允许出借人将企业法定代表人或负责人列为共同被告或第三人。此处的疑问是,企业法定代表人或负责人作为共同被告应当对出借人承担何种责任。从司法判决来看,法院经常使用的判决词汇是“共同承担还款责任”。从字面分析,“共同承担还款责任”可能的结果有两种:第一,由企业法定代表人或负责人与企业向出借人承担连带责任。第二,由企业法定代表人或负责人与企业按各自使用的借款金额承担责任。下面逐一分析:

1. 由企业法定代表人或负责人与企业向出借人承担连带责任。连带责任或法定,或约定,法院不能超越法律规定或当事人的约定擅自判定连带责任。由于我国法律法规并没有规定此种情况下由企业法定代表人或负责人与企业向出借人承担连带责任,故法院判定连带责任缺乏法律依据。当然,也有例外的情况:一是企业法定代表人同时为股东,根据《公司法》第二十条的规定,股东滥用公司法人独立地位和股东有限责任,逃避债务,严重损害公司债权人利益的,应当对公司债务承担连带责任,一是个人独资企业的投资人同时为企业负责人时,其应当与企业向出借人承担连带责任。

2. 由企业法定代表人或负责人与企业按各自使用的借款金额承担责任。此种处理方式的理由是实质重于形式,即由借款资金的实际使用人承担责任。《最高人民法院负责人就〈最高人民法院关于审理民间借贷案件适用法律若干问题的规定〉答记者问》(2015年8月6日)有如下记载:“问:实践中存在大量企业法定代表人以个人名义借贷用于企业生产经营,或者以企业名义借贷用于个人消费的现象,从而引发纠纷。请问,《规定》如何规范此类问题,在民事责任的承担方面做了哪些新的规定?答:……但也要看到,有的企业的法定代表人虽以企业名义借款,但所借款项却用于个人生活和消费,为避免企业合法权益遭到损害,对于出借人、企业或者其股东能够提出证据证明的,在诉讼中人民法院可以应出借人的请求将法定代表人列为共同被告或者第三人。作出这样的规定,能够有效防止法定代表人滥用代表权,能够达到均衡保护企业和出借人双方合法权益的目标。”依据最高院负责人的上述阐释,《最高人民法院关于审理民间借贷案件适用法律若干问题的规定》(法释〔2015〕18号)第二十三条第一款的立法本意是避免企业合法权益遭到损害,防止法定代表人滥用代表权,均衡保护企业和出借人双方合法权益。由法定代表人或负责人与企业按照各自使用的借款金额向出借人承担责任相对而言比较符合上述立法精神。举例来说，如果企业向出借人借款100万元，法定代表人将全部借款用于个人生活和消费，其应当向出借人承担偿还责任，而未使用上述借款的企业不应当承担责任；如果法定代表人将其中的80万元借款用于个人生活和消费，则其应当向出借人就80万元承担偿还责任，企业应当就20万元承担偿还责任。

本案原告将借款人泰丰公司、泰丰公司法定代表人及其配偶列为共同被告，要求三被告共同承担责任，其理由是泰丰公司法定代表人将借款擅自用于购买二自然人名下的房屋、汽车等，即将借款用于个人生活和消费。由于原告未能提供充分的证据证明其主张，法院依据合同相对性规则，只判定借款人泰丰公司向原告承担责任。

◎ 法条链接

1. **《最高人民法院关于审理民间借贷案件适用法律若干问题的规定》（法释〔2015〕18号）**

第二十三条　企业法定代表人或负责人以企业名义与出借人签订民间借贷合同，出借人、企业或者其股东能够证明所借款项用于企业法定代表人或负责人个人使用，出借人请求将企业法定代表人或负责人列为共同被告或者第三人的，人民法院应予准许。

企业法定代表人或负责人以个人名义与出借人签订民间借贷合同，所借款项用于企业生产经营，出借人请求企业与个人共同承担责任的，人民法院应予支持。

2. **《公司法》**

第二十条　公司股东应当遵守法律、行政法规和公司章程，依法行使股东权利，不得滥用股东权利损害公司或者其他股东的利益；不得滥用公司法人独立地位和股东有限责任损害公司债权人的利益。

公司股东滥用股东权利给公司或者其他股东造成损失的，应当依法承担赔偿责任。

公司股东滥用公司法人独立地位和股东有限责任，逃避债务，严重损害公司债权人利益的，应当对公司债务承担连带责任。

31. 他人以公司名义对外借款，公司是否应当承担清偿责任？

——北京华体体育场馆施工有限责任公司与王某民间借贷纠纷上诉案①

裁判要旨

他人以公司名义对外借款，如果其行为构成表见代理的，公司应当承担清偿责任。

◎ 基本案情

2011 年 7 月 1 日，北京华体体育场馆施工有限责任公司（以下简称华体公司）出具法人授权委托书一份，内容为："北京华体体育场馆施工有限责任公司法定代表人许某杰授权马某红为授权代表，负责广元澳源体育中心总平体育场设施、市政及绿化工程商务及业务事宜的洽谈。"

2012 年 9 月 21 日，华体公司因修建广元澳源体育中心资金周转困难，向王某借款 30 万元用于资金周转，双方约定 2012 年 11 月 21 日还清，华体公司并出具借据，内容为："今借王某现金叁拾万元整（300, 000 元），于 2012 年 11 月 21 日前还清。"马某红在借据上签署名字，借据上并加盖"北京华体体育场馆施工有限责任公司"印章。同日，王某向马某红名下银行账户存入 24 万元。

因华体公司至今未能还款，王某诉至法院请求判令：华体公司偿还借款 30 万元并支付利息（自 2012 年 11 月 22 日起至实际给付之日止，按照中国人民银行同期贷款利率计算），诉讼费由华体公司负担。

另外，王某担任法定代表人的广元市华府建材有限责任公司（下称华府建材公司）曾将华体公司及马某红诉至四川省广元市利州区人民法院，称华府建材公司与华体公司于 2011 年 7 月 9 日签订钢材买卖合同，合同上有马某红签名，并加盖华体公司公章。合同签订后，华府建材公司向华体公司提供了钢材，华体公司未足额

① 北京市第二中级人民法院民事判决书（2015）二中民（商）终字第 00512 号

支付货款，故起诉要求华体公司支付剩余货款。华体公司在该案中辩称，所欠货款早已支付完毕，故不同意华府建材公司的诉讼请求。

◎ 法院审理

原审法院审理过程中，依华体公司的申请，原审法院委托法大法庭科学技术鉴定研究所对借据上加盖印章的真实性进行鉴定，华体公司为此支付鉴定费 5,900 元。鉴定结论为：借据中加盖的印章与华体公司提供样本中的印章不是同一枚印章盖印。王某认为上述鉴定结论只能说明借据上加盖的印章与华体公司在工商管理部门备案的印章不一致，不能说明借据上的章是假的，事实上华体公司曾使用过多枚不同的印章。华体公司对鉴定结论予以认可。

华体公司在一审中答辩称：马某红并非华体公司员工，华体公司将其承建的广元澳源体育中心项目的部分工程分包给马某红，但双方尚未就工程款进行结算。根据华体公司向马某红出具的授权委托书，马某红没有代表华体公司借款的权限，涉案借款并非华体公司单位行为，而系马某红的个人借款行为。马某红私刻华体公司单位公章出具涉案借据，涉案借款未汇入华体公司账户，而汇入了马某红个人账户，实际汇款数额为 24 万元，与借据载明金额亦不相符。华体公司未收到款项，涉案款项亦未用于广元澳源体育中心工程，故华体公司不应承担还款责任。

原审法院认为，根据已查明的事实，在华府建材公司与华体公司及马某红的买卖合同纠纷中，华体公司辩称所欠货款已支付完毕。结合华体公司曾为马某红出具相关授权委托书，以及华体公司自认其确将广元澳源体育中心项目的部分工程分包给马某红的事实，可以认定，王某作为华府建材公司的法定代表人，有理由相信马某红有权代表华体公司对外签订合同。本案中，涉案借据上加盖的印章形式上为华体公司印章，王某已尽到了合理的注意义务。该印章虽经鉴定与华体公司工商备案印章并非同一枚印章，但王某对华体公司印章的真伪无从得知，不应承担相关的不利后果。马某红向王某出具的借据加盖有华体公司名称的印章，王某有理由相信马某红系代表华体公司对外借款，故对华体公司关于马某红无权代表华体公司向外借款，涉案借款系马某红个人借款行为的答辩意见，原审法院不予采信。关于王某出借款项的实际数额一节，王某自认马某红出具借据在先，王某向马某红汇款在后，故马某红出具借据的行为不足以证明其收到了全部涉案借款。现王某仅能出具 24 万元的汇款凭证，华体公司亦仅认可马某红收到了 24 万元借款，王某现有证据不足以证明其实际出借款项为 30 万元，故原审法院认定华体公司负有偿还借款 24 万元的合同义务。因涉案借据明确约定了还款期限，华体公司未能按期还款，应承担相应的违约责任。

原审法院判决如下：一、北京华体体育场馆施工有限责任公司于判决生效后 10

日内偿还王某借款24万元并支付逾期利息（自2012年11月22日起至实际给付之日止，按照中国人民银行同期贷款利率计算）；二、驳回王某其他诉讼请求。

华体公司不服原审法院上述民事判决，向二审法院提起上诉。其主要上诉理由是：

一、原审法院认定事实不清。王某担任法定代表人的华府建材公司曾将华体公司及马某红诉至四川省广元市利州区人民法院，该案虽经广元市中级人民法院二审判决，但四川省高级人民法院已经立案审查。这一事实华体公司向原审法院提出过，故原审法院以此案未查清的事实为依据，可能作出错误判决。华体公司在一审中提出王某在起诉时伪造证据，本案涉及的关键证据即借据上加盖的印章可能为马某红私刻，原审法院未予查清，致使作出错误判决。马某红私自向王某借款，并未能证明款项用途，原审法院应对借款去向予以查实，在未查实的情况下，马某红个人应承担还款义务。

二、原审法院适用法律错误。一审中经华体公司申请对借据上加盖的印章进行了鉴定，鉴定结论为借据中加盖的印章与样本不符。在此情况下，能够证明华体公司并未向王某借款。原审法院应当驳回王某的诉讼请求，原审法院判决华体公司承担还款责任，于法无据。

王某针对华体公司的上诉理由答辩称：原审法院认定事实清楚，适用法律正确。原审法院判决认定的华府建材公司与华体公司买卖合同纠纷一案的相关事实已由生效的（2014）广民终字第63号民事判决书所确定，虽然华体公司曾向四川省高级人民法院提出申诉，但四川省高级人民法院已于2014年11月25日作出了（2014）川民申字第2139号民事裁定书，裁定驳回了华体公司的再审申请。（2014）广民终字第63号民事判决认定马某红以广元澳源体育中心项目负责人身份对外签订了钢材买卖合同，并加盖了项目部公章，因此华体公司的该部分上诉理由不能成立。另外，刘某飞诉华体公司民间借贷纠纷一案，广元市利州区人民法院（2014）广利州民初字第232号民事判决书和广元市中级人民法院（2014）广民终字第717号民事判决书，也认定马某红是广元澳源体育中心项目部负责人。同时，王某在一审中提交了广元市城建工程建设有限公司诉华体公司建设施工合同纠纷一案中的司法鉴定文书，即四川求实司法鉴定所川求实鉴（2014）文鉴264号鉴定意见书，该案的合同也是马某红作为项目负责人对外签署的，该司法鉴定书还证明华体公司同时启用了多枚印章。虽然华体公司在一审中提出马某红涉嫌伪造公文印章罪，但原审法院告知其在20天内报案，而华体公司一直未向公安机关报案，这一行为也足以证明华体公司内部管理混乱，每一个项目部启用一枚行政公章的事实的确存在。此外，马某红作为项目负责人将借款作为何种用途属于华体公司内部管理行为，王某无权审查。

二审法院认为，马某红向王某出具借据并加盖了华体公司的印章，虽经鉴定该印章与华体公司在工商行政管理部门备案的印章非同一枚印章，但华体公司主张该印章为马某红、王某私刻仅系怀疑，并未提供充分有效的证据加以证明。已经发生法律效力的广元市中级人民法院（2014）广民终字第63号民事判决书认定，2011年7月9日，马某红曾代表华体公司与华府建材公司签订钢材买卖合同并加盖华体公司广元项目部的印章。在该案审理过程中，华体公司对于该钢材买卖合同的真实性以及马某红代表其签订合同的有效性均未予否认。根据上述生效判决所认定的事实及马某红在本案一审中的陈述，可以认定马某红以华体公司项目建设需要资金周转为名向王某借款，并向王某出示了华体公司为马某红出具的法人授权书，王某已经尽到了合理的注意义务，其有理由相信马某红有权代表华体公司向其借款，马某红的行为构成表见代理，该代理行为有效，华体公司应当向王某承担还款责任。至于华体公司所提因王某与马某红之间存在个人之间借款行为，本案借款不应认定为表见代理的上诉理由不充分，二审法院不予采纳。

二审法院驳回上诉，维持原判。

◎ 点评

本案借贷双方的争议焦点是马某红以华体公司的名义向贷款人王某借款，华体公司是否应当向贷款人王某承担清偿责任。民间借贷实务中，经常发生他人以公司名义对外借款的情形。经手人既非公司法定代表人，也非公司明确授权人。此种情形以建筑公司为典型，主要是因为我国建筑行业和建筑市场比较混乱，转包、分包、挂靠等违法违规行为屡见不鲜，建筑公司内部管理也不规范，一些挂靠建筑公司的施工队负责人以公司名义对外借款，当贷款人未能收回资金本息时，即起诉公司承担清偿责任，而公司以经手人未获授权为由认为自己不应当承担清偿责任。对于此类问题，关键是看经手人的行为是否构成表见代理。《民法通则》虽然规定了民事代理制度，但没有全面规定表见代理制度。其第六十三条规定："公民、法人可以通过代理人实施民事法律行为。代理人在代理权限内，以被代理人的名义实施民事法律行为。被代理人对代理人的代理行为，承担民事责任。依照法律规定或者按照双方当事人约定，应当由本人实施的民事法律行为，不得代理。"第六十六条规定："没有代理权、超越代理权或者代理权终止后的行为，只有经过被代理人的追认，被代理人才承担民事责任。未经追认的行为，由行为人承担民事责任。本人知道他人以本人名义实施民事行为而不作否认表示的，视为同意。代理人不履行职责而给被代理人造成损害的，应当承担民事责任。代理人和第三人串通，损害被代理人的利益的，由代理人和第三人负连带责任。第三人知道行为人没有代理权、超越代理权或者代理权已终止还与行为人实施民事行为给他人造成损害的，由第三人和行为人负连带责任。”为了弥补《民法通则》的不足，《合同法》明确规定了表见代理制度。所谓表见代理，是指代理人无代理权以被代理人名义实施民事法律行为，但有使相对人相信其有代理权的事由，被代理人应当向相对人承担责任。《合同法》第四十九条规定：“行为人没有代理权、超越代理权或者代理权终止后以被代理人名义订立合同，相对人有理由相信行为人有代理权的，该代理行为有效。”第五十条规定：“法人或者其他组织的法定代表人、负责人超越权限订立的合同，除相对人知道或者应当知道其超越权限的以外，该代表行为有效。”

就本案而言，审理法院认定马某红以华体公司的名义向贷款人王某借款，马某红的行为构成表见代理，应当向贷款人王某承担清偿责任。主要理由是：第一，马某红向王某出示了华体公司为马某红出具的法人授权书；第二，马某红在借据上加盖华体公司的公章；第三，已经发生法律效力的广元市中级人民法院（2014）广民终字第63号民事判决书认定，2011年7月9日，马某红曾代表华体公司与王某担任法定代表人的华府建材公司签订钢材买卖合同并加盖华体公司广元项目部的印章。在该案审理过程中，华体公司对于该钢材买卖合同的真实性以及马某红代表其签订合同的有效性均未予否认。

◎ 法条链接

1. **《合同法》**

第四十九条 行为人没有代理权、超越代理权或者代理权终止后以被代理人名义订立合同，相对人有理由相信行为人有代理权的，该代理行为有效。

第五十条 法人或者其他组织的法定代表人、负责人超越权限订立的合同，除相对人知道或者应当知道其超越权限的以外，该代表行为有效。

2. **《民法通则》**

第六十三条 公民、法人可以通过代理人实施民事法律行为。代理人在代理权限内，以被代理人的名义实施民事法律行为。被代理人对代理人的代理行为，承担民事责任。依照法律规定或者按照双方当事人约定，应当由本人实施的民事法律行为，不得代理。

第六十六条 没有代理权、超越代理权或者代理权终止后的行为，只有经过被代理人的追认，被代理人才承担民事责任。未经追认的行为，由行为人承担民事责任。本人知道他人以本人名义实施民事行为而不作否认表示的，视为同意。

代理人不履行职责而给被代理人造成损害的，应当承担民事责任。

代理人和第三人串通，损害被代理人的利益的，由代理人和第三人负连带责任。

第三人知道行为人没有代理权、超越代理权或者代理权已终止还与行为人实施民事行为给他人造成损害的，由第三人和行为人负连带责任。

32. 借款人的内部人未获授权以借款人名义借款如何处理？

——任某某诉北京华夏恒建设集团有限公司等民间借贷纠纷上诉案①

裁判要旨

代理人没有代理权、超越代理权或者代理权终止后以被代理人名义订立合同，第三人有理由相信行为人有代理权的，该代理行为有效。但是，如果代理人和第三人串通，损害被代理人的利益的，由代理人和第三人负连带责任。

◎ 基本案情

2012 年 7 月 23 日，李某某与任某某签订一份《借款合同》，约定：北京华夏恒建设集团有限公司（以下简称华夏恒公司）月亮湾小区项目部向任某某借款 50 万元，用于建琼海市万泉河月亮湾住宅小区工程项目，借款利率为月 8%，借款时间为 3 个月。该合同上加盖“北京华夏恒建设集团有限公司月亮湾小区项目部专用章”。同年 7 月 27 日，李某某向任某某出具一份委托书，委托任某某将借款 50 万元汇到鑫海公司的账户，公司账号：xxx。同日，任某某按李某某指定账户通过汇款方式将 50 万元汇到鑫海公司。李某某向任某某出具借据，内容为：今借任某某现金 50 万元正，在 2012 年 10 月 27 日还清现金及利润。借据上加盖“北京华夏恒建设集团有限公司月亮湾小区项目部专用章”。

2012 年 8 月 27 日，李某某与任某某签订第二份《借款合同》，约定：华夏恒公司月亮湾小区项目部向任某某借款 30 万元整，用于建琼海市万泉河月亮湾住宅小区工程项目，借款利率为月 5%，借款时间为 3 个月。该合同上加盖“北京华夏恒建设集团有限公司月亮湾小区项目部专用章”。李某某向任某某出具借据，内容：借任某某现金人民币 30 万元，2012 年 11 月 27 日连本带息还清。借据上加盖“北京华夏恒建设集团有限公司月亮湾小区项目部专用章”。

---

① 海南省海口市中级人民法院民事判决书（2014）海中法民一终字第 2014 号

又查，2012 年 6 月 28 日，琼海月亮湾住宅小区工程的招标人琼海鼎略装饰工程有限公司（以下简称鼎略公司）向华夏恒公司致中标通知书，确定被告华夏恒公司为琼海月亮湾住宅小区工程的中标人，双方并于 2012 年 7 月 5 日签订《建设工程施工合同》。

2012 年 4 月 18 日，北京华夏恒建设集团有限公司海南分公司（以下简称华夏恒海南分公司）与李某某（月亮湾住宅小区项目部的负责人）签订一份《企业内部工程项目管理责任书》，约定：李某某以包工、包料、包费的形式承包月亮湾住宅小区工程，项目部按工程结算造价 1.3% 上交管理费。同日，李某某向华夏恒海南分公司出具《承诺书》，承诺工程完成正负零后支付管理费 10 万元，工程进度达到框架第八层时支付管理费 10 万元，框架封顶后再支付 10 万元管理费，余款在完工结算付清所有管理费，并以海口市府城凤翔路海发大厦二 X 幢 XXX 房产及个人财产担保。华夏恒海南分公司职员林卫文将“北京华夏恒建设集团有限公司月亮湾住宅小区项目部专用章”交与李某某使用，同时专门安排一职员管理公章。

因李某某、华夏恒海南分公司和华夏恒公司未偿还以上借款，故任某某向法院起诉，请求判令华夏恒海南分公司、华夏恒公司、李某某共同返还借款本金 95 万元及利息（50 万元利息从 2012 年 7 月 28 日起按月利率 8% 计算至清偿之日止、30 万元利息从 2012 年 8 月 28 日起按月利率 5% 计算至清偿之日止、15 万元利息从 2012 年 8 月 28 日起按月利率 5% 计算至清偿之日止），并承担连带清偿责任。

◎ 法院审理

原审法院认为，任某某主张的款项属于琼海月亮湾住宅小区工程项目欠款，华夏恒公司月亮湾小区项目部系华夏恒公司在该项目的具体负责的、没有领取营业执照的分支机构。华夏恒公司的下属公司华夏恒海南分公司又将琼海月亮湾住宅小区工程转包给李某某，并收取管理费。因此，李某某以华夏恒公司月亮湾小区项目部的名义与任某某签订《借款合同》，依法由华夏恒公司和华夏恒海南分公司承担民事责任。华夏恒公司月亮湾小区项目部与任某某签订两份《借款合同》，除了双方当事人对借款的利息约定过高外，其他合同条款合法有效，应受法律保护。任某某依约已分别提供了借款 50 万元和 30 万元，华夏恒公司和华夏恒海南分公司应当偿还任某某借款共计 80 万元。但任某某主张借款 50 万元按每月 8% 的利率支付利息，借款 30 万元按每月 5% 的利率支付利息，均已超过银行同类 6 个月期贷款利率的 4 倍，对超出部分的利息不予支持。任某某主张李某某返还借款 80 万元及利息的诉请，无事实和法律依据，不予支持。

原审法院判决：一、限华夏恒海南分公司、华夏恒公司于本判决生效之日起 10 日内向任某某偿还本金 50 万元及利息（利息计算方法：以本金 50 万元为基数，自

2012 年 7 月 28 日起至本判决限定履行之日止，按中国人民银行同类 6 个月期贷款利率 4 倍计付）；二、限华夏恒海南分公司、华夏恒公司于本判决生效之日起 10 日内向任某某偿还本金 30 万元及利息（利息计算方法：以本金 30 万元为基数，自 2012 年 8 月 28 日起至本判决限定履行之日止，按中国人民银行同类 6 个月期贷款利率 4 倍计付）；三、驳回任某某的其他诉讼请求。

华夏恒公司、华夏恒海南分公司不服原审法院上述民事判决，向本院上诉称：

一、《企业内部工程项目管理责任书》《承诺书》为无效协议，双方当事人并没有真正履行该两份协议，在证据不足的前提下，原审法院认定该份所谓“内部协议”有效违反了基本事实。首先，《企业内部工程项目管理责任书》及《承诺书》签订时间早于《建设工程施工合同》，所涉及的合同标的即“建设工程施工项目”尚未确定由华夏恒公司或华夏恒海南分公司为承包人，从而未能产生效力，为无效合同。双方在签订该两份书面文件时，签订合同文件的双方当事人为无权处分，其实质为华厦恒海南分公司与李某某之间的合作意向书。其次，因李某某没有独立经济能力承担项目的施工建设，李某某放弃了独立投资承建月亮湾项目，转而寻求引进第三人游某斌投资开发。经鼎略公司同意，华夏恒公司将月亮湾项目转包给第三人游某斌，再由游某斌转包给李某某，李某某仅负责部分工程的施工工作。李某某并没有向华夏恒公司、华夏恒海南分公司支付过任何管理费用，原审法院认定李某某支付管理费没有事实依据。再次，月亮湾项目用章系华夏恒公司、华夏恒海南分公司 2012 年 7 月份签订中标合同之后才启用，2012 年 4 月 18 日就盖章使用显然不合常理，该章系被李某某在加盖资料章时偷用，借据上所盖项目章系李某某私下盗盖。双方中止月亮湾的合作意向后，华夏恒海南分公司要求李某某将该两份书面文件交回，李某某承诺自行销毁但没有销毁。因该两份书面文件没有实际履行为无效文件，华夏恒公司没有在意，根本就没有想到李某某会用于欺诈他人。最后，原审开庭两次，李某某在开庭时出庭应诉并答辩，原审判决认定李某某没有到庭、没有答辩违背了事实、违反了法定程序。

二、原审判决认定华夏恒公司、华夏恒海南分公司为借款人违背了基本事实。首先，华夏恒海南分公司从来没有向任某某借过任何款项，没有同任某某签订过任何借款协议。任某某也未能举证向华夏恒公司、华夏恒海南分公司的账户汇款的事实。其次，华夏恒公司、华夏恒海南分公司没有委托过李某某向任某某借款。月亮湾项目的负责人为何某，李某某既不是华夏恒公司、华夏恒海南分公司的员工，也不是项目负责人，项目部使用的公章作为报送登记资料使用，非本公司负责人使用代表本公司对外签订合同应为无效。再次，华夏恒海南分公司与李某某之间没有有效的转承包协议。李某某介入项目建设，依据的是李某某与第三人游某斌签订的《建设工程施工协议》。李某某已经就项目的实际施工内容与游某斌进行过多次工程款结算，也就月亮湾项目的工程承包关系向海南省第一中级人民法院提起诉讼，原审判决认定华夏恒海南分公司与李某某直接存在发承包关系部分违背了基本事实。目前，关于该项目是否李某某承包、李某某是项目合作投资人还是项目的承包人的问题上，李某某存在异议并已经向海南省第一中级人民法院起诉。该案的判决结果与本案有牵连，建议法院中止审理，等待海南省第一中级人民法院的审理结果出来后再行定夺。

三、华夏恒公司、华夏恒海南分公司与李某某之间不存在合同关系，判决华夏恒公司、华夏恒海南分公司承担责任违反了合同相对性原则。如上所述，《企业内部工程项目管理责任书》《承诺书》并没有实际履行，华夏恒海南分公司与李某某之间的所谓内部承包并没有实现。李某某既不是项目的负责人、又不是华夏恒海南分公司的授权代表，根据合同相对性原则，判决华夏恒公司、华夏恒海南分公司承担借款责任无事实和法律依据。

二审法院认为，公民、法人，被代理人对代理人的代理行为应承担民事责任。《中华人民共和国合同法》第四十九条规定："行为人没有代理权、超越代理权或者代理权终止后以被代理人名义订立合同，相对人有理由相信行为人有代理权的，该代理行为有效。"本案中，各方当事人对李某某有无代理权存在争议，但对两份《借款合同》上加盖的"北京华夏恒建设集团有限公司月亮湾小区项目部专用章"的真实性以及华夏恒海南分公司于2012年4月18日与李某某签订的《企业内部工程项目管理责任书》的真实性均予以认可。在此情况下，任某某有理由相信李某某有代理权，故李某某的代理行为有效，华夏恒海南分公司作为被代理人应对李某某的代理行为承担相应的民事责任。华夏恒公司为华夏恒海南分公司的总公司，原审判决华夏恒公司、华夏恒海南分公司向任某某承担还款责任，并无不当。在无证据证明任某某与李某某恶意串通的情况下，李某某有无代理权不足以影响本案诉争代理行为的效力，故法院对华夏恒公司、华夏恒海南分公司提出的本案应中止审理的主张不予支持。

二审法院驳回上诉，维持原判。

◎ 点评

社会生活和社会关系日益复杂，故民间借贷实务中的情况亦千奇百怪。本案的争议焦点是借款人的内部人未获授权以借款人的名义借款，借款人是否应当向出借人负责。此问题的解决涉及民法代理理论。《民法通则》第六十三条规定："公民、法人可以通过代理人实施民事法律行为。代理人在代理权限内，以被代理人的名义实施民事法律行为。被代理人对代理人的代理行为，承担民事责任。依照法律规定或者按照双方当事人约定，应当由本人实施的民事法律行为，不得代理。"因此，除应当由本人实施的民事法律行为，均允许代理。但是，他人没有代理权、超越代理权或者代理权终止后以本人名义实施民事法律行为，如何平衡本人和第三人的利益保护呢？《民法通则》第六十六条规定：“没有代理权、超越代理权或者代理权终止后的行为，只有经过被代理人的追认，被代理人才承担民事责任。未经追认的行为，由行为人承担民事责任。本人知道他人以本人名义实施民事行为而不作否认表示的，视为同意。代理人不履行职责而给被代理人造成损害的，应当承担民事责任。代理人和第三人串通，损害被代理人的利益的，由代理人和第三人负连带责任。第三人知道行为人没有代理权、超越代理权或者代理权已终止还与行为人实施民事行为给他人造成损害的，由第三人和行为人负连带责任。”据此，无权代理时，本人无须承担责任，或由代理人负责，或由第三人和代理人负连带责任。《合同法》第四十九条规定：“行为人没有代理权、超越代理权或者代理权终止后以被代理人名义订立合同，相对人有理由相信行为人有代理权的，该代理行为有效”。据此，无权代理情形下，如果第三人有理由相信代理人有代理权的，代理行为有效。

本案中的借款人是华夏恒公司，李某某是华夏恒公司的内部人，其与华夏恒海南分公司签订一份《企业内部工程项目管理责任书》，约定李某某以包工、包料、包费的形式承包月亮湾住宅小区工程。华夏恒海南分公司将“北京华夏恒建设集团有限公司月亮湾住宅小区项目部专用章”交与李某某使用，李某某为月亮湾住宅小区项目部的负责人。据此，法院在审理中应用了表见代理理论，认为出借人任某某有充分的理由认为华夏恒公司为借款人。同时，也没有证据证明出借人和李某某串通，损害被代理人华夏恒公司的利益。因此，法院判决华夏恒公司、华夏恒海南分公司承担偿还责任。

◎ 法条链接

1. 《合同法》

第四十九条　行为人没有代理权、超越代理权或者代理权终止后以被代理人名义订立合同，相对人有理由相信行为人有代理权的，该代理行为有效。

2. 《民法通则》

第六十三条　公民、法人可以通过代理人实施民事法律行为。代理人在代理权限内，以被代理人的名义实施民事法律行为。被代理人对代理人的代理行为，承担民事责任。依照法律规定或者按照双方当事人约定，应当由本人实施的民事法律行为，不得代理。

第六十六条　没有代理权、超越代理权或者代理权终止后的行为，只有经过被代理人的追认，被代理人才承担民事责任。未经追认的行为，由行为人承担民事责任。本人知道他人以本人名义实施民事行为而不作否认表示的，视为同意。

代理人不履行职责而给被代理人造成损害的，应当承担民事责任。

代理人和第三人串通，损害被代理人的利益的，由代理人和第三人负连带责任。

第三人知道行为人没有代理权、超越代理权或者代理权已终止还与行为人实施民事行为给他人造成损害的，由第三人和行为人负连带责任。

33. 分公司对外借款，总公司是否应当承担清偿责任？

——章某与中太建设集团股份有限公司民间借贷纠纷上诉案[①]

裁判要旨

《公司法》规定“分公司不具有法人资格，其民事责任由公司承担”，故分公司的对外借款应当由总公司承担清偿责任。

◎ 基本案情

2011年12月9日，中太建设集团股份有限公司第三工程局（以下简称中太建设第三工程局）向章某借款800,000元，章某分两次向中太建设第三工程局账户汇入784,000元。中太建设第三工程局是中太建设集团股份有限公司（以下简称中太建设）的下属分公司。

2011年12月12日，章某（甲方）与中太建设第三工程局（乙方）就上述借款达成协议如下：“一、甲方愿将自主使用的资金800,000元（大写）人民币：捌拾万元整存入乙方指定的账户：中太建设集团股份有限公司广东发展银行东湖支行219,686（实际存入账户柒拾捌万肆仟元整，先计提正常利息壹万陆仟元整）（此款为乙方用于工程项目的融资借款）；二、约定每年借款回报率为24%，按月打入出借人指定账户。甲方指定账户：（章某，工行:）；三、借款期限约定为十二个月，如需要继续使用须提前一周书面通知甲方，得到甲方书面许可后方可执行。逾期未归还，超期的按月利率3%计息；借款最长逾期不得超过2个月；四、此款到乙方指定账户日期后开始计算回报率；五、到期还款日期：2012年12月10日。”2011

① 新疆维吾尔自治区乌鲁木齐市中级人民法院民事判决书（2014）乌中民一终字第1600号

年12月9日自2012年9月8日期间的利息144,000元中太建设第三工程局已支付章某。借款本金及剩余利息中太建设第三工程局至今未支付给章某。

◎ 法院审理

原审法院认为，一、关于承担还款责任的主体。《中华人民共和国公司法》第十四条规定："分公司不具有法人资格，其民事责任由公司承担。"本案中太建设第三工程局系中太建设的分公司，其不具有法人资格，故本案章某主张的借款及相应利息应当由中太建设偿还。二、关于借款本金。《中华人民共和国合同法》第二百条规定："借款的利息不得预先在本金中扣除。利息预先在本金中扣除的，应当按照实际借款数额返还借款并计算利息。"本案章某与中太建设第三工程局约定借款数额虽为800,000元，但章某预先将利息16,000元扣除的做法有违《中华人民共和国合同法》第二百条之规定，中太建设应偿还章某的借款本金应为784,000元且利息应按784,000元进行计算。三、关于借款利息。《最高人民法院关于人民法院审理借贷案件的若干意见》① 第六条规定：民间借贷的利率可以适当高于银行的利率，各地人民法院可根据本地区的实际情况具体掌握，但最高不得超过银行同类贷款利率的四倍（包含利率本数）。超出此限度的，超出部分的利息不予保护。"本案逾期利息按照每月3%进行计算的约定过高，原审法院适当调整为每月按照2%进行计算。

原审法院判决：一、中太建设集团股份有限公司偿还章某借款784,000元；二、中太建设集团股份有限公司偿还章某借款利息376,320元（784,000元×2%×24个月（2012年9月9日至2014年9月8日）=376,320元）；三、驳回章某对中太建设集团股份有限公司第三工程局的诉讼请求；四、驳回章某的其他诉讼请求。

上诉人中太建设上诉称，被上诉人章某2014年8月14日起诉，利息只能计算到起诉时共计23个月，且章某在起诉状中也是按照23个月计算，即原审判决多计算一个月利息。请求撤销原审判决第二项，改判利息为360,640元。

被上诉人章某答辩称：我原审中主张的是24个月利息，本金中包含的利息已经被扣除，原审判决正确，请求二审法院依法维持原判。

二审法院驳回上诉，维持原判。

◎ 点评

本案有以下几个问题需要注意：

第一，分公司对外借款，总公司应当承担责任。《公司法》第十四条第一款规

① 已失效。

定："公司可以设立分公司。设立分公司，应当向公司登记机关申请登记，领取营业执照。分公司不具有法人资格，其民事责任由公司承担。"这里需要讨论的是总公司对分公司的债务需要承担何种责任。关于此问题，有三种观点：1. 总公司承担连带清偿责任；2. 总公司承担补充清偿责任；3. 总公司直接承担全部责任。下面逐一分析。

1. 总公司承担连带清偿责任。总公司具有法人资格，能以自身名义独立承担责任，分公司不具有法人资格，无法以自身名义独立承担责任，而连带清偿责任通常针对独立法律主体之间，比如法人与法人之间，法人与自然人之间，自然人与自然人之间，故具有法人资格的总公司与不具有法人资格且与总公司具有上下隶属关系的分公司承担连带清偿责任不妥。另外，连带清偿责任或是法定，或是约定，除此之外不得直接认定两者之间的连带清偿责任。《公司法》第十四条第一款规定"分公司不具有法人资格，其民事责任由公司承担"。可见，其没有规定两者承担连带清偿责任。因此，认为总公司对分公司的债务承担连带清偿责任缺乏依据。

2. 总公司承担补充清偿责任。此观点的支持理由是：①分公司是总公司的分支机构，在一定程度上有自己的人员、组织机构和财产，并可以自己的名义从事经营活动；②在民事诉讼中，分公司是适格的诉讼主体；③《最高人民法院关于人民法院执行工作若干问题的规定（试行）》（法释〔1998〕15 号）第 78 条规定："被执行人为企业法人的分支机构不能清偿债务时，可以裁定企业法人为被执行人。企业法人直接经营管理的财产仍不能清偿债务的，人民法院可以裁定执行该企业法人其他分支机构的财产。"因此，民事执行程序中，先执行企业法人的分支机构的财产，再执行企业法人的财产，然后执行企业法人其他分支机构的财产。④《最高人民法院关于适用〈中华人民共和国担保法〉若干问题的解释》第十七条第三款规定："企业法人的分支机构经营管理的财产不足以承担保证责任的，由企业法人承担民事责任。"

3. 总公司直接承担全部责任。《公司法》第十四条第一款规定"分公司不具有法人资格，其民事责任由公司承担"。因此，该条明确分公司的责任由总公司直接承担。

上述后两种观点都有道理。本案审理法院采纳了第 3 种观点，驳回章某对中太建设集团股份有限公司第三工程局的诉讼请求，判定中太建设集团股份有限公司向章某直接承担清偿责任。

第二，借款利息直接从本金扣除，本金数额如何确定。本案出借人章某与借款人中太建设第三工程局约定出借 800,000 元，但出借人只支付 784,000 元，16,000 元差额作为利息预先扣除。《合同法》第二百条规定："借款的利息不得预先在本金中扣除。利息预先在本金中扣除的，应当按照实际借款数额返还借款并计算利息。”《最高人民法院关于审理民间借贷案件适用法律若干问题的规定》第二十七条规定：“借据、收据、欠条等债权凭证载明的借款金额，一般认定为本金。预先在本金中扣除利息的，人民法院应当将实际出借的金额认定为本金。”因此，本案出借人的本金数额为784,000元，而不是800,000元。

第三，民间借贷逾期利率如何确定。《最高人民法院关于审理民间借贷案件适用法律若干问题的规定》（法释〔2015〕18号）第二十九条规定：“借贷双方对逾期利率有约定的，从其约定，但以不超过年利率24%为限。未约定逾期利率或者约定不明的，人民法院可以区分不同情况处理：（一）既未约定借期内的利率，也未约定逾期利率，出借人主张借款人自逾期还款之日起按照年利率6%支付资金占用期间利息的，人民法院应予支持；（二）约定了借期内的利率但未约定逾期利率，出借人主张借款人自逾期还款之日起按照借期内的利率支付资金占用期间利息的，人民法院应予支持。”本案审理法院认为借贷双方约定的逾期利息按照每月3%进行计算的约定过高，故调整为每月按照2%进行计算。虽然本案审理时《最高人民法院关于审理民间借贷案件适用法律若干问题的规定》并未颁布生效，但其处理方式与该规定的精神吻合。

◎ 法条链接

1.《公司法》

第十四条 公司可以设立分公司。设立分公司，应当向公司登记机关申请登记，领取营业执照。分公司不具有法人资格，其民事责任由公司承担。

公司可以设立子公司，子公司具有法人资格，依法独立承担民事责任。

2.《最高人民法院关于审理民间借贷案件适用法律若干问题的规定》（法释〔2015〕18号）

第二十七条 借据、收据、欠条等债权凭证载明的借款金额，一般认定为本金。预先在本金中扣除利息的，人民法院应当将实际出借的金额认定为本金。

3.《合同法》

第二百条 借款的利息不得预先在本金中扣除。利息预先在本金中扣除的，应当按照实际借款数额返还借款并计算利息。

34. 未履行或未全面履行出资义务的股东是否应当对公司债务承担赔偿责任？

——相某某等与日照聚贤大酒店有限公司等民间借贷纠纷上诉案[①]

裁判要旨

公司债权人请求未履行或者未全面履行出资义务的股东在未出资本息范围内对公司债务不能清偿的部分承担补充赔偿责任的，人民法院应予支持；未履行或者未全面履行出资义务的股东已经承担上述责任，其他债权人提出相同请求的，人民法院不予支持。

◎ 基本案情

2012 年 3 月 20 日，相某某、日照聚贤大酒店有限公司（以下简称“聚贤大酒店”）、山东龙波汽车旅游有限公司（以下简称“龙波公司”）签订抵押借款协议书一份，约定：借款金额为 300 万元；借款用途为业务资金周转；借款期限自 2012 年 3 月 20 日至 2012 年 6 月 19 日；相某某将资金划付给聚贤大酒店当日起，计收综合费用 3.5%，其中借款利息按月 2% 计收，计 6 万元，手续费 1.5%，4.5 万元，共 10.5 万元（以上综合费用，待期满还款时一次性结清）；聚贤大酒店自愿将位于日照市昭阳路东、学苑路南、房产证号为日房权证第 20××121××××、土地证号为日东国用（20××）第 2×××号的房产作为抵押；借款到期未还，视为逾期，从逾期之日起按借款总额的日 1% 支付违约金。

同日，龙波公司、日照市丽波汽车租赁有限公司（以下简称“丽波公司”）作为担保方，向相某某出具了债务担保书一份，该担保书记载：聚贤大酒店系龙波公司同一法定代表人韦某某企业，我自愿为借款方的债务担保并承担连带责任，如借款方不能按时偿还，担保公司替其偿还全部借款本金及利息、违约金、损害赔偿金等一切费用。

2012 年 3 月 21 日，相某某、聚贤大酒店就上述抵押财产办理了抵押登记。同日，相某某通过案外人胡某君将 300 万元汇入韦某某的账户，韦某某出具了“企业

---

① 山东省高级人民法院民事判决书（2014）鲁民一终字第 394 号

周转资金300万元”的借据一份，该借据由相某某持有。

借款到期后，聚贤大酒店未偿还借款本息，龙波公司、丽波公司亦未承担连带保证责任。

另查明，2013年9月11日，日照市东港区人民法院作出（2013）东刑初字第267号刑事判决书，判决韦某某犯抽逃出资罪，判处有期徒刑一年零六个月，并处罚金人民币40万元。该判决书已经发生法律效力，该判决查明：韦某某欲注册成立龙波公司，遂向张某山借款，张某山提出要控股，韦某某同意。张某山让其弟张某青作为股东与韦某某各出资500万元注册成立公司。2011年2月14日，韦某某从日照高新区东汇小额贷款有限公司借款1,000万元，因张某山要控股，韦某某于当日将其中的450万元转入龙波公司的验资账户，将其中550万元转给张某青的银行账户，张某青于当日将550万元转到龙波公司的验资账户。后龙波公司于2011年2月14日验资。2011年2月15日公司注册成立，韦某某出资450万元，张某青出资550万元，公司法定代表人韦某某。2011年2月15日，张某山的日照龙特实业有限公司、日照龙特机构刀具有限公司以转账支票的形式转给韦某某的丽波公司的银行账户300万元、200万元，共计500万元。2011年2月16日，该500万元转出，通过韦某某日照银行太阳城支行账户电汇给日照高新区东汇小额贷款有限公司500万元，用于还款。2011年2月17日，龙波公司验资账户，分两笔将注册资本1,000万元全部转出，其中一笔500万元支付给日照高新区东汇小额贷款有限公司用于还款，另一笔500万元转入韦某某个人账户。2011年2月18日，韦某某从迟某斌处借款60万元，打入龙波公司的验资账户上，并于当日将其个人账户的500万元也打入验资账户，后于当日将该笔560万元一并打给上海申沃公司用于购买客车。

相某某在原审的诉讼请求为，请求各被告连带偿还借款本金300万元及利息、违约金，合同期内的利息按照合同约定计算，逾期违约金按照银行利息的4倍计算。

◎ 法院审理

关于龙波公司股东应否承担责任的问题。根据龙波公司登记注册情况，股东为韦某某、张某青，韦某某出资450万元，张某青出资550万元。通过（2013）东刑初字第267号刑事判决书查明的事实可以看出，张某青为龙波公司的名义股东，张某山为实际出资人，龙波公司验资时的1,000万元注册资金系借款，张某山、张某青并未出资，但龙波公司于2011年2月14日注册成立后，张某山转给丽波公司500万元，韦某某将该笔款项用于归还验资时的借款，张某山的500万元资金最终偿还了验资借款，可以认定张某山向龙波公司实际出资500万元。韦某某除于2011

年2月18日从迟某斌处借款60万元打入龙波公司账户用于购买车辆外，并无其他出资。对于2011年2月18日以后，张某山、张某青、韦某某是否有后续出资，各方均未提供证据证明，应当承担举证不能的法律后果，故应当确认张某山作为实际出资人实际出资500万元，尚有50万元出资不到位；韦某某实际出资60万元，尚有390万元出资不到位。股东出资是公司资金的最初来源，是公司债权人债权实现的重要保障，公司不能清偿债权人债权时，债权人有权请求未履行出资义务的股东承担相应责任，对于公司资产不能清偿部分，未履行出资义务的股东应当在未出资本息范围内承担补充赔偿责任。本案中，韦某某应当在390万元及相应利息范围内对龙波公司的连带清偿责任承担补充清偿责任；张某青作为名义股东应当在50万元及相应利息范围内对龙波公司的连带清偿责任承担补偿清偿责任；张某山作为实际出资人应当与张某青承担连带责任。韦某某、张某山、张某青主张其出资到位不应当承担责任，但其未能提供证据推翻刑事判决书认定的事实，其辩解不能成立，原审不予支持。相某某要求韦某某、张某山、张某青承担责任部分成立，原审予以支持。

原审法院判决如下：一、被告日照聚贤大酒店有限公司于本判决生效后10日内偿还原告相某某借款300万元及利息（自2012年3月21日起按照合同约定的利率计算至2012年6月19日）；二、被告日照聚贤大酒店有限公司于本判决生效后10日内向原告相某某支付违约金，违约金按照中国人民银行同期同类贷款利率的4倍自2012年6月20日计算至本判决确定的还款之日；三、被告山东龙波汽车旅游有限公司、日照市丽波汽车租赁有限公司对上述借款本金、利息及违约金承担连带清偿责任；四、被告韦某某对被告山东龙波汽车旅游有限公司对被告日照聚贤大酒店有限公司的债务不能承担连带清偿责任部分，在390万元及相应利息范围内向原告相某某承担补充清偿责任；五、被告张某青、张某山对被告山东龙波汽车旅游有限公司对被告日照聚贤大酒店有限公司的债务不能承担连带清偿责任部分，在50万元及相应利息范围内向原告相某某连带承担补充清偿责任；六、驳回原告相某某的其他诉讼请求。

上诉人相某某不服原审判决上诉称，一审认定事实不清，导致判决错误。通过（2013）东刑初字第267号刑事判决书查明的事实可以看出，张某青为名义股东，张某山为实际出资人，龙波公司验资时的1,000万元，两被上诉人并未出资，但后来张某山转给丽波公司。由此看出，两被上诉人在龙波公司未出资，张某山的日照龙特实业有限公司、龙特机械刀具公司以转账支票的形式转给丽波公司的银行账户300万元、200万元共计500万元。出资人并非张某山、张某青，资金也不是转往龙波公司。因此，原审法院认定张某山、张某青已出资500万元，无事实依据，显属错判，依法应予纠正。请求撤销一审判决第五项，改判张某青、张某山对龙波公司对聚贤大酒店的债务不能承担连带清偿责任部分，在550万元及相应利息范围内向上诉人相某某连带承担补充清偿责任；一、二审诉讼费和保全费由被上诉人负担。

上诉人张某山、张某青不服原审判决上诉称，一审判决认定上诉人尚有50万元出资不到位有误，上诉人已按公司章程注册资本履行了出资义务。一、在龙波公司的工商登记中，验资报告明确记载张某青以货币出资550万元，有银行进账单、银行询证函、单位的记账凭证为证。二、上诉人从日照龙特实业有限公司共计向龙波公司汇款转账728万元，其中228万元电汇到上海申沃客车有限公司为龙波公司购买旅游车的定金，另500万元转账为龙波公司购买旅游车支付车款，购买了10辆上海申沃旅游车用于龙波公司的经营。三、龙波公司由韦某某任法定代表人负责经营，因抽逃出资被法院判决抽逃出资罪，足以证明是韦某某抽逃了出资，并非上诉人出资不到位。请求依法撤销一审判决第五项，驳回相某某对上诉人张某山、张某青的诉讼请求。

二审法院经审理查明，本案二审开庭时，上诉人张某山、张某青向二审法院提交了一组证据：1. 2010年12月24日由日照龙特实业有限公司账户汇入上海申沃客车有限公司账户228万元的电汇凭证，主张龙波公司成立需要运营资质，要有相应的车辆，所以提前向上海申沃客车有限公司汇款228万元作为定金用于购买龙波公司经营的车辆，证明上诉人张某青投资228万元购买龙波公司营运车辆；2. 龙波公司10辆申沃客车的机动车行驶证、道路运输证，证明张某青投资购买的10辆申沃客车一直用于龙波公司的经营；3. 2012年4月17日张某青（转让方）与韦某某（受让方）签订《山东龙波汽车旅游有限公司股权转让协议》，证明张某青与韦某某成立龙波公司后，一直由韦某某实际经营，财务等事务都由韦某某管理。在双方律师和会计师事务所的参与下，对张某青的实际投资610万元进行了认定，张某青将其持有的龙波公司55%股权转让给韦某某，股权转让价款为610万元；4. 2014年9月20日龙波公司出具的《证明》，证实龙波公司成立张某青共投入公司728万元，用于公司购买旅游客车经营。2012年4月17日公司股东韦某某、张某青在双方律师的见证下签订龙波公司股东转让协议，约定张某青在龙波公司实际投资610万元，股权转让价款610万元。

二审法院认为，本案的争议焦点问题为上诉人张某山、张某青对涉案借款是否应在50万元或550万元及相应利息范围内承担连带补充清偿责任。

2012年3月20日相某某、聚贤大酒店和龙波公司三方签订的《抵押借款协议书》系签约各方的真实意思表示，内容亦不违反相关法律法规，原审认定协议书合法有效是正确的。同日，龙波公司、丽波公司和韦某某亦自愿为聚贤大酒店的借款提供连带责任保证，并向相某某出具了担保书，原审判决龙波公司、丽波公司承担连带清偿责任，韦某某在出资不到位的范围内承担补充清偿责任亦是正确的。

从龙波公司工商登记时的企业信息内容、2010年12月24日日照龙特实业有限公司汇入上海申沃客车有限公司228万元的电汇凭证、龙波公司的道路运输证和机动车行驶证等证据可以看出，龙波公司的经营范围为道路运输经营许可证有效期限内的省际、县内、县际包车客运业务。因龙波公司的经营范围系道路运输客运，根据经营需要，需购买经营车辆办理道路运输经营许可证等相关营运审批手续。由张某山任法定代表人的日照龙特实业有限公司于2010年12月24日汇入上海申沃客车有限公司228万元亦是用于购买龙波公司客运业务经营所需客车，龙波公司、丽波公司和韦某某亦认可购买龙波公司用于道路营运的客车时间确实早于龙波公司注册成立的时间。又因日照龙特实业有限公司的法定代表人为张某山，龙波公司、丽波公司的法定代表人均为韦某某，本案二审庭审中上诉人张某山、张某青与三原审被告均认可在经营过程中，个人账户与公司账户分不清，上述几公司在经营期间，存在公司与股东财产严重混同的情形。另从（2013）东刑初字第267号刑事判决书所查明的事实还可以看出，张某青虽系龙波公司的股东，但其仅是名义股东，实际出资人为张某山。龙波公司验资时的注册资金1,000万元系韦某某向日照高新区东汇小额贷款有限公司所借，张某青、张某山并未出资，但2011年2月14日龙波公司注册成立后的第二天，张某山的日照龙特实业有限公司、日照龙特机械刀具有限公司以转账支票的形式转入韦某某的丽波公司账户500万元，韦某某又将该笔款项用于归还龙波公司验资时向日照高新区东汇小额贷款有限公司所借款项。因此，该500万元应当认定为系张某山向龙波公司的实际出资，2010年12月14日日照龙特实业有限公司汇入上海申沃客车有限公司的228万元款项，亦应视为作为法定代表人的张某山指示其公司向上海申沃客车有限公司汇入的购车定金，该笔款项亦应认定为系张某山向龙波公司的实际出资。原审判决张某青、张某山在50万元及相应利息范围内向相某某承担连带补充清偿责任欠当，二审予以纠正。上诉人相某某称张某青作为龙波公司股东未实际出资，张某山、张某青应对龙波公司对涉案债务不能承担连带清偿责任部分，在550万元及相应利息范围内向其连带承担补充清偿责任的上诉理由不成立，二审法院不予支持。

综上所述，原审认定部分事实不清，适用法律欠当。上诉人张某山、张某青的上诉理由成立，二审法院予以支持。上诉人相某某的上诉理由不成立，二审法院不予支持。

二审法院判决如下：

一、维持山东省日照市中级人民法院（2012）日民一初字第28号民事判决的第一、二、三、四、六项及诉讼费的负担。即：一、日照聚贤大酒店有限公司于本判决生效后10日内偿还相某某借款300万元及利息（自2012年3月21日起按照合同约定的利率计算至2012年6月19日)；二、日照聚贤大酒店有限公司于本判决生效后10日内向相某某支付违约金，违约金按照中国人民银行同期同类贷款利率的4倍自2012年6月20日计算至本判决确定的还款之日；三、山东龙波汽车旅游有限公司、日照市丽波汽车租赁有限公司对上述借款本金、利息及违约金承担连带清偿责任；四、韦某某对山东龙波汽车旅游有限公司对日照聚贤大酒店有限公司的债务不能承担连带清偿责任部分，在390万元及相应利息范围内向相某某承担补充清偿责任。六、驳回相某某的其他诉讼请求。

二、撤销山东省日照市中级人民法院（2012）日民一初字第28号民事判决的第五项。

三、驳回上诉人相某某的上诉请求。

◎ 点评

本案涉及公司股东对公司民间借贷承担清偿责任的问题。民间借贷实务中，公司作为借款人向自然人借款的情形司空见惯。主要原因是：第一，公司本身资信达不到银行等正规金融机构的贷款标准，比如缺乏担保财产、财务状况不佳、有不良信用记录等等。既然无法从正规金融机构获取资金，向自然人融资是一个较好的选择。第二，公司所需资金比较紧急，鉴于银行等正规金融机构繁琐耗时的信贷审批手续，不得不向有资金实力的自然人融资。第三，公司必须偿还已有银行贷款后，银行才会重新放款，在缺乏偿还资金的情况下，为了获得过桥贷款资金，向自然人融资也是必然选择之一。根据公司法原理，股东承担有限责任，即以投入公司的财产为限承担责任。故公司的债务与股东的债务相区分，不可混同。但是，如果股东承诺的出资不到位，其应当对公司债务承担补充清偿责任。纵观我国公司资本制度的变迁，可以更好地理解此问题。

一、1993年《公司法》

1993年《公司法》第二十三条规定："有限责任公司的注册资本为在公司登记机关登记的全体股东实缴的出资额。有限责任公司的注册资本不得少于下列最低限额：(一）以生产经营为主的公司人民币五十万元；（二）以商品批发为主的公司人民币五十万元；(三）以商业零售为主的公司人民币三十万元；(四）科技开发、咨询、服务性公司人民币十万元。特定行业的有限责任公司注册资本最低限额需高于前款所定限额的，由法律、行政法规另行规定。"其第七十八条规定："股份有限公司的注册资本为在公司登记机关登记的实收股本总额。股份有限公司注册资本的最低限额为人民币一千万元。股份有限公司注册资本最低限额需高于上述所定限额的，由法律、行政法规另行规定。"可见，1993年《公司法》规定了有限责任公司和股份公司的最低注册资本门槛，并且要求于公司设立时全部实际缴纳。

二、2005 年《公司法》

2005 年《公司法》第二十六条规定："有限责任公司的注册资本为在公司登记机关登记的全体股东认缴的出资额。公司全体股东的首次出资额不得低于注册资本的百分之二十，也不得低于法定的注册资本最低限额，其余部分由股东自公司成立之日起两年内缴足；其中，投资公司可以在五年内缴足。有限责任公司注册资本的最低限额为人民币三万元。法律、行政法规对有限责任公司注册资本的最低限额有较高规定的，从其规定。"其第五十九条规定："一人有限责任公司的注册资本最低限额为人民币十万元。股东应当一次足额缴纳公司章程规定的出资额。一个自然人只能投资设立一个一人有限责任公司。该一人有限责任公司不能投资设立新的一人有限责任公司。"其第八十一条规定："股份有限公司采取发起设立方式设立的，注册资本为在公司登记机关登记的全体发起人认购的股本总额。公司全体发起人的首次出资额不得低于注册资本的百分之二十，其余部分由发起人自公司成立之日起两年内缴足；其中，投资公司可以在五年内缴足。在缴足前，不得向他人募集股份。股份有限公司采取募集方式设立的，注册资本为在公司登记机关登记的实收股本总额。股份有限公司注册资本的最低限额为人民币五百万元。法律、行政法规对股份有限公司注册资本的最低限额有较高规定的，从其规定。"可见，2005 年《公司法》延续以前规定注册资本门槛的做法，但不再要求公司设立时全部实际缴纳（一人公司和以募集方式成立的股份公司例外），可以分期缴纳，但不得超过 2 年。

三、2013 年《公司法》

2013 年《公司法》第二十六条规定："有限责任公司的注册资本为在公司登记机关登记的全体股东认缴的出资额。法律、行政法规以及国务院决定对有限责任公司注册资本实缴、注册资本最低限额另有规定的，从其规定。"其第八十条规定："股份有限公司采取发起设立方式设立的，注册资本为在公司登记机关登记的全体发起人认购的股本总额。在发起人认购的股份缴足前，不得向他人募集股份。股份有限公司采取募集方式设立的，注册资本为在公司登记机关登记的实收股本总额。法律、行政法规以及国务院决定对股份有限公司注册资本实缴、注册资本最低限额另有规定的，从其规定。"可见，2013 年《公司法》放弃以前的法定资本门槛，也不再规定公司设立时必须全部或部分实缴注册资本的做法（以募集方式成立的股份公司例外）。

因此，我国公司资本制度的变迁轨迹是从实缴资本制向认缴资本制发展。在认缴资本制度下，公司登记管理机关登记的注册资本只是股东承诺的出资数额，至于股东是否实际缴纳，取决于股东的约定和行为。如果股东承诺的出资未到位，其应当在未到位出资范围之内对公司债务承担责任。《最高人民法院关于适用〈中华人民共和国公司法〉若干问题的规定（三）》第十三条第二款规定："公司债权人请求未履行或者未全面履行出资义务的股东在未出资本息范围内对公司债务不能清偿的部分承担补充赔偿责任的，人民法院应予支持；未履行或者未全面履行出资义务的股东已经承担上述责任，其他债权人提出相同请求的，人民法院不予支持。”

本案保证人之一龙波公司对相某某和聚贤大酒店之间的民间借贷债务承担连带保证责任，由于龙波公司股东之一韦某某未实际履行全部出资义务，故其在未履行部分范围之内承担补充赔偿责任。至于另一股东张某青，因证据表明其已经履行了出资义务，故二审法院判定其无须为龙波公司的债务承担责任。

◎ 法条链接

1. **《公司法》**

第二十八条　股东应当按期足额缴纳公司章程中规定的各自所认缴的出资额。股东以货币出资的，应当将货币出资足额存入有限责任公司在银行开设的账户；以非货币财产出资的，应当依法办理其财产权的转移手续。

股东不按照前款规定缴纳出资的，除应当向公司足额缴纳外，还应当向已按期足额缴纳出资的股东承担违约责任。

2. **《最高人民法院关于适用〈中华人民共和国公司法〉若干问题的规定（三）》（法释〔2014〕2号）**

第十三条　股东未履行或者未全面履行出资义务，公司或者其他股东请求其向公司依法全面履行出资义务的，人民法院应予支持。

公司债权人请求未履行或者未全面履行出资义务的股东在未出资本息范围内对公司债务不能清偿的部分承担补充赔偿责任的，人民法院应予支持；未履行或者未全面履行出资义务的股东已经承担上述责任，其他债权人提出相同请求的，人民法院不予支持。

股东在公司设立时未履行或者未全面履行出资义务，依照本条第一款或者第二款提起诉讼的原告，请求公司的发起人与被告股东承担连带责任的，人民法院应予支持；公司的发起人承担责任后，可以向被告股东追偿。

股东在公司增资时未履行或者未全面履行出资义务，依照本条第一款或者第二款提起诉讼的原告，请求未尽公司法第一百四十八条第一款规定的义务而使出资未缴足的董事、高级管理人员承担相应责任的，人民法院应予支持；董事、高级管理人员承担责任后，可以向被告股东追偿。

3. **《合同法》**

第一百一十四条　当事人可以约定一方违约时应当根据违约情况向对方支付一定数额的违约金，也可以约定因违约产生的损失赔偿额的计算方法。

约定的违约金低于造成的损失的，当事人可以请求人民法院或者仲裁机构予以增加；约定的违约金过分高于造成的损失的，当事人可以请求人民法院或者仲裁机构予以适当减少。

当事人就迟延履行约定违约金的，违约方支付违约金后，还应当履行债务。

4.《担保法》

第十八条 当事人在保证合同中约定保证人与债务人对债务承担连带责任的，为连带责任保证。

连带责任保证的债务人在主合同规定的债务履行期届满没有履行债务的，债权人可以要求债务人履行债务，也可以要求保证人在其保证范围内承担保证责任。

第二十一条 保证担保的范围包括主债权及利息、违约金、损害赔偿金和实现债权的费用。保证合同另有约定的，按照约定。

当事人对保证担保的范围没有约定或者约定不明确的，保证人应当对全部债务承担责任。

35. 有限责任公司因主要财产、账册、重要文件等灭失，无法进行清算，股东是否应当对公司的借款承担连带清偿责任？

——李某平诉井某才、青岛市市南区文化馆民间借贷纠纷上诉案[1]

裁判要旨

有限责任公司的股东因怠于履行义务，导致公司主要财产、账册、重要文件等灭失，无法进行清算，债权人主张其对公司债务承担连带清偿责任的，人民法院应依法予以支持。

◎ 基本案情

1997年5月6日、10日，青岛南华高科技公司（以下简称南华公司）分两次向李某平借款各1万元，同年7月11日、22日，南华公司又分两次向李某平借款各2万元和1万元，并约定支付利息。借款期限届满后，南华公司未向李某平归还

① 山东省青岛市中级人民法院（2015）青民二终字第157号

借款本息，李某平以南华公司为被告，向原审法院提起诉讼，原审法院以（1998）南法浮经初字第447号民事判决书判令南华公司向李某平付清借款本金5万元及相应拖欠利息。

判决生效后，李某平向原审法院申请强制执行，在执行过程中，李某平申请变更南华公司主管单位青岛市市南区文化馆（以下简称市南文化馆）及南华公司原法定代表人井某才为被执行人。经原审法院（2001）南法执字第10688号民事裁定书裁定驳回李某平变更市南文化馆与井某才为被执行人的申请。

李某平依据该民事裁定书内容另行起诉，以井某才对其承包经营南华公司期间的经营债务，依法应承担清偿义务；市南文化馆作为发包人及企业开办单位，负有连带赔偿义务为由，请求：1. 判令井某才向李某平偿还南华公司借款5万元；2. 判令井某才偿还因南华公司拖欠还款发生的利息34,761元；3. 判令井某才赔偿因南华公司拖欠还款而给李某平造成的经济损失3,250元；4. 判令市南文化馆对井某才应承担的上述三项债务承担连带赔偿责任；5. 本案诉讼费用由井某才、市南文化馆承担。李某平在一审时以时间延长为由，申请其诉讼请求第二项利息损失增加到35,934元。

南华公司是于1988年由市南文化馆文化服务部与中国科学院海洋研究所技术开发公司双方联营成立的公司，根据双方签订的协议书，联营合同到期后，中国科学院海洋研究所技术开发公司退出联营。南华公司系市南文化馆下属企业，性质为集体所有制。1996年9月1日，市南文化馆与南华公司签订经营承包协议书，约定南华公司实行经理承包责任制，协议期限为3年（自1996年9月1日至1999年8月底）。经营期间内如发生亏损、管理不善，由南华公司经济承包人承担全部经济风险。1996年至2000年，井某才担任公司经理（法定代表人）。南华公司于2000年9月29日被青岛市工商局市南分局吊销营业执照，至今未进行清算。

◎ 法院审理

井某才在一审中答辩称：一、井某才为原南华公司（集体所有制）负责人，其任职期间的一切行为，均属于职务行为，权利和义务由南华公司享有或承担。井某才对南华公司的债务不承担任何责任。李某平在市南法院执行447号民事判决案中，曾申请追加井某才为被执行人，被依法驳回。李某平起诉井某才，主体不当，于法无据，不能支持。二、李某平起诉的借款事宜，已由原审法院（1998）南法浮经初字第447号民事判决书审理终结，并已实际执行，根据一案不再审原则，李某平重复起诉，违反法律，依法应予驳回。2001年12月5日，市南区法院在执行447号案件中，已扣押执行被申请人价值58,750元的物品，远超过诉讼标的，案件执行终结。李某平重复主张权利，属于民事欺诈，依法应予制裁。综上，应依法驳回李某平的诉讼请求。

市南文化馆在一审中答辩称：一、李某平自2001年要求市南法院追加市南文化馆为被执行人被驳回，至今已近8年。其8年未对市南文化馆行使诉权，依据我国民法通则的相关规定，已过诉讼时效，依法应驳回其诉讼请求。二、2001年市南法院裁定驳回李某平追加市南文化馆为被执行人，该裁定依据的法律及案件事实，证明了李某平起诉市南文化馆主体不当。三、本案是一案二诉，违反了我国民事诉讼法一事不再理的诉讼原则。四、李某平诉讼请求第四项要求市南文化馆对井某才承担的债务承担连带责任。而双方既非担保关系，也无任何法律依据。李某平将清算问题与连带责任混为一体，是法律上的认识错误。五、本案债权、债务关系是李某平与南华公司之间所为。南华公司是独立的企业法人，是集体性质企业。我国《民法通则》第四十八条规定了："集体企业以企业所有的财产承担责任"。因此，在开办单位已投入应投入的资金，也未抽逃资金的情况下，企业的债务承担应以企业财产为限。不存在开办单位承担连带责任问题。综上，请求驳回李某平的诉讼请求。

原审查明，原审法院于1999年4月21日作出（1998）南法浮经初字第447号民事判决书，判令南华公司向李某平付清借款本金5万元及相应拖欠利息。

原审法院认为，根据有关法律规定，企业法人被吊销营业执照后，应依法进行清算。当具有清算义务的清算主体在企业法人被吊销执照后不履行清算义务的，客观上致使企业财产流失、贬值等造成债权人的债权因此而无法全部实现的，清算主体才应对该债务向债权人承担赔偿责任。根据上述规定，需有证据证明南华公司被吊销营业执照后，具有清算义务的主体未组织清算从而导致企业财产流失、贬值、损毁或灭失，造成李某平无法全部实现债权的情况下，方可依法判决其开办单位在造成损失范围内承担赔偿责任。现李某平未能举证证明上述事实，其仅以市南文化馆系南华公司开办单位，井某才系南华公司承包人，未履行清算义务为由要求井某才、市南文化馆对原审法院（1998）南法浮经初字第447号民事判决书确定的南华公司债务承担全部赔偿责任，原审法院不予支持。综上，原审法院判决：驳回李某平对井某才、青岛市市南区文化馆的诉讼请求。一审案件受理费3，418元，由李某平负担。

上诉人李某平不服原审判决，向二审法院提起上诉称：一、原审判决举证责任分配错误，导致部分事实认定错误。南华公司于2000年9月29日被工商局吊销营业执照，根据《中华人民共和国公司法》第一百八十条、第一百八十三条之规定，南华公司已符合法定解散条件，应在被吊销营业执照之日起15日内开始清算。市南文化馆系南华公司开办单位，井某才系南华公司承包人，均为南华公司清算义务人，应及时对南华公司进行清算，而清算义务人怠于履行义务，债权人有权主张其对公司债务承担连带清偿责任。事实上，至上诉人提起上诉之日，南华公司已被吊销营业执照14年之久，负有清算义务的两被上诉人仍未成立清算组进行清算，未履行法定义务，足以证明两被上诉人作为清算义务人怠于履行清算义务。两被上诉人若认为自己已尽到清算义务，就应当举证证明。原审判决认为上诉人未能举证证明南华公司被吊销营业执照后，具有清算义务的主体未组织清算从而导致企业财产流失、贬值、损毁或灭失，属于明显举证责任分配错误。两被上诉人未进行清算这一事实即足以判定两被上诉人应承担法律责任，其应证明企业资产去向，否则应承担举证不能的不利后果。南华公司由市南文化馆投资开办，由市南文化馆发包，井某才承包经营，企业资产的去向（流失、贬值、损毁或灭失）理所当然应由投资开办者、经营者、掌控者来证明。让企业以外的债权人来证明，毫无疑问是责任颠倒。二、原审判决驳回上诉人的诉讼请求，没有事实根据，没有法律依据，应予以纠正。既然原审判决认定两被上诉人至今未进行清算，则应依法认定两被上诉人未履行法定清算义务。既然两被上诉人未清算，不存在所谓“未清算从而导致企业财产流失、贬值、毁损或灭失”。两被上诉人未履行法定清算义务，就应认定其对于怠于履行法定义务所应承担的法律责任。井某才是个人承包南华公司，即为南华公司实际经营者和实际掌控者，应为直接债务承担者，应承担直接清偿责任。三、原审判决审理期限已严重超期，明显偏袒被上诉人。上诉人于2006年向一审法院提起诉讼，直至8年后，原审法院才作出判决日期为“2014年4月14日”的（2006）南民初字第40522号民事判决书，而直至2014年8月7日，上诉人才收到一审判决文书。本案事实清楚，法律关系明晰，并未有公告、鉴定等不计入审理期限的情形，也不存在延长审理期限的法定事由。原审法院的做法已严重违反《民事诉讼法》对民事诉讼案件的规定，明显偏袒被上诉人。综上所述，请求二审法院撤销原判并改判支持上诉人的诉讼请求。

二审法院经审理查明，原审法院在执行（1998）南法浮经初字第447号案件时，曾于2001年12月5日扣押南华公司账面价值58,750元的货物并委托青岛拍卖行有限责任公司予以拍卖变现，但因上述被扣押货物当时已报废，被以废旧物资形式处理，仅变现300元，尚不足支付保管费用。上诉人迄今为止未获任何清偿。

再查明，市南文化馆称其未保存南华公司的财务账册和会计凭证，并确认其对南华公司至今未进行清算。

又查明，上诉人主张其诉请的3,250元经济损失就是以南华公司欠付的款项为计息本金，按照同期银行存款利率，从其起诉之日计算6个月的利息损失。

还查明，上诉人在二审中增加诉请，要求被上诉人按银行罚息标准加倍支付利息至实际给付之日。经向本案各方释明，两被上诉人均不同意二审法院对上诉人在二审中增加的诉讼请求予以一并审理。

二审法院认为，本案的争议焦点是：一、上诉人的起诉是否违反一事不再理原则；二、上诉人的起诉是否超过诉讼时效；三、井某才在本案中是否系适格被诉主体；四、市南文化馆在本案中是否应承担清偿责任。

关于争议焦点一，二审法院认为，因上诉人在本案中系基于其主张井某才作为南华公司经营者和市南文化馆作为南华公司开办人应对南华公司未偿付债务承担清偿责任而提起诉讼，故上诉人并非基于与原审法院（1998）南法浮经初字第447号案同一事实、同一理由、同一法律关系向同一被诉主体提起诉讼。因此，两被上诉人关于上诉人在本案中的起诉有违一事不再理原则的抗辩主张不成立，二审法院不予支持。

关于争议焦点二，二审法院认为，虽然上诉人于2001年在申请执行原审法院（1998）南法浮经初字第447号案时曾申请变更两被上诉人为被执行人，而原审法院于2002年10月22日裁定驳回上诉人变更被执行人的申请，但上诉人在2005年3月9日之前连续多次向原审法院申请撤销生效裁定并要求追加两被上诉人为被执行人，则依据《最高人民法院关于审理民事案件适用诉讼时效制度若干问题的规定》第十三条第（六）项和第（七）项之规定，上诉人向原审法院提出追加两被上诉人为被执行人的申请，与提起诉讼具有同等引起诉讼时效中断的效力。因此，上诉人于2006年7月19日提起本案诉讼，并未超过法定诉讼时效期间。被上诉人市南文化馆关于上诉人在本案中的起诉超过诉讼时效的抗辩主张也不成立，二审法院不予支持。

关于争议焦点三，二审法院认为，因被上诉人井某才仅是南华公司的承包经营者而非出资人和开办者，其并非南华公司的清算义务人，也非涉案债务的担保人或债务承担加入人，故上诉人依据其与南华公司之间的民间借贷法律关系，诉请井某才对南华公司所负债务承担清偿责任，并无法律依据，二审法院不予支持。

关于争议焦点四，二审法院认为，南华公司虽然是集体所有制企业，但市南文化馆作为其开办单位，负有在南华公司被吊销企业法人营业执照后对南华公司进行清算的义务，亦负有妥善保管南华公司资产和财务账册的责任；而因市南文化馆至今未对南华公司进行清算，且因市南文化馆未保存南华公司的财务账册和会计凭证，导致已无法对南华公司进行清算，故参照《最高人民法院关于适用〈中华人民共和国公司法〉若干问题的规定（二）》第十八条第二款之规定“有限责任公司的股东、股份有限公司的董事和控股股东因怠于履行义务，导致公司主要财产、账册、重要文件等灭失，无法进行清算，债权人主张其对公司债务承担连带清偿责任的，人民法院应依法予以支持”，市南文化馆作为南华公司的开办单位，怠于履行其清算义务，对南华公司至今未进行清算具有明显过错，从而损害了南华公司债权人的利益，则依据《中华人民共和国民法通则》第一百零六条第二款之规定“公民、法人由于过错侵害国家的、集体的财产，侵害他人财产、人身的，应当承担民事责任”，上诉人诉请市南文化馆就南华公司对上诉人所负债务承担清偿责任，二审法院依法予以支持。因上诉人诉请的5万元本金损失和39,184元利息损失，均具有事实和法律依据，故市南文化馆应向上诉人清偿损失 89,184 元。而上诉人在二审中增加诉请，要求被上诉人按银行罚息标准加倍支付利息至实际给付之日，但经二审法院依法向本案各方释明，两被上诉人均不同意二审法院对上诉人在二审中增加的诉讼请求予以一并审理，故二审法院依法对上诉人在二审中增加的诉讼请求不予受理和审理。上诉人可另行主张权利。

综上所述，上诉人的上诉理由部分成立，二审法院对其上诉请求予以相应支持；原审判决适用法律不当，二审法院依法予以纠正。二审法院判决如下：

一、撤销青岛市市南区人民法院（2006）南民初字第 40522 号民事判决。

二、被上诉人青岛市市南区文化馆于本判决生效之日起 10 日内向上诉人李某平支付 89，184 元。

三、驳回上诉人李某平对被上诉人井某才的诉讼请求。

◎ 点评

由于我国公司企业法律制度的不完善，加之民众法律意识的淡薄，我国出现大量的“僵尸企业”。所谓“僵尸企业”，是指已经停止经营活动，且被工商行政管理部门吊销营业执照，但未依法清算的企业。由于“僵尸企业”既无经营场所、经营活动和经营人员，也无财产，导致债权人讨债无门，严重损害债权人利益。为此，最高人民法院于 2008 年专门就公司清算出台了司法解释：《最高人民法院关于适用〈中华人民共和国公司法〉若干问题的规定（二）》[①]（法释〔2008〕6 号）。该司法解释第十八条第一款、第二款规定：“有限责任公司的股东、股份有限公司的董事和控股股东未在法定期限内成立清算组开始清算，导致公司财产贬值、流失、毁损或者灭失，债权人主张其在造成损失范围内对公司债务承担赔偿责任的，人民法院应依法予以支持。有限责任公司的股东、股份有限公司的董事和控股股东因怠于履行义务，导致公司主要财产、账册、重要文件等灭失，无法进行清算，债权人主张其对公司债务承担连带清偿责任的，人民法院应依法予以支持。”据此，负有清算义务的有限责任公司的股东、股份有限公司的董事和控股股东未依法履行清算义务，导致公司财产贬值、流失、毁损或者灭失，或者导致公司主要财产、账册、重要文件等灭失，无法进行清算，其应当对公司债权人承担连带清偿责任。

本案民间借贷出借人为李某平，借款人为南华公司。南华公司于 2000 年 9 月 29 日被青岛市工商局市南分局吊销营业执照，一直未进行清算。《公司法》第一百八十条规定：“公司因下列原因解散：（一）公司章程规定的营业期限届满或者公司章程规定的其他解散事由出现；（二）股东会或者股东大会决议解散；（三）因

① 已被修改。

公司合并或者分立需要解散；（四）依法被吊销营业执照、责令关闭或者被撤销；（五）人民法院依照本法第一百八十三条的规定予以解散。”其第一百八十三条规定：“公司因本法第一百八十一条第（一）项、第（二）项、第（四）项、第（五）项规定而解散的，应当在解散事由出现之日起15日内成立清算组，开始清算。有限责任公司的清算组由股东组成，股份有限公司的清算组由董事或者股东大会确定的人员组成。逾期不成立清算组进行清算的，债权人可以申请人民法院指定有关人员组成清算组进行清算。人民法院应当受理该申请，并及时组织清算组进行清算。”据此，公司被依法吊销营业执照后，有限责任公司的股东、股份有限公司的董事和控股股东应当在解散事由出现之日起15日内成立清算组，开始清算，如果其未依法履行清算义务，导致公司财产贬值、流失、毁损或者灭失，或者导致公司主要财产、账册、重要文件等灭失，无法进行清算，其应当对公司债权人承担连带清偿责任。

需要注意的是，本案民间借贷借款人南华公司虽名为公司，实际并不是《公司法》所说的公司，而是非公司制的集体所有制企业。由于《中华人民共和国城镇集体所有制企业条例》对城镇集体所有制企业被吊销营业执照后未履行清算义务的法律责任没有规定，本案二审法院参照了《公司法》及其司法解释，判决城镇集体所有制企业南华公司的开办人青岛市市南区文化馆对出借人承担连带清偿责任。此种处理方式虽然存在瑕疵，但体现了实质公平。

最后，本案涉及诉讼时效争议。本案被告市南文化馆认为李某平自2001年要求市南法院追加市南文化馆为被执行人被驳回，至起诉已近8年。其8年未对市南文化馆行使诉权，依据我国民法通则的相关规定，已过诉讼时效，依法应驳回其诉讼请求。《最高人民法院关于审理民事案件适用诉讼时效制度若干问题的规定》第十三条规定：“下列事项之一，人民法院应当认定与提起诉讼具有同等诉讼时效中断的效力：（一）申请仲裁；（二）申请支付令；（三）申请破产、申报破产债权；（四）为主张权利而申请宣告义务人失踪或死亡；（五）申请诉前财产保全、诉前临时禁令等诉前措施；（六）申请强制执行；（七）申请追加当事人或者被通知参加诉讼；（八）在诉讼中主张抵销；（九）其他与提起诉讼具有同等诉讼时效中断效力的事项。”二审法院据此认为出借人李某平在起诉之前连续多次向原审法院申请追加市南文化馆和井某才为被执行人，发生诉讼时效中断的效果。

◎ 法条链接

1.《最高人民法院关于适用〈中华人民共和国公司法〉若干问题的规定（二）》（法释〔2014〕2号）

第十八条 有限责任公司的股东、股份有限公司的董事和控股股东未在法定期限内成立清算组开始清算，导致公司财产贬值、流失、毁损或者灭失，债权人主张其在造成损失范围内对公司债务承担赔偿责任的，人民法院应依法予以支持。

有限责任公司的股东、股份有限公司的董事和控股股东因怠于履行义务，导致公司主要财产、账册、重要文件等灭失，无法进行清算，债权人主张其对公司债务承担连带清偿责任的，人民法院应依法予以支持。

上述情形系实际控制人原因造成，债权人主张实际控制人对公司债务承担相应民事责任的，人民法院应依法予以支持。

2. **《公司法》**

第一百八十条　公司因下列原因解散：

（一）公司章程规定的营业期限届满或者公司章程规定的其他解散事由出现；

（二）股东会或者股东大会决议解散；

（三）因公司合并或者分立需要解散；

（四）依法被吊销营业执照、责令关闭或者被撤销；

（五）人民法院依照本法第一百八十三条的规定予以解散。

第一百八十三条　公司因本法第一百八十一条第（一）项、第（二）项、第（四）项、第（五）项规定而解散的，应当在解散事由出现之日起十五日内成立清算组，开始清算。有限责任公司的清算组由股东组成，股份有限公司的清算组由董事或者股东大会确定的人员组成。逾期不成立清算组进行清算的，债权人可以申请人民法院指定有关人员组成清算组进行清算。人民法院应当受理该申请，并及时组织清算组进行清算。

3. **《最高人民法院关于审理民事案件适用诉讼时效制度若干问题的规定》（法释〔2008〕11号）**

第十三条　下列事项之一，人民法院应当认定与提起诉讼具有同等诉讼时效中断的效力：

（一）申请仲裁；

（二）申请支付令；

（三）申请破产、申报破产债权；

（四）为主张权利而申请宣告义务人失踪或死亡；

（五）申请诉前财产保全、诉前临时禁令等诉前措施；

（六）申请强制执行；

（七）申请追加当事人或者被通知参加诉讼；

（八）在诉讼中主张抵销；

（九）其他与提起诉讼具有同等诉讼时效中断效力的事项。

36. 一人公司股东是否对公司借款承担连带责任？

——广州市亿心装饰工程有限公司等与李某某民间借贷纠纷上诉案[①]

裁判要旨

一人有限责任公司的股东不能证明公司财产独立于股东自己的财产的，应当对公司债务承担连带责任。

◎ 基本案情

2007 年 7 月 12 日，广州市亿心装饰工程有限公司（以下简称亿心公司）经依法登记成立，其性质为王某一人投资的有限责任公司。2011 年 3 月 8 日，亿心公司向李某某出具《借条》一份，确认其已向李某某借款 733,000 元并承诺在 2011 年 6 月 30 日还清。

李某某在原审时的诉讼请求为：1. 亿心公司立即清偿李某某借款人民币 173,000 元及利息（利息自 2012 年 6 月 8 日起按中国银行同期贷款利率计付至全部还清之日止）；2. 王某对上述请求承担连带责任；3. 本案诉讼费由亿心公司、王某承担。

◎ 法院审理

原审法院认为，李某某与亿心公司之间的民间借贷关系有亿心公司、王某出具的《借条》为证，足以认定，亿心公司借款后，应依约偿还借款给李某某。

亿心公司于 2011 年 3 月 8 日向李某某出具《借条》确认尚欠款项 733,000 元，但亿心公司未举证证明其在 2011 年 3 月 8 日后向李某某偿还了所有借款，现李某某自认亿心公司已经偿还借款 560,000 元，原审法院对该事实予以确认，认定亿心公司至今尚欠李某某款项 173,000 元。亿心公司在借条中承诺于 2011 年 6 月 30 日

---

① 广东省广州市中级人民法院民事判决书（2014）穗中法金民终字第 699 号

还清所有借款，但至今尚欠173,000元，其行为已构成违约，依法应承担相应的违约责任。现李某某请求亿心公司偿还借款173,000元及利息（利息自2012年6月8日起计至本判决确定的给付之日止，按中国人民银行同期同类贷款利率计算）有理，原审法院依法予以支持。亿心公司有关借款已经还清的抗辩理由，原审法院不予采信。

根据《中华人民共和国公司法》第六十四条的规定，一人有限责任公司的股东不能证明公司财产独立于股东自己的财产的，应当对公司债务承担连带责任。王某未能提供充分证据证明公司财产独立于其个人的财产，应当对公司债务承担连带责任。现李某某要求王某对亿心公司的上述债务承担连带清偿责任有理，原审法院依法予以支持。王某有关其不应承担连带清偿责任的抗辩，缺乏证据支持，原审法院不予采信。

原审法院判决如下：一、广州市亿心装饰工程有限公司于判决发生法律效力之日起10日内，向李某某偿还本金173,000元及利息（利息自2012年6月8日起计至判决确定的给付之日止，按中国人民银行同期同类贷款利率计算）。二、王某对广州市亿心装饰工程有限公司的上述债务承担连带清偿责任。

上诉人亿心公司、王某不服原审判决，向二审法院提起上诉称：一、在认定法律事实方面，一审法院对借贷关系仅以《借条》为证，而对《借条》产生的客观事实背景却不予认定，其认定的事实是片面的。李某某出具的《借条》是在胁迫的情况下，亿心公司、王某违背真实意思表示下签署的，应认定其无效。几年前，亿心公司与李某某的确存在借贷关系，但是向李某某所借款项并非《借条》上所显示的数额￥733,000元。《借条》的借款数额是借款本金加高贷利息的总和，根据《合同法》第二百一十一条规定："自然人之间的借款合同约定支付利息的，借款的利率不得违反国家有关限制借款利率的规定"，同时根据最高人民法院《关于人民法院审理借贷案件的若干意见》① 的有关规定："民间借贷的利率可以适当高于银行的利率，但最高不得超过银行同类贷款利率的四倍"，现亿心公司已经偿还李某某所借款项的本金和受法律保护的利息，而对于超出不受法律保护的部分利息则无须偿还。二、亿心公司的财产独立于王某的个人财产，一审法院对相关事实的认定不准确，适用法律错误。王某作为亿心公司的法定代表人，自公司成立以来，对外发生关系时一直将自己与公司区分对待，在公司担任经理职务时，除正常签收领取每月工资外，并没有利用公司有限责任原则为自己获取任何其他利益。另外公司有自己的账户，有独立并发挥作用的会计部门，在每一会计年度终了时编制纳税申报表及会计报表，通过严格的财务制度来区分公司与个人财产。因此，亿心公司的

---

① 已失效。

财产独立于王某的个人财产，王某无需对公司债务承担连带清偿责任。综上所述，原审法院有认定事实不清，适用法律不当的错误，亿心公司、王某请求撤销原审判决，依法改判，一、二审诉讼费用由李某某承担。

被上诉人李某某答辩称，原审法院认定事实清楚，适用法律正确，请求驳回亿心公司、王某的上诉请求，维持原判。

二审法院确认原审法院查明的事实。

二审法院认为，亿心公司于2011年3月8日出具借条确认向李某某借款733,000元，并承诺分期偿还。借条是证实民间借贷法律关系中当事人之间借贷关系的确立以及款项交付最为直接、有效的证据，亿心公司的法定代表人王某作为具有完全民事行为能力的成年人，完全具备理解借条内容的能力，亿心公司应当承担签署借条所产生的法律后果，二审法院认定李某某与亿心公司民间借贷关系成立。亿心公司、王某主张借条是在胁迫的情况下违背真实意思表示签署的，但未提供报警材料或其他证据证实，二审法院对该主张不予采纳。亿心公司、王某主张已还清涉案借款，但其提供的证据不足以证实其在2011年3月8日后已还清涉案借款，在李某某自认亿心公司已偿还560,000元的情况下，原审认定亿心公司尚欠李某某173,000元，并无不妥，二审法院对亿心公司、王某的上述主张不予采纳。亿心公司、王某主张亿心公司的财产独立于王某的个人财产，王某无需对亿心公司的债务承担连带清偿责任，但亿心公司、王某提交的证据不能证实其上述主张，二审法院对上述主张亦不予支持。

二审法院驳回上诉，维持原判。

◎ 点评

本案的主要争议焦点是一人公司的股东是否需要对公司的借款承担连带责任。所谓一人公司是只有一个自然人股东或法人股东的有限责任公司。长期以来，公司法理论一直坚持公司必须有两个或两个以上股东，对一人公司不予承认。上述作法的主要原因是一人公司的股东容易滥用公司独立法人地位，与公司的财产和行为混淆不清，以达到损害公司债权人的目的。我国《公司法》最初并没有承认一人公司，但在公司实务中，大量存在股份代持现象，即公司形式上有两个或两个以上股东，但皆为幕后股东的代持人。此种做法形式上达到公司股东数目要求，但本质乃一人公司。由于此种规避作法容易引发争议，徒增纠纷，《公司法》借2005年修订之际引入了一人公司，承认了一人公司的法律地位。

为了更好地保护一人公司债权人的利益，《公司法》第六十三条规定："一人有限责任公司的股东不能证明公司财产独立于股东自己的财产的，应当对公司债务承担连带责任"。该条规定实乃法人资格滥用推定制度。据此，一人公司债权人可以将股东和公司一同列为被告，并请求股东和公司对其债权承担连带偿还责任。此种有罪推定的做法实现了举证责任倒置，即由一人公司股东举证证明公司财产独立于股东自己的财产，否则债权人的主张会得到法院支持。股东如何证明自己的财产独立于一人公司的财产呢？建议从以下几方面着手：第一，提供公司财务会计报告，包括资产负债表、利润表、现金流量表、权益变动表等；第二，提供财务审计报告。《公司法》第六十二条规定："一人有限责任公司应当在每一会计年度终了时编制财务会计报告，并经会计师事务所审计。"第三，提供公司财产清单及权属证明资料。第四，提供公司原始账册。第五，提供公司内部财务管理制度。

就本案而言，原审法院和二审法院皆认为借款人亿心公司和其股东王某的财产混淆，股东王某没有提供充分证据证明公司财产独立于股东个人的财产，故股东应当与公司对贷款人承担连带清偿责任。另外需要注意的是，本案中的一人公司亿心公司和其股东王某在上诉中宣称股东没有利用公司有限责任原则为自己获取任何其他利益，此种说法不准确。公司需要用公司全部财产承担责任，只有公司的股东才以向公司的出资为限对公司债务承担责任，因此，公司适用无限责任，股东适用有限责任。

◎ 法条链接

1. **《公司法》**

第二十条　公司股东应当遵守法律、行政法规和公司章程，依法行使股东权利，不得滥用股东权利损害公司或者其他股东的利益；不得滥用公司法人独立地位和股东有限责任损害公司债权人的利益。

公司股东滥用股东权利给公司或者其他股东造成损失的，应当依法承担赔偿责任。

公司股东滥用公司法人独立地位和股东有限责任，逃避债务，严重损害公司债权人利益的，应当对公司债务承担连带责任。

第五十七条　一人有限责任公司的设立和组织机构，适用本节规定；本节没有规定的，适用本章第一节、第二节的规定。

本法所称一人有限责任公司，是指只有一个自然人股东或者一个法人股东的有限责任公司。

第六十三条　一人有限责任公司的股东不能证明公司财产独立于股东自己的财产的，应当对公司债务承担连带责任。

37. 公司控股股东滥用公司法人地位，损害债权人利益，是否应当对公司借款承担连带责任？

——赵某新与深圳市尚衡华松投资企业等民间借贷纠纷上诉案①

裁判要旨

公司股东应当遵守法律、行政法规和公司章程，依法行使股东权利，不得滥用公司法人独立地位和股东有限责任损害公司债权人的利益。公司股东滥用公司法人独立地位和股东有限责任，逃避债务，严重损害公司债权人利益的，应当对公司债务承担连带责任。

◎ 基本案情

惠州大亚湾浩晔房产开发有限公司（以下简称浩晔公司）于2007年11月15日依法登记成立，注册资金为2,000万元人民币。

浩晔公司因开发房地产需要资金多次向诸某飞借款。2009年7月1日，诸某飞与浩晔公司（具体经办人为浩晔公司当时的法定代表人戴某明）进行结算，结算后由浩晔公司当时法定代表人戴某明亲笔出具《借条》一份，载明：浩晔公司从2007年12月1日～2009年7月1日分多次向诸某飞借款人民币本金750万元及利息150万元，到2009年12月31日还清；2009年7月1日以后的利息按月利率2.5%计算；原所有借条由浩晔公司收回作废，借款本金及利息以本借条为准；如借款人浩晔公司不能按时归还借款，借款人同意诸某飞向浙江省兰溪市人民法院起诉。浩晔公司在借条上加盖公章。

2010年1月13日，浙江颖三纺织品有限公司（以下简称颖三公司）以浩晔公司拖欠到期债务本金1,300万元及利息无力偿还为由向惠州市中级人民法院（以下简称惠州中院）申请该公司破产。

2010年1月25日，惠州中院作出（2010）惠中法民二初字第11－1号民事裁

① 浙江省金华市中级人民法院民事判决书（2014）浙金商终字第279号

定书，受理了颖三公司对浩晔公司的破产申请。

2010 年 2 月 5 日，惠州中院作出（2010）惠中法民二初字第 11 -6 号民事裁定书，决定选定广东方正联合律师事务所为浩晔公司破产管理人。

2010 年 4 月 8 日，诸某飞向破产管理人申报债权。2010 年 10 月 12 日，破产管理人做出《债权表》，表明诸某飞的债权为本金 750 万元利息 281.25 万元；2010 年 10 月 26 日，破产管理人做出第二份《债权表》，经债权人会议核查确定诸某飞的债权为本金 750 万元、利息 281.25 万元（利息均计算到破产受理之日，计 210 天，按月利率 2.5%计息）。

2011 年 5 月 30 日，颖三公司向惠州中院提出撤回对浩晔公司的破产申请。

2011 年 7 月 7 日，惠州中院作出（2010）惠中法民破字第 2 -26 号民事裁定书认为，广东美地投资集团有限公司（以下简称广东美地）在收购王某真、倪某申报的债权后作为债权人提出书面《破产企业重整申请书》要求对浩晔公司重整，后经广东美地努力，案外人惠州容大发展有限公司提供 5,000 万元的重整保证金到惠州中院账上。2011 年 5 月 19 日广东美地、浩晔公司的原法定代表人戴某明与卢某民就其申报的抵押债权偿还问题达成了一致协议，协议签订后，卢某民从惠州中院领取了 4,950 万元，惠州中院也解除了对浩晔公司名下土地使用权的查封，同时各债权人也同意颖三公司向惠州中院提出撤回对浩晔公司的破产申请，恢复浩晔公司的正常运营，而且广东美地同意法院对其重整申请不作书面处理，对其为了重整浩晔公司而与浩晔公司债权人签订的和解协议、与浩晔公司原股东签订的合作协议等表示合法有效自愿继续履行，并承担审计费、管理人费用、诉讼费。

法院认为同意颖三公司撤回对浩晔公司破产申请不会影响到各方的利益，为此裁定准许颖三公司提出撤回对浩晔公司的破产申请。

2011 年 8 月 9 日，浩晔公司的股东变更为深圳市尚衡华松投资企业（有限合伙）（以下简称尚衡华松）和陈某军，其中尚衡华松出资 1,998 万元人民币，占 99.9%的出资额，陈某军出资 2 万元人民币，占 0.1%的出资额。

2011 年 8 月 10 日，浩晔公司以委托贷款的形式，委托中国建设银行股份有限公司深圳分行（以下简称建行深圳分行）向浩晔公司的控股股东尚衡华松贷款 1.48 亿元，贷款期限为 2011 年 8 月 10 日至 2013 年 2 月 9 日，并以浩晔公司所有的唯一资产——位于惠州市大亚湾西区上田 35,239 平方米的国有土地作抵押，并办理了抵押登记手续，抵押期限为 2 年，至 2013 年 8 月 26 日，贷款的目的是该地块的“锦尚花园”房产项目开发及浩晔公司正常运营。但是所有贷款在贷款到账后的一年多时间内，除被相关的法院扣划 2,000 余万元外，其余贷款近 1.28 亿元均未被用于浩晔公司开发房产项目，致使该房地产“锦尚花园”项目至今未办理施工许可证，也未能开工建设。现浩晔公司无任何办公常所、办公人员。

2012年11月1日，诸某飞将其拥有浩晔公司1,650万元债权（利息计算到2012年11月1日，按月利率2.5%计算）中的800万元转让给赵某新，诸某飞也根据法律规定于2012年11月1日通过邮寄方式通知相关债务人，并于2013年4月10日人民法院报公告的方式再次通知相关债务人。

2012年11月5日，赵某新向原审法院提起诉讼，请求判令：1. 浩晔公司归还欠款800万元。尚衡华松对以上款项承担连带责任。2. 本案的诉讼费用由浩晔公司、尚衡华松承担。

浩晔公司在原审中未到庭参加诉讼，也未提交书面答辩状。

尚衡华松在原审中答辩称：1. 本案所涉及的原债权借条系伪造，故赵某新的诉讼请求缺乏证据和事实依据。本案中赵某新系受让诸某飞对本案浩晔公司拥有的800万元债权后向法院提起诉讼，并提供了浩晔公司向诸某飞出具的借条。在该借条中浩晔公司表示如其不能按时还款浩晔公司同意原债权人向浙江省兰溪市人民法院起诉。但经尚衡华松仔细测量该借条上所盖的浩晔公司公章，发现其直径只有3.5厘米，与浩晔公司在其所属公安部门备案的公章竟有0.5厘米之差。因此该欠条系伪造的证据，赵某新主张的借款事实无相应证据。2. 本案已过诉讼时效，法院应依法驳回赵某新的诉讼请求。根据《民法通则》第一百三十五条："向人民法院请求民事权利的诉讼时效为二年，法律另有规定的除外"及第一百四十条："诉讼时效因提起诉讼、当事人一方提出要求或者同意履行义务而中断。从中断时起，诉讼时效重新计算"，根据上述规定，就本案诉讼时效存在如下问题：假设借条是真实的，依据该借条约定，浩晔公司还款时间系2009年12月31日，但因诸某飞于2010年4月8日向惠州中院提交债权申报申请书，本案诉讼时效应自2010年4月9日起重新计算，至2012年4月8日截止。而赵某新系2012年11月4日才向人民法院提起诉讼，该起诉时间已远远超过诉讼时效。3. 尚衡华松与本案的诉讼请求没有任何关联关系，非本案适格被告，不承担连带责任。本案中尚衡华松系在深圳市注册成立并有效存续的有限合伙企业，根据尚衡华松与浩晔公司等各方签订的编号为JSHY2011001《投资合作协议》，其以股权和债权投资形式为浩晔公司提供总额为人民币1.68亿元的项目周转资金，其中人民币2000万元用于受让惠州市美地房产开发有限公司（以下简称惠州美地）持有浩晔公司100%的股权，剩余人民币1.48亿元以委托贷款形式向浩晔公司进行债权投资。同时浩晔公司及惠州美地为该笔贷款分别提供了土地号为惠湾国用（2008）第13xxx152号土地及惠州市河南岸金山湖18号小区美地花园合计22套商铺的房产为该笔委托贷款提供抵押担保。《投资合作协议》签订后，尚衡华松与惠州美地、浩晔公司等各方分别签订了《股权转让协议书》《抵押合同》等一系列担保合同，其中《股权转让协议书》第九条明确约定，尚衡华松受让浩晔公司股权是浩晔公司从尚衡华松处借款而向尚衡华松提供的担保。实际上尚衡华松在作为浩晔公司的名义股东期间，不参与浩晔公司的实际经营以及项目的建设，浩晔公司仍由原股东即惠州美地管理和运营。同时尚衡华松作为浩晔公司的名义股东已依法全面履行了相应的出资义务，未曾有任何抽逃出资等情形。而赵某新认为尚衡华松挪用贷款，系完全违背事实，其未提供任何证据证明。与此同时，浩晔公司及惠州美地为该笔借款分别提供的土地和商铺抵押均为委托贷款的正常担保措施，赵某新称尚衡华松恶意吞并浩晔公司唯一资产更是缺乏证据。因此本案中，对于浩晔公司的对外债务，只能由浩晔公司依法以其所有的财产对外承担民事责任，而作为案外人的尚衡华松与赵某新提起的债务毫无关系，并非本案的适格被告，无须对该债务承担连带责任。4. 赵某新与诸某飞之间的债权转让不真实、不合法，未发生法律效力。首先，因尚衡华松提供的证据证明原债权的借条系伪造的，原债权是否真实存在尚待证实；其次，该债权转让无任何对价，不符合常情；同时根据《合同法》第八十条规定："债权人转让债权的，应当通知债务人。未经通知，该转让对债务人不发生效力。"可见，债权转让通知是债权转让对债务人生效的必要条件之一，赵某新提供的邮递单只显示赵某新于2012年11月4日将债权转让通知书寄出，而本案尚衡华松、浩晔公司均未表示收到该通知，而同日赵某新提起诉讼，因此其提起诉讼时该债权转让并未生效。由此可见，赵某新与诸某飞之间的债权转让明显不真实、不合法，也未发生法律效力，其对尚衡华松恶意提起诉讼之目的显露无遗。综上所述，赵某新要求尚衡华松承担连带责任的诉讼请求缺乏事实依据，且无相应证据予以支持，同时本案已过诉讼时效，尚衡华松请求贵院在查明事实的基础上，依法驳回赵某新的诉讼请求，维护尚衡华松的合法权益。

原审法院认为，本案本诉争议的焦点问题有以下几个方面：一、借款是否属实、《借条》上浩晔公司公章印鉴的真伪鉴定；二、本案是否超过诉讼时效；三、800万元债权转让是否有效；四、尚衡华松是否本案适格被告，是否应承担连带责任。

一、借款是否属实

1. 借条及出具该借条并盖印公章的原浩晔公司法定代表人戴某明证人证言对借款的事实经过及《借条》上公章印鉴的真实性予以确认；2. 在浩晔公司破产清算期间，诸某飞依法向破产管理人申报债权及在多次召开的债权人会议中，破产管理人、其他各债权经过审查后均对该笔债权予以认可，并且惠州中院相关民事裁定书对诸某飞申报债权的事实也作了确认；3. 尚衡华松认为经其仔细测量该《借条》上的浩晔公司公章印鉴，发现其直径只有3.5厘米，但其没有提供证据证明测量的部门、方法、工具、依据等情况，只凭其单方说辞不值得采信。尚衡华松在第一次开庭审理前申请对《借条》上浩晔公司公章印鉴与浩晔公司在其所属公安机关备案登记的公章印鉴进行真伪对比鉴定，并提供2007年11月19日惠湾（2007）公印字651号刻章许可证。但赵某新提供了2009年6月15日的遗失声明、2009年6月17日惠湾（2009）公印字443号刻章许可证，证明浩晔公司2007年11月19日刻制的公司公章经惠州市大亚湾经济技术开发区公安局批准已于2009年6月15日登报声明作废并于2009年6月17日在惠州大亚湾新明星印章销售中心重新刻制了公司公章，经原审法院到浩晔公司所属公安机关核查属实。同时根据2009年6月17日惠湾（2009）公印字443号刻章许可证而刻制浩晔公司新公章的惠州大亚湾新明星印章销售中心负责人温某委的调查，也证实浩晔公司根据2009年6月17日惠湾（2009）公印字443号刻章许可证在其处刻制新的公司公章。而《借条》上的公章印鉴是在原公章作废后的2009年7月1日所盖，为此尚衡华松提出对2009年7月1日《借条》上的浩晔公司公章印鉴与2009年6月15日已登报声明作废的在2007年11月19日惠湾（2007）公印字651号刻章许可证上备案的浩晔公司公章印鉴做对比真伪鉴定之申请没有事实与法律依据。4. 在第二次开庭审理时尚衡华松又提出2007年7月1日《借条》上的浩晔公司公章印鉴与2009年6月17日重新刻制的浩晔公司的公章印鉴不相符，要求申请公章真伪鉴定。作为申请方的尚衡华松负有提供浩晔公司于2009年6月17日刻制的在当地公安机关备案留底的公章印鉴的举证责任，原审法院告知其提供公章真伪鉴定所需的样本，但尚衡华松一直未提供，致使无法对《借条》上浩晔公司的公章印鉴真伪进行鉴定，造成这一法律后果的责任应由负有举证责任的尚衡华松承担。为此诸某飞与浩晔公司之间的借款事实、《借条》的真实性足以认定。

二、本案是否超过诉讼时效问题

《借条》约定借款在2009年12月31日还清。2010年1月13日颖三公司以浩晔公司拖欠到期债务本金1300万元及利息无力偿还为由向惠州中院申请该公司破产。2010年1月25日，惠州中院作出（2010）惠中法民二初字第11－1号民事裁定书，受理了颖三公司对浩晔公司的破产申请。2010年4月8日诸某飞向破产管理人申报债权。2011年5月30日，颖三公司向惠州中院申请撤回对浩晔公司的破产申请。2011年7月7日惠州中院作出（2010）惠中法民破字第2－26号民事裁定书裁定准许颖三公司申请撤回对浩晔公司的破产申请。因此本案的诉讼时效应从2011年7月7日开始计算，赵某新于2012年11月5日起诉，没有超过诉讼时效。

三、800万元债权转让行为是否有效问题

债权人诸某飞已经依法履行了债权转让通知义务，特快专递邮件详情单上有邮政快递公司的印章并注明是“转让通知书”，而且诸某飞通过登报的形式予以通知，为此应当认定诸某飞已履行了债权转让通知义务。至于公告是在诉讼期间问题，法律没有明确的规定债权转让通知必须在什么时间进行，诸某飞在诉讼期间履行债权转让通知义务没有违反法律禁止性规定，为此800万元债权转让行为合法有效。

四、尚衡华松是否为本案适格被告，是否应承担连带责任问题

1. 尚衡华松作为公司的绝对控股股东，应审慎地进行经营管理并依法承担其所负的责任和义务。2011 年 8 月 10 日尚衡华松以委托贷款的形式，委托建行深圳分行将其 1.48 亿元巨额款项借给其控制的浩晔公司，贷款期限为 2011 年 8 月 10 日 ~2013 年 2 月 9 日，同时以浩晔公司所有的唯一资产——位于惠州市大亚湾西区上田 35239 平方米的国有土地作抵押，并办理了抵押登记手续。但是尚衡华松的贷款到浩晔公司账上后，不按约定用途使用，致使浩晔公司“锦尚花园”房地产项目至今未能办理施工许可证，项目不能开工，该笔抵押贷款现已逾期未还。现有证据事实表明，浩晔公司除前述抵押土地之外，没有任何资产，根本没有能力偿还该笔巨额贷款及利息，尚衡华松将依法行使抵押权而取得浩晔公司所有的唯一资产——惠湾国用 2008 第 13xxx152 号 35239 平方米的国有土地使用权。其他债权人的债权无法得到清偿，蒙受重大损失；2. 尚衡华松辩称其对浩晔公司的持股仅仅是表面的持股，不参与浩晔公司的实际经营以及项目的建设，浩晔公司仍由原股东即惠州美地管理和运营。同时尚衡华松作为浩晔公司的名义股东已依法全面履行了相应的出资义务，未曾有任何抽逃出资等情形，故不应对债务承担连带责任。尚衡华松是浩晔公司的绝对控股股东，出资额占 99.9%，事实上成为一人公司。尚衡华松成为浩晔公司的股东前，浩晔公司负担了大量债务，且被申请破产，并进行重整。尚衡华松作为浩晔公司的绝对控股股东更需审慎地经营管理浩晔公司，对建设该房产项目而贷出的款项进行严格地管控，以避免债权人的利益遭受损失。即使尚衡华松认可由某个人或某个组织对浩晔公司进行管理，尚衡华松作为公司的绝对控股股东，其有责任和义务对浩晔公司以其唯一财产进行抵押而获得的贷款进行监控，也要对公司管理者的行为进行负责。但现有证据不能证明浩晔公司所贷款项是用于房地产开发项目，庭审中，尚衡华松也无法说明这 1.48 亿元支付的原因。而目前，浩晔公司的房产项目尚未办理施工许可证，该房产项目未开工，公司贷款已被全部转移。尚衡华松又未能合理说明贷款的具体用途，其具有不可推卸的责任，尚衡华松作为浩晔公司的实际放贷人，有浩晔公司的唯一资产——惠湾国用 2008 第 13xxx152 号 35239 平方米的国有土地使用权作抵押，其相关的权益必然得到保障。但尚衡华松滥用公司法人人格，对浩晔公司资产进行不正当的支配，通过合法途径转移了浩晔公司的唯一资产，逃避债务，恶意规避公司义务，对债权人的利益造成极大的损害，也违背了“诚实信用”原则，其行为符合《公司法》第二十条的规定。3. 尚衡华松是占浩晔公司 99.9% 的控股股东，其变相通过抵押贷款方式取得了浩晔公司的唯一资产的处置权，成为浩晔公司唯一财产的受偿者，使其他债权人失去受偿机会，明显具有恶意，即使不存在滥用股东权利，也应在取得财产范围对浩晔公司债务承担清偿责任。综上，尚衡华松滥用公司法人人格，转移资产，逃避债务，恶意

规避公司义务，对公司其他债权人的利益造成极大的损害，其对公司的债务应承担连带责任。

原审法院判决：一、浩晔公司应于本判决生效之日起10日内归还赵某新人民币800万元。二、尚衡华松对上述款项承担连带清偿责任。

上诉人尚衡华松不服原审法院上述民事判决，向二审法院提起上诉称：

一、原审认定事实错误。1. 对借款事实认定错误。为了证明借款的事实，赵某新提供了一份《借条》和戴某明的《证明》，但作为证明借款真实发生的最重要直接证据转账凭证，其一直未提供，故借款事实不真实。其次，该借条系伪造，借条上的公司印章与其在公安机关备案的公章直径差0.5厘米。且在浩晔公司破产清算期间，对诸某飞的债权的真实性、数额，惠州中院并未认可，原审法院在“偷换概念”。2. 原审对浩晔公司款项未用于房地产开发项目上的认定是错误的。赵某新除了申请法院调取浩晔公司在建行的明细账户外，未提供任何证据证明浩晔公司款项未用于房地产项目和公司周转，仅从该账户明细表来看，根本看不出该款项被挪用或恶意转移，据了解，浩晔公司的款项均用于支付工程款、钢筋款及原股东惠州美地之间的往来款。原审认定惠州大亚湾经济开发区城建档案馆无“锦尚花园”项目许可证，来说明该项目未开工也是错误的。城建档案馆备案是后置程序，全部项目开发完毕后，项目资料交由档案馆保存，项目有无开工，以实际施工为准，政府审批资料不代表项目是否开工。据了解，该项目已进行了桩基础、地坑等施工并投入了几千万元。

二、原审判决适用法律错误。原审法院依据《中华人民共和国公司法》第二十条第三款认定尚衡华松滥用公司法人人格，转移资产、逃避债务，恶意规避公司义务，对公司其他债权人的利益造成极大的损害，属于适用法律错误。1. 尚衡华松不是浩晔公司真正处于支配地位的股东。2011年8月2日，尚衡华松与浩晔公司等各方为浩晔公司借款事宜签订了《投资合作协议》，并约定尚衡华松以股权和债权投资形式为浩晔公司提供总额为1.68亿元的项目周转金，其中2,000万元用于惠州美地持有100%股权，其余1.48亿元以委托贷款形式向浩晔公司进行债权投资，同时浩晔公司及惠州美地以其房产为该委托贷款提供抵押担保。尚衡华松与惠州美地、浩晔公司等各方又分别签订了《股权转让协议书》《抵押合同》等一系列担保合同。其中《股权转让协议书》第九条第1款明确规定，尚衡华松受让浩晔公司股权是为了浩晔公司从尚衡华松处借款而向尚衡华松提供的担保。上述该部分事实可参见金华市中级人民法院正在审理的（2013）浙金执异初字第2、3号案件，部分事实已在（2013）浙金执异字第5、6号执行裁定中确认，上述运作方式是目前国内房地产私募股权基金普遍采取的通用做法，这是市场经济的正常活动。实际上尚衡华松是浩晔公司的债权人，其并不参与浩晔公司的实际运营和管理，原审法院在未了解房地产私幕股权基金行业运作的情况下，未分清名义股东和实际支配股东便对尚衡华松适用公司法人人格否认制度是错误的。2. 尚衡华松没有实施任何转移财产、逃避债务之行为。在《股权转让协议》第九条、第十一条，尚衡华松与惠州美地明确约定受让股权的原因以及股权回购的时间、价款、支付利息标准，并约定尚衡华松作为浩晔公司名义股东期间，不参与浩晔公司的实际经营以及项目的建设，浩晔公司仍由原股东惠州美地管理和运营，浩晔公司的高层管理人员也并非尚衡华松指派担任。所以，尚衡华松不是浩晔公司的实际控制人，不可能、实际也无法实施任何转移公司财产的行为。从浩晔公司的明细表上看，任何一项转让均与尚衡华松无关，也未流入尚衡华松控制的关联账户。土地抵押系尚衡华松为了债权安全而设置的，并不是转移公司资产的手段。尚衡华松为谋取投资回报而设立的房地产私幕股权基金，投资款项也来源于45个自然人，是通过购买银行理财产品而成为合伙人，尚衡华松不存在任何侵害他人财产主观的故意。3. 赵某新起诉已超过诉讼时效。诸某飞向惠州中院申报债权的时间为2010年4月8日，2011年7月7日惠州中院作出裁定准许颖三公司撤回破产申请。惠州中院虽受理了诸某飞的申报，但其作出的裁定仅对颖三公司和浩晔公司有效，因此诸某飞的诉讼时效应从其申报债权之日即2010年4月8日开始计算，原审法院认为按2011年7月7日计算诉讼时效是不对的。4. 本案800万元的债权转让行为未生效。债权人虽提供了特快专递邮件，但其未提供证据证明该邮件已送达债务人，赵某新在起诉时，该债权转让并未送达给债务人，原审法院应裁定驳回起诉。

三、本案的判决错误，社会影响恶劣。原审法院在借款事实都未查清的情况下，完全不了解市场经济前沿地区房地产私募股权基金的运作方式，出于地方保护作出错误判决。

被上诉人赵某新答辩称：一、一审判决认定事实清楚，诸某飞与浩晔公司的借款是真实的。1. 关于借款是否真实发生，出借人浩晔公司与借款人均予以认可，尚衡华松认为借款不真实，其应该提供证据来证明，但是到目前为止，其均未提供任何充分的证据来证明其观点。何况借条上有浩晔公司的公章、当时法定代表人戴某明的证明、惠州中院受理借款人浩晔公司破产时破产管理人召开的债权人会议确认的、惠州中院相关的裁定，均可以证明借款的真实存在。汇款凭证只是证明借款真实存在的一方面，而不是全部。2. 关于借条上公章的问题。尚衡华松认为借条上的公章是3.5厘米的说法没有依据，庭审时尚衡华松提交的几份证据已经超出了举证期限，而且也是其单方委托的鉴定，鉴定的样本又是复印件，所以鉴定结论是不值得采信的。虽然根据相关的规定以及当地公安机关的要求，有限责任公司的印章尺寸为4.0厘米，但印章印模也有可能会有误差。作为出借人来说，公章盖上来以后不可能会去确认，所以出借人不应该负任何责任。就算浩晔公司当时出具的时候有什么问题，也是尚衡华松与浩晔公司之间的事情，与出借人无关。3. 2011185号委托贷款合同约定，贷款的用途是为了建设浩晔公司所属的锦尚花园项目及浩晔公司的日常运营，但到目前为止，锦尚花园项目没有动工建设，挖的地基也变成了养鱼的池塘，一审法官也到实地进行过考察。正是由于以上的原因，导致浩晔公司无法偿还出借方尚衡华松的1.48亿元借款，尚衡华松也以建行深圳市分行的名义向深圳市中级人民法院提起标的为1.48亿元的（2013）深中法初字第40号案件。所借的款项全部以各种形式被转移，赵某新已经尽了最大的努力充分证明以上事实。而且根据委托贷款合同，尚衡华松是浩晔公司的股东，对于款项有监管的职责，所以款项支出其应该最为清楚，其认为没有挪用资金，应该承担证明资金是用于项目上的，所有的款项都是由于项目原因汇出的举证责任。任何一个建设项目证照不齐的话是不可能开工的，而手续的办理在相关部门也有记录，没有施工许可证肯定不能开工，事实上也是如此。

二、一审判决适用法律正确。尚衡华松滥用公司法人人格转移浩晔公司财产的行为主观上存在明显的恶意。1. 尚衡华松占有浩晔公司99.9%的股权，陈某军投资2万元，占公司0.1%的股权，而且从尚衡华松的工商登记来看，陈某军也是尚衡华松的员工，2000万元的股权转让金也全部是由尚衡华松所支付的，一审时的汇款凭证及其他依据可以证明这点。同时在深圳中院开庭审理的时候，尚衡华松代理人清楚陈述陈某军是代尚衡华松持有0.1%的股权，所以浩晔公司其实是一人公司，浩晔公司就是尚衡华松，尚衡华松就是浩晔公司。尚衡华松与其他案外人签订了合作投资协议等相关文件，都是其内部约定，不能对抗法律规定，也不能对抗善意第三人。（2013）金执异字第16号、17号案件到现在为止也没有结案，相关的裁定也未发生法律效力，尚衡华松上诉状中提出的2、3、5、6号裁定书应该向法院提供，赵某新没有看到过。任何商业运作都应该遵守法律规定，都应该受到法律约束，尚衡华松所谓的其不参与公司经营、管理的说法不符合常理，也不符合本案事实，也与其签订的委托合同中约定其行使贷款资金权利的约定相违背。2. 尚衡华松实施了滥用公司法人资格、转移财产、逃避债务、恶意规避公司业务，对公司其他债权人的利益造成了极大损害。3. 诉讼时效问题以及800万元转让行为是否生效的问题。本案并未超过诉讼时效，800万元的债权转让已经发生了法律效力，同意一审法院的认定。

上诉人尚衡华松向二审法院提出鉴定申请，要求对2009年7月1日借条上借款人落款处“惠州大亚湾浩晔房产开发有限公司”印章与2009年浩晔公司在惠州大亚湾经济技术开发区公安局备案的公章是否一致进行鉴定。庭后，赵某新也向二审法院提出鉴定申请，要求对2009年7月1日借条上借款人落款处“惠州大亚湾浩晔房产开发有限公司”印章有否在该公司其他材料中使用进行鉴定。二审法院依法委托浙江汉博司法鉴定中心进行鉴定，浙江汉博司法鉴定中心出具文书司法鉴定意见书载明：1. 日期为“2009 年 7 月 1 日”的《借条》上落款处“惠州大亚湾浩晔房产开发有限公司”印文与 2009 年该公司在惠州大亚湾经济技术开发区公安局备案的公章印文是同枚印章盖印形成。2. 日期为“2009 年 7 月 1 日”的《借条》中落款处“惠州大亚湾浩晔房产开发有限公司”印文与样本 1－6 印文是同一枚印章盖印。尚衡华松和赵某新对该鉴定意见书均予以认可。

二审法院驳回上诉，维持原判。

◎ 点评

本案涉及公司法人格否认问题。公司法人格否认又称揭开公司面纱，是指公司股东滥用公司法人资格，转移侵吞公司财产，损害公司债权人利益，法院否认公司法人资格和股东有限责任，判定股东对公司债务承担连带责任。公司法人格否认制度源自美国，后影响世界各国公司立法。2005 年，我国《公司法》引入了公司法人格否认制度，其第二十条规定：“公司股东应当遵守法律、行政法规和公司章程，依法行使股东权利，不得滥用股东权利损害公司或者其他股东的利益；不得滥用公司法人独立地位和股东有限责任损害公司债权人的利益。公司股东滥用股东权利给公司或者其他股东造成损失的，应当依法承担赔偿责任。公司股东滥用公司法人独立地位和股东有限责任，逃避债务，严重损害公司债权人利益的，应当对公司债务承担连带责任”。据此，我国《公司法》规定的公司法人格否认制度的基本要件是：第一，公司股东滥用法人独立地位和股东有限责任。我国《公司法》没有明确公司股东滥用法人独立地位和股东有限责任的具体行为。考察美国公司法相关判例，典型的行为包括公司资本不足、公司与股东人格混同、关联交易、转移公司财产等。第二，股东的目的是逃避债务。此目的是依据公司股东的相关行为推定得出。第三，公司股东滥用法人独立地位和股东有限责任的行为严重损害公司债权人利益。如果不是严重损害债权人利益，不得适用公司法人格否认制度。

本案所涉公司为惠州大亚湾浩晔房产开发有限公司（以下简称浩晔公司），其股东为深圳市尚衡华松投资企业（有限合伙）（以下简称尚衡华松）和陈某军，其中尚衡华松出资 1,998 万元人民币，占 99.9% 的出资额，陈某军出资 2 万元人民币，占 0.1% 的出资额。可见，尚衡华松是浩晔公司的绝对控股股东。2011 年 8 月 10 日，尚衡华松以委托贷款的形式，通过中国建设银行股份有限公司深圳分行向浩晔公司出借资金 1.48 亿元，贷款期限为 2011 年 8 月 10 日至 2013 年 2 月 9 日，并以浩晔公司的唯一资产 35,239 平方米的国有土地作抵押，并办理了抵押登记手续，抵押期限为 2 年，至 2013 年 8 月 26 日，贷款用途为“锦尚花园”房产项目开发及浩晔公司正常运营。但在上述借款进入浩晔公司账户后，仅在 2011 年 8 月 31

日一天内，浩晔公司即向三家公司汇出款项共计达8,000万元，其余贷款亦已全部转移，均未用于“锦尚花园”房产项目开发和浩晔公司日常经营，且尚衡华松和浩晔公司未举证证明其与上述三家公司及其他收款公司存在正常的业务往来，也未作出其他合理的解释。另外，浩晔公司无任何办公场所和办公人员。综上，尚衡华松作为浩晔公司的绝对控股股东，利用控制优势和身兼公司债权人的便利，将公司唯一资产35,239平方米的国有土地作为其对浩晔公司贷款债权的担保，同时将公司资金掏空，存在转移资产、逃避债务、严重损害债权人利益的情形。因此，法院适用《公司法》第二十条，判定尚衡华松对赵某新800万元债权承担连带清偿责任。

◎ 法条链接

1.《公司法》

第二十条 公司股东应当遵守法律、行政法规和公司章程，依法行使股东权利，不得滥用股东权利损害公司或者其他股东的利益；不得滥用公司法人独立地位和股东有限责任损害公司债权人的利益。

公司股东滥用股东权利给公司或者其他股东造成损失的，应当依法承担赔偿责任。

公司股东滥用公司法人独立地位和股东有限责任，逃避债务，严重损害公司债权人利益的，应当对公司债务承担连带责任。

38. 向公司出借资金的民间借贷出借人能否请求抽逃出资的股东承担责任?

——夏某芹与鲁钢钢铁有限公司等民间借贷纠纷上诉案[①]

裁判要旨

公司成立后，股东不得抽逃出资。公司债权人请求抽逃出资的股东在抽逃出资本息范围内对公司债务不能清偿的部分承担补充赔偿责任、协助抽逃出资的其他股东、董事、高级管理人员或者实际控制人对此承担连带责任的，人民法院应予支持；抽逃出资的股东已经承担上述责任，其他债权人提出相同请求的，人民法院不予支持。

① 山东省泰安市中级人民法院（2015）泰民一终字第291号

◎ 基本案情

2012年8月20日，原告夏某芹与被告鲁钢钢铁有限公司（以下简称鲁钢钢铁）签订借款合同一份，约定：“甲方：鲁钢钢铁有限公司；乙方：夏某芹；甲方公司为求发展，暂借乙方人民币贰拾万元，（必要时经双方同意可以顺延），月息2%，利息每月15日以前甲方按时会打入乙方账户，户名：王某林，账号15×××25，合同终止时，甲方一次性将本金返还乙方；甲乙必须遵守相互诚信原则，切实保护双方的合法利益，不得违约。乙方如提前支取请提前告知甲方”。被告鲁钢钢铁在甲方处加盖公章，原告夏某芹在乙方处签字。

2012年8月27日，原告与被告鲁钢钢铁签订借款合同一份，内容同2012年8月20日的借款合同，另约定借款期限为1个月。

后2012年9月18日、2012年10月26日，2012年12月27日，原告又分别与被告鲁钢钢铁签订借款合同三份，内容基本同2012年8月20日的借款合同，但借款金额分别为12万元、25万元、10万元，其中2012年9月18日的借款合同中未约定借款期限，2012年10月26日、2012年12月27日的借款合同中均约定借款期限为3个月，三份借款合同均约定借款利息为月息2%，户名：夏某芹，账号15×××53。上述五笔借款金额共计87万元。

借款到期后，被告鲁钢钢铁并未偿还借款，因此原告诉至原审法院，要求被告鲁钢公司承担偿还本息的责任，被告赵某学、孙某燕在抽逃资金、虚假出资的范围内承担还款责任。

关于上述借款的形成过程及款项交付过程，原告称2012年8月初济南市公安局以被告赵某学、孙某燕涉嫌犯罪将二人刑事拘留，为凑足二人的取保候审金，公司向原告借款，原告又向亲友王某林借款40万元，并由原告出面与公司签订借款合同，二人变更强制措施后，鉴于二人生活困难，原告又分别用自己的积蓄出借给公司，五笔借款的经办人为该公司现金出纳李某程、赵某甲等人。其中，2012年8月20日的20万元借款，是原告夏某芹通过向被告鲁钢钢铁的银行账户转账支付；2012年9月18日、2012年10月26日、2012年12月27日的12万元、25万元和10万元借款，是由原告带现金与被告鲁钢钢铁的会计一起去银行，由会计存入被告鲁钢钢铁的银行账户；2012年8月27日的20万元借款，原告先与公司签订借款合同后，由该公司现金出纳李某程带原告到农业银行，通过原告之子赵某乙的账户向被告孙某燕账户转账支付20万元，公司也进行了做账处理，至于该笔借款为何未打入公司账户，原告称不知情。为证实被告赵某学明知借款事实，原告提交了赵某学2014年1月9日给赵某海的信函及2013年10月29日的短信。被告鲁钢钢铁则称，虽然五份借款合同中“鲁钢钢铁有限公司”的公章确系该公司所有，但被告鲁钢钢铁并未向原告借款，因原告夏某芹之夫赵某海在被告鲁钢钢铁担任副总经理、主持公司日常工作长达四年之久，上述借款合同均系在赵某海掌管公司的公章期间签订，赵某海有为原告夏某芹出具虚假借款合同的可能性和便利条件，上述借款合同系虚假的，为此被告鲁钢钢铁提交赵某海担任公司副总经理来的录音讲话、工作证、工资发放表、照片合影等证据一宗予以证实。被告还主张原告并未将借款合同中约定的款项交付于公司。后原审法院到中国银行股份有限公司泰安岱岳支行查询被告鲁钢钢铁账号24×××75的账户自2012年7月份以来的交易明细清单，该清单显示，2012年8月20日，被告鲁钢钢铁账户收到原告夏某芹转账支付的20万元，2012年9月18日、2012年10月26日，2012年12月27日该公司账户分别收到现金存入12万元、25万元和10万元；2013年7月2日，被告鲁钢钢铁以支付“利息”的名义向原告夏某芹账户转入56,400元，向王某林账户转入48,000元，原告称该两笔款项系被告鲁钢钢铁向原告及王某林支付的借款利息，被告鲁钢钢铁则称该两笔款项系其支付给二人的工资，但未提供证据证实。庭审过程中，原审法院要求被告鲁钢钢铁提交2012年8月20日至2012年12月27日的该公司账目明细，但该公司称由于被告赵某学、孙某燕在该段时间被刑事拘留，致使公司管理混乱，公司账目下落不明，无法提供。另查明，被告赵某学、被告孙某燕于2012年8月10日被告济南公安局刑事拘留，被告孙某燕于2012年8月21日被释放，被告赵某学于2012年9月3日被释放。期间，为缴纳赵某学的取保候审保证金及退部分赃款，王某、孙某山、被告孙某燕等人于2012年8月27日向济南市公安局共转账支付200万元，其中被告孙某燕共支付了150万元。还查明，鲁钢钢铁系有限责任公司，被告赵某学、山东鲁钢钢铁有限公司、山东天行钢管工业有限公司、山东新农村投资有限公司于2009年5月18日签订《鲁钢钢铁有限公司章程》，约定由上述四个股东共同出资设立鲁钢钢铁，公司注册资本5,500万元，实行分期到位制，第一期出资1,300万元，由股东赵某学以货币出资，于2009年7月27日前缴足，剩余款项自公司成立之日起2年内缴足。山东东岳联合会计师事务所于2009年7月27日出具鲁东岳所验字（2009）第141号验资报告，该报告载明截至2009年7月27日，被告鲁钢钢铁已收到股东赵某学首次缴纳的注册资本（实收资本）1,300万元，股东赵某学以货币出资。被告鲁钢钢铁于2009年7月27日成立，注册资本5,500万元，公司法定代表人、执行董事及总经理为被告孙某燕。2009年8月23日，在被告孙某燕召集并主持下，上述四位股东通过股东会决议，增加公司实收资本4,200万元，其中赵某学以货币出资1,780万元，山东鲁钢钢铁有限公司以货币出资55万元，山东天行钢管工业有限公司以货币出资155万元，山东新农村投资有限公司以货币出资2,200万元，出资时间为2009年8月24日。山东东岳联合会计师事务所于2009年8月24日出具鲁东岳所验字（2009）第169号验资报告，该报告载明截至2009年8月24日，被告鲁钢钢铁已收到股东赵某学、山东鲁钢钢铁有限公司、山东天行钢管工业有限公司、山东新农村投资有限公司缴纳的第2期出资，即本期实收注册资本4,200万元，股东以货币出资，被告鲁钢钢铁累计实收注册资本5,500万元。2013年5月17日，上述四位股东通过股东会决议，山东天行钢管工业有限公司将其在被告鲁钢钢铁的股权以165万元转让给被告孙某燕、山东新农村投资有限公司将其在被告鲁钢钢铁的股权以2,200万元转让给被告孙某燕。被告孙某燕认可虽然进行了股东变更登记，但是其并未支付上述股权的转让金，该转让系无偿转让。2013年5月17日，被告赵某学、孙某燕和山东鲁钢钢铁有限公司通过股东会决议，将被告鲁钢钢铁的法定代表人、执行董事、总经理孙某燕变更为丁某桂。通过上述股东会决议期间，山东鲁钢钢铁有限公司、山东天行钢管工业有限公司的法定代表人为被告孙某燕，山东新农村投资有限公司的法定代表人为被告赵某学。还查明，经原告申请原审法院到中国工商银行火车站支行调取被告鲁钢钢铁账号16×××41的账户2009年8月份进出账情况，该账户2009年8月22日收到山东鲁钢钢铁有限公司入资款55万元，2009年8月24日收到山东天行钢管工业有限公司投资款165万元，同日收到山东新农村投资有限公司投资款2,200万元，同日收到赵某学1,780万元，截至2009年8月24日14时36分，该账户收到上述四位股东新增实收资本4,200万元；该账户于2009年8月24日收到鲁钢钢铁有限公司10,001,000元，于2009年8月25日收到鲁钢钢铁有限公司3,003,000元。后该账户于2009年8月24日以货款名义分8次转入山东新农村投资有限公司账户共计30,010,000元；同日以往来款名义转入山东新农村投资有限公司账户共计6,000,000元；于2009年8月25日分4次以往来款名义转入山东鲁钢钢铁有限公司账户19,004,000元，截至2009年8月25日11时4分，该账户余额为825元。被告鲁钢钢铁主张上述转入山东新农村投资有限公司和山东鲁钢钢铁有限公司的款项均用于山东天行钢管工业有限公司在胶州市的二期建设和机器购买，之所以不直接转入山东天行钢管工业有限公司是为了做账方便。为此，被告鲁钢钢铁提交青岛正明资产评估事务所审计报告书复印件一套予以证实。

◎ 法院审理

原审法院认为，被告鲁钢钢铁分别于2012年8月20日、2012年8月27日、2012年9月18日、2012年10月26日，2012年12月27日与原告夏某芹签订借款合同5份，上述合同的内容不违反法律规定，为有效合同。原告夏某芹在合同签订后，向被告鲁钢钢铁提供了合同约定的借款共计870,000元，以上事实有借款合同5份、泰安市公安局泰山区分局治安管理大队印章备案证明1份、夏某芹、王某林存折各1份、夏某芹向王某林出具的借条1份、鲁钢钢铁账号24×××75的账户交易明细1份、鲁钢钢铁记账凭证一宗、庭审笔录等证据证实，足以认定。上述借款中2012年8月27日、10月26日、12月27日的三笔借款约定的借款期限分别为1个月、3个月和3个月，该三笔借款均已到期；2012年8月20日和9月18日的两笔借款未约定借款期限，原告夏某芹有权随时向被告鲁钢钢铁主张还款，现原告要求被告鲁钢钢铁偿还该五笔借款本金870,000元，于法有据，原审法院予以支持。原告要求被告鲁钢钢铁按借款合同的约定支付利息，不违反国家相关法律规定，原审法院亦予以支持。被告鲁钢钢铁公司称其对借款事实不清楚，显然无事实依据，原审法院不予采信。关于鲁钢钢铁公司称原告之夫赵某海在公司担任副总经理长达四年之久，有伪造借款合同之嫌，不宜认定借贷关系成立的主张，被告鲁钢钢铁公司虽提交了赵某海在公司处理的公文、讲话录音等证据，但鲜有涉及公司财务处理的记载，并不能直接证明借款合同是虚假的，且从双方提交的证据看，孙某燕、赵某学分别于2012年8月21日、9月3日即被解除了刑事拘留措施。2013年5月份公司召开了股东会议、修改了公司章程、办理了股权转让等，能够证实公司处于正常的经营状态，而且公司的银行账目也显示2013年7月份公司账目往来频繁，也能证实此期间公司处于正常的经营状态，在此状况下，银行账目明确记载鲁钢钢铁公司于2013年7月2日向原告等人支付了利息，由此亦无法否认鲁钢钢铁公司与原告之间存有借贷关系。故被告关于虚假合同的主张并无合法有效的证据证实，原审法院不予采信。被告鲁钢钢铁公司系依法设立的有限责任公司，根据《中华人民共和国公司法》第三十六条规定，有限责任公司成立后，股东不得抽逃出资。根据鲁钢钢铁2009年8月23日股东会的增资决议，该公司股东赵某学、山东鲁钢钢铁有限公司、山东天行钢管工业有限公司、山东新农村投资有限公司于2009年8月24日前向鲁钢钢铁账号为16×××41的账户转入增资款4,200万元，鲁钢钢铁实收注册资本5,500万元。但被告鲁钢钢铁于完成验资的当日及第二日，以货款及往来款名义分多次向山东新农村投资有限公司和山东鲁钢钢铁有限公司的账户转账共计55,014,000元，截至2009年8月25日11时4分，该账户余额仅为825元。根据《最高人民法院关于适用〈中华人民共和国公司法〉若干问题的规定(三)》[①] 第十二条规定："公司成立后，公司、股东或者公司债权人以相关股东的行为符合下列情形之一且损害公司权益为由，请求认定该股东抽逃出资的，人民法院应予支持：(一) 将出资款项转入公司账户验资后又转出"，可以认定山东新农村投资有限公司和山东鲁钢钢铁有限公司抽逃出资共计55,014,000元。被告赵某学承认转入上述两公司的款项都用于山东天行钢管工业有限公司的二期建设和机器购买，且被告赵某学系山东新农村投资有限公司的法定代表人，可以认定被告赵某

① 本条于2014年被修改，修改后删除本条第一款。

学作为被告鲁钢钢铁的股东，协助股东山东新农村投资有限公司和山东鲁钢钢铁有限公司抽逃出资 55,014,000 元。在上述股东抽逃出资期间，被告孙某燕系被告鲁钢钢铁的法定代表人、执行董事、总经理，还系山东鲁钢钢铁有限公司和山东天行钢管工业有限公司的法定代表人，可以认定被告孙某燕作为被告鲁钢钢铁的高级管理人员协助股东山东新农村投资有限公司和山东鲁钢钢铁有限公司抽逃出资 55,014,000 元。根据《最高人民法院关于适用〈中华人民共和国公司法〉若干问题的规定（三）》第十四条第二款规定："公司债权人请求抽逃出资的股东在抽逃出资本息范围内对公司债务不能清偿的部分承担补充赔偿责任、协助抽逃出资的其他股东、董事、高级管理人员或者实际控制人对此承担连带责任的，人民法院应予支持"，因此，对于原告夏某芹要求被告赵某学、孙某燕对被告鲁钢钢铁债务不能清偿的部分承担补充赔偿责任，于法有据，原审法院予以支持。被告鲁钢钢铁、赵某学、孙某燕主张公司股东未抽逃出资，根据《最高人民法院关于适用〈中华人民共和国公司法〉若干问题的规定（三）》第二十条规定："当事人之间对是否已履行出资义务发生争议，原告提供对股东履行出资义务产生合理怀疑证据的，被告股东应当就其已履行出资义务承担举证责任"，应由被告鲁钢钢铁、赵某学和孙某燕举证，但是其未提供充分证据予以证实，且其均认可从鲁钢钢铁转入山东新农村投资有限公司和山东鲁钢钢铁有限公司的 55,014,000 元用于山东天行钢管工业有限公司的二期建设和机器购买，而非转账明细中的"货款"和"往来款"，对其鲁钢钢铁股东不构成抽逃出资的主张原审法院不予采信。为此，原审法院判决如下：一、被告鲁钢钢铁有限公司于本判决生效之日起 10 日内偿还原告夏某芹借款本金 870,000 元。二、被告鲁钢钢铁有限公司于本判决生效之日起 10 日内支付原告夏某芹利息（自 2013 年 7 月 1 日起至判决生效之日止，以本金 870,000 元，按照月息 2%计算）。三、被告赵某学、孙某燕对被告鲁钢钢铁有限公司不能清偿的部分承担补充赔偿责任。

上诉人鲁钢钢铁、赵某学、孙某燕不服原审判决上诉称，一、原审法院对欠款事实的认定错误，未查清被上诉人 5 份"借款"款项的真实来源。首先，被上诉人丈夫赵某海恶意以差旅费、工程款的名义侵占上诉人鲁钢钢铁有限公司 157 万元。上述事实，证据充分，一审判决却没有认定。其次，本案不存在被上诉人所称的借款事实。本案的借款合同，系被上诉人的丈夫利用职务之便，私自盖章制作的虚假借款合同；本案中现金存款无法证明是被上诉人所汇，即便是被上诉人所汇，也是在被上诉人丈夫赵某海侵占 157 万元后从该款项中支取的。上述事实，均有相应的回执单、存单等证据可以证明。因此，原判决事实不清，证据不足，对借款事实的认定存在错误。二、原审判决对上诉人抽逃出资的事实认定错误。抽逃出资是指在公司验资注册后，股东将所缴出资暗中撤回，却仍保留股东身份和原有出资数额的一种欺诈性违法行为。而原审中上诉人鲁钢钢铁有限公司先后转入山东新农村投资有限公司、山东鲁钢钢铁有限公司账户的款项，并非为抽逃的出资，而是用于山东天行钢管工业有限公司的二期建设和机器购买，这是公司之间正常的资金往来，是一种公司间的债权债务关系，不应认定为抽逃出资行为。所以让赵某学、孙某燕承担补充赔偿责任，属于认定事实及适用法律错误。

二审法院驳回上诉，维持原判。

◎ 点评

本案涉及公司股东抽逃出资的问题。我国公司实务中，公司股东抽逃出资的现象比较常见。从时间序列来看，我国公司股东抽逃出资的现象呈下降趋势，这与我国公司资本制度放松管制的发展轨迹有关。

1993 年《公司法》规定了严格的法定资本制度。其第二十三条规定："有限责任公司的注册资本为在公司登记机关登记的全体股东实缴的出资额。有限责任公司的注册资本不得少于下列最低限额：（一）以生产经营为主的公司人民币五十万元；（二）以商品批发为主的公司人民币五十万元；（三）以商业零售为主的公司人民币三十万元；（四）科技开发、咨询、服务性公司人民币十万元。特定行业的有限责任公司注册资本最低限额需高于前款所定限额的，由法律、行政法规另行规定。"第二十六条规定："股东全部缴纳出资后，必须经法定的验资机构验资并出具证明。"第七十八条规定："股份有限公司的注册资本为在公司登记机关登记的实收股本总额。股份有限公司注册资本的最低限额为人民币一千万元。股份有限公司注册资本最低限额需高于上述所定限额的，由法律、行政法规另行规定。"可见，依据上述规定，设立公司的主体必须于公司成立时实际缴纳法律规定的注册资本，这给公司设立制造了很大障碍。为了享受公司制度红利，无资金实力的主体通过各种融资方式借钱设立公司，公司一旦完成工商登记，立即将上述资金抽回偿还。此种行为是最常见、最典型的股东抽逃出资情形。

2005 年《公司法》修订了资本制度，放宽了资本管制，主要是大幅降低最低注册资本门槛，同时将注册资本由一次性足额实缴制改为分期缴纳制。2005 年《公司法》第二十六条规定："有限责任公司的注册资本为在公司登记机关登记的全体股东认缴的出资额。公司全体股东的首次出资额不得低于注册资本的百分之二十，也不得低于法定的注册资本最低限额，其余部分由股东自公司成立之日起两年内缴足；其中，投资公司可以在五年内缴足。有限责任公司注册资本的最低限额为人民币三万元。法律、行政法规对有限责任公司注册资本的最低限额有较高规定的，从其规定。"第二十九条规定："股东缴纳出资后，必须经依法设立的验资机构验资并出具证明。"第八十一条规定："股份有限公司采取发起设立方式设立的，注册资本为在公司登记机关登记的全体发起人认购的股本总额。公司全体发起人的首次出资额不得低于注册资本的百分之二十，其余部分由发起人自公司成立之日起两年内缴足；其中，投资公司可以在五年内缴足。在缴足前，不得向他人募集股份。股份有限公司采取募集方式设立的，注册资本为在公司登记机关登记的实收股本总额。股份有限公司注册资本的最低限额为人民币五百万元。法律、行政法规对股份有限公司注册资本的最低限额有较高规定的，从其规定。”另外，为了规范一人公司，2005 年《公司法》对一人公司仍然实行严格的法定资本制度。其第五十九条第一款规定：“一人有限责任公司的注册资本最低限额为人民币十万元。股东应当一次足额缴纳公司章程规定的出资额。”

2013 年《公司法》又修订了资本制度，主要内容包括废除法定注册资本最低限额，改资本实缴制为认缴制，不再限制股东或发起人首次缴纳数额以及分期缴纳期限，并取消了验资要求和证明等。这次修改大大降低了拟设立公司的主体的出资压力，连带也减少了股东抽逃出资的现象。但是，这并不意味着股东抽逃出资现象的消失，因为某些情形下股东仍然需要于公司设立时实际缴纳出资，主要有三种情形：一是公司要维持日常经营必然需要资金，这有赖于股东于公司设立时的实际出资；二是公司章程约定首期出资比例和数额，股东必须依照公司章程缴纳出资；三是我国法律法规对某些企业规定了严格的法定资本制，比如银行、证券、保险等行业的公司，此类企业设立时股东必须实际足额缴纳法定的注册资本。可见，只要股东有出资压力，就难免发生股东抽逃出资的现象。

公司股东抽逃出资，必然减少公司财产，直接影响包括民间借贷出借人在内的公司债权人的利益。《公司法》第三十五条规定：“公司成立后，股东不得抽逃出资。”《最高人民法院关于适用〈中华人民共和国公司法〉若干问题的规定（三）》（法释〔2014〕2 号）第十二条规定：“公司成立后，公司、股东或者公司债权人以相关股东的行为符合下列情形之一且损害公司权益为由，请求认定该股东抽逃出资的，人民法院应予支持：（一）制作虚假财务会计报表虚增利润进行分配；（二）通过虚构债权债务关系将其出资转出；（三）利用关联交易将出资转出；（四）其他未经法定程序将出资抽回的行为。”第十四条规定：“股东抽逃出资，公司或者其他股东请求其向公司返还出资本息、协助抽逃出资的其他股东、董事、高级管理人员或者实际控制人对此承担连带责任的，人民法院应予支持。公司债权人请求抽逃出资的股东在抽逃出资本息范围内对公司债务不能清偿的部分承担补充赔偿责任、协助抽逃出资的其他股东、董事、高级管理人员或者实际控制人对此承担连带责任的，人民法院应予支持；抽逃出资的股东已经承担上述责任，其他债权人提出相同请求的，人民法院不予支持。”第二十条规定：“当事人之间对是否已履行出资义务发生争议，原告提供对股东履行出资义务产生合理怀疑证据的，被告股东应当就其已履行出资义务承担举证责任。”需要注意的是，我国《公司法》对抽逃出资的股东和协助抽逃出资的人员规定的责任存在差异。抽逃出资的股东是在抽逃出资本息范围内对公司债务不能清偿的部分承担补充赔偿责任，协助抽逃出资的人员（包括其他股东、董事、高级管理人员或者实际控制人）对此承担连带责任。

本民间借贷出借人为夏某芹，借款人为鲁钢钢铁。出借人起诉要求借款人鲁钢钢铁还款，同时要求抽逃出资的借款人鲁钢钢铁的股东赵某学、孙某燕承担补充赔偿责任。分析本案案情，借款人鲁钢钢铁分五次向出借人夏某芹借款 87 万元。但是，鲁钢钢铁在完成验资的当日及次日以货款和往来款名义多次向山东新农村投资有限公司和山东鲁钢钢铁有限公司的账户转账共计 55, 014, 000 元的事实，赵某学承认转入上述两公司的款项都用于山东天行钢管工业有限公司的二期建设和机器购买，加之赵某学系山东新农村投资有限公司的法定代表人，故赵某学作为鲁钢钢铁的股东，存在抽逃出资的行为。另外，孙某燕作为鲁钢钢铁的股东，也存在抽逃出资的行为。据此，法院判定赵某学、孙某燕对鲁钢钢铁债务不能清偿的部分承担补充赔偿责任。

◎ 法条链接

1. **《公司法》**

第三十五条 公司成立后，股东不得抽逃出资。

2. **《最高人民法院关于适用〈中华人民共和国公司法〉若干问题的规定（三）》（法释〔2014〕2 号）**

第十二条 公司成立后，公司、股东或者公司债权人以相关股东的行为符合下列情形之一且损害公司权益为由，请求认定该股东抽逃出资的，人民法院应予支持：

（一）制作虚假财务会计报表虚增利润进行分配；

（二）通过虚构债权债务关系将其出资转出；

（三）利用关联交易将出资转出；

（四）其他未经法定程序将出资抽回的行为。

第十四条 股东抽逃出资，公司或者其他股东请求其向公司返还出资本息、协助抽逃出资的其他股东、董事、高级管理人员或者实际控制人对此承担连带责任的，人民法院应予支持。

公司债权人请求抽逃出资的股东在抽逃出资本息范围内对公司债务不能清偿的部分承担补充赔偿责任、协助抽逃出资的其他股东、董事、高级管理人员或者实际控制人对此承担连带责任的，人民法院应予支持；抽逃出资的股东已经承担上述责任，其他债权人提出相同请求的，人民法院不予支持。

第二十条 当事人之间对是否已履行出资义务发生争议，原告提供对股东履行出资义务产生合理怀疑证据的，被告股东应当就其已履行出资义务承担举证责任。

39. 公司未经股东会议或董事会议表决向贷款人提供担保，是否应当承担担保责任？

——福建中信革业有限公司与孙某某等民间借贷纠纷上诉案[①]

裁判要旨

公司未经股东会议或董事会议表决向贷款人提供担保，不得直接依据《公司法》第十六条认定担保协议无效，除非有其他合同无效的情形。

◎ 基本案情

福建中信革业有限公司（以下简称中信公司）原名福建祥大利合成革实业有限公司，于2013年6月17日变更为现名。2011年6月19日，潘某某向孙某某借款60万元，约定月利率4%。同年7月6日，潘某某向孙某某偿还该60万元的利息14,400元，并再次向孙某某借款140万元，出具了一份200万元的《借据》，约定月利率4%，未约定还款期限，中信公司提供连带责任保证并加盖公章和时任法定代表人潘某某签字，但所盖公章经鉴定与工商年检档案中的公章不一致。之后，潘某某分别于同年8月9日、9月7日、10月19日分三次各支付8万元利息，共计偿还利息24万元。之后按照双方的口头约定所有还款均为偿还本金，分别于2011年10月28日偿还20万元、11月3日偿还10万元、11月24日偿还18万元、12月19日偿还10万元、2012年1月19日偿还10万元、1月22日偿还10万元、4月10日偿还5万元、4月28日偿还10万元、7月2日偿还10万元、12月5日偿还5万元、2013年2月9日偿还2万元，共计偿还本金110万元，其余还款至今未清偿。

孙某某于2013年7月8日向原审法院提起诉讼，请求判令：1. 潘某某立即偿还孙某某借款本金100万元及利息（从2012年1月7日始至判决生效之日止按中

---

① 浙江省温州市中级人民法院民事判决书（2014）浙温商终字第1798号

国人民银行同期同档贷款基准利率4倍计算)；2. 中信公司对上述借款本金及利息付连带清偿责任。

◎ 法院审理

潘某某在原审中辩称：该笔借款200万元属实，利息按月利率4%自2011年7月6日开始偿还至2011年9月6日共计2个月，每个月8万元，双方还口头约定接下来的汇款全是偿还本金，所以第三个月其还款的18万元都是偿还本金，按照其计算只欠孙某某本金70万元，与孙某某诉称有分歧。

中信公司在原审中辩称：中信公司并不知情孙某某和潘某某之间的借款，也没有同意为本案借款提供担保，在借据上加盖的公章也是伪造印章，综上，恳请法庭驳回孙某某第二项诉讼请求。

原审法院认为，本案双方争议的焦点为潘某某尚欠孙某某的金额，中信公司是否应承担连带保证责任。一、潘某某尚欠的金额。潘某某一共偿还过4次利息，共计254,400元，月利率均按4%计算，明显过高，依法调整为按中国人民银行同期同类贷款基准利率的4倍计算，超出此部分用以抵扣本金，经计算，2011年6月19日借款60万元，到7月6日偿还利息14,400元，法定利息为7,151元，超出部分7,249元用于抵扣本金，故自2011年7月7日起潘某某所欠本金为60万-7,249+140万=1,992,751元。至2011年10月19日潘某某总共偿还利息24万元，法定利息为151,059元，超出部分88,941元用于抵扣本金，故自2011年10月20日起潘某某所欠本金为1,992,751-88,941=1,903,810元。之后，潘某某共偿还本金110万元，故潘某某尚欠孙某某本金为1,903,810-1,100,000=803,810元。二、中信公司仍应对潘某某的欠款承担连带保证责任。1.《中华人民共和国合同法》(以下简称《合同法》)第三十二条规定："当事人采用合同书形式订立合同的，自双方当事人签字或者盖章时合同成立"，《借据》上的中信公司公章尽管与其工商年检档案中使用的公章不一致，但该公司当时的法定代表人潘某某已在担保人一栏签字，同样可视为中信公司对外的意思表示，担保合同即时成立；2.《合同法》第四十九条规定："行为人没有代理权、超越代理权或者代理权终止后以被代理人名义订立合同，相对人有理由相信行为人有代理权的，该代理行为有效"，尽管《借据》所盖的公章事后经鉴定与该公司工商年检档案中使用的公章不一致，但孙某某作为该公司之外的普通人是无法辨认此中区别，何况盖章者又是该公司当时的法定代表人潘某某，孙某某有合理的理由相信潘某某在担保人一栏签字盖章系代表公司而为，构成表见代理，担保行为有效。3. 尽管《中华人民共和国公司法》(以下简称《公司法》)和中信公司的公司章程均规定，公司为股东或实际控制人提供担保的，必须经股东会或股东大会决议，但该规定不属于《合同法》第五十二条第

(5) 项规定的效力性规定的范畴，而属于管理性规定，防范的是公司管理层以及控股股东利用公司担保进行不当的利益输送、损害公司资产的独立和完整，是对大股东操纵董事、经理之行为的规制，属于公司治理结构的调整范畴，对外不具有约束力，违反该规定对外提供担保的，担保行为的效力不受影响，否则不利于交易安全。综上，潘某某尚欠孙某某借款本金803,810元的事实清楚，证据充分，现孙某某诉至该院要求潘某某偿还上述本金及相应的利息，于法有据，予以支持，超出此部分予以驳回。中信公司作为连带责任保证人，负连带清偿责任，承担担保责任之后有权向潘某某追偿。

原审法院判决：一、潘某某于判决生效之日起10日内偿还孙某某借款本金803,810元及利息（以1,903,810元为本金自2011年10月20日起计算至2011年10月28日、以1,703,810元为本金自2011年10月29日计算至2011年11月3日、以1,603,810元为本金自2011年11月4日计算至2011年11月24日、以1,423,810元为本金自2011年11月25日计算至2011年12月19日、以1,323,810元为本金自2011年12月20日计算至2012年1月19日、以1,223,810元为本金自2012年1月20日计算至2012年1月22日、以1,123,810元为本金自2012年1月23日计算至2012年4月10日、以1,073,810元为本金自2012年4月11日计算至2012年4月28日、以973,810元为本金自2012年4月29日计算至2012年7月2日、以873,810元为本金自2012年7月3日计算至2012年12月5日、以823,810元为本金自2012年12月6日计算至2013年2月9日、以803,810元为本金自2013年2月10日计算至本金付清之日止，均按中国人民银行同期同类贷款基准利率的4倍计算）；二、中信公司对本判决第一项内容所确定的债务承担连带清偿责任，承担担保责任之后有权向潘某某追偿；三、驳回孙某某的其他诉讼请求。

上诉人中信公司不服原审法院上述民事判决，向二审法院提起上诉称：一、担保合同并未成立。根据鉴定结论，借据上的公章和工商年检档案中的公章不属于同一枚公章，一审法院也已经采纳了这一鉴定结论。但一审法院又认为该公司当时的法定代表人潘某某已在担保人一栏签字，同样可视为中信公司对外的意思表示，并依据《合同法》第三十二条规定，认为担保合同成立。中信公司认为，《合同法》第三十二条规定，当事人采用合同书形式订立合同的，自双方当事人签字或者盖章时合同成立，本案的借款并没有采取合同书的形式，借据只是对于口头借款的一个证明。二、本案不构成表见代理，担保无效。一审法院认为，潘某某在担保人一栏签字盖章系代表公司而为，构成表见代理，担保行为有效，但公司对外担保并非公司的经营业务，《公司法》第十六条也对此做了明确规定，孙某某也应当知晓该法律规定，同时孙某某也应审查公司章程，不能仅仅依据潘某某在担保人处签字盖章就认为其代表公司。而且，本案借款人就系潘某某本人，其存在为了自己私利而损害公司利益的可能，因此对于其行为是否代表公司应当有更严格的审查标准。三、本案的担保违反《公司法》第十六条和公司章程的规定，应属无效。即使《公司法》第十六条属于管理型规定，由于其关系公司治理的基本秩序，可能导致公司生存受到威胁，而且对外担保并非公司的日常交易，故不能以保护交易安全为由，简单地承认担保效力。综上所述，请求撤销一审判决第二项，并改判驳回对中信公司的起诉，依法改判受理费负担情况。

二审法院驳回上诉，维持原判。

◎ 点评

本案争议焦点之一是公司未经股东会议或董事会议表决同意为贷款人提供担保，担保合同是否有效。《公司法》第十六条规定："公司向其他企业投资或者为他人提供担保，依照公司章程的规定，由董事会或者股东会、股东大会决议；公司章程对投资或者担保的总额及单项投资或者担保的数额有限额规定的，不得超过规定的限额。公司为公司股东或者实际控制人提供担保的，必须经股东会或者股东大会决议。前款规定的股东或者受前款规定的实际控制人支配的股东，不得参加前款规定事项的表决。该项表决由出席会议的其他股东所持表决权的过半数通过。"对于该规定，有两种相反的观点。第一种观点认为《公司法》第十六条明确禁止公司未经股东会议或董事会议表决对外提供担保，否则无效，理由是该规定是效力性强制性规定，其用词为"不得"这类明确禁止性词语，为了保护公司及股东的合法权益，应当认定无效。另一种观点与其相反，认为该条规定有效，主要理由是：第一，《公司法》第十六条没有明确规定未经公司股东会议或董事会议表决对外提供担保无效。第二，公司股东会议或董事会议属于公司内部决议程序，不能约束第三人。第三，《公司法》第十六条属于管理性强制性规定，而不是效力性强制性规定。第四，如果将公司股东会议或董事会议表决作为公司对外担保行为有效的前提，则任何与公司交易的第三人必须事先查询公司的章程，徒增烦琐。第五，依据《公司法》第十六条认定公司对外担保无效，不利于维护交易安全。本案的审理法院采纳了第二种观点，主要理由是《公司法》并未明确规定违反《公司法》第十六条第二款对外提供担保合同无效，故该条规定并非效力性强制性的规定，而属于管理性强制性规定。《最高人民法院关于适用〈中华人民共和国合同法〉若干问题的解释（一）》（法释〔1999〕19号）第四条规定："合同法实施以后，人民法院确认合同无效，应当以全国人大及其常委会制定的法律和国务院制定的行政法规为依据，不得以地方性法规、行政规章为依据。"《最高人民法院关于适用〈中华人民共和国合同法〉若干问题的解释（二）》（法释〔2009〕5号）第十四条规定："《合同法》第五十二条第（五）项规定的'强制性规定'，是指效力性强制性规定。"据此，未经公司股东会议或董事会议表决对外提供担保并不当然无效。另外，公司章程只能约束公司、股东、董事、监事、高级管理人员，并不能约束第三人。另外，本案审理法院的观点也得到最高人民法院判例的支持，可参见“中建材集团进出口公司诉北京大地恒通经贸有限公司、北京天元盛唐投资有限公司、天宝盛世科技发展（北京）有限公司、江苏银大科技有限公司、四川宜宾俄欧工程发展有限公司进出口代理合同纠纷案”（《中华人民共和国最高人民法院公报》2011 年第 2 期，总第 172 期）。

◎ 法条链接

1. **《公司法》**

第十一条　设立公司必须依法制定公司章程。公司章程对公司、股东、董事、监事、高级管理人员具有约束力。

第十六条　公司向其他企业投资或者为他人提供担保，依照公司章程的规定，由董事会或者股东会、股东大会决议；公司章程对投资或者担保的总额及单项投资或者担保的数额有限额规定的，不得超过规定的限额。

公司为公司股东或者实际控制人提供担保的，必须经股东会或者股东大会决议。

前款规定的股东或者受前款规定的实际控制人支配的股东，不得参加前款规定事项的表决。该项表决由出席会议的其他股东所持表决权的过半数通过。

2. **《合同法》**

第五十二条　有下列情形之一的，合同无效：

（一）一方以欺诈、胁迫的手段订立合同，损害国家利益；

（二）恶意串通，损害国家、集体或者第三人利益；

（三）以合法形式掩盖非法目的；

（四）损害社会公共利益；

（五）违反法律、行政法规的强制性规定。

3. **《最高人民法院关于适用〈中华人民共和国合同法〉若干问题的解释（一）》（法释〔1999〕19 号）**

第四条　合同法实施以后，人民法院确认合同无效，应当以全国人大及其常委会制定的法律和国务院制定的行政法规为依据，不得以地方性法规、行政规章为依据。

4. **《最高人民法院关于适用〈中华人民共和国合同法〉若干问题的解释（二）》（法释〔2009〕5 号）**

第十四条　《合同法》第五十二条第（五）项规定的“强制性规定”，是指效力性强制性规定。

40. 为借款人出借银行账户向出借人收款，出借银行账户人是否应当向出借人承担责任？

——中铁多经投资集团有限公司与武汉九州鼎立科技有限公司等民间借贷纠纷上诉案①

裁判要旨

出借银行账户是违反金融管理法规的违法行为。人民法院除应当依法收缴出借账户的非法所得并可以按照有关规定处以罚款外，还应区别不同情况追究出借人相应的民事责任。

◎ 基本案情

2012 年 1 月，孙某荣因经济困难向武汉九州鼎立科技有限公司（以下简称九州鼎立公司）法定代表人方某中提出向该公司借款 60,000 元，方某中表示同意，但提出需以转账支票方式领取，孙某荣遂找到中铁多经投资集团有限公司武汉分公司（以下简称中铁多经武汉分公司）负责人，并从其处获取中铁多经武汉分公司的银行账户。

2012 年 1 月 12 日，九州鼎立公司根据孙某荣的要求签发华夏银行转账支票一份，该支票中载明出票人为九州鼎立公司，收款人为中铁多经投资集团武汉分公司，转账金额为 60,000 元，用途为“购货”。同日，方某中协助孙某荣到该支票付款行华夏银行东湖支行办理了承兑手续，随后，孙某荣从中铁多经武汉分公司取得现金 60,000 元，并向中铁多经武汉分公司出具收条一份，该收条中注明“此款是本人从武汉九州鼎立科技有限公司借来的转账支票。”

中铁多经武汉分公司系中铁多经投资集团有限公司（以下简称中铁多经公司）下设分公司，该公司已于 2013 年 8 月 29 日在武汉市工商行政管理局青山分局核准注销。

---

① 湖北省武汉市中级人民法院民事判决书（2014）鄂武汉中民二终字第 00226 号

◎ 法院审理

原审法院认为，九州鼎立公司与孙某荣虽未签订书面借款合同，但九州鼎立公司作为贷款人已经履行了贷款行为，借款人孙某荣亦已经实际取得借款，故双方的借款合同成立，该合同系双方真实意思表示，且未违反法律的强制性规定，应属有效，故九州鼎立公司有权随时要求孙某荣偿还借款，孙某荣应及时履行偿还借款的义务。企业的银行账户是为经营性资金存入、转出专门设立，并非用以出借给其他企业或自然人转账使用，根据最高人民法院《关于出借银行账户的当事人是否承担民事责任问题的批复》“出借银行账户是违反金融管理法规的违法行为。人民法院除应当依法收缴出借账户的非法所得并可以按照有关规定处以罚款外，还应区别不同情况追究出借人相应的民事责任”以及最高人民法院《关于适用〈中华人民共和国民事诉讼法〉若干问题的意见》[①] 第五十二条“借用业务介绍信、合同专用章、盖章的空白合同书或者银行账户的，出借单位和借用人为共同诉讼人”的规定，中铁多经武汉分公司应对孙某荣偿还借款承担连带责任，中铁多经武汉分公司作为中铁多经公司设立的分公司现已被中铁多经公司申请注销，并被核准，故其民事责任应由中铁多经公司承担。

原审法院判决：一、孙某荣于判决生效之日起3日内向武汉九州鼎立科技有限公司偿还借款60,000元；二、中铁多经投资集团有限公司对判决第一项承担连带责任；如果未按判决指定的期间履行给付金钱义务，应当依照《中华人民共和国民事诉讼法》第二百五十三条之规定，加倍支付迟延履行期间的债务利息。减半后收取的一审案件受理费650元，由孙某荣、中铁多经投资集团有限公司负担。

宣判后，上诉人中铁多经公司不服，向二审法院提起上诉称，一、原审判决上诉人承担连带责任，缺乏事实和法律依据。根据原审所认定的事实，依据民法学理论和司法实践，连带责任的承担必须要有法律的规定或者当事人约定。二、原审判决混淆了共同诉讼人与连带责任的法律概念。最高人民法院《关于适用〈中华人民共和国民事诉讼法〉若干问题的意见》第五十二条是从程序上规范诉讼人的地位，而不是规范诉讼人之责任。显然，原审所作（2013）鄂蔡甸永民初字第00181号判决书将最高人民法院《关于适用〈中华人民共和国民事诉讼法〉若干问题的意见》第五十二条视为上诉人承担连带责任的法定条件，是违反法律逻辑的。三、上诉人在此案中只是出借了银行账户，并没有任何牟利，依据相关法律规定，上诉人如果承担责任，也只是行政责任，而不是民事法律责任。综上，请求二审撤销一审判决，并驳回被上诉人九州鼎立公司对上诉人的诉求。

---

① 已失效。

被上诉人九州鼎立公司辩称，一审判决正确，上诉人出借银行账户就存在风险，应承担责任，请求二审驳回上诉，维持原判。

被上诉人孙某荣经二审法院合法传唤未到庭参加诉讼也未提交书面答辩意见。

二审法院驳回上诉，维持原判。

◎ 点评

本案首先要确定借贷双方当事人。从资金流向看，九州鼎立公司以转账支票的形式向中铁多经武汉分公司支付60,000元，故形式上借贷双方是九州鼎立公司和中铁多经武汉分公司。但是，本案真实的借贷双方应当是孙某荣和九州鼎立公司，因为孙某荣因经济困难向九州鼎立公司借款，因九州鼎立公司提出需以转账支票方式领取，孙某荣遂找到中铁多经武汉分公司委托其以公司账户收款，在中铁多经武汉分公司收到九州鼎立公司60,000元后，孙某荣再从中铁多经武汉分公司取得现金60,000元，并向中铁多经武汉分公司出具收条一份，该收条中注明“此款是本人从武汉九州鼎立科技有限公司借来的转账支票。”因此，本案的借款人是孙某荣，出借人是九州鼎立公司，中铁多经武汉分公司不是借贷当事人，其只出借公司账户为借款人收款。

其次，需要确定出借公司账户的中铁多经武汉分公司是否需要承担民事责任。《人民币银行结算账户管理办法》第六十五条规定：“存款人使用银行结算账户，不得有下列行为：（一）违反本办法规定将单位款项转入个人银行结算账户。（二）违反本办法规定支取现金。（三）利用开立银行结算账户逃废银行债务。（四）出租、出借银行结算账户。（五）从基本存款账户之外的银行结算账户转账存入、将销货收入存入或现金存入单位信用卡账户。（六）法定代表人或主要负责人、存款人地址以及其他开户资料的变更事项未在规定期限内通知银行。非经营性的存款人有上述所列一至五项行为的，给予警告并处以1,000元罚款；经营性的存款人有上述所列一至五项行为的，给予警告并处以5,000元以上3万元以下的罚款；存款人有上述所列第六项行为的，给予警告并处以1,000元的罚款。”可见，国家禁止出借银行账户，主要原因是出借银行账户可能为洗钱犯罪提供便利，也违反企业财务会计管理规定和制度，另外还可能引发偷税、漏税，特殊情况下还会造成国家外汇损失。《最高人民法院关于适用〈中华人民共和国民事诉讼法〉的解释》（法释〔2015〕5号）第六十五条规定：“借用业务介绍信、合同专用章、盖章的空白合同书或者银行账户的，出借单位和借用人为共同诉讼人。”据此，在民事诉讼中，出借银行账户的单位和自然人应当作为共同诉讼人参与诉讼，而不得拒绝参加诉讼。《最高人民法院关于出借银行账户的当事人是否承担民事责任问题的批复》（法（经）复〔1991〕5号）规定：“出借银行账户是违反金融管理法规的违法行为。人民法院除应当依法收缴出借账户的非法所得并可以按照有关规定处以罚款外，还应区别不同情况追究出借人相应的民事责任。”该司法解释明确规定出借银行账户违反金融管理法规，人民法院应当依法收缴出借账户的非法所得，并可以按照相关规定罚款，同时追究出借银行账户人的民事责任。由于该司法解释没有明确出借银行账户人的民事责任，故人民法院的判决并不一致，有判定连带清偿责任的，有判定补充清偿责任的，上述判决皆有道理。本案审理法院采纳了出借银行账户人承担连带清偿责任的观点。

最后，分公司注销，总公司应当承担责任。《公司法》第十四条第一款规定：“公司可以设立分公司。设立分公司，应当向公司登记机关申请登记，领取营业执照。分公司不具有法人资格，其民事责任由公司承担。”本案中铁多经武汉分公司出借公司账户，因其已经注销，故其总公司中铁多经公司应当承担连带清偿责任。

◎ 法条链接

1.《人民币银行结算账户管理办法》

第六十五条　存款人使用银行结算账户，不得有下列行为：

（一）违反本办法规定将单位款项转入个人银行结算账户。

（二）违反本办法规定支取现金。

（三）利用开立银行结算账户逃废银行债务。

（四）出租、出借银行结算账户。

（五）从基本存款账户之外的银行结算账户转账存入、将销货收入存入或现金存入单位信用卡账户。

（六）法定代表人或主要负责人、存款人地址以及其他开户资料的变更事项未在规定期限内通知银行。

非经营性的存款人有上述所列一至五项行为的，给予警告并处以1000元罚款；经营性的存款人有上述所列一至五项行为的，给予警告并处以5000元以上3万元以下的罚款；存款人有上述所列第六项行为的，给予警告并处以1000元的罚款。

2.《最高人民法院关于出借银行账户的当事人是否承担民事责任问题的批复》（法（经）复〔1991〕5号）

江苏省高级人民法院：

你院〔1991〕经请字第2号《关于如何确定出借银行账户的当事人民事责任的请示》收悉。经研究，答复如下：

出借银行账户是违反金融管理法规的违法行为。人民法院除应当依法收缴出借账户的非法所得并可以按照有关规定处以罚款外，还应区别不同情况追究出借人相应的民事责任。

此复

3. 《公司法》

第十四条 公司可以设立分公司。设立分公司，应当向公司登记机关申请登记，领取营业执照。分公司不具有法人资格，其民事责任由公司承担。

公司可以设立子公司，子公司具有法人资格，依法独立承担民事责任。

41. 他人在债权凭证或者借款合同上签字，如何处理？

——沈某与薛某生及沈某云、张某英民间借贷纠纷上诉案[①]

裁判要旨

他人在借据、收据、欠条等债权凭证或者借款合同上签字或者盖章，其可能是借款人、保证人或见证人。因此，首先应当查明债权凭证或者借款合同是否明确其为借款人或保证人，如果未表明其为借款人或保证人身份或者承担保证责任，或者通过其他事实不能推定其为借款人或保证人，他人不承担责任。

◎ 基本案情

2013年3月30日，沈某云以办厂资金周转困难为由，经津市大桥中介信息部李某英的介绍，向薛某生借款150,000元，并将登记在张某英名下的位于津市市人民路××号私有房屋的房产证和土地使用证原件抵押给了薛某生，但未办理抵押物登记。同日，薛某生作为甲方与沈某云作为乙方签订《民间借贷合同》一式三份（借贷双方及中介人李某英各持1份）。合同主要内容为：一、乙方向甲方借款人民币150,000元（壹拾伍万元），从2013年3月30日至2014年3月30日止；二、利息为月利率2.5%，借期为12个月为1年；三、乙方将自己名下一套全产权私房担保抵押给甲方；四、乙方必须在约定的还款期间即2014年3月30日前将借款全部还清。如超期还款薛某生将收取违约金和拍卖所抵押房产还款。

同年4月1日，沈某云就上述借款向薛某生出具了借条，载明："今借到薛某生现金人民币壹拾伍万元整（￥150,000元整），借款期为1年，利息2.5%，半年利息贰万贰仟伍佰元正，2013年4月1日，沈某云、张某英2013.4.1。"薛某生于

① 湖南省常德市中级人民法院（2015）常民四终字第186号

当日向沈某云支付现金150,000元。

同年12月24日，沈某在借条上签名认可。

2014年3月30日，借款到期后，经薛某生与沈某云协商一致，借款延期4个月，即延期至2014年7月31日还清全部本息。

同年6月18日，薛某生与沈某云就上述借款签订《还款协议》，约定上述借款在2014年8月1日前还清，逾期还款按日万分之四收取滞纳金，即每天60元。该笔借款期限届满后，沈某云分三次按月息2.5%向薛某生偿还了自2013年4月1日至2014年7月31日的利息60,000元，本金150,000元未予偿还。

2014年4月5日，沈某云因开税票又向薛某生借款10,000元并出具了一份借条，借条载明："今借到薛某生现金壹万元正。(￥10,000元整) 归还期壹拾天整5~15日沈某云2014.4.5。"双方对该笔借款未约定利息，但薛某生实际陆续向沈某云收取了1,000多元的利息未出具收条。该笔借款期限届满后，沈某云偿还本金3,000元，尚欠本金7,000元。

因沈某云未偿还借款，薛某生向法院起诉，请求判令沈某云、沈某共同偿还借款本金157,000元，利息27,125元（已计算至2015年2月28日），违约金12,720元（已计算至2015年2月28日），共计196,845元。2015年3月1日以后的利息、违约金按借款合同约定标准计算至实际清偿日止，如需拍卖抵押房产，薛某生对借款抵押物享有抵押权并优先受偿。庭审中，薛某生对150,000元借款同意按法律规定的利率标准计算利息，沈某云自愿按照月利率1%偿还利息，并主张起诉前按月利率2.5%多偿还的利息应冲抵本金。庭后，薛某生又向法院提交书面意见表示放弃7,000元借款利息的诉讼请求。

◎ 法院审理

原审法院认为，第一，本案系民间借贷纠纷。本案所涉借款共有两笔，第一笔借款150,000元有沈某云、张某英、沈某在借条上共同签字。从庭审查明的事实来看，该笔借款系沈某云出面向薛某生所借，有沈某云亲笔出具的借条证实，双方以借条形式表现出来的借款合同内容与形式均不违背法律规定，系合法有效的借贷关系，依法应受法律保护，且沈某云本人亦承认借款150,000元的事实。该笔借款事实清楚，双方债权债务关系明确，薛某生履行了出借款项义务，沈某云应当依法履行还款义务。沈某虽在出借该笔借款时未在借条上签字，但其后在借条上补签字的行为代表其愿意对该笔借款负偿还责任，其作为具有完全民事行为能力的人，应知道在借条上签名的法律意义。其辩称在该借条上签字不是其真实意思表示的主张因未提供充分证据证明，依法不予采纳，故沈某应该依法履行还款义务。第二笔借款10,000元从庭审查明的事实看，系沈某云个人借款，借条上也只有沈某云个人签名，双方对该笔借款事实均无异议。在借款之后，沈某云已偿还借款本金3,000元，故沈某云应对剩余借款本金7,000元负偿还责任。综上，对薛某生要求沈某云、张某英、沈某共同偿还借款157,000元的诉讼请求部分支持，沈某辩称其不应承担150,000元借款偿还责任的主张因未提供充分证据证实，依法不予采纳。对张某英辩称的不应承担偿还责任的意见依法予以采纳。第二，对薛某生要求支付150,000元（自2014年8月1日始至清偿之日止）借款利息的诉讼请求，薛某生与沈某云就150,000元借款利息已进行了结算。沈某云共向薛某生支付了自借款出借之日即2013年4月1日至借款期满之日即2014年7月31日的利息60,000元，但上述利息是按月利率2.5%的标准进行计算，已超过法律规定的利率标准。庭审中经释明后，薛某生同意按法律规定的利率标准计算利息。根据《最高人民法院关于人民法院审理借贷案件的若干意见》① 第六条之规定，民间借贷约定利率的最高不得超过银行同类贷款利率的4倍，超出此限度的，超出部分的利息不予保护。本案借款同期银行贷款月利率的4倍为2%，故对超过2%月利率的部分不予支持。按月利率2%计算，该借款出借之日即2013年4月1日至借款期满之日即2014年7月31日的利息为48,000元（150,000元×2%×16个月）。已支付的利息60,000元，在扣除应支付的利息后，尚有12,000元应冲抵本案借款本金，即2014年8月1日后沈某云、沈某还应偿还薛某生借款本金138,000元。对2014年8月1日至2015年2月28日间的逾期利息，应以未清偿本金138,000元为基数，并按月利率2%的标准计算，上述期间的利息为19,320元（138,000元×2%×7个月）。2015年3月1日以后至清偿之日止的逾期利息，亦应按以未清偿本金138,000元为基数，并按月利率2%的标准计算。因沈某云、沈某对该笔借款负偿还责任，故该笔借款利息亦应由沈某云、沈某共同偿还。对沈某云辩称的约定利率标准违反法律规定应予减少的意见依法予以采纳。对沈某辩称的不应承担借款利息偿还责任的意见依法不予采纳。对7,000元借款利息的诉讼请求，庭后薛某生提交书面意见表示对该部分借款的利息予以放弃，系对自身民事权利和诉讼权利的合理处分，不违反法律、行政法规强制性规定，且未损害他人利益，故依法应予确认。第三，对薛某生要求支付150,000元（自2014年8月1日始至清偿之日止）借款违约金的诉讼请求，薛某生与沈某云签订的《还款协议》中约定，如沈某云不能按期还款，应按所借款项的日万分之四计算滞纳金即违约金，该约定虽系双方的真实意思表示，但《中华人民共和国合同法》第一百一十四条规定的违约金是补偿性的，是对合同一方当事人因他方违约可能遭受的损失的一种预先估计，是一种损失补偿。本案属于借贷纠纷，借款人未按约还款，所遭受到的损失就是借款利息，本案所涉借款约定

① 已失效。

的利率为2.5%/月，已超过了同期银行贷款基准利率4倍，二审法院已按同期银行贷款基准利率4倍予以支持，已足以弥补出借人的损失。根据损失补偿原则，如果利息足以弥补实际损失的，再支持违约金就有悖于损失补偿原则，且在已按银行同期贷款基准利率4倍支持利息的情况下，还支持高额违约金将远远超过法律规定的利率标准，对于高于银行同期银行贷款基准利率4倍的利息，法律不予保护，对高额违约金法律更不予保护。故对薛某生要求支付违约金的诉讼请求依法不予支持，沈某云辩称的违约金过高，沈某、张某英辩称的不应承担违约金的意见依法成立。第四，沈某云向薛某生借款时虽然将张某英名下的位于津市市人民路××号私有房屋的房产证和土地使用证原件抵押给了薛某生，但未在相关部门办理抵押物登记。依照《中华人民共和国物权法》第一百八十七条之规定，抵押权应自登记时设立，因此薛某生对张某英名下的位于津市市人民路××号私有房屋依法不享有抵押权，故对其要求对该房屋享有优先受偿权的诉讼请求依法不予支持。对沈某云、张某英辩称的薛某生对该房屋不享有优先受偿权的意见依法予以采纳。

原审法院判决：一、被告沈某云、沈某应于本判决生效之日起10日内归还原告薛某生借款本金138,000元、利息19,320元（已计算至2015年2月28日），合计157,320元；2015年3月1日至本判决确定的履行期届满之日的利息按本判决确定的标准另行计算；二、被告沈某云应于本判决生效之日起10日内归还原告薛某生借款本金7,000元；三、驳回原告薛某生的其他诉讼请求。

宣判后，沈某不服一审判决，向二审法院提出上诉称：本案借款系沈某云个人借款，并非上诉人所在的津市市江南实业有限责任公司（以下简称江南公司）资金短缺借款，且上诉人对该借款并不知情，借款也未入公司的财务账，上诉人沈某在借条上签名，只是作为见证人证明其父沈某云向被上诉人薛某生借款的事实，其身份既不是借款人，也不是担保人。原审判决认定沈某系共同借款人无事实和法律依据。请求二审法院依法撤销原判，驳回被上诉人薛某生对上诉人沈某的诉讼请求。

被上诉人薛某生答辩称：薛某生与沈某及其父沈某云的借款合同真实、合法、有效，沈某上诉所称借款未入公司财务账的问题，属于借款人之间的内部问题，与薛某生无任何关联。沈某作为具有完全民事行为能力的人，应当知道其在借条上签字的法律后果，沈某是作为共同借款人在借条上签字，其上诉所称是作为见证人在借条上签字的上诉理由不能成立。请求二审法院依法驳回上诉，维持原判。

二审法院认为，本案争议的焦点为：一、上诉人沈某对本案借款150,000元是否应当承担偿还责任；二、本案借款本金及利息如何认定。

关于焦点一，上诉人沈某对本案借款150,000元是否应当承担偿还责任。薛某生认为沈某在原借条上签名表明其同意对借款承担清偿责任，其身份应认定为共同借款人。二审法院认为，该诉讼主张缺乏事实和法律依据。一是沈某云与薛某生发生借贷行为时，沈某并不在场，在薛某生要求其在借条上签字之前也不知情，且无证据证明薛某生向沈某云支付的150,000元借款是用于沈某经营的江南公司生产经营。二是沈某云向薛某生出具借条的时间是2013年12月24日，沈某是在薛某生的要求下，在该借条上签名。其签名位于借款人签名落款的下方，并未表明签名人的身份性质。薛某生关于沈某是作为共同借款人签名的诉讼主张无相应的证据予以佐证。且沈某于2013年12月24日在借条上签名后，薛某生和沈某云先后于2014年3月30日和2014年6月18日，就上述借款分别达成延期偿还协议的情况并未通知沈某，协议也未要求沈某偿还借款。三是沈某的签名既不能认定为借款人，也不能认定为担保人。借款合同是借款人向贷款人借款，到期返还借款并支付利息的合同。本案实际借款人是沈某云，而非沈某；沈某云与薛某生于2013年3月30日签订的借款合同，借款人只有沈某云的签名，并没有沈某的签名，且合同内容亦未涉及沈某；沈某在原借条上签名，是在沈某云、张某英签名落款的下方，并没有表明借款人身份。因此，沈某的签名认定为共同借款人的证据不足。根据法律规定，保证合同成立有三种类型：一、保证人与债权人就保证事宜单独签订书面保证合同；二、主合同没有保证条款，主合同外第三人以保证人身份签字或盖章；三、主合同有保证条款，明确保证义务，保证人直接在保证合同签字。本案中，沈某云与薛某生签订的借款合同及借据上均没有关于沈某为保证人的条款约定，薛某生与沈某也未就该借款单独签订保证合同，沈某在原借条上的签名亦未表明保证人身份。因此，沈某在原借条上签名既不能认定为借款人，也不能认定为担保人，只能视为见证人。原审将沈某认定为共同借款人并判决其承担借款本息清偿责任不当。故对薛某生要求沈某对150,000元借款本息承担共同偿还责任的诉讼请求，二审法院不予支持。

关于焦点二，本案借款本金及利息如何认定。根据《中华人民共和国合同法》第二百条规定，借款的利息不得预先在本金中扣除，利息预先在本金中扣除的，应当按照实际借款数额返还借款并计算利息。本案中，根据借条上载明的内容及借贷双方当事人的陈述，薛某生在向沈某云支付150,000元借款时，预先按月利率2.5%扣收了半年的利息22,500元，实际只支付借款127,500元，故本案实际借款本金数额依法认定为127,500元。根据《最高人民法院关于人民法院审理借贷案件的若干意见》[①] 第六条规定，民间借贷的利率可以适当高于银行的利率，各地人民法院可根据本地区的实际情况具体掌握，但最高不得超过银行同类贷款利率的4倍(包含利率本数)。超出此限度的，超出部分的利息不予保护。沈某云以150,000元借款本金为基数，按约定月利率2.5%支付的利息37,500元，是双方当事人的真实

① 已失效。

意思表示，且未损害国家、社会和他人利益，应当予以确认。但其已支付的利息应按本金127,500元，月利率2.5%计算付息时间。即利息已从2013年4月1日支付至2014年3月19日为353天［37,500元÷（127,500元×2.5%÷30天）］。从2014年3月20日起至借款还清之日止的利息，应当按照银行同类贷款利率的4倍计付。沈某云另欠薛某生的借款本金7,000元，薛某生已向一审法院表示放弃利息请求，对此，应视为薛某生对自己民事权利的处分，且该权利的处分亦未损害国家、社会及他人利益，应依法予以确认。

综上所述，原审对本案事实的认定部分错误，且适用法律不当，对借款时预先在借款本金中扣收的利息未予冲减和判决沈某承担偿还借款本息责任不当。上诉人沈某的上诉理由成立，对其上诉请求二审法院予以支持。

二审法院判决如下：

一、维持湖南省津市市人民法院（2015）津民一初字第82号民事判决第二、三项，即被告沈某云于本判决生效之日起10日内归还原告薛某生借款本金7000元，驳回原告薛某生的其他诉讼请求；

二、变更湖南省津市市人民法院（2015）津民一初字第82号民事判决的第一项为：沈某云于判决生效之日起10日内偿还薛某生借款本金127,500元，并按银行同类贷款利率的4倍自2014年3月20日起至还清之日止支付利息；

三、驳回薛某生对沈某的诉讼请求。

◎ 点评

本案的争议焦点之一是他人在借条上签字，其是否应当承担责任。民间借贷实务中，有时会发生他人在借据、收据、欠条等债权凭证或者借款合同上签字或者盖章的情况。此时，如何认定其身份成为判定其是否承担责任的关键。一般而言，他人在债权凭证或者借款合同上签字或盖章，其身份或者是借款人，或者是保证人，或者是见证人。因此，我们首先应当查明债权凭证或者借款合同的内容是否已经明确了他人的身份。如果已经表明他人为借款人，其应当承担偿还责任；如果表明他人为保证人，其应当承担保证责任；如果表明他人为见证人，其不应当承担责任。其次，当债权凭证或者借款合同的内容没有表明他人的身份时，我们应考察其他相关证据和事实，结合债权凭证或者借款合同，看是否能够推定他人的身份。最后，经过前面两个步骤仍然无法确定他人的身份时，不能直接判定他人承担清偿责任或保证责任。在之前的司法判例中，有法院认为他人作为完全民事行为能力人，对自己在债权凭证或者借款合同上签字或盖章的法律效果应当有认识，故直接认定他人承担清偿责任，而不进一步核查其真实身份。对此，《最高人民法院关于审理民间借贷案件适用法律若干问题的规定》（法释〔2015〕18号）进行了明确。其第二十一条规定："他人在借据、收据、欠条等债权凭证或者借款合同上签字或者盖章，但未表明其保证人身份或者承担保证责任，或者通过其他事实不能推定其为保证人，出借人请求其承担保证责任的，人民法院不予支持。"

本案被告之一沈某在借款人沈某云向出借人薛某生出具的借条上签字，借款人认为沈某应当承担还款责任。原审法院支持了原告的主张，认为沈某作为"具有完全民事行为能力的人，应知道在借条上签名的法律意义"，故应当承担还款责任。但是，二审法院纠正了原审法院的判决，认为本案证据无法认定沈某是借款人，也无法认定沈某是保证人，故沈某应当是见证人，其不应当承担责任。《关于认真学习贯彻适用〈最高人民法院关于审理民间借贷案件适用法律若干问题的规定〉的通知》第三条第三款规定："本《规定》施行后，尚未审结的一审、二审、再审案件，适用《规定》施行前的司法解释进行审理，不适用本《规定》。"因此，《最高人民法院关于审理民间借贷案件适用法律若干问题的规定》（法释〔2015〕18号）对本案的审理不适用，但是二审法院的观点与上述《规定》（法释〔2015〕18号）第二十一条相一致。

需要注意的是，本案借款人沈某云向出借人薛某生借款时将张某英名下的私有房屋房产证和土地使用证原件抵押给了薛某生，但未在相关部门办理抵押物登记。如果出借人能够证明是因登记部门的原因致使其无法办理抵押物登记的，可以认定出借人对该财产有优先受偿权，因为《最高人民法院关于适用〈中华人民共和国担保法〉若干问题的解释》（法释〔2000〕第44号）第五十九条规定："当事人办理抵押物登记手续时，因登记部门的原因致使其无法办理抵押物登记，抵押人向债权人交付权利凭证的，可以认定债权人对该财产有优先受偿权。但是，未办理抵押物登记的，不得对抗第三人。"

◎ 法条链接

1. **《最高人民法院关于审理民间借贷案件适用法律若干问题的规定》（法释〔2015〕18号）**

第二十一条 他人在借据、收据、欠条等债权凭证或者借款合同上签字或者盖章，但未表明其保证人身份或者承担保证责任，或者通过其他事实不能推定其为保证人，出借人请求其承担保证责任的，人民法院不予支持。

2. **《最高人民法院关于适用〈中华人民共和国担保法〉若干问题的解释》（法释〔2000〕第44号）**

第五十九条 当事人办理抵押物登记手续时，因登记部门的原因致使其无法办理抵押物登记，抵押人向债权人交付权利凭证的，可以认定债权人对该财产有优先受偿权。但是，未办理抵押物登记的，不得对抗第三人。

42. 民间借贷中第三人向债权人承诺替借款人还款，借款人是否免责?

——浙江涌孚生物化学科技有限公司与章某伟民间借贷纠纷上诉案①

裁判要旨

民间借贷中第三人向债权人承诺替借款人还款，如果债权人没有同意借款人将债务移转给第三人，借款人仍然需要承担清偿责任，反之，借款人免责。

◎ 基本案情

2010 年 1 月 8 日，浙江涌孚生物化学科技有限公司（以下简称涌孚公司）原法定代表人陈某豪授权委托陈某宗以涌孚公司名义处理公司一切事宜，委托期限为 3 年。

2012 年 6 月 10 日，涌孚公司向章某伟出具借条 1 份，载明：涌孚公司由于经营需要，特向章某伟借款 1, 290, 000 元。借款期限为 8 个月，归还日期为 2013 年 2 月 8 日。在借条的下方，案外人陈某宗作备注：其中 540, 000 元按陈某宗指示划入陈侯××农行账户，剩余部分以现金方式交付陈某宗。章某伟实际汇入陈侯××农行账户资金为 520, 000 元。

章某伟自认该借条载明的借款本金 1, 290, 000 元中实际交付的借款本金为 840, 000 元。

章某伟以涌孚公司未归还借款为由诉至原审法院，请求判令：涌孚公司归还借款 1, 290, 000 元，支付逾期利息（以 1, 290, 000 元为基数，自 2013 年 2 月 9 日按照年利率 5. 85% 计算至实际付清之日止）、违约金 50, 000 元，承担诉讼费和代理费 38, 279. 50 元。章某伟在原审庭审中将该项诉讼请求变更为涌孚公司归还章某伟借款本金 840, 000 元。

---

① 浙江省嘉兴市中级人民法院民事判决书（2014）浙嘉商外终字第 14 号

◎ 法院审理

原审法院审理认为，争议焦点有二：一、借款主体的确定；二、借款是否实际交付。关于第一个争议焦点，2010 年 1 月 8 日，涌孚公司原法定代表人陈某豪授权委托陈某宗以涌孚公司名义处理该公司一切事宜，委托期限为 3 年。借款发生时，案外人陈某宗系涌孚公司的代理人，且该借条上盖有涌孚公司的公章，故章某伟起诉涌孚公司，主体并无不当。至于案外人陈某宗于 2013 年 5 月 22 日出具的还款承诺书，系其单方出具，涌孚公司主张该承诺书为债务转移的抗辩，无相应的证据予以证明，故涌孚公司主张其不是借款主体的抗辩，不予采信。关于第二个争议焦点，借款发生时，案外人陈某宗系涌孚公司的代理人，章某伟在看到涌孚公司的授权委托书后，根据陈某宗的指示将借款交付陈某宗或其指定的第三方（陈侯××），应视为已经完成了借款的交付义务，涌孚公司以账上未收到该笔款项为由主张章某伟未履行交付义务的抗辩，不予采信。原审法院判决：涌孚公司于判决生效之日起 10 日内归还章某伟借款本金 840, 000 元。案件受理费 12, 200 元，减半收取 6, 100 元，由涌孚公司负担。

判决宣告后，涌孚公司不服，向二审法院提起上诉称：一、陈某宗以涌孚公司名义借款属无权代理行为，涌孚公司未与章某伟发生基于民间借贷法律关系的欠款，亦未收到借款 840, 000 元。二、即使涌孚公司系借款人，案外人陈某宗向章某伟出具了还款承诺书，该债务理应由陈某宗承担。请求判令撤销原判，依法改判驳回章某伟的诉讼请求。另涌孚公司在庭后补充意见称，借条上所盖印章系陈某宗私刻，借条并非涌孚公司真实意思表示，本案借款可能存在陈某宗与章某伟串通而虚假诉讼的情况，涉嫌经济犯罪，请求二审法院中止审理，移送公安机关立案侦查。

章某伟在二审中答辩称：一、双方当事人之间存在民间借贷法律关系，已提供借款协议予以证明，章某伟是应涌孚公司要求将款项交付到指定账户上。二、还款承诺书是陈某宗的单方行为，章某伟并未签字认可，本案债务没有发生转移。

二审查明，陈某宗于 2013 年 5 月 22 日出具《还款承诺书》一份，载明其自愿归还债权人章某伟借款 1, 290, 000 元，若逾期不付清借款，则债权人有权再次向南湖区人民法院起诉，履行第一期还款后，请债权人向桐乡市人民法院申请撤诉。

二审法院认为，合法的民间借贷关系受法律保护，当事人应当按照约定依法履行相应的法律义务。本案二审争议焦点有二，一是涉案借贷关系是否有效成立、涌孚公司是否为本案借款人；二是涌孚公司是否因陈某宗出具的还款承诺书而免除偿还涉案借款的责任。

关于争议焦点一。借条是证明双方当事人之间存在借贷合意和借贷关系实际发生的直接证据，具有较强的证明力。涉案借条载明系涌孚公司出于经营需要而向章某伟借款，并盖有涌孚公司印章，虽涌孚公司在二审中提出借条上的公章系陈某宗伪造，但其在一审庭审中对借条的真实性、合法性明确予以承认。涌孚公司否定一审自认的事实却并未提交足以推翻一审自认事实的相反证据，故应按照其一审的自认，认定该借条的真实性、合法性。

陈某宗持有前述印章，以涌孚公司名义向章某伟借款的事实清楚，双方当事人均无异议。在借款时，陈某宗获得时任涌孚公司法定代表人陈某豪的概括委托授权，有权以涌孚公司名义处理该公司的一切事宜，因此，只要在授权期限内，陈某宗以涌孚公司名义实施的借款行为对涌孚公司具有约束力。涉案借款行为系发生在授权委托期限内，根据现有证据，不能认定涉案借款关系存在《中华人民共和国合同法》规定的无效事由，故陈某宗在借条上的盖章及签字行为应视为代表涌孚公司对借条载明的内容予以确认。故因陈某宗获得授权可代表涌孚公司进行借款行为，即使涌孚公司印章系私刻，也不影响陈某宗以涌孚公司名义作出的借款意思表示的合法性，原审认定涌孚公司是本案借款人正确。

涌孚公司的授权代表陈某宗已在借条中对涉案借款的实际交付进行了确认，亦确认部分借款系按其指示划入了陈侯××的账户，章某伟系按涌孚公司指示交付借款，已完成款项交付义务，故涌孚公司称未实际收到款项，借款关系不成立的上诉主张，二审法院不予支持。

关于争议焦点二。陈某宗于2013年5月22日出具还款承诺书，载明陈某宗本人自愿归还章某伟借款。涌孚公司主张该还款承诺书产生免责的债务承担的法律后果，应由陈某宗个人承担本案债务。免责的债务承担，是指债权人或者债务人与第三人之间达成转让债务的协议，由第三人取代原债务人承担全部债务，而原债务人脱离原来的合同关系，免除其承担债务的责任。根据《中华人民共和国合同法》第八十四条之规定，债务人将合同的义务全部或者部分转移给第三人的，应当经债权人同意。在免责的债务承担的情形下，第三人的清偿能力对债权人的利益实现至关重要，须经债权人同意方能生效。如果债权人同意第三人取代原债务人的地位，并明确表示原债务人承担的债务被免除，才发生免责的债务承担的法律后果；如果债权人仅同意第三人履行债务，但并未明确表示原债务人免责的，不发生免责的债务承担的法律后果，而是发生债务加入的法律后果，即第三人加入到原存的债务关系中，与原债务人共同承担债务。在本案中，还款承诺书系陈某宗单方出具，仅体现了陈某宗愿意向章某伟承担归还涉案债务的意思表示，涌孚公司未提交证据证明章某伟同意将债务转移给陈某宗个人承担而免除涌孚公司债务的意思表示。章某伟接受并持有该还款承诺书，仅能说明其同意陈某宗作为债务人加入涉案债务，并未明确表示涌孚公司因陈某宗自愿履行涉案债务而免责，故并不能产生免除涌孚公司债务的法律后果，涌孚公司与陈某宗成为并存的债务人，对涉案债务承担连带责任。

故章某伟有权要求涌孚公司承担涉案债务，对涌孚公司此项上诉主张，二审法院不予支持。

至于涌孚公司提出陈某宗伪造公司印章、本案涉嫌经济犯罪的问题，如前所述，陈某宗即使私刻印章构成犯罪，并不影响本案涌孚公司民事责任的承担，至于本案是否存在陈某宗与章某伟恶意串通进行虚假诉讼的情况，涌孚公司未提交证据予以证明。故涌孚公司要求将本案移送公安机关立案侦查，依据不足，二审法院不予照准。

二审法院驳回上诉，维持原判。

◎ 点评

本案的争议焦点是第三人向债权人承诺替借款人还款，借款人是否免责。此问题涉及合同义务的移转。广义的合同义务移转包括债务承担和替债务人履行债务两种情况，狭义的合同义务移转只限债务承担。所谓债务承担是指债权人、债务人和第三人经协商同意债务移转给第三人并由第三人偿还，债务人免除清偿责任。《合同法》第八十四条规定："债务人将合同的义务全部或者部分转移给第三人的，应当经债权人同意。"该条实际上规定了债务承担，并指出债务承担必须征得债权人同意，主要原因是债务承担的法律效果是债务人免责，第三人承担清偿责任，债权人必须严格考察第三人的清偿能力、声誉、品格等各类影响债务清偿的因素，以便最大限度地维护自己的债权。替债务人履行债务是指第三人向债权人单方作出替债务人履行债务的意思表示。由于替债务人履行债务是单方意思表示，故不需要征得债权人的同意。但是，第三人替债务人履行债务的情形下，债务人并不免除清偿责任。

就本案而言，第三人陈某宗于2013年5月22日向债权人章某伟出具《还款承诺书》一份，载明其自愿归还债权人章某伟借款1,290,000元。虽然债权人收到该《还款承诺书》，但并没有同意债务人涌孚公司将债务移转给第三人陈某宗，故债务人涌孚公司无法免责，仍然需要向债权人清偿债务。

◎ 法条链接

1.《合同法》

第八十四条 债务人将合同的义务全部或者部分转移给第三人的，应当经债权人同意。

43. 民间借贷债务转移需要出借人同意

——李某诉徐某娴、徐某仰、徐某棣民间借贷纠纷上诉案[①]

裁判要旨

民间借贷借款人将债务转移给第三人必须取得出借人的同意，出借人同意可以明示或默示的方式作出。出借人未明确表示同意，如果其向第三人主张债权或受领第三人以债务承担为意图的债务履行，可推定其同意。

◎ 基本案情

徐某娴、徐某仰与徐某棣系姐弟关系。

2010 年期间，徐某棣因资金周转困难向李某借款 80 万元。

2011 年 12 月 28 日，徐某娴、徐某仰立下《借据》，内容为："原借据总额 ¥80 万元，现由徐某娴代徐某棣偿还李某款项余额 ¥45 万（已还 ¥35 万），经双方协商在 1 年半内（2013 年 6 月 30 日前）还清，不计利息。同时，徐某娴于 2011 年 7 月 25 日所签借据失效作废，双方协商同意后立此据。借款人：徐某娴，2011 年 12 月 28 日"。另外，在上述"借款人：徐某娴"上方还有"徐某仰"手写签名。

之后，徐某棣和徐某娴以转账的方式偿还了部分借款。

2014 年 8 月 1 日，李某向原审法院提起诉讼，请求判令：1. 徐某娴、徐某仰立即归还借款 46,400 元，并从 2013 年 7 月 1 日起至还清全部借款之日止按中国人民银行同期同类的贷款利率计付支付逾期利息给李某；2. 诉讼费由徐某娴、徐某仰承担。

◎ 法院审理

原审法院认为，本案为民间借贷纠纷，双方对徐某棣因资金周转困难向李某借款 80 万元表示无异议，原审法院予以确认。

本案争议焦点是徐某娴、徐某仰是否应再向李某代徐某棣偿还借款 46,400 元

---

① 广东省广州市中级人民法院（2015）穗中法金民终字第 453 号

及其相应利息。

李某为支持其诉讼主张，向原审法院提供了徐某娴、徐某仰签名的借据，以证明徐某棣向李某的借款余额45万元由徐某娴、徐某仰偿还，并约定2013年6月30日还清，由于徐某娴、徐某仰已还部分款，尚欠借款46,400元及其相应利息。

原审法院认为，该借据名为借据，实际属于债务转让协议，但只有徐某娴、徐某仰签名，李某本人未签名，徐某棣也未在协议上同意签名。根据《中华人民共和国合同法》第八十四条的规定，债务人将合同的义务全部或者部分转移给第三人的，应当经债权人同意。为此，作为债务人徐某棣将债务转移给徐某娴、徐某仰，应经债权人李某的同意，李某本人未在协议上签名确认，故原审法院认为该协议未生效，且徐某娴、徐某仰在诉讼中对该借款纠纷提出异议，认为徐某棣的借款已还清，与其无关，李某起诉对象错误。另徐某棣提供证据（银行转账交易明细）证明其从2010年5月20日至2013年6月21日止共还款1,091,750元，并表示借款本金及利息已全部还清，并有多还，提供银行交易转账记录佐证，原审法院予以确认。李某对徐某娴、徐某仰、徐某棣的证据无相反的证据反驳，李某诉请证据不足。综上，原审法院对李某提供的借据不予确认，对徐某棣抗辩已还清借款及利息予以采信。故对李某要求徐某娴、徐某仰偿还借款及其利息的主张，原审法院应予以驳回。

原审法院判决如下：驳回李某全部诉讼请求。

原审法院判后，李某不服，向二审法院提起上诉称：一、原审法院部分事实认定不清，以致作出对李某极不公平的错误判决。（一）原审法院以李某未在徐某娴、徐某仰所立下的借据上签名为由认定徐某棣将债务转移给徐某娴、徐某仰的协议无效明显是错误的。李某的起诉状已明确载明涉案的债务转移是经过李某同意的，而且李某提供的借据是李某与徐某娴、徐某仰、徐某棣共同在场的情况下，由徐某娴书写，徐某娴、徐某仰共同在借款人一栏上签名后交由李某持有保存。李某持有并保存该借据的行为亦足以证明李某同意徐某棣将债务转移给徐某娴、徐某仰。徐某娴、徐某仰立下借据后的还款情况亦足以证明李某是同意徐某棣将债务转移给徐某娴、徐某仰。根据《最高人民法院关于适用〈中华人民共和国合同法〉若干问题的解释（二）》第二条的规定，即使李某没有在借据上签名，但李某收执保存借据及收取徐某娴还款的事实足以推定李某是同意涉案债务转移给徐某娴、徐某仰，因此涉案的债务转移是合法有效的。（二）原审法庭调查过程中，徐某棣当庭确认其与李某口头约定按月利率3%计付借款利息，但原审法院对此却没有予以认定。（三）徐某棣提供银行转账交易明细拟证明其从2010年5月20日至2013年6月21日共还款1,091,750元，并表示借款本金及利息已全部还清，并多还了部分款项。原审法院对此予以确认是明显错误的。根据徐某棣提供的银行转账交易明细，徐某棣转账的本金及利息合共672,000元，徐某棣亦确认该转账金额，但原审法院却以银行转账交易明细证明认定还款金额合共1,091,750元。（四）原审法院对涉案借款本金及利息的偿还情况认定不清。1. 根据借据载明的内容，徐某棣于2011年7月25日已将涉案债务转移给徐某娴、徐某仰，在徐某娴于2011年12月28日归还部分借款后，李某与徐某娴、徐某仰、徐某棣对涉案借款再次进行结算，且徐某娴、徐某仰于当日立下借据确认截至2011年12月27日徐某棣仍未归还的借款总额为80万元，2011年12月28日归还35万元后，尚欠借款45万元。徐某娴、徐某仰、徐某棣均具有完全民事行为能力，理应知道立下借据的法律后果；而且，对于巨额的借款，徐某娴、徐某仰辩称不清楚借款的归还情况便立下借据明显不符合逻辑。根据徐某娴、徐某仰于2011年12月28日立下借据后的还款情况，其尚欠41,450元（2011年12月30日，徐某娴归还377,750元；2013年6月21日，通过徐某棣的银行账户转账归还30,800元）；而根据徐某棣提供的由李某书写的收据，徐某棣于2013年6月21日转账归还30,800元后尚欠46,400元。2. 即使结合徐某棣、徐某娴的全部还款情况，涉案借款本金及利息并未足额清偿。原审法院已确认涉案借款本金为80万元，以80万元为基数，若按李某与徐某棣约定的月利率3%计算，2010年5月至2011年12月28日（共20个月）期间的利息为480,000元（即80万元×3%×20个月），本息合计应归还128万元；若按中国人民银行公布的同期同类贷款基准利率的4倍计算，2010年5月至2011年12月28日期间的利息为325,132.8元，本息合计应归还1,125,132.8元。结合徐某棣转账归还672,000元、徐某娴归还377,750元的事实，徐某娴、徐某仰、徐某棣尚未足额归还本息。二、原审法院审理程序存在错误。原审庭审过程中，徐某娴、徐某仰答辩称徐某棣已全部清除借款本息，并当庭要求追加徐某棣为被告，原审法院便当庭追加徐某棣为被告参加庭审（徐某棣当时仅是旁听人员），程序明显错误。根据《最高人民法院关于适用〈中华人民共和国合同法〉若干问题的解释（一）》第二十八条的规定，经债权人同意，债务人转移合同义务后，受让人与债权人之间因履行合同发生纠纷诉至人民法院，受让人就债务人对债权人的权利提出抗辩的，可以将债务人列为第三人。鉴于本案的债务已转移至徐某娴、徐某仰，故只能将徐某棣列为本案的第三人而非被告，且原审法院追加徐某棣为被告后没有延期开庭审理，对徐某棣提供的证据只是给了李某质证期间。三、原审法院适用法律错误。如前所述，本案的债务转移是合法有效的，本案应适用《中华人民共和国民法通则》第八十八条、第一百零八条的规定作为判决的法律依据，并判决徐某娴、徐某仰归还借款46,400元给李某。综上，故请求二审法院判令：1. 撤销原审判决，依法改判；2. 徐某娴、徐某仰、徐某棣承担本案一、二审诉讼费用。

二审法院查明，2011年12月30日，徐某娴向李某偿还377,750元；2013年6

月 21 日，徐某棣向李某转款 30,800 元。

二审法院认为，本案二审争议的焦点主要在于：一、涉案债务是否发生转移，徐某娴应否承担还款责任；二、徐某仰应否承担还款责任。对此，根据本案查明的事实，二审法院作出如下评析：

针对第一个争议焦点。根据《中华人民共和国合同法》第八十四条的规定，债务人将合同的义务全部或者部分转移给第三人的，应当经债权人同意。本案借款关系中，原债务人系徐某棣，现债权人李某持徐某娴出具的明确载明“徐某娴代徐某棣偿还李某款项余额￥45 万”的《借据》向徐某娴而非徐某棣主张债权，表明李某同意徐某棣将涉案 450,000 元债务转移给徐某娴，徐某娴亦同意承担涉案 450,000 元债务，故该《借据》名为借据，实为债务转让协议，李某据此主张徐某娴承担还款责任，理据充分，二审法院予以支持。

鉴于《借据》出具后，在约定的还款期限即 2013 年 6 月 30 日前，徐某娴向李某偿还了 377,750 元，徐某棣向李某转款 30,800 元，故徐某娴现尚欠 41,450 元（即 450,000 元 - 377,750 元 - 30,800 元）未还。李某主张徐某娴应自 2013 年 7 月 1 日起按中国人民银行公布的同期同类贷款利率计付逾期利息，符合《中华人民共和国合同法》第二百零七条关于“借款人未按照约定的期限返还借款的，应当按照约定或者国家有关规定支付逾期利息”的规定，二审法院予以支持。综上，徐某娴应向李某偿还 41,450 元并支付逾期利息（以 41,450 元为基数，自 2013 年 7 月 1 日起按中国人民银行公布的同期同类贷款基准利率计至还清款项之日止）。李某主张的债权金额超过二审法院认定的数额部分，缺乏事实依据，二审法院不予支持。

针对第二个争议焦点。首先，李某据以向徐某仰主张债权的亦是《借据》，虽然徐某仰在“借款人：徐某娴”上方签名，但从《借据》内容看，其只是载明“徐某娴代徐某棣偿还李某款项余额￥45 万”以及“经双方协商在一年半内还清”，并无徐某仰同意承担涉案债务的意思表示。其次，李某自认《借据》系由徐某娴书写，故在无相反证据的情况下，“经双方协商在一年半内还清”中的“双方”应理解为李某与徐某娴，而不包括徐某仰。综上，再结合一直系由徐某棣与徐某娴而非徐某仰陆续还款的事实，李某主张徐某仰承担还款责任，理据不足，二审法院不予支持。

另外，原审法院依职权追加徐某棣为被告参加本案诉讼，其本意是为了查清案件事实，且徐某棣最终也无须承担还款责任，故此举并未明显严重违反法定程序。

综上所述，原审判决认定基本事实不清，适用法律和处理不当，应予以纠正。上诉人李某的理由部分成立，二审法院予以支持。

二审法院判决如下：

一、撤销广州市花都区人民法院（2014）穗花法民一初字第 5954 号民事判决。

二、徐某娴自本判决生效之日起5日内，向李某偿还41,450元并支付逾期利息（以41,450元为基数，自2013年7月1日起按中国人民银行公布的同期同类贷款基准利率计至还清款项之日止）。

三、驳回李某的其他诉讼请求。

◎ 点评

民间借贷实务中，借款人在无力偿还借款的情形下可能会将债务转移给第三人，由第三人来承担债务。民间借贷中的债务承担通常发生在亲戚朋友之间，因为亲戚朋友基于亲情、友情及互相帮助的考虑，更愿意替陷入财务困境的债务人承担债务。民间借贷中的债务移转包括两种方式：借款人与第三人之间达成协议和出借人与第三人之间达成协议。下面分别讨论。

一、借款人与第三人之间达成协议

《合同法》第八十四条规定："债务人将合同的义务全部或者部分转移给第三人的，应当经债权人同意。"法律之所以作上述规定，主要是给予债权人选择权。债务转移后，债务人不再承担债务，由第三人向债权人承担清偿责任，如果第三人信用和实力达不到出借人的标准，不经出借人同意就进行债务移转可能会危害出借人的债权。据此，借款人作为债务人可以与第三人达成协议转移债务，但是，该协议必须征得作为债权人的出借人同意，否则该协议并不生效，而是效力待定。此种方式需要注意的是何谓债权人同意。一般而言，债权人同意应当以明确表示的方式作出，包括口头和书面形式，比如以录音、录像或书面同意的方式记录债权人的同意表示。但是，债权人也可以默示的方式表示同意，比如债权人接受第三人向其作出的债务履行，或者债权人直接请求第三人向其履行债务。

二、出借人与第三人之间达成协议

出借人作为债权人，可以直接与第三人订立协议约定借款人的债务由第三人承担。此种方式简洁明快，免去了征求出借人同意的环节，减少争议。另外，就民间借贷而言，借款人在获得借款后，其只享有清偿义务。借款人作为纯粹的义务主体，出借人与第三人达成协议转移债务，对其只有利益而无任何损害，故出借人与第三人之间的协议不需要征得借款人的同意即可生效。

就本案而言，其中一个争议焦点是借款人与第三人之间是否发生债务移转。原审法院认为不发生，理由是案涉《借据》实际属于债务转让协议，但只有第三人徐某娴、徐某仰签名，出借人李某本人未签名，借款人徐某棣也未在协议上同意签名。二审法院认为已经发生债务移转，因为第三人徐某娴已经代债务人履行债务且出借人李某已经接受并未表示异议，另外，出借人向法院起诉要求判令第三人偿还债务也表明其同意债务移转。比较两级审理法院的理由，二审法院的观点正确。原审法院没有正确理解债务移转中的债权人同意可以默示作出。其实，本案所涉《借据》并不是债务转移协议，因为该《借据》上并没有借款人和出借人的签名，达不到合同至少两方主体的形式要件，但是，该《借据》可以作为债务转移协议存在的证据，加之借款人和第三人都承认债务移转，足以证明债务转移协议的存在。至于债务转移协议是否生效，除了二审法院的理由外，出借人接受并持有该《借据》也表明其同意借款人和第三人之间的债务转移协议。

◎ 法条链接

1. **《合同法》**

第八十四条 债务人将合同的义务全部或者部分转移给第三人的，应当经债权人同意。

第五章

民间借贷本金与利息纠纷

导　言

确定民间借贷本金和利息才能准确计算借款人的债务数额。一般而言，民间借贷的本金和利息应当是清晰无误，没有争议，但实际情况并非如此。就本金而言，民间借贷合同与借据、欠条、收条等债权凭证记载的本金可能不是实际支付的本金，比如出借人在提供本金时同时扣除利息，而书面文件记载的本金并不做相应扣减。就利息而言，借贷双方可能没有约定利息，或者利息约定不明，或者约定的利息违法，等等。可见，民间借贷本金和利息的查明和确定有时并不容易。本章主要讨论以下问题：

1. 民间借贷出借人在本金中预先扣除利息如何处理？出借人预先在本金中扣除利息的，应当按照实际借款数额返还借款并计算利息，人民法院应当将实际出借的金额认定为本金。

2. 民间借贷债权凭证载明的借款金额，一般认定为本金。民间借贷双方对本金数额发生争议，需分情况讨论：如果借贷双方只有借款合同，没有借据、收据、欠条等债权凭证，需要根据转账记录认定实际借款本金，但有现金交付证据的除外；如果有借据、收据、欠条等债权凭证的，借据、收据、欠条等债权凭证载明的借款金额一般认定为本金，但有足够充分的证据证明出借人预先在本金中扣除利息或以现金方式另行交付借款本金的除外。

3. 自然人之间的借款合同没有约定利息，如何处理？自然人之间的借款合同对支付利息没有约定的，视为不支付利息。

4. 自然人之间借贷对利息约定不明的，如何处理？自然人之间借贷对利息约定不明，出借人主张支付利息的，人民法院不予支持。

5. 非自然人之间民间借贷利息约定不明，如何处理？除自然人之间借贷的外，借贷双方对借贷利息约定不明，出借人主张利息的，人民法院应当结合民间借贷合同的内容，并根据当地或者当事人的交易方式、交易习惯、市场利率等因素确定利息。

6. 借贷双方约定的年利率高于法定保护标准的部分，如何处理？借贷双方约定的年利率高于法定保护标准的部分，为自然债务。借款人未支付的，出借人向法院请求判令支付的，法院不予支持。借款人已经支付的，借款人向法院请求判令出借人返还的，法院不予支持，但是，自 2015 年 9 月 1 日起，借款人要求返还超过年利率 36% 部分的利息除外。

7. 民间借贷利率合法性的判断标准为何？依据《最高人民法院关于审理民间借贷案件适用法律若干问题的规定》（法释〔2015〕18 号），民间借贷利率划分为三个区域：司法保护区、自然债务区和无效区。民间借贷年利率为 24% 及以下的属于司法保护区，可以依法获得法院保护；民间借贷年利率超过 36% 的部分属于无效区，即使债务人向债权人支付了此部分利率也可以请求返还；民间借贷年利率超过 24% 但低于 36% 的部分属于自然债务区，不得经由诉讼程序和国家强制力执行，但债务人已经履行的，债务人不得请求返还。

8. 民间借贷出借人收取服务费如何处理？民间借贷双方约定了利息又约定了服务费，应当仔细分析服务费的性质，如果服务费有真实的对价，可以认可，反之，应当将此服务费并入利息：①利息与服务费之和未超过法定利率的，可以认可；②利息与服务费之和超过法定利率的，超过部分不予支持。

9. 民间借贷双方对利息支付时间未约定，如何处理？民间借贷双方对支付利息的期限没有约定或者约定不明确，可以协议补充；不能达成补充协议的，按照合同有关条款或者交易习惯确定。上述方法仍不能确定的，借款期间不满 1 年的，应当在返还借款时一并支付；借款期间 1 年以上的，应当在每届满 1 年时支付，剩余期间不满 1 年的，应当在返还借款时一并支付。

10. 民间借贷借款人提前还款，利息如何处理？借款人可以提前偿还借款，但当事人另有约定的除外。借款人提前偿还借款并主张按照实际借款期间计算利息的，人民法院应予支持。

11. 当事人约定借款期限但未约定利息，逾期利息的起算时点如何确定？当事人约定借款期限但未约定利息，在借款期限内借款人无须支付利息，但借款期限届满后，借款人应当按银行同期贷款利率支付逾期利息。因此，逾期利息自借款期限届满后起算，而不是从出借人向法院提起诉讼时计算。

12. 借贷双方未约定逾期利息如何处理？借贷双方未约定逾期利率或者约定不明的，人民法院可以区分不同情况处理：（一）既未约定借期内的利率，也未约定逾期利率，出借人主张借款人自逾期还款之日起按照年利率 6% 支付资金占用期间利息的，人民法院应予支持；（二）约定了借期内的利率但未约定逾期利率，出借人主张借款人自逾期还款之日起按照借期内的利率支付资金占用期间利息的，人民法院应予支持。

13. 民间借贷逾期利率如何约定才合法？借贷双方对逾期利率有约定的，从其约定，但以不超过年利率24%为限。出借人与借款人既约定了逾期利率，又约定了违约金或者其他费用，出借人可以选择主张逾期利息、违约金或者其他费用，也可以一并主张，但总计超过年利率24%的部分，人民法院不予支持。

14. 民间借贷双方既未约定利率也未约定逾期利率，如何确定逾期利率？民间借贷双方既未约定借期内的利率，也未约定逾期利率，出借人主张借款人自逾期还款之日起按照年利率6%支付资金占用期间利息的，人民法院应予支持。

15. 民间借贷双方约定了逾期利率和违约金，能否一并主张？民间借贷双方既约定了逾期利率，又约定了违约金或其他费用，出借人可以选择主张逾期利息、违约金或其他费用，也可以一并主张，但总计超过年利率24%的部分，人民法院不予支持。

16. 借贷双方未约定本息的归还顺序，如何处理？借贷双方对本息支付次数和时间没有约定，借款人向贷款人归还资金，首先应当抵充利息，超过部分抵充本金。

17. 民间借贷双方对前期借款本息结算后将利息计入后期借款本金并重新出具债权凭证，如何处理？民间借贷双方对前期借款本息结算后将利息计入后期借款本金并重新出具债权凭证，如果前期利率没有超过年利率24%，重新出具的债权凭证载明的金额可认定为后期借款本金；超过部分的利息不能计入后期借款本金。约定的利率超过年利率24%，当事人主张超过部分的利息不能计入后期借款本金的，人民法院应予支持。

18. 出借人委托代理人收款但授权不明，代理人减免债务的行为效力如何认定？委托书授权不明的，被代理人应当向第三人承担民事责任，代理人负连带责任。因此，民间借贷中出借人委托他人向借款人收款，如果授权不明，他人减免债务人债务的，出借人应当接受。

44. 民间借贷出借人在本金中预先扣除利息如何处理？

——喻某与廖某诗、刘某文民间借贷纠纷[①]

裁判要旨

出借人预先在本金中扣除利息的，应当按照实际借款数额返还借款并计算利息，人民法院应当将实际出借的金额认定为本金。

◎ 基本案情

喻某和廖某诗、刘某文系他人介绍相识。2014 年 3 月 12 日，廖某诗和刘某文向喻某借款 200,000 元，廖某诗和刘某文向喻某出具了《借条》，载明借到喻某人民币 200,000 元，廖某诗和刘某文均在借条中签名。喻某扣除了利息 8,000 元后，于 2014 年 3 月 12 日、3 月 13 日分 2 次共计向廖某诗的银行账户转账支付 192,000 元整。此后，廖某诗于 2014 年 4 月 14 日向喻某支付了 8,000 元，并于 2014 年 5 月 16 日、6 月 17 日、7 月 17 日、8 月 16 日、9 月 17 日、10 月 17 日分别支付 7,000 元，共计支付 50,000 元后未再还款。上述事实，有喻某和廖某诗、刘某文的陈述、《借条》、喻某的银行转账记录、廖某诗、刘某文的银行交易明细、开庭笔录等在卷证实，足以认定。

◎ 法院审理

原审法院认为，合法的借贷关系受法律保护。本案双方争议的焦点在于廖某诗于 2014 年 4 月 14 日向喻某支付 8,000 元，以及于 2014 年 5 月 16 日、6 月 17 日、7 月 17 日、8 月 16 日、9 月 17 日、10 月 17 日分别支付 7,000 元，共计支付 50,000 元是偿还本金还是利息的问题。喻某当庭陈述，借款时廖某诗、刘某文自愿按照月利率 4% 向喻某支付利息，故喻某实际支付借款时仅转账 192,000 元，2 个月后因廖某诗、刘某文无力偿还本金，双方协议变更为按照月利率 3.5% 支付利息。廖某诗、刘某文否认双方之间有关于利息的约定。本案中，双方在借条中未约定利息，

---

① 湖南省长沙市中级人民法院（2015）长中民二终字第 07118 号

但是根据喻某向廖某诗的银行转账记录为192,000元，而廖某诗、刘某文在借条中载明借款金额为200,000元，以及廖某诗向喻某付款的银行交易明细记录，廖某诗、刘某文付款是每个月相对固定的时间和第一个月付款8,000元，后来都是7,000元的相同数额，喻某和廖某诗、刘某文上述付款的行为符合喻某关于利息的陈述以及民间借贷的交易常规。原审法院据此采纳喻某的陈述，认定廖某诗向喻某支付的共计50,000元系廖某诗、刘某文自愿支付的利息。廖某诗、刘某文关于50,000元系支付本金的辩称原审法院不予采纳。根据《中华人民共和国合同法》第二百条的规定，借款的利息不得预先在本金中扣除。利息预先在本金中扣除的，应当按照实际借款数额返还借款并计算利息。本案喻某在向廖某诗、刘某文支付借款时，预先扣除了利息8,000元，实际支付金额为19,000元，故原审法院确认实际借款数额为19,000元，喻某诉请超出部分原审法院不予支持。喻某请求廖某诗、刘某文按照中国人民银行同期贷款利率的4倍支付逾期利息，因双方在借条中未约定借款期限和逾期利息，原审法院酌情调整为自起诉之日起按照年利率6%支付资金占用利息，喻某诉请超出部分原审法院不予支持。

原审法院判决如下：(一) 廖某诗、刘某文于判决生效之日起10日内向喻某返还借款本金192,000元及利息（自2015年5月11日起，按照年利率6%计算至本金清偿之日止）；(二) 驳回喻某的其他诉讼请求。

上诉人廖某诗、刘某文不服原审判决，向二审法院上诉称：(一) 原审法院认定廖某诗、刘某文偿还给喻某的50,000元为利息属事实认定不清，廖某诗、刘某文已向法院提供借条，借款双方当事人对借款期间的利息和还款的时间并无明确约定，(二) 原审法院认定的自2015年5月11日起按照年利率6%支付资金占用利息无事实与法律依据。由于双方对此笔借款的返还期限并没有进行约定，所以当廖某诗、刘某文要求喻某返还借款时应当给予一定的合理期限，但是喻某并没有向原审法院提供相应证据证明其给了廖某诗、刘某文一定的合理期间进行归还借款，而是直接通过诉讼方式进行催收，因此原审法院所认定的从2015年5月11日起按照年利率6%计算至本金清偿日止没有事实和法律依据。综上遂请求：1. 撤销（2015）雨民初字第2406号民事判决书第一项；2. 将第一项改判为廖某诗、刘某文向喻某归还本金142,000元，3、诉讼费用全部由被上诉人承担。

被上诉人喻某答辩称：原审法院判决认定事实正确，适用法律正确，请求法院维持原审判决。双方当事人经朋友介绍，廖某诗、刘某文向喻某借款，借款不可能无偿借出。约定月利率4%，后协议变更为3.5%，从借款时20万的借条直接扣除8,000元利息，也可以从廖某诗、刘某文在每月的固定的时间向被上诉人支付固定的金额可以看出，廖某诗、刘某文支付的是利息而不是本金。

二审法院二审查明的事实与原审法院查明的事实一致。

二审法院认为，廖某诗、刘某文向喻某出具借条，喻某向廖某诗转账支付款项，双方形成民间借贷关系。廖某诗、刘某文所出具借条金额为200,000元，但喻某实际向廖某诗转账支付192,000元，故借款本金应当认定为192,000元。本案双方争议的焦点在于廖某诗、刘某文向喻某支付50,000元是偿还本金还是利息的问题。廖某诗、刘某文上诉称与喻某签订的借条中对借款期间的利息及借款的归还时间并无明确约定，原审法院认定廖某诗、刘某文自2015年5月11日起按照年利率6%支付资金占用利息无事实和法律依据。本案中，双方虽在借条中未约定利息，但是根据喻某向廖某诗的银行转账记录为192,000元，廖某诗、刘某文在借条中载明借款金额为200,000元，廖某诗、刘某文自第一个月还款8,000元后，每月在相对固定的期限归还喻某7,000元款项，廖某诗、刘某文上述付款的行为与喻某关于利息约定的陈述一致，原审法院据此认定廖某诗向喻某支付的共计50,000元系廖某诗、刘某文自愿支付的利息，符合民间借贷的交易习惯，故廖某思、刘某文要求将喻某的50,000元还款认定为归还本金的上诉请求二审法院不予支持。因双方未约定归还借款的期限，原审法院确定廖某诗、刘某文自起诉至日起按年利率6%支付资金占用利息，符合法律规定。对廖某思、刘某文的全部上诉请求二审法院不予支持。

二审法院驳回上诉，维持原判。

◎ 点评

本案的争议焦点是出借人是否存在预先扣除利息的行为。民间借贷实务中，出借人凭借其资金优势地位，为了规避风险，最大限度地获取利益，通常在提供借款资金时扣除利息，虽然借款人实际收到的资金少于约定的本金，但利息计算和归还本金皆以约定的本金为基础。此种做法对借款人显失公平。《合同法》第二百条规定："借款的利息不得预先在本金中扣除。利息预先在本金中扣除的，应当按照实际借款数额返还借款并计算利息。"《最高人民法院关于审理民间借贷案件适用法律若干问题的规定》（法释〔2015〕18号）第二十七条规定："借据、收据、欠条等债权凭证载明的借款金额，一般认定为本金。预先在本金中扣除利息的，人民法院应当将实际出借的金额认定为本金。"因此，出借人预先在本金中扣除利息的，应当按照实际借款数额返还借款并计算利息。本案借款人廖某诗、刘某文所出具借条金额为200,000元，但出借人喻某实际向廖某诗转账支付192,000元，故借款本金应当认定为192,000元。

◎ 法条链接

1.《合同法》

第二百条 借款的利息不得预先在本金中扣除。利息预先在本金中扣除的，应当按照实际借款数额返还借款并计算利息。

2.《最高人民法院关于审理民间借贷案件适用法律若干问题的规定》（法释〔2015〕18号）

第二十七条 借据、收据、欠条等债权凭证载明的借款金额，一般认定为本金。预先在本金中扣除利息的，人民法院应当将实际出借的金额认定为本金。

第二十九条 借贷双方对逾期利率有约定的，从其约定，但以不超过年利率24%为限。

未约定逾期利率或者约定不明的，人民法院可以区分不同情况处理：

（一）既未约定借期内的利率，也未约定逾期利率，出借人主张借款人自逾期还款之日起按照年利率6%支付资金占用期间利息的，人民法院应予支持；

（二）约定了借期内的利率但未约定逾期利率，出借人主张借款人自逾期还款之日起按照借期内的利率支付资金占用期间利息的，人民法院应予支持。

第三十一条 没有约定利息但借款人自愿支付，或者超过约定的利率自愿支付利息或违约金，且没有损害国家、集体和第三人利益，借款人又以不当得利为由要求出借人返还的，人民法院不予支持，但借款人要求返还超过年利率36%部分的利息除外。

45. 民间借贷债权凭证载明的借款金额，一般认定为本金

——杨某与罗某民间借贷纠纷上诉案[①]

裁判要旨

民间借贷双方对本金数额发生争议，需分情况讨论：如果借贷双方只有借款合同，没有借据、收据、欠条等债权凭证，需要根据转账记录认定实际借款本金，但有现金交付证据的除外；如果有借据、收据、欠条等债权凭证的，借据、收据、欠条等债权凭证载明的借款金额一般认定为本金，但有足够充分的证据证明出借人预先在本金中扣除利息或以现金方式另行交付借款本金的除外。

---

① 安徽省马鞍山市中级人民法院（2015）马民一终字第00493号

◎ 基本案情

2013 年 6 月 4 日，双方签订借款合同，罗某向杨某借款 100,000 元，合同约定借款期限为 2013 年 6 月 4 日起至 2013 年 12 月 4 日止，月利率为 20‰。

2014 年 5 月 4 日，罗某向杨某借款 30,000 元并向杨某出具借条一份，约定借款期限为 2014 年 5 月 4 日至 2014 年 6 月 2 日，该笔借款没有约定利息。

2014 年 5 月 29 日，双方又签订了一份借款合同，罗某向杨某借款 20,000 元，合同约定借款期限为 2014 年 5 月 29 日起至 2014 年 6 月 29 日止，月利率为 20‰。

后双方因还款事宜发生纠纷，杨某请求法院依法判令：1. 罗某立即偿还人民币壹拾伍万元整，及至还款日止的利息；2. 本案诉讼费由罗某承担。

◎ 法院审理

双方对 2014 年 5 月 4 日 30,000 元的借款均无异议。

罗某在原审中辩称：2014 年 5 月 29 日所借 20,000 元不是事实，虽然其在借款合同上签字，但杨某一直未将这 20,000 元汇入其卡中。

原审法院认为本案争议焦点在于：

一、杨某于 2014 年 1 月 19 日汇给罗某 28,800 元，2014 年 3 月 7 日罗某向杨某账户存入四笔款项，分别为 9,000 元、9,600 元、9,800 元和 4,800 元，共计 33,200 元，杨某认为这四笔款项是罗某偿还 28,800 元的本金及利息，而罗某认为这四笔还款是偿还杨某 96,000 元（即杨某诉请所称的 100,000 元）借款的，而 28,800 元是双方之间的另一笔借款，罗某也向杨某出具了借条，实际在借款发生 1 个月后，其已经通过案外人杨某甲将 30,000 元现金交给了杨某。针对罗某所说的情况，其却提供不出还款 30,000 元的凭据，并且案外人杨某甲也没有出庭作证，故对于罗某的观点，不予采纳。另外，该 28,800 元的借款确实存在，双方均予以认可，上述四笔还款共计 33,200 元，可以算作是偿还 28,800 元借款的，但由于双方对利息约定不明且借款时间较短，故多余的 4,400 元可以算作偿还杨某诉请的 100,000 元借款。

二、2014 年 9 月 5 日，包某通过支付宝转给杨某的 5,000 元是不是罗某偿还杨某的欠款？由于包某属于案外人且包某本人也没有出庭作证，罗某也没有其他证据，故对于罗某所说的是偿还杨某借款的观点，不予采纳。

三、借款合同中的 20,000 元借款是否实际发生？罗某代理人庭审中指出该 20,000 元借款没有按照借款合同约定的方式汇入指定账户，并不认同杨某所说的改为现金交付，因此该笔借款并未真实发生。但是通过庭审调查，杨某虽未按照借款合同将借款汇入指定的账户，但双方之间存在频繁的资金往来，并且该借款合同是

2014 年 5 月 29 日签订的，如果杨某没有向罗某交付借款，罗某从未向杨某主张收回借款合同及主张自己的权利也是极不符合常理的，另外，罗某在录音中亦多次承认借款本金为 150,000 元，故对于罗某代理人的意见，不予采纳。

原审法院认为，债务应当清偿。从杨某提供的借款合同及借条来看，双方关于借款金额有明确约定，借贷关系合法有效。杨某与罗某之间的债权债务关系明确，事实清楚，罗某有义务归还借款 150,000 元。2013 年 7 月 3 日起至 2015 年 1 月 23 日止，罗某基本每个月均向杨某还款，总共 13 笔，共计 66,000 元，对于还款事实及金额，双方均无异议，故予以认定。另外，2014 年 3 月份罗某所还多余的 4,400 元可以算作偿还杨某该笔借款的。该案中借贷双方对本金、利息的偿还没有约定，应按照先息后本的顺序认定，超过应付利息数额的部分，应当抵扣本金。按照借款合同约定的月利率 20‰计算，100,000 元借款 2013 年 6 月份的利息为 2,000 元，2013 年 7 月 3 日还款 4,000 元，因此 2013 年 7 月份扣除利息应当偿还本金 2,000 元，借款本金剩余 98,000 元，以此类推，经核算，截止到 2015 年 8 月，对于 100,000 元借款罗某尚欠本金 58,295 元，利息 12,359 元。

原审法院判决：一、罗某于本判决生效之日起 10 日内归还杨某借款 58,295 元及利息（其中 2015 年 9 月之前的利息为 12,359 元，2015 年 9 月及之后的利息，以 58,295 元为本金，按照月利率 2% 计算至实际还清欠款时止；二、罗某于本判决生效之日起 20 日内归还杨某借款 50,000 元及利息（其中 30,000 元的利息，以 30,000 元为本金，按照银行同期贷款利率自 2014 年 6 月 3 日起计算至实际还清欠款时止；另外 20,000 元的利息，以 20,000 元为本金，按照月利率 2% 自 2014 年 5 月 29 日起计算至实际还清欠款时止）。

宣判后，罗某不服，向二审法院提起上诉称：一审认定事实错误。1. 罗某与杨某于 2013 年 6 月 4 日签订的借款合同中，虽然载明借款金额为 100,000 元，但实际上杨某通过双方约定的付款方式只向罗某支付了 96,000 元，有双方的银行往来明细表为证。2. 双方于 2014 年 5 月 29 日签订的借款合同，明确约定双方之间的付款方式为银行转账，但通过双方之间的银行往来明细可以看出，该笔款项未打入罗某账户，且杨某也没有提供有效的证据证明向杨某交付该笔款项的事实。原审法院认为罗某未向杨某主张收回借款合同不符合常理，罗某认为当时其需要经常向杨某借款用于资金周转，不可能态度强硬地向杨某索回借款合同，且其当时亦认为杨某并没有向其汇款，借款合同没有实际生效。

杨某辩称：一审判决认定事实清楚证据确实充分，审判程序合法，判决公正。1. 罗某认为 2013 年 6 月 4 日借款 10 万元杨某只给了 96,000 元不是事实。杨某通过银行转账 96,000 元，给付现金 4,000 元。罗某也陈述双方之间借款很多是现金交付。2. 2014 年 5 月 29 日的 20,000 元借款，双方虽然约定借款通过银行转账，后因罗某要钱很急，杨某因来不及到银行转账，遂双方变更了付款方式。

二审中，罗某提交证人包某的证人证言，证明罗某委托包某于2014年9月5日向杨某支付5,000元的事实。

杨某质证认为：证人证言不属于新的证据，且证人包某与罗某有法律上的利害关系，所以这份证据不能达到其证明目的。

杨某提交徽商银行卡折对账单、网银手机截图各一份，证明杨某于2014年9月5日向罗某汇款2,500元的事实。

罗某质证认为：真实性没有异议，该笔款项是双方之间的另一笔款项，与本案无关。

二审法院认证认为：对于双方提供证据的三性均予以认定。

二审查明的事实除与原审相同外，另查明：罗某分别于2013年7月3日、2013年8月5日、2013年9月3日、2013年10月9日、2013年11月1日、2013年12月2日、2013年12月31日、2014年1月30日、2014年2月20日、2014年3月7日、2014年4月22日、2014年5月30日、2014年9月5日、2014年10月31日、2015年1月23日向杨某支付4,000元、4,000元、4,000元、4,000元、4,000元、4,000元、4,000元、2,000元、4,000元、33,200元、5,000元、4,000元、5,000元、5,000元、18,000元共计104,200元。杨某分别于2014年1月19日、2014年9月5日向罗某转账支付28,800元、2,500元共计31,300元。

综合双方当事人的诉辩意见，归纳本案二审争议焦点为：案涉借款数额应如何认定。

二审法院认为，依据《最高人民法院关于审理民间借贷案件适用法律若干问题的规定》第二十七条，借据、收据、欠条等债权凭证载明的借款金额，一般认定为本金。预先在本金中扣除利息的，人民法院应当将实际出借的金额认定为本金。一、关于2013年6月4日的一笔借款。双方于2013年6月4日签订借款合同，约定杨某将借款全额支付至罗某指定账户，但通过杨某的银行卡明细记录看出其转账金额为96,000元，故应认定2013年6月4日罗某实际向杨某借款96,000元。罗某于2013年7月3日起至2015年1月23日（包含原审认定的2014年3月7日的4,400元），共向杨某还款共15笔金额为72,900元。按照双方约定的月利率20‰计算，96,000元借款2013年6月份的利息为1,920元，2013年7月3日罗某还款4,000元，因此2013年7月份扣除利息罗某偿还本金2,080元，剩余借款本金应为93,920元，结合其每月的还款数额，经核算，截至2015年8月，对于该笔96,000元借款，罗某尚欠本金54,307.16元，利息8,689.12元。二、关于2014年5月29日的借款。罗某称未收到该借款合同中的借款20,000元，但其在借款合同上签名至杨某提起诉讼长达1年之久，若没有收到该笔借款，其应去找杨某收回该借款合同抑或主张交付借款，但其并未提供证据证明其在此期间向杨某主张过权利，罗某作为一名完全民事行为能力人应对自己在借款合同上签名的行为承担法律责任。故原审认定该笔20,000元借款的事实成立，并无不当。综上，罗某的上诉请求部分成立，二审法院予以部分支持。

二审法院判决如下：

一、变更马鞍山市雨山区人民法院（2015）雨民一初字第01435号民事判决第一项即“一、罗某于本判决生效之日起10日内归还杨某借款58,295元及利息（其中2015年9月之前的利息为12,359元，2015年9月及之后的利息，以58,295元为本金，按照月利率2%计算至实际还清欠款时止）；”变更为“一、罗某于本判决生效之日起10日内归还杨某借款54,307.16元及利息8,689.12元（其中2015年9月之前的利息为8,689.12元，2015年9月及之后的利息，以54,307.16元为本金，按照月利率2%计算至实际还清欠款时止）；”

二、维持马鞍山市雨山区人民法院（2015）雨民一初字第01435号民事判决第二项，即“罗某于本判决生效之日起20日内归还杨某借款50,000元及利息（其中30,000元的利息，以30,000元为本金，按照银行同期贷款利率自2014年6月3日起计算至实际还清欠款时止；另外20,000元的利息，以20,000元为本金，按照月利率2%自2014年5月29日起计算至实际还清欠款时止）。”

◎ 点评

民间借贷纠纷案件审理中，借贷双方就本金数额发生争议比较常见，这与银行借贷纠纷的情形不同。银行等正规金融机构有完善的内部管理制度和外部监管体系，其发放贷款都遵循严格的业务流程，从贷款审批、合同签订、贷款发放、贷后管理至贷款催收皆有完善的制度和书面痕迹材料，特别是借贷双方对借款本金数额很少有争议，因为银行放贷有书面借款合同，贷款发放不以现金形式，而是转账完成。与之不同，民间借贷中的出借人除职业从事资金放贷业务的主体外，一般没有完善的业务管理制度和内部控制体系，特别是发生于亲朋好友等熟人之间的民间借贷，双方通常不会签订借款合同，只是出具借据、收据、欠条等债权凭证，然后或转账或现金或两者并行完成借款本金交付，极端的情况既没有借款合同，也没有借据、收据、欠条等债权凭证，借贷双方直接现金交付，这也解释了为何民间借贷纠纷当事人经常会就本金数额发生争议。民间借贷双方就本金数额发生争议大致可分三种情况：

第一，只有借款合同，没有借据、收据、欠条等债权凭证。此种情况非常考验法官的审判经验和智慧，因为借贷双方签订借款合同时，一般不会发生借款本金的交付，而是于借款合同签订后依照合同约定交付借款本金。由于现实情况的复杂多变，出借人可能不会依照借款合同约定的时间和方式交付借款本金，甚至不足额交付或多交付，极端的情况出借人没有交付本金。因此，借贷双方只有借款合同，没有其他借款本金交付证据支持的，法院可能会认定借贷事实没有发生。如果有转账记录，则依据转账金额认定借款本金数额。当然，如果有足够充分的证据证明以现金方式另行交付借款本金的除外。

第二，没有借款合同，只有借据、收据、欠条等债权凭证。民间借贷实务中，出借人以现金方式向借款人提供借款的同时，借款人会出具借据、收据、欠条等债权凭证。如果出借人以转账方式向借款人提供借款，则借款人出具借据、收据、欠条等债权凭证会与其有时间和空间上的间隔。另外，上述债权凭证记载的本金数额与转账金额应当一致，否则，出借人或借款人都会提出异议。因此，此种情形下借据、收据、欠条等债权凭证记载的借款数额应当认定为本金数额。当然，如果有足够充分的证据证明出借人预先在本金中扣除利息或以现金方式另行交付借款本金的除外。

第三，既有借款合同，还有借据、收据、欠条等债权凭证。从事时间序列考察，借贷双方通常先签订借款合同，然后出借人以现金方式向借款人提供借款，同时，借款人向出借人出具借据、收据、欠条等债权凭证，或者出借人以转账方式向借款人提供借款，之后，借款人再出具借款凭证。此时，如果借贷双方就借款本金数额发生争议，借据、收据、欠条等债权凭证记载的借款金额显然比借款合同更令人信服，前者记载的借款金额应当直接认定为借款本金。当然，如果有足够充分的证据证明出借人预先在本金中扣除利息或以现金方式另行交付借款本金的除外。

上述分析结果在《最高人民法院关于审理民间借贷案件适用法律若干问题的规定》（法释〔2015〕18 号）中得到反映。其第二十七条规定：“借据、收据、欠条等债权凭证载明的借款金额，一般认定为本金。预先在本金中扣除利息的，人民法院应当将实际出借的金额认定为本金。”上述司法解释没有规定“借款合同载明的借款金额一般认定为本金”，这是因为借款资金的交付与借款合同的签订通常存在时间和空间上的间隔，签订借款合同并不能保证出借人依约提供借款，故通常不能直接依据借款合同来认定本金。因此，借贷双方就借款本金数额发生争议，一般直接依据借据、收据、欠条等债权凭证载明的借款金额认定，但有足够充分的证据证明出借人预先在本金中扣除利息或以现金方式另行交付借款本金的除外。

本案借贷双方就 2014 年 5 月 29 日所借 20,000 元本金数额发生争议，借款人认为出借人未将这 20,000 元汇入其卡中，出借人认为已经现金交付。这属于上文讨论的第一种情况，即借贷双方只有借款合同，没有借据、收据、欠条等债权凭证。借贷双方签订的借款合同记载的借款金额为 20,000 元。如上文所述，因借款实际交付与借款合同的签订存在时间和空间间隔，故法院不能直接依据借款合同的记载金额认定借款本金。但是，本案审理仍然依据借款合同的记载认定借款本金。其理由是：1. 借款合同签订至出借人提起诉讼长达1年之久，借款人若没有收到该笔借款，其应去找出借人收回该借款合同抑或主张交付借款，但其并未提供证据证明其在此期间向杨某主张过权利。2. 借款人在录音中亦多次承认借款本金为150,000元，显然2014年5月29日签订的借款合同约定的20,000元借款应当已经交付给借款人，否则借款人不会承认借款本金为150,000元，而是150,000元-20,000元=130,000元。法院的上述判决理由充分，既考虑生活常识，也考虑相关证据，充分反映了法院丰富的审判经验和智慧。

◎ 法条链接

1. **《最高人民法院关于审理民间借贷案件适用法律若干问题的规定》（法释〔2015〕18号）**

第二十七条　借据、收据、欠条等债权凭证载明的借款金额，一般认定为本金。预先在本金中扣除利息的，人民法院应当将实际出借的金额认定为本金。

46. 自然人之间的借款合同没有约定利息，如何处理？

——赵某英等与朱某玲民间借贷纠纷上诉案[①]

裁判要旨

自然人之间的借款合同对支付利息没有约定的，视为不支付利息。

◎ 基本案情

2010年6月25日，赵某英向朱某玲出具借条一份，借条载明："今借到朱某玲人民币伍拾万元整，此款转入上述账号，款到本借条生效，赵某英，2010年6月25日"。双方口头约定利息按照月息1.7分计算。2010年8月31日，朱某玲向赵某英汇款10万元。2010年9月1日，赵某英向朱某玲出具借条一份，借条载明："今借到朱某玲人民币壹拾万元整，赵某英，2010年9月1日"。双方口头约定借

① 安徽省合肥市中级人民法院民事判决书（2015）合民一终字第00260号

款共计60万元按照月息2分计算。2011年8月4日，朱某玲向赵某英汇款193000元。2011年8月14日，赵某英向朱某玲出具借条一份，借条载明：“截止到2011年8月14日共欠朱某玲人民币80万元整，其他欠条作废，如杨某归还上述借款，本条作废，对未归还部分承担责任，赵某英”。杨某偿还借款记录如下：2010年7月26日、8月20日、9月25日、11月27日、11月29日、12月16日各偿还7,500元、7,500元、7,500元、9,000元、9,000元、9,000元，2011年1月28日、3月25日、4月27日、5月26日、6月27日、7月21日、8月28日、9月27日、10月26日、11月15日、12月20日各偿还12,000元、12,000元、12,000元、12,000元、12,000元、10,000元、9,000元、16,000元、10万元、7万元、5万元，2012年2月25日偿还2万元。以上共偿还384,500元。

2012年5月9日，朱某玲诉至法院请求判令赵某英偿还欠款50万元及逾期付款利息（按照同期银行贷款利率计算，自起诉之日起至判决生效之日止）

◎ 法院审理

赵某英辩称：1. 双方曾有借贷关系，但诉状中所称借款50万元并未实际发生；2. 2011年8月14日借条不是赵某英真实意思表示，这份借条是基于上述50万元朱某玲已支付给杨某的基础上作出的，所以不能真实反应双方借贷关系；3. 真正的借贷关系发生在朱某玲和本案第三人杨某之间，赵某英只是中间人，且第三人已偿还的借款大于朱某玲实际出借的款项，故请求驳回朱某玲诉请。

杨某述称：2010年6月25日的50万元借条没有提供转款记录，借款实际没有履行。钱都是杨某借的，但由于杨某与赵某英的特殊关系，借条是赵某英打的，就朱某玲主张的借款杨某也向其出具了一张80万元的借条，朱某玲未提供给法院。针对具体借款及还款数额需进一步核实，杨某愿意承担还款责任。

原审法院认为，朱某玲向赵某英出借80万元，系合法借贷关系，应予保护。本案争议的焦点一是杨某在本案中的法律地位，即杨某与赵某英如何承担责任的问题。本案中赵某英向朱某玲出具借条并且实际借款亦是转账支付给赵某英，在2011年8月14日被告赵某英出具的借条中明确表示对杨某未归还部分承担责任，其应是本案的借款人，应承担还款责任。杨某表示其为实际借款人，愿意承担还款责任，朱某玲亦同意其承担还款责任。且从实际还款的情况看，认定杨某为共同借款人，与赵某英承担共同还款责任。本案争议的焦点二是2010年6月25日的借款50万元是否实际发生。从赵某英出具借条、杨某自2010年7月26日开始还款、赵某英在2011年8月14日出具共欠款80万元来看，应认定双方在2010年6月25日借款50万元已实际发生。本案争议的焦点三是借款的利息问题，从朱某玲陈述和杨某的还款记录来看，在2011年9月以前双方口头约定的利息标准为月息1.7分，

2011 年 9 月以后是月息 2 分。该利息约定并未违反法律规定，合法有效。本案争议的焦点四是杨某偿还借款数额问题，从杨某提供的证据来看其共偿还 384, 500 元，扣除其应承担利息，其偿还本金数额并未超过 30 万元。而朱某玲放弃了部分请求仅要求偿还 50 万元及利息，且利息是按照同期银行贷款利率自起诉之日计算，符合法律规定，予以支持。原审法院判决如下：赵某英、杨某于判决生效之日起 10 日内共同偿还朱某玲借款 50 万元及利息（自 2012 年 5 月 9 日以 50 万元为基数按照同期银行贷款基准利率计算至判决确定的给付期限止）。

赵某英、杨某均不服原审判决，上诉称：一、原审法院仅凭借条认定 50 万元借款成立无事实依据，认定双方口头约定利息更无任何证据。二、原审法院在未调取完整银行转账凭证并质证的前提下作出判决，程序违法。请求二审法院依法改判驳回朱某玲的全部诉讼请求。

二审法院认为，本案中各方争议的主要焦点是朱某玲是否实际履行了 80 万元的出借义务、借款是否约定了利息以及还款的数额。1. 关于借款实际出借本金数额，赵某英否认收到 80 万元借款中的 50 万元，但根据赵某英 2010 年 6 月 25 日出具 50 万元借条中约定的赵某英收款账户于次日进账 50 万元，且 2011 年 8 月 14 日赵某英出具的 80 万元借条中再次对 50 万元进行确认，结合杨某于 2010 年 7 月 26 日即开始还款的事实，原审法院认定赵某英收到 2010 年 6 月 25 日借条中的 50 万元正确。2. 关于借款利息，在朱某玲提供的三张借条中均没有利息的约定，朱某玲称双方口头约定了利息但没有提供相应的证据支持，且赵某英、杨某均否认借款约定了利息，故原审法院仅根据还款记录推定双方口头约定了利息，证据不充分。根据《中华人民共和国合同法》第二百一十一条规定，自然人之间的借款合同对支付利息没有约定或者约定不明确的，视为不支付利息，故二审法院认定涉案 80 万元借款不支付利息，但原审法院认定从朱某玲起诉之日起按同期银行贷款利率计付未还借款的利息正确。原审法院根据银行流水计算涉案借款已偿还 384, 500 元，经核对杨某二审提供的银行流水，原审法院计算金额正确。二审根据录音资料认定朱某玲收到赵某英现金 5 万元，涉案 80 万元借款实际已经归还 434, 500 元，尚欠 365, 500 元。赵某英作为借款人出具了借条，杨某也明确表示愿意承担还款责任，故尚欠借款应当由赵某英、杨某共同偿还。综上，赵某英、杨某的上诉理由部分成立，二审法院判决如下：

一、撤销安徽省合肥市包河区人民法院（2012）包民一初字第 01366 号民事判决；

二、赵某英、杨某于本判决生效之日起 10 日内共同偿还朱某玲借款本金 365, 500 元及利息（以 365, 500 元为基数，自 2012 年 5 月 9 日起按照同期银行贷款基准利率计算至本判决确定的给付期限止）；

三、驳回朱某玲的其他诉讼请求。

◎ 点评

我国是人情社会，亲朋好友或熟人之间融通资金非常普遍，故自然人之间借款经常未约定利息。另外，囿于社会整体法律意识不高，自然人之间以口头形式约定利息。但是，当自然人之间就借款发生争议时，因双方关系破裂，出借人经常向借款人主张利息。针对此种情况，《合同法》第二百一十一条规定："自然人之间的借款合同对支付利息没有约定或者约定不明确的，视为不支付利息"。

另外，本案审理法院认为朱某玲和杨某是共同借款人，主要理由是"赵某英向朱某玲出具借条并且实际借款亦是转账支付给赵某英，在 2011 年 8 月 14 日被告赵某英出具的借条中明确表示对杨某未归还部分承担责任，其应是本案的借款人，应承担还款责任。杨某表示其为实际借款人，愿意承担还款责任，朱某玲亦同意其承担还款责任。且从实际还款的情况看，认定杨某为共同借款人，与赵某英承担共同还款责任。"如果直接认定借款人是杨某，朱某玲接受杨某委托出借账户收款，依据《最高人民法院关于出借银行账户的当事人是否承担民事责任问题的批复》（法（经）复〔1991〕5 号）规定，"出借银行账户是违反金融管理法规的违法行为。人民法院除应当依法收缴出借账户的非法所得并可以按照有关规定处以罚款外，还应区别不同情况追究出借人相应的民事责任"。因此，法院也可以判定借款人和账户出借人向出借人承担连带清偿责任。

◎ 法条链接

1.《合同法》

第二百零六条 借款人应当按照约定的期限返还借款。对借款期限没有约定或者约定不明确，依照本法第六十一条的规定仍不能确定的，借款人可以随时返还；贷款人可以催告借款人在合理期限内返还。

第二百一十一条 自然人之间的借款合同对支付利息没有约定或者约定不明确的，视为不支付利息。

自然人之间的借款合同约定支付利息的，借款的利率不得违反国家有关限制借款利率的规定。

47. 自然人之间借贷对利息约定不明的，如何处理？

——石某青与许某民间借贷纠纷上诉案①

裁判要旨

自然人之间借贷对利息约定不明，出借人主张支付利息的，人民法院不予支持。

◎ 基本案情

2011 年 4 月 25 日，石某青与招商银行股份有限公司合肥分行签订《个人授信及担保协议》、《个人贷款消费易协议书》各一份，并办理卡号为 62 × × ×85 的消费易卡一张，消费易贷款利率为 8.5185%。

2011 年 5 月 12 日，因许某向石某青借款，石某青将上述消费易卡借给许某在合肥市包河区东盛钢材经营部刷卡消费 287,900 元。之后许某返还石某青现金 7,900 元。

2013 年 7 月 22 日，许某就上述借款向石某青出具借条一张，借条载明“今借到石某青人民币贰拾捌万元整”。

原审查明：2011 年 11 月至 2012 年 10 月期间，蔡某徽通过银行存款、银行转账的方式向石某青付款 53,600 元。蔡某徽称该款均是许某让其付给石某青的，钱的用途其不清楚。2014 年 3 月 22 日，许某通过银行转账向石某青付款 20,000 元，2014 年 6 月 6 日，许某通过银行转账向石某青付款 20,000 元。许某称该两笔款项是偿还石某青借款，石某青称该款是许某偿还的利息款，许某出具借条当天另外出具了利息条据。

原审又查明：2013 年 1 月 17 日，石某青通过手机向许某发短信称“我这几天都不在超市……你先把利息给我，不要再拖了……”许某向石某青回复短信称“我知道了，不要急，我来想办法给你”。2013 年 6 月 19 日，石某青通过手机向许某发短信称“你每次把讲的话循环一遍，我的钱怎么搞，到底有还是没有你给个准话

---

① 安徽省合肥市中级人民法院民事判决书（2015）合民一终字第 00329 号

……没钱账要算吧，你可打算不给了”，许某向石某青回复短信称“我一定会给，真的快了，明上午去公司找蔡阿姨，算一下好吗”。

2014 年 8 月 11 日，石某青诉至原审法院，请求判令：1. 许某偿还借款本金 28 万元及利息 81,033.85 元（按照招商银行消费易卡的贷款利率计算至判决确定的履行期限届满之日止）；2. 案件受理费、保全费、律师代理费由许某负担。

◎ 法院审理

原审法院认为，合法的借贷关系受法律保护。本案中，许某向石某青借款，石某青将其银行卡借给许某刷卡消费 287,900 元，双方民间借贷法律关系依法成立。关于许某尚欠石某青借款本金金额，双方共同确认许某偿还石某青借款 7,900 元，予以认定。许某辩称其因无法确切知晓尚欠石某青借款金额，认为其掌握有还款金额证据，所以于 2013 年 7 月 22 日出具了 280,000 元的借条，借条是对整体债权的确认。原审法院认为，首先，根据蔡某徽陈述，其付款给石某青均是应许某的要求付款，因此，许某辩称其无法确切知晓尚欠石某青借款金额不符合实际情况；其次，2013 年 6 月 19 日许某与石某青在手机短信中表示要在次日算账，而许某向石某青出具 280,000 元借条的时间是 2013 年 7 月 22 日，许某在双方约定的算账时间之后一个多月才向石某青出具借条，其辩称因无法确切知晓尚欠石某青借款金额，认为其掌握有还款金额证据，所以出具了 280,000 元的借条，借条是对整体债权的确认的意见明显不合常理。综合以上两点，许某的该辩论意见不予采信，原审认定截至 2013 年 7 月 22 日，许某尚欠石某青借款本金 280,000 元。

关于借款利息，石某青借给许某的是招商银行消费易贷款，该贷款是有息贷款，石某青本人要承担银行利息，许某辩称石某青借给其的是无息借款不合常理，且根据石某青与许某 2013 年 1 月 17 日的手机短信，石某青向许某要利息，许某表示其想办法给，亦表明上述借款是有息借款。因石某青不能举证证明借款时双方约定的借款利率，应视为借款利率约定不明确，根据《中华人民共和国合同法》第二百一十一条的规定，石某青与许某之间的借款视为不支付利息。另根据《最高人民法院关于人民法院审理借贷案件的若干意见》[①] 第九条的规定，许某应按银行同类贷款利率支付石某青 2014 年 8 月 11 日（起诉时间）之后的借款利息。

石某青主张律师费 6,000 元，因其未提供证据证明双方借款时约定为追索债权产生的费用由许某承担，其该项主张既无合同依据，亦无法律依据，不予支持。

许某辩称其 2014 年 3 月 22 日和 2014 年 6 月 6 日向石某青共转款 40,000 元是还石某青上述借款，石某青称许某出具借条当天另外出具了利息条据，该款是许某

① 已失效。

偿还的利息款。因石某青未举证证明许某出具借条当天另外出具了利息条据，且该40,000元款项是在许某出具借条之后支付给石某青的款项，原审认定该款系许某偿还石某青借款。因此，截至2014年8月11日石某青起诉时许某尚欠石某青借款本金240,000元。

原审法院判决：一、许某应于判决生效之日起十日内偿还石某青借款本金240,000元及2014年8月11日之后的利息（自2014年8月11日起按中国人民银行同期同类贷款利率计算至判决确定的履行期限届满之日止）；二、驳回石某青的其他诉讼请求。

石某青上诉称：原判已认定案涉借款是有息借款，却没有判令许某承担借款利息，属认定事实错误，适用法律不当。原审中许某对款项的来源、借款的过程当庭予以认可，而石某青原审提供的证据也可以证明双方的借款是有利息的，利率有招商银行的合同为据，并没有违反国家有关限制利率的规定。请求撤销原审判决，改判支持石某青的原审诉讼请求。

二审法院认为，原审法院根据查明的事实已经认定案涉借款为有息借款，却因石某青不能举证证明双方约定的利率，进而依据《中华人民共和国合同法》第二百一十一条的规定，判决案涉借款视为不支付利息，法律适用有误。《最高人民法院关于人民法院审理借贷案件的若干意见》[①] 第八条规定“借贷双方对有无约定利率发生争议，又不能证明的，可参照银行同类贷款利率计息。借贷双方对约定的利率发生争议，又不能证明的，可参照本意见第6条规定计息”。石某青以信用卡刷卡的方式向许某出借款项，从理性经济人的角度考量，该笔借款所约定的利率至少不低于消费易卡的贷款利率。现石某青按照消费易贷款利率主张借款利息，是其对自己权利的处分，二审法院予以支持。截至2013年7月22日许某已向石某青还款共计56,800元，许某当日向石某青出具借条，双方确认借款金额为28万元，而未有尚欠利息的约定，故应认定双方之前的利息已经给付完毕（未超过同期银行贷款利率的四倍），故石某青主张的2013年7月22日前的利息，二审法院不予支持。许某之后向石某青的还款，因借贷双方对本金、利息的偿还顺序没有约定，按照先利息后本金的顺序予以认定，偿还款项超过应付利息数额的部分，抵扣本金。具体计算如下：2013年7月23日至2014年3月22日应还利息15,901元（280,000元×8.5185%÷12个月×8个月），实际还款2万元，尚欠本金275,901元；2014年3月23日至2014年6月6日应还利息4,896元（275,901元×8.5185%÷12个月×2.5个月），实际还款2万元，尚欠本金260,797元。

二审法院判决如下：

---

① 已失效。

一、撤销安徽省合肥高新技术产业开发区人民法院（2014）合高新民一初字第01606号民事判决；

二、被上诉人许某于本判决生效之日起10日内偿还上诉人石某青借款本金260,797元及利息（以260,797元为基数自2014年6月7日起按招商银行个人贷款消费易贷款利率计算至本判决确定的履行期限届满之日止）；

三、驳回上诉人石某青的其他诉讼请求。

◎ 点评

本案的争议焦点是借贷双方约定了利率，但是对具体的利率数额发生争议，无法证明，法院是否应当支持出借人要求支付利息的主张。

一、《最高人民法院关于人民法院审理借贷案件的若干意见》（法民发〔1991〕21号）的相关规定（失效）

《最高人民法院关于人民法院审理借贷案件的若干意见》第八条规定："借贷双方对有无约定利率发生争议，又不能证明的，可参照银行同类贷款利率计息。借贷双方对约定的利率发生争议，又不能证明的，可参照本意见第6条规定计息。"据此，借贷双方对利率约定有无发生争议，且无法证明的，法院可以参照银行同类贷款利率计算利息；借贷双方对利率约定的事实没有争议，但对具体的利率数额有争议，且无法证明的，法院可以参照该规定第六条处理。该规定第六条规定："民间借贷的利率可以适当高于银行的利率，各地人民法院可根据本地区的实际情况具体掌握，但最高不得超过银行同类贷款利率的四倍（包含利率本数）。超出此限度的，超出部分的利息不予保护。"

二、《合同法》的相关规定

《合同法》第二百一十一条规定："自然人之间的借款合同对支付利息没有约定或者约定不明确的，视为不支付利息。自然人之间的借款合同约定支付利息的，借款的利率不得违反国家有关限制借款利率的规定。"据此，如果是自然人之间的借款合同，不管是没有约定利息还是约定利息不明确的，皆视为不支付利息。当然，如果是自然人与其他主体或其他主体之间的借款合同不适用上述条款。

三、《最高人民法院关于审理民间借贷案件适用法律若干问题的规定》（法释〔2015〕18号）的相关规定

2015年制定颁布的《最高人民法院关于审理民间借贷案件适用法律若干问题的规定》第二十五条规定："借贷双方没有约定利息，出借人主张支付借期内利息的，人民法院不予支持。自然人之间借贷对利息约定不明，出借人主张支付利息的，人民法院不予支持。除自然人之间借贷的外，借贷双方对借贷利息约定不明，出借人主张利息的，人民法院应当结合民间借贷合同的内容，并根据当地或者当事人的交易方式、交易习惯、市场利率等因素确定利息。”据此，借贷双方未约定利息，出借人主张利息，法院不予支持。借贷双方约定了利息，但约定不明，此时区分自然人之间借贷和非自然人之间借贷两种情况：①自然人之间借贷：出借人主张利息，法院不予支持；②非自然人之间借贷：出借人主张利息，法院应当结合民间借贷合同的内容，并根据当地或者当事人的交易方式、交易习惯、市场利率等因素确定利息。可见，就自然人之间借贷的规定来看，其与《合同法》第二百一十一条的规定一致。

四、本案的分析

就本案而言，原审法院根据查明的案件事实认定借贷双方约定了利息，不属于无息借款。但是，由于无法证明具体的利息数额，原审法院认为该笔借款应视为借款利率约定不明。《合同法》第二百一十一条第一款规定：“自然人之间的借款合同对支付利息没有约定或者约定不明确的，视为不支付利息。”因此，原审法院认为石某青与许某之间的借款视为不支付利息。但是，二审法院推翻了原审法院的上述判决，认为原审法院判决案涉借款视为不支付利息属于法律适用有误，因为《最高人民法院关于人民法院审理借贷案件的若干意见》[①]（法民发〔1991〕21号）第八条第二款规定：“借贷双方对约定的利率发生争议，又不能证明的，可参照本意见第6条规定计息”。根据先前分析，本案二审法院的判决有误，因为《合同法》第二百一十一条明确规定“自然人之间的借款合同对支付利息约定不明确的，视为不支付利息”，且《合同法》优先适用，加之本案属于自然人之间的借贷合同争议。另外，如果适用《最高人民法院关于审理民间借贷案件适用法律若干问题的规定》（法释〔2015〕18号），二审法院的判决也是错误的。

◎ 法条链接

1.《最高人民法院关于人民法院审理借贷案件的若干意见》（法民发〔1991〕21号）（失效）

六、民间借贷的利率可以适当高于银行的利率，各地人民法院可根据本地区的实际情况具体掌握，但最高不得超过银行同类贷款利率的四倍（包含利率本数）。超出此限度的，超出部分的利息不予保护。

八、借贷双方对有无约定利率发生争议，又不能证明的，可参照银行同类贷款利率计息。

借贷双方对约定的利率发生争议，又不能证明的，可参照本意见第6条规定计息。

---

① 已失效。

2. **《最高人民法院关于审理民间借贷案件适用法律若干问题的规定》（法释〔2015〕18号）**

第二十五条 借贷双方没有约定利息，出借人主张支付借期内利息的，人民法院不予支持。

自然人之间借贷对利息约定不明，出借人主张支付利息的，人民法院不予支持。除自然人之间借贷的外，借贷双方对借贷利息约定不明，出借人主张利息的，人民法院应当结合民间借贷合同的内容，并根据当地或者当事人的交易方式、交易习惯、市场利率等因素确定利息。

3. **《合同法》**

第二百一十一条 自然人之间的借款合同对支付利息没有约定或者约定不明确的，视为不支付利息。

自然人之间的借款合同约定支付利息的，借款的利率不得违反国家有关限制借款利率的规定。

48. 非自然人之间民间借贷利息约定不明，如何处理？

——全某萍诉花垣县恒泰矿业有限责任公司、杨某玲民间借贷纠纷案[①]

裁判要旨

除自然人之间借贷的外，借贷双方对借贷利息约定不明，出借人主张利息的，人民法院应当结合民间借贷合同的内容，并根据当地或者当事人的交易方式、交易习惯、市场利率等因素确定利息。

◎ 基本案情

2007年3月4日，被告恒泰公司因需资金进行生产，向原告全某萍借款10万元，并向原告全某萍出具借据一份，被告恒泰公司在借条上加盖了公司财务专用

① 湖南省花垣县人民法院（2015）花民初字第597号

章，该公司出纳杨某玲在借条上也签了自己的姓名，但未在借条上约定利息、注明还款时间。此后，被告恒泰公司向原告全某萍共支付利息12,000元。由于矿山行情不景气，被告恒泰公司至今未偿还该借款本息，为此，原告诉至法院，要求恒泰公司和杨某玲支付本金和利息。

◎ 法院审理

法院认为，原告全某萍主张被告恒泰公司欠其借款10万元，请求被告恒泰公司偿还借款本金及利息，原告提交了被告恒泰公司出具的借据，因此双方之间借款关系成立，依法应予以认定并支持；其请求被告偿还借款利息，因原、被告双方约定不明确，“借贷双方对借贷利息约定不明，出借人主张利息的，人民法院应当结合民间借贷合同的内容，并根据当地或者当事人的交易方式、交易习惯、市场利率等因素确定利息”，因此，本案只能按照人民银行公布的同期同类借款利率计算利息。杨某玲作为被告恒泰公司的出纳，在借据上签字属于公司的职务行为，不是该借款关系的当事人，不应承担偿还责任，原告请求杨某玲偿还借款，其理由不能成立，法院不予支持。依照《中华人民共和国民法通则》第九十条、《中华人民共和国合同法》第六十二条第四项、《中华人民共和国民事诉讼法》第一百四十四条、《最高人民法院关于审理民间借贷案件适用法律若干问题的规定》第二十五条之规定，判决如下：

一、限被告花垣县恒泰矿业有限责任公司在本判决书生效后50日内向原告全某萍偿还借款本金人民币10万元及利息（按照人民银行公布的同期同类借款利率从2007年3月4日计算至还清之日止，已经支付的12,000元利息从中扣除）。

二、驳回原告的其他诉讼请求。

◎ 点评

本案民间借贷一方是自然人，另一方是公司。出借人全某萍主张本金和利息。虽然借款人向出借人支付了12,000元利息，但无法确定双方约定的利息标准。《最高人民法院关于审理民间借贷案件适用法律若干问题的规定》（法释〔2015〕18号）第二十五条第二款规定：“自然人之间借贷对利息约定不明，出借人主张支付利息的，人民法院不予支持。除自然人之间借贷的外，借贷双方对借贷利息约定不明，出借人主张利息的，人民法院应当结合民间借贷合同的内容，并根据当地或者当事人的交易方式、交易习惯、市场利率等因素确定利息。”据此，如果是自然人之间的民间借贷，双方对利息约定不明，出借人主张利息的，法院不予支持。如果是非自然人之间的民间借贷，借贷双方即使对利息约定不明，法院也应当支持出借人的利息主张，只是具体的利息标准应当结合民间借贷合同的内容，并根据当地或者当事人的交易方式、交易习惯、市场利率等因素确定。上述规定与《合同法》保持了一致。《合同法》第二百一十一条规定："自然人之间的借款合同对支付利息没有约定或者约定不明确的，视为不支付利息。"我国法律和司法解释之所以对自然人之间借贷和非自然人之间借贷作出上述不同规定，实际体现了反映了我国人情社会相互帮助的传统，也体现了民事活动和商事活动的区别。自20世纪70年代末开始，我国从计划经济逐步向市场经济转型，自然人之间的民间借贷逐渐盛行。但是，自然人之间融通资金常常是亲朋好友之间，受亲戚朋友互帮互助的社会传统影响，自然人之间通常不约定利息。如果自然人之间借贷，出借人明确是谋取利息的，一般都会明确利息，而不会不约定或约定不明。另外，自然人之间的民间借贷属于民事活动，而非自然人之间的民间借贷通常具有商事属性，即具有营利目的。基于上述考虑，我国《合同法》和《最高人民法院关于审理民间借贷案件适用法律若干问题的规定》（法释〔2015〕18号）就利息约定不明的情况对自然人之间借贷和非自然人之间借贷作不同处理。本案审理法院根据《最高人民法院关于审理民间借贷案件适用法律若干问题的规定》（法释〔2015〕18号）第二十五条，结合民间借贷合同的内容，并根据当地或者当事人的交易方式、交易习惯、市场利率等因素，最终确定借贷双方的利息是人民银行公布的同期同类借款利率。

◎ 法条链接

1. **《最高人民法院关于审理民间借贷案件适用法律若干问题的规定》（法释〔2015〕18号）**

第二十五条 借贷双方没有约定利息，出借人主张支付借期内利息的，人民法院不予支持。

自然人之间借贷对利息约定不明，出借人主张支付利息的，人民法院不予支持。除自然人之间借贷的外，借贷双方对借贷利息约定不明，出借人主张利息的，人民法院应当结合民间借贷合同的内容，并根据当地或者当事人的交易方式、交易习惯、市场利率等因素确定利息。

2. **《合同法》**

第二百一十一条 自然人之间的借款合同对支付利息没有约定或者约定不明确的，视为不支付利息。

自然人之间的借款合同约定支付利息的，借款的利率不得违反国家有关限制借款利率的规定。

49. 借贷双方约定的年利率高于法定保护标准的部分，如何处理？

——威海合兴水产有限公司与文登荣盛运源实业有限公司等民间借贷合同纠纷案[①]

裁判要旨

借贷双方约定的年利率高于法定保护标准的部分，为自然债务。借款人未支付的，出借人向法院请求判令支付的，法院不予支持。借款人已经支付的，借款人向法院请求判令出借人返还的，法院不予支持，但是，自 2015 年 9 月 1 日起，借款人要求返还超过年利率 36% 部分的利息除外。

◎ 基本案情

2014 年 6 月 6 日，原告威海合兴水产有限公司与被告文登荣盛运源实业有限公司（以下简称荣盛公司）签订了一份借款合同，该合同约定被告荣盛公司向原告借款 5,000,000 元，借款期限自 2014 年 6 月 6 日至 2014 年 12 月 5 日止；借款利率为月利率 2%，从借款之日起计息，逾期未还款的，利率增加 30%；本合同项下借款按月结息，借款期限到期日一次性还本；借款人归还的款项不足以清偿本合同项下应付数额的，已还款项优先用于归还应付利息；本合同项下借款由被告威海万紫千红家具有限公司（以下简称万紫千红公司）提供担保，保证人对本合同项下的全部借款本息及各种费用承担连带责任保证，保证期限为 2 年；因借款人违约致使出借人采取诉讼方式实现债权的，借款人应当承担出借人为此支付的律师费、差旅费、诉讼费、保全费及其他实现债权的费用。同日，原告与被告万紫千红公司签订了一份保证合同，该合同约定被告万紫千红公司自愿为被告荣盛公司的上述 5,000,000 元的借款向原告提供保证担保；保证的范围包括借款人向原告借款本金、利息以及原告实现债权的费用；保证期间自借款人履行期届满之日起两年；保证方式为连带责任保证。上述合同签订后，原告通过银行转账的方式分别于 2014 年 6 月 6 日、

---

① 山东省威海市环翠区人民法院（2015）威环商初字第 911 号

2014 年 6 月 9 日向被告荣盛公司各支付款项 1,900,000 元、3,100,000 元。庭审中，原告同意自 2014 年 6 月 9 日起开始计算该笔借款的利息。

2014 年 6 月 24 日，原告威海合兴水产有限公司与被告荣盛公司又签订了一份借款合同，该合同约定被告荣盛公司向原告借款 1,500,000 元，借款用途为采购原材料；借款期限自 2014 年 6 月 24 日至 2014 年 12 月 24 日止；借款利率为月利率 2%，从借款之日起计息，逾期未还款的，利率增加 30%。该合同约定的其他内容与双方签订的 2014 年 6 月 6 日的借款合同的内容一致。同日，原告亦与被告万紫千红公司签订了一份保证合同，该合同约定被告万紫千红公司自愿为被告荣盛公司的上述 1,500,000 元的借款向原告提供保证担保。该保证合同约定的其他内容与双方签订的 2014 年 6 月 6 日的保证合同的内容一致。上述合同签订后，原告于 2014 年 6 月 24 日通过银行转账的方式向被告荣盛公司支付款项 1,500,000 元。

后合同约定的借款期限届满，被告荣盛公司未能按期偿还原告借款。

2015 年 5 月 4 日，被告威海双盛木业有限公司（以下简称双盛公司）在上述两份保证合同上加盖公司印章，自愿为被告荣盛公司的上述两笔借款提供连带责任保证。后原、被告双方就上述款项的偿还问题未能达成一致，原告于 2015 年 7 月 27 日诉至法院，请求判令：1. 被告荣盛公司立即向原告清偿借款本金 6,5000,000 元及利息（以 6,500,000 元为本金，自 2015 年 7 月 4 日起至实际履行之日止，按月息 2% 计算），并支付财产保全费 5,000 元；2. 被告万紫千红公司、双盛公司对被告荣盛公司的全部付款义务承担连带保证责任。

◎ 法院审理

庭审中，原、被告双方均认可上述两笔借款，被告均自 2014 年 7 月份开始于每月的 4 号向原告支付上月的利息，被告支付利息的具体时间及数额为：2014 年 7 月 4 日支付 126,833 元；2014 年 8 月 4 日支付 165,000 元；2014 年 9 月 4 日支付 160,000 元；2014 年 9 月 30 日支付 162,500 元；2014 年 11 月 5 日支付 162,500 元；2015 年 1 月 4 日支付 162,500 元；2015 年 2 月 4 日支付 162,500 元；2015 年 4 月 3 日支付 162,500 元；2015 年 5 月 13 日支付 100,000 元；2015 年 6 月 5 日支付 87,500 元；2015 年 7 月 7 日支付 87,500 元。以上共计 1,801,833 元。自 2015 年 7 月 4 日起，被告荣盛公司再未向原告支付过利息。

被告荣盛公司、万紫千红公司、双盛公司辩称，双方在借款合同中约定的月利率为 2%，借款期限仅为 6 个月，而一年期的人民银行贷款利率仅为 5.6%，故双方约定的月利率 2% 已经超出了 6 个月的同期银行贷款利率 4 倍，故请求法庭对利息部分予以调减，且对被告超付的利息部分，应当作为被告已偿还的本金从借款总额中予以扣除。

法院认为，原告与被告荣盛公司签订的借款合同、原告与被告万紫千红公司、双盛公司签订的保证合同，均系双方当事人的真实意思表示，亦不违反法律、行政法规的强制性规定，该合同合法有效，各方均应依约履行。原告按照合同约定向被告荣盛公司发放了借款，但被告荣盛公司并未按照合同约定偿还原告借款，故原告有权要求被告荣盛公司偿还原告借款本金并支付相应的利息。《最高人民法院关于审理民间借贷案件适用法律若干问题的规定》第三十一条规定：没有约定利息但借款人自愿支付，或者超过约定的利率自愿支付利息或违约金，且没有损害国家、集体和第三人利益，借款人又以不当得利为由要求出借人返还的，人民法院不予支持，但借款人要求返还超过年利率36%部分的利息除外。本案中，原、被告双方在借款合同中约定的年利率为24%，该利率虽然高于同期银行贷款利率的4倍，但被告荣盛公司已自愿按该标准支付了部分利息，且其行为并未损害国家、集体或第三人的合法权益，对此法院不予干涉，但对于被告荣盛公司尚未支付的利息，应当按照年利率24%计算。原告主张的财产保全费，系原告为本次诉讼所支出的合理费用，被告双盛公司理应支付。被告万紫千红公司、双盛公司作为保证人自愿为被告荣盛公司的上述借款向原告提供连带责任保证，故原告有权要求被告万紫千红公司、双盛公司对被告荣盛公司的上述付款义务承担连带清偿责任，其承担责任后，有权向被告荣盛公司追偿，或者要求承担连带保证责任的其他保证人清偿其应当承担的份额。

法院判决如下：

一、被告荣盛公司偿还原告借款本金6,500,000元及利息（以6,500,000元为本金，自2015年7月4日起至实际履行之日止，按年利率24%计算），并支付原告财产保全费5000元；

二、被告万紫千红公司、双盛公司对被告荣盛公司的上述付款义务承担连带清偿责任；其承担责任后，有权向被告荣盛公司追偿，或者要求承担连带保证责任的其他保证人清偿其应当承担的份额。

◎ 点评

本民间借贷案涉及超过法定保护利率的约定利率是否为自然债务的问题。《最高人民法院关于人民法院审理借贷案件的若干意见》①（法民发〔1991〕21号）第六条规定："民间借贷的利率可以适当高于银行的利率，各地人民法院可根据本地区的实际情况具体掌握，但最高不得超过银行同类贷款利率的四倍（包含利率本数）。超出此限度的，超出部分的利息不予保护。"据此，法院保护没有超过银行同类贷款利率4倍的民间借贷利率，超过部分法院不予保护，即出借人可以请求法院

① 本司法解释已于2015年9月1日起废止。

判令借款人支付没有超过银行同类贷款利率4倍的民间借贷利率，法院应当支持，但法院不保护超过上述利率标准的约定利率，此部分利率成为自然债务，如果借款人已经向出借人支付，不得要求出借人返还。但是，《最高人民法院关于审理民间借贷案件适用法律若干问题的规定》（法释〔2015〕18号）对上述规定进行了修改。其第二十六条规定："借贷双方约定的利率未超过年利率24%，出借人请求借款人按照约定的利率支付利息的，人民法院应予支持。借贷双方约定的利率超过年利率36%，超过部分的利息约定无效。借款人请求出借人返还已支付的超过年利率36%部分的利息的，人民法院应予支持。"第三十一条规定："没有约定利息但借款人自愿支付，或者超过约定的利率自愿支付利息或违约金，且没有损害国家、集体和第三人利益，借款人又以不当得利为由要求出借人返还的，人民法院不予支持，但借款人要求返还超过年利率36%部分的利息除外。"据此，民间借贷约定年利率超过24%未超过36%的部分为自然债务，借款人未支付的，出借人向法院请求判令支付的，法院不予支持，借款人已经支付的，借款人向法院请求判令出借人返还的，法院不予支持。

本案民间借贷双方约定的利率已经超过银行同类贷款利率的4倍，借款人已经支付了一部分，根据《最高人民法院关于人民法院审理借贷案件的若干意见》①（法民发〔1991〕21号）第六条，借款人对已经支付的部分请求返还不会获得法院支持，但没有支付的部分可以不支付。本案审理法院以《最高人民法院关于审理民间借贷案件适用法律若干问题的规定》（法释〔2015〕18号）作为判决法律依据。但《最高人民法院关于认真学习贯彻适用〈最高人民法院关于审理民间借贷案件适用法律若干问题的规定〉的通知》第三条第一款第（二）、（三）项规定："（二）本《规定》施行后新受理的一审案件，适用本《规定》；（三）本《规定》施行后，尚未审结的一审、二审、再审案件，适用《规定》施行前的司法解释进行审理，不适用本《规定》。"本案原告于2015年7月27日诉至法院，而《最高人民法院关于审理民间借贷案件适用法律若干问题的规定》（法释〔2015〕18号）于2015年9月1日开始施行。由于本案于2015年9月1日之前起诉并受理，应当适用《最高人民法院关于人民法院审理借贷案件的若干意见》（法民发〔1991〕21号）。

◎ 法条链接

1.《最高人民法院关于人民法院审理借贷案件的若干意见》（法民发〔1991〕21号）（失效）

第六条 民间借贷的利率可以适当高于银行的利率，各地人民法院可根据本地

① 已失效。

区的实际情况具体掌握，但最高不得超过银行同类贷款利率的四倍（包含利率本数）。

超出此限度的，超出部分的利息不予保护。

2.《**最高人民法院关于审理民间借贷案件适用法律若干问题的规定**》（**法释**〔2015〕18 号）

第二十六条 借贷双方约定的利率未超过年利率24%，出借人请求借款人按照约定的利率支付利息的，人民法院应予支持。

借贷双方约定的利率超过年利率36%，超过部分的利息约定无效。借款人请求出借人返还已支付的超过年利率36%部分的利息的，人民法院应予支持。

第三十一条 没有约定利息但借款人自愿支付，或者超过约定的利率自愿支付利息或违约金，且没有损害国家、集体和第三人利益，借款人又以不当得利为由要求出借人返还的，人民法院不予支持，但借款人要求返还超过年利率36%部分的利息除外。

50. 民间借贷利率合法性的判断标准为何？

——谢某生与陈某民间借贷纠纷上诉案[1]

裁判要旨

依据《最高人民法院关于审理民间借贷案件适用法律若干问题的规定》（法释〔2015〕18 号），民间借贷利率划分为三个区域：司法保护区、自然债务区和无效区。民间借贷年利率为 24% 及以下的属于司法保护区，可以依法获得法院保护；民间借贷年利率超过 36% 的部分属于无效区，即使债务人向债权人支付了此部分利率也可以请求返还；民间借贷年利率超过 24% 但低于 36% 的部分属于自然债务区，不得经由诉讼程序和国家强制力执行，但债务人已经履行的，债务人不得请求返还。

◎ 基本案情

谢某生分别于 2008 年 8 月 22 日、2008 年 9 月 1 日、2009 年 1 月 7 日、2009 年

① 上海市第一中级人民法院民事判决书（2014）沪一中民一（民）终字第 3227 号

12 月 4 日、2009 年 12 月 22 日、2010 年 3 月 10 日、2010 年 5 月 7 日、2011 年 8 月 19 日向陈某借款 10 万元（人民币，以下同）、15 万元、30 万元、10 万元、10 万元、20 万元、15 万元、40 万元，共计金额为 150 万元。

2014 年 1 月 24 日，谢某生、陈某共同确认："（1）收到谢某生从 2008 年 8 月 22 日至 2012 年 11 月 15 日借款 110 万元人民币的每月 5% 利息已全部结清。（2）谢某生在 2012 年 11 月 15 日还款 20 万元人民币。（3）剩余余款 90 万元本金，利息从 2012 年 11 月 15 日还是按每月 5% 利息支付。"

2014 年 4 月 8 日，陈某出具收条一份，写明："2012 年 12 月份 90 万元人民币借款的 5% 利息（45,000 元）已结清。"

谢某生向法院起诉，认为已经给付的利息标准过高，要求重新计算利息并由陈某返还其已支付的利息。

◎ 法院审理

原审查明，2009 年 11 月 12 日，谢某生、陈某结清双方之间共计 50 万元借款及相应利息；2010 年 12 月 24 日，谢某生向陈某出具借条、收条各 1 份，写明谢某生向陈某借款 15 万元。

原审审理中，谢某生、陈某双方一致认可，截至 2014 年 4 月 8 日，谢某生尚欠陈某本金 90 万元。但谢某生陈述，本案所涉 8 笔借款的利息，其已按月利率 5% 向陈某支付了从借款之日至 2012 年 12 月 31 日共计 242 万元；对此，陈某确认已收到谢某生支付本案所涉 8 笔借款截至 2012 年 12 月 31 日的利息，但金额未达 242 万元之多，且谢某生提供的相关还款凭证中包括归还双方之间其他借款的利息。

原审认为，当事人行使权利、履行义务应当遵循诚实信用原则。谢某生、陈某之间存在多笔借贷关系，就本案所涉及的 8 笔借款，原审庭审中双方一致确认，截至 2014 年 4 月 8 日，谢某生尚欠陈某本金 90 万元，且已归还截至 2012 年 12 月 31 日的相关借款利息。现谢某生方提出已给付的利息标准过高，要求重新计算利息并由陈某返还其已支付利息的诉请，无事实及法律依据，原审不予支持。遂判决：驳回谢某生的全部诉讼请求。

原审判决后，谢某生不服，上诉称，自然人之间的借贷约定利息超过银行利率 4 倍的，法律不予保护，双方之间月息 5% 的利息约定没有法律依据。上诉人提交的凭证表明已支付了 193 万元利息，超过标准的部分，借款人可以要求返还。请求撤销原审判决，发回重审或依法改判，支持上诉人原审诉讼请求。

被上诉人陈某辩称，自然之债履行后没有法律强制返还的效力。本案被上诉人出借的钱款是进行房产抵押借得的，因上诉人拖欠利息，导致被上诉人现负债累累。原审判决正确，要求驳回上诉，维持原判。

二审法院经审理查明，原审对本案事实认定属实，二审法院予以确认。

二审法院认为，上诉人主张双方约定利率过高，应依据调整后的利息标准重新计算并返还上诉人已给付的利息，然本案双方当事人均确认，截至2014 年4 月8 日，上诉人尚欠被上诉人借款本金90 万元，且相关借款利息给付至2012 年12 月31 日，在此情况下，上诉人之主张于法无据，二审法院不予支持。综上，原审对本案认定及处理并无不当，上诉人上诉理由不能成立，原审判决依法应予维持。

二审法院驳回上诉，维持原判。

◎ 点评

因中小企业、自然人从正规金融体系融资的渠道有限，门槛较高，故我国民间借贷盛行，利率较高，特别是过桥贷款业务中的民间借贷利率更是惊人。自古以来，我国就有民间借贷，只是政府通常对民间借贷进行管制，其后的理由含有道德和经济的双重考虑：道德方面是认为通过借贷盘剥他人与我国农业社会尊重劳作的观念存在冲突，经济方面是顾及民间借贷利率过高会导致社会贫富分化过于严重。秉承该传统，新中国也对民间借贷利率进行管制。20 世纪50 年代，最高人民法院在对东北辽宁的一个关于民间借贷的批复中确定了4 倍利率的做法，这一直在我国民间借贷司法审判中得到遵循。1991 年，最高人民法院颁布了《关于人民法院审理借贷案件的若干意见》（法民〔1991〕21 号），其第六条规定："民间借贷的利率可以适当高于银行的利率，各地人民法院可根据本地区的实际情况具体掌握，但最高不得超过银行同类贷款利率的四倍（包含利率本数）。超出此限度的，超出部分的利息不予保护"。此规定一直成为民间借贷利率合法性的判断标准。有观点认为该条款是指借贷双方约定的超过银行同类贷款利率的4 倍的利息合同为无效合同（单指这部分无效），故出借人应当返还此部分利息。此观点是对该条款的误读。此处所说的"不予保护"对借款人而言是说无法通过司法途径请求国家强制力的保护，即丧失"胜诉权"，其已支付的银行同类贷款利率的4 倍的利息部分，属于履行自然之债。因此，民间借贷利率未超过银行同类贷款利率的4 倍会获得法院保护，超过部分无法通过司法诉讼和国家强制力获得保护，但是，如果借款人已经向出借人支付超过银行同类贷款利率的4 倍的利率部分，借款人不能通过法院要求出借人返还。

自1991 年至今已有20 多年，这期间我国社会经济发生了翻天覆地的变化，特别是金融体制市场化改革的推进，利率市场化也获得长足进步。2013 年7 月19 日，经国务院批准，中国人民银行决定自7 月20 日起全面放开金融机构贷款利率管制，取消金融机构贷款利率0.7 倍的下限，由金融机构根据商业原则自主确定贷款利率水平。这表明中国人民银行不再公布贷款基准利率，也意味着民间借贷利率纠纷案件失去了审理标准。为此，最高人民法院颁布了新规定，即《最高人民法院关于审理民间借贷案件适用法律若干问题的规定》（法释〔2015〕18 号）。该规定根据新情况制定了判定民间借贷利率合法性的新标准。其第二十六条规定：“借贷双方约定的利率未超过年利率24%，出借人请求借款人按照约定的利率支付利息的，人民法院应予支持。借贷双方约定的利率超过年利率36%，超过部分的利息约定无效。借款人请求出借人返还已支付的超过年利率36%部分的利息的，人民法院应予支持。”第三十一条规定：“没有约定利息但借款人自愿支付，或者超过约定的利率自愿支付利息或违约金，且没有损害国家、集体和第三人利益，借款人又以不当得利为由要求出借人返还的，人民法院不予支持，但借款人要求返还超过年利率36%部分的利息除外。”据此，《最高人民法院关于审理民间借贷案件适用法律若干问题的规定》（法释〔2015〕18 号）将民间借贷利率划分为三个区域：司法保护区、自然债务区和无效区。民间借贷年利率为24%及以下的属于司法保护区，可以依法获得法院保护；民间借贷年利率超过36%的部分属于无效区，即使债务人向债权人支付了此部分利率也可以请求返还；民间借贷年利率超过24%但低于36%的部分属于自然债务区，不得经由诉讼程序和国家强制力执行，但债务人已经履行的，债务人不得请求返还。

利率	区域	法律效果
年利率≦24%	司法保护区	可以依法获得法院保护
24%＜年利率≦36%	自然债务区	不得经由诉讼程序和国家强制力执行，但债务人已经履行的，债务人不得请求返还。
36%＜年利率	无效区	债务人向债权人支付了此部分利率也可以请求返还

本案借款人按月利率5%向出借人支付利息，明显超过银行同类贷款利率的4倍。但是，其已经按照上述利率标准支付了利息，尽管该利率条款违反了《最高人民法院关于人民法院审理借贷案件的若干意见》第六条，但已经丧失胜诉权。

◎ 法条链接

1. **《最高人民法院关于审理民间借贷案件适用法律若干问题的规定》（法释〔2015〕18 号）**

第二十六条 借贷双方约定的利率未超过年利率24%，出借人请求借款人按照约定的利率支付利息的，人民法院应予支持。

借贷双方约定的利率超过年利率36%，超过部分的利息约定无效。借款人请求出借人返还已支付的超过年利率36%部分的利息的，人民法院应予支持。

第三十一条　没有约定利息但借款人自愿支付，或者超过约定的利率自愿支付利息或违约金，且没有损害国家、集体和第三人利益，借款人又以不当得利为由要求出借人返还的，人民法院不予支持，但借款人要求返还超过年利率36%部分的利息除外。

2. **《最高人民法院关于人民法院审理借贷案件的若干意见》（法民〔1991〕21号）（失效）**

第六条　民间借贷的利率可以适当高于银行的利率，各地人民法院可根据本地区的实际情况具体掌握，但最高不得超过银行同类贷款利率的四倍（包含利率本数）。超出此限度的，超出部分的利息不予保护。

51. 民间借贷出借人收取服务费如何处理？

——杨某霖诉重庆秦皇建材有限公司、王某富和张某桃民间借贷纠纷案①

裁判要旨

民间借贷双方约定了利息又约定了服务费，应当仔细分析服务费的性质，如果服务费有真实的对价，可以认可，反之，应当将此服务费并入利息：①利息与服务费之和未超过法定利率的，可以认可；②利息与服务费之和超过法定利率的，超过部分不予支持。

◎ 基本案情

2014年3月18日，重庆秦皇建材有限公司因流动资金周转需要，与杨某霖协商后，签订《借款合同》（2014年（借）字第018号），约定：乙方（重庆秦皇建材有限公司）向甲方（杨某霖）借款1,000万元；借款期限6个月，从2014年3月18日到2014年9月17日；息费：乙方每月按借款金额的2%支付甲方借款利息，同时每月按借款金额的2%支付甲方借款的综合服务费，合计每月按照借款金额的4%向甲方支付息费，乙方在提款日每月到期前3天支付甲方下月的利息和费

① 重庆市第二中级人民法院民事判决书（2015）渝二中法民初字第00022号

用；还款方式：到期后由乙方一次性归还借款本金，并结清全部息费；本合同项下借款采取保证担保加质押担保方式；丙方（王某富和张某桃）两人为本合同项下借款本金及息费等提供连带保证责任，自愿承担无限连带偿还责任，担保范围为甲方借款本金、息费和甲方实现债权的费用，担保期限从主债权期限届满之日起2年；提款计划：2014年3月18日提款500万元，2014年4月20日提款500万元，支付方式：甲方按照乙方在本合同上留存的中国农业银行（户名王某富，账户：622845047000xxxx412）转账给乙方，乙方保证将资金用于国家规定的合法用途；违约责任：借款到期或视为到期后，如乙方没有向甲方偿还全部借款及息费，乙方除应按合同约定继续支付息费外，还应按借款总金额的每日千分之五向甲方支付违约金至借款本金及息费还清之日止；借款到期或视为到期后，如乙方或丙方没有向甲方偿还全部借款及息费，除应向甲方归还借款本金、息费和违约金外，还应承担甲方因此实现债权支出的费用，实现债权的费用包括但不限于诉讼费、执行费、公证费、律师费（按照重庆市规定的标准计算）、评估费、拍卖费等。杨某霖、重庆秦皇建材有限公司、王某富和张某桃在合同上签名或加盖印章。

王某富和张某桃另向杨某霖出具《承诺书》，载明：重庆秦皇建材有限公司在杨某霖处借款人民币1,000万元整，借款期限：6个月（自2014年3月18日到2014年9月17日止）。本笔借款以重庆秦皇建材有限公司设备（2014年（借）字第018号借款合同所附质押物清单）作为质押，并承诺该质押物所有权属重庆秦皇建材有限公司，无其他任何争议，未在第三方作质（抵）押；若本笔借款到期后不能按期归还借款本息，由杨某霖自行处置该质押物，清偿本笔借款本息，由此造成的法律责任和给杨某霖带来的经济损失由重庆秦皇建材有限公司全部承担，并由该公司股东王某富、张某桃两人承担无限连带责任。

同日，杨某霖向王某富账户（622845047000xxxxx）转账支付借款500万元。王某富收到该款后向杨某霖出具收到杨某霖处借款500万元的收条一张。同日，张某桃从其个人账户向陈某维账户转账支付20万元。

2014年4月10日和4月17日，杨某霖与重庆秦皇建材有限公司、王某富和张某桃再次签订两份《借款合同》，金额分别为200万元和300万元，合同其他条款内容与2014年3月18日《借款合同》一致。杨某霖分别于合同签订当日向王某富账户（622845047000xxxxx）转账支付借款200万元和300万元。王某富收到该两笔款项后向杨某霖分别出具收到杨某霖处借款200万元和300万元的收条两张。张某桃在合同签订当日从其个人账户向陈某维账户转账支付8万元和20万元。

2014年4月18日，张某桃向陈某维账户转账支付12万元；5月10日，张某桃向陈某维账户存入8万元；5月19日，王某富向陈某维账户转账支付32万元；6月10日，张某桃向陈某维账户转账支付8万元；6月18日，张某桃向陈某维账户转账支付32万元；7月10日，王某富向陈某维账户转账支付8万元；7月17日，张某桃向陈某维账户转账支付32万元。此后，重庆秦皇建材有限公司、王某富和张某桃未再向杨某霖支付息费，借款到期后也没有偿还借款本金。杨某霖认可陈某维账户收到王某富和张某桃的款项为支付的息费。杨某霖于2014年12月14日与重庆锦扬律师事务所签订《法律事务委托合同》，委托重庆锦扬律师事务所律师为本案提供法律服务，并已支付律师服务费29万元。

重庆秦皇建材有限公司、王某富和张某桃自行计算了《实际借款计算表》和《还本付息计算表》，载明：实际向杨某霖借款952万元，已支付的息费超出银行贷款利率4倍部分抵扣本金后，尚欠借款本金885.307117万元。

因三笔借款均从2014年8月已到期，杨某霖积极向重庆秦皇建材有限公司、王某富和张某桃要求偿还，但被告予以拒绝，故向法院起诉请求：1. 判决三被告连带偿还原告到期借款本金1,000万元，截至2014年12月24日息费171.4666万元，共计1171.4666万元（利息的起算点从2014年8月起算到立案时为止，过后的权利我方要求被告承担）；连带支付原告为实现债权的律师费等维权费用29万元。2. 判令本案诉讼费用由被告承担。

◎ 法院审理

重庆秦皇建材有限公司、王某富和张某桃答辩称：1. 本案借贷关系成立，借这笔钱是事实，但借钱的中途存在当日借钱后就有还款的事实，这视为民间所说的砍头息。2. 付款过程中，被告支付高额利息，合同约定2%，实际支付利息是4%，超出部分冲抵本金。3. 诉状中没有谈到已付利息的问题，我方不知道原告诉状上利息时间是如何起算的。4. 债权律师费用29万，合同虽然有约定，但律师费用不是强制由被告承担，原告应当自己支付律师费用。

原审法院认为，杨某霖与重庆秦皇建材有限公司、王某富和张某桃签订的三份《借款合同》，是自然人与非金融企业法人之间签订的借贷合同，属于民间借贷，三份合同均是双方当事人的真实意思，内容不违反法律法规的禁止性规定，属有效合同。但是，双方当事人在合同中既约定了2%的月利率，又约定了2%的综合服务费，在民间借贷法律关系中，出借人只得享有借款本金和利息的权利，双方约定另行收取综合服务费，属规避法律的行为，目的是为了收取更高的利息。最高人民法院《关于人民法院审理借贷案件的若干意见》第六条规定："民间借贷的利率可以适当高于银行的利率，各地人民法院可根据本地区的实际情况具体掌握，但最高不得超过银行同期同类贷款利率的四倍。超出此限额的，超出部分的利息不予保护"，中国人民银行2012年7月6日公布的6个月至1年贷款年利率为6%，换算为月利率的4倍为2%，双方在《借款合同》约定的利息2%和综合服务费2%，远远高于人民银行同期同类贷款利率4倍，杨某霖请求按照《借款合同》的约定计算支付综合服务费2%，原审法院不予保护。双方在借款期间，已按照每月4%支付了息费，重庆秦皇建材有限公司、王某富和张某桃辩称应将已支付的超出银行贷款利率4倍部分息费冲抵本金，原审法院予以支持。

《中华人民共和国合同法》第二百条规定："借款的利息不得预先在本金中扣除。利息预先在本金中扣除的，应当按照实际借款数额返还借款并计算利息。"本案中，双方当事人在签订三份《借款合同》的当日，杨某霖虽然已向重庆秦皇建材有限公司支付了借款，但尚未产生利息，即由张某桃向杨某霖支付了三笔利息共计48万元，违反了上述法律规定，属于变相预扣利息行为，因此，这三笔款项不能作为杨某霖向重庆秦皇建材有限公司出借的借款本金，应从三笔借款本金中减除。

根据双方当事人履行三份《借款合同》的情况，原审法院确认杨某霖向重庆秦皇建材有限公司出借的第一笔借款本金为480万元，第二笔借款本金为192万元，第三笔借款本金为280万元，共计952万元；对于王某富和张某桃辩称的将已支付的超出银行贷款利率4倍部分息费冲抵本金，原审法院予以支持，冲抵本金的金额，原审法院确认重庆秦皇建材有限公司、王某富和张某桃提交的《还本付息计算表》中载明的金额，认定重庆秦皇建材有限公司尚欠杨某霖本金金额为8,853,071.17元，该三笔借款自2014年7月18日起未再支付利息。现上述三笔借款期限已经届满，杨某霖要求重庆秦皇建材有限公司偿还借款本金及利息，应当得到支持。

王某富和张某桃是三份《借款合同》的保证人，杨某霖请求王某富和张某桃承担连带保证责任符合《借款合同》的约定，原审法院予以支持。

三份《借款合同》中，均明确约定了"借款到期或视为到期后，如乙方或丙方没有向甲方偿还全部借款及息费，除应向甲方归还借款本金、息费和违约金外，还应承担甲方因此实现债权支出的费用，实现债权的费用包括但不限于诉讼费、执行费、公证费、律师费（按照重庆市规定的标准计算）、评估费、拍卖费等"，而重庆秦皇建材有限公司和王某富、张某桃在借款到期后，没有向杨某霖偿还全部借款及息费，杨某霖因此提起本案诉讼并支付律师费29万元，杨某霖请求重庆秦皇建材有限公司和王某富、张某桃连带支付律师服务费29万元符合合同约定，原审法院亦予支持。

原审法院判决如下：

一、重庆秦皇建材有限公司在本判决生效后10日内向杨某霖偿还借款本金8,853,071.17元，并从2014年7月18日起按月利率2%计算支付利息至借款本金付清 时止；

二、重庆秦皇建材有限公司在本判决生效后10日内向杨某霖支付律师服务费29万元；

三、王某富和张某桃对重庆秦皇建材有限公司以上债务承担连带清偿责任；

四、驳回杨某霖的其他诉讼请求。

◎ 点评

本案的争议焦点主要有两个：一是民间借贷出借人收取服务费是否支持，一是民间借贷出借人预先从本金扣除利息如何处理。

一、民间借贷出借人收取服务费是否支持

民间借贷是指自然人、法人、其他组织之间及其相互之间进行资金融通的行为，但不包括经金融监管部门批准设立的从事贷款业务的金融机构及其分支机构发放贷款的行为。因此，民间借贷出借人通常并不是以资金融通为主业的专门机构（小贷公司是例外，虽然设立小贷公司需要政府金融监管部门批准，其有权发放贷款，但将其与其他主体之间的贷款归入民间借贷）。

由于我国禁止高利贷，民间借贷出借人为了规避相关禁止性规定，特将高利息分拆为两部分：合法的利息和服务费。但是，所谓的服务费并没有对价，出借人并没有针对服务费提供具体的专业服务。因此，服务费是一种变相利息，应当将其与约定利息合并计算，看其是否超过法定利率界限。如果超过，超过部分不予支持，已经支付的，可以冲抵本金。如果没有超过，可以支持。此种处理类似于财务会计中的“实质重于形式”原则。

本案借贷双方约定借款人每月按借款金额的2%支付出借人借款利息，同时每月按借款金额的2%支付出借人借款的综合服务费，合计每月按照借款金额的4%向甲方支付息费。由于本案出借人杨某霖并没有针对综合服务费向借款人提供任何具体的专业服务，故综合服务费实际上是一种变相的利息。出借人杨某霖向法院请求判令借款人每月按借款金额的2%支付综合服务费未获法院支持，反而判决超出法定利率界限的部分冲抵本金。

需要注意的是，本案判决时适用《最高人民法院关于人民法院审理借贷案件的若干意见》（法民〔1991〕21号），故法定利率界限标准是“银行同类贷款利率的4倍（包含利率本数）”。随着《最高人民法院关于审理民间借贷案件适用法律若干问题的规定》（法释〔2015〕18号）的颁布实施，法定利率界限标准发生了改变。其第二十六条规定：“借贷双方约定的利率未超过年利率24%，出借人请求借款人按照约定的利率支付利息的，人民法院应予支持。借贷双方约定的利率超过年利率36%，超过部分的利息约定无效。借款人请求出借人返还已支付的超过年利率36%部分的利息的，人民法院应予支持。”

二、民间借贷出借人预先从本金扣除利息如何处理

为了获取高息和规避风险，民间借贷出借人经常预先从本金中扣除利息，实际支付给借款人的本金小于约定的本金数额。《合同法》第二百条规定：“借款的利息不得预先在本金中扣除。利息预先在本金中扣除的，应当按照实际借款数额返还借款并计算利息。”《最高人民法院关于审理民间借贷案件适用法律若干问题的规定》（法释〔2015〕18 号）第二十七条规定：“借据、收据、欠条等债权凭证载明的借款金额，一般认定为本金。预先在本金中扣除利息的，人民法院应当将实际出借的金额认定为本金。”因此，出借人预先在本金中扣除利息的，应当按照实际借款数额返还借款并计算利息，人民法院应当将实际出借的金额认定为本金。就本案而言，2014 年 3 月 18 日，杨某霖与重庆秦皇建材有限公司签订《借款合同》，杨某霖向王某富账户转账支付借款 500 万元，同日，担保人张某桃支付 20 万元利息。2014 年 4 月 10 日和 4 月 17 日，杨某霖与重庆秦皇建材有限公司再次签订两份《借款合同》，金额分别为 200 万元和 300 万元，杨某霖分别于合同签订当日向王某富账户转账支付借款 200 万元和 300 万元，同日，担保人张某桃支付 8 万元和 20 万元利息。上述三笔借款虽在合同签订日支付了借款，但尚未产生利息，故由张某桃向杨某霖支付了三笔利息共计 48 万元属于变相预扣利息行为，应当从本金中扣除。

◎ 法条链接

1. **《合同法》**

第一百九十六条 借款合同是借款人向贷款人借款，到期返还借款并支付利息的合同。

第二百条 借款的利息不得预先在本金中扣除。利息预先在本金中扣除的，应当按照实际借款数额返还借款并计算利息。

第二百一十一条 自然人之间的借款合同对支付利息没有约定或者约定不明确的，视为不支付利息。

自然人之间的借款合同约定支付利息的，借款的利率不得违反国家有关限制借款利率的规定。

2. **《最高人民法院关于人民法院审理借贷案件的若干意见》（法民〔1991〕21 号）（失效）**

第六条 民间借贷的利率可以适当高于银行的利率，各地人民法院可根据本地区的实际情况具体掌握，但最高不得超过银行同类贷款利率的四倍（包含利率本数）。超出此限度的，超出部分的利息不予保护。

3. **《担保法》**

第六条 本法所称保证，是指保证人和债权人约定，当债务人不履行债务时，保证人按照约定履行债务或者承担责任的行为。

第十八条　当事人在保证合同中约定保证人与债务人对债务承担连带责任的，为连带责任保证。

连带责任保证的债务人在主合同规定的债务履行期届满没有履行债务的，债权人可以要求债务人履行债务，也可以要求保证人在其保证范围内承担保证责任。

第二十一条　保证担保的范围包括主债权及利息、违约金、损害赔偿金和实现债权的费用。保证合同另有约定的，按照约定。

当事人对保证担保的范围没有约定或者约定不明确的，保证人应当对全部债务承担责任。

4.《最高人民法院关于审理民间借贷案件适用法律若干问题的规定》（法释〔2015〕18 号）

第二十六条　借贷双方约定的利率未超过年利率24%，出借人请求借款人按照约定的利率支付利息的，人民法院应予支持。

借贷双方约定的利率超过年利率36%，超过部分的利息约定无效。借款人请求出借人返还已支付的超过年利率36%部分的利息的，人民法院应予支持。

第二十七条　借据、收据、欠条等债权凭证载明的借款金额，一般认定为本金。预先在本金中扣除利息的，人民法院应当将实际出借的金额认定为本金。

52. 民间借贷双方对利息支付时间未约定，如何处理？

——戴某君与张某勇、涂某福民间借贷纠纷上诉案[①]

裁判要旨

民间借贷双方对支付利息的期限没有约定或者约定不明确，可以协议补充；不能达成补充协议的，按照合同有关条款或者交易习惯确定。上述方法仍不能确定的，借款期间不满一年的，应当在返还借款时一并支付；借款期间一年以上的，应当在每届满一年时支付，剩余期间不满一年的，应当在返还借款时一并支付。

---

① 浙江省温州市中级人民法院（2011）浙温商终字第150号

◎ 基本案情

2008 年 10 月 1 日，被告张某勇向原告戴某君借款 30 万元，约定月利率为 3%，借款期限从 2008 年 10 月 1 日起至 2008 年 10 月 29 日，借款人如逾期还款，应支付借款总额 30% 的违约金外，还需支付应还未还额每日万分之六的逾期还款利息，承担出借人为实现债权而发生的费用（包括律师费、误工费、交通费）。同时约定由被告涂某福为借款人所有应承担的义务提供负连带责任的保证，未约定保证期间。

2010 年 2 月 13 日，被告张某勇偿还原告戴某君 10 万元。

2010 年 7 月 1 日，原告戴某君向温州市龙湾区人民法院起诉，诉请求判令：1. 被告张某勇偿还借款本金 30 万元及利息、逾期利息（利息从 2008 年 10 月 1 日起按月利率 3% 计算至 2008 年 10 月 29 日；逾期利息从 2008 年 10 月 30 日起按日万分之六计算至实际履行日止）；2. 被告张某勇承担实现债权费用即律师诉讼代理费 11,000 元、诉讼费；3. 被告涂某福对以上款项的支付承担连带责任。在庭审中，原告要求扣除被告张某勇已支付的 10 万元利息，其他诉请不变。

◎ 法院审理

原审法院认为，被告张某勇向原告戴某君借款 30 万元，有原告提供的借款及担保协议书为凭，原告戴某君与被告张某勇之间的债权债务关系清楚。被告张某勇向原告戴某君借款后，即对原告负有返还借款的义务。被告张某勇未按约定的期限返还借款，属于违约，应当按合同约定向原告承担返还借款本金、逾期利息及实现债权费用的民事责任。双方约定由被告涂某福为该借款承担连带责任，根据《担保法》的有关规定，应承担连带保证责任，因双方未约定保证期间，现原告未在主债务履行期限届满之日起六个月内向被告涂某福主张保证责任，原告也没有提供证据证明本案有诉讼时效中断的事由，故被告涂某福对上述借款免除保证责任。原告戴某君主张借款期限内的利息按月利率 3% 计算，因该利率超出借贷行为发生时中国人民银行同期同类贷款基准利率的 4 倍，所以对超出部分的利息，不予保护。原告主张逾期利息按日万分之六计算，不违背有关法律规定，应予准许。同时，根据《合同法》第二百零五条的规定，对支付利息的期限没有约定或约定不明确，借款期间不满一年的，应当在返还借款时一并支付；借款期间一年以上的，应当在每届满一年时支付，剩余时间不满一年的，应当在返还借款时一并支付。据此，被告张某勇于 2010 年 2 月 13 日付给原告的 10 万元应视为支付之前的利息 89,316 元，剩余部分 10,684 元当作借款本金扣除。被告张某勇、涂某福未到庭应诉，视为放弃抗辩和质证的权利。据此，原审法院判决：一、被告张某勇于本判决生效之日起 10 日内偿还原告戴某君借款本金 289,316 元及逾期利息（从 2010 年 2 月 14 日起按日万分之六计算至判决确定履行日止）。二、被告张某勇于本判决生效之日起10日内支付原告戴某君实现债权的诉讼代理费11,000元。三、驳回原告的其他诉讼请求。

上诉人张某勇不服龙湾区人民法院上述判决，向二审法院提起上诉称：一、原审判决认定上诉人向被上诉人借款30万元是错误的。上诉人虽于2008年10月1日向被上诉人出具借款30万元的借据一份，但实际履行过程中被上诉人仅于2008年10月2日通过银行汇款的方式向上诉人交付借款本金273,000元。二、原审法院认定借款月利率按中国人民银行同期同类贷款基准利率的4倍计算是错误的。本案中，上诉人向被上诉人借款时双方没有约定利息，借据上的月利率为3%是被上诉人事后擅自填上去的。三、原审法院认定上诉人仅偿还被上诉人10万元是错误的。本案中，上诉人从2008年10月至2010年2月期间已陆续向被上诉人偿还本金271,000元。四、原审法院认定上诉人于2010年2月13日付给被上诉人的10万元视为支付之前的利息是错误的。本案中，上诉人于2010年2月13日付给被上诉人的10万元是支付借款本金而非利息。五、原审法院判决逾期利息按日万分之六计算明显过高。本案中，上诉人认为上诉人逾期还款仅给被上诉人带来银行同期存款利率的损失，现原审法院判决逾期利息按日万分之六计算明显过高，应按银行同期存款利率来计算才合理。综上，原审判决认定借款本金、利息以及上诉人已偿还的金额等事实均存在错误，判决明显错误，恳求二审法院发回重审，或查明事实后依法改判。

二审法院驳回上诉，维持原判。

◎ 点评

本案涉及两个问题：一是借贷双方未明确约定利息的支付时间时如何处理；二是借款人返还款项不足以清偿全部债务且当事人没有约定时，上述款项应当按照何种顺序抵充。下面分别讨论。

一、借贷双方未明确约定利息的支付时间时如何处理？

《合同法》第二百零五条规定："借款人应当按照约定的期限支付利息。对支付利息的期限没有约定或者约定不明确，依照本法第六十一条的规定仍不能确定，借款期间不满一年的，应当在返还借款时一并支付；借款期间一年以上的，应当在每届满一年时支付，剩余期间不满一年的，应当在返还借款时一并支付"。其第六十一条规定："合同生效后，当事人就质量、价款或者报酬、履行地点等内容没有约定或者约定不明确的，可以协议补充；不能达成补充协议的，按照合同有关条款或者交易习惯确定。"据此，借贷双方未约定利息支付时间时，应当按照以下步骤处理：首先，借贷双方可以达成补充协议，以明确利息支付时间；其次，如果不能达成补充协议，根据借贷合同的相关条款或交易习惯确定；最后，上述方法仍然无法确定时，借款期间不满 1 年的，借款人应当在返还借款时一并支付利息；借款期间 1 年以上的，借款人应当在每届满 1 年时支付利息，剩余期间不满 1 年的，借款人应当在返还借款时一并支付。本案借贷双方约定的借款期间从 2008 年 10 月 1 日起至 2008 年 10 月 29 日，不足 1 年，故借款人的利息支付时间应当与借款同时支付，即于 2008 年 10 月 30 日支付。

二、借款人返还款项不足以清偿全部债务且当事人没有约定时，上述款项应当按照何种顺序抵充？

民间借贷实务中借款人向出借人返还款项，但该款项不足清偿全部债务，此时，双方对此种情况有约定依约处理，问题是如果没有约定应当如何处理。《最高人民法院关于适用〈中华人民共和国合同法〉若干问题的解释（二）》（法释〔2009〕5 号）第二十一条规定："债务人除主债务之外还应当支付利息和费用，当其给付不足以清偿全部债务时，并且当事人没有约定的，人民法院应当按照下列顺序抵充：（一）实现债权的有关费用；（二）利息；（三）主债务。"据此，借款人返还的款项应当先抵充实现债权的有关费用，然后抵充利息，最后抵充借款。本案借款人应当于 2008 年 10 月 30 日支付借款本金 30 万元和利息，但直到 2010 年 2 月 13 日借款人才偿还出借人 10 万元，该 10 万元明显不足以清偿全部债务。由于借贷双方对此情况未约定处理方式，故依《最高人民法院关于适用〈中华人民共和国合同法〉若干问题的解释（二）》（法释〔2009〕5 号）第二十一条，按实现债权的有关费用、利息和主债务的先后顺序抵充。本案审理法院并未严格依照上述规定判决，而是先抵充应付利息，剩余款项抵充借款本金，并判令借款人另行支付借款人实现债权的费用诉讼代理费 11,000 元，这是因为借款人于 2010 年 2 月 13 日偿还出借人 10 万元时诉讼代理费 11,000 元并未发生。

◎ 法条链接

1.《最高人民法院关于适用〈中华人民共和国合同法〉若干问题的解释（二）》（法释〔2009〕5 号）

第二十一条 债务人除主债务之外还应当支付利息和费用，当其给付不足以清偿全部债务时，并且当事人没有约定的，人民法院应当按照下列顺序抵充：

（一）实现债权的有关费用；

（二）利息；

（三）主债务。

2.《合同法》

第六十一条 合同生效后，当事人就质量、价款或者报酬、履行地点等内容没有约定或者约定不明确的，可以协议补充；不能达成补充协议的，按照合同有关条款或者交易习惯确定。

第二百零五条　借款人应当按照约定的期限支付利息。对支付利息的期限没有约定或者约定不明确，依照本法第六十一条的规定仍不能确定，借款期间不满一年的，应当在返还借款时一并支付；借款期间一年以上的，应当在每届满一年时支付，剩余期间不满一年的，应当在返还借款时一并支付。

53. 民间借贷借款人提前还款，利息如何处理？

——乐山沙湾国宏电冶有限公司与黄某民间借贷纠纷上诉案[①]

裁判要旨

借款人可以提前偿还借款，但当事人另有约定的除外。借款人提前偿还借款并主张按照实际借款期间计算利息的，人民法院应予支持。

◎ 基本案情

2014年7月1日，被告乐山沙湾国宏电冶有限公司（以下简称“沙湾国宏公司”）向原告黄某借款110,000.00元并出具收款收据一张，载明：黄某交来现金人民币壹拾壹万元正，110,000.00元。备注：年息18%，期限1年，2015年6月30日到期。收款收据上加盖了被告沙湾国宏公司的财务专用章。

2014年12月5日，被告沙湾国宏公司向原告黄某提前偿还了借款80,000.00元。

◎ 法院审理

庭审中，被告沙湾国宏公司对向原告黄某借款110,000.00元的事实予以认可，并提出2012年8月28日，原告黄某向被告沙湾国宏公司借支21,480.00元用于其业务培训，该笔借款在本案中应予以抵扣，原告黄某对此不予认可。

原审法院认为，合法的借贷关系受法律保护。原告依约向被告支付借款本金110,000.00元，被告出具了收款收据。庭审中被告亦对该笔借款予以认可，原告黄

---

① 四川省乐山市中级人民法院（2015）乐民终字第1066号

某与被告沙湾国宏公司存在真实有效的民间借贷关系。

经查实，被告沙湾国宏公司已向原告黄某偿还了借款本金80,000.00元，被告还应向原告偿还借款本金30,000.00元。

关于被告提出其向原告偿还了借款本金80,000.00元的相应利息，原告对此不予认可，被告未举证证实，被告为此应负举证不能的不利后果。

关于利息计付问题，原告主张的利息分为两部分，第一部分以本金110,000.00元为基数按照18%自2014年7月1日起计算到2014年12月5日共计8,525.00元。被告提出原告知晓其提前偿还的借款80,000.00元按银行活期利率计算利息，故被告提前偿还的借款80,000.00元就应按银行活期利率计算利息。根据庭审查明：原告并未认可被告提前偿还的借款按银行活期利率计算利息，且原、被告双方约定了借款期间的利率，双方约定的利率并未超过银行同类贷款利率的4倍，故原告主张按照双方约定的年利率18%计算自2014年7月1日起至2014年12月5日借款本金110，000.00元的利息于法有据，原审法院予以支持。第二部分，原告主张以借款本金30,000.00元为基数按照18%自2014年12月6日起计算到2015年7月5日共计3,150.00元。根据庭审查明：原、被告约定的借款期限为2014年7月1日至2015年6月30日。故借款本金30,000.00元利息的截止时间应确定为2015年6月30日。即被告应当按照年利率18%以借款本金30,000.00元为基数向原告支付自2014年12月6日起至2015年6月30日期间的利息。根据《中华人民共和国合同法》第二百零七条规定，借款人未按照约定的期限返还借款的，应当按照约定或者国家有关规定支付逾期利息。本案收款收据上载明，借款期限1年，到期日为2015年6月30日，年息18%。因双方未约定逾期还款利息计算方式，而原告以借款期限内的年利率18%主张逾期还款利息，没有事实及法律依据，原审法院不予支持，但可以中国人民银行公布的同期同档贷款利率计算逾期还款利息，即原告主张的逾期还款利息以30,000.00元为基数，从2015年7月1日起按照中国人民银行同期同档贷款利率计算至本金付清时止。对于被告主张原告向其借款21,480.00元在本案中抵扣。经查实，该款项系原告向被告借支用于其业务培训。根据《中华人民共和国劳动合同法》第二十二条之规定，原告的业务培训费用应由被告提供。庭审中，被告提出原告向其借支21,480.00元用于原告的业务培训，双方为此约定了5年的服务期，而原告服务期未满即离开被告。被告为此主张该借支款应在本案中抵扣。根据上述法律规定，被告可以向原告主张违约金，其数额不得超过用人单位提供的培训费用，且不得超过服务期尚未履行部分所应分摊的培训费用。被告以上抗辩的基础法律关系为原、被告间的劳动合同法律关系，而本案诉争的法律关系为民间借贷法律关系，系两种不同的法律关系。综上，原审法院对被告的上述抗辩主张不予处理，被告可另案主张。

综上，原告的诉讼请求部分于法有据，原审法院部分予以支持，对其于法无据的部分，原审法院不予支持。原审法院判决如下：一、被告乐山沙湾国宏电冶有限公司于本判决生效之日起10日内偿还原告黄某借款本金30,000.00元及利息（利息分段计算，其中，2014年7月1日起至2014年12月5日期间的利息以110,000.00元为基数按照年利率18%计算，2014年12月6日起至2015年6月30日期间的利息以30,000.00元为基数按照年利率18%计算；2015年7月1日起至借款本金付清时止的利息以30,000.00元为基数，按照中国人民银行公布的同期同档贷款利率计算）；二、驳回原告黄某的其他诉讼请求。

宣判后，上诉人沙湾国宏公司不服，以“被上诉人向上诉人借支的21480元应在本案中予以抵扣，一审认定的上诉人提前偿还的8万元利息计算错误”为由向本院提起上诉，请求撤销原判，依法改判。

被上诉人黄某答辩请求驳回上诉，维持原判。

二审法院驳回上诉，维持原判。

◎ 点评

民间借贷实务中经常会碰到提前还贷，可以分两种情况：一是出借人要求借款人提前还贷，二是借款人自己主动要求提前还贷。下面分别讨论。

一、出借人要求借款人提前还贷

出借人要求提前还贷主要有以下原因：第一，出借人自身财务状况出现问题，需要资金救急。比如企业现金流出现问题，个人需要资金治病、买房或应付其他紧急事项。第二，出借人认为借款人财务状况已经或将要出现问题，为了防范风险，要求收回借款。一般而言，如果借款合同对提前还款有约定，应当依照约定处理。如果没有约定，出借人要求提前还款则缺乏合同依据。

二、借款人要求提前还款

借款人依据借款合同需要向出借人按期支付利息，当借款人财务状况改善时，为了节省财务成本，减轻财务负担，可能会要求提前还款。此时，首先应当考察借款合同是否对借款人提前还款进行了约定，如有约定按约定处理。争议的问题是借款合同对借款人提前还款没有约定，其是否违约。一种观点认为借款合同约定了借款期间，借款人提前还款违反了关于借款期间的约定，且出借人按实际借款期间计算利息也无法满足出借人的预期收益。另一种观点认为合同对借款人提前还款没有约定时，借款人可以提前还款，且不会损害出借人利益，因为借款人按实际借款期间计算利息虽然低于出借人的预期收益，但出借人收回本息后可以进行其他投资，并获得收益。《最高人民法院关于审理民间借贷案件适用法律若干问题的规定》（法释〔2015〕18号）第三十二条规定：“借款人可以提前偿还借款，但当事人另有约定的除外。借款人提前偿还借款并主张按照实际借款期间计算利息的，人民法院应予支持。”据此，上述司法解释认为借贷双方对借款人提前还款有约定的依约定处理，没有约定的，借款人有权提前还款，且按照实际借款期间计算利息。

本案借款人沙湾国宏公司提前偿还了8万元借款，由于双方对提前还款没有约定，依据《最高人民法院关于审理民间借贷案件适用法律若干问题的规定》（法释〔2015〕18号）第三十二条，借款人可以提前还款，且按照实际借款期间支付利息。至于借款人提出要按照活期利息标准计算提前还款的应付利息，因其未能举证证明借贷双方有此约定，故只能按照借款合同约定的利息标准计算利息。

◎ 法条链接

1.《最高人民法院关于审理民间借贷案件适用法律若干问题的规定》（法释〔2015〕18号）

第三十二条 借款人可以提前偿还借款，但当事人另有约定的除外。

借款人提前偿还借款并主张按照实际借款期间计算利息的，人民法院应予支持。

54. 当事人约定借款期限但未约定利息，逾期利息的起算时点如何确定？

——张某等诉王某睿民间借贷纠纷上诉案①

裁判要旨

当事人约定借款期限但未约定利息，在借款期限内借款人无须支付利息，但借款期限届满后，借款人应当按银行同期贷款利率支付逾期利息。因此，逾期利息自借款期限届满后起算，而不是从出借人向法院提起诉讼时计算。

◎ 基本案情

张某、王某睿及骆某利系朋友关系，张某通过王某睿的介绍认识骆某利。2012年4月，王某睿向张某借款人民币（以下币种均为人民币）10万元，张某向其交付现金10万元。2012年6月2日，王某睿向张某出具借条一张，载明其向张某借

① 上海市第二中级人民法院民事判决书（2015）沪二中民一（民）终字第35号

款10万元，承诺于2013年8月1日归还。当日，张某通过银行转账方式向王某睿交付10万元。2012年5月~7月，王某睿每月向张某支付6,000元。2012年7月，王某睿向张某归还借款10万元。2012年11月29日，张某向王某睿汇款11万元。张某认为，王某睿向其借款尚余21万元未归还。故诉至原审法院，请求判令：1. 王某睿归还张某借款21万元；2. 王某睿按中国人民银行同期贷款利率的4倍支付上述借款的利息（其中以本金10万元为标准，自2013年8月2日计算至实际清偿之日止；以本金11万元为标准，自2012年11月30日计算至实际清偿之日止）。

◎ 法院审理

原审法院认为，1. 根据张某提供的借条、银行转账凭证，结合张某、王某睿的当庭陈述，确认王某睿曾于2012年4月、6月向张某借款共计20万元的事实。双方均确认王某睿于2012年5月至7月期间每月向张某支付6,000元，但对于该笔款项的性质，张某认为系用以支付借款利息，而王某睿认为系用以归还借款本金，然而张某对于双方存在利息约定的主张未提供证据予以证明，而王某睿又予以否认，故认定王某睿向张某支付的18,000元系用以归还借款本金。2. 关于王某睿于2012年7月向张某归还的10万元，张某认为系用于归还2012年4月的借款，而王某睿认为系用于归还2012年6月的借款，但双方对各自主张均未提供证据证明。根据法律规定，债务人的给付不足以清偿其对同一债权人所负的数笔相同种类的全部债务，应当优先抵充已到期的债务，债权人与债务人另有约定的除外。本案中，双方对于2012年4月的借款并未明确约定还款期限，而张某提供的借条中载明2012年6月的债务至2013年8月1日届期，故认定王某睿于2012年7月归还的系双方约定还款期限的债务，即2012年6月的借款。3. 关于张某、王某睿之间是否存在2012年11月29日11万元的借款事实，法院认为，民间借贷作为一种实践性合同，其成立与生效需要有当事人之间的合意以及借款交付的事实。本案中，张某、王某睿及骆某利均确认张某向王某睿转账11万元的事实，但对于钱款系王某睿向张某所借还是骆某利向张某所借各执一词。现张某主张系争款项为王某睿向其所借，但未能提供王某睿出具的借条或其他相关证据予以佐证，仅有转账记录并不能反映双方存在借贷的合意。张某坚持双方存在11万元的借贷关系，缺乏事实和法律依据，可另行诉讼主张权利。由此，确认王某睿应向张某返还的借款本金为82,000元。4. 至于张某主张的利息，因其未举证证明双方曾有利息约定，故张某要求王某睿按中国人民银行同期贷款利率的4倍支付利息，与法有悖，法院依据借款本金的数额予以适当调整。而对于利息起算期限，由于双方对2012年4月的借款未约定还款期限，故应从张某向法院提出主张要求还款之日起算。据此，原审法院作出判决：一、王某睿应于判决生效之日起10日内归还张某借款82,000元；二、王某睿应于判决生效之日起10日内支付张某上述借款的逾期还款利息（自2014年2月17日起，按中国人民银行同期贷款利率计算至实际清偿之日止）；三、对于张某的其余诉讼请求，不予支持。

原审判决后，张某不服，向二审法院提起上诉称：王某睿于2012年7月向上诉人归还10万元时，6月份的借款的还款期限尚未届满，而4月份的借款没有约定还款期限，因此，上诉人认为王某睿归还的是2012年4月份的10万元借款；至于2012年5～7月王某睿每月支付给上诉人的6,000元应当是利息而非本金；最后，关于上诉人转账到王某睿账户的11万元，上诉人与王某睿、骆某利均认可该笔款项的性质为借款，因此，并不缺乏借款合意，只是借款双方对借款人存在争议，上诉人认为应当根据当事人的真实意思表示来推断，上诉人向王某睿汇款而不向骆某利汇款就可以证明上诉人与王某睿之间达成借款合意。故请求二审法院撤销原审判决，改判支持上诉人在原审中的全部诉讼请求。

被上诉人王某睿辩称：2012年7月王某睿归还的10万元系指向2012年6月的借款，因为当时上诉人张某称其钱是向案外人借的需要即刻归还，所以被上诉人才在借款1个月后就归还了这笔10万元；2012年5～7月归还的18,000元系本金，因为上诉人没有证据证明双方曾约定了利息；最后，关于汇款11万元，被上诉人认为借款人是骆某利，钱款确实也已交付骆某利，骆某利也认可这笔借款系其向张某所某，上诉人曾委托案外人向骆某利催讨过这笔钱款。故请求二审法院驳回上诉，维持原判。

二审法院认为，本案的争议焦点在于：一、2012年5～7月王某睿归还的18,000元系本金还是利息；二、就11万元汇款，张某、王某睿之间是否成立借款法律关系；三、2012年7月王某睿归还的10万元系指向哪一笔借款。

关于争议焦点一，王某睿否认其与张某之间存在利息约定，而张某并未提供证据证明双方之间存在这种约定，因此，二审法院难以认定张某与王某睿就4月份的借款明确约定了利息。根据法律规定，自然人之间的借款合同对支付利息没有约定或者约定不明确的，视为不支付利息。原审法院据此认定王某睿归还的18,000元系归还借款本金，并无不当，二审法院予以确认。

关于争议焦点二，张某认为，其与王某睿均认可这笔汇款为借款即表明双方之间达成了借款合意，至于借款实际为骆某利使用，与张某无关，张某向王某睿汇款而非向骆某利汇款这一事实可以证明借款人为王某睿。对此，二审法院认为，民间借贷成立与生效所需的当事人之间的合意不仅包括当事人之间对钱款性质达成一致，更重要的在于对借贷关系的权利义务人达成一致。本案中，尽管张某的钱款系汇向王某睿，但实践中并不乏基于某种原因出借人不直接汇款给借款人的情形，而且王某睿、骆某利都认为本案的借款人为骆某利。因此，在没有借条明确借款人的情形下，张某对借款人系王某睿的举证并未达到高度盖然性标准，二审法院难以认定张某与王某睿就11万元汇款达成了借款合意。

关于争议焦点三，王某睿认为，10万元系归还6月份的借款，因为张某称该笔借款系向案外人所借，需要即刻归还，但其并未提供证据予以证明。根据法律规定，债务人的给付不足以清偿其对同一债权人所负的数笔相同种类的全部债务，应当优先抵充已到期的债务。借贷双方对借款期限没有约定或约定不明确的，借款人可以随时返还，贷款人可以催告借款人在合理期限内返还。本案中，张某与王某睿对于4月份的借款并未约定借款期限，而6月份的借款则明确约定借款期限为2012年6月至2013年8月1日，因此，王某睿2012年7月的10万元还款应先抵充4月份的借款。因该笔借款，王某睿5～7月每月支付的6,000元已抵扣18,000元本金，故王某睿的10万元还款在抵扣前笔借款后还可抵充6月份的借款本金18,000元。据此，原审法院确认王某睿应向张某返还的借款本金为82,000元，有事实和法律依据，二审法院予以维持。至于利息起算期限，由于双方对6月份的借款约定了借款期限但并未约定利息，故应从借款期限届满次日起计算逾期还款利息。原审法院以张某向法院提出主张还款之日起计算逾期还款利息，确有不当，二审法院予以纠正。

二审法院判决如下：

一、维持上海市普陀区人民法院（2014）普民一（民）初字第2690号民事判决主文第一、三项；

二、撤销上海市普陀区人民法院（2014）普民一（民）初字第2690号民事判决主文第二项；

三、王某睿应于本判决生效之日起10日内支付张某借款人民币82,000元的逾期还款利息（自2013年8月2日起，按中国人民银行同期贷款利率计算至实际清偿之日止）。

◎ 点评

本案有三个问题需要注意：

一、当事人约定借款期限但未约定利息，逾期利息的起算时点如何确定？

2012年6月2日，王某睿向张某出具借条一张，载明其向张某借款10万元，承诺于2013年8月1日归还。当日，张某通过银行转账方式向王某睿交付10万元。双方未约定利息。对该笔借款，因出借人逾期未还，本案两级法院的判决皆认为借款人王某睿应当向出借人张某支付逾期利息，但对逾期利息起算时点的确认有分歧。依据《合同法》第二百一十一条的规定，自然人之间的借款合同对支付利息没有约定的，视为不支付利息。因此，在约定的借款期限内借款人无须支付利息。但是，当借款期限届满后，如果出借人没有同意借款人展期，借款人应当支付逾期利息。本案原审法院认为自出借人张某向法院提出主张还款之日起计算逾期利息，但是，二审法院认为原审法院的上述判决不当，借款人应当自此笔借款期限届满之日起计算逾期利息，即从2013年8月2日起计算逾期利息。显然二审法院的观点正确。

二、借款人的给付不足以清偿其对同一出借人所负的数笔民间借贷债务，如何处理？

本案借款人王某睿向出借人张某负有两笔借款：第一笔是2012年4月王某睿向张某借款10万元，双方未约定还款期限；第二笔是2012年6月2日王某睿向张某借款10万元，借款期限截至2013年8月1日。2012年7月，王某睿向张某归还借款10万元。对于10万元的还款，原审法院认定是归还第二笔借款，理由是《最高人民法院关于适用〈中华人民共和国合同法〉若干问题的解释（二）》第二十条规定了“债务人的给付不足以清偿其对同一债权人所负的数笔相同种类的全部债务，应当优先抵充已到期的债务”。但是，上述判决存在问题，主要理由是：第一，本案的第二笔借款并未到期，引用《最高人民法院关于适用〈中华人民共和国合同法〉若干问题的解释（二）》第二十条显然不当。第二，本案的第一笔借款未约定还款时间，依据《合同法》第二百零六条的规定，借款人可以随时返还，故认定上述归还的10万元是返还第一笔借款符合法律规定。第三，如果将10万元认定是归还第二笔借款，又引发提前还款的争议，徒生枝节。因此，将10万元的还款认定为归还第一笔借款更为合理。

三、张某向王某睿汇款11万元是否成立民间借款法律关系？

2012年11月29日，张某向王某睿汇款11万元，但对于钱款系王某睿向张某所借还是骆某利向张某所借双方各执一词。王某睿、骆某利都认为此笔借款的借款人为骆某利，张某认为此笔借款的借款人为王某睿。审理法院认为单凭金融机构的转账凭证无法认定王某睿是此笔借款的借款人，特别是骆某利自认其是借款人。《最高人民法院关于审理民间借贷案件适用法律若干问题的规定》第十七条规定：“原告仅依据金融机构的转账凭证提起民间借贷诉讼，被告抗辩转账系偿还双方之前借款或其他债务，被告应当对其主张提供证据证明。被告提供相应证据证明其主张后，原告仍应就借贷关系的成立承担举证证明责任。”参照该条规定，本案原告仅依据金融机构的11万元转账凭证提起民间借贷诉讼，被告认为借款人是骆某利，特别是骆某利对被告的抗辩予以证实，故审理法院驳回原告要求被告偿还11万元的诉讼请求。

◎ 法条链接

1.《合同法》

第二百零六条 借款人应当按照约定的期限返还借款。对借款期限没有约定或者约定不明确，依照本法第六十一条的规定仍不能确定的，借款人可以随时返还；贷款人可以催告借款人在合理期限内返还。

第二百一十一条　自然人之间的借款合同对支付利息没有约定或者约定不明确的，视为不支付利息。

自然人之间的借款合同约定支付利息的，借款的利率不得违反国家有关限制借款利率的规定。

2.《最高人民法院关于适用〈中华人民共和国合同法〉若干问题的解释（二）》（法释〔2009〕5号）

第二十条　债务人的给付不足以清偿其对同一债权人所负的数笔相同种类的全部债务，应当优先抵充已到期的债务；几项债务均到期的，优先抵充对债权人缺乏担保或者担保数额最少的债务；担保数额相同的，优先抵充债务负担较重的债务；负担相同的，按照债务到期的先后顺序抵充；到期时间相同的，按比例抵充。但是，债权人与债务人对清偿的债务或者清偿抵充顺序有约定的除外。

3.《最高人民法院关于审理民间借贷案件适用法律若干问题的规定》（法释〔2015〕18号）

第十七条　原告仅依据金融机构的转账凭证提起民间借贷诉讼，被告抗辩转账系偿还双方之前借款或其他债务，被告应当对其主张提供证据证明。被告提供相应证据证明其主张后，原告仍应就借贷关系的成立承担举证证明责任。

55. 借贷双方未约定逾期利息如何处理？

——张某等诉张某敏等民间借贷纠纷上诉案[①]

裁判要旨

借贷双方未约定逾期利率或者约定不明的，人民法院可以区分不同情况处理：（一）既未约定借期内的利率，也未约定逾期利率，出借人主张借款人自逾期还款之日起按照年利率6%支付资金占用期间利息的，人民法院应予支持；（二）约定了借期内的利率但未约定逾期利率，出借人主张借款人自逾期还款之日起按照借期内的利率支付资金占用期间利息的，人民法院应予支持。

---

① 广东省广州市中级人民法院民事判决书（2014）穗中法金民终字第1163号

◎ 基本案情

张某与冯某明为夫妻关系，明燊公司为冯某明开办的有限责任公司。

2011 年 12 月 30 日，张某敏分别通过银行将 750,000 元汇入张某名下的账户。2012 年 1 月 1 日，张某将款项 50,000 元通过银行转汇给张某敏。另外，张某通过其他渠道将部分款项转汇给张某敏，余下 500,000 元未有转汇。

2013 年 4 月 22 日，张某敏以张某未偿还借款 500,000 元为由向原审法院起诉，要求张某、广州市明燊装饰有限公司（以下简称明燊公司）和冯某明清偿借款 500,000 元及利息（从 2011 年 12 月 30 日起至借款全部清偿时止，按中国人民银行同期同类贷款利率 4 倍计算）。

◎ 法院审理

张某、明燊公司和冯某明答辩认为没有向张某敏借款，张某敏所汇入的款项中的已转汇 250,000 元给张某敏，余下 500,000 元在征得张某敏的同意下，转汇给案外人，为案外人向张某敏借款，由此，请求法院驳回张某敏的全部诉讼请求。

原审诉讼中，张某敏向原审法院提出申请，要求追加冯某明为本案被告。经查，张某敏的申请符合法律规定，该院遂追加冯某明为本案被告参加诉讼。

原审法院认为，通过庭审查明的事实及质证的证据可知，本案的争议有多方面。其一为诉讼主体问题，其二为张某敏通过银行向张某转款的用途问题，其三为张某向案外人转款与张某敏关系问题。因争议较多，有必要以法律为准绳，结合查明的事实，以及当事人提供的证据，全面、客观地审核，运用逻辑推理和日常生活经验，进行综合分析判断，以辨明是非。1. 明燊公司为冯某明开办的经营实体。张某敏没有提供证据证明汇给张某的款项与明燊公司有关联。为其举证不能，不能举证的不利后果由其承担。从而可以确定明燊公司与本案无关。2. 关于张某敏通过银行汇款给张某的用途问题，由于在汇款过程中未注明所汇款项的用途，事后也没有书面约定，故该款项的用途依据直接证据证明已经不可能。该款项的用途方面，张某主张张某敏向其转汇款项不为借款，只是张某敏为了获得办理银行信用卡得到便利。张某之方面的主张，以银行业务知识稍加分析，则见其不妥。个人办理银行卡，以其担保而言，可以为财产担保，也可为信用担保。若张某敏为了办理银行信用卡得到便利，其可以将所汇入张某账户的款项全部存入办理银行信用卡的银行进行质押，无须通过账户业务明细清单，以获得相应的信用额度。故张某此方面抗辩主张难以成立。其后，张某进一步陈述，在征得张某敏的同意下已将余下 500,000 元转汇给案外人，转化成案外人向张某敏借款。从张某提出该观点可知，张某是实际占有张某敏所汇给其的款项 500,000 元。张某实际占有该款项后，按其原来陈述张某敏为账户明细达到理想之用的情况下，张某在没有其原因的情况下，应当将款项归还给张某敏，但张某没有将款项归还，张某陈述代转款项的解释于法是不能成立的。由此，张某敏主张张某向其借款，虽然存在未述明的瑕疵，但其观点是成立的。3. 关于张某认为收到张某敏款项后，在征得张某敏同意情况下将款项转汇给案外人，从而形成为张某敏借款给案外人的抗辩主张问题。依张某此抗辩主张而言，张某的行为归属于债务的转移范畴。法律规定，债务的转移，需要债权、债务人各方签订协议，并经债权人同意方能成立。张某也提供案外人，即债务人与其协议，但该协议只是案外人与张某之间的行为，张某未能提供证据证明张某敏认可该协议，张某敏对该协议予以否定的情况下，债务转移的法律后果及于张某敏的效力是不存有的。经过各方面的分析，张某的各项抗辩主张均不能成立的。相反而言，张某敏认为张某向其借款的主张成立。基于张某与张某敏之间的债务关系成立，故张某敏要求张某偿还借款500,000元的诉讼请求，该院予以支持。4. 由于双方在借款之时均没有约定还款期限及利息，故张某清偿借款的时间及利息加付的问题，需依法律规定。《中华人民共和国民法通则》第八十八条第二款第（二）项规定，履行期限不明确的，债务人可以随时向债权人履行义务，债权人也可以随时要求债务人履行义务，但应当给对方必要的准备时间。依此规定，该院确定该准备时间为15天。最高人民法院《关于人民法院审理借贷案件的若干意见》第八条第一款规定，借贷双方对有无约定利率发生争议，又不能证明的，可参照银行同类贷款利率计息。依此规定，张某敏要求张某加付按中国人民银行同期同类贷款利率4倍计算的利息的诉讼请求与法律规定不符，该院予以更正，更正为由张某从张某敏正式主张权利之日起至款项全部清偿时止，加付按银行同期同类贷款利率计算的利息。5. 关于冯某明承担责任问题。因张某与张某敏之间的债务关系成立，且该债务关系发生于张某与冯某明夫妻关系存续期间，冯某明如何承担责任应当依据法律规定。最高人民法院《关于人民法院适用〈中华人民共和国婚姻法〉若干问题的解释（二）》第二十四条规定，债权人就婚姻关系存续期间夫妻一方以个人名义所负债务主张权利的，应当按夫妻共同债务处理。依此规定，冯某明应当对张某向张某敏承担的债务承担全部连带清偿责任。

原审法院判决：一、张某在判决发生法律效力之日起15日内偿还款项500,000元给张某敏；二、从2013年4月22日起至借款全部清偿时止，张某以借款500,000为本金，加付按中国人民银行同期贷款利率计算的利息给张某敏；三、冯某明对张某向张某敏承担的债务承担全部连带清偿责任；四、驳回张某敏的其他诉讼请求。

原审法院判后，张某和冯某明不服，向二审法院提起上诉称：本案中，上诉人提供了大量的证据证明被上诉人所借款项系被上诉人同意的情况下通过上诉人张某之手借给案外人董某的，但这所有的白纸黑字的证据都抵不上原审法院的一系列推断，令上诉人无法服判决。当然，在庭审结束后，上诉人再应法院的要求补充了新的证据材料，但原审法院对此证据也未做任何的处理，也未在判决书中提及，严重损害上诉人方的合法权益。综上所述，特请求二审法院判令：撤销原审判决，驳回被上诉人张某敏的诉讼请求；本案一、二审诉讼费用由被上诉人张某敏负担。

二审法院认为，根据查明的事实，首先，2011 年 12 月 30 日，张某敏通过银行将750,000 元汇入张某名下账户，后张某通过各种方式向张某敏返还了 250,000 元，其余 500,000 元没有返还，据此表明，涉案款项是在张某敏和张某之间发生的法律关系，而与案外人董某无关。其次，尽管张某主张在征得张某敏的同意下转汇给案外人董某，故应当是董某向张某敏借款。但是，张某就其主张并无提供相应的证据予以证实，同时张某敏也不予确认，故对张某的主张依法不予确信。再次，即使案外人董某承认涉案 500,000 元是其向张某敏的所借，但董某和张某敏之间没有就此借款达成协议，故只是董某的单方意思表示，对张某敏不具有约束力；同时，本案现有证据没有显示董某和张某敏之间存在法律关系，根据合同的相对性原则，张某敏提起本案诉讼要求张某和冯某明承担还款责任，不必追加董某为本案当事人。

二审法院驳回上诉，维持原判。

◎ 点评

本案有两个问题需要注意：一是只有金融机构转账凭证能否认定民间借贷事实，二是借贷双方未约定利息，逾期利息如何确定。

关于第一个问题，在民间借贷实务中，存在当事人双方只有金融机构转账凭证，没有借款合同，也没有借条、欠条、借据等其他债务凭证的情形。对此种情况简单地否定借贷法律关系欠妥，因为资金从当事人一方向另一方转移的事实是无法否认的，在没有其他证据的前提下，这意味着一方利益受损，另一方受益。《最高人民法院关于审理民间借贷案件适用法律若干问题的规定》（法释〔2015〕18 号）第十七条规定："原告仅依据金融机构的转账凭证提起民间借贷诉讼，被告抗辩转账系偿还双方之前借款或其他债务，被告应当对其主张提供证据证明。被告提供相应证据证明其主张后，原告仍应就借贷关系的成立承担举证证明责任。"该条款有以下几层意思：第一，原告只有金融机构的转账凭证来证明民间借贷基础法律关系，被告抗辩转账系偿还双方之前借款或其他债务，被告应当对其主张提供证据证明。否则，被告要承担举证不能的不利后果。第二，被告就抗辩完成举证时，原告应当继续提供其他证据来证明民间借贷基础法律关系。否则，原告要承担举证不能的不利后果。因此，原告只提供了金融机构的转账凭证，民间借贷法律关系是否成立要视被告的抗辩是否成立而定。如果被告抗辩转账系偿还双方之前借款或其他债务，当其举证不能时，可以根据原告提供的金融机构转账凭证认定民间借贷法律关系成立，反之，原告必须继续举证证明民间借贷基础法律关系。

关于第二个问题，《最高人民法院关于人民法院审理借贷案件的若干意见》(法民发〔1991〕21号)[①] 第九条规定："公民之间的定期无息借贷，出借人要求借款人偿付逾期利息，或者不定期无息借贷经催告不还，出借人要求偿付催告后利息的，可参照银行同类贷款的利率计息。"但是，《最高人民法院关于审理民间借贷案件适用法律若干问题的规定》对上述规定进行了修改。其第二十九条规定："借贷双方对逾期利率有约定的，从其约定，但以不超过年利率24%为限。未约定逾期利率或者约定不明的，人民法院可以区分不同情况处理：(一) 既未约定借期内的利率，也未约定逾期利率，出借人主张借款人自逾期还款之日起按照年利率6%支付资金占用期间利息的，人民法院应予支持；(二) 约定了借期内的利率但未约定逾期利率，出借人主张借款人自逾期还款之日起按照借期内的利率支付资金占用期间利息的，人民法院应予支持。"

◎ 法条链接

1.《最高人民法院关于审理民间借贷案件适用法律若干问题的规定》(法释〔2015〕18号)

第十七条 原告仅依据金融机构的转账凭证提起民间借贷诉讼，被告抗辩转账系偿还双方之前借款或其他债务，被告应当对其主张提供证据证明。被告提供相应证据证明其主张后，原告仍应就借贷关系的成立承担举证证明责任。

第二十九条 借贷双方对逾期利率有约定的，从其约定，但以不超过年利率24%为限。

未约定逾期利率或者约定不明的，人民法院可以区分不同情况处理：

(一) 既未约定借期内的利率，也未约定逾期利率，出借人主张借款人自逾期还款之日起按照年利率6%支付资金占用期间利息的，人民法院应予支持；

(二) 约定了借期内的利率但未约定逾期利率，出借人主张借款人自逾期还款之日起按照借期内的利率支付资金占用期间利息的，人民法院应予支持。

2.《最高人民法院关于人民法院审理借贷案件的若干意见》(法民发〔1991〕21号)(失效)

第九条 公民之间的定期无息借贷，出借人要求借款人偿付逾期利息，或者不定期无息借贷经催告不还，出借人要求偿付催告后利息的，可参照银行同类贷款的利率计息。

---

① 已失效。

56. 民间借贷逾期利率如何约定才合法？

——张某良诉福建中顺建筑工程有限公司等民间借贷纠纷上诉案[①]

裁判要旨

借贷双方对逾期利率有约定的，从其约定，但以不超过年利率24%为限。出借人与借款人既约定了逾期利率，又约定了违约金或者其他费用，出借人可以选择主张逾期利息、违约金或者其他费用，也可以一并主张，但总计超过年利率24%的部分，人民法院不予支持。

◎ 基本案情

2011年8月22日，张某良、刘某彬因生产经营需要，向福建中顺建筑工程有限公司（以下简称中顺公司）借款人民币30万元。双方约定：借款期限自2011年8月22日起至2011年9月21日止，若逾期偿还该款项，按月利率3%计付逾期利息。张某良、刘某彬出具一张《借据》给中顺公司收执。中顺公司提供借款后，张某良、刘某彬均未还款。

◎ 法院审理

原审法院认为，中顺公司与张某良、刘某彬之间的借贷关系明确，符合规定，应受法律保护。张某良、刘某彬共同向中顺公司借款30万元未还，事实清楚，证据充分，应当偿还。张某良、刘某彬未按照约定在免息期限内返还借款，依照约定应当支付自2011年9月22日起至还清款项之日止的利息。但是，双方约定计息标准过高，张某良要求调整，中顺公司请求变更计息标准为：按中国人民银行规定的同期同类贷款利率4倍，原审法院予以准许。中顺公司请求张某良、刘某彬共同偿还中顺公司人民币30万元，并支付自2011年9月22日起至还清款项之日按中国人民银行规定的同期同类贷款利率4倍计算的利息，符合法律规定，应予支持。张某良辩称中顺公司的诉讼请求已经超过诉讼时效期间，因此丧失胜诉权，请求依法驳回中顺公司诉讼请求。根据双方当事人在借款时的约定，自借款之日起至2011年9

---

① 福建省漳州市中级人民法院民事判决书（2014）漳民终字第1224号

月21日止为该笔借款的免息期，自2011年9月22日起至还清款项之日止为该笔借款的计息期，因此该笔借款自2011年9月22日起属不定期有息借贷。张某良、刘某彬依法可以随时返还，中顺公司依法可以催告张某良、刘某彬在合理期限内返还。故中顺公司提起本案诉讼，尚未超过诉讼时效期间。刘某彬经原审法院传票传唤拒不到庭参加诉讼，视为自动放弃诉讼权利，原审法院依法缺席审理和判决。依照《中华人民共和国民法通则》第一百三十五条、第一百三十七条、《中华人民共和国合同法》第二百零六条、《中华人民共和国民事诉讼法》第一百四十四条、《最高人民法院关于人民法院审理借贷案件的若干意见》第六条之规定，判决：被告张某良、刘某彬应在本判决生效后10日内偿还原告福建中顺建筑工程有限公司借款人民币30万元及自2011年9月22日起至还清款项之日止按中国人民银行规定的同期同类贷款利率4倍计算的利息。如果未按本判决指定的期间履行给付金钱义务，应当依照《中华人民共和国民事诉讼法》第二百五十三条之规定，加倍支付迟延履行期间的债务利息。本案一审案件受理费人民币9125元，减半收取4562.5元，由被告张某良、刘某彬负担。

宣判后，张某良不服，向二审法院提起上诉。

上诉人张某良上诉称：1. 本案借据明确约定了借款期限为30日，借据中虽然约定了逾期利息，并不因此约定而变成不定期借贷，原审以借据中约定的逾期利息而认定自2011年9月22日起该借款为不定期有息借款明显错误。2. 本案借款本息的诉讼时效应从借款期限确定的履行期限届满开始（即2011年9月22日）起算诉讼时效，被上诉人于2014年4月21日才向上诉人主张权利，其诉讼请求已超过了诉讼时效，依法丧失了胜诉权。原审判决在认定事实和适用法律错误，导致作出错误判决。故请求二审法院撤销原判，依法改判驳回被上诉人的诉讼请求或发回重审，本案一、二审的诉讼费由被上诉人承担。

被上诉人中顺公司辩称：1. 根据上诉人出具的借据约定，原审被告刘某彬依法应共同承担给付义务，借据中对借款期限约定30天，该期限是无息的借款期限，上诉人及刘某彬未在30天无息借款期限内还款，应承担逾期之日起至还清款项之日的利息，本案不应受诉讼时效约束，债权人的债权是受法律保护的。2. 上诉人张某良认为本案借款利息视为违约责任是错误的，借据中约定若逾期偿还借款，按月利率3%计付逾期利息，被上诉人起诉后对本案借款利息的主张变更为按中国人民银行同期同类贷款利率的4倍计息，被上诉人的诉讼请求是合法合理的，被上诉人的诉讼请求没超过诉讼时效。综上，上诉人的上诉人请求缺乏依据，原审判决正确。请求二审法院依法驳回上诉，维持原判。

本案双方当事人争议的主要焦点：被上诉人中顺公司的诉讼请求是否超过诉讼时效？

二审法院认为：上诉人张某良、原审被告刘某彬尚欠被上诉人中顺公司借款人民币30万元及逾期利息事实清楚，双方当事人对该事实无异议，应予认定。原判认为双方当事人在借据中约定自借款之日起至2011年9月21日止为本案借款的免息期，自2011年9月22日起至还清款项之日止为本案借款的计息期，因此本案借款自2011年9月22日起属不定期有息借贷，中顺公司依法随时可以催告张某良、刘某彬在合理期限内返还本息，中顺公司尚未超过诉讼时效期间的理由正当，应予维持。且被上诉人中顺公司在原审诉讼期间变更计息标准为按中国人民银行规定的同期同类贷款利率4倍计息合法，应以准许。综上，上诉人的上诉理由缺乏事实与法律依据，应予驳回。原审判决正确，应予维持。原审被告刘某彬经二审法院传票传唤拒不到庭参加诉讼，视为自动放弃诉讼权利，二审法院依法缺席审理和判决。

二审法院驳回上诉，维持原判。

◎ 点评

就本案而言，借贷双方约定借款期限自2011年8月22日起至2011年9月21日止，若逾期偿还该款项，按月利率3%计付逾期利息。可见，本案借贷双方约定了逾期利率，但违反了相关规定。本案审理时《最高人民法院关于审理民间借贷案件适用法律若干问题的规定》尚未颁布，故审理法院依据《最高人民法院关于人民法院审理借贷案件的若干意见》（法民〔1991〕21号）进行判决，具体依据是第六条："民间借贷的利率可以适当高于银行的利率，各地人民法院可根据本地区的实际情况具体掌握，但最高不得超过银行同类贷款利率的四倍（包含利率本数）。超出此限度的，超出部分的利息不予保护"。据此，审理法院判决借款人偿还出借人本金及"自2011年9月22日起至还清款项之日止按中国人民银行规定的同期同类贷款利率四倍计算的利息"。

因《最高人民法院关于审理民间借贷案件适用法律若干问题的规定》（法释〔2015〕18号）于2015年颁布生效，故民间借贷逾期利率合法性的判断标准已经发生变化。该规定第二十九条第一款规定："借贷双方对逾期利率有约定的，从其约定，但以不超过年利率24%为限。"第三十条规定："出借人与借款人既约定了逾期利率，又约定了违约金或者其他费用，出借人可以选择主张逾期利息、违约金或者其他费用，也可以一并主张，但总计超过年利率24%的部分，人民法院不予支持。"据此，民间借贷利率合法性的判断标准是年利率24%，即使和违约金或其他费用合并主张，总计超过年利率24%的部分也不为法院支持。如果借款人支付的逾期利息超过年利率24%，这应当如何处理呢？《最高人民法院关于审理民间借贷案件适用法律若干问题的规定》第三十一条规定："没有约定利息但借款人自愿支付，或者超过约定的利率自愿支付利息或违约金，且没有损害国家、集体和第三人利益，借款人又以不当得利为由要求出借人返还的，人民法院不予支持，但借款人要求返还超过年利率36%部分的利息除外。”据此，借款人支付的逾期利息超过年利率24%但未超过年利率36%的部分，不得通过诉讼程序和国家强制力要求出借人返还，但超过年利率36%的部分可以通过诉讼程序和国家强制力请求出借人返还。

◎ 法条链接

1.《最高人民法院关于审理民间借贷案件适用法律若干问题的规定》（法释〔2015〕18号）

第二十九条　借贷双方对逾期利率有约定的，从其约定，但以不超过年利率24%为限。

未约定逾期利率或者约定不明的，人民法院可以区分不同情况处理：

（一）既未约定借期内的利率，也未约定逾期利率，出借人主张借款人自逾期还款之日起按照年利率6%支付资金占用期间利息的，人民法院应予支持；

（二）约定了借期内的利率但未约定逾期利率，出借人主张借款人自逾期还款之日起按照借期内的利率支付资金占用期间利息的，人民法院应予支持。

第三十条　出借人与借款人既约定了逾期利率，又约定了违约金或者其他费用，出借人可以选择主张逾期利息、违约金或者其他费用，也可以一并主张，但总计超过年利率24%的部分，人民法院不予支持。

第三十一条　没有约定利息但借款人自愿支付，或者超过约定的利率自愿支付利息或违约金，且没有损害国家、集体和第三人利益，借款人又以不当得利为由要求出借人返还的，人民法院不予支持，但借款人要求返还超过年利率36%部分的利息除外。

2.《最高人民法院关于人民法院审理借贷案件的若干意见》（法民〔1991〕21号）（失效）

第六条　民间借贷的利率可以适当高于银行的利率，各地人民法院可根据本地区的实际情况具体掌握，但最高不得超过银行同类贷款利率的四倍（包含利率本数）。超出此限度的，超出部分的利息不予保护。

57. 民间借贷双方既未约定利率也未约定逾期利率，如何确定逾期利率？

——吴某与赵某、钟某民间借贷纠纷案[①]

裁判要旨

民间借贷双方既未约定借期内的利率，也未约定逾期利率，出借人主张借款人自逾期还款之日起按照年利率6%支付资金占用期间利息的，人民法院应予支持。

◎ 基本案情

2013年11月8日，被告赵某、钟某为原告出具借款合同一份，载明："现：钟某、赵某向吴某借款伍万捌仟元到2013年12月8日前一次性还清。借款人：钟某赵某，经手人：吴某（签字）2013年11月8日"。此款以现金方式交付，二被告在借款合同上签字并捺手印。借款到期后，经原告吴某催要，二被告未给付。原告诉至法院，要求二被告偿还原告借款58,000元及利息（利息从2013年11月8日起至给付之日止按月利3分计算）并承担诉讼费。

◎ 法院审理

法院认为，被告赵某、钟某从原告吴某处借款，属民间借贷，没有违背法律禁止性规定，是一种合法的借贷关系，依法应受法律保护，原告要求二被告归还借款的诉讼请求法院予以支持。对于原告主张的借款利息，因原、被告在借条中未约定利息，原告未能提供双方约定借款利息的证据，该借款应视为定期无息借款，依据《最高人民法院关于审理民间借贷案件适用法律若干问题的规定》第二十九条第二款第（一）项"既未约定借期内的利率，也未约定逾期利率，出借人主张借款人自逾期还款之日起按照年利率6%支付资金占用期间利息的，人民法院应予支持"的规定，对原告主张的借款利息应从借款逾期之日起按照年利率6%予以保护。被告赵某、钟某经法院传票传唤，未到庭参加诉讼，视为放弃质证和答辩的权利，应承担对其不利的法律后果。综上，法院判决如下：

---

① 长春市双阳区人民法院（2015）双民初字第1514号

一、被告赵某、钟某于本判决生效后立即给付原告吴某借款58,000及利息（利息从2013年12月9日起至给付之日止按年利率6%计算）。

二、驳回原告吴某的其他诉讼请求。

◎ 点评

民间借贷实务中，自然人之间的借贷双方因各种原因可能既未约定借款期间的利率，也未约定逾期利息。此种情形在亲戚朋友之间较为常见。问题是，如果出借人提出利息主张，法院能否支持及如何支持。首先，依据诚实信用的原则和《合同法》的相关规定，自然人之间的借款合同对支付利息没有约定或者约定不明确的，视为不支付利息，故出借人主张借款期间的利息缺乏法律依据，不会获得法院支持。需要注意的是，《最高人民法院关于审理民间借贷案件适用法律若干问题的规定》（法释〔2015〕18号）第二十五条第一款规定："借贷双方没有约定利息，出借人主张支付借期内利息的，人民法院不予支持"。因此，即使是非自然人之间的民间借贷，如果借贷双方未约定利息，出借人要求借款人支付借款期间内的利息的，法院不会支持。其次，出借人可以主张逾期利息。借款人逾期未归还借款，本身就是违约行为，应当承担违约责任。《合同法》第一百零七条规定："当事人一方不履行合同义务或者履行合同义务不符合约定的，应当承担继续履行、采取补救措施或者赔偿损失等违约责任。"出借人因借款人逾期未返还借款遭受的损失是什么呢？应当是出借人的利息损失。因为出借人在借款人逾期期间本可以将借款本金存入银行或贷给他人获得利息，现在因借款人逾期占用资金无法实现上述利息收益。最后，当出借人主张逾期利息时，其最高标准为年利率6%。《最高人民法院关于审理民间借贷案件适用法律若干问题的规定》（法释〔2015〕18号）第二十九条第二款第（一）项规定："未约定逾期利率或者约定不明的，人民法院可以区分不同情况处理：（一）既未约定借期内的利率，也未约定逾期利率，出借人主张借款人自逾期还款之日起按照年利率6%支付资金占用期间利息的，人民法院应予支持。"据此，出借人主张逾期利息高于年利率6%的，法院只能按照年利率6%计算逾期利息，出借人主张逾期利息低于年利率6%的，法院可以支持其主张。

本案借贷双方为自然人，即未约定借款期间的利率，也未约定逾期利率，虽然出借人提出按月利3分计算借款期间的利息和逾期利息，但法院不予支持，只是判令借款人按照年利率6%的标准支付逾期利息。

◎ 法条链接

1. **《合同法》**

第二百零七条　借款人未按照约定的期限返还借款的，应当按照约定或者国家有关规定支付逾期利息。

第二百一十一条 自然人之间的借款合同对支付利息没有约定或者约定不明确的，视为不支付利息。

自然人之间的借款合同约定支付利息的，借款的利率不得违反国家有关限制借款利率的规定。

2.《最高人民法院关于审理民间借贷案件适用法律若干问题的规定》（法释〔2015〕18号）

第二十五条 借贷双方没有约定利息，出借人主张支付借期内利息的，人民法院不予支持。

自然人之间借贷对利息约定不明，出借人主张支付利息的，人民法院不予支持。除自然人之间借贷的外，借贷双方对借贷利息约定不明，出借人主张利息的，人民法院应当结合民间借贷合同的内容，并根据当地或者当事人的交易方式、交易习惯、市场利率等因素确定利息。

第二十九条 借贷双方对逾期利率有约定的，从其约定，但以不超过年利率24%为限。

未约定逾期利率或者约定不明的，人民法院可以区分不同情况处理：

（一）既未约定借期内的利率，也未约定逾期利率，出借人主张借款人自逾期还款之日起按照年利率6%支付资金占用期间利息的，人民法院应予支持；

（二）约定了借期内的利率但未约定逾期利率，出借人主张借款人自逾期还款之日起按照借期内的利率支付资金占用期间利息的，人民法院应予支持。

58. 民间借贷双方约定了逾期利率和违约金，能否一并主张？

——新疆龙江投资有限公司诉新疆美丽田野贸易有限公司、北屯市海川迅豪驾驶员考场服务有限公司民间借贷纠纷案①

裁判要旨

民间借贷双方既约定了逾期利率，又约定了违约金或其他费用，出借人可以选

① 新疆生产建设兵团第十师中级人民法院（2015）兵十民初字第8号

择主张逾期利息、违约金或其他费用，也可以一并主张，但总计超过年利率24%的部分，人民法院不予支持。

◎ 基本案情

2013年10月5日，原告新疆龙江投资有限公司（以下简称龙江公司）与被告新疆美丽田野贸易有限公司（以下简称田野公司）签订《借款协议》一份，该协议约定的主要内容为："甲方（即被告田野公司）为公司生产经营正常运行，需向乙方（即原告龙江公司）申请流动资金借款，经乙方审查同意，为明确各方权责，特签订本合同共同遵守。第一条：甲方向乙方借款人民币300万元，用于公司正常生产经营；第二条：借款时间自2013年10月5日至2014年8月4日止；第三条：借款自本合同签订之日起，利息按月息15‰计息，利息按月支付，每月以该月实际天数计算。利息款项汇入乙方指定账户，乙方只提供收据，直至借款全部还清；第四条：乙方在本合同签订之日起20日内，将借款打入甲方指定的账户；第六条：甲方逾期还款加息200%，挪用借款挪用部分加罚利息100%；第十二条：甲方在履行该合同时如有违约，则向乙方支付借款资金20%的违约金"。

《借款协议》签订后，原告龙江公司向被告田野公司支付了3,000,000元借款。

2014年4月4日，原告龙江公司又与被告田野公司签订《借款协议》一份，该协议约定的主要内容为："甲方（即被告田野公司）为公司生产经营正常运行，需向乙方（即被告田野公司）申请流动资金借款，经乙方审查同意，为明确各方权责，特签订本合同共同遵守。第一条：甲方向乙方借款人民币80万元，用于公司正常生产经营；第二条：借款时间自2014年4月5日至2014年8月4日止"（其余条款内容与2013年10月5日的《借款协议》相同）。在该《借款协议》签订后，原告龙江公司向被告田野公司支付了800,000元借款。

2014年8月20日，被告田野公司向原告龙江公司偿还借款1,500,000元；2014年11月24日，被告田野公司又向原告龙江公司偿还借款400,000元；2014年11月28日，被告田野公司再向原告龙江公司偿还借款200,000元。至此，被告田野公司向原告龙江公司偿还借款共计2,100,000元，尚欠1,700,000元借款未按约定期限偿还。

2015年1月31日，原告龙江公司与被告田野公司签订一份《对账单》，该《对账单》主要内容为："2014年度还款总计210万元，2015年度没有还款记录，则新疆美丽田野贸易有限公司欠新疆龙江投资有限公司借款本金670万元（注：该款中包含本案所欠1,700,000元借款和案外另一笔5,000,000元借款）。另按照借款协议约定，还应支付新疆龙江投资有限公司借款利息，2014年8月20日新疆龙江投资有限公司收到新疆美丽田野贸易有限公司2014年7月份利息，2014年8月～

2015年1月份美丽田野公司未向龙江公司支付借款利息，此期间未支付利息共计420, 316. 67元。另附2014年8月至2015年1月资金占用费明细表。因此，截至2015年1月31日，新疆美丽田野贸易有限公司尚欠新疆龙江投资有限公司借款本息共计7, 120, 316. 67元（注：其中包含案外另一笔5, 000, 000元借款的本息）。本息金额经双方核对后确认一致并签字认可。”根据该《对账单》和所附《资金占用费明细表》内容可确定，按被告田野公司实际偿还借款本金的时间和约定的利率计算，本案所涉借款本金从2014年8月1日计算至2015年1月31日的利息共为205, 650元（其中2014年11月30日至2015年1月31日的利息为53, 550元）。

2015年2月10日，被告田野公司向原告龙江公司出具一份还款承诺书，承诺：该公司所欠借款本息7, 120, 316. 67元，归还日期为2015年3月31日，若不按上述期限及时归还欠款，愿承担一切法律后果及赔偿龙江公司的所有经济损失（包括但不限于利息、违约金、诉讼费、执行费、律师费、差旅费、评估费、拍卖费等实现债权的费用）。

2015年3月5日，被告北屯市海川迅豪驾驶员考场服务有限公司（以下简称海川迅豪公司）向原告龙江公司出具的一份担保承诺函，内容为：“兹有新疆美丽田野贸易有限公司，截至2015年1月31日欠新疆龙江投资有限公司借款本息7, 120, 316. 67元。如新疆美丽田野贸易有限公司在规定的期限内，不能按时归还欠款本息，由北屯市海川迅豪驾驶员考场服务有限公司对此借款进行担保，并承担相应的法律责任。”

之后，被告田野公司未能在承诺的还款期限内偿还原告龙江公司的借款本息。原告龙江公司于2015年4月8日提起诉讼，请求法院依法判令；一、被告田野公司立即偿还借款1, 700, 000元、支付利息357, 000元，违约金600, 000元，律师费66, 000元，以上合计2, 723, 000元；二、被告海川迅豪公司承担连带担保责任。

◎ 法院审理

法院认为，被告田野公司为了生产经营的需要，向作为非金融机构的原告龙江公司进行借款，双方于2013年10月5日和2014年4月5日所签订两份的《借款协议》，在性质上属于企业与企业之间的民间借贷合同。该两份民间借贷合同，不存在法律和司法解释规定的无效情形，根据《最高人民法院关于审理民间借贷案件适用法律若干问题的规定》第十一条：“法人之间、其他组织之间以及它们相互之间为生产、经营需要订立的民间借贷合同，除存在合同法第五十二条、本规定第十四条规定的情形外，当事人主张民间借贷合同有效的，人民法院应予支持。”的规定，应当认定为有效合同。原告龙江公司根据两份《借款协议》，向被告田野公司支付了约定的借款，而被告田野公司在借款逾期后未能按约定期限偿还原告龙江公司借款本息，已构成违约，应对此承担偿还责任。原告龙江公司要求被告田野公司偿还尚欠借款 1,700,000 元，事实清楚证据确实，法院予以支持。

本案争议的焦点主要是被告田野公司是否应承担原告龙江公司所主张的逾期利息、违约金和律师代理费。关于逾期利息的问题，根据原告龙江公司与被告田野公司所签订的两份《借款协议》第三条和第六条的约定，双方既约定了借期内的利率——月利率 15‰（折算成年利率为 18%），也约定逾期利率（逾期还款加息 200%，挪用借款挪用部分加罚利息 100%）。原告龙江公司所主张的逾期利息 357,000 元，是在借期内的月利率 15‰基础上加息 100%，即按月利率 30‰（折算成年利率为 36%）的标准，从 2014 年 11 月 30 日计算至 2015 年 6 月 30 日共 7 个月的逾期利息。经法院审查，《借款协议》所约定的逾期利率，明显超过法律和司法解释规定的限度，根据《最高人民法院关于审理民间借贷案件适用法律若干问题的规定》第二十九条："借贷双方对逾期利率有约定的，从其约定，但以不超过年利率 24% 为限"的规定，原告龙江公司的逾期利息应按月利率 20‰（折算成年利率为 24%）确定，按原告龙江公司主张的期间从 2014 年 11 月 30 日计算至 2015 年 6 月 30 日。据此，法院确定被告田野公司支付原告龙江公司的逾期利息应为 238,000 元（1,700,000 元 × 月利率 20‰ × 7 个月）。被告田野公司拒绝支付逾期利息的辩解，无事实和法律根据，不能成立。关于违约金的问题，原告龙江公司与被告田野公司在《借款协议》第十二条中约定："甲方在履行该合同时如有违约，则向乙方支付借款资金 20% 的违约金"，原告龙江公司据此除主张逾期利息 357,000 元外，还一并主张被告田野公司支付违约金 600,000 元。经审查，根据《最高人民法院关于审理民间借贷案件适用法律若干问题的规定》第三十条："出借人与借款人既约定了逾期利率，又约定了违约金或者其他费用，出借人可以选择主张逾期利息、违约金或者其他费用，也可以一并主张，但总计超过年利率 24% 的部分，人民法院不予支持"的规定，原告龙江公司所主张的逾期利息就超过年利率 24%，法院已经确定按年利率 24% 计算，其主张的 600,000 元违约金，均属超过年利率 24% 的部分。因此，法院对原告龙江公司所主张的违约金不予支持。关于律师代理费的问题，被告田野公司在 2015 年 2 月 10 日的还款承诺书中，明确承诺若不按时偿还借款本息，愿承担原告龙江公司为实现债权支付的律师费。现原告龙江公司据此还款承诺书主张律师代理费 66,000 元，并提供了相应的证据，经审查，符合法律规定，法院予以支持。

本案中，被告海川迅豪公司于 2015 年 3 月 5 日向原告龙江公司出具一份担保承诺函，承诺对被告田野公司的借款进行担保，根据《最高人民法院关于适用〈中华人民共和国担保法〉若干问题的解释》第二十二条第一款关于"第三人单方以书面形式向债权人出具担保书，债权人接受且未提出异议的，保证合同成立"的规定，原告龙江公司与被告海川迅豪公司已形成保证合同关系，因被告海川迅豪公司在担保承诺函中未明确保证方式，根据《中华人民共和国担保法》第十九条：“当事人对保证方式没有约定或者约定不明确的，按照连带责任保证承担保证责任”的规定，应视为提供连带责任保证。现被告田野公司未按期偿还借款本息，被告海川迅豪公司作为连带责任保证人，在保证范围内对被告田野公司的借款本息承担连带清偿责任。本案中，被告海川迅豪公司提供担保的借款本息数额，是根据《对账单》和《资金占用费明细表》所确定，其中利息是按月利率15‰计算。据此，法院确定期间被告海川迅豪公司应对本案所涉借款本金1,700,000元和利息53,550元（即按月利率15‰，从原告龙江公司主张的利息起算时间2014年11月30日计算至2015年1月31日）承担连带清偿责任。被告海川迅豪公司承担保证责任后，有权向债务人追偿。

法院判决如下：

一、被告新疆美丽田野贸易有限公司偿还原告新疆龙江投资有限公司借款本金1,700,000元、支付利息238,000元、支付律师代理费66,000元，共计2,004,000元，于本判决生效后10日内付清；

二、被告北屯市海川迅豪驾驶员考场服务有限公司对上述债务中的1,700,000元借款本金和53,550元利息，共计1,753,550元，承担连带清偿责任；

三、驳回原告新疆龙江投资有限公司的其他诉讼请求。

◎ 点评

民间借贷出借人能否同时主张逾期利息和违约金呢？首先，我们分析逾期利息的性质。逾期利息是借款人逾期还款时应当向出借人支付的利息。在民间借贷实务中，逾期利息通常会高于逾期之前的利息，其目的是督促借款人积极还款。在法律性质上，逾期利息属于孳息，这也是借贷双方即使没有约定利息法院也支持逾期利息的主要原因。其次，我们分析违约金的性质。《合同法》第一百一十四条规定：“当事人可以约定一方违约时应当根据违约情况向对方支付一定数额的违约金，也可以约定因违约产生的损失赔偿额的计算方法。约定的违约金低于造成的损失的，当事人可以请求人民法院或者仲裁机构予以增加；约定的违约金过分高于造成的损失的，当事人可以请求人民法院或者仲裁机构予以适当减少。当事人就迟延履行约定违约金的，违约方支付违约金后，还应当履行债务。”可见，违约金的功能是用于赔偿非违约方，同时也便于简化损失赔偿额的确定工作。最后，我们分析出借人同时主张逾期利息和违约金并获法院支持的实际结果。出借人向借款人出借资金的目的是获得利息，故借款人逾期还款，出借人的损失主要是利息。而违约金也是为了赔偿出借人的损失。如果法院支持出借人的逾期利息和违约金主张，出借人实际上有双重获利之嫌，特别是我国对惩罚性赔偿作为特殊情况单独规定时更是如此。因此，民间借贷纠纷中，如果法院同时支持出借人的逾期利息和违约金主张，对借款人有失公平。为了平衡借贷双方的利益，《最高人民法院关于审理民间借贷案件适用法律若干问题的规定》（法释〔2015〕18号）第三十条规定："出借人与借款人既约定了逾期利率，又约定了违约金或者其他费用，出借人可以选择主张逾期利息、违约金或者其他费用，也可以一并主张，但总计超过年利率24%的部分，人民法院不予支持"。据此，出借人一并主张逾期利息和违约金，法院应当支持，但是，总计超过年利率24%的部分不予支持。此规定实际上给出借人的损失索赔划定了一个上限。需要注意的是，此处的"其他费用"没有明确，可能会在将来的司法实践中引发争议。从立法条文字面含义看，"其他费用"应当是本质上为利息的费用，比如以手续费、管理费、催收费等名目收取但实为利息的费用。至于诉讼费、执行费、律师费、差旅费、评估费、拍卖费等与利息无关的费用不应当包括在内。

本案民间借贷双方同时约定了逾期利息和违约金，前者的计算标准是逾期还款加息200%，后者的计算标准是借款资金的20%。对此，法院依据《最高人民法院关于审理民间借贷案件适用法律若干问题的规定》（法释〔2015〕18号）第三十条，以总计超过年利率24%的部分不予支持为上限做出了正确判决。

另外，本案还有两个问题需要注意：第一，法人之间的民间借贷合同以有效为原则，以无效为例外。《最高人民法院关于审理民间借贷案件适用法律若干问题的规定》（法释〔2015〕18号）第十一条规定："法人之间、其他组织之间以及它们相互之间为生产、经营需要订立的民间借贷合同，除存在合同法第五十二条、本规定第十四条规定的情形外，当事人主张民间借贷合同有效的，人民法院应予支持。"该规定彻底改变了长期以来我国司法审判将法人之间的资金借贷合同认定为无效的做法。第二，第三人单方以书面形式向债权人出具担保书，债权人接受且未提出异议的，保证合同成立。此种情况的典型是保函。

◎ 法条链接

1.《最高人民法院关于审理民间借贷案件适用法律若干问题的规定》（法释〔2015〕18号）

第十一条　法人之间、其他组织之间以及它们相互之间为生产、经营需要订立的民间借贷合同，除存在合同法第五十二条、本规定第十四条规定的情形外，当事人主张民间借贷合同有效的，人民法院应予支持。

第二十九条　借贷双方对逾期利率有约定的，从其约定，但以不超过年利率24%为限。

未约定逾期利率或者约定不明的，人民法院可以区分不同情况处理：

（一）既未约定借期内的利率，也未约定逾期利率，出借人主张借款人自逾期还款之日起按照年利率6%支付资金占用期间利息的，人民法院应予支持；

（二）约定了借期内的利率但未约定逾期利率，出借人主张借款人自逾期还款之日起按照借期内的利率支付资金占用期间利息的，人民法院应予支持。

第三十条 出借人与借款人既约定了逾期利率，又约定了违约金或者其他费用，出借人可以选择主张逾期利息、违约金或者其他费用，也可以一并主张，但总计超过年利率24%的部分，人民法院不予支持。

2.《最高人民法院关于适用〈中华人民共和国担保法〉若干问题的解释》（法释〔2000〕44号）

第二十二条 第三人单方以书面形式向债权人出具担保书，债权人接受且未提出异议的，保证合同成立。

主合同中虽然没有保证条款，但是，保证人在主合同上以保证人的身份签字或者盖章的，保证合同成立。

59. 借贷双方未约定本息的归还顺序，如何处理？

——安徽五洋电力集团有限公司等与徐某良民间借贷纠纷上诉案①

裁判要旨

借贷双方对本息支付次数和时间没有约定，借款人向贷款人归还资金，首先应当抵充利息，超过部分抵充本金。

◎ 基本案情

2011年7月13日，安徽五洋电力集团有限公司（简称五洋公司）向徐某良出具借条一张，借条载明："今借到徐某良人民币伍佰万元整，借款时间为两个月，即从2011年7月14日至2011年9月15日，到期本息一次性付清，共计还款伍佰叁拾万元整。此笔借款转账至借款人指定账户。借款人安徽五洋电力集团有限公司，开户行徽商银行池州营业部，账号20×××12。借款人安徽五洋电力集团有限

① 安徽省高级人民法院民事判决书（2014）皖民二终字第00392号

公司”。五洋公司在借款人处加盖公章，熊某光作为担保人在借条上签名担保。

2011年7月14日和7月18日，徐某良通过其本人和妻子章某红的银行账户，将500万元借款分3笔汇到熊某光的银行账户。五洋公司企业信息显示熊某光为五洋公司经理。

2011年9月30日，五洋公司通过银行账户汇给徐某良妻子章某红30万元；2011年10月25日，五洋公司通过银行账户汇给章某红15万元；2012年4月28日，熊某满按照熊某光书面要求，通过银行汇给章某红150万元。熊某光通过铜陵华北物资有限公司向章某红银行卡汇款9次，合计128万元。徐某良对收到323万元款项不持异议，但认为是五洋公司归还的利息款。

原审另查明：涉案借条未明确约定逾期利息，但约定借款本金是500万元，两个月后还款530万元，可推定借款本金500万元，两个月的利息为30万元。由于借条约定实际借款利息过高，对已归还的每笔还款，根据先还息后还本计算方式，利息按1～3年期银行同期贷款基准利率的4倍计算，截止到2014年2月28日，案涉借款尚欠本金3,760,770.61元，拖欠利息686,139.21元。

2013年8月27日，徐某良起诉至原审法院，请求判令：一、五洋公司归还徐某良借款本金373万元及利息（从2012年9月22日至2013年7月22日之间已到期的利息795,609元，从2013年7月22日至实际给付之日按银行同期贷款利率的4倍计算）；二、熊某光承担连带还款责任；三、本案诉讼费用由五洋公司、熊某光承担。

◎ 法院审理

五洋公司原审中辩称：1. 2011年7月13日，五洋公司出具了借条，但徐某良未按借条约定给付借款，该笔借款未实际发生。2. 徐某良及其妻子将款项汇给熊某光，这是新的借贷关系，五洋公司没有还款义务。请求驳回徐某良对五洋公司的诉讼请求。

熊某光原审中辩称：2011年7月13日借款合同中熊某光是担保人，徐某良直接将500万元支付给熊某光，故徐某良与熊某光构成新的借贷关系，但双方就新的借款没有约定利息，扣除熊某光已归还323万元，熊某光仅欠徐某良本金177万元。

原审法院认为，五洋公司向徐某良出具的并由熊某光签字担保的借条，系当事人真实意思表示，且不违反法律的强制性规定，合法有效，当事人均应按照约定履行义务。徐某良虽未按借条约定将借款汇到五洋公司账户，而将款项汇给了熊某光，但鉴于熊某光是该笔借款的担保人，且系五洋公司经理，徐某良完全有理由相信熊某光的行为代表五洋公司。另，五洋公司汇款付息时间与借条约定的时间相吻合，如果五洋公司不承担责任，熊某光担保就失去意义，且五洋公司对徐某良向熊某光放款500万元一直未提出异议。五洋公司通过账户向徐某良两次还款的行为表明对徐某良履约行为是明知认可的，并积极按照借款合同还本付息，故认定徐某良与五洋公司之间存在借贷关系，并且徐某良已经实际履行放款义务。至于五洋公司与熊某光之间，以及熊某光与他人之间的借款和委托他人还款，系另一种法律关系，并不影响五洋公司作为借款人应承担的还款责任。借款人五洋公司与担保人熊某光未完全按借条约定履行还款义务，构成违约，应当承担违约责任。担保人熊某光在承担保证责任后有权向债务人五洋公司追偿。由于该借条未明确约定逾期利息，但借据约定的借款本金为500万元，两个月后还款530万元，超出本金30万元应视为本金500万元两个月的利息，但该利息约定高于银行同期贷款利息的4倍，对超出部分视为归还本金，应从本金中予以扣减。对逾期利息，徐某良主张按照银行同期贷款利率的4倍计算，予以支持。在当事人没有约定是先偿还借款本金还是归还利息的情况下，按照先还息后还本计算，截至2014年2月28日，五洋公司尚欠徐某良本金3,760,770.61元和拖欠利息686,139.21元。

原审法院判决如下：一、五洋公司于判决生效后10日内偿还徐某良借款本金3,760,770.61元及利息686,139.21元（利息计算截止到2014年2月28日，此后利息按照银行同期贷款利率的4倍计算至判决确定的给付之日止）。二、熊某光对上述判决第一项承担连带清偿责任。

五洋公司不服原审法院上述民事判决，向二审法院提起上诉称：1. 原审法院认定部分事实错误。（1）五洋公司与熊某光系两个不同的独立主体，且不具有任何职务上的关联性，熊某光无权代表五洋公司。原审法院在没有任何证据情况下认定熊某光为五洋公司经理，且主观推断徐某良完全有理由相信熊某光的行为代表五洋公司错误。（2）五洋公司向徐某良两次付款系受熊某光委托，原审法院规避五洋公司未实际获得借款，却据此推定五洋公司与徐某良之间存在借贷关系错误。2. 徐某良未按借条约定将款项汇给五洋公司，却将款项汇给熊某光个人账户，五洋公司未获得本案借款，与徐某良之间的借款未实际发生，原审判决五洋公司归还借款于法无据。3. 原审判决违反法律规定。（1）熊某光认可收到500万元，且占为已有，其本人也不断归还该款项。原审判决熊某光承担了还款义务，还有权向五洋公司追偿，该判决对五洋公司明显不公。（2）本案借条对逾期利息未作约定，依法应参照银行同期贷款利率计算逾期还款利息，但原审判决按照银行同期贷款利率4倍计息违反法律规定。4. 原审判决超过了徐某良的诉讼请求，程序违法。徐某良的请求是归还373万元，但原审判决五洋公司归还3760770.61元，明显超出了当事人的诉讼请求。请求撤销原审判决，改判驳回徐某良对五洋公司的诉讼请求。

熊某光不服原审判决，向二审法院提起上诉称：1. 熊某光认可收到500万元并已占有，但双方未约定利息，熊某光归还的323万元系归还本金，故熊某光只差欠

177万元，也愿意归还。原审判决熊某光连带清偿3,760,770.61元及利息686,139.21元明显不公。2. 五洋公司虽然出具借条，但徐某良未按借条约定履行转账义务，而是擅自将500万元转到熊某光账户，应视为熊某光与徐某良之间发生新的借贷关系。五洋公司没有收到500万元借款，故与徐某良之间借款并未实际发生，借贷关系依法不能成立。依据担保法相关规定，本案主债务无效，原审判决熊某光承担保证责任违反法律规定。3. 熊某光按原审判决清偿后，必然会向五洋公司追偿，但五洋公司未收到本案借款，原审判决熊某光追偿于法无据。请求撤销原审判决，改判熊某光不承担保证责任，仅对177万元借款本金承担还款义务。

徐某良庭审答辩称：1. 原审判决对熊某光身份认定正确，熊某光收取款项行为是职务行为。熊某光是五洋公司的总经理，对外宣传是五洋公司董事长，五洋公司为其私营企业。案涉借款是熊某光办理的，借条是熊某光当面出具并盖章的。因借条上注明的账户并不存在，熊某光称其为公司董事长，要求将款项打入其个人账户，故熊某光收取款项行为系职务行为。2. 即便熊某光行为不是职务行为，熊某光收款行为也构成表见代理。熊某光为公司总经理，借款也是熊某光一手经办的，在借条约定账户有误情况下，徐某良根据其要求将款项打入熊某光个人账户也是善意的。请求驳回熊某光的上诉请求，维持原判。

除原审判决关于截至2014年2月28日五洋公司差欠徐某良本息数额不予确认外，二审法院对原审判决查明的其他事实予以确认。

二审法院查明：2011年7月13日借条载明的五洋公司在徽商银行池州营业部，账号为20×××12账户并不存在。熊某光是五洋公司的董事会成员，职务为经理。五洋公司在《2012~2013铜池邮政黄页号簿》广告宣传中注明熊某光为公司的董事长。

二审法院认为，本案二审争议焦点为：一、原审判决本案借款人是五洋公司、保证人是熊某光是否正确；二、原审判决的借款本金及利息的数额是否正确。

关于争议焦点一。对于徐某良与五洋公司、熊某光之间的法律关系，应当从当事人的约定及借款履行情况等方面进行综合分析判断。首先，从当事人约定来看，2011年7月13日借条是五洋公司作为借款人向徐某良出具的，熊某光作为担保人在借条上签字，徐某良与五洋公司、熊某光之间达成借款及担保的合意，五洋公司为借款人，熊某光是担保人。本案借款之前，熊某光与徐某良并不认识，按常理两人如发生借贷关系应事先对借款数额、期限、利率等方面进行协商并签订书面的凭证，但五洋公司、熊某光均没有提交任何证据证明熊某光与徐某良就建立新的借贷关系进行协商，并达成合意。其次，从款项交付来看，本案借条虽约定转款账户，但徽商银行铜陵北京路支行出具的《证明》表明该账户实际并不存在。熊某光虽是担保人，但同时也是五洋公司的董事、经理，且五洋公司对外宣传熊某光为公司董事长，故熊某光收取500万元借款行为可以认定为职务行为。另，五洋公司对未直接收到借款500万元一直未提出异议，也没有收回借条，且按借条约定于2011年9月29日、10月25日向徐某良支付款项，2012年4月28日，五洋公司通过法定代表人熊某满账户支付徐某良150万元，表明五洋公司对熊某光收到500万元借款是明知并认可的。最后，从500万元借款实际履行情况来看，也与案涉借条约定相吻合。借款总额500万元与借条约定数额一致，款项发放时间与借条基本吻合，按照月息3分支付利息也与借条约定一致。综上，五洋公司、熊某光此节上诉理由不能成立，原审判决认定五洋公司为借款人，熊某光为担保人正确。至于案涉借款实际使用人为五洋公司还是熊某光，不属于本案审查范围，亦不影响本案借贷担保法律关系的认定。

关于争议焦点二。涉案借条约定出借本金为500万元，借期2个月，到期本息一次性支付530万元，故双方约定的借款期限内月利率为3%。借条虽未约定逾期利息，但根据本案还款情况，借贷双方对逾期利息也是按照月利率3%履行的。鉴于双方实际履行的利率标准明显过高，原审判决将本案借款期限内及逾期利息均按照中国人民银行同期同类贷款利率标准的4倍予以调减并无不当。但经审查，原审判决在计算本息时将未支付的利息并入本金再计算利息明显不当，二审法院予以纠正。因双方没有约定还款系先归还本金还是利息，根据《最高人民法院关于适用〈中华人民共和国合同法〉若干问题的解释（二）》第二十一条规定，每次还款超过应付利息部分则冲抵相应的本金。据此方法计算，截至2013年6月6日，五洋公司差欠徐某良本金3,202,765.56元，应付利息381,461.99元（具体本息计算见附表）。

综上，原审判决认定事实基本清楚，适用法律正确，但对借款本息计算不当，应予调整。二审法院判决如下：

一、维持安徽省铜陵市中级人民法院（2013）铜中民二初字第00072号民事判决第二项，即“熊某光对上述判决第一项承担连带清偿责任。熊某光在承担保证责任后，有权向安徽五洋电力集团有限公司追偿”。

二、变更安徽省铜陵市中级人民法院（2013）铜中民二初字第00072号民事判决第一项为：安徽五洋电力集团有限公司于本判决生效后15日内支付徐某良借款本金3,202,765.56元及相应的利息（2013年6月6日前的利息为381,461.99元；2013年6月7日至给付之日的利息，以3,202,765.56元本金为基数，按照中国人民银行同期同类贷款利率标准的4倍计算）。

◎ 点评

本案争议焦点较多，此处只分析两点。

一、未支付利息能否并入本金计算利息

从财务会计角度来看，此问题实际是民间借贷能否适用复利。《最高人民法院关于贯彻执行〈中华人民共和国民法通则〉若干问题的意见》（1988 年颁布）第一百二十五条的规定："公民之间的借贷，出借人将利息计入本金计算复利的，不予保护。"该规定明确规定自然人之间的借贷，不允许约定复利。但是，因社会的发展和商业文化的发达，上述观点开始动摇。《最高人民法院关于人民法院审理借贷案件的若干意见》（1991 年颁布）第七条规定："出借人不得将利息计入本金谋取高利。审理中发现债权人将利息计入本金计算复利的，其利率超出第六条规定的限度时，超出部分的利息不予保护"。其第六条规定："民间借贷的利率可以适当高于银行的利率，各地人民法院可根据本地区的实际情况具体掌握，但最高不得超过银行同类贷款利率的四倍（包含利率本数）。超出此限度的，超出部分的利息不予保护。"据此，法院审判实务中不再否定复利，只是禁止高利贷，如果借贷双方约定了复利，只要加入复利后的利率未超过银行同类贷款利率的 4 倍，应当承认。《最高人民法院关于审理民间借贷案件适用法律若干问题的规定》（法释〔2015〕18 号）第二十八条规定："借贷双方对前期借款本息结算后将利息计入后期借款本金并重新出具债权凭证，如果前期利率没有超过年利率 24%，重新出具的债权凭证载明的金额可认定为后期借款本金；超过部分的利息不能计入后期借款本金。约定的利率超过年利率 24%，当事人主张超过部分的利息不能计入后期借款本金的，人民法院应予支持。按前款计算，借款人在借款期间届满后应当支付的本息之和，不能超过最初借款本金与以最初借款本金为基数，以年利率 24% 计算的整个借款期间的利息之和。出借人请求借款人支付超过部分的，人民法院不予支持。"该规定也承认复利，但计算复利后的本息总和不得超过最初借款本金与以最初借款本金为基数，以年利率 24% 计算的整个借款期间的利息之和。本案借贷双方并没有约定复利，但原审法院在判决中将未支付的利息并入本金再计算利息，缺乏法律和合同依据，实属不当，故二审法院对此进行了改判。

二、借贷双方未约定本息归还顺序时的处理

借贷双方对本息归还一般会约定分期付息，一次到期还本，或者到期一次还本付息，或者分期还本付息。但是，如果借贷双方未约定本息的支付时间和次数，借款人向贷款人归还资金时，归还的资金是视为支付利息或归还本金呢？《最高人民法院关于适用〈中华人民共和国合同法〉若干问题的解释（二）》（法释〔2009〕5 号）第二十一条规定："债务人除主债务之外还应当支付利息和费用，当其给付不足以清偿全部债务时，并且当事人没有约定的，人民法院应当按照下列顺序抵充：（一）实现债权的有关费用；（二）利息；（三）主债务。"据此，借贷双方对本息支付次数和时间没有约定，借款人向贷款人归还资金，首先应当抵充利息，超过部分抵充本金。

◎ 法条链接

1.《最高人民法院关于审理民间借贷案件适用法律若干问题的规定》(法释〔2015〕18号)

第二十八条 借贷双方对前期借款本息结算后将利息计入后期借款本金并重新出具债权凭证，如果前期利率没有超过年利率24%，重新出具的债权凭证载明的金额可认定为后期借款本金；超过部分的利息不能计入后期借款本金。约定的利率超过年利率24%，当事人主张超过部分的利息不能计入后期借款本金的，人民法院应予支持。

按前款计算，借款人在借款期间届满后应当支付的本息之和，不能超过最初借款本金与以最初借款本金为基数，以年利率24%计算的整个借款期间的利息之和。出借人请求借款人支付超过部分的，人民法院不予支持。

2.《最高人民法院关于适用〈中华人民共和国合同法〉若干问题的解释(二)》(法释〔2009〕5号)

第二十一条 债务人除主债务之外还应当支付利息和费用，当其给付不足以清偿全部债务时，并且当事人没有约定的，人民法院应当按照下列顺序抵充：

(一)实现债权的有关费用；

(二)利息；

(三)主债务。

60. 民间借贷双方对前期借款本息结算后将利息计入后期借款本金并重新出具债权凭证，如何处理？

——程某发与李某、王某霞民间借贷纠纷案[①]

裁判要旨

民间借贷双方对前期借款本息结算后将利息计入后期借款本金并重新出具债权

---

① 黑龙江省哈尔滨市呼兰区人民法院(2015)呼二民初字第116号

凭证，如果前期利率没有超过年利率24%，重新出具的债权凭证载明的金额可认定为后期借款本金；超过部分的利息不能计入后期借款本金。约定的利率超过年利率24%，当事人主张超过部分的利息不能计入后期借款本金的，人民法院应予支持。

◎ 基本案情

王某霞和李某为夫妻。2012 年 3 月份左右，王某霞因其儿子承包工程急需用钱，向原告程某发借现金 5 万元，约定月利息 1.5 分，王某霞和李某共同给原告出具欠据。3 天后王某霞又向原告程某发借现金 3 万元，约定月利息 1.5 分，二被告定期给原告结算利息。2014 年 1 月份，二被告在给付原告程某发 1.2 万元的利息后将原欠据收回，又给原告程某发重新出具 5 万元和 3 万元的欠据，但二被告未再还款。至 2014 年 8 月 2 日，二被告又将前述 2 张欠据收回，5 万元的欠据按 1.5 分计算利息，3 万元的欠据按 2 分计算利息，给原告重新出具欠据，载明“今有李某、王某霞欠程某发人民币拾万元零伍仟，于 2014 年 8 月 2 日至 2015 年 1 月 2 日还清，立字为证。”

后原告程某发多次打电话向被告索要欠款，被告一直推脱不给。因此原告诉至法院，请求法院依法判令：1. 二被告偿还原告借款 10.5 万元，并自 2014 年 8 月 2 日起至实际给付之日止给付逾期利息；2. 二被告承担本案诉讼费用。

◎ 法院审理

法院认为，合法的借贷关系受法律保护。被告李某、王某霞因其儿子承包工程急需用钱分别向原告程某发借款 5 万元，约定月利息 1.5 分，借款 3 万元，约定月利息 2 分，并于 2014 年 8 月 2 日向原告出具 10.5 万元总的欠据。依据《最高人民法院关于审理民间借贷案件适用法律若干问题的规定》第二十八条“借贷双方对前期借款本息结算后将利息计入后期借款本金并重新出具债权凭证，如果前期利率没有超过年利率 24%，重新出具的债权凭证载明的金额可认定为后期借款本金”的规定，该 10.5 万元应该作为借款本金。关于逾期利息问题，双方在重新出具借据时未进行约定，依据《最高人民法院关于审理民间借贷案件适用法律若干问题的规定》第二十九条第二款第一项之规定，“既未约定借期内的利率，也未约定逾期利率，出借人主张借款人自逾期还款之日起按照年利率 6% 支付资金占用期间利息的，人民法院应予支持”。双方约定的还款期限为 2015 年 1 月 2 日，因此应从 2015 年 1 月 3 日开始计算逾期利息。综上，二被告向原告借款 10.5 万元，事实清楚，证据充分，二被告应该遵循诚实信用原则履行还款义务。

法院判决如下：

一、被告李某、王某霞于本判决发生法律效力之日起 3 日内共同给付原告程某发借款 10.5 万元；

二、被告李某、王某霞于本判决发生法律效力之日起 3 日内共同给付原告程某发上述借款的利息，以 10.5 万元本金为基数，按年利率 6% 计算，自 2015 年 1 月 3 日起计算至本判决确定的履行期限届满之日止；

三、驳回原告程某发其他诉讼请求。

◎ 点评

民间借贷实务中，因借款人无法按期支付利息或本金，借贷双方经过协商可能会重新出具借据、借条等债权凭证，并将先前未付利息计入后期借款本金。此种做法有“利滚利”之嫌。虽然西方发达国家认为“复利”天经地义，但新中国对“复利”一直视为剥削和不平等的诱因。从经济学和财务管理学的角度看，“复利”有充分的存在理由，因为货币有时间价值。民间借贷借款人无法按期支付利息，其客观上占用了应当支付给出借人的利息，如果出借人按期收到利息，其可将利息再出借给他人并收息。因此，借款人应当就未按期支付的利息再计算利息并支付给出借人。下面举例说明。甲向乙提供 100 万元借款，月利率为 2%，借款期限为 2 个月，自 7 月 1 日至 8 月 31 日，利息一月一付。8 月 1 日，乙方未依约支付 2 万元利息，而是到 9 月 1 日才支付。就借款人乙方而言，其应当支付的 2 万元利息被其使用，就出借人甲方而言，其本来应当于 8 月 1 日收到的 2 万元利息无法收到，如果其能收到，甲方可以将 2 万元利息再借给他人并收取利息。因此，如果不对甲方应当收到的 2 万元利息进行补偿，则显失公平。但是，允许将未付利息计入本金也应当考虑对高利贷的抑制问题，即超过法律允许界限的利率部分不得计入后期借款本金，否则就是保护高利贷。《最高人民法院关于审理民间借贷案件适用法律若干问题的规定》（法释〔2015〕18 号）第二十八条第一款规定：“借贷双方对前期借款本息结算后将利息计入后期借款本金并重新出具债权凭证，如果前期利率没有超过年利率 24%，重新出具的债权凭证载明的金额可认定为后期借款本金；超过部分的利息不能计入后期借款本金。约定的利率超过年利率 24%，当事人主张超过部分的利息不能计入后期借款本金的，人民法院应予支持。”该规定有如下要点：第一，借贷双方可以对前期借款本息结算并将利息计入后期借款本金；第二，借贷双方可以重新出具债权凭证；第三，前期利率未超过年利率 24%，据此计算的未付利息可以计入后期借款本金；第四，前期利率超过年利率 24%，超过部分利息不得计入后期借款本金。

本案借款人王某霞和李某于 2012 年 3 月份分两次向出借人程某发借款 5 万元和 3 万元，约定月息 1.5 分，借款人定期给原告结算利息，并分别出具欠条。2014 年 1 月份，借款人在给付出借人程某发 1.2 万元利息后将原欠条收回，又给原告程某发重新出具5万元和3万元的欠条。此时，借贷双方已经结清此前的利息1.2万元，借款人仍然拖欠出借人利息1.44万元，因为8万元×1.5%×22个月－1.2万元＝2.64万元－1.2万元＝1.44万元。2014年8月2日，借款人又将前述2张欠条收回，5万元的欠据按1.5分计算利息，3万元的欠据按2分计算利息，给原告重新出具欠据，载明“今有李某、王某霞欠程某发人民币拾万元零伍仟，于2014年8月2日至2015年1月2日还清，立字为证。”可见，借贷双方于2014年8月2日对2014年8月2日之前的应付利息进行了结算，未付利息金额为2.5万元，其中，2014年1月至2014年8月2日之间的应付利息为2.5万元－1.44万元＝1.06万元，未超过年利率24%，因为8万元×2%×7个月＝1.12万元，大于1.06万元。依据《最高人民法院关于审理民间借贷案件适用法律若干问题的规定》（法释〔2015〕18号）第二十八条第一款的规定，借贷双方对前期本息结算后重新出具的欠条确认后期借款本金为10.5万元符合法律规定。

◎ 法条链接

1.《最高人民法院关于审理民间借贷案件适用法律若干问题的规定》（法释〔2015〕18号）

第二十八条　借贷双方对前期借款本息结算后将利息计入后期借款本金并重新出具债权凭证，如果前期利率没有超过年利率24%，重新出具的债权凭证载明的金额可认定为后期借款本金；超过部分的利息不能计入后期借款本金。约定的利率超过年利率24%，当事人主张超过部分的利息不能计入后期借款本金的，人民法院应予支持。

按前款计算，借款人在借款期间届满后应当支付的本息之和，不能超过最初借款本金与以最初借款本金为基数，以年利率24%计算的整个借款期间的利息之和。出借人请求借款人支付超过部分的，人民法院不予支持。

第二十九条　借贷双方对逾期利率有约定的，从其约定，但以不超过年利率24%为限。

未约定逾期利率或者约定不明的，人民法院可以区分不同情况处理：

（一）既未约定借期内的利率，也未约定逾期利率，出借人主张借款人自逾期还款之日起按照年利率6%支付资金占用期间利息的，人民法院应予支持；

（二）约定了借期内的利率但未约定逾期利率，出借人主张借款人自逾期还款之日起按照借期内的利率支付资金占用期间利息的，人民法院应予支持。

61. 出借人委托代理人收款但授权不明，代理人减免债务的行为效力如何认定？

——浙江卓凯投资管理有限公司等与王某民间借贷纠纷上诉案①

裁判要旨

委托书授权不明的，被代理人应当向第三人承担民事责任，代理人负连带责任。因此，民间借贷中出借人委托他人向借款人收款，如果授权不明，他人减免债务人债务的，出借人应当接受。

◎ 基本案情

2012 年 8 月 1 日，王某与浙江卓凯投资管理有限公司（以下简称卓凯公司）之间签订《房屋租赁合同》，王某为承租方，向卓凯公司租赁杭州市下城区永潮街 138 号养殖总场综合大楼的房屋 2 楼，约定租期为 10 年。

2013 年 10 月 22 日，王某作为委托人出具委托书一份，载明：兹因本人王某租赁张某凯房屋一事，因本人有事在外，现委托吕某宇全权代表本人前去解决房屋合同一事。该委托书上还有如下手写内容：租房地址杭州市下城区永潮街 138 号，养殖总厂综合大楼的房屋 2 楼。

同日，吕某宇代理王某与卓凯公司签订《终止租赁协议》一份，约定，因王某自身原因要求提前终止双方 2012 年 8 月 1 日签订的《房屋租赁合同》，王某应承担的相关费用为：保证金 50,000 元作为违约金归卓凯公司所有；水电费 7,490 元还有 2 个月未抄；装修罚款 1,500 元；第一年年租金总额的 20% 作为擅自退租违约金 100,477.2 元，电梯检测 3,165 元、电梯及钢构 52,140 元，免租期的三个月房租 125,596.5 元。

2012 年 9 月 5 日，卓凯公司、张某凯向王某借款 2,000,000 元，并出具借条一份，载明借款金额，在 2012 年 9 月 29 日归还，利息 40,000 元，如逾期按每天 2,000 元计算。

当日，王某通过银行转账汇款的形式将借款 2,000,000 元划入张某凯银行账户内。

---

① 浙江省杭州市中级人民法院民事判决书（2014）浙杭商终字第 1312 号

借款到期后，卓凯公司、张某凯于2012年10月18日向王某支付100,000元，王某出具收条一份，载明收到张某凯支付利息（9～10月份）合计100,000元。

2012年11月2日，张某凯向王某出具《承诺书》一份，载明在当月20日前归还1,000,000元，余款1,000,000元在2012年12月20日前归还，如逾期每天支付10,000元利息。之后，张某凯、卓凯公司通过转账形式分别于2012年11月29日归还借款本金500,000元，于2013年1月6日归还借款本金100,000元，于2013年1月7日归还借款本金400,000元，于2013年1月31日归还借款本金500,000元。

王某曾委托案外人吕某宇向卓凯公司、张某凯催讨案涉借款，并出具委托书一份，载明因张某凯借王某现金款迟迟不按照借条还款，为维护王某本人的合法财产权益不受损失，现委托吕某宇全权代表本人前去追要借款。

2013年10月22日，张某凯通过银行转账的方式向吕某宇汇款280,000元。同日，吕某宇向张某凯出具收条一份，载明收到张某凯归还王某的人民币300,000元，以前所有债权债务全清。

◎ 法院审理

原审法院认为，双方当事人间的借贷关系除利息约定过高超出法律规定外，其余部分合法有效。本案争议的焦点为：一、张某凯于2012年10月18日支付给王某100,000元的性质，全部是利息还是包含部分本金；二、双方当事人间关于房屋租赁关系产生的费用问题吕某宇能否代表处理；三、吕某宇是否有权作出放弃部分债权的承诺；四、张某凯、卓凯公司向吕某宇的付款是否应视为向王某的还款。焦点一，根据张某凯、卓凯公司出具的借条，双方当事人对案涉借款的利息支付时间并没有约定，且王某出具的收条上也注明系借款利息，另按照先抵充利息再抵充借款本金的原则，王某在案件审理中关于张某凯、卓凯公司支付的款项系支付给王某的利息的陈述并无不妥，法院予以支持；焦点二，双方当事人间虽存在房屋租赁合同关系，但与本案属二个法律关系，且张某凯、卓凯公司也未能提供王某委托吕某宇处理双方间关于房屋租赁关系产生的费用问题及可以抵扣案涉借款的有效证据，故法院认定吕某宇无权处理；焦点三，根据王某出具给吕某宇的委托书注明的内容系代表王某向张某凯、卓凯公司追要借款，未明确授权吕某宇可以就借款数额达成共识，且事后也未经王某追认，另在审理中，张某凯、卓凯公司也未提供证据证明其已尽了充分的注意仍无法知道吕某宇无减免借款的权利，故吕某宇减免借款的行为属无权代理行为，减免的借款张某凯、卓凯公司仍应支付；焦点四，本案中张某凯、卓凯公司根据吕某宇出示的《委托书》向吕某宇付款300,000元的行为应视为向王某偿还了借款300,000元，其主观上并不存在与吕某宇进行串通的故意，故该款项应从王某主张的案涉借款中予以扣除。综上，法院对张某凯、卓凯公司尚欠王某借款的事实予以认定，但应扣除吕某宇代为收取的款项。对于借款利息问题，因双方对利息的约定过高，法院予以调整至按中国人民银行同期贷款基准利率的4倍标准计算，张某凯、卓凯公司于2012年10月18日支付的利息100,000元在应支付的利息中予以扣除。

原审法院作出如下判决：一、卓凯公司、张某凯于判决生效后10日内共同归还王某借款200,000元；二、卓凯公司、张某凯于判决生效后10日内共同支付王某借款利息157,371.11元（计算至2014年4月2日止），并支付自2014年4月3日始至判决确定履行之日止，以借款本金200,000元为基数按照中国人民银行同期贷款基准利率的4倍标准的其余利息；三、驳回王某其他诉讼请求。

上诉人卓凯公司、张某凯不服原审法院民事判决，向二审法院提起上诉称：原审法院认定，卓凯公司、张某凯未能提供王某委托吕某宇处理双方间关于房屋租赁关系产生的费用问题及可以抵扣案涉借款的有效证据，故吕某宇无权处理，该认定错误。首先，卓凯公司、张某凯已经提交了案外人有权处理房屋租赁事宜的授权委托书，对吕某宇的行为，应当认定为是有权代理。其次，授权委托书明确由吕某宇全权代表王某去解决房屋租赁合同一事，故卓凯公司、张某凯已经提供了吕某宇有权代表王某处理房屋租赁事宜的初步证据，而王某却未能提供任何证据证明吕某宇的行为系无权代理，故从本案证据分析，案外人吕某宇处理与房屋租赁事宜相关的问题，属有权代理。至于全权代表的授权范围是否包括处理租赁费用问题，代理的权限是否包含费用事宜，应根据《民法通则》第六十五条关于委托代理的规定进行认定。本案中，卓凯公司、张某凯与吕某宇签订了《终止租赁协议》，明确了王某因房屋租赁关系应支付给卓凯公司、张某凯的费用，卓凯公司、张某凯完全有理由相信案外人吕某宇有权处理费用事宜。原审法院未经认定《终止租赁协议》与关于房屋租赁事宜的授权委托书等重要证据，就认定案外人吕某宇处理租赁费用与抵扣案涉借款系无权代理，该认定没有法律依据。王某委托案外人吕某宇全权代表前去追要借款，因此，吕某宇代表王某处理借款系有权代理。至于吕某宇是否有权减免借款，属于王某授权不明，而并非原审法院认定的无权代理。对于未明确的授权，根据《民法通则》规定，并未要求第三人即卓凯公司、张某凯尽到充分注意义务，而应当由被代理人王某向第三人承担民事责任。因此，原审法院关于吕某宇减免借款的行为属于无权代理的认定错误。

二审法院认为，本案二审争议焦点在于，吕某宇作为王某代理人在收条中确认双方债权债务全清的行为，对王某有无约束力。从双方当事人之间的法律关系来看，不仅存在借款合同关系，还存在房屋租赁合同关系。借款合同关系中，卓凯公司、张某凯为借款人，负有返还借款本金及支付利息的义务；房屋租赁合同关系

责任。

14. 抵押未登记，出借人和抵押人均有过错，如何处理？民间借贷抵押未登记，如果抵押人有不配合登记的行为，其应当向出借人承担违约赔偿责任，但是，如果出借人也有过错，则其应当承担部分损失。

15. 因登记部门的原因导致抵押未登记，民间借贷出借人对抵押物是否享有优先受偿权？当事人办理抵押物登记手续时，因登记部门的原因致使其无法办理抵押物登记，抵押人向债权人交付权利凭证的，可以认定债权人对该财产有优先受偿权。但是，未办理抵押物登记的，不得对抗第三人。

16. 股权质押未经登记，质权未设立。民间借贷中以股权质押方式提供担保的，当事人应当订立书面合同。以证券登记结算机构登记的股权出质的，质权自证券登记结算机构办理出质登记时设立；以其他股权出质的，质权自工商行政管理部门办理出质登记时设立。

17. 普通合伙企业合伙人以合伙企业财产份额出质，未经其他合伙人一致同意无效。合伙人以其在合伙企业中的财产份额出质的，须经其他合伙人一致同意；未经其他合伙人一致同意，其行为无效，由此给善意第三人造成损失的，由行为人依法承担赔偿责任。

18. 民间借贷到期无法清偿，出借人可以与抵押人或质押人以抵押物或质押物折价清偿。民间借贷当事人就主债权债务设定了抵押或质押的，借款人不履行到期债务或者发生当事人约定的实现抵押权或质押权的情形，出借人可以与抵押人或质押人协议以抵押或质押财产折价。

19. 非网络借贷中介机构向民间借贷出借人提供担保的，应当承担担保责任。为民间借贷双方提供居中撮合服务的非网络借贷中介机构在法律性质上是居间人，在借贷双方订立借款协议后有权收取报酬，其不是民间借贷合同的当事人，对出借人不承担本息清偿义务。但是，如果非网络借贷中介机构向出借人提供担保承诺的，其成为担保人，应当依法依约承担担保责任。

20. 有证据证明网络借贷信息中介机构为民间借贷提供担保，其应当承担担保责任。网络借贷信息中介机构是指依法设立，专门从事网络借贷信息中介业务活动的金融信息中介企业。该类机构以互联网为主要渠道，为借款人与出借人（即贷款人）实现直接借贷提供信息搜集、信息公布、资信评估、信息交互、借贷撮合等服务。因此，其法律地位为居间人。但是，如果网络借贷信息中介机构通过网页、广告或者其他媒介明示或者有其他证据证明其为借贷提供担保，出借人请求其承担担保责任的，人民法院应予支持。

21. 当事人以签订买卖合同作为民间借贷合同的担保，应当如何处理？当事人以签订买卖合同作为民间借贷合同的担保，借款到期后借款人不能还款，出借人请求履行买卖合同的，法院应当按照民间借贷法律关系审理，并向当事人释明变更诉讼请求。当事人拒绝变更的，法院裁定驳回起诉。按照民间借贷法律关系审理作出的判决生效后，借款人不履行生效判决确定的金钱债务，出借人可以申请拍卖买卖合同标的物，以偿还债务。就拍卖所得的价款与应偿还借款本息之间的差额，借款人或者出借人有权主张返还或补偿。

22. 法定代表人以个人名义为他人债务担保，应当由谁承担担保责任？法定代表人的特殊身份决定了对该问题需要综合考虑以下因素再做判断：第一，以个人名义还是法人名义实施民事法律行为。第二，利益归属。第三，通常的惯例或习惯。第四，一般人的信赖指向。第五，行为实施的时间和地点。

23. 借款人涉嫌犯罪或者生效判决认定其有罪，出借人起诉担保人如何处理？借款人涉嫌犯罪或者生效判决认定其有罪，出借人起诉请求担保人承担民事责任的，人民法院应予受理。如果法院审理后认为借款主合同有效，担保人应当依约承担担保责任。

24. 民间借贷合同无效导致担保合同无效，担保人如何承担责任？民间借贷合同无效导致担保合同无效，担保人无过错的，担保人不承担民事责任；担保人有过错的，担保人承担民事责任的部分，不应超过债务人不能清偿部分的三分之一。

62. 保证期间和诉讼时效的关系

——郑某渊诉查某生、陈某淮民间借贷纠纷上诉案①

裁判要旨

根据担保法和担保法司法解释，债权人依次享有保证期间和诉讼时效的保护。债权人在保证期间没有主张权利的，保证人免责。债权人在保证期间向保证人主张权利的，债权人对保证人的保证债权开始适用诉讼时效，即在此后的两年内债权人未再要求保证人承担保证责任，诉讼时效完成，债权人丧失胜诉权。

◎ 基本案情

2005 年 1 月 2 日，被告查某生以经商需要资金为由向原告郑某渊借款 5,000

① 福建省泉州市中级人民法院（2010）泉民终字第 2605 号

元，未约定借款期限与借款利率，由被告陈某淮作保证担保，未约定保证期间与保证方式。二被告共同出具一份借条给原告收执。嗣后，由于二被告未能偿还借款，原告自2006年起每年均向二被告催讨，但二被告至今未能还款。原告遂于2010年8月4日提起诉讼，要求被告查某生偿还借款5,000元及自起诉日起按中国人民银行同期同类贷款利率计算的利息，被告陈某淮承担连带清偿责任。

◎ 法院审理

原审法院认为，被告查某生向原告郑某渊借款并出具一份借条给原告收执，双方意思表示真实，借贷关系合法有效。原告提供的借条来源合法，内容真实，能够证实被告查某生向原告借款5,000元未还的事实，二审法院予以采信，故原告要求被告查某生偿还借款5,000元的请求可予以支持。原、被告之间的借贷属不定期无息借贷关系，原告要求被告查某生支付利息可参照国家银行同期同类贷款利率计算，故原告要求被告查某生支付利息的请求可予以支持。被告陈某淮为被告查某生向原告借款作保证担保，但双方未约定主债务的履行期限，保证期间应自原告要求二被告履行还款义务的宽限期届满之日起计算。原告自2006年起每年均向二被告主张还款的权利，现原告未在第一次主张权利起6个月的保证期间内要求被告陈某淮承担保证责任，被告陈某淮依法免除保证责任。被告查某生、陈某淮未到庭参加诉讼，二审法院依法缺席审理与判决。

原审法院作出如下判决：

1. 被告查某生应于本判决生效后10日内一次性偿还给原告郑某渊借款人民币5,000元及利息（自2010年8月4日起至本判决确定的还款日止按中国人民银行同期同类贷款利率计算）。

2. 驳回原告郑某渊要求被告陈某淮承担连带清偿责任的请求。

郑某渊不服原审判决，提起上诉称：首先，上诉人郑某渊从2006年起每年均有向二被上诉人主张还款的权利，说明上诉人在第一次主张权利要求二被上诉人履行还款义务的宽限期届满后，上诉人已在主张债权的宽限期届满起算的6个月保证期间向被上诉人陈某淮主张要求其承担保证责任，而不是在法定6个月保证期间没有向被上诉人陈某淮主张要求其承担保证责任。因此原审认定上诉人在主张债权的宽限期届满起算的法定6个月保证期间没有向被上诉人陈某淮主张要求承担保证责任义务的事实错误，应予撤销。其次，原审适用法律错误，应予纠正。上诉人郑某渊在债权的宽限期届满起算的法定6个月保证期间向被上诉人陈某淮主张要求承担保证责任义务以后，保证债务从上诉人向被上诉人陈某淮主张权利时起算2年的诉讼时效，且诉讼时效适用中止、中断的规定。上诉人每年均有向二被上诉人主张还款权利，保证债权适用诉讼时效中断的规定，至今未超过诉讼时效，保证债权应受法律保护，故原审判决驳回上诉人要求被上诉人陈某淮承担连带清偿责任的请求的判决结果是错误的。上诉人请求二审法院撤销原审判决第二项内容、改判被上诉人陈某淮对被上诉人查某生的借款承担连带保证清偿责任。

二审法院认为，上诉人郑某渊与被上诉人查某生、陈某淮之间的借贷属不定期无息借贷关系，上诉人郑某渊于2010年8月4日向原审法院起诉，要求被上诉人查某生立即偿还借款本金5,000元，并从起诉日至付清日止按银行同类贷款利率计付利息，被上诉人陈某淮承担连带保证清偿责任，于法有据，应予支持。两被上诉人未到庭，视为其自己放弃抗辩的诉讼权利。原审认定上诉人郑某渊未在第一次主张权利起6个月的保证期间内要求被上诉人陈某淮承担保证责任并免除被上诉人陈某淮的保证责任，没有事实依据，原审判决认定事实错误，应予以纠正。上诉人郑某渊的请求于法有据，应予以支持。

二审法院作出如下判决：

一、维持福建省德化县人民法院（2010）德民初字第1135号民事判决第一项。

二、撤销福建省德化县人民法院（2010）德民初字第1135号民事判决第二项。

三、被上诉人陈某淮对被上诉人查某生的上述借款本息承担连带清偿责任。

◎ 点评

本案的争议焦点是如何理解保证期间。所谓保证期间是根据当事人的约定或法律规定，保证人应当承担保证责任的期间。

1. 保证期间的性质。根据担保法和担保法司法解释的规定来看，现行立法观点认为保证期间是除斥期间，而非诉讼时效。《最高人民法院关于适用〈中华人民共和国担保法〉若干问题的解释》（法释〔2000〕44号）第三十一条规定：“保证期间不因任何事由发生中断、中止、延长的法律后果。”该条款明确保证期间不发生中断、中止、延长，与除斥期间相同。《担保法》第二十五条规定：“一般保证的保证人与债权人未约定保证期间的，保证期间为主债务履行期届满之日起六个月。在合同约定的保证期间和前款规定的保证期间，债权人未对债务人提起诉讼或者申请仲裁的，保证人免除保证责任；债权人已提起诉讼或者申请仲裁的，保证期间适用诉讼时效中断的规定。”第二十六条规定：“连带责任保证的保证人与债权人未约定保证期间的，债权人有权自主债务履行期届满之日起六个月内要求保证人承担保证责任。在合同约定的保证期间和前款规定的保证期间，债权人未要求保证人承担保证责任的，保证人免除保证责任。”根据上述两条款，债权人在保证期间未行使权利的，保证人免除保证责任，此种法律效果与除斥期间类似。

2. 保证期间的起算。我国《担保法》将保证分为一般保证和连带责任保证。当事人在保证合同中约定，债务人不能履行债务时，由保证人承担保证责任的，为一般保证。当事人在保证合同中约定保证人与债务人对债务承担连带责任的，为连带责任保证。一般保证人享有先诉抗辩权，连带责任保证人则否。无论是一般保证或连带责任保证，保证期间的起算点均相同。《最高人民法院关于适用〈中华人民共和国担保法〉若干问题的解释》（法释〔2000〕44号）第三十三条规定：“主合同对主债务履行期限没有约定或者约定不明的，保证期间自债权人要求债务人履行义务的宽限期届满之日起计算。”

3. 保证期间与诉讼时效。保证期间与诉讼时效不同。根据担保法和担保法司法解释，债权人依次享有保证期间和诉讼时效的保护。债权人在保证期间没有主张权利的，保证人免责。债权人在保证期间向保证人主张权利的，债权人对保证人的保证债权开始适用诉讼时效，即在此后的2年内债权人未再要求保证人承担保证责任，诉讼时效完成。《最高人民法院关于适用〈中华人民共和国担保法〉若干问题的解释》（法释〔2000〕44号）第三十四条规定：“一般保证的债权人在保证期间届满前对债务人提起诉讼或者申请仲裁的，从判决或者仲裁裁决生效之日起，开始计算保证合同的诉讼时效。连带责任保证的债权人在保证期间届满前要求保证人承担保证责任的，从债权人要求保证人承担保证责任之日起，开始计算保证合同的诉讼时效。”

就本案而言，首先应当确定保证人的保证期间。由于出借人郑某渊与借款人查某生未约定借款期限，故出借人可随时要求借款人还款。另外，陈某淮虽作保证担保，但未约定保证期间与保证方式，故其为连带责任保证人。《最高人民法院关于适用〈中华人民共和国担保法〉若干问题的解释》（法释〔2000〕44号）第三十三条规定：“主合同对主债务履行期限没有约定或者约定不明的，保证期间自债权人要求债务人履行义务的宽限期届满之日起计算。”本案债权人郑某渊自2006年起每年皆向债务人查某生主张权利，故自债权人第一次主张权利日的次日开始计算保证期间。《担保法》第二十六条规定：“连带责任保证的保证人与债权人未约定保证期间的，债权人有权自主债务履行期届满之日起六个月内要求保证人承担保证责任。在合同约定的保证期间和前款规定的保证期间，债权人未要求保证人承担保证责任的，保证人免除保证责任。”据此，本案保证期间为自债权人第一次主张权利日的次日开始6个月内。本案债权人第一次主张权利的对象不仅包括债务人，也包括保证人，故不再适用保证期间，债权人对保证人的保证债权开始适用诉讼时效，即在此后的两年内债权人未再要求保证人承担保证责任，诉讼时效完成。本案债权人从2006年开始至2010年8月4日起诉时止每年都向保证人主张保证债权，故债权人对保证人的诉讼时效每年中断，重新起算。综上，本案二审法院认为原审法院免除保证人陈某淮的保证责任错误，判定保证人陈某淮对债务人查某生的借款本息承担连带清偿责任。

◎ 法条链接

1.《合同法》

第二百零六条 借款人应当按照约定的期限返还借款。对借款期限没有约定或者约定不明确，依照本法第六十一条的规定仍不能确定的，借款人可以随时返还；贷款人可以催告借款人在合理期限内返还。

2.《担保法》

第十九条 当事人对保证方式没有约定或者约定不明确的，按照连带责任保证承担保证责任。

第二十五条 一般保证的保证人与债权人未约定保证期间的，保证期间为主债务履行期届满之日起六个月。

在合同约定的保证期间和前款规定的保证期间，债权人未对债务人提起诉讼或者申请仲裁的，保证人免除保证责任；债权人已提起诉讼或者申请仲裁的，保证期间适用诉讼时效中断的规定。

第二十六条 连带责任保证的保证人与债权人未约定保证期间的，债权人有权自主债务履行期届满之日起六个月内要求保证人承担保证责任。

在合同约定的保证期间和前款规定的保证期间，债权人未要求保证人承担保证责任的，保证人免除保证责任。

3.**《最高人民法院关于适用〈中华人民共和国担保法〉若干问题的解释》（法释〔2000〕44号）**

第三十一条 保证期间不因任何事由发生中断、中止、延长的法律后果。

第三十三条 主合同对主债务履行期限没有约定或者约定不明的，保证期间自债权人要求债务人履行义务的宽限期届满之日起计算。

4.《民法通则》

第一百四十条 诉讼时效因提起诉讼、当事人一方提出要求或者同意履行义务而中断。从中断时起，诉讼时效期间重新计算。

63. 保证人未约定保证方式如何处理？

——奉化市釜用密封件有限公司诉毛某定等民间借贷纠纷上诉案[①]

裁判要旨

当事人对保证方式没有约定或者约定不明确的，按照连带责任保证承担保证责任。

◎ 基本案情

骆某国系奉化市釜用密封件有限公司（以下简称釜用公司）法定代表人。

2011 年 1 月 27 日，毛某定通过中国工商银行向骆某国汇款 500 万元。

2012 年 1 月 19 日，骆某国通过其他公司账户归还借款 100 万元。

2013 年 1 月 27 日，骆某国代釜用公司向毛某定出具借条一份，载明釜用公司向毛某定借款 400 万元，借条上加盖釜用公司印章，骆某国作为担保人在借条上签字。同日，骆某国向毛某定出具承诺书一份，承诺于 2013 年 10 月底前归还借款 100 万元，余款 300 万元于 2013 年 12 月底前还清。

2013 年 11 月 24 日，葛某伟出具担保承诺书一份，承诺：如釜用公司、骆某国不能向毛某定归还借款本金 400 万元及相应利息，其愿意承担连带保证责任代替釜用公司向毛某定归还借款本息（釜用公司、骆某国归还后不足部分全部由其偿还）。

2011 年 1 月 27 日至 2012 年 1 月 19 日，毛某定每月收到利息 15 万元，2012 年 2 月至 2013 年 9 月 28 日，毛某定每月收到利息 12 万元。毛某定自 2011 年 1 月 27 日至 2013 年 9 月 28 日共计收到按月利率 3% 支付的利息 420 万元。

2013 年 12 月 31 日，毛某定向原审法院起诉，请求判令：一、釜用公司向毛某定归还借款 400 万元，并支付按月利率 3% 以本金 400 万元为基数自 2013 年 10 月 8 日起计算至款清日止的利息；二、骆某国、葛某伟对上述借款本息承担连带保证责任。

釜用公司在原审中答辩称：釜用公司从未向毛某定借款，也从未收到过毛某定交付的借款，毛某定提供的证据不足以证明其主张的事实，请求法院驳回毛某定的

---

① 浙江省宁波市中级人民法院民事判决书（2014）浙甬商终字第 1042 号

诉讼请求。

骆某国在原审中答辩称：釜用公司没有向毛某定借款，毛某定与釜用公司之间不存在借贷关系，其作为保证人自然不需要承担保证责任，请求法院驳回毛某定的诉讼请求。

葛某伟在原审中答辩称：对毛某定所述没有意见，但其承担的是一般保证责任。

◎ 法院审理

原审法院审理认为，本案的争议焦点是：一、釜用公司是否有向毛某定借款的合意；二、毛某定与釜用公司之间的借款合同是否实际履行。

针对第一个问题，原审法院认为，骆某国作为釜用公司的法定代表人，向毛某定出具了借条，并加盖釜用公司的印章，足以认定釜用公司有向毛某定借款的合意。釜用公司关于涉案借条上的印章系骆某国私自加盖，釜用公司并无向毛某定借款的意向的辩称，不予采纳。

针对第二个问题，毛某定主张讼争借款已于2011年1月27日通过银行汇款方式交付给釜用公司法定代表人骆某国，其提供的借条是在釜用公司归还100万元之后重新出具。釜用公司辩称其从未委托任何人包括骆某国收取毛某定交付的借款。骆某国辩称其于2011年1月27日收到的毛某定交付的500万元借款系其个人向毛某定所借，与本案无关。原审法院认为，讼争借款数额巨大，釜用公司已向毛某定交付借条，并由该公司法定代表人骆某国出具承诺书就该笔借款的还款期限作出承诺，而釜用公司、骆某国辩称讼争借款并未实际收到，显然不符合常理。毛某定提供的银行业务凭证能够证明毛某定向骆某国汇款500万元，在原审庭审中，骆某国也承认收到了该笔借款。原审法院认为，骆某国作为釜用公司的法定代表人，可以代表公司从事经济活动，其代公司收取借款并不需要公司另行授权，故对釜用公司、骆某国关于讼争借款并未实际交付的辩称，不予采纳。葛某伟出具的担保承诺书能够明确葛某伟为讼争借款提供连带担保，葛某伟辩称承担一般保证责任，不予采纳。当事人之间虽未对利息作出书面约定，但根据毛某定提供的银行往来明细单、借款金额可以确认是按月利率3%支付利息，为此认定双方当事人约定的借款月利率为3%。到2013年9月28日按月利率3%支付的利息420万元已超过法律保护的中国人民银行同期贷款基准利率的四倍（月利率1.95%）计算的利息2,730,641元，超出部分1,469,359元利息应作为本金予以扣除。为此釜用公司应返还的借款本金为2,530,641元，毛某定诉请的其他本金，不予支持。

原审法院判决如下：一、釜用公司应于判决生效后七日内向毛某定返还借款本金2,530,641元，并支付按中国人民银行同期贷款基准利率的四倍以本金

2,530,641元为基数自2013年10月8日起计算至判决确定的履行之日止的逾期利息；二、骆某国、葛某伟对上述借款本息承担连带保证责任；三、驳回毛某定的其他诉讼请求。

釜用公司不服原审法院上述民事判决，向二审法院提起上诉称：原审认定事实不清，适用法律不当。一、涉案借条中的借款没有实际交付，毛某定据此向釜用公司主张权利没有事实和依据；二、原审对毛某定提供的工商银行个人业务凭证予以认定是错误的。三、原审判决将骆某国的个人借款（还款）行为认定为职务行为，属于法律适用不当。原审判决认为"被告骆某国作为釜用公司的法定代表人，可以代表公司从事经济活动。"但本案中，毛某定仅有500万元的支付凭证，没有对应的借款凭证，且该500万元借款的收款人、使用人均为骆某国，已归还的520万元也来自于骆某国。据此足以认定该500万元借款系骆某国的个人行为，而非釜用公司法定代表人的职务行为，其后果自然应由骆某国承担，与釜用公司无涉；四、实际借款人骆某国已经归还的款项属于本金而非利息。2011年1月27日，骆某国向毛某定借款500万元，借款当时没有约定借款利息，即使2013年1月27日的借条也没有利息的约定，出借人毛某定至今未提供证据证明就借款作出过利息约定，故500万元借款无须支付利息；五、毛某定与骆某国存在串通嫌疑，损害釜用公司的利益，应认定借款无效。釜用公司与毛某定之间没有业务往来，但毛某定与骆某国之间发生大额资金往来，与情理不符。综上所述，毛某定与釜用公司之间的400万元借贷仅合意成立，借款未实际交付，釜用公司无须承担还款责任，骆某国也无须承担保证责任。出借人毛某定提供的500万元银行凭证不是400万元借贷合意项下的款项，属于骆某国的个人借款，与本案无涉。骆某国归还给毛某定的款项属于借款本金而非利息，双方的债权债务已经结清。请求撤销原审判决，发回重审或者改判驳回毛某定原审的诉讼请求。

毛某定答辩称：一、对于釜用公司是否向毛某定借款500万元，是否尚欠500万元，款项是否交付，毛某定在原审时已经提供相应证据证明。根据釜用公司的上诉状内容，其称涉案借条上的印章是其法定代表人私自偷盖与事实不符，在原审庭审笔录中骆某国称盖印章是职务行为。釜用公司的法定代表人向毛某定借款，是釜用公司的意思表示；二、釜用公司称2013年1月27日的借条存在借款合意，既然有借款合意，其就应该知道出具借条和签订借款合同的区别，借条出具意味着借款已经交付，并且需要承担相应的责任。釜用公司的法定代表人是几家有规模公司的董事长，是完全民事行为能力人。釜用公司称500万元的用途是开设了另外一家公司，并且是与葛某伟共同合作的，但是釜用公司未提供证据予以证明。骆某国在原审中对该500万元用途的陈述也是不一致的，毛某定认为该500万元款项的用途与其无关。原审判决认定事实清楚，适用法律正确，请求驳回上诉，维持原判。

骆某国答辩称：原审判决认定事实不清，适用法律错误，请求二审法院予以撤销。毛某定出具的银行凭证充分证明本案民间借贷的双方当事人为毛某定和骆某国，而不是釜用公司，且骆某国已履行了还款义务。2013 年 1 月 27 日的借条是一个实践性合同，由于毛某定未实际交付现金，故该借条未生效，原审将骆某国个人的借款套用在釜用公司身上，不符合客观事实。请求二审法院查明事实，撤销原判。

二审法院驳回上诉，维持原判。

◎ 点评

本案争议焦点较多，简要分析如下。

一、自然人与企业之间的借款合同是诺成性合同还是实践性合同

《合同法》第十二章专门对借款合同进行规定，但其只在第二百一十条规定“自然人之间的借款合同，自贷款人提供借款时生效”，至于自然人与企业之间或企业之间的借款合同没有明确，但从立法技术和民事行为与商事行为的区别来看，应当是诺成性合同。因此，当釜用公司认为“毛某定与釜用公司之间的 400 万元借贷仅合意成立，借款未实际交付，釜用公司无须承担还款责任，骆某国也无须承担保证责任”时，法院并未采纳其观点。

二、法定代表人私盖公章的效力

企业是法律拟制主体，其日常活动需要通过法定代表人实施。《民法通则》第三十八条规定：“依照法律或者法人组织章程规定，代表法人行使职权的负责人，是法人的法定代表人。”《最高人民法院关于贯彻执行〈中华人民共和国民法通则〉若干问题的意见（试行）》（法办发〔1988〕6 号）第五十八条规定：“企业法人的法定代表人和其他工作人员，以法人名义从事的经营活动，给他人造成经济损失的，企业法人应当承担民事责任。”法定代表人使用企业公章并不需要另外授权，故法定代表人加盖公章被视为企业行为，应当由企业承担法律责任。本案中釜用公司辩称涉案借条上的印章系骆某国私自加盖，与企业无关，应当由骆某国个人承担责任，但法院认为骆某国系釜用公司的法定代表人，骆某国的行为即代表釜用公司的行为，故应认定借条上的借款人为釜用公司。

三、未约定保证方式的后果

本案的保证人葛某伟出具担保承诺书，称“本人葛某伟于 2013 年 1 月 27 日为奉化市釜用密封件有限公司向毛某定借款 400 万元作口头担保，当时约定利息 3 分利”。该承诺书并没有明确保证方式。《担保法》第十九条规定：“当事人对保证方式没有约定或者约定不明确的，按照连带责任保证承担保证责任。”因此，保证人未约定保证方式，按连带责任保证处理。

四、利率的效力

长期以来，司法实践中对民间借贷利率的效力认定一直引用《最高人民法院关于人民法院审理借贷案件的若干意见》第六条："民间借贷的利率可以适当高于银行的利率，各地人民法院可根据本地区的实际情况具体掌握，但最高不得超过银行同类贷款利率的四倍（包含利率本数）。超出此限度的，超出部分的利息不予保护。"但是，自《最高人民法院关于审理民间借贷案件适用法律若干问题的规定》（法释〔2015〕18号）公布施行后，民间借贷利率效力适用该规定第二十六条："借贷双方约定的利率未超过年利率24%，出借人请求借款人按照约定的利率支付利息的，人民法院应予支持。借贷双方约定的利率超过年利率36%，超过部分的利息约定无效。借款人请求出借人返还已支付的超过年利率36%部分的利息的，人民法院应予支持。"

◎ 法条链接

1.《最高人民法院关于贯彻执行〈中华人民共和国民法通则〉若干问题的意见（试行）》（法办发〔1988〕6号）

58. 企业法人的法定代表人和其他工作人员，以法人名义从事的经营活动，给他人造成经济损失的，企业法人应当承担民事责任。

2.《担保法》

第十六条　保证的方式有：

（一）一般保证；

（二）连带责任保证。

第十七条　当事人在保证合同中约定，债务人不能履行债务时，由保证人承担保证责任的，为一般保证。

一般保证的保证人在主合同纠纷未经审判或者仲裁，并就债务人财产依法强制执行仍不能履行债务前，对债权人可以拒绝承担保证责任。

有下列情形之一的，保证人不得行使前款规定的权利：

（一）债务人住所变更，致使债权人要求其履行债务发生重大困难的；

（二）人民法院受理债务人破产案件，中止执行程序的；

（三）保证人以书面形式放弃前款规定的权利的。

第十八条　当事人在保证合同中约定保证人与债务人对债务承担连带责任的，为连带责任保证。

连带责任保证的债务人在主合同规定的债务履行期届满没有履行债务的，债权人可以要求债务人履行债务，也可以要求保证人在其保证范围内承担保证责任。

第十九条　当事人对保证方式没有约定或者约定不明确的，按照连带责任保证承担保证责任。

3. **《最高人民法院关于人民法院审理借贷案件的若干意见》（法民发〔1991〕21号）**

第六条 民间借贷的利率可以适当高于银行的利率，各地人民法院可根据本地区的实际情况具体掌握，但最高不得超过银行同类贷款利率的四倍（包含利率本数）。超出此限度的，超出部分的利息不予保护。

4. **《最高人民法院关于审理民间借贷案件适用法律若干问题的规定》（法释〔2015〕18号）**

第二十六条 借贷双方约定的利率未超过年利率24%，出借人请求借款人按照约定的利率支付利息的，人民法院应予支持。

借贷双方约定的利率超过年利率36%，超过部分的利息约定无效。借款人请求出借人返还已支付的超过年利率36%部分的利息的，人民法院应予支持。

64. 保证期间出借人与借款人对民间借贷合同内容作了变动，保证人是否承担责任？

——浙江锦芳建材有限公司与施某洋等民间借贷纠纷上诉案[①]

裁判要旨

保证期间，出借人与借款人对民间借贷合同内容作了变动，未经保证人同意的，如果减轻借款人的债务的，保证人仍应当对变更后的合同承担保证责任；如果加重借款人的债务的，保证人对加重的部分不承担保证责任。

◎ 基本案情

2012年7月22日，以被告吕某为甲方（借款人）、原告施某洋为乙方（出借人）、被告浙江锦芳建材有限公司为丙方（担保人）签订了一份《借款合同》，约定甲方因需要向乙方借款，借款金额为100万元，借款期限为2012年7月23日至

① 浙江省金华市中级人民法院民事判决书（2014）浙金商终字第864号

同年10月23日止。约定乙方在合同生效时，将借款以银行转账方式转入甲方指定的银行（建设银行，吕某62228014xxx61135），借款利率为月息2.5%，三个月支付一次。如甲方不能按期归还到期借款，则除支付利息外，另支付每逾期十天2万元的违约金。上述借款本息及违约金由被告浙江锦芳建材有限公司提供连带责任担保。乙方实现债权的费用（包括但不限于律师代理费），均由甲、丙方承担。

2012年8月1日，被告吕某函告原告："根据2012年7月22日的借款合同，请转付诚信钢材经营部方某义钢筋结算货款521,800元，请给予办理"，原告通过晟博公司于2012年8月31日支付方某义521,800元，方某义在晟博建设工程有限公司的付款凭证上签字确认。

2012年8月30日，被告吕某再次函告原告："根据2012年7月22日的借款合同，请转付浙通混凝土有限公司货款455,274元，请给予办理"，原告通过晟博建设工程有限公司向浙通混凝土有限公司支付455,274元。

2012年9月7日，浙通混凝土有限公司出具《收款说明》，认可收到该款，被告吕某也在该《收款说明》下方签字确认。后被告吕某未归还原告上述两笔借款。

另查明，晟博建设工程有限公司系被告浙江锦芳建材有限公司的厂房承建人，被告吕某系工程实际施工人，原告施某洋系晟博建设工程有限公司的股东。

2013年12月24日，施某洋向原审法院提起诉讼，请求判令：1. 被告吕某立即归还借款977,074元，利息按月利率2.5%计算共计341,975.9元；另支付原告违约金2万元，合计1,339,049.9元。由被告浙江锦芳建材有限公司承担连带清偿责任。2. 承担全部归还为止的利息。3. 支付原告为实现债权的律师代理费4万元。4. 本案诉讼费用由被告承担。

◎ 法院审理

原审法院认为：原告施某洋与被告吕某、浙江锦芳建材有限公司签订的《借款合同》系双方真实意思的表示，其内容不违反法律规定，合法有效。原告按约履行了借款交付义务，被告吕某应按约还款，未按约还款应承担相应的违约责任。但被告吕某应承担的利息及违约金的总和不得超过中国人民银行公布的同期同类贷款基准利率的四倍，超出部分不予支持。虽借款合同中约定借款打入吕某建行账号，但后吕某将借款交付方式进行了变更，并书面通知原告，该支付方式的变更，不影响借款的性质，根据担保法解释，保证人对主合同有所变更的抗辩，只限于债务人的债务被加重的部分，本案并没有加重担保人的责任。且原告系受被告吕某指示所为，在该行为中原告无过错，故保证人仍应按约定承担保证责任。被告浙江锦芳建材有限公司提出的借款合同没有实际履行、借款人和出借人擅自改变合同内容，担保人不再承担保证责任的抗辩理由不能成立，不予采信。对于实现债权费用，合同中有约定，且为收费标准的下限，予以支持。

原审法院判决：一、被告吕某应于本判决生效之日起十日内归还原告施某洋借款本金977,074元及利息（本金521,800元利息自2012年8月31日起、455,274元本金自2012年9月7日起按中国人民银行公布的同期同类贷款基准利率的四倍计算至生效判决确定履行之日止）。二、被告吕某应于本判决生效之日起十日内支付原告施某洋实现债权费用4万元。三、被告浙江锦芳建材有限公司对上述债务承担连带责任。

上诉人浙江锦芳建材有限公司不服原审法院上述民事判决，向二审法院提起上诉称：1. 原判认定事实错误。上诉人与被上诉人之间的借款合同并未生效。被上诉人施某洋在一审中提供的借款合同，只有被上诉人吕某及上诉人的签字、盖章，并无被上诉人施某洋的签字。根据《中华人民共和国合同法》第三十二条之规定，该份借款合同因缺乏被上诉人施某洋的签名而没有依法成立也未生效，该份借款合同自始无效。为此，根据《中华人民共和国担保法》第五条之规定，上诉人无须承担担保责任。2. 原判适用法律错误。借款合同上明确写明借款是以银行转账方式转入被上诉人吕某指定的银行（建设银行：62228014xxx061），但被上诉人吕某单方函告被上诉人施某洋，要求其将钱款分别支付给方某义及浙通混凝土有限公司，等于是对借款合同内容的变更。根据《中华人民共和国合同法》第十二条第一款第六项之规定及《中华人民共和国担保法》第二十四条之规定，被上诉人吕某单方开具的函告的内容已经涉及履行期限、地点及方式的改变，等于变更了主合同的相关内容，依法应当取得保证人即上诉人的书面同意，而本案中上诉人对被上诉人吕某的这一函告变更情况毫不知情，更未曾出具过任何书面同意的材料。因此，上诉人依法也不再承担保证责任。综上，原判认定事实错误、证据不充分且违反法定程序，严重侵犯了上诉人的合法权益。请求二审法院撤销原判，依法改判，并判令由被上诉人承担本案一、二审的诉讼费用。

二审法院驳回上诉，维持原判。

◎ 点评

本案有两个争议焦点：

一、出借人未在借款合同上签字，借款合同是否成立？

本案所涉借款合同只有借款人吕某和保证人浙江锦芳建材有限公司的签字盖章，但没有出借人施某洋的签名或盖章。保证人依据《合同法》第三十二条，认为借款合同未成立，故其无须承担保证责任。但是，《合同法》第三十七条规定："采用合同书形式订立合同，在签字或者盖章之前，当事人一方已经履行主要义务，对方接受的，该合同成立。"本案符合该条规定的情况，主要理由如下：1. 2012年

8月1日，借款人吕某函告出借人施某洋："根据2012年7月22日的借款合同，请转付诚信钢材经营部方某义钢筋结算货款521,800元，请给予办理"，出借人施某洋通过晟博建设工程有限公司于2012年8月31日支付方某义521,800元，方某义在晟博建设工程有限公司的付款凭证上签字确认；2. 2012年8月30日，被告吕某再次函告原告："根据2012年7月22日的借款合同，请转付浙通混凝土有限公司货款455,274元，请给予办理"，原告通过晟博建设工程有限公司向浙通混凝土有限公司支付455,274元。3. 上述两笔借款合计977,074元，出借人施某洋已经履行了借贷合同的主要义务，即使其没有在借款合同上签字，借款合同也成立。

二、保证期间出借人与借款人对民间借贷合同内容作了变动，保证人是否承担责任？

借款合同约定出借人施某洋将借款以银行转账方式转入借款人吕某指定的银行（建设银行，吕某62228014xxx61135）。但是，在合同履行过程中，出借人和借款人改变了支付方式，出借人并没有将借款直接支付给借款人，而是按照借款人的指示通过晟博建设工程有限公司向第三人转账。此种合同内容变更并没有加重借款人吕某的债务。《最高人民法院关于适用〈中华人民共和国担保法〉若干问题的解释》第三十条第一款规定："保证期间，债权人与债务人对主合同数量、价款、币种、利率等内容作了变动，未经保证人同意的，如果减轻债务人的债务的，保证人仍应当对变更后的合同承担保证责任；如果加重债务人的债务的，保证人对加重的部分不承担保证责任。"据此，审理法院驳回保证人浙江锦芳建材有限公司的上诉请求。

◎ 法条链接

1. **《合同法》**

第三十二条　当事人采用合同书形式订立合同的，自双方当事人签字或者盖章时合同成立。

第三十七条　采用合同书形式订立合同，在签字或者盖章之前，当事人一方已经履行主要义务，对方接受的，该合同成立。

2. **《最高人民法院关于适用〈中华人民共和国担保法〉若干问题的解释》（法释〔2000〕44号）**

第三十条　保证期间，债权人与债务人对主合同数量、价款、币种、利率等内容作了变动，未经保证人同意的，如果减轻债务人的债务的，保证人仍应当对变更后的合同承担保证责任；如果加重债务人的债务的，保证人对加重的部分不承担保证责任。

债权人与债务人对主合同履行期限作了变动，未经保证人书面同意的，保证期间为原合同约定的或者法律规定的期间。

债权人与债务人协议变动主合同内容，但并未实际履行的，保证人仍应当承担保证责任。

65. 企业法人的分支机构未经法人书面授权提供保证的，如何处理？

——郑某富与广西华南建设集团有限公司等民间借贷纠纷上诉案①

裁判要旨

企业法人的分支机构未经法人书面授权与债权人订立保证合同的，合同无效；债权人无过错的，担保人与债务人对债权人的经济损失，承担连带赔偿责任；债权人、担保人有过错的，担保人承担民事责任的部分，不应超过债务人不能清偿部分的二分之一。

◎ 基本案情

广西华南建设集团有限公司珠海分公司（以下简称华南集团珠海分公司）系广西华南建设集团有限公司（以下简称华南集团）下属分公司。李某1系华南集团珠海分公司的法定代表人。李某2、李某3系李某1的儿子，亦是华南集团珠海分公司的员工。

2012年1月5日，李某2、李某3以华南集团珠海分公司资金周转困难为由向郑某富借款，郑某富将74.1万元出借款汇入李某2名下的银行账号，并向李某2、李某3支付出借款现金25.9万元。同日，华南集团珠海分公司向郑某富出具收据1张，证实收到郑某富借款100万元，该收据上由华南集团珠海分公司加盖公章，经手人处填写李某2、李某3的名字。之后，李某2、李某3和华南集团珠海分公司未向郑某富归还该笔借款，双方遂于2012年12月26日就该笔借款立下欠条。该欠条中约定李某2、李某3欠郑某富100万元，于2012年12月28日前还清，逾期则李某2、李某3同意按延期一天补偿2万元作为延期还款经济损失补偿金，若超出还款期之日起10天内无法还清欠款，则“欠款人李某2、李某3同意我个人名下及公司所有的财产变卖或经法院拍卖还清本欠款为止，拍卖过程所需用的一切费用均

① 广东省珠海市中级人民法院（2015）珠中法民一终字第549号

由欠款人支付”。该欠条欠款人处由李某2、李某3签名，华南集团珠海分公司在欠款人担保公司处盖章并由法定代表人李某1签名。

2012年2月3日，李某2、李某3又以华南集团珠海分公司资金周转困难向郑某富借款，郑某富将31.8万元出借款汇入李某2名下的银行账号，并向李某2、李某3和李某1支付出借款现金8.2万元。同日，华南集团珠海分公司向郑某富出具收据1张，证实收到郑某富借款40万元，该收据上由华南集团珠海分公司加盖公章，经手人处填写李某2、李某3的名字。之后，李某2、李某3和华南集团珠海分公司未向郑某富还清该笔借款。2012年10月7日，李某1向郑某富借款，郑某富遂将5.8万元汇入李某1的银行账号中，并向李某1支付部分现金。2012年12月26日，双方就该两次借款立下欠条。该欠条中约定李某2、李某3欠郑某富50万元，于2012年12月8日前还清，逾期则李某2、李某3同意按延期一天补偿1万元作为延期还款经济损失补偿金，若超出还款期之日起10天内无法还清欠款，则“欠款人李某2、李某3同意我个人名下及公司所有的财产变卖或经法院拍卖还清本欠款为止，拍卖过程所需用的一切费用均由欠款人支付”。该欠条欠款人处由李某2、李某3签名，华南集团珠海分公司在欠款人担保公司处盖章并由法定代表人李某1签名。

2012年10月13日，李某2、李某3再次以华南集团珠海分公司资金周转困难向郑某富借款，郑某富将6.5万元出借款汇入李某2名下的银行账号，将10万元出借款汇入李某3名下的银行账号，并按李某2、李某3的要求将共12万元出借款分别汇入承包华南集团珠海分公司工地工程的李某等五人的银行账号中，且向李某2、李某3支付了部分现金。双方当日就该次借款立下借条。该借条中约定李某2、李某3欠郑某富30万元，于2012年10月18日前还清，逾期则李某2、李某3同意按延期一天补偿2万元作为延期还款经济损失补偿金，若超出还款期之日起5天内无法还清欠款，则“借款人李某2、李某3同意我名下的公司及个人所有的财产变卖或经法院拍卖还清本借款为止，拍卖过程所需用的一切费用均由借款人支付”。该借条借款人处由李某2、李某3签名，华南集团珠海分公司在借款人担保公司处盖章并由法定代表人李某1签名。

之后，李某2、李某3和华南集团珠海分公司未按约定期限还款，郑某富追讨未果，遂诉至法院。经法院受理后，郑某富在同日提出诉讼保全申请，申请对四被告的名下财产予以查封，查封限额为223万元，并提供了担保。斗门区人民法院经审查，依法于同日作出（2013）珠斗法民一初字第886号民事裁定书，裁定对华南集团的银行存款在223万元范围内查封、冻结，并实际查封冻结华南集团的银行存款223万元。

在审理过程中，华南集团珠海分公司的负责人李某1在第一次庭审后于2013

年12月31日出具1份证明，证明截至2013年12月26日陆续以公司人员李某2、李某3的名义从郑某富处借到180万元用于华南集团珠海分公司发放工人工资和支付材料款及其他欠款，因公司账不能转入所欠个人账户中，故请求郑某富将款项从其账上划入华南集团珠海分公司指定的李某2、李某3，以及李某1和其他欠款人名下，因此，在向郑某富出具的借条上以经办人李某2、李某3作为借款人，因李某2是华南集团珠海分公司的副总经理，李某3是项目经理，并由华南集团珠海分公司在上述借条（或欠条）上作为担保人由李某1签字并加盖公章。

◎ 法院审理

原审法院认为，从查明的事实来看，郑某富在出借第一笔借款100万元和第二笔借款50万元的当日，按要求将款项汇入李某3和李某1的个人名下并支付部分现金，从华南集团珠海分公司在借款当日向郑某富出具的收据来看，其认可收到郑某富的上述两笔借款，且注明经手人为李某2、李某3，证实郑某富确实是基于对华南集团珠海分公司信任及预期才借款给李某2、李某3及李某1，目的是用于华南集团珠海分公司的经营。该民间借贷关系没有违反法律的相关规定，是有效的民事法律行为。双方在2012年12月26日补写的2张欠条中均述明李某2、李某3系欠款人，华南集团珠海分公司在该两份欠条上担保人处签名，也证明了该两笔款项确实为李某2、李某3向郑某富借来欲用于华南集团珠海分公司的经营所使用的事实。同理，郑某富出借的第三笔借款30万元的过程与前二笔过程相似，且由李某2、李某3和华南集团珠海公司共同出具了借条，证明了同样的借款事实。郑某富作为涉案民间借贷关系的出借人即债权人，在出借款项的过程中并无过错。

在3张借条中，借款人均为李某2、李某3，保证人为华南集团珠海分公司，尽管华南集团珠海分公司的负责人李某1在第一次庭审后出具证明认可三笔借款共180万元均为华南集团珠海分公司经营所用，但其未提交相关证据予以证实，且基于李某1与李某2、李某3系父子关系，故对李某1主张借款均用于华南集团珠海分公司经营不予认可，但不能否认确有部分借款用于华南集团珠海分公司的经营。郑某富与李某2、李某3间的民间借贷关系合法有效，李某2、李某3未依约还款，应依法承担清偿责任。华南集团珠海分公司系华南集团的下属机构，其未能提供证据证实其系在华南集团的书面授权下或授权范围内为上述民间借贷关系提供保证，依照《中华人民共和国担保法》第十条第一款“企业法人的分支机构、职能部门不得为保证人”和第二款“企业法人的分支机构有法人书面授权的，可以在授权范围内提供保证”的规定，以及《最高人民法院关于适用〈中华人民共和国担保法〉若干问题的解释》第十七条第一款“企业法人的分支机构未经法人书面授权提供保证的，担保合同无效。因此给债权人造成损失的，应当根据担保法第五条第二款的规定处理”和《中华人民共和国担保法》第五条第二款“担保合同被确认无效后，债务人、担保人、债权人有过错的，应当根据其过错各自承担相应的民事责任”的规定，华南集团珠海分公司作为分支机构在未得到华南集团的书面授权即对上述民间借贷关系提供保证实属无效担保，即华南集团珠海分公司存在明显的过错。依照《最高人民法院关于适用〈中华人民共和国担保法〉若干问题的解释》第十七条第四款“企业法人的分支机构提供的保证无效后应当承担赔偿责任的，由分支机构经营管理的财产承担。企业法人有过错的，按照担保法第二十九条的规定处理”和《中华人民共和国担保法》第二十九条“企业法人的分支机构未经法人书面授权或者超出授权范围与债权人订立保证合同的，该合同无效或者超出授权范围的部分无效，债权人和企业法人有过错的，应当根据其过错各自承担相应的民事责任；债权人无过错的，由企业法人承担民事责任”的规定，以及《中华人民共和国公司法》第十四条第一款“公司可以设立分公司。设立分公司，应当向公司登记机关申请登记，领取营业执照。分公司不具有法人资格，其民事责任由公司承担”的规定，华南集团珠海分公司因过错导致担保无效，应对上述民间借贷关系承担赔偿责任，并由其经营管理的财产承担。而华南集团作为企业法人，应在郑某富作为债权人无过错的情况下，承担相应民事责任，即对华南集团珠海分公司的赔偿责任承担民事责任。

上述民间借贷关系中双方对逾期违约金即利息的约定过高，现郑某富诉请从三笔借款中的最后到期还款日的次日起按中国人民银行同期同类贷款利率四倍计息，符合法律的相关规定，原审法院予以准许。郑某富诉请李某2、李某3清还借款及支付利息，并由华南集团珠海分公司与华南集团承担连带赔偿责任，有事实依据和法律依据，二审法院予以支持。李某2、李某3和华南集团珠海分公司缺席无答辩，视为放弃抗辩。华南集团认为其无过错，不应承担民事责任，与法律规定不符，不予支持。

综上，原审法院作出如下判决：

一、李某2、李某3于本判决生效之起十五日内清还欠郑某富借款本金180万元及利息（以本金180万元从2012年12月29日起按照中国人民银行同期同类贷款利率的四倍计息至还清为止）；

二、广西华南建设集团有限公司珠海分公司对李某2、李某3的上述债务承担连带清偿责任；

三、广西华南建设集团有限公司对广西华南建设集团有限公司珠海分公司的上述赔偿责任承担连带赔偿责任。

一审宣判后，华南集团不服，向二审法院提出上诉称：一、本案的借款人是李某2、李某3，其借款属于个人借款性质，一审法院在没有相关证据予以证实的前提下，认定“确有部分借款用于被告华南建设珠海分公司的经营”错误。二、本案中，民间借贷的双方即郑某富与李某2、李某3并没有约定借款利息，借款期间应视为没有利息，逾期还款的，从逾期之日起按中国人民银行同期同类贷款基准利率计息。根据最高人民法院《合同法解释（二）》第二十九条规定，违约金不得超过实际损失的百分之三十，本案中的违约金不应超过利息损失的30%。因此，一审判决认定双方约定有利息且按中国人民银行同期同类贷款利率的四倍计息错误。三、郑某富、李某2、李某3、华南集团珠海分公司均对担保无效存在过错。根据《中华人民共和国担保法》第十条明确规定："企业法人的分支机构、职业部门不得为保证人"。被上诉人郑某富明知华南集团珠海分公司是上诉人的分公司，在担保时并没有要求华南集团珠海分公司提供上诉人的书面授权或者联系上诉人以确认珠海分公司是否有权对外担保，李某2、李某3、华南集团珠海分公司明知道华南集团珠海分公司无权对外提供借款担保而为本案借款提供担保，被上诉人郑某富、一审被告李某2、李某3、华南集团有限公司珠海分公司均具有过错，并导致了担保无效。一审判决认定被上诉人郑某富没有过错属认定错误。四、华南集团对保证无效并无过错。本案中，上诉人既没有授权华南集团珠海分公司对外进行任何形式的担保，也没有证据证实上诉人知道而放任华南集团珠海分公司未经授权对本案的借款进行保证。因此，上诉人对本案的保证无效并没有过错。五、一审法院适用法律错误，判决错误。根据《最高人民法院关于适用〈中华人民共和国担保法〉若干问题的解释》第十七条第一款规定："企业法人的分支机构未经法人书面授权提供保证的，保证合同无效。因此给债权人造成损失的，应当根据担保法第五条第二款的规定处理。"《中华人民共和国担保法》第五条第二款规定："担保合同被确认无效后，债务人、担保人、债权人有过错的，应当根据其过错各自承担相应的民事责任。"《最高人民法院关于适用〈中华人民共和国担保法〉若干问题的解释》第七条进一步规定："主合同有效而担保合同无效，债权人无过错的，担保人与债务人对主合同债权人的经济损失，承担连带赔偿责任；债权人、担保人有过错的，担保人承担民事责任的部分，不应超过债务人不能清偿部分的二分之一。"本案中，被上诉人郑某富（债权人）、李某2、李某3（债务人）、华南集团珠海分公司（担保人）对保证无效均存在过错，根据上述法律条款的规定，华南集团珠海分公司应当承担的赔偿数额不能超过李某2、李某3不能清偿部分的二分之一。《最高人民法院关于适用〈中华人民共和国担保法〉若干问题的解释》第一百三十一条规定，"本解释所称'不能清偿'指对债务人的存款、现金、有价证券、成品、半成品、原材料、交通工具等可以执行的动产和其他方便执行的财产执行完毕后，债务仍未能得到清偿的状态。"由于被上诉人郑某富没有提供任何证据证明已对李某2、李某3的财产进行执行，且仍处在不能清偿借款的状态，因此上诉人郑某富无权要求华南集团珠海分公司对李某2、李某3的上述借款承担连带清偿责任，一审判决

"华南建设珠海分公司对李某2、李某3的上述债务承担连带清偿责任"错误。根据《最高人民法院关于适用〈中华人民共和国担保法〉若干问题的解释》第十七条第四款的规定，"企业法人的分支机构提供的保证无效后应当承担赔偿责任的，由分支机构经营管理的财产承担。企业法人有过错的，按照担保法第二十九条的规定处理。"由于华南集团珠海分公司无须对李某2、李某3的上述借款承担责任，且上诉人对于本案保证无效没有过错，因此上诉人无需承担赔偿责任。一审法院适用《担保法》第二十九条的规定，从而判决上诉人对"广西华南建设集团有限公司珠海分公司的上述赔偿责任承担连带清偿责任"，属适用法律错误，判决错误。因此提起上诉，请求二审法院：1. 依法撤销（2013）珠斗法民一初字第886号民事判决第二项、第三项；2. 本案一审、二审诉讼费用由被上诉人承担。

上诉人华南集团当庭补充上诉意见：一审判决只是认定了郑某富在借款时是没有过错的，但担保是后补的，郑某富明知华南建设集团珠海分公司没有经过华南建设集团有限公司的授权与同意，无权提供担保，还同意华南建设集团珠海分公司在借据上盖章担保，郑某富对担保无效存在过错。根据《担保法》第五条第二款规定，担保合同被确定无效后，债务人、债权人、担保人被确认有过错的应当根据其过错，各自承担相应的民事责任。而且本案中，担保是在借款后很久才补的欠条，担保无效对于借款的形成没有任何影响。所以珠海分公司对于担保无效所产生的责任相对较小。

被上诉人郑某富答辩称：被上诉人无过错。1. 珠海分公司向被上诉人出具盖章确认的《收据》，使被上诉人有理由相信该笔借款珠海分公司是认可的。如果不认可与其借贷关系，或是认为其在担保人上盖章没有过错，那么被上诉人仍可据该《借据》主张权利，实属浪费司法资源。2. 根据珠海分公司出具《收据》及《欠条》的内容，将李某2、李某3、广西华南建设珠海分公司及其负责人李某1的名字全部在《收据》及《欠条》、《借条》上签字盖章的形式使被上诉人信任。3. 在珠海分公司被工人堵住公司、堵住工地、上百次的报警、政府维稳办多次介入协调的情况下，被上诉人出于同情珠海分公司，也基于珠海分公司承诺会给工程其做故才将款项借出，帮助解决了劳资纠纷，被上诉人是善意且无过错的。

二审法院驳回上诉，维持原判。

◎ 点评

民间借贷实务中经常发生企业法人的分支机构为借贷双方提供保证的情形。《中华人民共和国担保法》第十条规定："企业法人的分支机构、职能部门不得为保证人。企业法人的分支机构有法人书面授权的，可以在授权范围内提供保证。"第二十九条规定："企业法人的分支机构未经法人书面授权或者超出授权范围与债权人订立保证合同的，该合同无效或者超出授权范围的部分无效，债权人和企业法人有过错的，应当根据其过错各自承担相应的民事责任，债权人无过错的，由企业法人承担民事责任。”《最高人民法院关于适用〈中华人民共和国担保法〉若干问题的解释》（法释〔2000〕44 号）第七条规定：“主合同有效而担保合同无效，债权人无过错的，担保人与债务人对主合同债权人的经济损失，承担连带赔偿责任；债权人、担保人有过错的，担保人承担民事责任的部分，不应超过债务人不能清偿部分的二分之一。”据此，企业法人的分支机构未经法人书面授权与债权人订立保证合同的，合同无效；债权人无过错的，担保人与债务人对债权人的经济损失，承担连带赔偿责任；债权人、担保人有过错的，担保人承担民事责任的部分，不应超过债务人不能清偿部分的二分之一。虽然上述法律明确了此种情况下的责任分担，但是各地法院的审判观点并不统一，主要的分歧是法院能否直接依据《担保法》禁止企业法人的分支机构未经法人书面授权订立的保证合同无效的规定认定债权人存在过错。部分法院认为此种情形下债权人未尽审慎义务，应当知道企业法人的分支机构无权担保，故存在过错。部分法院认为《担保法》的上述禁止性规定针对企业法人的分支机构，并不针对债权人，获得法人书面授权再提供担保是企业法人分支机构的注意义务，并不是债权人的注意义务，故不能直接依据《担保法》的上述禁止性规定认定债权人未尽审慎义务而有过错。由于相关法律对上述分歧并没有明确的处理规定，此种观点冲突的现象将会长期存在。笔者认为，将债权人分为民事主体和商事主体并赋予不同的审慎标准比较合理。首先，区分民事主体和商事主体。对于银行等金融机构、小额贷款公司和其他专业的放贷机构以及法律、金融、财务等专业人士，可以将其划入商事主体。对于其他机构和个人，可以归入民事主体。其次，就商事主体而言，其作为债权人应当知道《担保法》关于禁止企业法人的分支机构提供担保的规定，如果企业法人的分支机构未经法人书面授权提供担保，其存在过错。就民事主体而言，不能直接依据《担保法》的上述禁止性规定认定债权人未尽审慎义务而有过错。本案债权人郑某富不是专业人士，属于民事主体，其不知道《担保法》禁止企业法人的分支机构提供担保的规定当属正常，故不能依据其未审查保证人华南集团珠海分公司的担保书面授权文件认定其有过错。由于本案债权人无过错，担保人华南集团珠海分公司与债务人对其经济损失承担连带赔偿责任。因分公司的民事责任由公司承担，故法院判令华南集团对债权人郑某富的损失承担连带赔偿责任。

◎ 法条链接

1. 《担保法》

第十条 企业法人的分支机构、职能部门不得为保证人。

企业法人的分支机构有法人书面授权的，可以在授权范围内提供保证。

第二十九条　企业法人的分支机构未经法人书面授权或者超出授权范围与债权人订立保证合同的，该合同无效或者超出授权范围的部分无效，债权人和企业法人有过错的，应当根据其过错各自承担相应的民事责任；债权人无过错的，由企业法人承担民事责任。

2. **《最高人民法院关于适用〈中华人民共和国担保法〉若干问题的解释》（法释〔2000〕44号）**

第七条　主合同有效而担保合同无效，债权人无过错的，担保人与债务人对主合同债权人的经济损失，承担连带赔偿责任；债权人、担保人有过错的，担保人承担民事责任的部分，不应超过债务人不能清偿部分的二分之一。

3. **《公司法》**

第十四条　公司可以设立分公司。设立分公司，应当向公司登记机关申请登记，领取营业执照。分公司不具有法人资格，其民事责任由公司承担。

公司可以设立子公司，子公司具有法人资格，依法独立承担民事责任。

66. 保证人超过保证期间后又在催款通知书上签字，应如何认定性质和责任？

——王某杰与何某长等民间借贷纠纷上诉案[①]

裁判要旨

保证期间届满债权人未依法向保证人主张保证责任的，保证责任消灭。保证责任消灭后，债权人书面通知保证人要求承担保证责任或者清偿债务，保证人在催款通知书上签字的，人民法院不得认定保证人继续承担保证责任。但是，该催款通知书内容符合合同法和担保法有关担保合同成立的规定，并经保证人签字认可，能够认定成立新的保证合同的，人民法院应当认定保证人按照新保证合同承担责任。

① 广东省广州市中级人民法院（2015）穗中法金民终字第610号

◎ 基本案情

2012 年 12 月 31 日，王某杰【贷款人（甲方）】与何某长【借款人（乙方）】、吴某前【保证人（丙方）】签订《借贷合同》：“……一、甲方愿贷予乙方人民币大写肆拾万元整，于订立本合同之同时，由甲方给予乙方，不另立据。二、借贷期限为叁个月，自二零一二年十二月三十一日起至二零一三年三月三十日止。三、当乙方违约未能履行签订的合同，甲方有权向丙方追讨借款，丙方必须履行连带责任。”

王某杰陈述，在合同签订之日，其通过银行转账交付 340,000 元给何某长，其余款项为现金交付，并提供了其所有的银行卡客户交易查询清单 1 份为证。吴某前对该合同及清单的真实性、合法性、关联性均予以确认，但其认为王某杰只出借了 340,000 元款项给何某长，其余 60,000 元为预先扣除三个月的利息。另，吴某前认为其作为保证人对该借款的保证期限应截止至 2013 年 9 月 30 日即债务到期日后六个月，已过保证期限，不应承担保证责任。此外，吴某前陈述其在其女友弟弟谢某及何某长的银行账户共提款 40,000 元现金交付王某杰，通过案外人谢某的银行账户于 2013 年 7 月 3 日通过 POS 机向王某杰转账 80,000 元，另外何某长通过其农业银行卡向王某杰还款 50,000 元，上述款项应从借款中予以扣除，对此吴某前提供了案外人谢某于 2014 年 8 月 11 日出具的证明 1 份、谢某的中国农业银行账户明细对账单 1 份，拟证明吴某前已还款 120,000 元给王某杰。此外，王某杰认为借贷合同中明确约定吴某前对本案借款承担连带保证责任，不存在是否已过保证期限的问题。何况吴某前于 2013 年 11 月 14 日在王某杰催收借款的情况下，以书面形式对借款予以了确认。对此，王某杰提供了还款通知书 1 份及确认书 1 份为据。其中，还款通知书载明：“兹有债务人何某长于 2012 年 12 月 31 日向债权人王某杰借款人民币现金肆拾万元，并由吴某前提供连带责任保证，此债务已过还款期，至今未还。现通知债务人和保证人，请收到催款通知书后于 2013 年 11 月 15 日前归还上述款项，如逾期未还，将承担由此引起的一切法律责任。债权人：王某杰，2013 年 11 月 1 日。回执：<还款通知书>已知悉。保证人：吴某前，2013 年 11 月 14 日。”被告吴某前在回执保证人处签名捺印确认。《确认书》载明：“兹证明王某杰于 2012 年 12 月 31 日借给何某长（身份证号 × ×）人民币肆拾万元整，已于现金和转账形式支付。特此确认。担保人（指印）吴某前，身份证号：× ×，2013 年 11 月 14 日。”吴某前在该确认书担保人处签名捺印确认。

另查明，何某长与叶某喜于 1996 年 9 月 23 日登记结婚，于 2013 年 10 月 8 日登记离婚。

王某杰的原审诉讼请求为：1. 何某长、叶某喜立即偿还借款人民币 400,000.00 元整及利息（自 2013 年 3 月 31 日按同期银行贷款利率计算至其实际偿还之日止)；2. 吴某前对何某长、叶某喜的还款责任承担清偿责任；3. 案件的诉讼费由何某长、叶某喜、吴某前承担。

◎ 法院审理

原审法院认为，案外人谢某系吴某前女友的弟弟，双方存在利害关系，即便该证明系谢某所出具，其证明力亦不高，故对于吴某前据此拟证明其已归还40,000元现金给王某杰的主张，原审法院不予采信。另外，因吴某前提供的案外人谢某的银行流水中并无显示2013年7月3日80,000元的指向，因而无法确认该笔款项的收款人是王某杰，即便该笔款项的收款人是王某杰，但因谢某系案外人，并非涉案的债权债务的当事人，且案外人谢某与吴某前存在利害关系，亦无法证实该笔款项系归还本案借款，故对于该笔款项原审法院不予处理，对吴某前认为该笔80,000元系归还王某杰借款的主张，原审法院不予采信。对于吴某前陈述的何某长通过其农业银行卡向王某杰还款50,000元，因无证据支持，且王某杰不予认可，故原审法院不予采信。此外，吴某前陈述2013年5月5日何某长转账20,000元至王某杰所有的银行账户，该笔款项系归还涉案借款，并提供了王某杰所有的银行账户流水1份为据。对此，王某杰对该银行流水无异议，但其认为该笔转账为何某长偿还欠王某杰的其他借款，与本案无关，但就其与何某长之间是否存在其他债务关系，却未提供证据予以证实，故原审法院对王某杰的该陈述不予采信，确认2013年5月5日何某长已归还王某杰20,000元，仍欠王某杰借款380,000元，应予以偿还。

何某长与叶某喜虽已于2013年10月8日登记离婚，但该借款发生在何某长与叶某喜夫妻关系存续期间，故何某长欠王某杰借款380,000元，应视为何某长与叶某喜的夫妻共同债务，故叶某喜理应对该款项承担连带清偿责任。

依据《中华人民共和国担保法》第二十六条的规定，连带责任保证的保证人与债权人未约定保证期间的，债权人有权自主债务履行期届满之日起6个月内要求保证人承担保证责任。在合同约定的保证期间和前款规定的保证期间，债权人未要求保证人承担保证责任的，保证人免除保证责任。涉案借款发生时，王某杰与吴某前并无就保证期间达成约定，且主债务的借款期限为2012年12月31日至2013年3月30日，王某杰作为债权人并未在主债务履行期届满之日起6个月内（即2013年9月30日）前要求吴某前承担保证责任，故吴某前的保证责任已于2013年9月30日免除。然而，王某杰认为其已于2013年11月1日向吴某前发出《还款通知书》，吴某前亦已在2013年11月14日签收确认收到该通知书。但依据《中华人民共和国担保法》第六条的规定，本法所称保证，是指保证人和债权人约定，当债务人不履行债务时，保证人按照约定履行债务或者承担责任的行为。原审法院认为，该通知书仅为王某杰在吴某前作为保证人已过保证期限的情况下对吴某前作出的催收还款的行为，并非王某杰与吴某前就涉案借款达成的保证约定，故王某杰据此认为吴某前仍需对涉案借款承担连带保证责任的主张，于法无据，原审法院不予支持。

关于利息，借款发生时双方仅约定还款期限，并没有约定利息，应视为定期无息借贷，依据《关于人民法院审理借贷案件的若干意见》第九条之规定："公民之间的定期无息借贷，出借人要求借款人偿付逾期利息，或者不定期无息借贷经催告不还，出借人要求偿付催告后利息的，可参照银行同类贷款的利率计息。"现借款期限为2012年12月31日至2013年3月30日，何某长逾期未还款，理应支付逾期利息，但何某长已于2013年5月5日偿还20,000元，故何某长应以400,000元为基数，按中国人民银行同期同类贷款利率从2013年3月31日起计算利息给王某杰至2013年5月4日止；以380,000元为基数，按中国人民银行同期同类贷款利率从2013年5月5日起计算利息给王某杰至还清款项之日止。

原审法院判决：一、何某长于判决生效之日起十五日内归还借款380,000元给王某杰；二、何某长于一审判决生效之日起十五日内向王某杰支付上项借款利息（利息的计算方法：按中国人民银行同期同类贷款利率，以400,000元为基数，从2013年3月31日起计付至2013年5月4日；以380,000元为基数，从2013年5月5日起计付至还清款项之日止）；三、叶某喜对何某长上述第一项、第二项所负债务承担连带清偿责任；四、驳回王某杰的其他诉讼请求。

上诉人王某杰不服原审判决，向二审法院提起上诉称：一审判决认定吴某前无须承担保证责任属查明事实不清、法律适用错误，应当予以撤销并依法改判吴某前对本案债务承担清偿责任。王某杰在2013年9月30日前曾多次向吴某前追讨，吴某前在原审庭审中已承认该事实。原审中吴某前称其通过案外人账户于2013年7月3日向王某杰转账，王某杰不认可存在该笔款项的所谓转账还款，但吴某前所述恰恰可以证明王某杰于2013年9月30日前已多次向吴某前追讨，因此不存在王某杰在吴某前保证期间内未向其追讨的情形。吴某前已对其承担的连带保证责任进行重新确认及约定。首先，原审判决认为"该通知书（还款通知书）仅为王某杰在吴某前作为保证人已过保证期限的情况下对吴某前做出的催收还款行为"，该说法与事实不符。该还款通知书不仅仅是由王某杰向吴某前发出，更重要的是吴某前在"保证人"一栏签名并将该《还款通知书》交还王某杰。吴某前的行为很明显是向王某杰对其所承担的保证责任进行确认。其次，原审判决法律适用错误。本案应当适用《最高人民法院关于人民法院应当如何认定保证人在保证期间届满后又在催款通知书上签字问题的批复》，"保证期间届满债权人未依法向保证人主张保证责任的，保证责任消灭。保证责任消灭后，债权人书面通知保证人要求承担保证责任或者清偿债务，保证人在催款通知书上签字的，人民法院不得认定保证人继续承担保证责任。但是，该催款通知书内容符合合同法和担保法有关担保合同成立的规定，并经保证人签字认可，能够认定成某的保证合同的，人民法院应当认定保证人按照新保证合同承担责任”的规定，因为王某杰向吴某前所发出的《还款通知书》明确载明：“……现通知债务人和保证人，请收到催款通知书后于2013年11月15日前归还上述款项，如逾期未还，将承担由此引起的一切法律责任”，该通知书中有明确的债权金额、债权人、债务人、保证人、还款时间等要素，且吴某前收到该份还款通知书后在“保证人”一栏签名，由此可见，该份通知书已符合保证合同的成立要件，是对原保证关系进行重新约定的新的保证合同。再次，2013年11月14日由吴某前以担保人身份签署的《确认书》更进一步证明了吴某前对何某长、叶某喜所欠上诉人的债务自愿重新承担保证责任。综上所述，一审关于吴某前无须承担保证责任的判决是错误的，吴某前应当对本案债务承担连带偿还责任。故向二审法院请求：一、依法撤销（2014）穗花法炭民初字第229号民事判决第四项，改判吴某前对何某长、叶某喜对王某杰的欠款承担清偿责任；二、本案一、二审诉讼费用由何某长、叶某喜、吴某前承担。

二审法院驳回上诉，维持原判。

◎ 点评

本案的争议焦点之一是保证人超过保证期间后又在催款通知书上签字，其是否应当承担保证责任。

首先，债权人未在保证期间向保证人主张权利，保证人免除保证责任。《担保法》第二十五条规定：“一般保证的保证人与债权人未约定保证期间的，保证期间为主债务履行期届满之日起六个月。在合同约定的保证期间和前款规定的保证期间，债权人未对债务人提起诉讼或者申请仲裁的，保证人免除保证责任；债权人已提起诉讼或者申请仲裁的，保证期间适用诉讼时效中断的规定。”第二十六条规定：“连带责任保证的保证人与债权人未约定保证期间的，债权人有权自主债务履行期届满之日起六个月内要求保证人承担保证责任。在合同约定的保证期间和前款规定的保证期间，债权人未要求保证人承担保证责任的，保证人免除保证责任。”因此，无论是一般保证还是连带保证，债权人均需在保证期间主张权利，否则保证人免除保证责任。

其次，《最高人民法院关于人民法院应当如何认定保证人在保证期间届满后又在催款通知书上签字问题的批复》（法释〔2004〕4号）明确规定：“根据《中华人民共和国担保法》的规定，保证期间届满债权人未依法向保证人主张保证责任的，保证责任消灭。保证责任消灭后，债权人书面通知保证人要求承担保证责任或者清偿债务，保证人在催款通知书上签字的，人民法院不得认定保证人继续承担保证责任。但是，该催款通知书内容符合合同法和担保法有关担保合同成立的规定，并经保证人签字认可，能够认定成立新的保证合同的，人民法院应当认定保证人按照新保证合同承担责任”。据此，保证人超过保证期间后又在催款通知书上签字，其行为的法律效果应当分两种情况：1. 保证责任消灭后，债权人书面通知保证人要求承担保证责任或者清偿债务，保证人在催款通知书上签字的，人民法院不得认定保证人继续承担保证责任；2. 如果催款通知书内容符合合同法和担保法有关担保合同成立的规定，并经保证人签字认可，能够认定成立新的保证合同的，人民法院应当认定保证人按照新保证合同承担责任。

就本案而言，出借人王某杰与保证人吴某前并未约定保证期间。《担保法》第二十六条规定，连带责任保证的保证人与债权人未约定保证期间的，债权人有权自主债务履行期届满之日起6个月内要求保证人承担保证责任。本案所涉主债务的借款期限自2012年12月31日起至2013年3月30日，出借人王某杰并未在主债务履行期届满之日起6个月内（即2013年9月30日）前要求吴某前承担保证责任，故保证人吴某前已于2013年9月30日免除保证责任。虽然出借人王某杰于2013年11月1日向吴某前发出《还款通知书》，保证人吴某前也签收该通知书，由于该通知书并没有成立新的保证合同的内容，依据《最高人民法院关于人民法院应当如何认定保证人在保证期间届满后又在催款通知书上签字问题的批复》（法释〔2004〕4号），保证人免除保证责任。

◎ 法条链接

1. **《担保法》**

第二十五条 一般保证的保证人与债权人未约定保证期间的，保证期间为主债务履行期届满之日起六个月。

在合同约定的保证期间和前款规定的保证期间，债权人未对债务人提起诉讼或者申请仲裁的，保证人免除保证责任；债权人已提起诉讼或者申请仲裁的，保证期间适用诉讼时效中断的规定。

第二十六条 连带责任保证的保证人与债权人未约定保证期间的，债权人有权自主债务履行期届满之日起六个月内要求保证人承担保证责任。

在合同约定的保证期间和前款规定的保证期间，债权人未要求保证人承担保证责任的，保证人免除保证责任。

2. **《最高人民法院关于适用〈中华人民共和国担保法〉若干问题的解释》（法释〔2000〕44号）**

第三十一条 保证期间不因任何事由发生中断、中止、延长的法律后果。

3.《最高人民法院关于人民法院应当如何认定保证人在保证期间届满后又在催款通知书上签字问题的批复》(法释〔2004〕4号)

云南、河北、四川省高级人民法院:

云高法〔2003〕69号《关于保证人超过保证期间后又在催款通知书上签字应如何认定性质和责任的请示》、(2003)冀民二请字第1号《关于如何认定已过了保证期间的保证人在中国长城资产管理公司〈债权转移确认通知书〉上盖章的民事责任的请示》和川高法〔2003〕266号《关于保证期届满后保证人与债务人同日在催款通知书上签字或者盖章的法律效力问题的请示》收悉。经研究,答复如下:

根据《中华人民共和国担保法》的规定,保证期间届满债权人未依法向保证人主张保证责任的,保证责任消灭。保证责任消灭后,债权人书面通知保证人要求承担保证责任或者清偿债务,保证人在催款通知书上签字的,人民法院不得认定保证人继续承担保证责任。但是,该催款通知书内容符合合同法和担保法有关担保合同成立的规定,并经保证人签字认可,能够认定成立新的保证合同的,人民法院应当认定保证人按照新保证合同承担责任。

67. 民间借贷出借人仅起诉连带责任保证人,是否应当追加借款人?

——王某与程某、赵某勇等保证合同纠纷案[①]

裁判要旨

保证人为借款人提供连带责任保证的,出借人只起诉保证人,法院可以追加借款人为共同被告,也可以不追加,决定权在法院。

◎ 基本案情

2014年2月25日,原告王某与赵某勇、许某莉、被告程某签订借款合同,其主要内容为:一、出借人王某,借款人赵某勇、许某莉,担保人程某;二、借款金额为10万元,月利率35‰;三、担保人为借款人提供连带责任保证等。同日,原告王某与赵某勇、许某莉、被告程某又签订保证合同,其主要内容为:一、保证人

① 连云港市海州区人民法院(2015)海民初字第03141号

程某，被保证人赵某勇、许某莉，债权人王某；二、（程某）愿意为赵某勇向债权人王某借款10万元的债务提供连带责任保证等。

2014年2月25日，赵某勇、许某莉向原告王某出具借款证明，其内容为：今借到王某的现金人民币10万元。同日，被告程某作为保证人，出具保证，其内容为：我自愿为赵某勇、许某莉借款担保，担保金额为10万元，被担保人如不能按期偿还，由本人在合同到期之日次日直接偿还为其担保的全部债务等。

2015年7月29日，案外人薛某众出具情况说明，其主要内容是：王某是本人亲友，有些闲置资金放在本人处帮助理财，赚点高于银行存款的利润。赵某勇、许某莉、程某借款时，本人说得很清楚，虽然是从我银行卡提取现金，但钱是王某放在我这里。他们没有异议，并约定了借款利率、期限，与王某办理了借款手续，本人付钱与他们接触。第一次借款时间为2013年3月26日，约定两个月还款，后来一直不还，转借续签。另外，2013年3月26日连云港东方农村商业银行的取款凭条证明，薛某众当天取款10万元。

另查明，在法院受理的（2015）海刑初字第111号刑事案件中，赵某勇、许某莉涉嫌诈骗罪，被检察机关依法提起公诉，在公诉机关起诉的案件事实中，不涉及本案的民事诉讼事实。

原告王某诉称，赵某勇、许某莉于2014年2月25日向原告借款10万元，期限为一年，利息按月利率三分五计算。被告程某对此提供担保。现因债务人、担保人均未清偿债务，要求法院判令被告程某偿还原告借款10万元及利息。

原告为了支持其诉讼请求向法院提交了下列证据：

1. 2014年2月25日，王某与赵某勇、许某莉、程某签订的借款合同和保证合同。

2. 2014年2月25日借款证明。

3. 2014年2月25日保证。

4. 2013年3月26日的取款凭条。

5. 案外人薛某众的书面情况说明。

被告程某辩称：一、原告并没有将出借款项交给赵某勇和许某莉。原告撤回对赵某勇、许某莉的诉讼请求，不利于查清本案事实。赵某勇、许某莉因涉嫌刑事犯罪已经被公安机关逮捕，刑事案件涉及原告王某和案外人薛某众，刑事案件正在审理中，本案应该先刑后民，待刑事案件结束后再处理。二、程某与原告王某不认识，没有向王某做过担保。原告所举证据与事实有出入，起诉事实和理由缺乏真实性。三、本案的担保方式是一般保证，被告程某享有先诉抗辩权，原告只起诉被告程某不符合程序规定。

◎ 法院审理

在诉讼过程中，原告王某主动撤回对被告赵某勇、许某莉的诉讼请求，法院予以准许。

法院认为，当事人对自己提出的诉讼请求所依据的事实或者反驳对方诉讼请求所依据的事实，应当提供证据加以证明。本案原告王某为了证明其诉讼请求，向法院提交了借款合同和保证合同等证据，该证据经庭审质证，被告对其签名的真实性无异议，被告虽然提出了借款未实际交付等抗辩意见，但未提供证据证实。法院审查原告所提交的证据，结合本案的相关事实确信原告起诉的事实具有高度可能性，依法确认赵某勇、许某莉向原告借款10万元（该借款实际发生于2013年3月26日，于2014年2月25日续借）、被告程某提供担保的事实。

关于本案的刑民交叉问题。《最高人民法院关于在审理经济纠纷案件中涉及经济犯罪嫌疑若干问题的规定》第一条规定："同一公民、法人或其他经济组织因不同的法律事实，分别涉及经济纠纷和经济犯罪嫌疑的，经济纠纷案件和经济犯罪嫌疑案件应当分开审理。"经查明，本案的民事诉讼事实与法院受理的赵某勇、许某莉所涉嫌的刑事犯罪事实不是同一事实，两个案件可以分开审理。法院对被告"本案应当先刑后民"的辩称不予支持。

关于本案的担保形式问题。原、被告在借款合同和保证合同中，均明确约定为连带责任保证。虽然被告程某抗辩，在2014年2月25日的"保证"中，明确载明"被担保人如不能按期偿还，由本人在合同到期之日……"此约定应当是一般保证。但是法院认为，"保证"中的约定，不能否定双方当事人在借款合同和保证合同中明确约定的连带责任保证，法院对被告的上述辩称不予支持，故对被告"享有先诉抗辩权"的辩称也不予支持。

关于本案的诉讼主体问题。《最高人民法院关于适用〈中华人民共和国民事诉讼法〉的解释》第六十六条规定："因保证合同纠纷提起的诉讼，债权人向保证人和被保证人一并主张权利的，人民法院应当将保证人和被保证人列为共同被告。保证合同约定为一般保证，债权人仅起诉保证人的，人民法院应当通知被保证人作为共同被告参加诉讼；债权人仅起诉被保证人的，可以只列被保证人为被告。"根据上述规定，法院在审理连带责任保证纠纷案件时，债权人仅起诉保证人的，法院可以准许，不必然追加借款人为共同被告。本案原告在起诉后，因借款人已经被采取刑事强制措施，不便于诉讼，故撤回了对借款人的诉讼，是原告对其民事权利的自由处分，不违反法律规定。关于被告"撤回对借款人的诉讼不利于查清事实"的辩称，法院认为，被告抗辩的事实问题，应当由双方当事人承担相应的举证义务，如不能举证则承担结果意义上的举证责任，与相关人员是否参加诉讼无必然关系，法院对被告上述辩称亦不予支持。

关于原告起诉的利息。因为借款合同约定的利率过高，不符合相关规定，法院依法调整为中国人民银行同期同档贷款利率的四倍。

法院判决如下：被告程某于本判决生效之日起十日内一次性偿还原告王某借款本金10万元及利息（从2014年2月26日起至实际给付之日止，以10万元为本金，按中国人民银行同期同档贷款利率四倍计算）。

◎ 点评

民间借贷中有连带保证人的，当借款人违约时，出借人可以要求借款人偿还本息，也可以要求保证人承担连带保证责任。此处的问题是，出借人仅仅起诉保证人的，法院是否应当追加借款人为共同被告。《最高人民法院关于适用〈中华人民共和国民事诉讼法〉若干问题的意见》（法发〔1992〕22号）[①] 第五十三条规定："因保证合同纠纷提起的诉讼，债权人向保证人和被保证人一并主张权利的，人民法院应当将保证人和被保证人列为共同被告；债权人仅起诉保证人的，除保证合同明确约定保证人承担连带责任的外，人民法院应当通知被保证人作为共同被告参加诉讼；债权人仅起诉被保证人的，可只列被保证人为被告。"据此，保证合同明确约定为连带保证责任的，出借人仅起诉保证人应当允许。需要注意的是，《担保法》第十九条规定，当事人对保证方式没有约定或者约定不明确的，按照连带责任保证承担保证责任。因此，如果保证合同对保证方式没有约定或者约定不明确，虽然保证人承担连带保证责任，但出借人如果仅起诉保证人，法院应当通知借款人作为共同被告参加诉讼。但是，《最高人民法院关于适用〈中华人民共和国民事诉讼法〉的解释》（法释〔2015〕5号）对上述规定进行了修改。其第六十六条规定："因保证合同纠纷提起的诉讼，债权人向保证人和被保证人一并主张权利的，人民法院应当将保证人和被保证人列为共同被告。保证合同约定为一般保证，债权人仅起诉保证人的，人民法院应当通知被保证人作为共同被告参加诉讼；债权人仅起诉被保证人的，可以只列被保证人为被告。"据此，出借人只起诉连带保证人的，法院并不一定要通知借款人作为共同被告参加诉讼。此时的连带责任保证，既包括保证合同明确约定为连带责任保证的，也包括保证合同对保证方式没有约定或约定不明的情形。《最高人民法院关于审理民间借贷案件适用法律若干问题的规定》（法释〔2015〕18号）第四条第一款规定："保证人为借款人提供连带责任保证，出借人仅起诉借款人的，人民法院可以不追加保证人为共同被告；出借人仅起诉保证人

---

① 已失效。

的，人民法院可以追加借款人为共同被告。”该规定对《最高人民法院关于适用〈中华人民共和国民事诉讼法〉的解释》（法释〔2015〕5号）第六十六条进行了明确，即保证人为借款人提供连带责任保证的，出借人只起诉保证人，法院可以追加借款人为共同被告，也可以不追加，决定权在法院。

◎ 法条链接

1.《最高人民法院关于适用〈中华人民共和国民事诉讼法〉若干问题的意见》（法发〔1992〕22号）（已失效）

53. 因保证合同纠纷提起的诉讼，债权人向保证人和被保证人一并主张权利的，人民法院应当将保证人和被保证人列为共同被告；债权人仅起诉保证人的，除保证合同明确约定保证人承担连带责任的外，人民法院应当通知被保证人作为共同被告参加诉讼；债权人仅起诉被保证人的，可只列被保证人为被告。

2.《最高人民法院关于适用〈中华人民共和国民事诉讼法〉的解释》（法释〔2015〕5号）

第六十六条　因保证合同纠纷提起的诉讼，债权人向保证人和被保证人一并主张权利的，人民法院应当将保证人和被保证人列为共同被告。保证合同约定为一般保证，债权人仅起诉保证人的，人民法院应当通知被保证人作为共同被告参加诉讼；债权人仅起诉被保证人的，可以只列被保证人为被告。

3.《最高人民法院关于审理民间借贷案件适用法律若干问题的规定》（法释〔2015〕18号）

第四条　保证人为借款人提供连带责任保证，出借人仅起诉借款人的，人民法院可以不追加保证人为共同被告；出借人仅起诉保证人的，人民法院可以追加借款人为共同被告。

保证人为借款人提供一般保证，出借人仅起诉保证人的，人民法院应当追加借款人为共同被告；出借人仅起诉借款人的，人民法院可以不追加保证人为共同被告。

68. 连带责任保证人与出借人未约定保证期间，后者未在法定保证期间向保证人主张保证责任，保证人是否免除保证责任？

——余某琴与陈某、江某等民间借贷纠纷上诉案①

裁判要旨

连带责任保证的保证人与出借人未约定保证期间的，出借人有权自主债务履行期届满之日起 6 个月内要求保证人承担保证责任。在上述保证期间，出借人未要求保证人承担保证责任的，保证人免除保证责任。

◎ 基本案情

2013 年 4 月，被告陈某向原告余某琴借款 2,500,000 元。双方于 2013 年 4 月 17 日签订《借款合同》。借款合同主要内容是：原告余某琴借给被告陈某 2,500,000 元，借款期限为 6 天，借款期限为 2013 年 4 月 17 日至 2013 年 4 月 22 日。本合同项下的借款利率为固定利率，月利率为 5.4%，不足一个月的按日计息，日利率为月利率的 1/30。本合同项下的借款按月付息。付息日为每月第 10 日。被告陈某应在付息日向原告支付到期利息，借款到期，利随本清。借款到期日或付息遇节假日的，可顺延至节假日后一工作日还本付息。还款方式为被告陈某于借款期限届满之日一次性归还借款本金。被告陈某未按本合同约定的期限清偿借款的，自逾期之日（含当日）起按本合同借款利率上浮 5% 计收利息。借款到期，双方如需延期，经双方同意的，签订补充合同等内容。被告福州凌力动力有限公司对上述债务承担连带担保责任，但未约定担保期间。

当日，被告陈某亦出具《借款借据》，记载：根据 2013 年 4 月 17 日签订的《借款合同》，本（人/单位）兹向余某琴借款人民币（大写）贰佰伍拾万元，借款

① 福建省福州市中级人民法院（2015）榕民终字第 3650 号

期限自2013年4月17日至2013年4月22日。借款金额现本（人/单位）已全部收到。其他约定详见《借款合同》。借款人处“陈某”签名。尾部手写备注：因资金紧，从6月26日到7月25日延期。此据，陈某落款时间为2013年6月25日。上述2,500,000元，原告已于2013年4月17日向被告陈某支付。

之后，被告陈某向原告余某琴还款共计2,055,000元。原告余某琴确认收到上述2,055,000元款项，但认为系利息。另，被告陈某与被告江某双方确认系夫妻关系。

◎ 法院审理

原审法院认为，原告余某琴与被告陈某签订的《借款合同》、以及被告陈某出具的《借款借据》属有效合同，债务应当清偿。《最高人民法院关于适用〈合同法〉若干问题的解释（二）》第二十一条规定：债务人除主债务之外还应支付利息和费用，当其给付不足以清偿全部债务时，并且当事人没有约定的，人民法院应当按照下列顺序抵充：（一）实现债权的有关费用；（二）利息；（三）主债务。根据上述规定，本案中，被告陈某向原告的每次还款应当先抵充利息，之后再抵充借款本金。

原告主张被告陈某归还2,500,000元本金，以及自2014年7月18日将双方在《借款合同》中约定的月利率为5.4%标准调整为按中国人民银行同期同类贷款基准利率的四倍标准计付，符合法律规定，原审法院予以支持。被告陈某称其已归还的2,055,000元款项系本金的抗辩理由不符《最高人民法院关于适用若干问题的解释（二）》第二十一条“债务人除主债务之外还应支付利息和费用，当其给付不足以清偿全部债务时，并且当事人没有约定的，人民法院应当按照下列顺序抵充：（一）实现债权的有关费用；（二）利息；（三）主债务”的规定，原审法院不予采信。但对被告陈某已经支付的超出贷款基准利率四倍的高额利息，被告陈某在诉讼中已经提出抗辩并且有相关证据证明的，应当对借款利息自出借之日起最高按同期人民银行基准贷款利率四倍计算，已经偿付的超出部分可以抵作欠款本息。具体折抵方式按照《最高人民法院关于适用若干问题的解释（二）》第二十一条规定，被告陈某已经支付的利息应先用于折抵从实际出借之日至判决确定还款之日期间的利息，超出部分再充抵借款本金。

《最高人民法院关于适用〈中华人民共和国婚姻法〉若干问题的解释（二）》第二十四条规定，债权人就婚姻关系存续期间夫妻一方以个人名义所负担债务主张权利的，应当按夫妻共同债务处理。但夫妻一方能够证明债权人与债务人明确约定为个人债务，或者能够证明属于婚姻法第十九条第三款规定情形的除外。《中华人民共和国婚姻法》第十九条第三款规定，夫妻对婚姻关系存续期间所得的财产约定归各自所有的，夫或妻一方对外所负债务，第三人知道该约定的，以夫或妻一方所有的财产清偿。《最高人民法院关于适用〈中华人民共和国婚姻法〉若干问题的解释（一）》第十八条规定，婚姻法第十九条所称"第三人知道该约定的"，夫妻一方对此负有举证责任。本案借款事实发生在被告陈某与被告江某婚姻关系存续期间，原告主张被告陈某与被告江某为本案共同被告，并要求共同偿还，符合上述法律规定，原审法院予以支持。

被告福州凌力动力有限公司在《借款合同》中明确约定该公司对被告陈某的上述债务承担连带担保责任，但未约定保证期间。现原告要求其承担连带保证责任，对此被告福州凌力动力有限公司有异议，抗辩称原告没有在法定期限内向担保人主张权利，其担保责任得以免除。鉴于原告该项主张不符合《担保法》第二十六条"连带责任保证的保证人与债权人未约定保证期间的，债权人有权自主债务履行期届满之日起六个月内要求保证人承担保证责任。在合同约定的保证期间和前款规定的保证期间，债权人未要求保证人承担保证责任的，保证人免除保证责任"之规定，被告福州凌力动力有限公司抗辩理由成立，原告该项主张原审法院不予支持。

被告江某抗辩称被告陈某所借款项是用于公司，不是家庭开支，其不能作为被告的理由，未提交证据予以证实，原审法院亦不予采信。

据此，原审法院判决：一、被告陈某、江某于本判决生效之日起十日内偿还原告余某琴借款本息（本息计算方式如下：以2,500,000元为本金，从2013年4月17日起计至本判决确定还款之日止，利息按中国人民银行同期同类贷款基准利率的四倍计算；但对被告陈某分别于2013年4月17日还款27,000元、2013年5月27日还款135,000元、2013年6月25日还款153,000元、2013年8月21日还款270,000元、2013年10月21日还款135,000元、2013年12月24日还款135,000元、2014年1月27日还款200,000元、2014年3月26日还款300,000元、2014年4月8日还款500,000元、2014年5月28日还款100,000元、2014年6月6日还款100,000元，应先抵扣利息，余款抵扣上述2,500,000元本金）；二、驳回原告的其他诉讼请求。

上诉人陈某上诉称：1. 被上诉人余某琴在本起借贷中自身存在过错，应承担相应不利的后果，原审法院按银行同期贷款利率的四倍向被上诉人支付利息过高；2. 即便按原审确定的利率水平计算，原审判决上诉人向被上诉人还款本息的计算方式也是错误的，上诉人分期还款后，当期还款金额超出当期应计付利息金额的部分应当就当期抵扣本金，用于计付利息的本金数额应不断变小，上诉人只欠被上诉人本金96,0681元。综上，上诉人陈某请求撤销原判，依法改判为上诉人返还被上诉人借款本金96,0681元及相应利息（利息自2014年6月7日起计至判决确定的还款之日，月利率按银行同期同类贷款利率的四倍计算）；本案二审诉讼费用由被上诉人承担。

被上诉人余某琴答辩称：1. 上诉人所支付的款项是在自动履行合同约定的给付利息义务，原审判决以2,500,000元作为利息计算基数，符合法律规定及司法实践；2. 被上诉人没有提起上诉，并非是对原审判决的完全支持，按照法律规定，应支持被上诉人的诉讼请求；3. 即便按照上诉人的方式计算，上诉人所计算出来的金额也是错误的，应为1,031,661.18元。综上，原审法院判决符合事实与法律依据，被上诉人余某琴请求驳回上诉，维持原判。

原审被告江某答辩称：上诉人的借款没有用于家庭生活，原审被告江某不应承担还款责任。

原审被告福州凌力动力有限公司答辩称：被上诉人没有在法定期限内向其主张权利，其担保责任应予免除。

二审法院驳回上诉，维持原判。

◎ 点评

民间借贷实务中，出借人为了保障自己的债权，可能会要求借款人提供第三人作为保证人。保证分为一般保证和连带责任保证，两者的主要区别是一般保证的保证人享有先诉抗辩权，但连带责任保证的保证人则否。另外，为了明确保证人的责任期间，保证人与出借人通常会约定保证期间。但是，保证人与出借人未约定保证期间的情形也时常发生。根据《担保法》第二十五条和第二十六条的规定，无论一般保证还是连带责任保证，如果保证人与出借人未约定保证期间，保证期间为主债务履行期届满之日起6个月。问题是，如果出借人未在上述保证期间主张权利，保证人是否免除保证责任？下面就一般保证和连带责任保证分别讨论。

一、一般保证

一般保证的保证人享有先诉抗辩权，即出借人在借款人违约时只能先对借款人提起诉讼或申请仲裁，不能直接要求保证人承担保证责任，只有经审判或仲裁，并就债务人财产依法强制执行仍不能履行债务后，出借人才能要求保证人承担保证责任。《担保法》第二十五条规定：“一般保证的保证人与债权人未约定保证期间的，保证期间为主债务履行期届满之日起六个月。在合同约定的保证期间和前款规定的保证期间，债权人未对债务人提起诉讼或者申请仲裁的，保证人免除保证责任；债权人已提起诉讼或者申请仲裁的，保证期间适用诉讼时效中断的规定。”因此，一般保证的保证人与出借人未约定保证期间的，保证期间为主债务履行期届满之日起6个月。由于一般保证的保证人享有先诉抗辩权，故出借人应当在上述法定保证期间对借款人提起诉讼或申请仲裁。否则，保证人免除保证责任。

二、连带责任保证

连带责任保证的保证人不享有先诉抗辩权，因此，出借人在借款人违约时可直接要求保证人承担保证责任。《担保法》第二十六条规定：“连带责任保证的保证人与债权人未约定保证期间的，债权人有权自主债务履行期届满之日起六个月内要求保证人承担保证责任。在合同约定的保证期间和前款规定的保证期间，债权人未要求保证人承担保证责任的，保证人免除保证责任。”据此，连带责任保证的保证人与出借人未约定保证期间的，保证期间为主债务履行期届满之日起 6 个月。如果出借人未在上述法定保证期间向保证人主张权利，保证人免除保证责任。

从保证实务来看，债权人未在法定保证期间向连带责任保证人主张保证责任的情形时有发生，主要原因如下：一是债权人对担保法律不熟悉，不知道自己的权利限制；二是债权人虽然知道法律关于保证期间的规定，但自己疏忽大意，导致保证期间经过而没有主张权利。本民间借贷纠纷案出借人为余某琴，借款人为陈某、江某，保证人为福州凌力动力有限公司。虽然保证人与出借人约定其承担连带保证责任，但未约定保证期间。依据《担保法》第二十六条第一款，出借人余某琴有权自主债务履行期届满之日起 6 个月内要求保证人福州凌力动力有限公司承担保证责任。由于出借人未在上述法定保证期间内要求保证人承担保证责任，故保证人福州凌力动力有限公司免除保证责任。

◎ 法条链接

1. 《担保法》

第二十五条 一般保证的保证人与债权人未约定保证期间的，保证期间为主债务履行期届满之日起六个月。

在合同约定的保证期间和前款规定的保证期间，债权人未对债务人提起诉讼或者申请仲裁的，保证人免除保证责任；债权人已提起诉讼或者申请仲裁的，保证期间适用诉讼时效中断的规定。

第二十六条 连带责任保证的保证人与债权人未约定保证期间的，债权人有权自主债务履行期届满之日起六个月内要求保证人承担保证责任。

在合同约定的保证期间和前款规定的保证期间，债权人未要求保证人承担保证责任的，保证人免除保证责任。

69. 一般保证的债权人同时起诉债务人和保证人，法院如何处理？

——马某某与张某某等民间借贷纠纷上诉案[①]

裁判要旨

一般保证的债权人向债务人和保证人一并提起诉讼的，人民法院应当将债务人和保证人列为共同被告参加诉讼。但是，应当在判决书中明确在对债务人财产依法强制执行后仍不能履行债务时，由保证人承担保证责任。

◎ 基本案情

2010 年 11 月 2 日，陈某施工需要向原告马某某借款 50 万元，张某某作为担保人，三方签订《借款合同》一份，合同约定借款期限为 3 个月，月息 3%，如陈某不能按时还本付息，超出时间，除承担相应的利息外，每逾期一天，还应承担千分之一的违约金。张某某承担连带责任。同年 11 月 4 日，马某某将 50 万元通过银行转账的方式支付给陈某，陈某出具收条一张。

2012 年 12 月 1 日，因陈某未依约归还欠款，马某某（甲方）、陈某（乙方）及张某某（丙方）签订《还款协议书》一份，约定：（一）执行本协议时，原三方签订的借款合同中约定的各种条款继续有效，且不影响本协议和原合同的执行，矛盾处以本协议为准；（二）乙方 2013 年 1 月 30 日前还清所欠甲方的所有债务（包括本金和利息）。如不能按时归还，则一个月内自愿自行变卖卧龙湾的房产和汽车还债，否则将要求法院强制执行拍卖；（三）丙方为乙方债务仍履行担保义务并承诺将诉乙方经济纠纷案中冻结的乙方在卧龙湾的房产拍卖所得，优先偿还甲方的债务；（四）必要时丙方协助变卖乙方资产归还甲方债务后，未还清的债务，乙方不能偿还时，由丙方负责偿还；（五）乙方还清债务前，计算利息按原合同约定，计息时间按实际借款时间。

协议签订后，陈某未依约归还欠款，马某某诉至法院。

原审法院另查明，陈某已向马某某支付 138, 000 元利息。张某某与陈某之间的

---

① 湖南省长沙市中级人民法院（2014）长中民二终字第 00563 号

债务纠纷，向长沙市望城区人民法院提起诉讼，该院于2012年10月10日作出(2012)望民初字第885号民事判决书，判决陈某归还张某某借款25万元并支付利息。陈某在卧龙湾和海南省三亚市皆有房产。马某某与张某某多次就陈某的上述债务归还问题互发短信进行商讨，张某某向马某某提供了陈某的部分财产线索。

◎ 法院审理

原审法院认为，马某某、陈某对于借款的事实均无异议，陈某未依约按期偿还借款，应承担相应的责任。本案双方争议的焦点问题有两点：(一) 张某某是否仍应对陈某的债务承担保证责任？保证方式为何？是否应当免除其部分保证责任？(二) 马某某诉求的利息及违约金是否过高？

对于上述焦点一，原审法院认为，2010年11月2日双方签订的借款合同中，约定了张某某对陈某的债务承担连带责任保证。根据2012年12月1日三方签订的《还款协议书》第二条及第四条的约定，对于陈某所欠原告的债务，首先由陈某进行清偿，必要时由张某某协助变卖陈某的财产清偿，未还清的债务，陈某不能偿还时，由张某某负责偿还。上述约定符合一般保证的法律特征，因此，根据《中华人民共和国担保法》第十七条的规定，张某某应对陈某的债务承担一般保证责任。虽然该协议第一条约定，原三方签订的借款合同中约定的各种条款继续有效，但该条款为概述性条款，而第二条、第四条为明确性条款，对于双方当事人的权利义务进行了明确的约定，当二者有歧义时，应当以明确性条款为准。因此，《还款协议书》已将张某某的连带责任保证变更为一般保证。根据《中华人民共和国担保法》第十七条的规定，一般保证的保证人享有先诉抗辩权即在主合同纠纷未经审判或者仲裁，并就债务人财产依法强制执行仍不能履行债务前，对债权人可以拒绝承担保证责任。而马某某未提供证据证明陈某符合该条第三款的情形。因此，马某某要求张某某对陈某的债务承担连带责任的诉讼请求，不予支持。在承担一般保证责任条件成就时，马某某可另行向张某某主张权利。因张某某承担的是一般保证责任，对于是否可免除其部分保证责任的问题，在本案中不宜处理；

对于上述焦点二，原审法院认为，借款合同是特殊的合同，其标的物是货币，对于出借人来说，借款人未依约还款，所遭受到的损失是借款利息。双方在借款合同及还款协议书中既约定了利息，又约定了违约金，两项相加已超过银行同期贷款利率的四倍，有违法律的规定，不利于金融市场的健康发展，有规避法律、变相高利贷之嫌。因此，对于马某某要求支付违约金的诉请，不予支持；双方约定的月息3%超过银行同期贷款利率四倍，对于超过部分，亦不予支持。因双方约定计息时间按实际借款时间开始计算。故计息时间从马某某实际出借资金给陈某即2010年11月4日起计算，按照银行同期贷款利率的四倍暂计算至2013年6月25日。经核算，该段期间的利息为331,550元，减去已支付的138,000元利息，陈某还应向马某某支付利息193,550元。

原审法院判决：(一) 陈某自判决生效之日起偿还马某某借款本金500,000元，并支付利息193,550元（利息暂计算至2013年6月25日，其后利息按银行同期贷款利率的四倍计算至债务实际清偿完毕之日止）；(二) 驳回马某某的其他诉讼请求。

马某某不服原审判决，上诉称：根据《最高人民法院关于适用〈中华人民共和国担保法〉若干问题的解释》第一百二十五条之规定，债务人和保证人作为共同被告参加诉讼的，除应当明确在对债务人财产依法强制执行后仍不能履行债务时由保证人承担保证责任外，仍应当对保证人责任作出判决。原审判决确认了张某某承担一般保证责任，却又驳回了马某某对张某某的诉讼请求，属于适用法律错误。张某某承担保证责任应当写入判决。综上，请求二审法院判决：1. 撤销湖南省长沙市开福区人民法院（2013）开民一初字第02713号民事判决第二项，并依法改判在陈某的财产依法强制执行后仍不能清偿债务时由张某某承担保证责任。2. 上诉费由陈某、张某某承担。

二审法院认为，根据《最高人民法院关于适用〈中华人民共和国担保法〉若干问题的解释》第一百二十五条之规定，一般保证的债权人向债务人和保证人一并提起诉讼的，人民法院可以将债务人和保证人列为共同被告参加诉讼。但是，应当在判决书中明确在对债务人财产依法强制执行后仍不能履行债务时，由保证人承担保证责任。本案中，陈某作为债务人对其欠款的事实并无异议，张某某作为保证人对其承担一般保证责任亦不持异议。在债务人陈某和保证人张某某均作为被告参加诉讼的情况下，原审判决中未明确在对陈某的财产依法强制执行后仍不能履行债务时，由保证人张某某承担保证责任，属适用法律错误。马某某认为张某某承担保证责任应当写入判决的上诉理由成立，二审法院予以支持。

综上，原审判决认定事实清楚，各方当事人对原审判决第一项确定之欠款本金及利息未提出异议，二审法院对该项判决予以维持。原审判决第二项驳回马某某对张某某的诉讼请求属适用法律错误，二审法院依法予以纠正。

二审法院判决如下：

一、维持湖南省长沙市开福区人民法院（2013）开民一初字第02713号民事判决第一项，即陈某偿还马某某借款本金500,000元，并支付利息193,550元（利息暂计算至2013年6月25日，其后利息按银行同期贷款利率的四倍计算至债务实际清偿完毕之日止）；

二、撤销长沙市开福区人民法院（2013）开民一初字第02713号民事判决第二项（即驳回马某某的其他诉讼请求）；

三、如陈某经依法强制执行后仍未能全面清偿本判决第一项确定之债务，由张某某对债务不能清偿的部分承担保证责任。承担债务后，张某某有权向陈某追偿；

四、驳回马某某的其他诉讼请求。

◎ 点评

民间借贷实务中出借人为了维护自己的权利，可能会要求借款人提供第三人作为保证人。保证包括一般保证和连带责任保证，两者的区别之一是一般保证人享有先诉抗辩权，即一般保证人在主合同纠纷未经审判或仲裁，并就债务人财产依法强制执行仍然不能清偿债务前，可以拒绝承担保证责任。

在一般保证情形下，当借款人未能依约清偿债务时，出借人可能选择借款人或保证人起诉。《最高人民法院关于审理民间借贷案件适用法律若干问题的规定》（法释〔2015〕18 号）第四条第二款规定："保证人为借款人提供一般保证，出借人仅起诉保证人的，人民法院应当追加借款人为共同被告；出借人仅起诉借款人的，人民法院可以不追加保证人为共同被告。"《最高人民法院关于适用〈中华人民共和国民事诉讼法〉的解释》（法释〔2015〕5 号）第六十六条第二句规定："保证合同约定为一般保证，债权人仅起诉保证人的，人民法院应当通知被保证人作为共同被告参加诉讼；债权人仅起诉被保证人的，可以只列被保证人为被告。"上述规定的理由是为了查清案情必须追加借款人。

出借人也可能同时起诉借款人和一般保证人。《最高人民法院关于适用〈中华人民共和国担保法〉若干问题的解释》（法释〔2000〕44 号）第一百二十五条规定："一般保证的债权人向债务人和保证人一并提起诉讼的，人民法院可以将债务人和保证人列为共同被告参加诉讼。但是，应当在判决书中明确在对债务人财产依法强制执行后仍不能履行债务时，由保证人承担保证责任。"据此，一般保证的债权人同时起诉债务人和保证人，法院可以将债务人和保证人列为共同被告，也可以不列为共同被告。但是，《最高人民法院关于适用〈中华人民共和国民事诉讼法〉的解释》（法释〔2015〕5 号）改变了上述司法解释的规定。其第六十六条第一句规定："因保证合同纠纷提起的诉讼，债权人向保证人和被保证人一并主张权利的，人民法院应当将保证人和被保证人列为共同被告。"据此，不论是连带责任保证，还是一般保证，债权人向保证人和债务人一并主张权利的，都应当将两者列为共同被告。需要注意的是，法院将保证人和债务人列为共同被告，应当在判决书中明确在对债务人财产依法强制执行后仍不能履行债务时，由保证人承担保证责任。《最高人民法院关于适用〈中华人民共和国担保法〉若干问题的解释》（法释〔2000〕44 号）强调这一点主要是贯彻落实保证人的先诉抗辩权，也为了防止判决书陈述不清导致债权人和保证人扯皮，从而不利于保护债权人的合法权益。

本案民间借贷合同由第三人提供一般保证。原审法院认定保证人承担一般保证责任，但判决书没有明确在对债务人财产依法强制执行后仍不能履行债务时，由保证人承担保证责任。二审法院根据民间借贷出借人的上诉对原审法院判决进行部分纠正，明确在对债务人财产依法强制执行后仍不能履行债务时，由保证人承担保证责任。

◎ 法条链接

1. **《担保法》**

第三十一条　保证人承担保证责任后，有权向债务人追偿。

2. **《最高人民法院关于适用〈中华人民共和国担保法〉若干问题的解释》（法释〔2000〕44号）**

第四十二条　人民法院判决保证人承担保证责任或者赔偿责任的，应当在判决书主文中明确保证人享有担保法第三十一条规定的权利。判决书中未予明确追偿权的，保证人只能按照承担责任的事实，另行提起诉讼。

保证人对债务人行使追偿权的诉讼时效，自保证人向债权人承担责任之日起开始计算。

第一百二十五条　一般保证的债权人向债务人和保证人一并提起诉讼的，人民法院可以将债务人和保证人列为共同被告参加诉讼。但是，应当在判决书中明确在对债务人财产依法强制执行后仍不能履行债务时，由保证人承担保证责任。

3. **《最高人民法院关于审理民间借贷案件适用法律若干问题的规定》（法释〔2015〕18号）**

第四条　保证人为借款人提供连带责任保证，出借人仅起诉借款人的，人民法院可以不追加保证人为共同被告；出借人仅起诉保证人的，人民法院可以追加借款人为共同被告。

保证人为借款人提供一般保证，出借人仅起诉保证人的，人民法院应当追加借款人为共同被告；出借人仅起诉借款人的，人民法院可以不追加保证人为共同被告。

4. **《最高人民法院关于适用〈中华人民共和国民事诉讼法〉的解释》（法释〔2015〕5号）**

第六十六条　因保证合同纠纷提起的诉讼，债权人向保证人和被保证人一并主张权利的，人民法院应当将保证人和被保证人列为共同被告。保证合同约定为一般保证，债权人仅起诉保证人的，人民法院应当通知被保证人作为共同被告参加诉讼；债权人仅起诉被保证人的，可以只列被保证人为被告。

70. 民间借贷合同当事人协议以新贷偿还旧贷，保证人是否承担责任？

——浙江菲格服饰有限公司与应某桥等民间借贷纠纷上诉案[①]

裁判要旨

民间借贷合同当事人双方协议以新贷偿还旧贷，除保证人知道或者应当知道的外，保证人不承担民事责任。具体要件如下：第一，借贷双方先后至少有两笔贷款；第二，借贷双方必须协商新贷的用途是偿还旧贷；第三，新贷的保证人不知道或不应当知道新贷的用途是偿还旧贷；第四，保证人应举证证明借贷双方协议以贷还贷，即有以贷还贷的意思表示，或保证人应举证证明出借人知道新贷的借款用途是偿还旧贷。

但是，新贷与旧贷是同一保证人的，即使保证人不知道或者不应当知道主合同当事人双方协议“借新还旧”的，保证人仍应承担保证责任。

◎ 基本案情

2011年8月24日，潘某程向应某桥借款500万元，双方订立借款合同一份，约定：(1) 该款由应某桥汇入潘某程农村合作银行账户62××××88；借款期间利息按月利率3%计算，还款期限为2011年9月11日；如逾期未归还每日按借款金额的百分之三计算违约金，并承担律师费等损害赔偿金；如发生纠纷由甲方（应某桥）所在地法院管辖。德清县诺立涂装设备制造有限公司（以下简称诺立公司）、浙江菲格服饰有限公司（原德清亚意服饰有限公司，以下简称亚意公司）、浙江福莱德体育用品有限公司（以下简称福莱德公司）、沈某霞、白某荣、陈某、白某鸣自愿为借款提供连带责任保证，应某桥与七保证人订立保证合同一份，保证范围为本金、利息、违约金、损害赔偿金和实现债权的费用，担保期限为借款到期后两年。同日，应某桥将借款500万元转入潘某程指定的账户。此后潘某程于2011年10月24日、11月4日分别支付利息63,000、81,000元，2011年11月10日归还60万元（包括本金364,000元，利息236,000元），2011年11月28日归还200万

---

① 浙江省金华市中级人民法院民事判决书（2012）浙金商终字第1235号

元（包括本金1,916,552元、利息83,448元），尚欠应某桥借款本金2,719,448元一直未归还，各保证人也未履行代偿借款的保证责任。

2012年1月10日，应某桥向原审法院提起诉讼，请求判令：1. 潘某程归还其借款本金2,733,700元及逾期还款的违约金（利息已支付至2011年11月29日，此后按借款本金2,733,700元以月利率3%计算）；2. 潘某程支付其为实现债权支付的律师代理费132,000元；3. 诺立公司、亚意公司、福莱德公司、沈某霞、白某荣、陈某、白某鸣为上述借款本金、违约金、律师代理费承担连带保证责任。

◎ 法院审理

潘某程在原审中提交书面答辩意见称：1. 向应某桥借款500万元属实，借款用途是用于归还德清升华小额贷款股份有限公司及德清德华小额贷款公司的500万元借款。2. 借款当日，应某桥扣除了30万元利息，实际借款金额是470万元。3. 本人于2011年10月24日支付利息63,000元，11月4日支付利息81,000元，按规定，借款利息最高不应超过银行贷款利率四倍。4. 应某桥要求其承担律师费用诉讼请求不能成立，承担违约金与损害赔偿金的诉讼请求有重叠。

诺立公司、福莱德公司在原审中提交书面答辩意见称：1. 同意潘某程提出的四点答辩意见。2. 诺立公司、福莱德公司为潘某程担保，违反《中华人民共和国公司法》第六十条的规定，担保合同无效。

亚意公司在原审中答辩称：1. 盖章担保事实，但公司为实际控制人潘某程担保，违反了《公司法》规定，担保合同无效；即使担保合同有效，本案属于以贷还贷，不承担责任。2. 对借款实际发生金额以及归还金额有异议，潘某程于借款当日支付利息30万元应予扣除，另外，2011年11月10日支付60万元、11月28日支付200万元应属归还本金。3. 利息与违约金过高，超过民间借贷利率的上限，超过中国人民银行贷款基准利率的四倍部分不应予以保护。

原审法院认为，应某桥与潘某程之间的民间借贷关系合法有效，潘某程拖欠应某桥借款2,719,448元，逾期未有归还，事实清楚，对到期借款依法负有清偿义务；应某桥要求利息、违约金按月利率3%计算，已超出法律限制性规定，予以调整，利息、违约金可按中国人民银行同期贷款基准利率的四倍计算，至于潘某程起诉前按月利率3%支付的部分利息，对这部分利息不予干涉。诺立公司、亚意公司、福莱德公司、沈某霞、白某荣、陈某、白某鸣为潘某程的借款提供连带责任保证，且各保证人未约定保证份额，视为共同保证，应共同承担连带清偿责任。潘某程认为实际借款金额为470万元，诺立公司、亚意公司、福莱德公司主张保证无效及各被告认为不应承担律师费的抗辩主张，依据不足，不予采纳。诺立公司、福莱德公司、沈某霞、白某荣、陈某、白某鸣经法院合法传唤无正当理由拒不到庭，是对法律不尊重及对自身诉讼权利的放弃，由此产生的法律后果，由其自行承担。

原审法院判决：一、由潘某程归还应某桥借款2,719,448元，并支付逾期还款违约金（违约金按中国人民银行同期同档次贷款基准利率的四倍计算，自2011年11月29日起计算至判决确定还款之日止），限判决生效后一个月内履行完毕。二、由潘某程支付应某桥为本案支出的律师代理费132,000元，限判决生效后一个月内履行完毕。三、由德清县诺立涂装设备制造有限公司、浙江福莱德体育用品有限公司、德清亚意服饰有限公司、沈某霞、白某荣、陈某、白某鸣对上述第一、第二项判决确定的债务承担连带清偿责任。四、驳回应某桥的其他诉讼请求。

亚意公司不服原审法院上述民事判决，向二审法院提起上诉称：一、即使担保合同有效，其也不需要承担保证责任。潘某程在原审中提供证据证明他收到应某桥500万元借款后，立即用于归还德清升华小额贷款股份有限公司、德清德华小额贷款股份有限公司的200万、300万借款。潘某程虽然在原审中提供的只是复印件，但原审法院应对相关事实予以核实。根据《最高人民法院关于适用〈中华人民共和国担保法〉若干问题的解释》第三十九条规定，以新贷还旧贷，除保证人知道或应当知道的，保证人不承担民事责任。本案正是由于主合同当事人未将借款情况告知其，致使其在不知情的情况下，不能全面衡量和了解债务人的履行能力和主合同的内容，不能正确判断为涉案借款提供担保的风险，故其不需要承担相应的担保责任。二、原审法院对于潘某程的借款金额认定错误。1. 借款当日，潘某程通过白某荣将30万元支付给应某桥指定的应新峰，故应当从借款金额中予以扣除。2. 原审法院认为应某桥要求利息、违约金按月利率3%计算已超出法律限制性规定，调整为按中国人民银行同期贷款基准利率的四倍计算，在此情况下，还认定潘某程尚欠应某桥2,719,448元逾期未有归还，是自相矛盾、严重错误的。潘某程所应承担的违约金责任应从2011年9月11日借款期限届满之后起算，而非原审法院确定的自2011年11月28日后起算。同时，此违约金责任一方面在数额上不得超出中国人民银行同期贷款基准利率的四倍，另一方面在清偿顺序上不受还款性质不清时利息优先于本金充抵的规则调整。3. 违约金与损害赔偿金不能同时适用。因此应某桥要求亚意公司承担保证责任，只能在不超出中国人民银行同期贷款基准利率的四倍之内的违约金和包括律师费在内的损害赔偿金之间择一主张，而不能请求累加适用。

二审法院认为本案争议焦点有三：

争议焦点一，关于本案实际借款金额问题。虽然本案借款合同及借款借据中载明的借款为500万元，但根据应某桥对借款当日已预付利息30万元的自认内容，涉案借款本金依法应当按照实际借款数额予以认定，即将预先支付的30万元利息予以扣除，实际借款本金为470万元。

争议焦点二，涉案借款的还款计算方式和数额问题。本案借款合同载明，借款借期内的利息按月利率3%计算，逾期违约金按日3%计算，已高出中国人民银行同期贷款基准利率的四倍，二审法院对超出部分不予支持。关于已支付利息部分，因应某桥未提供证据证明借款人自愿按照中国人民银行同期贷款基准利率的四倍以上支付利息，且涉案借款尚未结清，二审法院依法应予以调整。潘某程先后归还借款本息2,744,000元，对其中63,000元、81,000元二笔利息的支付双方陈述一致；另对260万元还款性质不清的款项，根据相关法律规定，应先充抵利息。经计算，潘某程于2011年11月10日归还的60万元中包含本金为501,898元，利息为98,102元，于2011年11月28日归还200万元中包含本金1,948,783元、利息51,217元，故截至2011年11月28日潘某程尚欠借款本金为2,249,319元。

争议焦点三，关于亚意公司是否应承担保证责任的问题。亚意公司主张本案借款属于以贷还贷的情形。依据最高人民法院《关于适用〈中华人民共和国担保法〉若干问题的解释》第三十九条"主合同当事人双方协议以新贷偿还旧贷，除保证人知道或者应当知道的外，保证人不承担民事责任"的规定，在亚意公司未能证明应某桥知晓潘某程将涉案借款用于归还之前借款的情况下，亚意公司仍应承担相应的保证责任。综上，对上诉人诉请有理部分，二审法院予以支持。二审法院根据二审中查明的新事实予以改判。

二审法院判决如下：

一、撤销浙江省永康市市人民法院（2012）金永商初字第189号民事判决；

二、潘某程于本判决生效后15日内归还应某桥借款本金2,249,319元，并支付逾期还款违约金（违约金从2011年11月29日起，按中国人民银行公布的同期同档次贷款基准利率的四倍计付至判决确定的履行之日止）；

三、潘某程于本判决生效后15日内支付应某桥为本案支出的律师代理费132,000元。

四、诺立公司、福莱德公司、亚意公司、沈某霞、白某荣、陈某、白某鸣对上述第二项、第三项判决确定的债务承担连带保证责任，诺立公司、福莱德公司、亚意公司、沈某霞、白某荣、陈某、白某鸣承担连带保证责任后有权向潘某程追偿；

五、驳回应某桥的其他诉讼请求。

◎ 点评

本案的争议焦点之一是亚意公司是否应承担保证责任。借款人潘某程向出借人应某桥借款500万元，亚意公司提供连带保证责任。但是，潘某程收到应某桥500万元借款后，立即用于归还德清升华小额贷款股份有限公司、德清德华小额贷款股份有限公司的200万、300万借款。亚意公司认为其不应当承担保证责任，依据是《最高人民法院关于适用〈中华人民共和国担保法〉若干问题的解释》（法释〔2000〕44号）

第三十九条："主合同当事人双方协议以新贷偿还旧贷，除保证人知道或者应当知道的外，保证人不承担民事责任。新贷与旧贷系同一保证人的，不适用前款的规定"。本条款应作如下理解：第一，主合同当事人双方先后至少有两笔贷款；第二，主合同当事人双方必须协商新贷款的用途是偿还旧贷款；第三，新贷款的保证人不知道或不应当知道该笔贷款的用途是偿还旧贷款；第四，保证人应举证证明主合同当事人双方协议以贷还贷，即有以贷还贷的意思表示，或保证人应举证证明出借人知道借款人的借款用途是偿还旧贷款；第五，满足前面四个条件，保证人不承担保证责任；第六，例外情况：新贷与旧贷是同一保证人的，即使保证人不知道或者不应当知道主合同当事人双方协议"借新还旧"的，保证人仍应承担保证责任。就本案而言，亚意公司应承担保证责任，其无法适用《最高人民法院关于适用〈中华人民共和国担保法〉若干问题的解释》（法释〔2000〕44号）第三十九条免责，主要理由如下：第一，借款人潘某程与出借人应某桥之间只有一笔贷款，而不是两笔或两笔以上贷款；第二，借款人将应某桥出借的500万元用于偿还其与德清升华小额贷款股份有限公司、德清德华小额贷款股份有限公司的200万元、300万元借款，而不是偿还其与应某桥的旧贷款；第三，亚意公司未能举证证明借款人潘某程与出借人应某桥之间有旧贷还新贷的意思表示。故本案二审法院驳回亚意公司的上诉请求。

另外，本案还有两个民间借贷知识点需要注意：

第一，出借人提供借款时扣除利息的，应当将实际提供的资金认定为本金并据此计算利息。《合同法》第二百条规定："借款的利息不得预先在本金中扣除。利息预先在本金中扣除的，应当按照实际借款数额返还借款并计算利息。"《最高人民法院关于审理民间借贷案件适用法律若干问题的规定》（法释〔2015〕18号）第二十七条规定："借据、收据、欠条等债权凭证载明的借款金额，一般认定为本金。预先在本金中扣除利息的，人民法院应当将实际出借的金额认定为本金。"

第二，自然人之间的借款合同约定支付利息的，借款的利率不得违反国家有关限制借款利率的规定。《最高人民法院关于审理民间借贷案件适用法律若干问题的规定》（法释〔2015〕18号）第二十六条规定："借贷双方约定的利率未超过年利率24%，出借人请求借款人按照约定的利率支付利息的，人民法院应予支持。借贷双方约定的利率超过年利率36%，超过部分的利息约定无效。借款人请求出借人返还已支付的超过年利率36%部分的利息的，人民法院应予支持。"

◎ 法条链接

1.《担保法》

第十八条 当事人在保证合同中约定保证人与债务人对债务承担连带责任的，为连带责任保证。

连带责任保证的债务人在主合同规定的债务履行期届满没有履行债务的，债权人可以要求债务人履行债务，也可以要求保证人在其保证范围内承担保证责任。

第二十一条 保证担保的范围包括主债权及利息、违约金、损害赔偿金和实现债权的费用。保证合同另有约定的，按照约定。

当事人对保证担保的范围没有约定或者约定不明确的，保证人应当对全部债务承担责任。

第三十一条 保证人承担保证责任后，有权向债务人追偿。

2.《最高人民法院关于适用〈中华人民共和国担保法〉若干问题的解释》(法释〔2000〕44号)

第十九条 两个以上保证人对同一债务同时或者分别提供保证时，各保证人与债权人没有约定保证份额的，应当认定为连带共同保证。

连带共同保证的保证人以其相互之间约定各自承担的份额对抗债权人的，人民法院不予支持。

第三十九条 主合同当事人双方协议以新贷偿还旧贷，除保证人知道或者应当知道的外，保证人不承担民事责任。

新贷与旧贷系同一保证人的，不适用前款的规定。

3.《合同法》

第二百条 借款的利息不得预先在本金中扣除。利息预先在本金中扣除的，应当按照实际借款数额返还借款并计算利息。

4.《最高人民法院关于适用〈中华人民共和国合同法〉若干问题的解释（二）》(法释〔2009〕5号)

第二十一条 债务人除主债务之外还应当支付利息和费用，当其给付不足以清偿全部债务时，并且当事人没有约定的，人民法院应当按照下列顺序抵充：

（一）实现债权的有关费用；

（二）利息；

（三）主债务。

5.《最高人民法院关于审理民间借贷案件适用法律若干问题的规定》(法释〔2015〕18号)

第二十六条 借贷双方约定的利率未超过年利率24%，出借人请求借款人按照约定的利率支付利息的，人民法院应予支持。

借贷双方约定的利率超过年利率36%，超过部分的利息约定无效。借款人请求出借人返还已支付的超过年利率36%部分的利息的，人民法院应予支持。

第二十七条 借据、收据、欠条等债权凭证载明的借款金额，一般认定为本金。预先在本金中扣除利息的，人民法院应当将实际出借的金额认定为本金。

71. 民间借贷双方对借款合同履行期限进行变动，保证人的保证期间是否发生变化？

——刘某与重庆恩纬西实业发展有限公司等民间借贷纠纷案[①]

裁判要旨

债权人与债务人对主合同履行期限作了变动，未经保证人书面同意的，保证期间为原合同约定的或者法律规定的期间。

◎ 基本案情

2013年9月17日，重庆恩纬西实业发展有限公司（以下简称恩纬西公司）（借款方）、刘某（出借方）及重庆华龙盈科实业有限公司（以下简称盈科实业公司）、重庆华龙盈科光电股份有限公司（以下简称盈科光电公司）、吴某江、吴某勇（担保方）签订一份《借款合同》，约定：借款金额最高为1亿元，实际借款金额以出借方划款凭证为准。放款条件及期限为出借方应于2013年9月22日向借款方发放借款3,000万元，借款期限为6个月（自2013年9月22日至2014年3月21日止），最低使用期限为3个月，实际借款起始日以出借方划款日为准；自2013年9月22日起，3个月内，若借款方有资金需求，应向出借方提交资金申请表，经出借方同意后，出借方发放剩余借款，实际借款金额、借款期限应根据资金申请表注明的金额、期限以及出借方实际的划款凭证为准。借款利息按借款期限内年利率为15.6%计算。违约责任为借款方逾期还款，借款方除按约定借款利率计算外，还应在此利率基础上，加收50%罚息，逾期超过1个月的，除每月按此标准支付利息及罚息外，还应向出借方支付逾期还款金额的20%的违约金，并应承担由此给出借方产生的损失及出借方为实现债权产生的律师费及其他费用等等。《借款合同》还约定由担保方盈科实业公司、盈科光电公司、吴某江、吴某勇为借款提供连带责任保证；担保期限为合同约定的债务履行期限届满之日起2年；担保范围包括但不限于

① 重庆市高级人民法院民事判决书（2014）渝高法民初字第00053号

借款本金、利息（包括罚息）、违约金、赔偿金、诉讼费、仲裁费、财产保全费、执行费、评估费、拍卖费、律师代理费等出借方为实现债权的全部支出费用。

2013年9月18日，刘某向恩纬西公司支付3,000万元借款；2013年12月30日，刘某根据恩纬西公司的申请，向恩纬西公司支付3,000万元借款；2014年1月10日，刘某根据恩纬西公司的申请，向恩纬西公司支付4,000万元借款。

后因恩纬西公司未按期归还借款本息，2014年8月21日刘某分别向吴某江、吴某勇发出《督促履行保证责任通知书》，载明："你于2013年9月17日为重庆恩纬西实业发展有限公司（借款人）从我方借款（人民币）壹亿元整提供连带责任保证，该笔借款早已逾期，经我方多次催收，截至2014年9月5日尚欠借款本金（人民币）壹亿元整和利息陆佰贰拾万元整，请尽快筹措资金履行保证责任，或督促借款人偿还我方借款本息。同时，我方保留依照有关法律和保证合同采取相应措施的权利。"吴某江、吴某勇分别在通知书上签名确认。

2014年8月18日，刘某与重庆公鸣律师事务所签订《委托代理合同》，委托重庆公鸣律师事务所指派律师为刘某诉恩纬西公司、盈科实业公司、盈科光电公司、吴某江、吴某勇民间借贷纠纷一案进行诉讼代理，律师代理费438,200元，重庆公鸣律师事务所收到律师费后，全额开具了律师费发票。

2014年8月25日，刘某提起诉讼，请求判令：1. 恩纬西公司归还借款人民币1亿元及利息（从逾期还款之日起按中国人民银行公布的同期贷款利率的4倍标准计算，直至全部借款付清之日止，利随本清）；2. 恩纬西公司承担刘某为实现债权产生的律师费438,200元、诉讼保全担保费357,500元以及本案诉讼费；3. 确认恩纬西公司给付不足以清偿全部债务时，按照实现债权费用、利息、借款本金的顺序抵充；4. 盈科实业公司、盈科光电公司、吴某江、吴某勇承担保证责任，对以上借款本息、律师费、诉讼费等费用承担连带清偿责任。

◎ 法院审理

被告恩纬西公司答辩称：恩纬西公司是与刘某签订了《借款合同》，但《借款合同》中的刘某与实际放贷的刘某是否为同一人存疑。恩纬西公司的还款不足以清偿全部债务时应首先冲抵本金。

被告盈科实业公司答辩称：刘某与恩纬西公司的借贷关系不真实，实际与恩纬西公司建立借贷关系的是大顺小额贷款公司，且借款的实际支付时间已经超出合同约定的期限，故恩纬西公司不应承担担保责任。

被告盈科光电公司答辩称：同意盈科实业公司的答辩意见。

被告吴某江答辩称：对刘某与恩纬西公司的《借款合同》，吴某江不应承担担保责任，请求驳回刘某对吴某江的诉讼请求。

被告吴某勇答辩称：1. 不认可《借款合同》的真实性和履行的真实性；2. 债权人与债务人所签的合同加重了担保人的责任，担保人应当免责；3. 即使《借款合同》是真实的，对刘某主张的清偿顺序也不认可。

法院认为，本案的争议焦点为：1. 借款合同的主体；2. 担保人是否应对超出合同约定的期限发放的借款承担担保责任。

1. 关于合同主体的问题。首先，借款合同上的出借方明确载明为刘某，而非其他自然人或法人。其次，恩纬西公司的用款申请书、确认书以及款项的支付凭证均记载为刘某。最后，虽然被告认为刘某并非借款合同的实际出借方，但并未举证加以证明。因此，本案所涉借款合同的出借方应为刘某。

2. 关于担保人应否对超出合同约定的期限发放的借款承担担保责任的问题。从本案查明的事实来看，刘某出借的第一笔3,000万元的借款，虽然合同约定出借日应为2013年9月22日，但同时也约定实际借款起始日以出借方划款日为准，因此，该3,000万元的借款并未违反合同约定的期限。而2013年12月30日的第二笔3,000万元和2014年1月10日的第三笔4,000万元的借款明显违反了借款合同约定的从2013年9月22日起3个月内发放借款的约定，应属于出借方与借款方对合同的履行期限进行了变更。但根据《最高人民法院关于适用〈中华人民共和国担保法〉若干问题的解释》第三十条，在未经保证人书面同意的情况下，保证人的保证期间仍以原合同约定的保证期间为准。本案借款合同中约定的保证期间为债务履行届满之日2年，而刘某于2014年8月25日向本院提起诉讼，向保证人主张权利，其在原合同约定的保证期间内主张了权利，因此，各保证人应当承担保证责任。

对于合同的履行期限，虽然刘某主张为2014年4月10日，但根据借款合同的约定以及借款实际发放的时间，第一笔3,000万元的借款期限的届满日应为2013年3月21日，而后两笔7,000万元的借款在借款合同及用款申请中并未约定期限，应认定为没有约定期限，刘某可随时要求债务人归还，刘某向本院起诉的行为可认为系向债务人请求归还借款，考虑合理期限，可认定还款期限为2014年9月30日。鉴于刘某只主张借款逾期后的利息，且逾期利息的计算标准也只要求按低于借款合同约定标准的中国人民银行同期贷款利率的4倍标准计算，本院予以准许。因此刘某的借款逾期利息应分别以3,000万元为基数从2014年3月22日起至付清之日止，按照中国人民银行同期贷款利率的4倍计算，以7,000万元为基数，从2014年10月1日起至付清之日止，按照中国人民银行同期贷款利率的4倍计算。

对于刘某主张的实现债权的费用，即律师费和诉讼保全担保费，因各方在合同中有明确约定，费用的收取标准符合相关规定，并已实际支付，本院予以支持。

关于刘某确认清偿顺序的诉讼请求，《最高人民法院关于适用〈中华人民共和国合同法〉若干问题的解释（二）》第二十一条就此问题有明确规定，且清偿顺序系事实问题，不能成为确认之诉的诉讼请求。

综上，法院判决如下：

一、重庆恩纬西实业发展有限公司于本判决生效后10日内偿还刘某借款1亿元；

二、重庆恩纬西实业发展有限公司于本判决生效后10日内支付刘某逾期利息（其中以3,000万元为基数，从2014年3月22日起至付清之日止，按照中国人民银行同期贷款利率的4倍计算；以7,000万元为基数，从2014年10月1日起至付清之日止，按照中国人民银行同期贷款利率的4倍计算）；

三、重庆恩纬西实业发展有限公司于本判决生效后10日内支付刘某实现债权的费用795,700元；

四、重庆华龙盈科实业有限公司、重庆华龙盈科光电股份有限公司、吴长江、吴某勇对上述第一、二、三项债务承担连带清偿责任；

五、驳回刘某的其他诉讼请求。

◎ 点评

本案有两个问题需要注意：一是当事人能否主张律师费由对方负担，一是借贷双方变更借款合同履行期限，保证人的保证期间是否发生变换。

关于第一个问题，我国传统文化排斥诉讼，民众普遍具有厌诉心理，官方和民间对争议的解决首先倾向于和解或调解，只有穷尽其他手段无效后，才主张通过诉讼解决。作为上述文化特点和官民心理的反映，我国诉讼费用制度只关注法院的费用收取，至于当事人的律师费不予考虑。在司法实践中，法院对当事人主张对方承担律师费的请求通常不会支持。此种处理方式与我国官民厌诉情结相吻合。因为进入诉讼程序的当事人双方，无论有理或无理，亦不论胜诉或败诉，律师费成为各方的刚性支出，无法转嫁给对方，成为当事人双方的固定成本，这可以一定程度抑制民众起诉的冲动。这一点与诉讼费用由败诉方承担迥异。但是，涉及合同纠纷，依据合同自由原则，如果当事人双方在合同中明确约定发生争议诉至法院，一方当事人的律师费由对方承担，则可以向法院主张对方承担其实际支付的律师费，法院也应当支持，当然，具体支持的律师费数额法院可能会酌情调整，一般的调整依据是当地律师主管部门颁布的律师收费标准。这提醒民间借贷双方当事人，为了减少自己的费用支出，同时也为了督促对方当事人诚信履约，应当在借款合同中明确约定违约方应当承担对方为诉讼而支付的律师费。这一点对出借人尤其重要，因为民间借贷纠纷中的违约方通常是借款人。另外，笼统地约定违约方承担对方实现债权的费用并不保险，最好直接列举此类费用的具体项目，比如律师费、诉讼费、仲裁费、差旅费、鉴定费等。

关于第二个问题，如果有第三方为民间借贷主债权提供保证，必然涉及保证期间。保证期间是保证人承担保证责任的期间。保证期间经过，出借人未向保证人主张保证责任的，保证人免除保证责任，故保证期间涉及保证人的期限利益。《担保法》第二十六条规定："连带责任保证的保证人与债权人未约定保证期间的，债权人有权自主债务履行期届满之日起六个月内要求保证人承担保证责任。在合同约定的保证期间和前款规定的保证期间，债权人未要求保证人承担保证责任的，保证人免除保证责任。"《最高人民法院关于适用〈中华人民共和国担保法〉若干问题的解释》（法释〔2000〕44号）第三十二条规定："保证合同约定的保证期间早于或者等于主债务履行期限的，视为没有约定，保证期间为主债务履行期届满之日起六个月。保证合同约定保证人承担保证责任直至主债务本息还清时为止等类似内容的，视为约定不明，保证期间为主债务履行期届满之日起二年。"因此，保证期间从主债务履行期限届满时开始起算。本案《借款合同》约定自2013年9月22日起，3个月内，若借款方有资金需求，应向出借方提交资金申请表，经出借方同意后，出借方发放剩余借款（注：7,000万元），实际借款金额、借款期限应根据资金申请表注明的金额、期限以及出借方实际的划款凭证为准；盈科实业公司、盈科光电公司、吴某江、吴某勇为借款提供连带责任保证；保证期间为合同约定的债务履行期限届满之日起2年。但是，本案出借人于2013年12月30日出借第二笔借款3,000万元，于2014年1月10日出借第三笔借款4,000万元，延长了民间借贷主合同的履行期限，并且未取得保证人的同意，这显然加重了保证人的保证责任。《最高人民法院关于适用〈中华人民共和国担保法〉若干问题的解释》（法释〔2000〕44号）第三十条第二款规定："债权人与债务人对主合同履行期限作了变动，未经保证人书面同意的，保证期间为原合同约定的或者法律规定的期间。"因此，本案保证人并不因此免除保证责任，只是保证期间仍然为原借款合同约定的期间。

◎ 法条链接

1.《合同法》

第一百九十六条 借款合同是借款人向贷款人借款，到期返还借款并支付利息的合同。

第二百零六条 借款人应当按照约定的期限返还借款。对借款期限没有约定或者约定不明确，依照本法第六十一条的规定仍不能确定的，借款人可以随时返还；贷款人可以催告借款人在合理期限内返还。

2.《担保法》

第二十六条 连带责任保证的保证人与债权人未约定保证期间的，债权人有权自主债务履行期届满之日起六个月内要求保证人承担保证责任。在合同约定的保证期间和前款规定的保证期间，债权人未要求保证人承担保证责任的，保证人免除保证责任。

3.**《最高人民法院关于适用〈中华人民共和国担保法〉若干问题的解释》（法释〔2000〕44号）**

第三十条　保证期间，债权人与债务人对主合同数量、价款、币种、利率等内容作了变动，未经保证人同意的，如果减轻债务人的债务的，保证人仍应当对变更后的合同承担保证责任；如果加重债务人的债务的，保证人对加重的部分不承担保证责任。

债权人与债务人对主合同履行期限作了变动，未经保证人书面同意的，保证期间为原合同约定的或者法律规定的期间。

债权人与债务人协议变动主合同内容，但并未实际履行的，保证人仍应当承担保证责任。

第三十二条　保证合同约定的保证期间早于或者等于主债务履行期限的，视为没有约定，保证期间为主债务履行期届满之日起六个月。

保证合同约定保证人承担保证责任直至主债务本息还清时为止等类似内容的，视为约定不明，保证期间为主债务履行期届满之日起二年。

72. 抵押未登记，出借人主张抵押人支付违约金应当有抵押人未配合登记的证据

——俞某红与龙某、方某民间借贷纠纷上诉案[①]

裁判要旨

民间借贷约定了抵押，如果抵押未登记，抵押权不存在，出借人不能要求对抵押物优先受偿，但可以要求抵押人支付抵押合同约定的违约金，前提是出借人能够证明抵押人有不配合登记等违约行为。

① 上海市第一中级人民法院（2015）沪一中民一（民）终字第1841号

◎ 基本案情

龙某与方某系夫妻关系。2010年12月22日，龙某因经营需要资金，通过胡某及喻某向俞某红借款500万元（人民币，以下同），并约定于2011年7月21日前归还，月息为2.60%，三个月支付一次利息，胡某作为担保人在借条上签字。同日，俞某红、龙某及原审第三人吉仕纸品有限公司（以下简称吉仕纸品公司）又签署借款保证合同一份，约定由原审第三人吉仕纸品公司向俞某红借款500万元，龙某为保证人。该借款保证合同约定借款期限为2010年12月22日至2011年7月15日，未约定利息。当日，龙某在收到借款后以转账方式转给喻某账户39万元。自2011年5月4日起至2013年10月24日止，原审第三人吉仕纸品公司累计转账给胡某4,227,000元，胡某将所收到款项又转账给了喻某。2014年1月26日至2014年7月28日，原审第三人吉仕纸品公司又累计转账39万元给喻某。

2014年1月30日，俞某红与龙某、方某签订借款抵押担保合同，对2010年12月22日所发生的借款予以确认，约定借款金额为500万元，期限为2010年12月22日至2013年12月21日，同时约定借款利率为月息2.60%，并约定以龙某、方某各自名下位于上海市浦东新区1599弄×××号1002室、1003室房屋进行抵押，如由于龙某一方不配合办理抵押登记的，则需承担按借款本金5%计算的违约金，此外还约定龙某、方某需承担俞某红为全部实现抵押权的费用，包括但不限于律师费、评估拍卖费、诉讼费等。

俞某红以龙某、方某未归还借款本息为由，向法院提起诉讼，请求依法判令龙某、方某共同归还借款本金5,000,000元，并支付自2014年1月1日起至实际支付日止按月息2.60%计算的利息；支付未办理抵押登记的违约金25万元，并承担律师费3万元。

另查明，龙某原系原审第三人吉仕纸品公司的法定代表人，方某系原审第三人吉仕纸品公司的现法定代表人。

原审法院认为，合法的借贷关系受法律保护。双方于2014年1月30日签订借款抵押担保合同对2010年12月22日发生的借款事实进行确定，并明确了借款利息及违约责任等内容，该合同系双方真实意思表示，俞某红据此主张权利合法有据。首先，对于利息的计算，合同明确约定月息为2.60%，龙某、方某抗辩双方实际约定的利率月息为1.30%，但未提供证据加以证实，故原审法院不予采纳。龙某、方某同时认为月息2.60%高于银行贷款利率的四倍，应予以调整，对此，法院认为其合法有据，故予以采纳，但对于龙某、方某按照合同约定已经偿还的利息部分，系其意思自治行为，法院不予调整。其次，对于本金的计算，原审认为2010年12月22日俞某红通过转账方式转给龙某500万元，当日龙某即转回39万元给喻某，故龙某实际借款本金应为461万元。俞某红抗辩该39万元其并未收到，但法院查明无论该39万元还是后续原审第三人吉仕纸品的还款均系转账至喻某名下账户，俞某红系委托喻某收款，即便俞某红确未收到该款，也系俞某红与喻某之间事宜，故俞某红抗辩该39万元未收到，依据不足，法院不予采纳。俞某红还抗辩该39万元系龙某给喻某的好处费，但未提供证据加以证明，故法院亦不予采纳。另外，龙某、方某实际已归还俞某红4,617,000元，而根据借款本金461万元，按照月息2.60%的利率计算三年的利息应为4,314,960元，故超出的302,040元应视为归还的本金，综上，龙某、方某尚欠俞某红本金4,307,960元。再次，对于俞某红主张的未办理抵押物抵押登记的违约金损失，因俞某红未提供证据证明其向龙某、方某提出办理抵押登记的请求，亦未证明龙某、方某不配合办理抵押登记，故其主张违约金的依据不足，法院不予支持。最后，对于俞某红主张的律师费3万元，具有事实依据，也符合合同约定，金额尚属合理，故法院予以支持。

原审法院判决：一、龙某、方某归还俞某红借款本金4,307,960元；并支付该款自2014年1月1日起至本金实际支付日止按中国人民银行同期贷款利率四倍标准计算的利息；二、龙某、方某支付俞某红律师费30,000元；三、驳回俞某红的其余诉讼请求。

原审判决后，龙某、方某上诉称：1. 龙某代表吉仕纸品公司出具借条，且借条出具之后，吉仕纸品公司债务借款人与俞某红签订借款保证合同，故借条已被借款保证合同替代，涉案借款的借款人为吉仕纸品公司，担保人为龙某。因此原审将自然人与法人关系混同有误。2. 被上诉人的律师费不是上诉人应当支付的费用。3. 被上诉人已归还的钱款中，超过银行同期贷款利率四倍的钱款应当抵充借款本金，故冲抵后尚欠余款本金2.294.411元。请求撤销原判，改判龙某、方某归还俞某红借款本金2.294.411元及不承担律师费。

被上诉人俞某红辩称，本案借条上明确龙某是借款人，后吉仕纸品公司的方某愿意作为共同还款人加入涉案债务，故吉仕纸品公司签订了借款抵押担保合同。方某为龙某的妻子，并且是吉仕纸品公司的法定代表人，其在借款抵押担保合同上签字，也是其自愿承担涉案债务的意思表示，因此龙某、方某应对涉案债务承担共同还款责任。对于上诉人已归还的钱款，按照双方利息约定为月息2.60%，上诉人也是按照该约定履行的，从未提出过异议，因此请求驳回上诉人的上诉请求。

二审法院认为，2014年1月30日被上诉人俞某红作为出借人，上诉人龙某、方某作为借款人签订的借款抵押担保合同，明确了2010年12月22日起借款500万元，因此基于上述事实，结合2010年12月22日俞某红提供银行转账给龙某500万元的凭证及当日龙某出具给俞某红500万元借款的借条，可以认定俞某红出借给龙某、方某500万元的事实成立。由于龙某、方某未按约定还款，故其应当承担归还借款及其利息、违约金等责任。对于上诉人已按照双方约定即月息2.60%履行的利息，由于该履行合约行为未违背双方当事人的意志，原审法院予以准许，并无不当。对于律师费问题，原审法院已详尽阐述判决理由，二审法院予以认同，不再赘述，因此，上诉人请求改判的理由，缺乏依据，二审法院不予支持。

二审法院驳回上诉，维持原判。

◎ 点评

合同实务中，双方当事人为了避免扯皮，通常选择的方法是直接约定具体数额的违约金，而不是仅仅笼统地约定违约方赔偿非违约方的损失。《合同法》第一百一十四条第一款规定："当事人可以约定一方违约时应当根据违约情况向对方支付一定数额的违约金，也可以约定因违约产生的损失赔偿额的计算方法。"《民法通则》第一百一十二条第二款规定："当事人可以在合同中约定，一方违反合同时，向另一方支付一定数额的违约金；也可以在合同中约定对于违反合同而产生的损失赔偿额的计算方法。"直接约定违约金可以减轻非违约方的举证责任，否则非违约方需要举证证明自己的具体损失。另外，约定违约金也减轻了法院和仲裁机关计算非违约方具体损失的麻烦，提高争议解决的效率。但是，违约金责任的成立要件之一是违约方有违约行为，即违约方有不履行、不适当履行、迟延履行等情形。当然，非违约方应当承担举证责任。

就民间借贷实务而言，为了保障出借人的债权，或者借款人自己提供抵押担保，或者第三人提供抵押担保，并由出借人与借款人或第三人签订抵押合同。由于出借人必须完成抵押登记后才能对抵押物享有优先受偿权，为了防止抵押人不履行抵押登记义务，也为了减少争议和麻烦，出借人通常会在抵押合同中约定具体的违约金数额以督促抵押人积极配合其完成抵押登记。当抵押人有不配合登记等违约行为时，虽然出借人不能就抵押物享有优先受偿权，但可以依据抵押合同向抵押人主张违约金。当然，出借人应当举证证明抵押人有不配合登记等违约行为。

本案民间借贷出借人俞某红与龙某、方某签订借款抵押担保合同，约定以各自名下位于上海市浦东新区1599弄×××号1002室、1003室房屋进行抵押，并约定按借款本金500万元的5%计算违约金。之后，双方未进行抵押登记。虽然出借人诉请法院判令抵押人龙某和方某向其支付违约金，但是其未能证明抵押人有拒绝配合登记等违约行为，故法院没有支持其主张。此案给我们的最大启示是，民间借贷实务中，出借人为了保护自己的合法权益，应当积极主动请求抵押人履行登记配合义务，并保留请求证据。

◎ 法条链接

1.《合同法》

第一百一十四条 当事人可以约定一方违约时应当根据违约情况向对方支付一定数额的违约金，也可以约定因违约产生的损失赔偿额的计算方法。

约定的违约金低于造成的损失的，当事人可以请求人民法院或者仲裁机构予以增加；约定的违约金过分高于造成的损失的，当事人可以请求人民法院或者仲裁机构予以适当减少。

当事人就迟延履行约定违约金的，违约方支付违约金后，还应当履行债务。

2.《民法通则》

第一百一十二条 当事人一方违反合同的赔偿责任，应当相当于另一方因此所受到的损失。

当事人可以在合同中约定，一方违反合同时，向另一方支付一定数额的违约金；也可以在合同中约定对于违反合同而产生的损失赔偿额的计算方法。

73. 抵押未登记，抵押人是否应向民间借贷出借人承担担保责任？

——李某荣、普某与王某春、金某才民间借贷纠纷上诉案①

裁判要旨

抵押合同不是保证合同，其本身不具有担保作用，只有抵押权才具有担保功能。如果抵押物未登记，抵押权就不存在。因此，出借人诉请法院判令抵押人承担担保责任缺乏法律依据。

◎ 基本案情

2013年12月17日，原告李某荣与被告普某、王某春、金某才签订了《借款协议书》，约定：普某向李某荣借款贰佰万元用于流动资金；借款期限为2个月，即从2013年12月17日至2014年2月17日；到期一次性以现金偿还原告；若到期未

① 云南省昆明市中级人民法院（2015）昆民二终字第564号

还，则按所欠金额40%支付违约金给原告；同时，被告王某春提供了其位于云南省昆明市穿金路某房屋一套作为该笔借款的抵押担保；被告金某才亦提供了其位于石林县长湖镇乍龙村委会的林权证一本作为该笔借款的抵押担保；上述房屋所有权证和林权证均未办理抵押物登记手续。

原告李某荣通过中国工商银行账户于2013年12月17日向被告普某转账支付1,900,000元。被告普某通过中国工商银行账户分别于2013年12月23日支付李某荣50,000元，2014年3月8日支付李某荣100,000元，2014年6月3日支付李某荣150,000元，通过中国农业银行账户于2014年5月10日支付李某荣100,000元。

原告以三被告至今未赔还借款为由诉至法院，请求判令：由三被告连带赔还借款本金2,000,000元，按照中国人民银行同期贷款利率四倍支付自2014年4月18日起至还清款项之日止的利息，并向原告支付违约金80万元及承担本案的诉讼费、保全费。

原审法院认为，本案被告普某向原告李某荣借款有借款协议、借条、银行转账凭证等证据，均能证实双方之间形成借贷法律关系，虽然借款协议约定借款金额为200万元，但原告实际只支付190万元给被告普某，故原审法院依法确认原告与被告普某的借款本金为190万元。本案中，原告与被告普某约定借款期限为2个月，但未约定借款利息，双方只约定若到期不还由被告支付未赔还部分40%的违约金。原审法院认为，原告与被告普某之间约定违约金，实际是要求被告就逾期赔还借款行为赔偿原告的经济损失，被告逾期赔还借款给原告造成的损失应为利息损失；因原告与被告普某约定的违约金超出法律规定的范围且原告主张2014年4月18日后的逾期付款利息，根据相关法律规定，酌情支持由被告普某按照中国人民银行同期贷款基准年利率5.6%的四倍计算支付原告2014年4月18日起至判决确定的履行期限届满之日止的逾期利息。因原告和被告普某未约定借款期间的利息，对被告普某于2013年12月23日支付原告的50,000元和2014年3月8日支付原告的100,000元，视为支付借款本金，应当从借款本金190万元中扣除，故确定被告普某应支付原告的借款本金为175万元。被告普某自2014年4月18日至6月3日期间已经支付原告250,000元，扣减应当支付的利息49,402.74元（1,750,000×5.6%÷365×4×46），已经支付的2,00,597.26元应当在借款本金1,750,000元中予以扣减，故本案被告普某应当赔偿原告的借款本金为1,549,402.74元。由被告普某按照中国人民银行同期贷款基准利率5.6%的四倍计算支付原告借款1,549,402.74元自2014年6月4日起至还款之日的逾期利息。对原告主张的被告普某2013年12月23日支付的50,000元属于另外一笔借款100万元的利息，因原告提交的证据不能证实该事实，原审法院不予确认。对原告主张被告王某春、金某才承担抵押担保责任的诉讼请求问题，因林权和房产未办理抵押物登记手续，抵押权未设立。故原告主张被告王某春、金某才承担抵押担保责任的请求，于法无据，不予支持。据此，原审法院判决：“一、由被告普某于本判决生效之日起十日内赔还原告李某荣借款本金1,549,402.74，并按照年利率5.6%的四倍计算支付自2014年6月4日起至本判决确定的履行期限届满之日止的逾期利息。二、驳回原告李某荣的对王某春、金某才的诉讼请求。”

一审判决宣判后，李某荣、普某均不服，分别向二审法院提起上诉。

李某荣的上诉请求为：一、撤销一审判决第一项，改判被上诉人普某赔偿上诉人李某荣借款本金190万元及该款自2014年4月18日起计算至款项还清之日止的利息；二、撤销一审判决第二项，改判被上诉人王某春、金某才对被上诉人普某承担的还款责任承担连带偿还责任；三、本案一、二审的诉讼费由被上诉人承担。其上诉的主要事实及理由为：一、原审法院认定事实不清、证据不足。1. 原审法院将普某于2013年12月23日支付的5万元和2014年3月8日支付的10万元，视为支付借款本金，从借款本金190万元中扣除，没有事实根据。根据双方签订的《借款协议书》载明的借款时间的约定，及普某实际按月支付款项的情况，普某支付的该笔款项是按照口头约定的月息5%支付的借款利息，而不是本金，因此不应直接从本金中予以全额扣减。2. 原审法院认定普某自2014年4月18日至6月3日期间已经支付的25万元，扣减应当支付的利息49,402.74元，已经支付的200,597.26元应当在借款本金175万元中予以扣减，对此认定及计算方式欠妥。前述1中将支付的利息当作本金全额扣减致使本金只有175万元就不当，在此基础上所做的任何扣减都是欠妥。同时利息应按照银行同期贷款利率的四倍分段计算，而不应笼统计算扣减。3. 关于借款利息的起算时间及利率问题。原审法院认定逾期利息自2014年6月4日起开始计算，此日期的认定与事实不符。普某自2013年12月17日借款，按月支付约定的5%的月息10万元，其先后共支付35万元的利息，折合三个半月的利息，日期应为2013年12月17日至2014年4月1日，上诉人按照整月算息的方式主张从2014年4月18日起开始计算逾期利息，并无不妥。原审法院按照5.6%的基准利率的四倍认定利率，与相关法律规定不符，应按同期银行贷款利率计算，原审法院如此判定损害了上诉人的合法权益。4. 关于违约金的问题。双方当事人在借款协议中明确约定了违约责任，且并未违反法律规定，但原审法院却未予以认定及支持。5. 关于被上诉人王某春、金某才承担连带责任的问题。房屋抵押登记，不是房屋抵押合同生效的实质要件，只是抵押权生效的程序要件，登记与否并不影响抵押担保合同的效力。本案中，担保人用房屋、林权为债务人提供担保，且在借款协议中对担保事项做出了明确意思表示，且签字予以认可。因此，担保人王某春、金某才仍应承担相应的担保责任。二、原审法院适用法律不当。

普某的上诉请求为：一、撤销一审判决，改判上诉人普某向李某荣偿还借款本金150万元；二、本案一、二审诉讼费用由被上诉人承担。其上诉的主要事实及理由为：一、上诉人普某分四次向李某荣共计还款40万元，扣减后应偿还的借款本金应为150万元，而不是原审法院认定的1,549,402.74元。二、原审法院适用法律错误。双方签订的借款协议中没有约定借款利息及逾期付款利息，原审法院在无合同约定的情况下判决上诉人普某支付银行同期贷款利率四倍的逾期利息无法律依据，且李某荣的一审诉请也没有主张过“逾期付款利息”而是主张“利息”，原审法院判非所请。

归纳各方当事人的诉辩主张，本案的争议焦点是：一、普某应归还李某荣的借款本金及逾期利息是多少？二、王某春、金某才是否应对本案借款承担连带偿还责任？

二审法院认为，针对争议焦点一，第一，原审法院根据李某荣实际转账交付普某的借款人民币1,900,000元认定为本案借款本金，并无不当，且李某荣、普某对此不持异议，二审法院予以维持。第二，李某荣虽主张与普某口头约定借款利率按月息5%计算，但普某对此不予认可，因《借款协议书》中并无借期利息的约定，李某荣亦无证据证实与普某之间口头约定过利息，故原审法院认定该借款为无息借款并无不当，二审法院予以维持。第三，《借款协议书》中约定，如借款到期后普某未能归还，则按所欠金额的40%违约金计算支付给李某荣。双方对违约金的约定，实际是对逾期利息的约定，故应自未归还借款之日起计算逾期利息。原审法院认定《借款协议书》中约定的违约金超过中国人民银行同期贷款利率的四倍，并判决按照中国人民银行同期贷款利率的四倍计算逾期利息并无不当，二审法院予以维持，但对逾期利息的计算方式不当，二审法院予以纠正，即逾期利息自借款到期日的第二天即2014年2月18日开始计算，利率按照中国人民银行同期贷款利率的四倍计算。第四，关于普某支付的四笔款项应如何认定的问题，二审法院认为，李某荣及普某签订的《借款协议书》中明确约定了借款期限，李某荣认可普某于2013年12月23日支付的50,000元系归还本案借款，该笔发生在借期内的还款应认定为归还借款本金，应从借款本金1,900,000元中予以扣减，故至2014年2月17日未归还的借款本金为人民币1,850,000元。自2014年2月18日开始归还的款项，在双方无明确约定属于归还本金还是归还利息的情况下，应按照先抵充利息，剩余款项再抵充本金的规定处理。2014年3月8日还款人民币100,000元，应先抵充自2014年2月18日至2014年3月8日的逾期利息人民币21571.51元（1,850,000元×5.6%÷365天×4倍×19天=21571.51元）后，剩余款项人民币78,428.49元（100,000元-21,571.51元=78,428.49元）再从借款本金1,850,000元中予以抵充，故至2014年3月8日的剩余借款本金为人民币1,771,571.51元（1,850,000元-78,428.49元=1,771,571.51元）。2014年5月10日还款人民币100,000元，应先抵充自2014年3月9日至2014年5月10日的逾期利息人民币68,494.29元（1,771,571.51元×5.6%÷365天×4倍×63天=68,494.29元）后，剩余款项人民币31,505.71元（100,000元－68,494.29元=31,505.71元）再从借款本金1,771,571.51元中予以抵充，故至2014年5月10日的剩余借款本金为人民币1,740,065.8元（1,771,571.51元－31,505.71元=1,740,065.8元）。2014年6月3日还款人民币150,000元，应先抵充自2014年5月11日至2014年6月3日的逾期利息人民币25,629.02元（1,740,065.8元×5.6%÷365天×4倍×24天=25,629.02元）后，剩余款项人民币124,370.98元（150,000元－25,629.02元=124,370.98元）再从借款本金1,740,065.8元中予以抵充，故至2014年6月3日的剩余借款本金为人民币1,615,694.82元（1,740,065.8元－124,370.98元=1,615,694.82元）。其余的逾期利息自2014年6月4日起至借款还清之日止以人民币1,615,694.82元为本金，按中国人民银行同期贷款利率的四倍计算支付。针对争议焦点二，因王某春、金某才在《借款协议书》中明确约定用自己所有的房屋、林权为普某该笔借款设立抵押担保，但因未办理抵押登记手续，故该抵押权不成立。本案李某荣主张王某春、金某才为本案借款承担连带偿还责任，系要求该二人对该债务承担连带保证责任，该主张与双方约定的抵押担保方式不符，故其主张于法无据，二审法院不予支持。

综上，原审法院对借款本金及逾期利息的计算方式不当，二审法院予以改判；二上诉人的上诉请求和理由有事实及法律依据的部分，二审法院予以支持，其他无事实及法律依据的部分，二审法院予以驳回。

二审法院判决如下：

一、维持云南省石林彝族自治县人民法院（2014）石民初字第1244号民事判决第二项，即："二、驳回原告李某荣的对王某春、金某才的诉讼请求"；

二、撤销云南省石林彝族自治县人民法院（2014）石民初字第1244号民事判决第一项，即："一、由被告普某于本判决生效之日起十日内赔还原告李某荣借款本金1,549,402.74，并按照年利率5.6%的四倍计算支付自2014年6月4日起至本判决确定的履行期限届满之日止的逾期利息"；

三、由普某于本判决生效之日起十日内向李某荣归还借款本金人民币1,615,694.82元及该款自2014年6月4日起至借款还清之日止，按中国人民银行同期贷款利率的四倍计算的逾期利息；

四、驳回李某荣的其他诉讼请求；

五、驳回李某荣的其他上诉请求；

六、驳回普某的其他上诉请求。

◎ 点评

长期以来，我国法律将抵押合同的效力和抵押权的变动效力混为一谈。《担保法》第四十一条规定："当事人以本法第四十二条规定的财产抵押的，应当办理抵押物登记，抵押合同自登记之日起生效。"第四十二条规定："办理抵押物登记的部门如下：（一）以无地上定着物的土地使用权抵押的，为核发土地使用权证书的土地管理部门；（二）以城市房地产或者乡（镇）、村企业的厂房等建筑物抵押的，为县级以上地方人民政府规定的部门；（三）以林木抵押的，为县级以上林木主管部门；（四）以航空器、船舶、车辆抵押的，为运输工具的登记部门；（五）以企业的设备和其他动产抵押的，为财产所在地的工商行政管理部门。"据此，抵押合同的效力依附抵押权的变动效力，抵押权生效，抵押合同生效。

自《物权法》实施以来，上述问题得到解决。《物权法》第十五条规定："当事人之间订立有关设立、变更、转让和消灭不动产物权的合同，除法律另有规定或者合同另有约定外，自合同成立时生效；未办理物权登记的，不影响合同效力。"据此，抵押合同自成立时生效，不再依赖抵押物的登记。

当抵押合同成立并生效后，抵押人不配合出借人办理抵押登记，出借人如何追究抵押人的责任呢？

第一，出借人可以请求抵押人履行抵押合同。《合同法》第一百一十条规定："当事人一方不履行非金钱债务或者履行非金钱债务不符合约定的，对方可以要求履行，但有下列情形之一的除外：（一）法律上或者事实上不能履行；（二）债务的标的不适于强制履行或者履行费用过高；（三）债权人在合理期限内未要求履行。"让抵押人配合出借人完成登记手续属于非金钱债务，故出借人可以请求法院判令抵押人履行该义务。

第二，出借人可以请求抵押人赔偿损失。如果抵押合同明确约定了违约责任，可以依据违约条款主张抵押人的违约责任。如果抵押合同没有约定违约责任，出借人可以要求抵押人承担违约赔偿责任。法律依据是《合同法》。其第一百一十三条第一款规定："当事人一方不履行合同义务或者履行合同义务不符合约定，给对方造成损失的，损失赔偿额应当相当于因违约所造成的损失，包括合同履行后可以获得的利益，但不得超过违反合同一方订立合同时预见到或者应当预见到的因违反合同可能造成的损失。"关于具体赔偿金额的确定，由于抵押合同非保证合同，合同本身不具有担保作用，因此出借人在未取得抵押权之前出借资金，如果抵押合同明确约定先抵押后放款，或者抵押人明确告知出借人其不会履行抵押合同，出借人仍然坚持出借资金的，相关损失是出借人自己造成，抵押人不承担赔偿责任。如果出借人有充分理由和证据证明其高度信任抵押人会履行抵押合同，并据此出借资金，可以判令抵押人赔偿。如果出借人存在风险意识不足的问题，则其应当与抵押人分担损失，而不应当由抵押人承担全部损失。另外，抵押人的赔偿范围应当限定于抵押物价值范围之内，否则对抵押人不公平。最后，抵押人承担的是补充赔偿责任，不是连带赔偿责任。无损害，无赔偿，故违约赔偿针对真实的损失。就民间借贷而言，只有出借人通过执行程序就借款人的财产执行后仍然无法获得清偿的部分，抵押人才承担赔偿责任，而不能直接要求抵押人赔偿本息。

就本案而言，被告王某春承诺提供房产为债权设定抵押担保，被告金某才承诺提供林权为债权设定抵押担保，但未办理抵押登记手续。原告李某荣诉请法院判令两担保人承担抵押担保责任。由于抵押物未登记，抵押权未设立，故本案两级法院驳回了原告的前述请求。但是，原告可以向法院请求判令两担保人依据抵押约定承担违约责任。

◎ 法条链接

1. **《担保法》**

第四十一条　当事人以本法第四十二条规定的财产抵押的，应当办理抵押物登记，抵押合同自登记之日起生效。

第四十二条　办理抵押物登记的部门如下：

（一）以无地上定着物的土地使用权抵押的，为核发土地使用权证书的土地管理部门；

（二）以城市房地产或者乡（镇）、村企业的厂房等建筑物抵押的，为县级以上地方人民政府规定的部门；

（三）以林木抵押的，为县级以上林木主管部门；

（四）以航空器、船舶、车辆抵押的，为运输工具的登记部门；

（五）以企业的设备和其他动产抵押的，为财产所在地的工商行政管理部门。

2. **《物权法》**

第十五条　当事人之间订立有关设立、变更、转让和消灭不动产物权的合同，除法律另有规定或者合同另有约定外，自合同成立时生效；未办理物权登记的，不影响合同效力。

3. **《合同法》**

第一百一十条　当事人一方不履行非金钱债务或者履行非金钱债务不符合约定的，

对方可以要求履行，但有下列情形之一的除外：

（一）法律上或者事实上不能履行；

（二）债务的标的不适于强制履行或者履行费用过高；

（三）债权人在合理期限内未要求履行。

第一百一十三条 当事人一方不履行合同义务或者履行合同义务不符合约定，给对方造成损失的，损失赔偿额应当相当于因违约所造成的损失，包括合同履行后可以获得的利益，但不得超过违反合同一方订立合同时预见到或者应当预见到的因违反合同可能造成的损失。

经营者对消费者提供商品或者服务有欺诈行为的，依照《中华人民共和国消费者权益保护法》的规定承担损害赔偿责任。

74. 抵押人拒绝履行登记配合义务的，其应当向出借人承担补充赔偿责任

——李某诉郑某荣等抵押权纠纷上诉案[①]

裁判要旨

抵押合同成立生效后，如果抵押人违背诚实信用原则拒绝办理抵押登记的，致使民间借贷出借人受到损失的，其应当承担赔偿责任。具体而言，遵循合同违约赔偿的可预见原则，其应当在抵押物价值范围内对出借人承担补充赔偿责任，而不是连带赔偿责任。

◎ 基本案情

原审查明，上海市闵行区×××弄×××号303室的产权人为李某，系争房屋为动迁所得，李某于2010年12月22日取得系争房屋的房地产权证。

2011年5月3日，案外人崔某（借款人、签约甲方）与郑某荣、陈某星（贷款人、签约乙方）签订《民间借款合同》一份，约定：乙方贷给甲方100万元，于2011年5月4日前交付甲方，贷款利息按年30%利息计息，借款期限自2011年5月3日至2012年5月3日，还款日期和方式为2012年5月4日前以现金形式支付给乙方，违约责任为到期逾期支付按日5%计息。当日案外人崔某另写收条一份，

① 上海市第一中级人民法院（2015）沪一中民二（民）终字第1435号

载明已收到上述借款一百万元。

2011年5月3日，郑某荣、陈某星与李某还拟定《抵押担保合同》一份，抬头为：陈某星（抵押权人、签约甲方），李某（抵押人、签约乙方），崔某（债务人、签约乙方或丙方）。该合同内容为：乙方为担保甲方与乙方/丙方之间于2011年5月3日所签订借款合同的履行，在公平、自愿、平等协商的基础上乙方以自己享有相关处分权的财产为甲方提供抵押担保；乙方担保的主债务为2011年5月3日甲方与丙方签订的借款合同项下的债务，借款100万元，借款期限在2011年5月3日至2012年5月3日为期一年，利息按照30%计算，乙方担保的范围包含主债权、主债权利息和违约金；乙方以李某名下的位于上海市×××弄×××号303室房屋的所有权、使用权及其他可以处分的权利提供抵押担保，该物业在此之前没有其他担保物权，除此之外没有其他第三人可以主张的物权存在；抵押财产由抵押人协同甲方办理登记，法律法规规定须由抵押人和抵押权人一起办理登记的，则甲方和抵押人一起去登记单位办理（该物业为动迁安置房，需要三年截至2013年12月22日才能办理上市过户，所以目前暂时不办理相关的房地产登记手续，仅将产权证及身份证复印件质押给甲方）；主债务人违约或者侵权给甲方造成损失，甲方有权将财产变卖、拍卖折价处理，折价、变卖、拍卖的各财产所得价款先实现抵押权的费用，再支付罚息或者复利，然后支付主债权利息，最后支付主债权，实现全部担保债权后剩余款项归还抵押人；主合同效力不影响本担保合同的效力；未经乙方书面同意主合同债权和债务都不得转让，否则乙方有权撤销本担保合同，未经乙方同意不得变更主合同，否则乙方不承担担保责任，若主合同双方均未按主合同的约定实际履行主合同则乙方免除担保责任。现陈某星、郑某荣处留存的该抵押合同上，抬头处郑某荣手写名字于甲方处，落款处陈某星、郑某荣在甲方处签名，李某在乙方处签名，崔某在丙方处签名。现李某处留存的该抵押合同上，仅有陈某星及李某的签名。该抵押合同签订后，李某将系争房屋的房地产权证交给陈某星、郑某荣，此后于2014年2月25日李某补办了系争房屋的房地产权证。

2011年9月5日，郑某荣在借款合同尾部载明：“以上民间借款合同中乙方（贷款人）郑某荣变更为陈某星，特此说明”。

此后因崔某未能还款，郑某荣、陈某星起诉至上海市黄浦区人民法院，要求崔某归还100万元及相应的利息，并要求李某承担连带清偿责任。上海市黄浦区人民法院于2013年12月6日作出（2013）黄浦民一（民）初字第4573号民事判决，认为崔某与郑某荣、陈某星之间的债权债务关系有崔某亲笔书写的收条、转账凭证和《民间借贷合同》、《抵押担保合同》及当事人的庭审陈述为凭，对于该债务予以确认，崔某应及时履行还款义务，因崔某久拖不还显属违约。又借款利息不得超过银行同类贷款利率四倍，故对于利息予以调整。至于李某与郑某荣、陈某星的抵押担保合同，因抵押物未办理登记，抵押权未生效，郑某荣、陈某星可依据生效的抵押合同向抵押人补办抵押登记。又郑某荣、陈某星主张的李某未办理抵押登记但在抵押合同期内属于人的担保不符合抵押担保的承担形式，对于郑某荣、陈某星主张李某承担连带责任的主张不予支持。综上判令崔某归还郑某荣、陈某星借款100万元并以100万元为本金，按中国人民银行同期贷款利率四倍支付自2011年5月3日起付清之日止的利息。该案现已生效，郑某荣、陈某星申请强制执行，因崔某无可供执行财产该案不具备继续执行的条件，上海市黄浦区人民法院于2014年4月14日出具执行裁定书，终结（2013）黄浦民一（民）初字第4573号民事判决的本次执行程序。

2014年3月，郑某荣、陈某星起诉至原审法院，要求判令李某履行抵押贷款合同，协助郑某荣、陈某星办理抵押登记手续，并要求李某赔偿违约金158万元。

原审法院认为，现本案的争议焦点为抵押担保合同是否生效及李某是否应承担赔偿责任。关于争议焦点一，李某认为其并不清楚抵押担保合同内容即签字，且其签字时郑某荣并未在该抵押担保合同上签字，故认为其不应承担相应的责任。法院认为，李某对于其在该合同上的签字予以确认，而该合同中明确李某对崔某之于郑某荣、陈某星的债务提供抵押担保，而崔某的债权人为郑某荣、陈某星，故郑某荣此后在该合同上签字确认并无不当。此后李某还将系争房屋的产证原件交与郑某荣、陈某星保管，履行合同约定，李某作为完全民事行为能力人不仅签署合同还部分履行了该合同的义务，对其辩称对该合同不知情的意见，法院难以采信。法院认为郑某荣、陈某星与李某及崔某签署的《抵押担保合同》为当事人真实意思表示，于法不悖属合法有效，当事人应按约履行合同义务。关于争议焦点二，李某认为即使需要承担相应的抵押担保责任，也应在抵押合同约定的债务履行期间内承担。法院认为，该抵押合同用以提供担保的房屋为动迁安置房，其具有特殊性，在签订合同之时无法办理相应的抵押登记手续，故双方才在合同中约定暂不办理。而实际履行过程中，系争房屋的权利限制期间已过，郑某荣、陈某星在可办理登记后即向李某提出相应的主张，但李某仍拒绝办理，根据《最高人民法院关于适用〈中华人民共和国担保法〉若干问题的解释》第五十六条第二项之规定：抵押人违背诚实信用原则拒绝办理抵押登记致使债权人受到损失的，抵押人应当承担赔偿责任，现经（2013）黄浦民一（民）初字第4573号民事判决确认崔某应向郑某荣、陈某星偿还借款本金及支付利息，但因崔某无可供执行之财产导致郑某荣、陈某星无法实现债权，而李某签订抵押担保合同欲以系争房屋提供担保却又拒绝办理抵押登记导致郑某荣、陈某星无法实现抵押权，造成郑某荣、陈某星的损失，故李某应在系争房屋价值范围内对崔某未能偿还的债务部分承担赔偿责任。至于李某承担相应赔偿责任后，可向崔某追偿。

2015年4月24日，原审法院作出判决：被告李某于判决生效之日起十五日内，在上海市闵行区×××弄×××号303室房屋价值范围内，对（2013）黄浦民一（民）初字第4573号民事判决所确认的崔某应归还原告陈某星、郑某荣的本金及利息而未能清偿的部分，向原告陈某星、郑某荣承担赔偿责任。

判决后，李某不服，上诉至二审法院称，李某与被上诉人陈某星签订了《抵押担保合同》，明确担保的债权债务是2011年5月3日陈某星与崔某的100万元债权，并明确其他债权均不担保。被上诉人提供的《民间借款合同》是2011年5月3日由郑某荣与崔某签订的，陈某星的名字是2011年9月5日添加上去的，故该借款合同不是抵押合同担保的主债权。动迁房不影响办理抵押登记手续，被上诉人没有及时去办理抵押登记，其存在过错。故请求二审撤销原判，并依法改判为驳回被上诉人的原审诉请。

被上诉人郑某荣、陈某星辩称，其不同意上诉人李某的上诉请求。《抵押担保合同》于2011年5月3日签订之后，两被上诉人通过银行转账将款项给崔某。李某与崔某是合伙人，李某对借款的事实是明确的，李某承认抵押担保合同是其签字。李某补办产证，其行为违反了抵押担保合同，表明其不愿意履行抵押合同。故请求二审驳回上诉，维持原判。

二审法院驳回上诉，维持原判。

◎ 点评

本案是一个典型的抵押人向民间借贷出借人承担补充赔偿责任的案例。关于民间借贷纠纷中抵押人在抵押未登记的情形下向出借人承担何种责任的问题，各地法院的判例并不一致。主要观点有两种：第一，抵押人应当在抵押物价值范围内向出借人承担连带赔偿责任。该观点的理由是抵押合同的效力与抵押登记相分离，抵押是否登记不影响抵押合同的成立生效。抵押合同的内容表明抵押人愿意向出借人承担担保责任，故在出借人不能就抵押物享有优先受偿权的情况下，其可以依据抵押合同要求抵押人承担保证责任。另外，也有法院认为抵押合同成立生效而抵押未登记时，出借人与抵押人依据抵押合同创设了一种新型的担保，法律性质上属于债权，是介于保证和抵押之间的不规则担保，是非典型担保的一种。此种观点的错误是混淆了抵押与保证。抵押是物保，具有担保功能的是抵押物，抵押合同本身不具有担保功能。保证是人保，保证合同本身具有担保功能。另外，担保法理上也没有介于保证和抵押之间的不规则担保义务。尽管存在上述问题，但此种观点在各地司法判例中经常可见。第二，抵押人应当在抵押物价值范围内向出借人承担补充赔偿责任。该观点的理由是，抵押物未登记，出借人的救济途径只有请求履行抵押合同和违约赔偿两种，而不能要求抵押人承担担保责任。如果出借人请求抵押人履行抵押合同，完成抵押登记手续，抵押人应当履行该配合义务，否则，其应当承担违约赔偿责任。合同违约赔偿遵循可预见原则。《合同法》第一百一十三条第一款规定："当事人一方不履行合同义务或者履行合同义务不符合约定，给对方造成损失的，损失赔偿额应当相当于因违约所造成的损失，包括合同履行后可以获得的利益，但不得超过违反合同一方订立合同时预见到或者应当预见到的因违反合同可能造成的损失。"就民间借贷中的抵押人而言，如果其配合出借人履行抵押合同完成抵押登记手续，出借人因此可以获得的利益是抵押物价值范围内的担保。另外，抵押人在抵押合同订立时可预见的出借人因其不履行抵押登记义务遭受的损失是出借人向借款人主张债权且经执行程序后未能受偿的本息。比如主债权债务金额为100万元，抵押物价值50万元，抵押人拒绝履行登记配合义务导致抵押未登记，出借人起诉借款人并经执行程序后，借款人无任何财产可供执行，此时，抵押人只应在50万元范围内向出借人承担补充赔偿责任，而不能突破抵押物的价值范围对100万元债务承担补充赔偿责任。

◎ 法条链接

1.《最高人民法院关于适用〈中华人民共和国担保法〉若干问题的解释》（法释〔2000〕第44号）

第五十六条 抵押合同对被担保的主债权种类、抵押财产没有约定或者约定不明，根据主合同和抵押合同不能补正或者无法推定的，抵押不成立。

法律规定登记生效的抵押合同签订后，抵押人违背诚实信用原则拒绝办理抵押登记致使债权人受到损失的，抵押人应当承担赔偿责任。

2.《合同法》

第一百一十三条 当事人一方不履行合同义务或者履行合同义务不符合约定，给对方造成损失的，损失赔偿额应当相当于因违约所造成的损失，包括合同履行后可以获得的利益，但不得超过违反合同一方订立合同时预见到或者应当预见到的因违反合同可能造成的损失。

经营者对消费者提供商品或者服务有欺诈行为的，依照《中华人民共和国消费者权益保护法》的规定承担损害赔偿责任。

75. 抵押未登记，出借人和抵押人均有过错，如何处理？

——邹某福与威海斯远房地产开发有限公司、烟台德生蚨置业公司民间借贷纠纷案[①]

裁判要旨

民间借贷抵押未登记，如果抵押人有不配合登记的行为，其应当向出借人承担违约赔偿责任，但是，如果出借人也有过错，则其应当承担部分损失。

◎ 基本案情

2011 年 10 月 5 日，原告邹某福与被告威海斯远房地产开发有限公司（以下简称斯远公司）签订联合开发协议一份，约定双方合作开发威海市温泉镇汤河佳苑温泉疗养度假小区项目。原告负责投入资金 20,000,000 元，被告负责该项目的土地出让金、拆迁费用、前期策划费、设计费、监理费及前期所有费用。被告斯远公司同意以 4 号、10 号、11 号三楼座的销售收入作为原告的投资回报。如该标的正式销售面积小于合同面积，被告斯远公司应补足同价面积，所补面积如有超出按该协议价格计算。该协议第五条约定，原告应于 2011 年 10 月 15 日前向被告斯远公司指定账户支付第一期合作资金 12,000,000 元，于 2011 年 10 月 7 日前向案外人冯岩松指定账户支付为被告斯远公司担保的 5,000,000 元，其余 3,000,000 元支付给被告斯远公司作为工程施工费用；第六条违约责任约定，任何一方违约导致合同目的不能实现，应按合作资金总额的 5% 支付违约金。原告不能按约定时间支付合作资金，每迟延一天，原告按合作资金总额的 5‰支付给被告斯远公司违约金。被告斯远公司保证两个月内总体正式开工，如有拖延或因被告斯远公司原因造成项目不能正常运转、不能合法销售造成购房客户索赔等，原告有权终止协议并收回资金，被告斯远公司于 5 日内向原告结算结清工程已投入资金，所用资金总额按每月 10% 的利润向原告支付，并承担相关法律责任及经济损失。该协议另对双方的权利义务进

① 山东省威海市中级人民法院（2012）威民一初字第 64 号

一步做了约定。上述协议签订后，原告于2011年10月20日向被告斯远公司付款17,000,000元，被告斯远公司为原告出具了收款收据。

2011年10月10日，原告与被告烟台德生蚨置业公司（以下简称德生蚨公司）公司签订承诺协议一份，约定原告与被告斯远公司在威海的汤河佳苑温泉疗养度假小区项目处于纠纷状态，原告质疑其与被告斯远公司签订的联合开发协议及约定投入的20,000,000元资金回报不能落到实处，因此被告德生蚨公司承诺，其愿以名下的房产（烟台南大街某1号、某2号，房产证号为烟房权证芝字第××号，土地证号为烟国用2004第221号）作为原告投资的担保。

2012年9月12日，原告与被告斯远公司签订补充协议一份，约定原告同意继续履行被告斯远公司于2011年10月5日签订的联合开发协议，于2012年9月13日申请解除对被告德生蚨公司的财产查封，被告斯远公司同时向原告支付300,000元；被告斯远公司应支付给原告自2011年10月5日至合同签订之日的投资回报共计10,000,000元，于案外人希努尔公司付款当日给付；原联合开发协议中的17,000,000元本金自协议签订之日起一年内不计算利息及其他损失。如满一年不能按期开工，原告有权收回本金，由此产生的经济损失仍按联合开发协议继续履行，且可以根据情况随时查封德生蚨公司房产分割1－2层后的剩余部分。该补充协议签订后，被告斯远公司向原告支付款项300,000元。

诉讼中，原告认可其只负责投入20,000,000元，但不参与开发建设，也不承担合作开发协议的风险，其与被告斯远公司签订联合开发协议的本意即为原告以固定投入获得固定收益。

另查明，被告德生蚨公司用以抵押担保的坐落于烟台市南大街某1号、某2号房产（房产证号为烟房权证芝字第××号）的建筑面积共计9,258.51平方米。上述房产未进行抵押登记。

2012年8月14日，原告邹某福诉至法院称，原告与被告斯远公司于2011年10月5日签订联合开发协议一份，约定双方共同开发威海市温泉镇汤河佳苑温泉疗养度假小区项目，合同对双方的合作形式、原告的投资回报、权利义务及违约责任等事项进行了约定。上述合同签订后，原告依约履行了投资义务，但被告未履行合同义务，给原告造成较大损失，故诉请被告斯远公司支付原告以17,000,000元为本金，自2011年10月20日起至2014年10月16日止，按中国人民银行同期贷款利率四倍计算的利息。

◎ 法院审理

被告斯远公司书面答辩称，原告与被告斯远公司签订的涉案联合开发协议约定原告只负责投资，收取固定利益，不承担开发风险，该协议实际系房屋买卖合同，且合同标的即在建的4号、10号、11号三幢楼房已被人民法院查封，故涉案协议应属无效合同，原告根据无效协议主张的利润损失不应予以支持。另，原告与被告斯远公司于2012年签订了补充协议，该协议未经被告德生蚨公司同意，故被告德生蚨公司不应承担担保责任。综上，请求驳回原告的诉讼请求。

被告德生蚨公司书面答辩称，被告德生蚨公司向原告出具的承诺协议中虽然约定以房屋抵押担保，但双方未办理抵押登记，故涉案担保协议并未生效。同时，原告与被告斯远公司签订的联合开发协议系无效合同，主合同无效，担保合同亦归于无效。综上，被告德生蚨公司不应承担担保责任，请求驳回原告的诉讼请求。

法院认为，原告与被告斯远公司于2011年10月5日签订的联合开发协议约定，双方合作开发涉案威海市温泉镇汤河佳苑温泉疗养度假小区项目，原告只负责投入资金20,000,000元，其享有的收益固定为三楼座的销售收入，且在实际建设面积与合同约定面积不同时，被告斯远公司需补足差价。该协议同时约定，原告有权终止协议并收回本金，被告斯远公司于5日内与原告结清工程投入资金，并按所投资金总额10%向原告支付利润。同时，原告自认其签订涉案联合开发协议的本意即为以固定投入获得固定收益，既不参与开发建设，也不承担相应风险。综合以上事实，法院认定涉案联合开发协议名为合作开发合同，实为借款合同，原告与被告斯远公司的真实法律关系为民间借贷。从上述合同约定内容看，原告系向被告为开发建设涉案工程所进行的临时性资金拆借行为，故上述合同系双方当事人的真实意思表示，且不违反法律、行政法规的强制性规定，属合法有效合同。原告提供借款后，被告斯远公司应当支付相应利息。对于利息数额，根据涉案联合开发协议及补充协议的约定，被告斯远公司应向原告支付三楼座的销售收入，并向原告支付自2011年10月5日起至补充协议签订之日即2012年9月12日止的投资回报共计10,300,000元，上述约定系双方当事人的真实意思表示，且不违反法律、行政法规的强制性规定，双方均应依约履行合同义务，但被告斯远公司既未按照联合开发协议约定向原告支付三楼座的销售收入，亦未按照补充协议之约定履行付款义务，现原告自愿以其实际付款数额17,000,000元为本金，按照中国人民银行同期贷款利率的4倍计算其所投入资金的利息损失，系其对自身权利的处分，亦未超过被告斯远公司承诺的应付款范围，故原告主张的上述利息损失合法有据，被告斯远公司应予赔偿。

2011年10月10日，原告与被告德生蚨公司签订承诺协议，约定被告德生蚨公司以其名下房产作抵押为原告的投资回报提供担保，该协议系双方当事人的真实意思表示，且不违反法律、行政法规的强制性规定，属合法有效合同。根据协议约定，被告德生蚨公司应当提供抵押担保，担保的范围应当包括原告支付的本金、利息及违约金，但用以抵押担保的房产未进行抵押登记，抵押权依法不成立，对此原告与被告德生蚨公司均有过错，对该抵押权不能实现而给抵押权人造成的损失，被告德生蚨公司作为抵押人应当承担赔偿责任。根据双方的过错程度，法院酌定被告德生蚨公司作为抵押人，应当承担债务人即被告斯远公司不能清偿部分的二分之一的责任。

法院判决如下：

一、被告威海斯远房地产开发有限公司于本判决生效之日起十日内支付原告借款利息（以17,000,000元为本金，自2011年10月21日起至2014年10月16日止，按中国人民银行同期贷款利率4倍计算）；

二、被告烟台德生蚨置业公司对被告威海斯远房地产开发有限公司的上述债务承担被告威海斯远房地产开发有限公司不能清偿部分二分之一的赔偿责任；

三、驳回原告邹某福的其他诉讼请求。

◎ 点评

本案有两个问题需要注意：

1. 合同性质的认定应当遵循“实质重于形式”的原则。本案原告邹某福与斯远公司先签订联合开发协议一份，之后，又与斯远公司签订补充协议一份。综合两份协议的内容，其名为联合开发协议，实为借贷协议，因为原告邹某福虽然需要投入20,000,000元资金，但其不承担开发风险，只收取固定利益，具体为三楼座的销售收入，且在实际建设面积与合同约定面积不同时，被告斯远公司需补足差价。因此，原告邹某福与被告斯远公司的法律关系乃民间借贷关系。

2. 出借人与抵押人对抵押未登记的结果皆有过错，抵押人是否要对出借人的全部损失承担违约赔偿责任？2011年10月10日，原告邹某福与被告德生蚨公司签订承诺协议一份，约定德生蚨公司愿以名下的房产（烟台南大街某1号、某2号，房产证号为烟房权证芝字第××号，土地证号为烟国用2004第221号）作为原告投资的担保。但是，出借人邹某福与抵押人德生蚨公司并未完成抵押登记。本案审理法院认为出借人和抵押人对抵押未登记的结果皆有过错。《合同法》第一百零七条规定：“当事人一方不履行合同义务或者履行合同义务不符合约定的，应当承担继续履行、采取补救措施或者赔偿损失等违约责任。”据此，出借人因借款人的违约遭受的损失，有违约行为的抵押人应当依据抵押合同向出借人承担违约赔偿责任，但是，因出借人对抵押登记未完成也有过错，故其损失不能由抵押人全部承担。

◎ 法条链接

1. **《合同法》**

第一百零七条　当事人一方不履行合同义务或者履行合同义务不符合约定的，

应当承担继续履行、采取补救措施或者赔偿损失等违约责任。

第一百二十条　当事人双方都违反合同的，应当各自承担相应的责任。

76. 因登记部门的原因导致抵押未登记，民间借贷出借人对抵押物是否享有优先受偿权？

——林某与邹某霖、邹某桥民间借贷纠纷上诉案[①]

裁判要旨

当事人办理抵押物登记手续时，因登记部门的原因致使其无法办理抵押物登记，抵押人向债权人交付权利凭证的，可以认定债权人对该财产有优先受偿权。但是，未办理抵押物登记的，不得对抗第三人。

◎ 基本案情

2013 年 8 月 6 日，林某与邹某霖、邹某桥签订《借款合同》和《抵押合同》，双方在《借款合同》中约定：由林某借款给邹某霖、邹某桥 380 万元，期限两个月，自 2013 年 8 月 6 日至 2013 年 10 月 5 日，月利率为 2%，邹某霖、邹某桥未按时足额还贷，可按逾期利率或挪用贷款的罚息利率计收利息，并对应付未付利息计收复利，逾期贷款的罚息为本合同约定利率上浮 100%，并承担为实现债权而支付的各项费用。在《抵押合同》中约定：抵押人邹某霖提供其名下的房地产，即土地证为瑞国用 99 字 0370 号土地，与该土地上的房产证号为瑞房权证瑞丽市字第 00022047 号房屋为该笔借款的抵押物，担保的主债权为主合同项下的本金、利息、复利、罚息、违约金、损害赔偿金和实现债权的费用；邹某霖应在本合同签订后 60 日内办理完毕本合同项下抵押物的抵押登记手续，并在登记手续办妥后 3 日内将他项权利证明、抵押登记证明文件正本及抵押物权属证明正本交林某保管。同日，双方到律师事务所对上述两份合同进行见证，律师事务所出具《律师见证书》。

2013 年 8 月 6 日，林某通过中国工商银行瑞丽支行将 80 万元转账给邹某桥后，

① 云南省高级人民法院（2015）云高民一终字第 3 号

邹某桥又将该80万元转给杨某某（系林某母亲），随后林某再次通过中国工商银行瑞丽支行将300万元转给邹某桥。

2014年5月4日，双方签订《借款结算及还款协议书》，内容为：双方确认邹某霖、邹某桥欠林某535万元，还款期限于2014年6月15日前全部还清；邹某霖用瑞国用99字第0370号土地，与该土地上的房产证号为瑞房权证瑞丽市字第00022047号房屋作为还款的抵押；如不按本协议偿还欠款，应向林某以未还金额的15%承担违约责任。

2014年6月29日，林某与云南和序律师事务所签订《委托代理协议》，约定：林某委托云南和序律师事务所为一审代理人，应支付乙方律师代理费20.65万元，于协议签订后3日内支付给乙方律师代理费5万元，剩余的律师代理费15.65万元待本案执行后一次性支付等内容。2014年7月1日，林某支付代理费50,000元。

2014年8月14日，瑞丽市住房和城乡建设局出具《情况说明》，内容为：自2008年7月1日《房屋登记办法》施行以来，瑞丽市住房和城乡建设局住房保障与房地产监管股未开展个人与个人之间办理房屋抵押登记业务。

现林某以邹某霖、邹某桥至今未能归还借款为由，提起本案诉讼，请求：1. 判令邹某霖、邹某桥偿还其本息535万元、违约金80.25万元、律师代理费20.65万元，合计635.90万元；2. 确认《抵押合同》有效，林某享有优先受偿权；3. 诉讼费由邹某霖、邹某桥承担。

◎ 法院审理

原审法院认为：林某与邹某霖、邹某桥签订《借款合同》和《抵押合同》，约定由林某借款给邹某霖、邹某桥，邹某霖提供其名下财产提供抵押，故本案属民间借贷纠纷。

关于借款本金、利息应如何计算、违约金及律师代理费用是否过高、应否调整的问题。本案中，林某虽已按约定将380万元转给被告邹某桥，但在同日，邹某桥即将80万元转给了林某母亲，林某虽提出该80万元，包含该款抵押保证金34.4万元，该保证金于2014年5月4日双方结算时已经扣除，但既然双方约定的是借款，就不应再扣回保证金，且没有证据证实邹某霖、邹某桥与杨某某之间存在其他经济往来。因此，借款本金应以300万元确认。对于利息及违约金，双方在借款合同中约定利率为2%，虽未超过法律规定，但又约定可按逾期利率或挪用贷款的罚息利率计收利息，并对应付未付利息计收复利，逾期贷款的罚息为本合同约定利率上浮100%，且双方于2014年5月4日签订《借款结算及还款协议书》，双方计算后，邹某霖、邹某桥欠原告535万元，并约定还款期限于2014年6月15日前全部还清，如不按本协议偿还欠款，应向林某以未还金额的15%承担违约责任。故双方的约定已超过《最高人民法院关于人民法院审理借贷案件的若干意见》第六条“民间借贷的利率可以适当高于银行的利率，各地人民法院可根据本地区的实际情况具体掌握，但最高不得超过银行同类贷款利率的四倍（包含利率本数）。超出此限度的，超出部分的利息不予保护”的规定，确认借款利率按银行同类贷款利率的四倍计算，超出部分不予保护。故林某要求邹某霖、邹某桥偿还本息535万元，违约金80.25万元的主张，予以部分支持，即邹某霖、邹某桥应承担偿还借款本金300万元及相应利息，利息从借款之日起，按银行同类贷款利率的四倍计算至本判决生效之日止。对于律师费用，虽借款合同中，约定邹某霖、邹某桥未按时偿还贷款，应承担为实现债权而支付的催收费用，包括律师费等，但本案中，林某提交的委托合同中约定的律师费用为20.65万元，明显过高，依法调整为10万元。

关于《抵押合同》是否有效、林某是否享有优先受偿权的问题。本案中，虽双方签订抵押合同，且均在合同上签名予以确认，但未办理抵押登记，抵押权未设立，故林某对该抵押合同项下抵押物不享有优先受偿权。

原审法院判决：一、被告邹某霖、邹某桥于本判决生效之日起三十日内偿还原告林某借款本金300万元及相应利息（利息自2013年8月6日起，按银行同类贷款利率的四倍计算至本判决生效之日止）；二、被告邹某霖、邹某桥于本判决生效之日起三十日内支付原告林某为实现债权的律师费用10万元；三、驳回原告林某的其他诉讼请求。

原审判决宣判后，林某不服，向二审法院提起上诉，请求：1. 撤销原审判决；2. 判令邹某霖、邹某桥向其支付结算欠款535万元、违约金80.25万元、律师代理费20.65万元，合计635.90万元；3. 确认上诉人对抵押房地产享有优先受偿权；4. 本案一、二审案件受理费、保全费由被上诉人承担。事实和理由：1. 上诉人在签订《借款合同》的当天就通过银行账户分两次向被上诉人邹某桥的账户支付了380万元借款本金。邹某桥通过自己的账户转给杨某某的80万元，由于系邹某桥自己处分财产的行为，收取款项的主体杨某某也属于案外人，且该80万元系由2个月的借款利息15.2万元、抵押保证金34.4万元和杨某某的居间费用30.4万元组成，故不应属于事先扣除的款项。原审法院认定借款本金为300万元，属于认定事实错误。2. 2014年5月4日，双方签订的《借款结算及还款协议》中明确被上诉人尚欠上诉人535万元。借款本金380万元，加上借期内利息15.2万元和逾期利息63.308万元、违约金126.616万元，共计为585.124万元，扣减被上诉人已经支付的借期内利息15.2万元和抵押保证金34.4万元，被上诉人尚欠上诉人的款项即为535万元。原审判决未认定《借款结算及还款协议》合法有效，属于认定事实错误。3. 双方当事人约定的借期内利息为2%，该约定并未超出银行利率的四倍，应得到法律的保护。双方还约定违约金按约定利率上浮100%，该违约金条款并未违反法律法规的强制性规定，而被上诉人存在违约行为，应当按照约定承担违约责任。原审法院将违约条款视为借款利息，认定借款利息超过银行利率的四倍，且免除了被上诉人的违约责任，属于适用法律错误。4.《借款结算及还款协议书》约定被上诉人到2014年6月15日偿还尚欠款项535万元，而被上诉人至今未能履行合同义务，已经再次构成违约，应按照该协议的约定，以535万元的15%为标准，支付违约金80.25万元。原审法院对该笔违约金未予以认定，属于认定事实错误。5.上诉人要求被上诉人承担实现债权而支付的律师费20.65万元的主张，符合双方的约定，也符合法律规定，应该得到法院的支持。原审法院将律师费调减为10万元，缺乏事实和法律依据。6.上诉人与被上诉人邹某霖签订的《抵押合同》合法有效。双方当事人办理抵押物登记时，由于登记部门的原因导致无法办理，这一事实有相关的证据能够证实。被上诉人邹某霖已于签订《抵押合同》当日向上诉人交付了抵押物的物权凭证。上述情形符合《最高人民法院关于适用〈中华人民共和国担保法〉若干问题的解释》第五十九条的规定，上诉人应当就抵押物享有优先受偿权。原审判决仅以《物权法》的规定为依据，以抵押物未进行登记为由，否定了上诉人的优先受偿权，属于适用法律错误。

综合双方当事人的诉辩主张，本案双方当事人在二审中争议的焦点问题是：

一、关于借款本金及利息的问题

二审法院认为，首先，《借款合同》中约定的借款本金为380万元，在签订借款合同后，上诉人作为款项的出借人按照协议向被上诉人的账户汇入380万元，上诉人已经按照合同约定履行了借款义务。其次，杨某某与上诉人林某之间虽系母子关系，但在法律上属于不同的主体，被上诉人邹某桥在收到第一笔80万元后，向林某母亲杨某某的账户汇入80万元，属于向案外人支付款项的行为，不能当然视为向债权人林某返还的款项。债务人邹某霖和邹某桥对于邹某桥向案外人杨某某汇出的该80万元与本案的借款之间存在关联性负有举证责任。现被上诉人邹某霖、邹某桥虽主张该80万元为预先扣除的利息，但其既不能说明80万元属于的利息的具体计算标准和起止时间，也不能提交相应的证据。被上诉人关于80万元为预扣利息，应当在借款本金中扣减的主张缺乏事实依据，不能成立。最后，根据上诉人一审、二审的陈述和证人杨某某的证言，上诉人自认邹某桥向杨某某汇出80万元系由本案借款的借期2个月的利息15.2万元、抵押保证金34.4万元和杨某某的居间费用30.4万元组成。其中，借期2个月的利息15.2万元于款项出借当日即已返还，属于预先扣除的利息，应当在借款本金中予以扣减；抵押保证金34.4万元与本案的借款关系属于不同的法律关系，在本案中不予审理；居间费用30.4万元属于借款人邹某霖、邹某桥与案外人杨某某之间的经济往来，与本案无关联性，亦不予审理。综上，本案上诉人向被上诉人出借的借款本金为364.8万元（380万元－

预扣利息15.2万元）。

关于借款利息，二审法院认为，《最高人民法院关于人民法院审理借贷案件的若干意见》第六条规定："民间借贷的利率可以适当高于银行的利率，各地人民法院可根据本地区的实际情况具体掌握，但最高不得超过银行同类贷款利率的四倍（包含利率本数）。超出此限度的，超出部分的利息不予保护。"本案中，双方当事人在《借款合同》中约定借期内利息为月息2%，该约定并未超过法律规定的最高上限，故借期内（2013年8月6日至2013年10月5日）的利息应当按照月息2%计算。至于逾期利息，双方约定的是按照合同约定的利息上浮100%，该约定已经超出了银行同期贷款利率的四倍，对超出部分不应予以支持，逾期利息从2013年10月6日起算。

二、关于违约金、律师费的问题

二审法院认为，对于逾期利息的支持已经足以弥补上诉人的损失，故对于上诉人关于违约金的主张，二审法院不予支持；原审法院对于律师费的认定和调整正确，且鉴于上诉人仅实际支付5万元律师费，故对于上诉人针对律师费的上诉请求，二审法院不予支持。

三、关于优先受偿权的问题

二审法院认为，《最高人民法院关于适用〈中华人民共和国担保法〉若干问题的解释》第五十九条的规定："当事人办理抵押物登记手续时，因登记部门的原因致使其无法办理抵押物登记，抵押人向债权人交付权利凭证的，可以认定债权人对该财产有优先受偿权。但是，未办理抵押物登记的，不得对抗第三人。"本案中，上诉人已经提交相应证据证明抵押物没有登记系登记部门的原因导致，被上诉人也将抵押物的物权凭证交付给了上诉人，上诉人至今仍然持有上述物权凭证。故上诉人应当就其债权享有优先受偿权，但不得对抗善意第三人。

二审法院判决如下：

一、维持云南省德宏傣族景颇族自治州中级人民法院（2014）德民二初字第73号民事判决第二、三项，即"被告邹某霖、邹某桥于本判决生效之日起三十日内支付原告林某为实现债权的律师费用10万元"，"驳回原告林某的其他诉讼请求"；

二、撤销云南省德宏傣族景颇族自治州中级人民法院（2014）德民二初字第73号民事判决第一项；

三、邹某霖、邹某桥于本判决生效后三十日内向林某归还借款本金364.8万元及利息（利息自2013年8月6日起至2013年10月5日止，按月利率2%计算；自2013年10月6日起至款项付清之日止，按中国人民银行同期同类贷款利率的四倍计算）；

四、邹某霖、邹某桥在本判决规定的期限未履行上述支付义务，林某有权以邹某霖设定抵押的瑞国用99字第0370号土地使用证项下的土地使用权和瑞丽市字第00022047号房屋产权证项下的房屋所有权折价或者以拍卖、变卖该土地使用权和房屋所有权的价款优先受偿，但不得对抗善意第三人。

◎ 点评

本案的争议焦点是民间借贷双方因登记部门的原因导致抵押无法登记，抵押人将权利凭证交付出借人的，出借人对抵押物是否享有优先受偿权。

《物权法》第九条规定："不动产物权的设立、变更、转让和消灭，经依法登记，发生效力；未经登记，不发生效力，但法律另有规定的除外。依法属于国家所有的自然资源，所有权可以不登记。"因此，不动产物权经登记后发生变动效力。未经登记，债权人不能就不动产享有优先受偿权。

民间借贷实务中，出借人为了更好地保障债权，通常要求出借人提供不动产抵押担保。但是，不动产登记部门经常不为私人和非金融企业提供不动产抵押登记服务。原因有三：第一，《物权法》、《担保法》、《房屋登记办法》、《土地登记办法》等法律规章并没有明确不动产登记申请主体，导致不动产登记部门对不动产登记申请主体的范围理解不一致。第二，与官方排斥民间借贷的态度相一致。受计划经济体制惯性的影响，我国金融行业一直高度垄断，对民间借贷一直持压制态度，司法审理一直将非金融企业之间的资金拆借合同认定为无效即是明证。当私人之间、私人与非金融企业之间、非其金融企业之间的资金借贷需要抵押担保时，如果登记部门不提供抵押登记服务，必然会给民间借贷交易造成很大障碍，从而减少民间借贷活动。第三，我国对建设用地使用权登记设定了限制条件。《国家土地管理局关于土地使用权抵押登记有关问题的通知》[①]（〔1997〕国土〔籍〕字第2号）第三条规定："土地使用权设立抵押权的，抵押人和抵押权人应在抵押合同签订后十五日内，持被抵押土地的土地使用证、抵押合同、地价评估及确认报告、抵押人和抵押权人的身份证件共同到土地管理部门申请抵押登记。一方到场申请抵押登记的，必须持有对方授权委托文件。申请抵押登记除提交前款所列材料外还应分别情况，提交下列材料：……6. 抵押权人为非金融机构，其抵押借款行为依法应当办理有关批准手续的，应当提交有关批准文件。同一宗地多次抵押时，以收到抵押登记申请先后为序办理登记。未按规定提交有关证明文件的土地使用权抵押登记申请，土地管理部门不予受理。"《中华人民共和国国土资源部关于企业间土地使用权抵押有关问题的复函》（国土资函〔2000〕582号）第一条规定："企业间以土地使用权进行抵押担保的前提是企业之间订立的债权债务主合同必须符合有关法律、法规的规定，涉

---

① 已失效。

及需要金融监管部门批准的，应首先办理批准手续。”上述部门规章都针对民间借贷中的抵押担保登记规定了限制性条件，也让不动产登记部门对民间借贷中的抵押登记持否定态度。

因此，民间借贷实务中，借贷双方虽然约定了抵押担保，但经常因地方登记部门的原因导致无法完成抵押登记。此时，抵押人和出借人都有抵押合意，且双方皆积极完成登记手续，主观上没有过错。为此，《最高人民法院关于适用〈中华人民共和国担保法〉若干问题的解释》（法释〔2000〕第44号）第五十九条规定：“当事人办理抵押物登记手续时，因登记部门的原因致使其无法办理抵押物登记，抵押人向债权人交付权利凭证的，可以认定债权人对该财产有优先受偿权。但是，未办理抵押物登记的，不得对抗第三人。”该条明确即使抵押未登记，如果是登记部门的原因，民间借贷出借人也可对抵押物享有优先受偿权。其要点如下：第一，抵押未登记是登记部门的原因所致，非可归责于出借人或抵押人。第二，抵押人向出借人交付了抵押物权利凭证。第三，虽然出借人可以享有优先受偿权，但不得对抗第三人，即抵押人处分了抵押物，出借人则无法再对抵押物享有优先受偿权。

◎ 法条链接

1.《最高人民法院关于适用〈中华人民共和国担保法〉若干问题的解释》（法释〔2000〕第44号）

第五十九条 当事人办理抵押物登记手续时，因登记部门的原因致使其无法办理抵押物登记，抵押人向债权人交付权利凭证的，可以认定债权人对该财产有优先受偿权。但是，未办理抵押物登记的，不得对抗第三人。

77. 股权质押未经登记，质权未设立

——王某英与怡诚工艺厂、星际公司、有缘食品厂、林某涛、陈某英、程某荣、邱某飞民间借贷纠纷案[①]

裁判要旨

民间借贷中以股权质押方式提供担保的，当事人应当订立书面合同。以证券登

① 福建省莆田市秀屿区人民法院（2014）秀民初字第3392号

记结算机构登记的股权出质的，质权自证券登记结算机构办理出质登记时设立；以其他股权出质的，质权自工商行政管理部门办理出质登记时设立。

◎ 基本案情

被告莆田市秀屿区怡诚工艺厂（以下简称怡诚工艺厂）系合伙企业，被告林某涛、陈某英系被告怡诚工艺厂的合伙人。被告莆田市星际照明有限公司（以下简称星际公司）系一人有限责任公司，被告程某荣系星际公司股东。被告莆田市秀屿区有缘食品厂（以下简称有缘食品厂）系个人独资企业，被告邱某飞系有缘食品厂投资人。

2012 年 11 月 11 日，被告怡诚工艺厂向原告王某英借款 100 万元，并由被告怡诚工艺厂的执行事务合伙人即被告林某涛向原告出具借条一份，约定借款期限半年，但未约定利息计算方式，借条载明“用莆田市秀屿区有缘食品厂的土地为抵押，土地证号码为莆国用（2009）第 N2009022 号及莆田市星际照明有限公司的股份作为抵押”，借条中落款处借款人由被告林某涛签字并加盖怡诚工艺厂印章。借条中抵押方加盖了被告星际公司、被告有缘食品厂及其投资人邱某飞的印章。

同年 11 月 19 日，被告怡诚工艺厂再次向原告借款 70 万元，也由被告林某涛向原告出具借条一份，但未约定利息计算方式及还款期限，该借条载明“用莆田市秀屿区有缘食品厂、莆田市星际照明有限公司作为担保”，借条中落款处借款人由被告林某涛签字并加盖怡诚工艺厂印章。借条中担保方加盖了被告星际公司、被告有缘食品厂及其投资人邱某飞的印章。

后经原告催讨，数被告均未偿还借款，原告遂诉至法院，要求判令被告怡诚工艺厂偿还借款 170 万元以及自起诉之日起按银行同期贷款利率计算的利息，被告星际公司、有缘食品厂、林某涛、陈某英、程某荣、邱某飞承担连带责任。2014 年 5 月 20 日，原告向法院提出财产保全的申请，要求对被告有缘食品厂的国有土地使用权进行保全，并提供原告及案外人王某英共有的坐落于涵江区涵华小区某房屋进行担保。法院裁定准予了原告的保全申请。案经审理，因七被告均未到庭，至本案无法调解。

◎ 法院审理

法院认为，被告怡诚工艺厂两次共向原告王某英借款 170 万元未还，有被告怡诚工艺厂的执行事务合伙人林某涛向原告出具的借条为凭，事实清楚，证据充分，可以认定。原告要求被告怡诚工艺厂归还借款，符合法律规定，应予支持。因被告怡诚工艺厂系合伙企业，其未能清偿债务，被告林某涛、陈某英作为该合伙企业的合伙人，依法应承担连带偿还责任。在 100 万元的借款中，双方虽约定用被告有缘食品厂的土地使用权进行抵押、用被告星际公司的股份进行质押，但两份担保均未依法进行登记，应认定该抵押权及质押权尚未设立，且被告有缘食品厂、星际公司并非该100万元债务的连带债务人，故原告要求被告有缘食品厂、星际公司对该100万元债务承担连带偿还责任缺乏依据，不予支持。被告邱某飞、程某荣也并未为该100万元债务提供担保，原告要求被告邱某飞、程某荣对该100万元债务承担连带偿还责任缺乏依据，不予支持。在70万元的借款中，被告星际公司、有缘食品厂在借条中担保方处加盖了公司印章，但均未约定保证方式，依法应按照连带责任保证方式承担保证责任。被告程某荣作为被告星际公司的股东，但未提供任何证据证明公司财产独立于其自己的财产，依法应当对公司债务承担连带责任，故原告要求被告程某荣对该70万元债务承担连带偿还责任，应予支持。被告邱某飞作为被告有缘食品厂的投资人，其应对有缘食品厂的财产不足以清偿企业债务的部分承担偿还责任，在有缘食品厂以自身财产清偿债务之前，原告要求被告邱某飞对该70万元债务承担连带偿还责任，缺乏法律依据，不予支持。原告诉称借款时双方约定按月利率3%计算利息，被告怡诚工艺厂依约支付利息至2014年2月，但未提供任何证据加以证实，借条中也未载明双方约定了利息，故应认为本案债务双方未约定利息。原告要求自起诉之日起按中国人民银行同期贷款利率计算利息，符合法律规定，应予支持。

法院判决如下：

一、被告莆田市秀屿区怡诚工艺厂应在本判决生效之日起五日内偿还给原告王某英借款一百七十万元，并自二〇一四年五月十五日起至本判决指定还款之日止按中国人民银行同期贷款利率计算利息。

二、被告林某涛、陈某英对上述借款本息承担连带偿还责任。

三、被告莆田市星际照明有限公司、莆田市秀屿区有缘食品厂、程某荣对上述借款中七十万元的本息承担连带偿还责任。

四、驳回原告王某英对被告邱某飞的诉讼请求。

◎ 点评

本案有如下几个问题需要注意：

1. 股权质押未登记，质权未设立，民间借贷出借人对股权并不享有优先受偿权。《物权法》第二百二十六条第一款规定：“以基金份额、股权出质的，当事人应当订立书面合同。以基金份额、证券登记结算机构登记的股权出质的，质权自证券登记结算机构办理出质登记时设立；以其他股权出质的，质权自工商行政管理部门办理出质登记时设立。”据此，以股权出质的，首先应当由民间借贷出借人和质押人订立书面质押合同，然后，出借人和质押人应当办理股权质押登记手续，否则质权不存在。由于质押是物保方式之一，具有担保功能的是质押物，故股权质押未登记，民间借贷出借人不享有质权，也就不能对股权享有优先受偿的权利。本案中的星际公司是一人有限责任公司，虽然其愿意以公司股权提供质押担保，但并未到工商行政管理部门办理股权质押登记手续，故本案民间借贷出借人原告王某英对星际公司的股权不享有质权。

2. 一人有限责任公司的股东不能证明公司财产独立于股东自己的财产的，应当对公司债务承担连带责任。我国《公司法》原来未规定一人有限责任公司，后来借2006年修订之际引入了一人有限责任公司制度。由于一人有限责任公司股东只有一位，公司内部无法形成制衡，内部治理结构不完善，并且容易发生股东财产和公司财产混同的情况，对公司债权人利益保护不利，故《公司法》第六十三条规定："一人有限责任公司的股东不能证明公司财产独立于股东自己的财产的，应当对公司债务承担连带责任。"该条规定实为法人资格滥用推定制度。据此，一人有限责任公司债权人可以将股东和公司一同列为被告，并请求股东和公司对其债权承担连带偿还责任。如果一人有限责任公司无法证明股东财产和公司财产彼此独立，股东应当对公司债务承担连带责任。此种有罪推定的做法实现了举证责任倒置，有利于债权人的利益保护。本案被告怡诚工艺厂于2012年11月19日再次向原告王某英借款70万元，借条载明"用莆田市秀屿区有缘食品厂、莆田市星际照明有限公司作为担保"，借条中担保方加盖了被告星际公司、被告有缘食品厂及其投资人邱某飞的印章。由于星际公司是上述70万元借款的保证人，而星际公司是一人有限责任公司，其股东为程某荣，故当原告起诉星际公司和其股东程某荣对借款承担连带保证责任时，法院以程某荣不能证明公司财产独立于股东自己的财产为由判决其对星际公司债务承担连带责任。

3. 普通合伙企业的合伙人对合伙企业债务承担无限连带责任。我国《合伙企业法》将合伙企业分为普通合伙企业和有限合伙企业两类。前者的特点是全体合伙人对合伙企业债务承担无限连带责任，后者的特点是企业由普通合伙人和有限合伙人组成，普通合伙人对合伙企业债务承担无限连带责任，有限合伙人以其认缴的出资额为限对合伙企业债务承担责任。本案借款人怡诚工艺厂是普通合伙企业，被告林某涛、陈某英是怡诚工艺厂的合伙人，故法院判决合伙人对合伙企业的对外借款承担连带责任。

4. 民间借贷出借人与保证人对保证方式没有约定的，保证人承担连带保证责任。《担保法》第十九条规定："当事人对保证方式没有约定或者约定不明确的，按照连带责任保证承担保证责任。"本案被告怡诚工艺厂于2012年11月19日再次向原告王某英借款70万元，借条载明"用莆田市秀屿区有缘食品厂、莆田市星际照明有限公司作为担保"，星际公司、有缘食品厂在借条中担保方处加盖了公司印章，但均未约定保证方式，故法院判决星际公司和有缘食品厂承担连带保证责任。

5. 个人独资企业的投资人在企业财产不足以清偿债务时，其应当以个人的其他财产予以清偿。《个人独资企业法》第三十一条规定：“个人独资企业财产不足以清偿债务的，投资人应当以其个人的其他财产予以清偿。”原因在于个人独资企业不具有法人资格，企业财产与个人财产混同。

◎ 法条链接

1. **《合同法》**

第二百零六条 借款人应当按照约定的期限返还借款。对借款期限没有约定或者约定不明确，依照本法第六十一条的规定仍不能确定的，借款人可以随时返还；贷款人可以催告借款人在合理期限内返还。

第二百一十一条 自然人之间的借款合同对支付利息没有约定或者约定不明确的，视为不支付利息。自然人之间的借款合同约定支付利息的，借款的利率不得违反国家有关限制借款利率的规定。

2. **《合伙企业法》**

第二条 本法所称合伙企业，是指自然人、法人和其他组织依照本法在中国境内设立的普通合伙企业和有限合伙企业。

普通合伙企业由普通合伙人组成，合伙人对合伙企业债务承担无限连带责任。本法对普通合伙人承担责任的形式有特别规定的，从其规定。

有限合伙企业由普通合伙人和有限合伙人组成，普通合伙人对合伙企业债务承担无限连带责任，有限合伙人以其认缴的出资额为限对合伙企业债务承担责任。

第三十九条 合伙企业不能清偿到期债务的，合伙人承担无限连带责任。

3. **《物权法》**

第一百八十七条 以本法第一百八十条第一款第一项至第三项规定的财产或者第五项规定的正在建造的建筑物抵押的，应当办理抵押登记。抵押权自登记时设立。

第二百二十六条 以基金份额、股权出质的，当事人应当订立书面合同。以基金份额、证券登记结算机构登记的股权出质的，质权自证券登记结算机构办理出质登记时设立；以其他股权出质的，质权自工商行政管理部门办理出质登记时设立。

基金份额、股权出质后，不得转让，但经出质人与质权人协商同意的除外。出质人转让基金份额、股权所得的价款，应当向质权人提前清偿债务或者提存。

4. **《担保法》**

第十九条 当事人对保证方式没有约定或者约定不明确的，按照连带责任保证承担保证责任。

5.《公司法》

第六十三条 一人有限责任公司的股东不能证明公司财产独立于股东自己的财产的，应当对公司债务承担连带责任。

6.《个人独资企业法》

第二条 本法所称个人独资企业，是指依照本法在中国境内设立，由一个自然人投资，财产为投资人个人所有，投资人以其个人财产对企业债务承担无限责任的经营实体。

第三十一条 个人独资企业财产不足以清偿债务的，投资人应当以其个人的其他财产予以清偿。

78. 普通合伙企业合伙人以合伙企业财产份额出质，未经其他合伙人一致同意无效

——刘某清与王某林、武平县湘湖水电站、罗某盛民间借贷纠纷案①

裁判要旨

合伙人以其在合伙企业中的财产份额出质的，须经其他合伙人一致同意；未经其他合伙人一致同意，其行为无效，由此给善意第三人造成损失的，由行为人依法承担赔偿责任。

◎ 基本案情

2007年1月12日，被告王某林向原告刘某清借款25万元，并出具《借条》约定：借款月利息5,000元即月利率20‰，借款期限为11个月，以武平县湘湖水电站（以下简称湘湖电站）无记名股票36张（股票编号为：082、084、085、086、095、097、098、099、100、101、116、117、118、119、120、121、122、123、124、125、126、127、128、129、187、188、189、190、191、192、193、194、

① 福建省武平县人民法院（2013）武民初字第2289号

195、199、207、211，票面总金额31.75万元）作质押。同时，股票所有人罗某盛将上述股票交付给原告刘某清，用作被告王某林借款25万元的质押，但未在《借条》上签字，且质押未经湘湖电站其他合伙人一致同意也未进行质押登记。被告湘湖电站于2007年1月11日出具《证明》一份，证明上述36张湘湖电站无记名股票可以凭股票分红。上述36张股票背面注明：1. 本股票为内部结账凭证，凭本股票定期领取股息，分配红利；2. 股票转让需经董事长和法人代表同意方可进行；3. 复印、涂改无效。2009年4月12日，被告王某林对借款25万元重新书写了《借条》，除没有约定还款时间外，其余事项与2007年1月12日的借条约定内容一致；同时，被告王某林还向原告出具《借条》约定：向原告借款10万元，月利率2‰。原告确认该10万元是借款25万元自2007年1月12日起至2009年4月12日止的利息。罗某盛确认继续将上述36张湘湖电站无记名股票质押给原告。被告湘湖电站工商企业登记为普通合伙企业，分别于2012年3月13日、2012年8月29日、2012年9月3日进行财产份额转让，并发生了三次合伙人变更登记：合伙人于2012年3月14日由罗某盛、修某明、修某荣变更为贾某科、李某红；于2012年8月30日变更为罗某金、罗某盛；于2012年9月6日变更为肖某英、李某国、邵某英、吴某、修某香。

原告刘某清要求判决：1. 被告王某林归还借款25万元，并支付该款自2007年1月12日起至款清偿日止按月利率20‰计算的利息。2. 被告罗某盛对上述第一项请求中被告王某林的债务不能清偿部分的二分之一承担给付责任；3. 被告武平县湘湖水电站在被告罗某盛持有的股票号分别为：082、084、085、086、095、097、098、099、100、101、116、117、118、119、120、121、122、123、124、125、126、127、128、129、187、188、189、190、191、192、193、194、195、199、207、211共36张票面总金额为31.75万元的无记名股票的股权权益范围内，对被告罗某盛应承担的给付责任予以承担连带清偿责任或者承担直接的给付义务。

◎ 法院审理

法院认为，原告刘某清与被告王某林的民间借贷关系意思表示真实，内容不违反法律、行政法规的强制性规定，该民间借贷关系成立并具有法律效力。被告王某林应当清偿原告借款25万元，并支付相应利息。原告与被告王某林于2009年4月12日对之前借款利息进行结算，确认结欠利息为10万元，并于同日重新出具25万元的《借条》一张。因此，截至2009年4月12日，被告结欠原告利息应为10万元。被告王某林应清偿原告借款25万元和结欠利息10万元及借款25万元自2009年4月13日起按月利率20‰计算的利息。被告罗某盛于2007年1月12日借款时将36张湘湖电站无记名股票交付给原告，用于对被告王某林向原告借款25万元的质押，并于2014年3月20日确认愿意继续为被告王某林的借款提供股票质押，该质押合同依法成立。被告湘湖电站为普通合伙企业，发行的股票背面注明是内部结账凭证应认定为合伙人的财产份额凭证，本案的股票质押是合伙企业财产份额的质押。《中华人民共和国合伙企业法》第二十五条规定："合伙人以其在合伙企业中的财产份额出质的，须经其他合伙人一致同意；未经其他合伙人一致同意，其行为无效，由此给善意第三人造成损失的，由行为人依法承担赔偿责任。"被告罗某盛未经当时湘湖电站其他合伙人一致同意而将36张无记名股票质押给原告，出质人罗某盛与质权人刘某清之间的质押合同是无效的。《最高人民法院关于适用〈中华人民共和国担保法〉若干问题的解释》第七条规定："主合同有效而担保合同无效，债权人无过错的，担保人与债务人对主合同债权人的经济损失，承担连带赔偿责任；债权人、担保人有过错的，担保人承担民事责任的部分，不应超过债务人不能清偿部分的二分之一。"本案的民间借贷有效而质押合同无效，出质人罗某盛未经湘湖电站其他合伙人一致同意而将股票出质导致质押无效，存在过错；原告明知湘湖电站为普通合伙企业，在出质人未提供其他合伙人同意证明的情况下仍同意质押股票，也存在过错。因此，被告罗某盛应承担部分民事责任，但不应超过被告王某林不能清偿部分的二分之一。被告罗某盛承担赔偿责任后，可以依法另行向被告王某林追偿。被告罗某盛出质股票未经被告湘湖电站的确认，被告湘湖电站对质押无效不存在过错，而且被告湘湖电站不是本案民间借贷法律关系及质押合同法律关系的主体，从合同相对性角度亦不须承担本案合同责任。原告主张被告湘湖电站承担连带给付责任或直接给付义务，没有事实和法律依据，不予支持。

法院判决如下：

一、被告王某林应于本判决生效之日起十日内清偿原告刘某清借款25万元及利息10万元，并支付借款25万元自2009年4月13日起至本判决确定的履行日止按月利率20‰计算的利息。

二、被告罗某盛对被告王某林不能清偿部分的二分之一承担连带赔偿责任。

三、驳回原告刘某清的其他诉讼请求。

◎ 点评

本案是一则民间借贷纠纷，但涉及合伙企业财产份额出质问题。

首先，我们考察合伙企业财产份额出质的法律依据。《物权法》第二百二十三条规定："债务人或者第三人有权处分的下列权利可以出质：（一）汇票、支票、本票；（二）债券、存款单；（三）仓单、提单；（四）可以转让的基金份额、股权；（五）可以转让的注册商标专用权、专利权、著作权等知识产权中的财产权；（六）应收账款；（七）法律、行政法规规定可以出质的其他财产权利。"该条没有明确合伙企业财产份额是否能够出质，但允许法律、行政法规规定可以出质的财产权利出质。考察《合伙企业法》，其明确规定合伙企业财产份额可以出质。《合伙企业法》第二十五条规定："合伙人以其在合伙企业中的财产份额出质的，须经其他合伙人一致同意；未经其他合伙人一致同意，其行为无效，由此给善意第三人造成损失的，由行为人依法承担赔偿责任。"该条从属于《合伙企业法》第二章"普通合伙企业"，故对普通合伙企业，合伙人经其他合伙人一致同意后可以将其在合伙企业中的财产份额出质。《合伙企业法》第七十二条规定："有限合伙人可以将其在有限合伙企业中的财产份额出质；但是，合伙协议另有约定的除外。"该条从属于《合伙企业法》第三章"有限合伙企业"，故对有限合伙企业，有限合伙人可以将其在合伙企业中的财产份额出质，而普通合伙人出质没有法律依据。有人认为依据《合伙企业法》第二十五条，有限合伙企业中的普通合伙人经其他合伙人一致同意可以将其在合伙企业中的财产份额出质，此种观点显然错误，因为第二十五条规定在《合伙企业法》第二章"普通合伙企业"中，是针对普通合伙企业，对有限合伙企业的普通合伙人不适用。

其次，我们讨论合伙企业财产份额出质的登记问题。《合伙企业法》虽然明确规定合伙企业财产份额可以出质，但未规定是否需要进行质押登记。《物权法》只规定了以汇票、支票、本票、债券、存款单、仓单、提单、基金份额、股权、注册商标专用权、专利权、著作权等知识产权中的财产权和应收账款出质的登记手续，也没有明确合伙企业财产份额出质的登记问题。鉴于合伙企业财产份额与股权类似，且从物权公示的要求来看，以合伙企业财产份额出质应当进行登记。但是，实务中工商行政管理部门通常并不接受此类登记申请，故稳妥的方法是先咨询当地工商行政管理部门。

本案民间借贷纠纷中的借款人以普通合伙企业财产份额为借款提供质押担保，但未征得其他合伙人的同意，故依据《合伙企业法》第二十五条，上述质押行为无效。《最高人民法院关于适用〈中华人民共和国担保法〉若干问题的解释》（法释〔2000〕44 号）第七条规定："主合同有效而担保合同无效，债权人无过错的，担保人与债务人对主合同债权人的经济损失，承担连带赔偿责任；债权人、担保人有过错的，担保人承担民事责任的部分，不应超过债务人不能清偿部分的二分之一。"据此，本案民间借贷出借人和担保人对担保合同的无效存在过错，故担保人就出借人不能清偿部分的二分之一承担连带赔偿责任。

◎ 法条链接

1. **《民法通则》**

第九十条 合法的借贷关系受法律保护。

第一百零八条 债务应当清偿。暂时无力偿还的，经债权人同意或者人民法院裁决，可以由债务人分期偿还。有能力偿还拒不偿还的，由人民法院判决强制偿还。

2. **《合伙企业法》**

第二十五条 合伙人以其在合伙企业中的财产份额出质的，须经其他合伙人一致同意；未经其他合伙人一致同意，其行为无效，由此给善意第三人造成损失的，由行为人依法承担赔偿责任。

第七十二条 有限合伙人可以将其在有限合伙企业中的财产份额出质；但是，合伙协议另有约定的除外。

3. **《最高人民法院关于适用〈中华人民共和国担保法〉若干问题的解释》（法释〔2000〕44号）**

第七条 主合同有效而担保合同无效，债权人无过错的，担保人与债务人对主合同债权人的经济损失，承担连带赔偿责任；债权人、担保人有过错的，担保人承担民事责任的部分，不应超过债务人不能清偿部分的二分之一。

第九条 担保人因无效担保合同向债权人承担赔偿责任后，可以向债务人追偿，或者在承担赔偿责任的范围内，要求有过错的反担保人承担赔偿责任。

担保人可以根据承担赔偿责任的事实对债务人或者反担保人另行提起诉讼。

4. **《物权法》**

第二百二十三条 债务人或者第三人有权处分的下列权利可以出质：

（一）汇票、支票、本票；

（二）债券、存款单；

（三）仓单、提单；

（四）可以转让的基金份额、股权；

（五）可以转让的注册商标专用权、专利权、著作权等知识产权中的财产权；

（六）应收账款；

（七）法律、行政法规规定可以出质的其他财产权利。

79. 民间借贷到期无法清偿，出借人可以与抵押人或质押人以抵押物或质押物折价清偿

——江某、赵某诉罗某民间借贷纠纷上诉案[①]

裁判要旨

民间借贷当事人就主债权债务设定了抵押或质押的，借款人不履行到期债务或者发生当事人约定的实现抵押权或质押权的情形，出借人可以与抵押人或质押人协议以抵押或质押财产折价。

◎ 基本案情

2014 年 1 月 1 日，江某（作为贷款方）与罗某（作为借款方）签订《借款合同》一份。合同约定：罗某因从事个体经营，急需一笔资金，借款方向贷款方借款人民币 150 万元；每万元每月利息 400 元，利息借款时同时扣除，利息总额为 36 万元；借款期限为 2014 年 1 月 1 日起至 2014 年 6 月 30 日止，按本合同规定的利息，偿还借款；贷款方有权监督贷款的使用情况，了解借款方的偿债能力等情况，借款方应如实提供有关的资料，借款方如不按合同规定使用贷款，贷款方有权收回部分贷款，并对违约部分参照银行规定加收罚息；借款方用茅台酒（价值 300 万）做抵押，到期不能归还贷款方的贷款，贷款方有权处理抵押品，借款方到期如数归还贷款的，抵押权消灭，抵押物资归还；本合同一式二份，双方各执一份，本合同自贷款到账日生效。

2014 年 1 月 13 日，江某（作为贷款方）与罗某（作为借款方）又签订《借款合同》一份。合同约定：罗某因从事个体经营，急需一笔资金，借款方向贷款方借款人民币 50 万元；每万元每月利息 400 元，利息借款时同时扣除，利息总额为 6 万元；借款期限为 2014 年 1 月 13 日起至 2014 年 4 月 12 日止，按本合同规定的利息，偿还借款；贷款方有权监督贷款的使用情况，了解借款方的偿债能力等情况，

---

① 北京市第三中级人民法院（2015）三中民（商）终字第 10218 号

借款方应如实提供有关的资料，借款方如不按合同规定使用贷款，贷款方有权收回部分贷款，并对违约部分参照银行规定加收罚息；借款方用老白酒（价值100万）做抵押，到期不能归还贷款方的贷款，贷款方有权处理抵押品，借款方到期如数归还贷款的，抵押权消灭，抵押物资归还；本合同一式二份，双方各执一份，本合同自贷款到账日生效。

2014年4月13日，江某（作为贷款方）与罗某（作为借款方）又签订《借款合同》一份，对2014年1月13日签订的《借款合同》进行展期，借款期限为2014年4月13日起至2014年5月12日止。其他条款基本相同。

借款到期后，江某、赵某多次催要，罗某均未偿还。故诉至法院，要求罗某偿还欠款本金158万元；要求罗某按照中国人民银行同期贷款利率的四倍支付利息，以158万元为基数，从2014年1月1日计算至2014年6月30日止；要求罗某按照中国人民银行同期贷款利率的四倍上浮30%的标准支付罚息，以158万元为基数，从2014年7月1日至实际清偿之日止；本案诉讼费用由罗某承担。

◎ 法院审理

经原审法院询问，罗某表示双方对于以酒抵债达成一致，没有签订书面协议，江某将其保存的借款合同原件都交给了罗某，表明债务已经清偿。经查，2014年1月1日、1月13日、4月13日的《借款合同》一式二份原件现都在罗某处。

原审法院认为，借款人应当按照约定的期限返还借款。借款的利息不得预先在本金中扣除，利息预先在本金中扣除的，应当按照实际借款数额返还借款并计算利息。根据本案查明的事实，罗某于2014年1月1日向江某借款150万元，江某通过其配偶赵某账户汇款给付罗某112万元，借款期限至2014年6月30日为止；罗某于2014年1月13日向江某借款50万元，江某汇款给付罗某44万元，借款期限展期至2014年5月12日为止。根据以上事实，罗某实际从江某、赵某处借款156万元，应当按156万元偿还借款本金并计算利息。

根据本案查明的事实，江某与罗某在《借款合同》中约定，罗某分别以价值300万元的茅台酒和价值100万元的白酒为150万元借款和50万元借款作为抵押。按照江某、赵某的陈述，江某在2014年5、6月份从罗某处取走酒；按照罗某的陈述，江某在2014年1月1日取走价值300万元的茅台酒，在2014年6月30日取走价值100万元的白酒。关于江某取走的酒的价值，双方当事人均未提交取酒的交接清单，但是从江某提交的录音证据可以显示，江某在2014年9月22日谈话时认可自己收到价值400万元的酒。罗某提供的证人证言与录音证据的内容相符，因此，法院对罗某的陈述予以采信。江某在2014年1月1日取走的价值300万元的茅台酒，物的占有转移发生在借款当日，应认定为2014年1月1日合同约定的借款

（实际汇款112万元）的质押物；江某在2014年6月30日取走的价值100万元的白酒，物的占有转移发生在借款到期之后，应认定为双方对2014年1月14日合同约定的借款（实际汇款44万元）的抵押物进行了折价清偿。

2014年1月1日、2014年1月13日、2014年4月13日的《借款合同》均为一式二份，江某与罗某各执一份。《借款合同》是证明借款事实的凭证，江某在从罗某处取酒时将自己保存的合同原件都交给罗某，罗某认为江某交付合同原件的行为可以证明借款已经清偿；江某不认可双方在借款到期后协商以物抵债，但是未能就其交付合同原件的行为作出合理解释。从2014年9月22日的谈话录音内容看，罗某表达了同意江某处分酒的意思表示。根据以上事实，应当认定在借款到期后，双方当事人已经就以质押和抵押的酒折价清偿借款达成一致意见，江某将合同原件交付罗某的行为证明双方之间的债务已经清偿。因此，对于罗某主张借款已经清偿的抗辩意见，法院予以采纳。江某、赵某要求罗某偿还借款并支付利息、罚息，缺乏事实和法律依据，法院不予支持。

原审法院判决：驳回江某、赵某的全部诉讼请求。

江某、赵某不服原审法院判决，提起上诉。其主要上诉理由如下：原审法院认定事实明显错误，借款本金应为158万元；录音证据不能认定罗某明确表示同意江某、赵某处分质押、抵押物以抵偿欠款，相反，罗某明确承认其所欠款项仍然未还，足以证明双方未就以质押、抵押物清偿欠款达成一致意见。综上，江某、赵某请求依法撤销原审法院判决，判令罗某支付江某、赵某欠款本金158万元，按人民银行同期贷款利率四倍支付欠款利息并支付逾期还款利息，并判令罗某承担本案诉讼费用。

二审法院驳回上诉，维持原判。

◎ 点评

本案民间借贷涉及以抵押物和质押物折价清偿的情形。为了保障出借人的资金安全，民间借贷出借人会要求借款人提供抵押或质押。通常情况下，借款人或者没有不动产，或者名下不动产已经在银行进行抵押贷款，或者当地登记部门不接受为民间借贷设定抵押的登记申请，故借款人可能会提供动产抵押或质押。动产抵押是指以除车辆、船舶、航空器等价值较大的动产以外的动产设定抵押担保。《物权法》第一百八十一条规定："经当事人书面协议，企业、个体工商户、农业生产经营者可以将现有的以及将有的生产设备、原材料、半成品、产品抵押，债务人不履行到期债务或者发生当事人约定的实现抵押权的情形，债权人有权就实现抵押权时的动产优先受偿。"第一百八十九条第一款规定："企业、个体工商户、农业生产经营者以本法第一百八十一条规定的动产抵押的，应当向抵押人住所地的工商行政管理部门办理登记。抵押权自抵押合同生效时设立；未经登记，不得对抗善意第三人。”因此，动产抵押登记仅为对抗要件，不是抵押权设立要件。动产质押是指债务人或者第三人将其动产移交债权人占有，将该动产作为债权的担保。债务人不履行债务时，债权人有权依法以该动产折价或者以拍卖、变卖该动产的价款优先受偿。

本案民间借贷出借人江某与借款人罗某于2014年1月1日签订《借款合同》一份，约定借款方用价值300万的茅台酒做抵押。同日，江某取走价值300万元的茅台酒。由于物的占有转移发生在借款当日，法院认定出借人取走的茅台酒为2014年1月1日合同约定的借款的质押物。2014年1月13日，出借人江某与借款人罗某又签订《借款合同》一份，约定借款人用价值100万的白酒做抵押。2014年4月13日，江某与罗某又签订《借款合同》一份，对2014年1月13日签订的《借款合同》进行展期，借款期限为2014年4月13日起至2014年5月12日止，约定借款人用价值100万的白酒做抵押。《借款合同》到期前，出借人并没有占有白酒，故借贷双方设定了动产抵押。《物权法》第一百九十五条第一款规定：“债务人不履行到期债务或者发生当事人约定的实现抵押权的情形，抵押权人可以与抵押人协议以抵押财产折价或者以拍卖、变卖该抵押财产所得的价款优先受偿。协议损害其他债权人利益的，其他债权人可以在知道或者应当知道撤销事由之日起一年内请求人民法院撤销该协议。”第二百一十九条第二款规定：“债务人不履行到期债务或者发生当事人约定的实现质权的情形，质权人可以与出质人协议以质押财产折价，也可以就拍卖、变卖质押财产所得的价款优先受偿。”据此，抵押权人或质权人在债务人不履行到期债务时可以与抵押人或出质人协议以抵押或质押财产折价。本案出借人于2014年6月30日取走价值100万元的白酒，借款人将其持有的全部《借款合同》原件移交给出借人，加之谈话录音证明罗某表达了同意江某处分酒的意思表示，据此，可以认定借贷双方已经达成折价清偿协议。因此，本案两级法院皆驳回民间借贷出借人要求借款人归还借款的诉讼请求。

◎ 法条链接

1.《担保法》

第六十三条 本法所称动产质押，是指债务人或者第三人将其动产移交债权人占有，将该动产作为债权的担保。债务人不履行债务时，债权人有权依照本法规定以该动产折价或者以拍卖、变卖该动产的价款优先受偿。

前款规定的债务人或者第三人为出质人，债权人为质权人，移交的动产为质物。

第七十一条 债务履行期届满债务人履行债务的，或者出质人提前清偿所担保的债权的，质权人应当返还质物。

债务履行期届满质权人未受清偿的，可以与出质人协议以质物折价，也可以依法拍卖、变卖质物。

质物折价或者拍卖、变卖后，其价款超过债权数额的部分归出质人所有，不足部分由债务人清偿。

2.《物权法》

第一百七十九条　为担保债务的履行，债务人或者第三人不转移财产的占有，将该财产抵押给债权人的，债务人不履行到期债务或者发生当事人约定的实现抵押权的情形，债权人有权就该财产优先受偿。

前款规定的债务人或者第三人为抵押人，债权人为抵押权人，提供担保的财产为抵押财产。

第一百八十条　债务人或者第三人有权处分的下列财产可以抵押：

（一）建筑物和其他土地附着物；

（二）建设用地使用权；

（三）以招标、拍卖、公开协商等方式取得的荒地等土地承包经营权；

（四）生产设备、原材料、半成品、产品；

（五）正在建造的建筑物、船舶、航空器；

（六）交通运输工具；

（七）法律、行政法规未禁止抵押的其他财产。

抵押人可以将前款所列财产一并抵押。

第一百八十一条　经当事人书面协议，企业、个体工商户、农业生产经营者可以将现有的以及将有的生产设备、原材料、半成品、产品抵押，债务人不履行到期债务或者发生当事人约定的实现抵押权的情形，债权人有权就实现抵押权时的动产优先受偿。

第一百八十九条　企业、个体工商户、农业生产经营者以本法第一百八十一条规定的动产抵押的，应当向抵押人住所地的工商行政管理部门办理登记。抵押权自抵押合同生效时设立；未经登记，不得对抗善意第三人。

依照本法第一百八十一条规定抵押的，不得对抗正常经营活动中已支付合理价款并取得抵押财产的买受人。

第一百九十五条　债务人不履行到期债务或者发生当事人约定的实现抵押权的情形，抵押权人可以与抵押人协议以抵押财产折价或者以拍卖、变卖该抵押财产所得的价款优先受偿。协议损害其他债权人利益的，其他债权人可以在知道或者应当知道撤销事由之日起一年内请求人民法院撤销该协议。

抵押权人与抵押人未就抵押权实现方式达成协议的，抵押权人可以请求人民法院拍卖、变卖抵押财产。

抵押财产折价或者变卖的，应当参照市场价格。

第二百一十九条 债务人履行债务或者出质人提前清偿所担保的债权的，质权人应当返还质押财产。

债务人不履行到期债务或者发生当事人约定的实现质权的情形，质权人可以与出质人协议以质押财产折价，也可以就拍卖、变卖质押财产所得的价款优先受偿。

质押财产折价或者变卖的，应当参照市场价格。

80. 非网络借贷中介机构向民间借贷出借人提供担保的，应当承担担保责任

——姚某诉杭州楚州投资管理有限公司等民间借贷纠纷上诉案①

裁判要旨

为民间借贷双方提供居中撮合服务的非网络借贷中介机构在法律性质上是居间人，在借贷双方订立借款协议后有权收取报酬，其不是民间借贷合同的当事人，对出借人不承担本息清偿义务。但是，如果非网络借贷中介机构向出借人提供担保承诺的，其成为担保人，应当依法依约承担担保责任。

◎ 基本案情

2012 年 4 月 19 日，姚某和杭州楚州投资管理有限公司（以下简称楚州公司）就姚某资金的理财事宜签订了《投资理财服务协议》一份，约定：资金委托期限起算日期为 2012 年 4 月 9 日至 2013 年 4 月 8 日止；委托金额为 40 万元；投资产品每月收益为 1.5%，合计人民币 6,000 元，楚州公司每月 9 日将投资收益金打入姚某指定账号（工商银行：62220812xxx74345）；合同签订之日三个工作日内，姚某向楚州公司支付履约保证金 1 万元；姚某应根据楚州公司的资金配对要求，对其理财资金进行自由组合分配，但必须明确姚某抵押权、债权。该协议第七条约定姚某在投资理财过程中，楚州公司应保证姚某的本金以及收益金按时按期到账，如借款方出现逾期还本付息时，姚某应积极配合楚州公司负责催收，如出现坏账、死账导致姚某损失，由楚州公司承担姚某的本金及收益金，处置权则转交与楚州公司，楚州

① 浙江省杭州市中级人民法院民事判决书（2014）浙杭商终字第 1000 号

公司处置借款方的抵押物时，所产生的余额部分应由楚州公司归还借款方。在楚州公司保证姚某月收益金的同时，如产生收益金的差额部分，则由楚州公司收取，用于资金的日常维护。姚某在接到楚州公司通知后三个工作日内，需进行配合楚州公司办理资金配对业务、抵押登记、抵押注销、借款公证、抵押注销公证等相关事宜。

同时，姚某和楚州公司又签订了另外一份《投资理财服务协议》，该份协议除了委托金额为50万元及每月投资收益为7,500元外，其余内容与上述协议基本相同。

2012年12月10日，经楚州公司介绍（资金配对）姚某和单某平及李某芳签订了《借款合同》一份，约定：借款金额为90万元，借款期限为6个月，自2012年12月10日至2013年6月9日；借款利率为每月固定利率1.7%，利息支付方式约定借款期限不足一个月，应在借款期限届满之日支付全额利息；借款期限超过一个月，自借款起始日起，借款人应于每个自然月10日之前向姚某支付利息，剩余期间不满一个月的，在借款期限届满之日支付。该借款合同系由楚州公司提供，但楚州公司未在借款合同保证人处盖章。上述借款合同签订的当日，姚某通过银行转账的方式支付给李某芳借款90万元。

原审法院另查明：楚州公司按两份《投资理财服务协议》约定的收益标准向姚某支付了三个月的收益金共计40,500元。杭州市房产交易产权登记管理中心出具的房产交易产权登记申请受理单显示该中心于2012年12月11日15：25：08受理申请人为抵押人单某平、抵押权人姚某、受托人张某的房产抵押登记申请，该受理单同时显示受理资料包括“受理单原件1份；抵押登记申请表原件1份；身份证明复印件1份；受托人身份证明复印件1份；询问事项记录原件1份；房屋权属证明原件1份、复印件1份；国有土地使用证复印件1份；抵押合同原件1份；其他原件1份”。

◎ 法院审理

原审法院认为，姚某和单某平及李某芳签订的借款合同系双方当事人的真实意思表示，且不违反法律的强制性规定，应依法确定为有效合同，双方均应按照合同约定履行其义务，否则应承担相应的违约责任。本案中，根据借款合同约定，借款应在2013年6月9日该天归还姚某，单某平、李某芳未在借款期限届满之日归还，故应承担返还借款90万元的违约责任，姚某诉请返还的诉讼请求，具有事实和法律依据，原审法院予以支持。同时，单某平、李某芳也应按照该借款合同约定的利率标准支付借款90万元自2013年3月10日起至2013年6月9日期间的利息45,900元，故原审法院对于姚某的该项诉讼请求，依法予以支持。

至于楚州公司应否承担保证责任，原审法院认为，姚某和楚州公司签订的两份

《投资理财服务协议》系双方当事人的真实意思表示，且不违反法律的强制性规定，应依法确定为有效合同，合同约定之内容对于双方均具有法律约束力。根据查明的事实，姚某和单某平、李某芳之间发生借款系由楚州公司介绍（资金配对）而成，楚州公司虽未在借款合同保证人处签章，但此并非表明楚州公司不承担担保责任。考虑到该借款合同由楚州公司提供、楚州公司已支付了单某平、李某芳前三个月的利息及借款系由楚州公司有偿介绍完成的事实，楚州公司仍应按照《投资理财服务协议》第七条约定对单某平、李某芳的借款及利息承担保证责任。《投资理财服务协议》第七条约定楚州公司承担保证责任的前提是姚某的借款发生坏账、死账导致姚某损失，符合《担保法》对于一般保证责任的规定，故楚州公司承担的系一般保证责任。因《投资理财服务协议》约定姚某每月的收益为 1.5%，三个月即为 40,500 元，故楚州公司仅对于单某平、李某芳借款本金 90 万元及利息 40,500 元承担一般保证责任，对于姚某该项诉讼请求中的合理部分，依法予以支持。

原审法院判决：一、单某平、李某芳归还姚某本金 90 万元及利息 45,900 元，于判决生效后 10 日内付清；二、楚州公司在单某平、李某芳不能履行上述债务时，在 940,500 元内承担保证责任；楚州公司承担保证责任后，有权向单某平、李某芳追偿；三、驳回姚某的其他诉讼请求。

楚州公司不服原审法院上述民事判决，向二审法院提起上诉称：一、原审判决对证据认定错误。1. 原审判决认为楚州公司提供的证据 3 即《投资理财服务协议》可以证明楚州公司为单某平、李某芳的借款提供担保错误。根据该协议的约定，当借款方出现逾期还本付息时，楚州公司需配合姚某进行催收；当出现坏账、死账时，则是将姚某对借款方抵押物的处置权交给楚州公司，由楚州公司通过处理抵押物的形式将本金及收益金归还给姚某，将余款归还给借款人，没有任何担保的意思。根据《担保法》及其司法解释的规定，无论是连带保证还是一般保证，都需要有明确的担保意思表示，而楚州公司在《投资理财服务协议》中是帮助姚某处理抵押物的意思表示，没有承担保证责任的意思表示。2. 原审判决认为姚某提供的证据 5 即工商银行收账通知可以证明楚州公司一直替单某平、李某芳支付每月利息错误。3. 原审判决认定姚某提供的证据 6 即网络银行付款信息可以证明利息均由楚州公司的法定代表人转付错误。二、原审判决事实认定错误。1. 楚州公司从未介绍姚某与单某平、李某芳签订《借款合同》，即从未在姚某与单某平、李某芳之间进行资金配对。（1）首先，不能认为在楚州公司与姚某签订了《投资理财服务协议》之后，姚某在投资理财期间内向任何第三人出借的款项都属于楚州公司介绍。楚州公司在《投资理财服务协议》签订后并不实际掌控理财资金，该资金一直掌握在姚某手中，其完全可以将该笔款项汇给任何第三人，与任何第三人建立民间借贷法律关系，即姚某完全可以违背《投资理财服务协议》，背着楚州公司将理财资金借给第三人。本案就是在楚州公司没有给姚某任何汇款指令的情况下，姚某私自将90万元理财资金汇给单某平、李某芳。（2）其次，不能认为楚州公司与姚某签订了《投资理财服务协议》后，楚州公司就自然地为姚某完成了“资金配对”。本案中，单某平、李某芳的房屋未进行过抵押，楚州公司也从未指示姚某向单某平、李某芳支付任何款项，楚州公司没有对姚某的资金进行过配对。（3）对借款人的财产进行抵押是楚州公司进行资金配对的前提条件之一，因为这样才能充分保证借款的安全，楚州公司才能根据《投资理财服务协议》第七条，通过处置抵押财产的方式来保证理财委托人的利益。2. 原审判决认定楚州公司按《投资理财服务协议》约定的收益标准向姚某支付了3个月的收益金共计40,500元错误。根据姚某提供的证据5、证据6，楚州公司按《投资理财协议书》约定的收益标准共向姚某支付了12个月共计162,000元的收益金，这充分说明楚州公司向姚某付款是严格根据《投资理财服务协议》的约定向姚某支付投资收益，而与所谓的利息毫无关系。3. 原审判决认定《借款合同》由楚州公司提供错误。虽然本案中《借款合同》的版本楚州公司之前也曾使用过，但楚州公司从未为姚某与单某平、李某芳的借款提供过该合同。事实上，由于楚州公司之前曾为姚某提供过一次真正的资金配对，故姚某手中有楚州公司使用的《借款合同》版本，其可以在与单某平、李某芳的借款关系中使用楚州公司的《借款合同》版本。《借款合同》第八条第二款约定“甲乙双方签订的《抵押借款合同》为本合同不可分割的组成部分之一，《抵押借款合同》办理抵押登记生效后本合同生效”。据此，经楚州公司进行资金配对而签订《借款合同》的重要前提条件是债权人与债务人之间已经签订抵押合同并办理抵押登记，这两点是《借款合同》的生效条件。本案中，姚某与单某平、李某芳之间没有签订抵押合同、办理抵押登记，说明其是背着楚州公司签订合同，不是楚州公司介绍的。三、原审判决法律适用错误。1. 原审判决适用《投资理财服务协议》第七条缺乏事实依据。适用《投资理财服务协议》第七条的前提是姚某的投资理财系由楚州公司指导、配对完成，而本案中，姚某是背着楚州公司私自将委托理财的90万元资金借给单某平、李某芳，也没有完成对单某平、李某芳财产的抵押登记，这笔借款不是楚州公司介绍的，不属于《投资理财服务协议》的内容，不能适用《投资理财服务协议》。2.《投资理财服务协议》第七条是在委托人出现坏账和死账的情况下对抵押物的处理方式，即由楚州公司替委托人处理抵押物，以偿还委托人的资金，这是对处理方式的约定，并没有任何保证的意思表示；且该条款的核心内容是通过对抵押物的处理来补偿委托人的损失，而在本案中根本不存在任何抵押，故该条款没有适用余地。综上，请求二审法院撤销原判第二项，改判驳回姚某对楚州公司的全部诉讼请求，一、二审诉讼费用由姚某承担。

二审法院驳回上诉，维持原判。

◎ 点评

本案的争议焦点是非网络借贷中介机构在借款人违约时是否需要承担担保责任。由于长期以来我国金融体制的垄断性，正规金融机构无法满足社会的融资需求，特别是资信水平不高或担保财产不足的自然人、中小企业，无法满足银行等正规金融机构的贷款条件，只能通过民间借贷缓解资金压力。针对此种民间融资需求，诞生了一大批非网络借贷中介机构，专门从事资金借贷中介服务。此类机构名称不统一，比如投资公司、投资咨询公司、资产管理公司等。也有的机构名为实业经营公司，实际上从事资金借贷中介业务。特别是近几年中央政府允许某些地方进行金融改革试点，试点地方以地方规范性文件的形式允许试点此类资金借贷中介机构，比如温州的民间借贷登记服务公司，云南的融资登记服务公司，山东的民间融资登记服务公司。此类公司只作为借贷信息中介和居间撮合机构。与此类公司类似的网络借贷平台公司（P2P）主要提供网络借贷中介服务，而不像民间借贷登记服务公司等通过线下实体店的方式开展中介业务。

为了获得客户，开拓市场，上述非网络借贷中介机构经常偏离居间人的法律地位，向出借人提供担保，以保障出借人的利益。当借款人违约，出借人要求非网络借贷中介机构承担担保责任时，首先需要严格审查借贷合同上是否有中介机构的签字、中介机构是否在此合同上提供担保，其次，需要审查出借人与中介机构签订的居间合同（名称可能与此不同），看是否约定中介机构对出借人提供担保。最后，需要看中介机构是否以其他方式承诺对出借人提供担保。

就本案而言，借贷双方于2012年4月签订两份《投资理财服务协议》，双方建立了期限一年、委托金额共计90万元的投资理财委托关系。审理法院认为贷款人姚某据以起诉的其与单某平、李某芳于2012年12月10日签订的90万元的借款合同虽没有楚州公司的盖章确认，但杭州市房产交易产权登记管理中心于2012年12月11日出具的房产交易产权登记申请受理单能够证明楚州公司接受抵押人单某平、抵押权人姚某的委托，为其办理房屋抵押登记，故应认定姚某与单某平、李某芳签订案涉90万元的借款合同系在楚州公司的介绍下完成的资金配对。在单某平、李某芳未能依约还款的情况下，依据《投资理财服务协议》的相关约定，借贷中介机构楚州公司应当在借款人单某平、李某芳不能归还本息940, 500元的范围内向贷款人姚某承担一般保证责任。非网络借贷中介机构本身只收取以出借资金为基数计算的几个点的中介服务费，一旦提供担保，其可能要对全部出借资金承担赔偿责任，收益和风险极不对称。因此，作为非网络借贷中介机构，为了防控自身风险，应当避免对出借人提供任何担保。

◎ 法条链接

1. **《担保法》**

第十六条 保证的方式有：

（一）一般保证；

（二）连带责任保证。

第十七条 当事人在保证合同中约定，债务人不能履行债务时，由保证人承担保证责任的，为一般保证。

一般保证的保证人在主合同纠纷未经审判或者仲裁，并就债务人财产依法强制执行仍不能履行债务前，对债权人可以拒绝承担保证责任。

有下列情形之一的，保证人不得行使前款规定的权利：

（一）债务人住所变更，致使债权人要求其履行债务发生重大困难的；

（二）人民法院受理债务人破产案件，中止执行程序的；

（三）保证人以书面形式放弃前款规定的权利的。

2. **《合同法》**

第四百二十四条 居间合同是居间人向委托人报告订立合同的机会或者提供订立合同的媒介服务，委托人支付报酬的合同。

81. 有证据证明网络借贷信息中介机构为民间借贷提供担保，其应当承担担保责任

——何某宇与深圳融易融集团有限公司、深圳市融易融电子商务有限公司合同纠纷案[①]

裁判要旨

网络借贷信息中介机构是指依法设立，专门从事网络借贷信息中介业务活动的金融信息中介企业。该类机构以互联网为主要渠道，为借款人与出借人（即贷款

① 广东省深圳市南山区人民法院（2015）深南法西民初字第939号

人）实现直接借贷提供信息搜集、信息公布、资信评估、信息交互、借贷撮合等服务。因此，其法律地位为居间人。但是，如果网络借贷信息中介机构通过网页、广告或者其他媒介明示或者有其他证据证明其为借贷提供担保，出借人请求其承担担保责任的，人民法院应予支持。

◎ 基本案情

自由金服网站（www. rongerrong. com）系被告深圳融易融集团有限公司（以下简称融易融集团）注册并负责运营的互联网投资理财平台。被告融易融集团通过该网站作出了“100%本息保障计划”的承诺，并在账户提现页面作出《温馨提示》：“请输入您需要提取的金额，我们将在1～3个工作日（国家节假日除外）之内将钱转入到您在网站上填写的银行账号”。2014年7月31日，原告何某宇通过该网站注册成为被告融易融集团的普通VIP会员（用户名：hekaiyu），并与被告融易融集团签订了多份《融易融【融e投】协议》（原告为乙方，被告融易融集团为甲方）。双方约定，乙方自愿向在甲方平台注册账户的借款会员出借一定金额的资金，乙方接受并授权甲方同借款客户签订《融易融借款合同》，到期还本、按月付息；各份协议的投资期间为1月至10月不等，预计年化收益率为16%至23%不等；协议期间如借款客户当期还款逾期5天后，甲方启动《先行垫付制度》的规定，从风险保证金账户中提取相应保证金先行向乙方垫付当期应收的本金及收益；如借款客户当期还款逾期30天后，甲方按《先行垫付制度》的规定，从风险保证金账户中提取相应保证金先行向乙方垫付剩余应收的本金及收益，同时乙方的债权自动转到甲方指定人或指定合作机构名下，对后期债权所发生的相关费用均与乙方无关，无须再办理债权转让的相关手续；乙方通过甲方平台借款给借款客户后，乙方每月按照协议约定收益的10%支付平台服务费用，该费用在乙方每期收益的同时收取，及其他内容。

原告何某宇主张，其共通过该账户投入资金53,465元，并通过提现回收资金（含收益）22,235.41元。据原告提交的证据显示其账户剩余资金总额为41,727.46元，另原告自认此后于2014年7月5日提现2,066元，故其账户剩余资金总额为39,661.46元。其中，可用（未借出）余额为18,595.47元（20,661.47元～2,066元），待回收金额为21,065.99元。待回收金额中包含待回收本金20,300元、待回收利息765.99元。两被告对此并无异议。因本案证据大多来源于网站查询结果，原告为此支付公证费1,000元。

另查，被告深圳融易融电子商务有限公司（以下简称融易融电子商务公司）系被告融易融集团的全资子公司。

为维护自身的合法权益，原告请求法院依法判令：1. 解除原告与被告融易融集团之间的《自由金服注册协议》等合同；2. 被告融易融集团向原告返还原告在被告融易融集团开立的网站上转入的全部投资款本金31,229.59元及全部投资收益8,431.87元（暂计至2015年7月15日，并继续计至实际付款之日止），并按年利率23%支付原告的利息损失234.25元（暂计至2015年7月15日，并继续计至实际付款之日止）；3. 被告融易融电子商务公司为被告融易融集团所欠原告的上述债务承担连带保证责任；4. 本案的全部诉讼费用（含公证费1,030元）由两被告承担。

◎ 法院审理

两被告辩称，1. 被告融易融集团承认其曾对原告作出过承担垫付责任的承诺，但目前被告融易融集团资金紧张，未能及时履行垫付义务；2. 双方约定的投资收益率是投资期间的利率，而非逾期利率，原告要求被告融易融集团按年利率23%赔偿损失没有法律依据；3. 原告要求两被告承担的公证费与其提供的公证费发票金额不一致。

法院认为，原告与被告融易融集团之间签订的《融易融【融e投】协议》系双方的真实意思表示，内容未违反法律和行政法规的强制性规定，合法有效。依据双方的约定及被告融易融集团的公开承诺，对原告在自由金服网站所注册账户中的资金余额，被告融易融集团负有在1~3个工作日内兑付的义务；对原告向借款客户出借的款项，在借款客户履行“按月付息、到期还本”义务逾期30天后，被告融易融集团对上述债务承担连带保证责任。本案中，不论原告尚未回收的三笔借款自何时出现逾期，自原告起诉之日至庭审之日已超过30日，可见，被告融易融集团承担连带保证责任的条件已经成就，原告有权要求被告融易融集团归还投资期间的借款本息。对于账户内的未出借余额，原告虽未能举证证实曾向被告融易融集团提出提现要求及其提出的具体时间，但原告提起本案诉讼要求被告融易融集团归还全部投资款的请求应视为原告对账户内余额提出了提现要求，被告融易融集团未能在收到应诉材料后将原告在自由金服网站投资账户中的未出借余额退还至原告的指定账户中。综上，原告要求被告融易融集团退还投资本金及截至2015年7月15日的投资收益共计39,661.46元（31,229.59元+8,431.87元）的诉讼请求，未超过原告账户中的资金总额（可用余额+待回收金额），法院予以支持。因协议仅约定了投资期间的收益率，并未约定投资期满后的逾期利率，原告要求被告融易融集团按年利率23%的标准赔偿利息损失的请求，缺乏事实和法律依据，法院部分予以支持，即：1. 未回收的三笔借款，被告融易融集团应按协议约定的收益率向原告支付2015年7月16日至投资期满期间的利息389.56元；2. 三笔借款期限届满后，被告融易融集团应自每笔借款期限届满之次日起，以每笔借款金额为基数，按6%的年利率向原告支付逾期利息。3. 账户内的可用余额 18,595.47 元，被告融易融集团应自收到应收材料后第四日即 2015 年 8 月 21 日起，按年利率 6% 向原告支付利息，直至被告融易融集团返还该笔资金之日止。经核算，截至最后一笔借款届满之日 2015 年 9 月 10 日，前两笔借款及账户可用余额的利息共计为 125.06 元。综上，被告融易融集团应向原告支付投资收益和逾期利息共计 514.62 元（389.56 元 + 125.06 元），并自 2015 年 9 月 11 日起，被告融易融集团应统一按 38,895.47 元（资金总额 39,661.46 元 - 待回收利息 765.99 元）为基数，按 6% 的年利率向原告支付逾期利息，直至被告融易融集团付清款项之日止。

原告与被告融易融集团签署的相关电子协议中，已回收借款的部分，已因履行完毕而终止；与尚未回收借款有关的部分，因被告融易融集团存在迟延履行债务的行为，导致原告的合同目的无法实现，原告要求解除其与被告融易融集团签订的《自由金服注册协议》及相关电子协议，符合法律规定，法院予以照准。

被告融易融电子商务公司并非涉案协议的当事人，原告仅以其为被告融易融集团的全资子公司为由，要求其与被告融易融集团对原告的借款本息承担连带保证责任，于法无据，法院不予支持。

法院判决如下：

一、被告深圳融易融集团有限公司应于本判决生效之日起十日内向原告何某宇归还资金（可用余额及投资本息）39,661.46 元并支付逾期利息 514.62 元（并自 2015 年 9 月 11 日起，以 38,895.47 元为基数，按年利率 6% 继续计至付款之日止）；

二、驳回原告何某宇的其他诉讼请求。

◎ 点评

近几年来，以网络借贷信息中介机构（俗称 P2P）为代表的互联网金融迅猛发展。据统计，截至 2015 年 12 月份，我国有近 3,000 家网络借贷信息中介机构。由于行业监管真空，出现了大量的问题平台。根据网贷之家的数据，截至 2016 年 4 月底，全国共曝出 1289 家问题平台，所涉及的投资人数为 24.4 万人，占全国投资人数的 3.4%，涉及贷款余额为 154.3 亿元，占比为 2.7%，引发了一系列的民间金融风险。为此，2015 年 12 月 28 日，银监会会同工业和信息化部、公安部、国家互联网信息办公室等部门发布了共同研究起草的《网络借贷信息中介机构业务活动管理暂行办法（征求意见稿）》。针对网络借贷信息中介机构为民间借贷提供担保的情况，《网络借贷信息中介机构业务活动管理暂行办法（征求意见稿）》明确网络借贷信息中介机构只是信息中介机构。其第二条第二款规定："本办法所称网络借贷是指个体和个体之间通过互联网平台实现的直接借贷。个体包含自然人、法人及其他组织。网络借贷信息中介机构是指依法设立，专门从事网络借贷信息中介业务活动的金融信息中介企业。该类机构以互联网为主要渠道，为借款人与出借人（即贷款人）实现直接借贷提供信息搜集、信息公布、资信评估、信息交互、借贷撮合等服务。”另外，其第十条更是明确禁止网络借贷信息中介机构向出借人提供担保或者承诺保本保息。

虽然监管机构对网络借贷信息中介机构向民间借贷提供担保持否定态度，但是，为了吸引出借人通过自己的网贷平台出借资金，网络借贷信息中介机构明示或暗示为出借人提供担保的现象屡见不鲜。对此，最高人民法院的意见是分情况处理。《最高人民法院关于审理民间借贷案件适用法律若干问题的规定》（法释〔2015〕18号）第二十二条规定：“借贷双方通过网络贷款平台形成借贷关系，网络贷款平台的提供者仅提供媒介服务，当事人请求其承担担保责任的，人民法院不予支持。网络贷款平台的提供者通过网页、广告或者其他媒介明示或者有其他证据证明其为借贷提供担保，出借人请求网络贷款平台的提供者承担担保责任的，人民法院应予支持。”据此，如果网络借贷信息中介机构只提供媒介服务，其属于居间人，当借款人违约时，网络借贷信息中介机构对出借人不承担担保责任，出借人只能向借款人主张清偿责任；如果网络借贷信息中介机构通过网页、广告或者其他媒介明示或者有其他证据证明其为借贷提供担保，当借款人违约时，其应当应出借人的请求向出借人承担担保责任。

本案原告作为出借人通过自由金服网站出借资金，但是，自由金服网站的提供者深圳融易融集团有限公司在与原告签订的《融易融【融e投】协议》中承诺保本保息，自由金服网站也作出了“100%本息保障计划”的承诺。因此，自由金服网站的提供者深圳融易融集团有限公司应当向原告承担担保责任。

◎ 法条链接

1.《合同法》

第八十四条　债务人将合同的义务全部或者部分转移给第三人的，应当经债权人同意。

第九十一条　有下列情形之一的，合同的权利义务终止：

（一）债务已经按照约定履行；

（二）合同解除；

（三）债务相互抵销；

（四）债务人依法将标的物提存；

（五）债权人免除债务；

（六）债权债务同归于一人；

（七）法律规定或者当事人约定终止的其他情形。

第九十四条 有下列情形之一的，当事人可以解除合同：

（一）因不可抗力致使不能实现合同目的；

（二）在履行期限届满之前，当事人一方明确表示或者以自己的行为表明不履行主要债务；

（三）当事人一方迟延履行主要债务，经催告后在合理期限内仍未履行；

（四）当事人一方迟延履行债务或者有其他违约行为致使不能实现合同目的；

（五）法律规定的其他情形。

第一百零七条 当事人一方不履行合同义务或者履行合同义务不符合约定的，应当承担继续履行、采取补救措施或者赔偿损失等违约责任。

第一百一十三条 当事人一方不履行合同义务或者履行合同义务不符合约定，给对方造成损失的，损失赔偿额应当相当于因违约所造成的损失，包括合同履行后可以获得的利益，但不得超过违反合同一方订立合同时预见到或者应当预见到的因违反合同可能造成的损失。

经营者对消费者提供商品或者服务有欺诈行为的，依照《中华人民共和国消费者权益保护法》的规定承担损害赔偿责任。

第二百零五条 借款人应当按照约定的期限支付利息。对支付利息的期限没有约定或者约定不明确，依照本法第六十一条的规定仍不能确定，借款期间不满一年的，应当在返还借款时一并支付；借款期间一年以上的，应当在每届满一年时支付，剩余期间不满一年的，应当在返还借款时一并支付。

第二百零六条 借款人应当按照约定的期限返还借款。对借款期限没有约定或者约定不明确，依照本法第六十一条的规定仍不能确定的，借款人可以随时返还；贷款人可以催告借款人在合理期限内返还。

第二百零七条 借款人未按照约定的期限返还借款的，应当按照约定或者国家有关规定支付逾期利息。

2. **《担保法》**

第十九条 当事人对保证方式没有约定或者约定不明确的，按照连带责任保证承担保证责任。

第二十一条 保证担保的范围包括主债权及利息、违约金、损害赔偿金和实现债权的费用。保证合同另有约定的，按照约定。

当事人对保证担保的范围没有约定或者约定不明确的，保证人应当对全部债务承担责任。

3. **《最高人民法院关于审理民间借贷案件适用法律若干问题的规定》（法释〔2015〕18号）**

第二十二条 借贷双方通过网络贷款平台形成借贷关系，网络贷款平台的提供者仅提供媒介服务，当事人请求其承担担保责任的，人民法院不予支持。

网络贷款平台的提供者通过网页、广告或者其他媒介明示或者有其他证据证明其为借贷提供担保，出借人请求网络贷款平台的提供者承担担保责任的，人民法院应予支持。

第二十九条 借贷双方对逾期利率有约定的，从其约定，但以不超过年利率24%为限。

未约定逾期利率或者约定不明的，人民法院可以区分不同情况处理：

（一）既未约定借期内的利率，也未约定逾期利率，出借人主张借款人自逾期还款之日起按照年利率6%支付资金占用期间利息的，人民法院应予支持；

（二）约定了借期内的利率但未约定逾期利率，出借人主张借款人自逾期还款之日起按照借期内的利率支付资金占用期间利息的，人民法院应予支持。

82. 当事人以签订买卖合同作为民间借贷合同的担保，应当如何处理？

——朱某芳与山西嘉和泰房地产开发有限公司商品房买卖合同纠纷案[①]

裁判要旨

当事人以签订买卖合同作为民间借贷合同的担保，借款到期后借款人不能还款，出借人请求履行买卖合同的，法院应当按照民间借贷法律关系审理，并向当事人释明变更诉讼请求。当事人拒绝变更的，法院裁定驳回起诉。

按照民间借贷法律关系审理作出的判决生效后，借款人不履行生效判决确定的金钱债务，出借人可以申请拍卖买卖合同标的物，以偿还债务。就拍卖所得的价款与应偿还借款本息之间的差额，借款人或者出借人有权主张返还或补偿。

◎ 基本案情

2007年1月25日，朱某芳与山西嘉和泰房地产开发有限公司（以下简称嘉和

① 最高人民法院民事判决书（2011）民提字第344号

泰公司）签订十四份《商品房买卖合同》，主要约定朱某芳向嘉和泰公司购买当地百桐园小区十号楼14套商铺等。同日嘉和泰公司将该十四份合同办理了销售备案登记手续，并于次日向朱某芳出具两张总额1,035.4554万元的销售不动产发票。

2007年1月26日，朱某芳与嘉和泰公司签订一份《借款协议》，主要约定：嘉和泰公司向朱某芳借款1,100万元，期限至2007年4月26日；嘉和泰公司自愿将其开发的当地百桐园小区十号楼商铺抵押给朱某芳，抵押的方式为和朱某芳签订商品房买卖合同，并办理备案手续，开具发票；如嘉和泰公司偿还借款，朱某芳将抵押手续（合同、发票、收据）退回，如到期不能偿还，嘉和泰公司将以抵押物抵顶借款，双方互不支付对方任何款项等。该合同签订后，朱某芳向嘉和泰公司发放了1,100万元借款，嘉和泰公司出具了收据。至2007年4月26日，嘉和泰公司未能偿还该借款。

◎ 法院审理

原审法院认为：双方签订的十四份《商品房买卖合同》，意思表示真实，依法办理了备案登记手续，应当受到法律保护。根据双方在后签订的《借款协议》约定，可以认为借款协议的约定，实际为商品房买卖合同签订生效后，在履行合同过程中，双方对商品房买卖合同作出的补充。其中《借款协议》约定将到期不还的借款作为给付的房款，实际上是为已签订并正在履行的十四份《商品房买卖合同》附加了解除条件，即到期还款买卖合同解除，到期不能还款买卖合同继续履行。现嘉和泰公司到期未能还款，十四份《商品房买卖合同》所附解除条件未成就，应当继续履行。

2007年9月3日，原审法院作出判决：一、朱某芳与嘉和泰公司签订的14份《商品房买卖合同》有效；二、嘉和泰公司应当按照该《商品房买卖合同》的内容履行合同。

嘉和泰公司不服原审判决，向山西省太原市中级人民法院（以下简称太原中院）提出上诉称，朱某芳持有的收据数额虽然是1,100万元，但嘉和泰公司实际收到的款项为1,023万元，在借款时朱某芳已扣除了77万元利息。嘉和泰公司出具的发票金额是1,035.4554万元，此金额是根据双方借款抵押的房地产面积和单价折算而来，所以与收据的金额不一致。嘉和泰公司与朱某芳之间是借款法律关系，双方签订的《商品房买卖合同》及发票只是属于《借款合同》的抵押手续，并没有形成真实的买卖合同关系。而借款合同关于抵押的约定违反了担保法解释的相关规定，且未在相关部门进行登记，属于无效约定，不应受法律的保护。请求撤销一审判决，驳回朱某芳的诉讼请求。

太原中院驳回上诉，维持原判。

嘉和泰公司不服该判决，向山西省人民检察院提出申诉，山西省人民检察院于2009年12月4日作出晋检民抗（2009）60号民事抗诉书，向山西高院提起抗诉。山西高院于2009年12月31日作出（2009）晋民抗字第69号民事裁定，裁定提审本案。

山西省人民检察院抗诉认为：二审法院判决认定的事实缺乏证据证明，适用法律错误。（一）本案争议双方签订的主合同为借款合同，房屋买卖合同只是从属于借款合同的抵押担保内容，属从合同。根据朱某芳在其民事起诉状中关于“2007年1月，被告拟向原告借款，1月26日，原、被告签订借款协议，约定被告向原告借款1,100万元……为保证原告资金安全，原、被告在协议中约定：被告将其开发的百桐园小区十号楼商铺抵押给原告。抵押方式为和原告签订商品房买卖合同……”的陈述，以及嘉和泰公司与朱某芳所签订的借款协议关于“为保证甲方的资金安全，乙方自愿将本公司开发的百桐园小区十号楼商铺以四千六百元每平方米的价格抵押给甲方，抵押面积为贰仟贰百伍拾点玖玖平方米，和甲方签订商品房买卖合同并到太原市房地局办理备案手续，同时给甲方开具与备案买卖合同相对应的不动产销售发票”之约定，证明嘉和泰公司与朱某芳在借款协议中已明确约定了抵押担保，商品房买卖合同的真实意思是以买卖房屋作为借款合同的抵押担保内容，借款合同是主合同，商品房买卖合同是从合同。且从双方签订商品房买卖合同后并未实际履行的情况可知，双方签订的商品房买卖合同，是不以买受方支付房款及出卖方交付房屋为目的，双方的真实意思表示并非买卖商品房，而是将该“商品房买卖合同”以及“发票、收据”共同作为借款合同的抵押担保内容，是为保证借款合同的履行而采取的一种担保措施。原审判决认定借款合同是商品房买卖合同的补充，缺乏证据证明。（二）主合同中关于抵押担保部分无效，从合同亦属无效。(1) 嘉和泰公司为保障朱某芳借款安全，将其开发的百桐园小区十号楼商铺抵押给朱某芳，但是双方未办理抵押登记，根据《中华人民共和国担保法》第四十一条规定，抵押合同并未生效。(2) 嘉和泰公司与朱某芳在借款合同中约定借款到期嘉和泰公司一次性还清朱某芳借款后，朱某芳将抵押手续（合同、发票、收据）退回嘉和泰公司，如嘉和泰公司到期不能偿还或无力偿还借款，将用抵押物来抵顶借款，双方互不支付对方任何款项。从上述内容可知，“商品房买卖合同、发票、收据”的作用在于，不能偿还借款时，将抵押物即所“买卖”的房屋所有权转移为朱某芳所有，该约定内容违反法律的强制性规定，属绝押条款，应属无效。原审判决认定双方之间的商品房买卖合同有效，属适用法律错误。

山西高院再审查明，2007年1月25日，朱某芳与嘉和泰公司签订十四份《商品房买卖合同》，主要约定朱某芳以每平方米4,600元价格向嘉和泰公司购买百桐园小区十号楼14套商铺。同日办理了十四份《商品房买卖合同》的销售备案登记手续。嘉和泰公司于次日向朱某芳出具两张总额 1,035.4554 万元的销售不动产发票。2007 年 1 月 26 日，朱某芳与嘉和泰公司签订一份《借款协议》，约定嘉和泰公司向朱某芳借款 1,100 万元，借款期限自借款到账之日起三个月即 2007 年 1 月 26 日至 2007 年 4 月 26 日止；嘉和泰公司自愿将其开发的百桐园小区十号楼商铺以每平方米 4,600 元的价格抵押给朱某芳，抵押的方式为和朱某芳签订商品房买卖合同，并办理备案手续，开具发票；借款到期，嘉和泰公司一次性还清借款，朱某芳将抵押手续（合同、发票、收据）退回嘉和泰公司，如到期不能偿还，嘉和泰公司将以抵押物抵顶借款，双方互不支付对方任何款项等。同日，嘉和泰公司向朱某芳出具 1,100 万元收据。

另查明，朱某芳与嘉和泰公司签订十四份《商品房买卖合同》购买的百桐园小区十号楼 14 套商铺，与嘉和泰公司抵押给朱某芳的百桐园小区十号楼 14 套商铺为同一标的。双方当事人在《借款协议》中约定的“乙方（嘉和泰公司）一次性还清甲方（朱某芳）借款后，甲方将以上抵押手续（合同、发票、收据）退回乙方”，合同即为朱某芳与嘉和泰公司签订的十四份《商品房买卖合同》；发票即为嘉和泰公司向朱某芳出具的两张总额 1035.4554 万元的销售不动产发票；收据即为嘉和泰公司向朱某芳出具的 1,100 万元借款收据。

2011 年 2 月 17 日，山西高院作出（2010）晋民再终字第 103 号民事判决：撤销太原市小店区人民法院（2007）小民初字第 1083 号民事判决和太原市中级人民法院（2007）并民终字第 1179 号民事判决；驳回朱某芳的诉讼请求。本案一、二审案件受理费由朱某芳负担。

朱某芳不服山西高院（2010）晋民再终字第 103 号民事判决，向最高人民法院申请再审称：（一）双方当事人之间签订的 14 份《商品房买卖合同》是真实的意思表示，合法有效。（二）《借款协议》是对买卖合同履行设定的解除条件，解除条件不成就时，继续履行《商品房买卖合同》，并非抵押给朱某芳。（三）朱某芳对起诉状的陈述并不知情，系其代理律师施冬生错误理解事实，在起诉状中作出了错误的描述。对此，朱某芳从未起诉状上签字或按手印，庭审时也未参加，直至再审时才发现此问题。因此，起诉状里对事实的错误描述不能认定为朱某芳的本意。根据《中华人民共和国民事诉讼法》第一百七十九条第一款第（二）项之规定，申请再审。请求确认双方当事人之间的买卖合同关系有效，判令嘉和泰公司履行商品房买卖合同。

嘉和泰公司答辩称，一、嘉和泰公司与朱某芳之间是借贷关系，而非商品房买卖合同关系。《借款协议》明确表明双方是借贷关系，签订十四份《商品房买卖合同》的真实意思是为借款提供担保，并非双方有买卖商品房的意思表示。朱某芳在一审诉状中对此亦有同样表述。二、《借款协议》中“到期不能还款用抵押物抵顶借款，双方之间互不再支付对方任何款项”的约定违反法律的强制性规定，是无效的。

最高人民法院认为，本案再审的焦点问题就是双方当事人之间法律关系的性质和效力。朱某芳主张其与嘉和泰公司之间是商品房买卖合同关系。嘉和泰公司主张双方之间是民间借贷关系。山西高院再审认为，双方是民间借贷合同关系而非商品房买卖合同关系，商品房买卖合同是借款合同的抵押担保内容，借款协议中“到期不能还款用抵押物抵顶借款，双方之间互不支付对方任何款项”的约定违反法律的强制性规定，应属无效。本院认为，本案中，十四份《商品房买卖合同》涉及的款项和《借款协议》涉及的款项，在数额上虽有差额，但双方当事人对于十四份《商品房买卖合同》所涉款项和《借款协议》所涉款项属同一笔款项并无异议。也就是说双方当事人基于同一笔款项先后签订了十四份《商品房买卖合同》和《借款协议》，且在太原市房地产交易所办理了十四份《商品房买卖合同》销售备案登记手续。根据《合同法》第三十二条规定：“当事人采用合同书形式订立合同的，自双方当事人签字或盖章时合同成立。”第四十四条第一款规定：“依法成立的合同，自成立时生效。”案涉十四份《商品房买卖合同》和《借款协议》均为依法成立并已生效的合同。本案双方当事人实际上就同一笔款项先后设立商品房买卖和民间借贷两个法律关系。山西高院再审认为本案双方是民间借贷合同关系而非商品房买卖合同关系不当，应予纠正。从本案十四份《商品房买卖合同》和《借款协议》约定的内容看，案涉《商品房买卖合同》与《借款协议》属并立又有联系的两个合同。案涉《商品房买卖合同》与《借款协议》之间的联系表现在以下两个方面：其一是案涉《商品房买卖合同》与《借款协议》涉及的款项为同一笔款项；其二是《借款协议》约定以签订商品房买卖合同的方式为《借款协议》所借款项提供担保，即双方当事人实际是用之前签订的十四份《商品房买卖合同》为之后签订的《借款协议》提供担保。同时《借款协议》为案涉《商品房买卖合同》的履行附设了解除条件，即借款到期，嘉和泰公司还清借款，案涉《商品房买卖合同》不再履行；借款到期，嘉和泰公司不能偿还借款，则履行案涉《商品房买卖合同》。

关于《借款协议》中“如到期不能偿还，或已无力偿还，乙方（嘉和泰公司）将用以上抵押物来抵顶借款，双方互不再支付对方任何款项”的约定是否违反法律的强制性规定问题。《担保法》第四十条规定：“订立抵押合同时，抵押权人和抵押人在合同中不得约定在债务履行期届满抵押权人未受清偿时，抵押物的所有权转移为债权人所有。”《物权法》第一百八十六条规定：“抵押权人在债务履行期届满前，不得与抵押人约定债务人不履行到期债务时抵押财产归债权人所有。”这是法律上禁止流押的规定。禁止流押的立法目的是防止损害抵押人的利益，以免造成对抵押人实质上的不公平。本案《借款协议》中“如到期不能偿还，或已无力偿还，乙方（嘉和泰公司）将用以上抵押物来抵顶借款，双方互不再支付对方任何款项”的约定，并非法律上禁止的流押条款。首先，《借款协议》上述条款并非约定嘉和泰公司到期不能偿还借款，《借款协议》所称“抵押物”所有权转移为朱某芳所有。在嘉和泰公司到期未偿还借款时，朱某芳并不能直接按上述约定取得《借款协议》所称的“抵押物”所有权。朱某芳要想取得《借款协议》所称的“抵押物”即十四套商铺所有权，只能通过履行案涉十四份《商品房买卖合同》实现。正基于此，朱某芳在本案一审提出的诉讼请求也是确认十四份《商品房买卖合同》有效，判令嘉和泰公司履行商品房买卖合同。其次，案涉十四份《商品房买卖合同》和《借款协议》均为依法成立并生效的合同，双方当事人在《借款协议》中约定以签订商品房买卖合同的形式为《借款协议》提供担保，并为此在《借款协议》中为案涉十四份《商品房买卖合同》附设了解除条件，该约定并不违反法律、行政法规的强制性规定。

最高人民法院判决如下：一、撤销山西省高级人民法院（2010）晋民再终字第103号民事判决；二、维持山西省太原市中级人民法院（2007）并民终字第1179号民事判决。

◎ 点评

本案审理过程颇为曲折，一审、二审、再审、最高院提审，可谓峰回路转。本案最大的争议是当事人签订民间借贷合同，又签订房地产买卖合同作为民间借贷合同的担保，该房地产买卖合同是否有效。关于该问题，审理法院有两种相反观点。

第一种观点认为商品房买卖合同无效。主要理由是：1. 双方当事人之间的法律关系是民间借贷合同关系，并不是商品房买卖合同关系。双方当事人虽然签订商品房买卖合同但并未实际履行，可知双方签订商品房买卖合同的真实目的是将该“商品房买卖合同”以及“发票、收据”共同作为借款合同的抵押担保内容，是为保证借款合同的履行而采取的一种担保措施。2. 以商品房买卖合同担保民间借贷合同属于非典型性担保，应当遵守《担保法》第四十条、《物权法》第一百八十六条有关“禁止流押”的规定，而《借款协议》约定的“到期不能还款用抵押物抵顶借款，双方之间互不再支付对方任何款项”的约定违反上述强制性规定，应属无效。

第二种观点认为商品房买卖合同有效。主要理由是：1. 双方当事人实际上就同一笔款项设立了商品房买卖和民间借贷两个法律关系，案涉商品房买卖合同与民间借贷合同属并立又有联系的两个合同。2. 本案《借款协议》约定的“如到期不能偿还，或已无力偿还，乙方（嘉和泰公司）将用以上抵押物来抵顶借款，双方互不再支付对方任何款项”并非法律上禁止的流押条款，因为上述内容并非约定嘉和泰公司到期不能偿还借款，《商品房买卖合同》所涉商品房所有权转移为朱某芳所有。在嘉和泰公司到期未偿还借款时，朱某芳并不能直接按上述约定取得案涉商品房的所有权。朱某芳要想取得《借款协议》所称的“抵押物”即十四套商铺所有权，只能通过履行案涉十四份《商品房买卖合同》实现。3. 案涉十四份《商品房买卖合同》和《借款协议》均为依法成立并生效的合同，双方当事人在《借款协议》中约定以签订商品房买卖合同的形式为《借款协议》提供担保，并为此在《借款协议》中为案涉十四份《商品房买卖合同》附设了解除条件，该约定并不违反法律、行政法规的强制性规定。

最高人民法院采纳了第二种观点。

针对本案上述争议，《最高人民法院关于审理民间借贷案件适用法律若干问题的规定》（法释〔2015〕18 号）进行了明确规定。该规定第二十四条规定：“当事人以签订买卖合同作为民间借贷合同的担保，借款到期后借款人不能还款，出借人请求履行买卖合同的，人民法院应当按照民间借贷法律关系审理，并向当事人释明变更诉讼请求。当事人拒绝变更的，人民法院裁定驳回起诉。按照民间借贷法律关系审理作出的判决生效后，借款人不履行生效判决确定的金钱债务，出借人可以申请拍卖买卖合同标的物，以偿还债务。就拍卖所得的价款与应偿还借款本息之间的差额，借款人或者出借人有权主张返还或补偿。”据此，法院审理中碰到上述问题，应当按以下方式处理：首先，应当审查诉讼请求，即不按商品房买卖合同争议处理，而是按民间借贷合同争议处理，并相应变更诉讼请求。其次，如果当事人拒绝变更，法院应当驳回起诉。再次，如果按照民间借贷法律关系审理作出的判决生效后，借款人不履行生效判决确定的金钱债务，出借人可以申请拍卖买卖合同标的物，以偿还债务，但出借人不得直接取得买卖合同标的物。最后，就拍卖所得的价款与应偿还借款本息之间的差额，借款人或者出借人有权主张返还或补偿。

◎ 法条链接

1.《最高人民法院关于审理民间借贷案件适用法律若干问题的规定》（法释〔2015〕18 号）

第二十四条　当事人以签订买卖合同作为民间借贷合同的担保，借款到期后借款人不能还款，出借人请求履行买卖合同的，人民法院应当按照民间借贷法律关系审理，并向当事人释明变更诉讼请求。当事人拒绝变更的，人民法院裁定驳回起诉。

按照民间借贷法律关系审理作出的判决生效后，借款人不履行生效判决确定的金钱债务，出借人可以申请拍卖买卖合同标的物，以偿还债务。就拍卖所得的价款与应偿还借款本息之间的差额，借款人或者出借人有权主张返还或补偿。

2. **《担保法》**

第四十条 订立抵押合同时，抵押权人和抵押人在合同中不得约定在债务履行期届满抵押权人未受清偿时，抵押物的所有权转移为债权人所有。

3. **《物权法》**

第一百八十六条 抵押权人在债务履行期届满前，不得与抵押人约定债务人不履行到期债务时抵押财产归债权人所有。

4. **《合同法》**

第三十二条 当事人采用合同书形式订立合同的，自双方当事人签字或盖章时合同成立。

第四十四条 依法成立的合同，自成立时生效。

法律、行政法规规定应当办理批准、登记等手续生效的，依照其规定。

83. 法定代表人以个人名义为他人债务担保，应当由谁承担担保责任？

——株洲市残疾人联合会与朱某康等民间借贷纠纷上诉案[①]

裁判要旨

法定代表人的特殊身份决定了对该问题需要综合考虑以下因素再做判断：第一，以个人名义还是法人名义实施民事法律行为。第二，利益归属。第三，通常的惯例或习惯。第四，一般人的信赖指向。第五，行为实施的时间和地点。

◎ 基本案情

2002年6月7日，原告朱某康以其父朱某华名义向被告七星公司提供借款100,000元，同日被告七星公司开具收据，被告株洲市残联当时的负责人游某亦在该收据上写下“游某担保，借七星基建用”。

2004年6月12日，被告七星公司再次以打印件形式向易某、朱某华、游某、蒋某平四人出具了《借条》一份，其中，确认原告朱某康的借款本金为100,000元。同日，被告七星公司的法定代表人龙某于在借条上签字：“以七星公司开出的

① 湖南省株洲市中级人民法院民事判决书（2014）株中法民一终字第362号

原收据为附件，清算后归还”，并承诺按月息五厘计息。同年11月30日，游某亦在该借条上签字：“熊理事：我代表残联借款是银行往来，请帮助归还。”被告七星公司收到该款后，已将该款用于康华小区建设工程项目。

另查明，被告株洲市残联与被告七星公司于2001年6月22日签订了《合作开发建房合同书》，由被告株洲市残联委托被告七星公司开发康华住宅小区。在双方合作开发过程中，被告七星公司的行政、合同、财务等印鉴被株洲市公安局天元分局刑侦队扣留。2002年10月25日，被告株洲市残联向市政府写出了《关于解决七星公司印鉴事宜的请示》，要求取回被扣留的七星公司印鉴后，由株洲市残联监督使用。同年10月28日，株洲市残联的有关领导与被告七星公司法定代表人龙某于一起取回了上述印鉴，从此，被告七星公司的印鉴便在龙某于的保管下，由株洲市残联监管使用。经（2004）株中法民一终字第222号《民事裁定书》确认，被告株洲市残联是康华小区的共同开发主体。在被告株洲市残联与被告七星公司的经济往来中，游某作为被告株洲市残联的法定代表人，以被告株洲市残联的名义签字一般都不盖株洲市残联的公章。

◎ 法院审理

原审法院认为，本案系借款合同纠纷。本案争议焦点为：一、原告朱某康要求二被告连带偿还借款本金100,000元及利息69,500元有无事实与法律依据；二、本案的诉讼时效是否超过法定期限。现分析如下：

关于被告株洲市残联提出本案债权已过诉讼时效的辩驳主张。原审认为，被告七星公司于2002年6月7日向原告开具的收据未约定还款期限，2004年6月12日向原告开具的借条注明“清算后归还”，虽然被告七星公司登报公告该公司注销清算事项，但被告未提交证据证明原告对被告七星公司注销清算一事知情的事实。事实上，被告七星公司至今仍未注销，且未向法院提交证据证实其清算工作已经完成，故本案债权未超过诉讼时效，原审对被告株洲市残联的该项辩驳主张不予支持。

关于本案的借款本金和利息的问题。根据原告提交的收据、借条以及朱某华的次子朱某宁、女儿朱某建的证人证言，证明出借人实为朱某华的长子即原告朱某康，于2004年6月12日向被告七星公司提供借款本金为100,000元，被告株洲市残联对上述证据的真实性未提供证据予以否定，故原审认定本案被告七星公司借原告的借款本金为100,000元。被告七星公司在借条上对原告承诺的利息为月息五厘，即月利率为0.5%，未违反法律规定，故原告主张二被告支付自2002年6月7日起至2014年1月15日（原告提交诉状之日）期间的利息69,500元（100,000元×0.5%×139个月），原审予以支持。

关于被告株洲市残联是否应承担偿还责任的问题。被告株洲市残联当时的法定代表人游某在被告七星公司开具的收款收据上签署“游某担保，借七星基建用”，游某作为被告株洲市残联当时的法定代表人在该《收据》上签字，系职务行为；七星公司与株洲市残联于2001年6月22日签订《合作开发建房合同书》，并为开发康华小区项目筹借款项符合该合同约定，且该借款已用作康华小区项目工程，被告株洲市残联作为康华小区的共同开发体，应对被告七星公司所筹集用于工程上的借款承担偿还责任；以上事实已由（2005）株中法民一终字第408号《民事判决书》认定，综合全案，原告主张被告株洲市残联与被告七星公司应对本案借款本息承担共同偿还责任，原审予以支持。

原审判决如下：限被告株洲市天元区七星房地产开发有限责任公司、株洲市残疾人联合会于本判决生效之日起十日内共同偿付原告朱某康借款本金100,000元及利息69,500元，共计169,500元；本案案件受理费3,680元，由被告株洲市天元区七星房地产开发有限责任公司、株洲市残疾人联合会共同承担。

一审宣判后，株洲市残疾人联合会不服，向二审法院提出上诉称：1. 上诉人与七星公司合作开发康小区，双方系合同型联营关系，“收条”、“借据”均没有上诉人负责人签字或签章，本案借款系被上诉人朱某康与被上诉人七星公司之间的民间借贷关系，被上诉人七星公司应对其借款独立承担还款义务；2. “游某”在收据上签名系游某个人行为，并非代表上诉人的职务行为；3. 即使游某签字担保系职务行为，被上诉人朱某康向上诉人主张连带保证责任也已超过诉讼时效；4. 2004年6月12日七星公司向被上诉人朱某康出具的借条明确约定欠款待康华小区工程清算后由七星公司归还，而七星公司在2004年6月在《株洲日报》刊登公告进入清算程序，被上诉人在此期间既未向七星公司主张还款义务，也未向上诉人主张权利，被上诉人直到2014年1月才向七星公司和上诉人主张权利，因被上诉人朱某康的诉求超过诉讼时效，应当免除上诉人的连带保证责任。

被上诉人朱某康答辩称：1. 上诉人认为本案应由七星公司独立承担还款义务是错误的；2. 游某在“收据”上担保签名系职务行为；3. 因借款时没有约定还款期限，只要债权人不放弃权利，其期限可以后延；4. 上诉人称康华小区工程早已进行了清算，与事实不符。请求驳回上诉，维持原判。

被上诉人七星公司书面答辩称，借条中的4名债权人共借给七星公司52万元，2004年6月23日七星公司登报成立清算小组，但上诉人不支持清算，后清算小组通过司法程序至省高院，上诉人始终不同意清算，至2011年8月29日七星公司被吊销营业执照，始终都没有进入清算程序。

二审法院驳回上诉，维持原判。

◎ 点评

本案的争议焦点之一是法定代表人以个人名义为他人债务提供担保，应当由法定代表人承担责任，还是单位承担责任。法人在法律上是能独立承担责任的法律主体，但其只是法律拟制人，本身不具有生命，法定代表人是法人的意思机关和代表机关，因此，法定代表人对外行使职权无须法人授权，法定代表人的行为通常视为法人的行为。一般来说，判断法定代表人的行为是否为职务行为可以综合考察以下几点：第一，以个人名义还是法人名义实施民事法律行为。以个人名义应当视为个人行为，以法人名义应当视为职务行为。第二，考察利益归属。所谓“利益归属”判断标准，是指法定代表人设立、变更、终止民事法律关系时，若该民事法律行为产生的利益归属于法人，则法定代表人的行为应当视为职务行为，反之，则应当由法定代表人个人承担责任。第三，考察通常的惯例或习惯。如果长期以来法定代表人以个人名义实施的民事法律行为都为法人所接受，则可以将法定代表人以个人名义实施的民事法律行为视为法人的民事法律行为。第四，一般人的信赖指向，即一般人在此种情形下是将法定代表人的行为视为个人行为还是职务行为。第五，行为实施的时间和地点。如果行为是在法人经营场所和经营时间做出，通常视为职务行为。上述因素需要综合考虑，不能只凭一点，即法官需要综合证据依据自由心证进行裁量。

就本案而言，两级法院都将法定代表人以个人名义实施的行为视为职务行为，这是综合考虑案情和证据的结果。第一，虽然法定代表人是以个人名义为他人债务提供担保，但是，其主观上是为法人的利益，客观利益也归属于法人，因为债务人七星公司与株洲市残联于2001年6月22日签订《合作开发建房合同书》，并为开发康华小区项目筹借款项符合该合同约定，且该借款已用作康华小区项目工程，被告株洲市残联作为康华小区的共同开发体，已经从法定代表人的担保行为获利。第二，从以往的惯例来看，经（2004）株中法民一终字第222号《民事裁定书》确认，被告株洲市残联是康华小区的共同开发主体。在被告株洲市残联与被告七星公司的经济往来中，游某作为被告株洲市残联的法定代表人，以被告株洲市残联的名义签字一般都不盖株洲市残联的公章。第三，从一般人的信赖指向来看，虽然法定代表人以个人名义提供担保，鉴于其为株洲市残联法定代表人的特殊身份，也鉴于该笔借款用于康华小区项目及株洲市残联是康华小区项目的共同开发主体，一般人也会认为是株洲市残联提供担保，而不是法定代表人个人提供担保。因此，综合考虑以上因素，两级法院认为株洲市残联应当承担担保责任，法定代表人无须承担担保责任。

最后，本案需要考虑残疾人联合会提供担保是否有效。1997年，中共中央组织部、人事部联合印发《中国残疾人联合会机关参照〈国家公务员暂行条例〉管理的实施方案》，规定各级残疾人联合会机关参照《国家公务员暂行条例》进行管理。《残疾人保障法》第八条规定：“中国残疾人联合会及其地方组织，代表残疾人的共同利益，维护残疾人的合法权益，团结教育残疾人，为残疾人服务。残疾人联合会承担政府委托的任务，开展残疾人工作，动员社会力量，发展残疾人事业。”《残疾人联合会章程》第一条规定：“中国残疾人联合会（简称中国残联）是国家法律确认、国务院批准的全国性残疾人事业团体。”第三条规定：“中国残联具有代表、服务、管理三种职能：代表残疾人共同利益，维护残疾人合法权益；团结教育残疾人，为残疾人服务；承担政府委托的任务，管理和发展残疾人事业。”考察上述规定，残疾人联合会并不属于国家机关，而应当是以公益为目的的社会团体。《担保法》第九条规定：“学校、幼儿园、医院等以公益为目的的事业单位、社会团体不得为保证人”。此为禁止性规定，故残疾人联合会提供担保当属无效。《最高人民法院关于适用〈中华人民共和国担保法〉若干问题的解释》第七条规定：“主合同有效而担保合同无效，债权人无过错的，担保人与债务人对主合同债权人的经济损失，承担连带赔偿责任；债权人、担保人有过错的，担保人承担民事责任的部分，不应超过债务人不能清偿部分的二分之一。”

◎ 法条链接

1. **《民法通则》**

第三十六条 法人是具有民事权利能力和民事行为能力，依法独立享有民事权利和承担民事义务的组织。

法人的民事权利能力和民事行为能力，从法人成立时产生，到法人终止时消灭。

第三十八条 依照法律或者法人组织章程规定，代表法人行使职权的负责人，是法人的法定代表人。

第五十条 有独立经费的机关从成立之日起，具有法人资格。

具备法人条件的事业单位、社会团体，依法不需要办理法人登记的，从成立之日起，具有法人资格；依法需要办理法人登记的，经核准登记，取得法人资格。

2. **《担保法》**

第八条 国家机关不得为保证人，但经国务院批准为使用外国政府或者国际经济组织贷款进行转贷的除外。

第九条 学校、幼儿园、医院等以公益为目的的事业单位、社会团体不得为保证人。

3. **《最高人民法院关于适用〈中华人民共和国担保法〉若干问题的解释》（法释〔2000〕44号）**

第七条 主合同有效而担保合同无效，债权人无过错的，担保人与债务人对主合同债权人的经济损失，承担连带赔偿责任；债权人、担保人有过错的，担保人承担民事责任的部分，不应超过债务人不能清偿部分的二分之一。

84. 借款人涉嫌犯罪或者生效判决认定其有罪，出借人起诉担保人如何处理？

——俞某与何某保证合同纠纷上诉案[①]

裁判要旨

借款人涉嫌犯罪或者生效判决认定其有罪，出借人起诉请求担保人承担民事责任的，人民法院应予受理。如果法院审理后认为借款主合同有效，担保人应当依约承担担保责任。

◎ 基本案情

上诉人俞某于2014年6月9日向原审法院起诉，要求保证人何某归还借款本金人民币50万元，并支付自2012年2月7日起至实际付清日止按中国人民银行公布的同期同档次贷款基准利率计算的利息（扣除已经支付的利息1万元）。

◎ 法院审理

原审法院认为，本案借款已被法院认定为犯罪行为，故本案已不属民事诉讼受案范围。依照《中华人民共和国民事诉讼法》第一百一十九条第（四）项的规定，裁定：驳回俞某的起诉。

上诉人俞某不服原审法院上述民事裁定，向二审法院提起上诉称：一、原审法院作出裁定驳回起诉的依据是绍兴市中级人民法院（2013）浙绍刑初字第54号刑事判决书，该刑事判决借款人郭某为犯罪，但并未认定被上诉人的担保行为系犯罪行为，未认定上诉人与借款人之间恶意串通骗取担保。故双方之间担保合同应受法律保护。二、根据上级法院的相关规定，借款人涉嫌犯罪并不必然导致保证合同无

---

① 浙江省绍兴市中级人民法院（2014）浙绍商终字第753号

效。虽然借款人涉嫌犯罪被判刑但民间借贷合同成立，担保合同也成立，担保人应当对借款人的借款承担担保义务。三、根据《合同法》的规定，本案借款合法有效。四、根据《刑事诉讼法》第七十七条第一款规定："被害人由于被告人的犯罪行为遭受物质损失的，在刑事诉讼过程中，有权提起附带民事诉讼。"同理，受害人当然可以另行提起民事诉讼，请求二审法院撤销原审裁定，依法指令原审法院或其他有审理权限人民法院对本案进行受理。

二审法院经审查认为，本案上诉人俞某系以保证合同纠纷为由起诉本案被上诉人何某，虽讼涉借款已被二审法院（2013）浙绍刑初字第54号生效刑事判决认定为郭某集资诈骗的犯罪事实，但本案讼涉的保证合同关系与上诉人和郭某之间的借款合同关系系属不同的法律关系，且现无证据证明本案担保人存在与主债务相关的犯罪事实，故上诉人之起诉应属人民法院受理民事诉讼的范围。原审以本案借款已被法院认定为犯罪行为故本案不属民事诉讼受案范围为由，裁定驳回上诉人的起诉不当，二审法院予以纠正。依照《中华人民共和国民事诉讼法》第一百七十条第一款第（二）项、第一百七十一条、《最高人民法院关于适用〈中华人民共和国民事诉讼法〉若干问题的意见》第一百八十七条之规定，裁定如下：

一、撤销诸暨市人民法院（2014）绍诸商初字第1804号民事裁定；

二、指令诸暨市人民法院对本案进行审理。

◎ 点评

民间借贷实务中，如果借款人的借贷行为涉嫌犯罪，或者已被生效判决认定有罪，出借人为了维护自己的合法权益，可能会起诉担保人。对此，在《最高人民法院关于审理民间借贷案件适用法律若干问题的规定》（法释〔2015〕18号）出台前，经常有法院以案件涉嫌犯罪，不属于法院民事诉讼受案范围或不能直接通过民事诉讼方式解决为由，裁定驳回起诉。上述处理方式的思路是借款人的借贷行为涉嫌犯罪或被认定有罪，借款合同当然无效，故担保人也无须承担担保责任。但是，《最高人民法院关于审理民间借贷案件适用法律若干问题的规定》（法释〔2015〕18号）规定了不同的处理思路。其第八条规定："借款人涉嫌犯罪或者生效判决认定其有罪，出借人起诉请求担保人承担民事责任的，人民法院应予受理。"据此，借款人涉嫌犯罪或者生效判决认定其有罪，出借人起诉担保人的，法院应予受理，而不能驳回起诉。法院受理后，应当审查主合同的效力。其第十三条规定："借款人或者出借人的借贷行为涉嫌犯罪，或者已经生效的判决认定构成犯罪，当事人提起民事诉讼的，民间借贷合同并不当然无效。人民法院应当根据合同法第五十二条、本规定第十四条之规定，认定民间借贷合同的效力。担保人以借款人或者出借人的借贷行为涉嫌犯罪或者已经生效的判决认定构成犯罪为由，主张不承担民事责任的，人民法院应当依据民间借贷合同与担保合同的效力、当事人的过错程度，依法确定担保人的民事责任。”据此，法院受理出借人对担保人的起诉后，应当审查借款合同的效力，即出借人的借贷行为涉嫌犯罪，或者已经生效的判决认定构成犯罪，借款合同并不必然无效。如果出借人对于借款人的犯罪行为并不知情，不存在《合同法》第五十二条、第五十四条规定情形的，即使借款人的借贷行为涉嫌犯罪或构成犯罪，并不影响民间借贷合同的效力。如果借款合同有效，担保人应当依照担保合同承担民事责任。

◎ 法条链接

1.《最高人民法院关于审理民间借贷案件适用法律若干问题的规定》（法释〔2015〕18号）

第八条　借款人涉嫌犯罪或者生效判决认定其有罪，出借人起诉请求担保人承担民事责任的，人民法院应予受理。

第十三条　借款人或者出借人的借贷行为涉嫌犯罪，或者已经生效的判决认定构成犯罪，当事人提起民事诉讼的，民间借贷合同并不当然无效。人民法院应当根据合同法第五十二条、本规定第十四条之规定，认定民间借贷合同的效力。

担保人以借款人或者出借人的借贷行为涉嫌犯罪或者已经生效的判决认定构成犯罪为由，主张不承担民事责任的，人民法院应当依据民间借贷合同与担保合同的效力、当事人的过错程度，依法确定担保人的民事责任。

85. 民间借贷合同无效导致担保合同无效，担保人如何承担责任？

——朱某惠等与浙江宏拓建设有限公司等民间借贷纠纷上诉案①

裁判要旨

民间借贷合同无效导致担保合同无效，担保人无过错的，担保人不承担民事责任；担保人有过错的，担保人承担民事责任的部分，不应超过债务人不能清偿部分的三分之一。

① 浙江省杭州市中级人民法院民事判决书（2014）浙杭商终字第1386号

◎ 基本案情

2010 年 10 月 10 日，杨某向朱某惠借款 1,000 万元整，于当日出具《借款协议》一份，载明："甲方朱某惠借款给乙方杨某人民币壹仟万元整（10,000,000 元），借款期限为 2010 年 10 月 10 日到 2010 年 10 月 30 日止。该借款用于杨某招投标保证金。借款由丙方孙某红、丁方吕某负连带担保责任。由甲、乙、丙、丁签字、盖章。乙方杨某收到甲方朱某惠借款之日起生效。"借款协议上未约定借款利率。朱某惠、杨某、孙某红、吕某在《借款协议》上签字，杭州玖顺纸业有限公司（以下简称玖顺公司）、浙江宏拓建设有限公司（以下简称宏拓公司）也分别在丙方和丁方落款处盖章。之后，朱某惠共计交付 10,000,000 元给被告杨某。

2010 年 12 月 3 日，杨某因涉嫌犯非法吸收公众存款罪被刑事拘留。2011 年 12 月 6 日，杭州市中级人民法院第 234 号刑事判决认定杨某犯集资诈骗罪、合同诈骗罪、抽逃出资罪，三罪并罚，决定执行死刑，缓期二年执行，剥夺政治权利终身，并处没收其个人全部财产。在该判决中有关杨某犯集资诈骗事实部分认定："……24. 2010 年 7 月至 10 月，被告人杨某向被害人朱某惠非法集资 3,130 万元，归还本金 500 万，支付利息 700 万元，至案发前造成被害人朱某惠实际损失约 1,930 万元。"本案朱某惠起诉后，孙某红于 2010 年 11 月 26 日代偿案涉借款 2,000,000 元。另朱某惠案涉损失未有追赃所得。

◎ 法院审理

原审法院认为，根据杭州中院第 234 号刑事判决认定：杨某该 10,000,000 元"借款"行为构成集资诈骗罪。因此，虽然杨某与朱某惠间具有民间借贷的形式外表，但因杨某该行为具非法占有他人财产的故意，属于合法形式掩盖非法目的；也违反《刑法》有关公民合法财产权不受非法侵害的强制性规定，属于目的违法，故依据《合同法》第五十二条第（三）项、第（五）项规定，确认杨某该行为无效。依据《合同法》第五十八条规定，杨某应将余款返还朱某惠。但根据刑事判决书认定，朱某惠已经收到本金 5,000,000 元和利息 7,000,000 元，另保证人孙某红已经代偿 2,000,000 元，本案因主合同无效，故朱某惠收到的利息 7,000,000 元应当乘以按照案涉 8,000,000 元除以杨某尚欠本金 24,300,000 元的比例计算得出的数字，在本案返还款项中予以扣除。即案涉 8,000,000 元，杨某应当返还本金 5,695,473 元［8,000,000 元 - 2304527 元（8,000,000 元 ÷ 24,300,000 元 × 7,000,000 元）］，以及支付合理利息损失。因此，朱某惠要求杨某返还本金 8,000,000 元的请求，支持返还 5,695,473 元。关于利息损失问题。《合同法》第五十八条规定：合同无效……有过错的一方应当赔偿对方因此所受到的损失，双方都有过错的，应当各自承担相应损失。杭州市中级人民法院第234号刑事判决认定的事实及罪名表明：杨某向朱某惠“借”10,000,000元时，主观上具有非法占有他人合法财产的故意。对于朱某惠而言，并无证据表明其在诉争款项被杨某诈骗中具有过错。故杨某依法应当赔偿朱某惠因此产生的损失。现朱某惠主张按中国人民银行同期贷款利率计算利息损失合理，予以支持并按朱某惠主张的2010年11月1日起按照中国人民银行一年期贷款基准利率计算。按照7,695,473元自2010年11月1日起计算至孙某红代偿2,000,000元之日即2010年11月26日止为29,713元；按照5,695,473元自2010年11月27日计算至2014年4月26日止为1,215,662元。故杨某应赔偿朱某惠至2014年4月26日止的利息损失1,245,375元以及赔偿按照5,695,473元以中国人民银行一年期贷款基准利率自2014年4月27日计算至判决确定的履行日止的利息损失。关于孙某红、玖顺公司、吕某、宏拓公司的民事责任问题。朱某惠提交的证据显示：杨某以“借款”名义从朱某惠处获得10,000,000元时，由孙某红、玖顺公司、吕某、宏拓公司提供了保证担保。依据《担保法》第五条第一款规定，主合同无效，担保合同无效。故根据前述结论，孙某红、玖顺公司、吕某、宏拓公司与朱某惠间的保证担保无效。对于担保合同无效后，担保人的责任如何确定，《担保法》及该法司法解释均有明文规定。《担保法》第五条第二款规定，担保合同被确认无效，债务人、担保人、债权人有过错的，应当根据其过错各自承担相应的民事责任。《最高人民法院关于适用〈担保法〉若干问题的解释》第八条规定：主合同无效而导致担保合同无效，担保人无过错的，担保人不承担民事责任；担保人有过错的，担保人承担民事责任的部分，不应超过债务人不能清偿部分的三分之一。现有事实表明：孙某红、玖顺公司、吕某、宏拓公司的担保行为客观上为杨某以“借款”名义从朱某惠处骗得款项10,000,000元创造了条件，对担保合同的无效显然具有过错，依法应承担与其过错相对应的民事责任。故本案保证人案涉民事责任赔偿，依法应当是不应超过杨某不能清偿部分即本金损失余额5,695,473元和截至2014年4月26日的利息损失1,245,375元以及之后利息损失总和不能清偿部分的三分之一。关于吕某、宏拓公司辩称的本案不属法院受理范围案件。《最高人民法院关于刑事附带民事诉讼范围问题的规定》第五条规定：犯罪分子非法占有、处置被害人财产而使其遭受物质损失的……经过追缴或者退赔仍不能弥补损失，被害人向人民法院民事审判庭另行提起民事诉讼的，人民法院可以受理。现有事实表明：朱某惠因杨某犯罪行为遭受的损失在刑事案件程序中未能得到恢复，故朱某惠向法院提起民事诉讼符合上述司法解释规定。法院以民事案件受理合法。吕某、宏拓公司该辩称不予采纳。至于吕某、宏拓公司辩称本案不属借款保证合同问题。《合同法》第一百九十六条规定：借款合同是借款人向贷款人借款，到期返还借款并支付利息的合同。民间借贷作为借款合同形式之一，除以借款交付为合同生效要件，利息以无偿为原则，支付为例外等与一般借款合同不同外，其余并无不同。本案中，杨某与朱某惠间具有民间借贷合同的形式外表，只是杨某的借款以非法占有目的，从而构成犯罪并承担刑事责任。且杨某的该行为同样构成对朱某惠民事权益的侵害，应承担相应的民事责任。该种民事责任既可在《侵权法》上得到认定，亦可在《合同法》上得到认定。作为受害人的朱某惠有权根据案件实际情况选择能最大限度维护自身合法权益的请求权基础。现朱某惠以民间借贷且该借款合同无效为由主张杨某及孙某红、玖顺公司、吕某、宏拓公司承担相应的民事责任并无不当。吕某、宏拓公司该辩称不予采纳。

原审法院判决：一、杨某返还朱某惠款项 5,695,473 元，于判决生效后 10 日内付清。二、杨某赔偿朱某惠至 2014 年 4 月 26 日止的利息损失 1,245,375 元以及赔偿以 5,695,473 元为基数按照中国人民银行一年期贷款基准利率自 2014 年 4 月 27 日计算至判决确定的履行日止的利息损失，于判决生效后 10 日内付清。三、孙某红、吕某、浙江宏拓建设有限公司、杭州玖顺纸业有限公司共同就上述一、二款项杨某不能清偿部分的三分之一承担连带赔偿责任。四、驳回朱某惠的其他诉讼请求。如未按判决指定的期限履行给付义务，应当依照《中华人民共和国民事诉讼法》第二百五十三条之规定，加倍支付迟延履行期间的债务利息。本案受理费 67,800 元（预收 81,800 元），由朱某惠负担 8,976 元，杨某负担 58,824 元，孙某红、吕某、浙江宏拓建设有限公司、杭州玖顺纸业有限公司对杨某不能清偿部分，按三分之一份额承担连带责任。

朱某惠不服原审法院上述判决，向本院提起上诉称：原审判决认定事实错误，致判决错误，仅支持返还 5,695,473 元是错误的，应当认定并支持返还本金 800 万元。

二审法院驳回上诉，维持原判。

◎ 点评

本案有两个问题需要注意：一是借款人的借贷行为已经生效的判决认定构成犯罪，当事人提起民事诉讼的，民间借贷合同是否无效；一是因民间借贷合同无效导致担保合同无效时，担保人的责任如何确定。

关于第一个问题，因涉及刑民交叉问题，我国司法实践的惯常处理方式是刑事优先，即刑事处理结果优先于民事处理结果，民事处理结果以刑事处理结果为基础。具体到本案，因民间借贷中的借款人涉嫌犯非法吸收公众存款罪被刑事拘留，之后又被法院以集资诈骗罪判处刑罚，原审法院认为“虽然杨某与朱某惠间具有民间借贷的形式外表，但因杨某该行为具非法占有他人财产的故意，属于合法形式掩盖非法目的；也违反《刑法》有关公民合法财产权不受非法侵害的强制性规定，属于目的违法，故依据《合同法》第五十二条第（三）项、第（五）项规定”，故原审法院认定杨某与朱某惠之间的民间借贷合同无效。原审法院的上述观点存在问题，理由如下：第一，如果该观点成立，任何通过合同方式实施犯罪行为的，合同都可以被认定无效，这对交易相对方不利，也影响交易秩序。第二，《合同法》第五十四条第二款规定：“一方以欺诈、胁迫的手段或者乘人之危，使对方在违背真实意思的情况下订立的合同，受损害方有权请求人民法院或者仲裁机构变更或者撤销。”借款人因集资诈骗罪被判刑罚，故民间借贷合同应认定为可撤销合同，而不是无效合同。第三，《最高人民法院关于审理民间借贷案件适用法律若干问题的规定》第十三条第一款规定：“借款人或者出借人的借贷行为涉嫌犯罪，或者已经生效的判决认定构成犯罪，当事人提起民事诉讼的，民间借贷合同并不当然无效。人民法院应当根据合同法第五十二条、本规定第十四条之规定，认定民间借贷合同的效力。”这也明确民间借贷合同审理中，不得单纯根据借款人的借贷行为已经生效判决认定构成犯罪，而认定民间借贷合同无效。

关于第二个问题，民间借贷合同无效导致担保合同无效时，担保人并不当然免责。《最高人民法院关于审理民间借贷案件适用法律若干问题的规定》第十三条第二款规定：“担保人以借款人或者出借人的借贷行为涉嫌犯罪或者已经生效的判决认定构成犯罪为由，主张不承担民事责任的，人民法院应当依据民间借贷合同与担保合同的效力、当事人的过错程度，依法确定担保人的民事责任。”《最高人民法院关于适用〈中华人民共和国担保法〉若干问题的解释》第八条规定：“主合同无效而导致担保合同无效，担保人无过错的，担保人不承担民事责任；担保人有过错的，担保人承担民事责任的部分，不应超过债务人不能清偿部分的三分之一。”因此，民间借贷合同无效导致担保合同无效时，担保人无过错，不承担民事责任；担保人有过错，担保人承担民事责任的部分，不应超过债务人不能清偿部分的三分之一。就本案而言，原审法院认为“孙某红、玖顺公司、吕某、宏拓公司的担保行为客观上为杨某以‘借款’名义从朱某惠处骗得款项10,000,000元创造了条件，对担保合同的无效显然具有过错”，故上述保证人依法应当承担借款人杨某不能清偿的本息部分的三分之一。

◎ 法条链接

1.《最高人民法院关于适用〈中华人民共和国担保法〉若干问题的解释》（法释〔2000〕44号）

第八条　主合同无效而导致担保合同无效，担保人无过错的，担保人不承担民事责任；担保人有过错的，担保人承担民事责任的部分，不应超过债务人不能清偿部分的三分之一。

第九条 担保人因无效担保合同向债权人承担赔偿责任后，可以向债务人追偿，或者在承担赔偿责任的范围内，要求有过错的反担保人承担赔偿责任。

担保人可以根据承担赔偿责任的事实对债务人或者反担保人另行提起诉讼。

2. **《最高人民法院关于审理民间借贷案件适用法律若干问题的规定》（法释〔2015〕18号）**

第十三条 借款人或者出借人的借贷行为涉嫌犯罪，或者已经生效的判决认定构成犯罪，当事人提起民事诉讼的，民间借贷合同并不当然无效。人民法院应当根据合同法第五十二条、本规定第十四条之规定，认定民间借贷合同的效力。

担保人以借款人或者出借人的借贷行为涉嫌犯罪或者已经生效的判决认定构成犯罪为由，主张不承担民事责任的，人民法院应当依据民间借贷合同与担保合同的效力、当事人的过错程度，依法确定担保人的民事责任。

第十四条 具有下列情形之一，人民法院应当认定民间借贷合同无效：

（一）套取金融机构信贷资金又高利转贷给借款人，且借款人事先知道或者应当知道的；

（二）以向其他企业借贷或者向本单位职工集资取得的资金又转贷给借款人牟利，且借款人事先知道或者应当知道的；

（三）出借人事先知道或者应当知道借款人借款用于违法犯罪活动仍然提供借款的；

（四）违背社会公序良俗的；

（五）其他违反法律、行政法规效力性强制性规定的。

3. **《合同法》**

第五十四条 下列合同，当事人一方有权请求人民法院或者仲裁机构变更或者撤销：

（一）因重大误解订立的；

（二）在订立合同时显失公平的。

一方以欺诈、胁迫的手段或者乘人之危，使对方在违背真实意思的情况下订立的合同，受损害方有权请求人民法院或者仲裁机构变更或者撤销。

当事人请求变更的，人民法院或者仲裁机构不得撤销。

第七章
民间借贷刑民交叉纠纷

导　言

民间借贷纠纷也会遭遇刑名交叉问题，特别是部分借款人以民间借贷为名从事非法集资活动。受传统理论影响，部分法院遵循先刑后民的指导思想，将民间借贷案件审理一律依赖或劣后于刑事案件的审理，使得民间借贷案件审判完全丧失应有的独立性，严重损害民间借贷出借人的合法权益。因此，民间借贷纠纷涉及刑名交叉时，法院应当仔细分析案情和法律关系，依法保持民事审理的独立性，保护出借人的民事权益。本章主要讨论以下问题：

1. 民间借贷案件审理一定要先刑后民吗？民间借贷的基本案件事实必须以刑事案件审理结果为依据，而该刑事案件尚未审结的，人民法院应当裁定中止诉讼。反之，民间借贷案件的审理应当独立进行。

2. 法院立案后发现民间借贷行为本身涉嫌非法集资犯罪的，如何处理？人民法院立案后，发现民间借贷行为本身涉嫌非法集资犯罪的，应当裁定驳回起诉，并将涉嫌非法集资犯罪的线索、材料移送公安或者检察机关。

3. 民间借贷案件涉嫌非法集资以外的犯罪，如何处理？民间借贷案件涉嫌非法集资以外的犯罪，应当分情况处理：①发现与民间借贷纠纷案件虽有关联但不是同一事实的涉嫌犯罪的线索、材料的，法院应当继续审理民间借贷纠纷案件，并将涉嫌犯罪的线索、材料移送公安或者检察机关；②民间借贷的基本案件事实必须以刑事案件审理结果为依据，而该刑事案件尚未审结的，人民法院应当裁定中止诉讼；③法院经审理认为不属经济纠纷案件而有经济犯罪嫌疑的，应当裁定驳回起诉，将有关材料移送公安机关或检察机关。

4. 民间借贷案件因涉嫌非法集资犯罪经有权机关处理的，当事人又以同一事实提起民事诉讼应否受理？民间借贷案件涉嫌非法集资犯罪，人民法院应当裁定驳回起诉，并将涉嫌非法集资犯罪的线索、材料移送公安或者检察机关。公安或者检察机关不予立案，或者立案侦查后撤销案件，或者检察机关作出不起诉决定，或者经人民法院生效判决认定不构成非法集资犯罪，当事人又以同一事实向人民法院提起诉讼的，人民法院应予受理。

5. 民间借贷立案后发现与本案虽有关联但不是同一事实的涉嫌非法集资等犯罪的线索、材料的，是否驳回起诉？人民法院立案后，发现与民间借贷纠纷案件虽有关联但不是同一事实的涉嫌非法集资等犯罪的线索、材料的，人民法院应当继续审理民间借贷纠纷案件，并将涉嫌非法集资等犯罪的线索、材料移送公安或者检察机关。

86. 民间借贷案件审理一定要先刑后民吗？

——岳阳市岳阳楼区农村信用合作联社与姚某桂等民间借贷纠纷上诉案[①]

裁判要旨

民间借贷的基本案件事实必须以刑事案件审理结果为依据，而该刑事案件尚未审结的，人民法院应当裁定中止诉讼。反之，民间借贷案件的审理应当独立进行。

◎ 基本案情

龙某新以岳阳市岳阳楼区农村信用合作联社五里牌信用社（以下简称五里牌信用社）的客户需还旧贷新为由，向姚某桂借款。2011 年 11 月 11 日，龙某新向姚某桂出具借条一张，载明“今借到姚某桂人民币拾万零柒千元整（107,000.00），具欠人龙某新，时间壹个月”。姚某桂以现金交付了龙某新 100,000 元，双方口头约定利息为每月 7 分，借条上载明的金额 107,000 元中包含了第一个月的利息 7,000 元。借款期限届满后，龙某新未按照约定还本付息。

另查明，五里牌信用社是岳阳市岳阳楼区农村信用合作联社（以下简称楼区信用联社）的下属分支机构，没有法人资格。五里牌信用社主任刘某义和信贷员龙某新在任职期间多次以帮信用社客户还旧贷新、平衡账目为由向包括姚某桂在内的多名社会公众借款，金额涉及几千万元，所借款项基本用于帮其信贷客户任某的相关公司偿还各种借款本息。

再查明，龙某新因涉嫌挪用资金罪，于 2012 年 2 月 17 日被岳阳市公安局岳阳楼分局刑事拘留，同年 3 月 22 日经岳阳市岳阳楼区人民检察院批准逮捕。2013 年

① 湖南省岳阳市中级人民法院民事判决书（2014）岳中民二终字第 31 号

4 月 10 日，岳阳市岳阳楼区人民检察院以非法吸收公众存款罪对龙某新提起公诉，岳阳市岳阳楼区人民法院对此案正在审理中。

◎ 法院审理

原审法院认为，本案中的借贷事实的发生有借条佐证，且借款金额和支付情况与姚某桂、龙某新二人的陈述相互印证，故对该笔借款的真实性予以确认。本案的借款 10 万元，龙某新以个人名义出具的借条，系龙某新的个人借款，应由龙某新承担向姚某桂还款付息的民事责任。对于龙某新陈述的已支付姚某桂 3 个月的利息 21,000 元的事实，由于龙某新未提供证据予以证明，且姚某桂对此不认可，故不予采信。龙某新的身份为五里牌信用社信贷员，造成姚某桂对借款的主体、性质认识出现偏差。楼区信用联社管理不严、监控不力，对龙某新利用特定身份在社会上大量高息借款不能偿还的后果的造成负有一定过错责任，依法应对龙某新不能偿还部分的款项承担相应的民事赔偿责任。由于姚某桂未提供证据证明借款的发生与岳阳汉帛包装制品有限公司（以下简称汉帛公司）和任某有关联，故对姚某桂要求汉帛公司和任某共同偿还借款的诉讼请求不予支持。另外，双方约定借款期限为 1 个月，即 2011 年 12 月 11 日借款到期，对于姚某桂要求按照银行同期贷款利率支付自借款到期之日起至偿还之日止的逾期利息的诉讼请求予以支持。综上，依据《中华人民共和国合同法》第一百零七条、第二百条、第二百零七条、《最高人民法院关于审理经济纠纷案件中涉及经济犯罪嫌疑若干问题的规定》第五条第二款之规定，判决：一、龙某新在本判决生效后 10 日内偿还姚某桂借款本金 10 万元整，并自 2011 年 12 月 11 日起至本判决指定履行期限届至之日止按同类银行贷款利率支付逾期利息；二、对龙某新不能偿还部分的借款本息，岳阳市岳阳楼区农村信用合作联社向姚某桂承担 40% 的赔偿责任，赔偿后有权向龙某新追偿；三、驳回姚某桂的其他诉讼请求。

楼区信用联社不服该判决，向二审法院提起上诉称：一、一审判决严重违反“先刑后民”的法定程序；二、一审判决认定事实错误，该笔借款完全是个人借款，非职务行为，借款真实性缺乏证据证实；三、一审判决违反公平合理、公序良俗等法律基本原则和精神；四、原审法院对同类型案件的判决结果自相矛盾。请求二审法院撤销原判，改判上诉人不承担责任或将本案发回重审，并由被上诉人承担一、二审诉讼费用。

二审法院认为，本案争议的 10.7 万元，是龙某新以个人名义出具的借据，款项支付给了龙某新，系龙某新个人借款，应由龙某新承担向姚某桂还款付息的民事责任，上诉人楼区信用联社关于此借款是个人借款、非职务行为的上诉理由成立。但除由实际借款人承担直接还款责任外，楼区信用联社因管理不严、监控不力，对龙某新利用其特定身份在社会上大量高息借款不能偿还的后果的造成负有一定的过错，亦应承担相应的法律后果，依法应对龙某新不能偿还部分的款项承担相应的民事赔偿责任，故上诉人提出的本案与楼区信用联社无关的上诉理由不能成立。

先刑后民并非法定程序，对龙某新涉嫌犯罪的审查结果不影响本案民事诉讼的审理，故上诉人楼区信用联社提出的原判决严重违反"先刑后民"的法定程序的上诉理由不能成立，二审法院不予支持。

借据是民间借贷纠纷的直接证据，既是明确借款关系的合同，也是借款支付的凭证。本案借款真实性除有借据证实外，还有龙某新、姚某桂二人的陈述相互印证，经过了公安机关的核定，其真实性可以确认。上诉人楼区信用联社未能提供相反证据对借款关系予以否定，其提出的借款缺乏证据证实的上诉理由不能成立。

二审法院驳回上诉，维持原判。

◎ 点评

本案有两个问题需要注意：一是民间借贷案件审理是否一定要先刑后民，一是岳阳市岳阳楼区农村信用合作联社是否需要对出借人承担赔偿责任。

关于第一个问题，《最高人民法院关于审理民间借贷案件适用法律若干问题的规定》（法释〔2015〕18 号）第七条规定："民间借贷的基本案件事实必须以刑事案件审理结果为依据，而该刑事案件尚未审结的，人民法院应当裁定中止诉讼。"据此，如果民间借贷的基本案件事实必须以刑事案件审理结果为依据，而刑事案件尚未审结的，则民间借贷案件审理应当中止，待刑事案件审结后再继续，如果民间借贷的基本案件事实不需要以刑事案件审理结果为依据，则民间借贷案件可以直接审理，无需中止。本案借款人龙某新被岳阳市岳阳楼区人民检察院以非法吸收公众存款罪提起公诉，并在岳阳市岳阳楼区人民法院审理。但是，本案民间借贷的基本案件事实并不以借款人的刑事案件审理结果为依据。因此，二审法院没有支持上诉人"先刑后民"的上诉请求。

关于第二个问题，两级法院认为借款人龙某新的工作单位岳阳市岳阳楼区农村信用合作联社需要对出借人承担赔偿责任，理由是依据《最高人民法院关于审理经济纠纷案件中涉及经济犯罪嫌疑若干问题的规定》（法释〔1998〕7 号）第五条第二款之规定，岳阳市岳阳楼区农村信用合作联社因管理不严、监控不力，对龙某新利用其特定身份在社会上大量高息借款不能偿还的后果的造成负有一定的过错，亦应承担相应的法律后果。法院的上述观点有待商榷，理由如下：第一，《最高人民法院关于审理经济纠纷案件中涉及经济犯罪嫌疑若干问题的规定》第五条第二款规定："行为人私刻单位公章或者擅自使用单位公章、业务介绍信、盖有公章的空白合同书以签订经济合同的方法进行的犯罪行为，单位有明显过错，且该过错行为与被害人的经济损失之间具有因果关系的，单位对该犯罪行为所造成的经济损失，依法应当承担赔偿责任。”结合本案案情，没有证据证明借款人龙某新在本民间借贷案件中私刻单位公章或者擅自使用单位公章、业务介绍信、盖有公章的空白合同书以签订民间借贷合同的方式进行犯罪行为，借款人龙某新是以个人名义对外借款，这与其工作单位没有直接关系。第二，从案由来看，本案是民间借贷纠纷，属违约之诉，而判决借款人龙某新所在工作单位向出借人承担赔偿责任应是侵权之诉，审理法院将两者混为一谈实属不妥。第三，如果法院或出借人认为岳阳市岳阳楼区农村信用合作联社因管理不严、监控不力，对龙某新利用其特定身份在社会上大量高息借款不能偿还的后果的造成负有一定的过错，应承担相应的法律责任，也应当由出借人另案提起侵权之诉。第四，民间借贷实务中，金融机构工作人员进行非法吸收公众存款行为并不少见，但应当对事实、证据和法律详细分析后再下结论，而不宜迫于社会压力简单粗暴地判定金融机构为其工作人员的行为买单。

◎ 法条链接

1.《最高人民法院关于在审理经济纠纷案件中涉及经济犯罪嫌疑若干问题的规定》(法释〔1998〕7号)

第五条 行为人盗窃、盗用单位的公章、业务介绍信、盖有公章的空白合同书，或者私刻单位的公章签订经济合同，骗取财物归个人占有、使用、处分或者进行其他犯罪活动构成犯罪的，单位对行为人该犯罪行为所造成的经济损失不承担民事责任。

行为人私刻单位公章或者擅自使用单位公章、业务介绍信、盖有公章的空白合同书以签订经济合同的方法进行的犯罪行为，单位有明显过错，且该过错行为与被害人的经济损失之间具有因果关系的，单位对该犯罪行为所造成的经济损失，依法应当承担赔偿责任。

2.《最高人民法院关于审理民间借贷案件适用法律若干问题的规定》(法释〔2015〕18号)

第七条 民间借贷的基本案件事实必须以刑事案件审理结果为依据，而该刑事案件尚未审结的，人民法院应当裁定中止诉讼。

87. 法院立案后发现民间借贷行为本身涉嫌非法集资犯罪的，如何处理？

——史某与安徽瑞德钢结构有限公司、许某明民间借贷纠纷上诉案①

裁判要旨

人民法院立案后，发现民间借贷行为本身涉嫌非法集资犯罪的，应当裁定驳回起诉，并将涉嫌非法集资犯罪的线索、材料移送公安或者检察机关。

◎ 基本案情

2014年1月23日，安徽长虹轻纺有限公司与史某签订《借款合同》一份，约定安徽长虹轻纺有限公司向史某借款人民币叁佰万元整（3,000,000元），实际借款金额以《借款凭证》为准，月利率3.2%，期限1个月。安徽长虹轻纺有限公司向史某出具借条一张，载明“今借到史某人民币贰佰万元整（2,000,000元），期限2014年1月23日至2014年2月21日共30天，请出借人将此款汇入如下指定账户：董某泽，中行全椒支行营业部，6217866300000××××××，安徽长虹轻纺有限公司，董某泽，2014年1月23日”。同日，史某向董某泽账户汇入200万元。

同日，安徽瑞德钢结构有限公司（以下简称安徽瑞德公司）与史某签订《借款保证合同》一份，约定为确保安徽长虹轻纺有限公司与史某于2014年1月22日签订的《借款合同》项下借款人还款义务得到切实履行，安徽瑞德公司自愿为借款人履行合同义务向史某提供担保。被保证的主债权的种类及数额为史某依《借款合同》的约定提供给借款人的人民币借款叁佰万元整（3,000,000元）及该借款产生的利息、复利、逾期利息、罚息、违约金、赔偿金等，以及史某实现债权、抵押权、质押权的费用（包括但不限于诉讼费、律师代理费、仲裁费、财产保全费、法院执行费、评估费、拍卖费、公证费、公告费、邮寄送达费、催收借款的差旅费、处置担保资产发生费用等）和借款人应向债权人支付的所有其他应付费用及全部经

---

① 安徽省合肥市中级人民法院（2015）合民一终字第00944号

济损失，安徽瑞德公司担保的方式为不可撤销的连带责任保证。许某明于2014年1月23日出具个人担保承诺书一份，载明“因安徽长虹轻纺有限公司向史某借款人民币叁佰万元整，借款期限30天，我个人自愿作为安徽长虹轻纺有限公司的保证人，以本人名下的全部财产为安徽长虹轻纺有限公司提供保证担保。并郑重承诺：同意在该债务人应当偿还借款本金、支付违约金、损害赔偿金，以及债权人实现债权所开支的各项费用（包括但不限于法院诉讼费、执行费用，聘请律师费用等）范围内承担连带保证责任，保证期间为借款到期之日后两年”。

史某诉至法院，请求判令：1. 安徽瑞德公司与许某明立即向史某偿还借款本金200万元，并支付利息20万元（暂自2014年1月23日起计算至2014年6月22日，按月息两分计算，直至全部本息清偿完毕时止）；2. 安徽瑞德公司与许某明向史某立即支付史某为本次诉讼支付的律师费10万元；3. 安徽瑞德公司与许某明承担本案的全部诉讼费用。

原审法院认为，本案争议焦点是许某明及安徽瑞德公司是否应当对安徽长虹轻纺有限公司向史某的借款承担连带责任保证？具体分析如下：

1. 安徽瑞德公司与史某签订的《借款保证合同》以及许某明出具的《个人担保承诺书》所对应的主合同问题。安徽瑞德公司抗辩称其与史某签订的《借款保证合同》约定为安徽长虹轻纺有限公司与史某于2014年1月22日签订《借款合同》承担保证责任，而史某提供的《借款合同》是2014年1月23日签订的，史某并未按照2014年1月22日签订的借款合同履行出借义务，故安徽瑞德公司无须承担担保责任。史某陈述其提供的《借款合同》、《借款保证合同》、借条均系2014年1月22日当日所签订，因合同签订在全椒，史某家在合肥，考虑到当日无法办理转款手续，便要求安徽长虹轻纺有限公司、安徽瑞德公司、许某明将日期签署在23日，以保证一致性。史某向原审法院明确其与安徽长虹轻纺有限公司只签订过一次合同，即本案涉款200万元。安徽瑞德公司并未提供证据证明史某与安徽长虹轻纺有限公司存在除本案《借款合同》外另有落款为2014年1月22日的《借款合同》，且史某提交的《借款保证合同》、《个人担保承诺书》与《借款合同》中明确的“贷款人史某与保证人安徽瑞德公司及其法人代表许某明夫妇另行签订保证合同”相印证，故原审法院认定安徽瑞德公司与史某签订的《借款保证合同》系为2014年1月23日史某与安徽长虹轻纺有限公司签订的《借款合同》承担保证责任。该《借款保证合同》及史某与许某明签订的《个人担保承诺书》系双方的真实意思表示。法律规定，保证期间，债权人与债务人对主合同数量、价款、币种、利率等内容作了变动，未经保证人同意某如果减轻债务人的债务的，保证人仍应当对变更后的合同承担保证责任，故安徽瑞德公司、许某明应履行保证义务。

2. 史某与安徽长虹轻纺有限公司签订的《借款合同》效力问题。《安徽省高级人民法院关于审理民间借贷纠纷案件若干问题的指导意见》中明确：主合同借款人涉嫌犯罪或构成犯罪并不必然导致担保合同无效，出借人起诉请求连带责任保证人承担民事责任的应予受理，应当在认定主合同效力的前提下，依法确定担保人的民事责任。史某与安徽长虹轻纺有限公司于2014年1月23日签订了借款合同，该合同明确史某向安徽长虹轻纺有限公司出借300万元，之后史某根据借条中载明的“请出借人将此款汇入如下指定账户：董某泽，中行全椒支行营业部”将200万元转入董某泽账户，应当认定史某已经按照约定履行了出借义务，且该借款主体应为安徽长虹轻纺有限公司。安徽瑞德公司向原审法院提交的全椒县公安局出具的立案决定书中载明“决定对安徽长虹轻纺有限公司董某泽集资诈骗案立案侦查”，故涉嫌犯罪的主体是董某泽。董某泽涉嫌犯罪行为与本案安徽长虹轻纺有限公司借款行为并无关联性，本案《借款合同》系史某与安徽长虹轻纺有限公司的真实意思表示，借款行为不违反法律规定，更不能由此认定担保合同无效。法律规定，连带责任保证的债务人在主合同规定的债务履行期届满没有履行债务的，债权人可以要求债务人履行债务，也可以要求保证人在其保证范围内承担保证责任。史某以安徽瑞德公司、许某明为被告请求其承担担保责任，主体并无不当。

3. 史某现要求安徽瑞德公司与许某明支付安徽长虹轻纺有限公司所欠借款本金200万元，予以支持。史某要求安徽瑞德公司支付自2014年1月23日起至2014年6月22日止的利息20万元，因该利息已超过法律规定，即民间借贷利率不得超过银行同期贷款利率的四倍，原审法院按照银行同期贷款利率的四倍予以调整，故原审法院核定从2014年1月23日至2014年2月21日的借款利息为36,089元（200万×5.6%÷360×4×29）。之后自2014年2月22日起安徽瑞德公司按照银行同期贷款利率的四倍向史某支付逾期利息。史某要求许某明支付自2014年1月23日起至2014年6月22日止的利息20万元，因许某明与史某签订的《个人担保承诺书》中明确许某明在应当偿还的借款本金、支付违约金、损害赔偿金，以及债权人实现债权所开支的各项费用（包括但不限于法院诉讼费、执行费用，聘请律师费用等）范围内承担连带保证责任，故许某明应当自2014年2月22日起按照银行同期贷款利率的四倍向史某支付逾期利息。对于2014年1月23日至2014年2月21日的借款利息，许某明不承担保证责任。史某主张为实现债权，要求安徽瑞德公司与许某明支付10万元律师费用，因史某未提供已实际支付该笔费用的凭证，不予支持。

原审法院判决：一、安徽瑞德钢结构有限公司与许某明于判决生效之日起十日内向史某支付安徽长虹轻纺有限公司所欠史某借款本金200万元及逾期利息（自2014年2月22日按照中国人民银行规定的同期贷款利率的四倍，即月利率1.87%计算至借款清偿完毕之日止）；二、安徽瑞德钢结构有限公司于判决生效之日起十日内向史某支付安徽长虹轻纺有限公司所欠史某借款利息36,089元（自2014年1月23日起至2014年2月21日止）；三、驳回史某的其他诉讼请求。

安徽瑞德公司与许某明上诉称：借款人安徽长虹轻纺有限公司及其董事长董某泽涉嫌集资诈骗罪，本案所涉借款合同应为无效，安徽瑞德公司、许某明与史某签订的保证合同亦无效，安徽瑞德公司与许某明无须承担担保责任。

安徽瑞德公司与许某明二审期间提交史某报案记录、全椒县经济开发区管委会出具的情况说明、全椒县公安局出具的证明各一份，结合在原审中全椒县公安局的立案通知书，证明史某就本案所涉借款已经向公安机关报案，公安机关已经立案受理并进行了侦查，安徽长虹轻纺有限公司和董某泽均涉嫌诈骗被列为犯罪嫌疑人，本案借款合同应当为无效合同，担保合同亦为无效合同，安徽瑞德公司与许某明无须承担担保责任；另本案涉及的借款公安机关已经立案侦查，现史某又向法院起诉，属于重复主张权利，应当驳回其起诉。

二审另查明：2014年3月13日，史某向全椒县公安局经侦大队报案，并在公安机关的询问笔录中陈述：2014年1月23日，其与王某来到全椒县安徽长虹轻纺有限公司见到了其董事长董某泽，董某泽向其借款300万元，承诺在2014年2月21日前归还，后其筹措了200万元，打入了董某泽在中行全椒支行的银行卡。2014年4月9日，全椒县公安局出具立案决定书（公经立字〔2014〕405号），决定对安徽长虹轻纺有限公司、董某泽集资诈骗案立案侦查，并于同日向史某下达立案告知书。

二审法院认为，安徽长虹轻纺有限公司与董某泽因涉嫌集资诈骗案，业经全椒县公安局于2014年4月9日作出（公经立字〔2014〕405号）立案决定书，对安徽长虹轻纺有限公司与董某泽因涉嫌集资诈骗案立案侦查。因此，本案诉争借贷事实有犯罪嫌疑，本案不属于人民法院受理民事诉讼的范围，应移送公安机关处理。

二审法院裁定如下：

一、撤销安徽省合肥市庐阳区人民法院（2014）庐民一初字第02639号民事判决；

二、驳回史某的起诉。

◎ 点评

本案需要注意的是法院在民间借贷案件立案后发现民间借贷行为涉嫌非法集资犯罪的，其应当如何处理。原审法院直接对案件进行判决。二审法院裁定撤销原审法院的判决，驳回原告的起诉，并将案件资料移送公安机关。

最高人民法院、最高人民检察院、公安部2014年3月联合发布的《关于办理非法集资刑事案件适用法律若干问题的意见》第七条“关于涉及民事案件的处理问题”第二款规定：“人民法院在审理民事案件或者执行过程中，发现有非法集资犯罪嫌疑的，应当裁定驳回起诉或者中止执行，并及时将有关材料移送公安机关或者检察机关。”据此，法院审理民间借贷案件发现涉嫌非法集资犯罪的，应当裁定驳回起诉，并及时将有关材料移送公安机关或检察机关。此处的非法集资犯罪并不是《刑法》上的法定罪名，而是指集资诈骗罪和非法吸收公众存款罪。《最高人民法院关于审理民间借贷案件适用法律若干问题的规定》（法释〔2015〕18号）第五条第一款规定：“人民法院立案后，发现民间借贷行为本身涉嫌非法集资犯罪的，应当裁定驳回起诉，并将涉嫌非法集资犯罪的线索、材料移送公安或者检察机关。”该规定重申了《关于办理非法集资刑事案件适用法律若干问题的意见》第七条的意见。上述两个司法解释之所以如此规定，主要是因为非法集资案件通常涉及众多受害人，为了公平对待全体受害人，避免部分受害人足额受偿而部分受害人未获任何清偿的不公平结果，故应当坚持集中一体处理，而不应当任由各个受害人单独起诉或执行。本案二审法院对案件的处理方式体现了上述司法文件的精神。

◎ 法条链接

1.《最高人民法院、最高人民检察院、公安部关于办理非法集资刑事案件适用法律若干问题的意见》

七、关于涉及民事案件的处理问题

对于公安机关、人民检察院、人民法院正在侦查、起诉、审理的非法集资刑事案件，有关单位或者个人就同一事实向人民法院提起民事诉讼或者申请执行涉案财物的，人民法院应当不予受理，并将有关材料移送公安机关或者检察机关。

人民法院在审理民事案件或者执行过程中，发现有非法集资犯罪嫌疑的，应当裁定驳回起诉或者中止执行，并及时将有关材料移送公安机关或者检察机关。

公安机关、人民检察院、人民法院在侦查、起诉、审理非法集资刑事案件中，发现与人民法院正在审理的民事案件属同一事实，或者被申请执行的财物属于涉案财物的，应当及时通报相关人民法院。人民法院经审查认为确属涉嫌犯罪的，依照前款规定处理。

2.《最高人民法院关于审理民间借贷案件适用法律若干问题的规定》（法释〔2015〕18号）

第五条 人民法院立案后，发现民间借贷行为本身涉嫌非法集资犯罪的，应当裁定驳回起诉，并将涉嫌非法集资犯罪的线索、材料移送公安或者检察机关。

公安或者检察机关不予立案，或者立案侦查后撤销案件，或者检察机关作出不起诉决定，或者经人民法院生效判决认定不构成非法集资犯罪，当事人又以同一事实向人民法院提起诉讼的，人民法院应予受理。

88. 民间借贷案件涉嫌非法集资以外的犯罪，如何处理？

——安某与胡某民间借贷纠纷案[①]

裁判要旨

民间借贷案件涉嫌非法集资以外的犯罪，应当分情况处理：1. 发现与民间借贷纠纷案件虽有关联但不是同一事实的涉嫌犯罪的线索、材料的，法院应当继续审理民间借贷纠纷案件，并将涉嫌犯罪的线索、材料移送公安或者检察机关；2. 民间借贷的基本案件事实必须以刑事案件审理结果为依据，而该刑事案件尚未审结的，人民法院应当裁定中止诉讼；3. 法院经审理认为不属经济纠纷案件而有经济犯罪嫌疑的，应当裁定驳回起诉，将有关材料移送公安机关或检察机关。

◎ 基本案情

2013 年 1 月 10 日，被告胡某向原告安某借款，并出具借款借据一份，载明：今有胡某（以下称借款人）因生意周转之需向安某（以下称出借人）借款人民币贰拾万元整，借款人已确认收到该借款（借款人不再另行出具收条）。借款期限为一个月。借款人承诺：若逾期归还借款的，借款人自愿自借款之日起按月利率 3% 向出借人支付利息，并承担违约金 5,000 元。另外，因本借款发生纠纷，出借人为实现债权而支付的诉讼费、代理费等一切必要的费用也由借款人承担。本借款如有纠纷协商不成的，由海盐县人民法院管辖解决。

原告安某诉至法院，请求法院判令：1. 被告立即归还借款人民币 200,000 元整，并支付借款利息合计 68,000 元，两项合计 268,000 元；2. 本案诉讼费用由被告承担。

原审法院因案件涉嫌犯罪，作出（2014）嘉盐商初字第 683 号民事裁定书，裁定驳回原告的起诉，并将案件资料移送公安机关。

2015 年 1 月 30 日，海盐县公安局向法院出具函一份，载明："2014 年 9 月我局接到你院安某、胡某民间借贷纠纷案的函，并向我局传递了该案中涉嫌赌资的线

---

① 浙江省海盐县人民法院（2015）嘉盐商初字第 417 号

索。我局接到该线索后，立即组织民警对该赌博线索进行了侦查，但因时间久远（据胡某陈述为2008年）等原因，部分事实已无法查清。根据胡某的陈述，2008年4月其与朱某、张某在明珠村其棋牌室内开设一赌博场子，其经常参与该赌博场子内的赌博活动，并因此欠下张某三十万赌债，共写了两张欠条，一张为八九万，出借人安某闯（音同），另一张为二十万，出借人安某。结论：胡某曾伙同朱某（音同）等人在明珠村其棋牌室内开设赌博场子，但具体时间、具体场次、输赢的情况、抽庄丰的情况均无法查证，故无法立案处罚，同时胡某与安某的借贷是否属于赌债亦无法查证。”

之后，原告再次向法院起诉，请求法院判令：1. 被告立即归还借款人民币200,000元整，并支付自2013年2月9日起至本案判决生效之日止按月利率2%计算的借款利息；2. 本案诉讼费用由被告承担。

被告答辩称：1. 被告与原告素不相识，被告未向原告借款，且原告出示的借款借据项下的款项，原告实际并未交付，故原、被告不存在借贷关系；2. 原告诉请的事实不存在，被告没有向原告借过任何款项，应驳回原告的诉请。

法院认为，本案争议焦点在于原、被告之间的借款关系是否成立。首先，本案中的借条系被告本人所书写。被告作为一个有民事行为能力的成年人，对于书写借条的后果应当是知晓的，按一般社会常理而言，面对一个素不相识的陌生人，如无借贷合意或欠款情形，势必不会向其出具借条。其次，庭审中，被告辩称其与原告并不相识，且并未收到原告的款项，其之所以向原告出具欠条系其与他人开设赌场时所欠赌债。然关于本案原、被告所涉借款是否系赌债经海盐县公安局侦查后，并未查实原、被告之间的借贷系赌债。故被告辩称的欠款系赌债并无证据予以证明。最后，借据是证明双方存在借贷合意和借贷关系实际发生的直接证据，具有较强的证明力，根据前述分析，本案所涉借款借据系被告向原告出具，且被告并没有确凿的相反证据足以推翻借款借据所记载的内容，故对借款借据的证明力法院予以认定。综上，原、被告之间的借贷关系成立。被告未按借款借据约定的还款时间向原告归还全部借款，故被告是引起本案纠纷的责任者，应当由被告向原告承担归还借款本金和逾期还款利息的民事责任。虽双方约定借款利率为3%，但原告实际按月利率2%主张其利息，属其对自身民事权利的处分，且符合法律规定。

法院判决如下：

被告胡某归还原告安某借款本金200,000元，并支付原告逾期还款利息（以未归还借款本金为基数，按月利率2%，自2013年2月9日起计算至本案判决生效之日止），由被告于本判决生效之日起十日内结清。

◎ 点评

民间借贷行为本身涉嫌非法集资犯罪的，《最高人民法院关于审理民间借贷案件适用法律若干问题的规定》（法释〔2015〕18号）第五条规定法院应当裁定驳回起诉，并将涉嫌非法集资犯罪的线索、材料移送公安或者检察机关。但是，如果民间借贷涉嫌非法集资以外的犯罪，法院是否也作如上处理呢？根据我国现行法律和司法解释，应当分以下几种情况处理：

1. 继续审理民间借贷纠纷案件，同时将涉嫌犯罪的线索、材料移送公安或检察机关。《最高人民法院关于在审理经济纠纷案件中涉及经济犯罪嫌疑若干问题的规定》（法释〔1998〕7号）第十条规定："人民法院在审理经济纠纷案件中，发现与本案有牵连，但与本案不是同一法律关系的经济犯罪嫌疑线索、材料，应将犯罪嫌疑线索、材料移送有关公安机关或检察机关查处，经济纠纷案件继续审理。"《最高人民法院关于审理民间借贷案件适用法律若干问题的规定》（法释〔2015〕18号）第六条规定："人民法院立案后，发现与民间借贷纠纷案件虽有关联但不是同一事实的涉嫌非法集资等犯罪的线索、材料的，人民法院应当继续审理民间借贷纠纷案件，并将涉嫌非法集资等犯罪的线索、材料移送公安或者检察机关。"据此，如果民间借贷纠纷审理中发现与民间借贷纠纷案件虽有关联但不是同一事实的犯罪线索、材料的，法院应当继续审理民间借贷案件，但应当将涉嫌犯罪的线索、材料移送公安或检察机关。

2. 民间借贷纠纷案件中止诉讼，等待刑事案件审结。《最高人民法院关于审理民间借贷案件适用法律若干问题的规定》（法释〔2015〕18号）第七条规定："民间借贷的基本案件事实必须以刑事案件审理结果为依据，而该刑事案件尚未审结的，人民法院应当裁定中止诉讼。"据此，如果民间借贷的基本案件事实必须以刑事案件审理结果为依据，而刑事案件尚未审结的，法院应当裁定中止诉讼。刑事案件尚未审结应当包括公安或检察机关立案侦查的情形，而不仅仅指法院审理阶段。

3. 裁定驳回起诉，并将涉嫌犯罪的线索、材料移送公安或检察机关。《最高人民法院关于在审理经济纠纷案件中涉及经济犯罪嫌疑若干问题的规定》（法释〔1998〕7号）第十一条规定："人民法院作为经济纠纷受理的案件，经审理认为不属经济纠纷案件而有经济犯罪嫌疑的，应当裁定驳回起诉，将有关材料移送公安机关或检察机关。"此条严格限制了适用条件：不属经济纠纷案件而有经济犯罪嫌疑。本案原告曾经以民间借贷为案由起诉被告，但被告陈述其在2009年与其他人合伙开设赌场，多次聚众赌博，并因此欠下原告赌债，欠条是基于赌债出具，原被告之间并不存在借贷关系。法院审查后，认为本案不属经济纠纷而有经济犯罪嫌疑，裁定驳回原告起诉，并将案件资料移送公安机关。法院的上述处理方式体现了《最高人民法院关于在审理经济纠纷案件中涉及经济犯罪嫌疑若干问题的规定》（法释〔1998〕7号）第十一条的精神。需要注意的是，如果公安或者检察机关不予立案，或者立案侦查后撤销案件，或者检察机关作出不起诉决定，或者经人民法院生效判决认定不构成犯罪，当事人又以同一事实向人民法院提起诉讼的，参照《最高人民法院关于审理民间借贷案件适用法律若干问题的规定》（法释〔2015〕18 号）第五条的精神，法院应当受理。本案公安机关收到法院移送材料后进行了侦查，并作出了不予立案的决定。之后，原告以相同案由和事实再次向法院起诉，法院受理其起诉并作出判决。

◎ 法条链接

1.《最高人民法院关于在审理经济纠纷案件中涉及经济犯罪嫌疑若干问题的规定》（法释〔1998〕7 号）

第一条 同一公民、法人或其他经济组织因不同的法律事实，分别涉及经济纠纷和经济犯罪嫌疑的，经济纠纷案件和经济犯罪嫌疑案件应当分开审理。

第十条 人民法院在审理经济纠纷案件中，发现与本案有牵连，但与本案不是同一法律关系的经济犯罪嫌疑线索、材料，应将犯罪嫌疑线索、材料移送有关公安机关或检察机关查处，经济纠纷案件继续审理。

第十一条 人民法院作为经济纠纷受理的案件，经审理认为不属经济纠纷案件而有经济犯罪嫌疑的，应当裁定驳回起诉，将有关材料移送公安机关或检察机关。

第十二条 人民法院已立案审理的经济纠纷案件，公安机关或检察机关认为有经济犯罪嫌疑，并说明理由附有关材料函告受理该案的人民法院的，有关人民法院应当认真审查。经过审查，认为确有经济犯罪嫌疑的，应当将案件移送公安机关或检察机关，并书面通知当事人，退还案件受理费；如认为确属经济纠纷案件的，应当依法继续审理，并将结果函告有关公安机关或检察机关。

2.《最高人民法院关于审理民间借贷案件适用法律若干问题的规定》（法释〔2015〕18 号）

第五条 人民法院立案后，发现民间借贷行为本身涉嫌非法集资犯罪的，应当裁定驳回起诉，并将涉嫌非法集资犯罪的线索、材料移送公安或者检察机关。

公安或者检察机关不予立案，或者立案侦查后撤销案件，或者检察机关作出不起诉决定，或者经人民法院生效判决认定不构成非法集资犯罪，当事人又以同一事实向人民法院提起诉讼的，人民法院应予受理。

第六条 人民法院立案后，发现与民间借贷纠纷案件虽有关联但不是同一事实的涉嫌非法集资等犯罪的线索、材料的，人民法院应当继续审理民间借贷纠纷案件，并将涉嫌非法集资等犯罪的线索、材料移送公安或者检察机关。

第七条 民间借贷的基本案件事实必须以刑事案件审理结果为依据，而该刑事案件尚未审结的，人民法院应当裁定中止诉讼。

89. 民间借贷案件因涉嫌非法集资犯罪经有权机关处理的，当事人又以同一事实提起民事诉讼应否受理？

——李某诉邱某建民间借贷纠纷案[①]

裁判要旨

民间借贷案件涉嫌非法集资犯罪，人民法院应当裁定驳回起诉，并将涉嫌非法集资犯罪的线索、材料移送公安或者检察机关。

公安或者检察机关不予立案，或者立案侦查后撤销案件，或者检察机关作出不起诉决定，或者经人民法院生效判决认定不构成非法集资犯罪，当事人又以同一事实向人民法院提起诉讼的，人民法院应予受理。

◎ 基本案情

2011 年，被告邱某建向原告李某借款用于彩星电器商场经营周转。2011 年 10 月 24 日，原告从建设银行汇入 20 万元到被告账户，又于 2012 年 4 月 27 日汇入 30 万元到被告账户，共计 50 万元。被告从 2014 年 12 月末起未支付利息，也未归还本金。故原告诉至法院，请求判令：1. 被告邱某建归还原告借款本金 50 万元及利息（利息按月利率 2% 从 2014 年 12 月 25 日起计算至归还之日止）；2. 诉讼费由被告承担。

◎ 法院审理

法院认为，根据《最高人民法院关于在审理民间借贷案件适用法律若干问题的规定》第五条规定，人民法院立案后，发现民间借贷行为本身涉嫌非法集资犯罪的，应当裁定驳回起诉，并将涉嫌非法集资犯罪的线索、材料移送公安机关或者检察机关。天台县公安局于 2015 年 3 月 9 日作出公（经）立字〔2015〕第 07006 号立案决定书，决定对被告邱某建非法吸收公众存款立案侦查，目前案件尚在侦查期

---

① 浙江省天台县人民法院（2015）台天商初字第 2005 号

间，而本案所涉借款事实与被告邱某建非法吸收公众存款案件相关，故对本案应当驳回起诉，将有关材料移送公安机关。如法院审理后认为借款人的借贷行为不构成刑事犯罪的，或者刑事判决对此未作认定和追缴处理的，则原告可以依法再次提起民事诉讼。

法院裁定如下：驳回原告李某的起诉。

◎ 点评

民间借贷纠纷涉嫌非法集资犯罪，《最高人民法院关于审理民间借贷案件适用法律若干问题的规定》（法释〔2015〕18号）第五条第一款已经明确规定裁定驳回起诉，并将涉嫌非法集资犯罪的线索、材料移送公安或者检察机关。问题是有权机关处理后，当事人又以同一事实起诉，法院是否应当受理。该问题需要分情况讨论。

第一，公安或者检察机关不予立案，或者立案侦查后撤销案件，或者检察机关作出不起诉决定，或者经法院生效判决认定不构成非法集资犯罪，当事人又以同一事实起诉的，法院应予受理。

第二，公安或者检察机关已经立案，或者检察机关作出起诉决定，或者法院正在审理刑事案件，当事人应当等待刑事处理程序的完成，不得以同一事实起诉。

第三，《刑法》第三十六条第一款规定："由于犯罪行为而使被害人遭受经济损失的，对犯罪分子除依法给予刑事处罚外，并应根据情况判处赔偿经济损失。"因此，如果法院生效判决认定构成非法集资犯罪，且刑事判决书对受害人作出经济赔偿，则其不得以同一事实起诉。

第四，考虑是否有提起附带民事诉讼的可能。《最高人民法院关于适用〈中华人民共和国刑事诉讼法〉的解释》（法释〔2012〕21号）第一百三十八条第一款规定："被害人因人身权利受到犯罪侵犯或者财物被犯罪分子毁坏而遭受物质损失的，有权在刑事诉讼过程中提起附带民事诉讼；被害人死亡或者丧失行为能力的，其法定代理人、近亲属有权提起附带民事诉讼。"由于非法集资不属于人身权利受到犯罪侵犯或者财物被犯罪分子毁坏而遭受物质损失的情形，故不能提起附带民事诉讼。

第五，《最高人民法院关于刑事附带民事诉讼范围问题的规定》（法释〔2000〕47号）第五条规定："犯罪分子非法占有、处置被害人财产而使其遭受物质损失的，人民法院应当依法予以追缴或者责令退赔。被追缴、退赔的情况，人民法院可以作为量刑情节予以考虑。经过追缴或者退赔仍不能弥补损失，被害人向人民法院民事审判庭另行提起民事诉讼的，人民法院可以受理。"据此，经过追缴或者退赔仍不能弥补损失，被害人可以另行提起民事诉讼。但是，《最高人民法院关于刑事附带民事诉讼范围问题的规定》（法释〔2000〕47号）已被宣告废止，由《最高人民法院关于适用〈中华人民共和国刑事诉讼法〉的解释》（法释〔2012〕21号）取代。后者第一百三十九条规定："被告人非法占有、处置被害人财产的，应当依法予以追缴或者责令退赔。被害人提起附带民事诉讼的，人民法院不予受理。追缴、退赔的情况，可以作为量刑情节考虑。"该条已经删除"经过追缴或者退赔仍不能弥补损失，被害人向人民法院民事审判庭另行提起民事诉讼的，人民法院可以受理"的规定。《最高人民法院关于适用刑法第六十四条有关问题的批复》（法〔2013〕229号）明确答复："根据刑法第六十四条和《最高人民法院关于适用〈中华人民共和国刑事诉讼法〉的解释》第一百三十八条、第一百三十九条的规定，被告人非法占有、处置被害人财产的，应当依法予以追缴或者责令退赔。据此，追缴或者责令退赔的具体内容，应当在判决主文中写明；其中，判决前已经发还被害人的财产，应当注明。被害人提起附带民事诉讼，或者另行提起民事诉讼请求返还被非法占有、处置的财产的，人民法院不予受理。"因此，法院认定非法集资犯罪成立，应当在判决主文中写明追缴或责令退赔的具体内容，事人另行提起民事诉讼，法院不予受理。当然，如果刑事判决书并未在判决主文中写明追缴或者责令退赔的具体内容，则应当允许当事人另行提起民事诉讼。

本案民间借贷纠纷涉及非法集资犯罪，法院裁定驳回起诉，并将涉嫌非法集资犯罪的线索、材料移送公安机关。同时，法院在判决书提醒当事人如果法院审理后认为借款人的借贷行为不构成刑事犯罪的，或者刑事判决对此未作认定和追缴处理的，则原告可以依法再次提起民事诉讼。法院的上述处理方式符合我国现行法律规定。

◎ 法条链接

1.《最高人民法院关于审理民间借贷案件适用法律若干问题的规定》（法释〔2015〕18号）

第五条　人民法院立案后，发现民间借贷行为本身涉嫌非法集资犯罪的，应当裁定驳回起诉，并将涉嫌非法集资犯罪的线索、材料移送公安或者检察机关。

公安或者检察机关不予立案，或者立案侦查后撤销案件，或者检察机关作出不起诉决定，或者经人民法院生效判决认定不构成非法集资犯罪，当事人又以同一事实向人民法院提起诉讼的，人民法院应予受理。

2.《刑法》

第三十六条　由于犯罪行为而使被害人遭受经济损失的，对犯罪分子除依法给予刑事处罚外，并应根据情况判处赔偿经济损失。

承担民事赔偿责任的犯罪分子，同时被判处罚金，其财产不足以全部支付的，或者被判处没收财产的，应当先承担对被害人的民事赔偿责任。

3.《最高人民法院关于适用〈中华人民共和国刑事诉讼法〉的解释》（法释〔2012〕21号）

第一百三十八条 被害人因人身权利受到犯罪侵犯或者财物被犯罪分子毁坏而遭受物质损失的，有权在刑事诉讼过程中提起附带民事诉讼；被害人死亡或者丧失行为能力的，其法定代理人、近亲属有权提起附带民事诉讼。

因受到犯罪侵犯，提起附带民事诉讼或者单独提起民事诉讼要求赔偿精神损失的，人民法院不予受理。

第一百三十九条 被告人非法占有、处置被害人财产的，应当依法予以追缴或者责令退赔。被害人提起附带民事诉讼的，人民法院不予受理。追缴、退赔的情况，可以作为量刑情节考虑。

4.《最高人民法院关于刑事附带民事诉讼范围问题的规定》（法释〔2000〕47号）（废止）

第五条 犯罪分子非法占有、处置被害人财产而使其遭受物质损失的，人民法院应当依法予以追缴或者责令退赔。被追缴、退赔的情况，人民法院可以作为量刑情节予以考虑。

经过追缴或者退赔仍不能弥补损失，被害人向人民法院民事审判庭另行提起民事诉讼的，人民法院可以受理。

5.《最高人民法院关于适用刑法第六十四条有关问题的批复》（法〔2013〕229号）

河南省高级人民法院：

你院关于刑法第六十四条法律适用问题的请示收悉。经研究，批复如下：

根据刑法第六十四条和《最高人民法院关于适用〈中华人民共和国刑事诉讼法〉的解释》第一百三十八条、第一百三十九条的规定，被告人非法占有、处置被害人财产的，应当依法予以追缴或者责令退赔。据此，追缴或者责令退赔的具体内容，应当在判决主文中写明；其中，判决前已经发还被害人的财产，应当注明。被害人提起附带民事诉讼，或者另行提起民事诉讼请求返还被非法占有、处置的财产的，人民法院不予受理。

此复。

最高人民法院

2013年10月21日

90. 民间借贷立案后发现与本案虽有关联但不是同一事实的涉嫌非法集资等犯罪的线索、材料的，是否驳回起诉？

——王某华诉北京安汇捷科技有限公司等民间借贷纠纷上诉案[①]

裁判要旨

人民法院立案后，发现与民间借贷纠纷案件虽有关联但不是同一事实的涉嫌非法集资等犯罪的线索、材料的，人民法院应当继续审理民间借贷纠纷案件，并将涉嫌非法集资等犯罪的线索、材料移送公安或者检察机关。

◎ 基本案情

2013 年 8 月 12 日，北京超越天空科技有限公司向王某华借款 500 万元，约定借款期限为 2013 年 8 月 12 日至 2013 年 10 月 11 日止。上述借款为有息借款，利息为 30 万元。约定偿还本金及利息时间为 2013 年 10 月 12 日。经工商查询，北京超越天空科技有限公司于 2013 年 12 月 13 日将名称变更为北京好丰莱商贸有限公司，后又于 2014 年 2 月 18 日更名为北京安汇捷科技有限公司（以下简称安汇捷公司）。安汇捷公司承诺以自己名下的全部财产担保本金的返还和利息的支付。吴某威承诺对上述债务承担连带责任保证担保，并以其名下房产和车辆承担抵押担保。齐某承诺对上述债务承担连带责任保证担保，并以其名下房产和车辆承担抵押担保。

2013 年 8 月 13 日，王某华按合同约定通过银行转账方式向安汇捷公司支付了该笔借款。

2013 年 10 月 11 日，借款期限届满，安汇捷公司未按期偿还借款本金及利息，吴某威、齐某亦未履行担保义务。

2013 年 12 月 9 日，齐某向王某华还款人民币 180 万元，后又于 2014 年 1 月 6 日向王某华还款 20 万元，剩余 300 万元本金及利息未偿还。

王某华诉至法院，请求判令安汇捷公司、吴某威及齐某：1. 偿还借款本金 300

---

① 北京市第一中级人民法院（2015）一中民（商）终字第 5699 号

万元；2. 偿还借期内利息30万元；3. 支付逾期利息36万元（以300万元为基数，自2013年10月13日起至实际付清日止，暂计至2014年4月13日，按中国人民银行同期贷款基准利率4倍计算）；4. 承担本案诉讼费用。

◎ 法院审理

原审法院裁定认定，民事案件的受理范围应为民事法律关系。本案被告北京安汇捷科技有限公司实际控制人王某甲已被公安机关以非法吸收公众存款罪立案侦查，经该院与北京市公安局朝阳分局经济犯罪侦查大队办案民警调阅卷宗核实，涉案借款合同已被列为犯罪数额范围内，并予以立案侦查，目前未完成刑事侦查，因此，本案主借款合同已涉及经济犯罪，依据“先刑后民”的原则，该院认为在刑事部分未审结前，不宜对借款人及保证人的民事责任部分予以认定。

原审法院裁定：驳回王某华对安汇捷公司、吴某威及齐某的起诉。

王某华不服原审法院上述民事裁定，向二审法院提起上诉，其主要上诉理由是：一、原审法院认定本案为刑事案件缺乏事实依据。原审法院认定“本案被告安汇捷公司实际控制人王某甲已被公安机关以非法吸收公众存款罪立案侦查”错误，本案没有任何证据显示“王某甲涉嫌非法吸收公众存款罪”进入了侦查阶段。二、王某乙的刑事案件与本民事案件没有关联，吴某威及齐某报案“王某甲涉嫌集资诈骗”完全是为了逃避担保责任。本民事案件的被告为安汇捷公司，吴某威和齐某为连带担保人。无论王某甲是否将钱转借给或者投资给案外人王某乙，都与本民事案件没有关联。三、民间借贷可能涉及经济犯罪，但是当事人之间借贷关系仍合法有效，应受法律保护。在最高人民法院发布的公报案例中，当事人同样涉及“非法吸收公众存款罪”，法院最终认定保证人未能证明债权人和债务人存在恶意串通的情形下应当承担完全的保证责任。本案中即便王某甲被立案侦查，王某华与安汇捷公司、吴某威、齐某之间借贷关系、担保关系均合法有效。四、本案无需等待刑事案件的审结。即便王某甲涉嫌犯罪，也与本案不属同一法律关系。上诉请求：撤销一审裁定，指令原审法院进行实体审理。

吴某威及齐某均服从原审法院裁定。其针对王某华的上诉理由及请求均答辩称：本案已经涉嫌经济犯罪，经过与公安机关联系，刑事案件卷宗显示本案涉嫌集资诈骗，且本案的集资款在侦查范围内。一审裁定适用法律正确，请求二审法院予以维持，驳回王某华的上诉请求。

二审法院认为，《最高人民法院关于在审理经济纠纷案件中涉及经济犯罪嫌疑若干问题的规定》（法释〔1998〕7号）第十条规定，人民法院在审理经济纠纷案件中，发现与本案有牵连，但与本案不是同一法律关系的经济犯罪嫌疑线索、材料，应将犯罪嫌疑线索、材料移送有关公安机关或检察机关查处，经济纠纷案件继续审理。本案中，根据《借款合同》载明，出借人为王某华、借款人为安汇捷公司，时任安汇捷公司法定代表人的王某甲并非借款人，其与吴某威、齐某均为连带保证人。公安机关虽然对王某甲以涉嫌经济犯罪为由予以立案侦查，但安汇捷公司一直存续并在签订《借款合同》后多次变更公司的名称、法定代表人、注册资本、公司高管、住所地等工商登记信息，该经济犯罪嫌疑的线索与本案所涉纠纷并非基于同一事实或同一法律关系，原审法院仅以王某甲涉嫌犯罪为由，裁定驳回王某华的起诉，属于适用法律错误。现王某华对安汇捷公司、吴某威、齐某的起诉符合《中华人民共和国民事诉讼法》第一百一十九条规定的起诉条件，人民法院应予受理。综上，依据《中华人民共和国民事诉讼法》第一百七十条第一款第（二）项、第一百七十一条，《最高人民法院关于适用〈中华人民共和国民事诉讼法〉若干问题的意见》第三百三十二条，《最高人民法院关于在审理经济纠纷案件中涉及经济犯罪嫌疑若干问题的规定》第十条之规定，裁定如下：

一、撤销北京市海淀区人民法院（2014）海民初字第13770号民事裁定；

二、指令北京市海淀区人民法院对本案进行审理。

◎ 点评

本案涉及“先刑后民”原则的理解和应用。我国现行民事和刑事程序法和实体法并没有明确规定“先刑后民”原则。1985年8月19日，最高人民法院、最高人民检察院、公安部联合发布《关于及时查处在经济纠纷案件中发现的经济犯罪的通知》（法研发〔1985〕17号），规定“各级人民法院在审理经济纠纷案件中，如发现有经济犯罪，应按照1979年12月15日最高人民法院、最高人民检察院、公安部《关于执行刑事诉讼法规定的案件管辖范围的通知》，将经济犯罪的有关材料分别移送给有管辖权的公安机关或检察机关侦查、起诉，公安机关或检察机关均应及时予以受理。”1985年12月9日，最高人民法院颁布《关于审理经济纠纷案件发现违法犯罪必须严肃执法的通知》，其第三条规定“人民法院在审理经济纠纷案件中，发现经济犯罪，特别是严重经济犯罪，必须追究刑事责任，不能只当作经济纠纷案件来处理，放纵了犯罪分子。人民法院应依照刑事诉讼法规定的程序，把有关犯罪的线索和材料及时移送公安机关或人民检察院查处。对此，最高人民法院、最高人民检察院和公安部已于1985年8月19日联合发出（法研发〔1985〕17号）《通知》，各级人民法院必须严格执行。”上述两个文件成为我国“先刑后民”原则的源头。1987年3月11日，最高人民法院、最高人民检察院、公安部联合发布《关于在审理经济纠纷案件中发现经济犯罪必须及时移送的通知》（法研发〔1987〕7号），重申了严格执行《关于及时查处在经济纠纷案件中发现的经济犯罪的通知》（法研发〔1985〕17号），要求各级人民法院在审理经济纠纷案件中，如果发现有经济犯罪事实的，即应及时移送。虽然上述三个文件并没有规定民事案件审理服从刑事案件审理，刑事程序优先于民事程序，但在司法实践中演变成以刑为主、刑事优先、先刑后民等思想。

1998 年 4 月 21 日，最高人民法院颁布《关于在审理经济纠纷案件中涉及经济犯罪嫌疑若干问题的规定》（法释〔1998〕7 号），对经济领域内的刑民交叉案件处理方式作了比较全面的规定，一定程度上澄清了对“先刑后民”原则的误读。其第一条规定：“同一公民、法人或其他经济组织因不同的法律事实，分别涉及经济纠纷和经济犯罪嫌疑的，经济纠纷案件和经济犯罪嫌疑案件应当分开审理。”该条开宗明义地规定因不同的法律事实分别涉及经济纠纷和经济犯罪嫌疑的，民事审理和刑事审理应当分开。其第十条规定：“人民法院在审理经济纠纷案件中，发现与本案有牵连，但与本案不是同一法律关系的经济犯罪嫌疑线索、材料，应将犯罪嫌疑线索、材料移送有关公安机关或检察机关查处，经济纠纷案件继续审理。”该条进一步明确法院发现与经济纠纷案件有牵连，但与经济纠纷案件不属同一法律关系的犯罪嫌疑线索、材料，经济纠纷案件继续审理，但应当移送犯罪嫌疑线索、材料。

为了澄清“先刑后民”原则在民间借贷纠纷审理中的混乱，《最高人民法院关于审理民间借贷案件适用法律若干问题的规定》（法释〔2015〕18 号）第六条规定：“人民法院立案后，发现与民间借贷纠纷案件虽有关联但不是同一事实的涉嫌非法集资等犯罪的线索、材料的，人民法院应当继续审理民间借贷纠纷案件，并将涉嫌非法集资等犯罪的线索、材料移送公安或者检察机关”。该条明确规定不能机械、绝对地理解“先刑后民”原则，凡是发现与民间借贷纠纷案件虽有关联但不是同一事实的涉嫌非法集资等犯罪的线索、材料，不影响民间借贷案件的审理，只需将上述线索、材料移送公安或者检察机关。这与《关于在审理经济纠纷案件中涉及经济犯罪嫌疑若干问题的规定》（法释〔1998〕7 号）的精神相一致。

本案为民间借贷纠纷案件。原审法院裁定驳回起诉，具体理由是被告安汇捷公司实际控制人王某甲已被公安机关以非法吸收公众存款罪立案侦查，经该院与公安机关核实，涉案借款合同已被列为犯罪数额范围内，并予以立案侦查，目前未完成刑事侦查，因此，本案主借款合同已涉及经济犯罪，依据“先刑后民”的原则，在刑事部分未审结前，不宜对借款人及保证人的民事责任部分予以认定。原审法院的上述观点显然错误理解了“先刑后民”原则，也违反了《最高人民法院关于在审理经济纠纷案件中涉及经济犯罪嫌疑若干问题的规定》（法释〔1998〕7 号）和《最高人民法院关于审理民间借贷案件适用法律若干问题的规定》（法释〔2015〕18 号）。本案《借款合同》的出借人为原告王某华，借款人为安汇捷公司，王某甲并不是借款人，原告并没有起诉王某甲，只起诉借款人安汇捷公司和保证人吴某威及齐某。公安机关针对王某甲以涉嫌经济犯罪为由立案侦查，并不是对安汇捷公司立案侦查，拟承担刑事责任的主体与承担民事责任的主体并不相同，且作为借款人的安汇捷公司一直存续。可见，本案民间借贷事实与王某甲的经济犯罪案件虽有牵连，但不属于同一事实。因此，二审法院裁定撤销原审法院民事裁定，指令其对本案进行审理。

◎ 法条链接

1.《**最高人民法院关于在审理经济纠纷案件中涉及经济犯罪嫌疑若干问题的规定》（法释〔1998〕7 号）**

第十条　人民法院在审理经济纠纷案件中，发现与本案有牵连，但与本案不是同一法律关系的经济犯罪嫌疑线索、材料，应将犯罪嫌疑线索、材料移送有关公安机关或检察机关查处，经济纠纷案件继续审理。

2.《**最高人民法院关于审理民间借贷案件适用法律若干问题的规定》（法释〔2015〕18 号）**

第六条　人民法院立案后，发现与民间借贷纠纷案件虽有关联但不是同一事实的涉嫌非法集资等犯罪的线索、材料的，人民法院应当继续审理民间借贷纠纷案件，并将涉嫌非法集资等犯罪的线索、材料移送公安或者检察机关。

第八章

民间借贷诉讼程序纠纷

导 言

民间借贷合同诉讼既涉及实体问题，也涉及程序问题。前者关涉实体正义，后者关涉程序正义。本章主要讨论以下问题：

1. 民间借贷合同纠纷的管辖应当如何确定？民间借贷双方发生争议可以向被告所在地法院起诉，也可以向合同履行地法院起诉。合同履行地未约定或者约定不明确，接收货币一方所在地为合同履行地。因此，如果出借人未依约提供借款，借款人作为接受货币一方，可以选择以自己所在地为合同履行地，向其所在地法院起诉；反之，如果借款人未依约归还本息，出借人作为接受货币一方，可以选择以自己所在地为合同履行地，向其所在地法院起诉。

2. 如何确定涉外民间借贷合同纠纷的管辖法院？涉外民间借贷合同纠纷当事人可以书面形式选择被告住所地、合同履行地、合同签订地、原告住所地、标的物所在地等与争议有实际联系地点的外国法院管辖；属于我国法院专属管辖的案件，当事人不得协议选择外国法院管辖，但协议选择仲裁的除外。另外，我国法院管辖涉外民间借贷合同纠纷时，只能由国务院批准设立的经济技术开发区人民法院、省会（自治区首府、直辖市）所在地的中级人民法院、经济特区、计划单列市中级人民法院、最高人民法院指定的其他中级人民法院和高级人民法院作为一审法院。

3. 手机短信能否作为认定民间借贷事实的证据？手机短信属于证据中的电子数据，其作为证据应当经过质证，以查明其是否具备证据的真实性、关联性与合法性。如果手机短信满足上述条件，可以作为认定民间借贷事实的证据。

4. 录音资料能否作为民间借贷纠纷审理中的合法证据？以侵害他人合法权益或者违反法律禁止性规定的方法取得的证据，不能作为认定案件事实的依据。据此，如果录音资料未以侵犯他人人格权、商业秘密、隐私等民事权益的手段取得，或者未以违反法律禁止性规定的方法取得，可以作为民间借贷纠纷审理中的合法证据使用。

5. 民间借贷案件当事人申请法院调取证据应当在法定期限内提出。民间借贷当事人申请法院调查收集证据，不得迟于举证期限届满前7日。当事人一审未申请，可以在二审时申请，但是否允许由二审法院决定。如果对审理案件需要的主要证据，当事人因客观原因不能自行收集，书面申请法院调查收集，法院未调查收集的，应当再审。

6. 民间借贷纠纷中当事人逾期举证如何处理？民间借贷纠纷案件中当事人逾期举证，其应当说明理由。拒不说明理由或者理由不成立的，人民法院根据不同情形可以不予采纳该证据，或者采纳该证据但予以训诫、罚款。因此，当事人逾期举证在《民事诉讼法》修订后不再视为当事人放弃举证权利。

7. 涉外民间借贷合同纠纷的法律适用。涉外民间借贷合同的当事人向大陆法院起诉，可以选择处理合同争议所适用的法律。涉外民间借贷合同的当事人没有选择的，适用与合同有最密切联系的国家的法律。但是，在中华人民共和国境内履行的中外合资经营企业合同、中外合作经营企业合同、中外合作勘探开发自然资源合同，适用中华人民共和国法律。

8. 民间借贷纠纷中负有举证证明责任的出借人无正当理由拒不到庭，如何处理？负有举证证明责任的出借人无正当理由拒不到庭，经审查现有证据无法确认借贷行为、借贷金额、支付方式等案件主要事实，人民法院对其主张的事实不予认定。

9. 当事人持有的借据、收据、欠条等债权凭证没有载明债权人的，如何处理？当事人持有的借据、收据、欠条等债权凭证没有载明债权人，持有债权凭证的当事人提起民间借贷诉讼的，人民法院应予受理。被告对原告的债权人资格提出有事实依据的抗辩，人民法院经审理认为原告不具有债权人资格的，裁定驳回起诉。

10. 当事人主张的法律关系的性质或者民事行为的效力与人民法院根据案件事实作出的认定不一致的，如何处理？诉讼过程中，当事人主张的法律关系的性质或者民事行为的效力与人民法院根据案件事实作出的认定不一致的，人民法院应当告知当事人可以变更诉讼请求。当事人拒绝变更的，如果当事人的起诉符合起诉条件，以判决驳回诉讼请求，反之，以裁定驳回。

91. 民间借贷合同纠纷的管辖应当如何确定？

——嘉禾县罗卜安煤矿与中国地方煤矿总公司企业借贷纠纷上诉案[①]

裁判要旨

民间借贷双方发生争议可以向被告所在地法院起诉，也可以向合同履行地法院起诉。合同履行地未约定或者约定不明确，接收货币一方所在地为合同履行地。因此，如果出借人未依约提供借款，借款人作为接受货币一方，可以选择以自己所在地为合同履行地，向其所在地法院起诉；反之，如果借款人未依约归还本息，出借人作为接受货币一方，可以选择以自己所在地为合同履行地，向其所在地法院起诉。

◎ 基本案情

1985 年～1991 年期间，湖南省煤炭厅、郴州市煤炭局与中国地方煤矿总公司（以下简称地煤总公司）前身煤炭工业部地方煤矿联合服务总公司签订六份《借款合同》，约定湖南省煤炭厅、郴州市煤炭局借款，湖南省煤炭厅将其中的 719 万元投入到嘉禾县罗卜安煤矿（以下简称罗卜安煤矿），2003 年 4 月，罗卜安煤矿书面确认使用了 719 万元"拨改贷"、"煤代油"资金。中国地方煤矿联合服务公司分次在北京市建行东四支行以信汇方式向湖南省煤炭厅汇款，并由其将涉案资金转拨给罗卜安煤矿。1996 年根据国家计委、财政部以及煤炭部的通知要求，上述"拨改贷"、"煤代油"资金本息转为地煤总公司的国家资本金。2013 年 11 月 14 日，地煤总公司向罗卜安煤矿发函，要求罗卜安煤矿返还借款本息，但罗卜安煤矿未履行还款义务。故地煤总公司诉至一审法院，请求判令罗卜安煤矿偿还"拨改贷"、"煤代油"借款本金 719 万元及相应利息等。

一审法院向罗卜安煤矿送达起诉状后，罗卜安煤矿在法定答辩期内向一审法院

① 北京市第二中级人民法院（2015）二中民（商）终字第 8986 号

提出了管辖权异议，认为罗卜安煤矿没有向地煤总公司借款，罗卜安煤矿、地煤总公司之间不存在借贷法律关系。罗卜安煤矿上级部门将所借款项安排由罗卜安煤矿使用系另一法律关系。不论地煤总公司要求罗卜安煤矿返还资金是否合法，在诉讼中不应依借贷纠纷的相关规定确定管辖，而应当依“原告就被告”原则，由罗卜安煤矿所在地人民法院即湖南省嘉禾县人民法院审理。

◎ 法院审理

一审法院经审理认为，因资金返还纠纷并非最高人民法院发布的《民事案件案由规定》中包含的案由，且该案基础法律关系仍为借款合同，故该案案由应确定为借款合同纠纷项下的企业借贷纠纷。根据法律规定，因合同纠纷提起的诉讼，由被告住所地或者合同履行地人民法院管辖。合同对履行地点没有约定或者约定不明确，争议标的为给付货币的，接收货币一方所在地为合同履行地。鉴于本案争议标的为给付货币，故合同履行地应为接收货币一方所在地。因地煤总公司作为争议标的的接收货币一方，其住所地位于北京市东城区，故一审法院对本案有管辖权，罗卜安煤矿的管辖异议不成立。

一审法院裁定：驳回嘉禾县罗卜安煤矿对本案管辖权提出的异议。

罗卜安煤矿不服一审裁定，持原管辖权异议理由向二审法院提起上诉，认为地煤总公司起诉借款人，可以适用接受货币一方管辖的规定。但罗卜安煤矿未向地煤总公司借款，相互之间不存在借贷关系，地煤总公司直接起诉非借款人，应由被告所在地人民法院管辖。据此，罗卜安煤矿上诉请求：撤销一审裁定，将本案移送至湖南省嘉禾县人民法院审理。

地煤总公司对于罗卜安煤矿的上诉未向二审法院提交书面答辩意见。

二审法院经审查认为，地煤总公司以罗卜安煤矿使用的“拨改贷”、“煤代油”资金，已经转为地煤总公司的国家资本金为由，要求罗卜安煤矿偿还“拨改贷”、“煤代油”资金本息，故本案属于资金返还纠纷。因地煤总公司主张湖南省煤炭厅将向其借用的涉案资金拨付罗卜安煤矿使用，且罗卜安煤矿向其书面确认使用了涉案资金，故地煤总公司与罗卜安煤矿之间的基础法律关系系借款合同项下的企业借贷关系。鉴于“资金返还纠纷”不属于最高人民法院发布的《民事案件案由规定》的案由，因此一审法院基于双方当事人之间的基础法律关系，确定本案案由为企业借贷纠纷，有事实和法律依据，处理并无不当。罗卜安煤矿主张其与地煤总公司之间不存在借贷关系，地煤总公司直接起诉非借款人，应由被告所在地人民法院管辖的上诉理由不成立，二审法院不予支持。

《中华人民共和国民事诉讼法》第二十三条规定：“因合同纠纷提起的诉讼，由被告住所地或者合同履行地人民法院管辖。”本案争议标的为给付货币，接收货币一方即地煤总公司所在地位于北京市东城区，根据《最高人民法院关于适用〈中华人民共和国民事诉讼法〉的解释》第十八条第二款“合同对履行地点没有约定或者约定不明确，争议标的为给付货币的，接收货币一方所在地为合同履行地”的规定，本案借款合同履行地位于北京市东城区，北京市东城区人民法院对本案有管辖权。故地煤总公司选择向北京市东城区人民法院提起诉讼，符合《中华人民共和国民事诉讼法》第三十五条关于“两个以上人民法院都有管辖权的诉讼，原告可以向其中一个人民法院起诉；原告向两个以上有管辖权的人民法院起诉的，由最先立案的人民法院管辖”的规定，二审法院应予支持。罗卜安煤矿关于本案应由其所在地人民法院审理的上诉理由不成立，其上诉请求应予驳回。

二审法院驳回上诉，维持原裁定。

◎ 点评

本案涉及民间借贷案件管辖争议。《民事诉讼法》第二十三条规定：“因合同纠纷提起的诉讼，由被告住所地或者合同履行地人民法院管辖。”据此，凡是合同纠纷诉讼，应当由被告住所地法院或合同履行地法院关系。前者遵循传统的原告就被告原则，管辖法院非常明确，后者围绕合同履行地展开，相对复杂。由于民间借贷合同纠纷属于合同纠纷，故此类案件的管辖法院包括被告住所法院或合同履行地法院。《最高人民法院关于人民法院审理借贷案件的若干意见》（法民发〔1991〕21 号）（已失效）第五条规定：“债权人起诉时，债务人下落不明的，由债务人原住所地或其财产所在地法院管辖。”此条没有明确债务人是出借人抑或借款人，但结合上下文应当是指借款人，因此，该条关于民间借贷诉讼管辖的态度是借款人住所地法院管辖，不过，其限定了债务人下落不明的前提条件。

如何确定民间借贷合同的履行地呢？1993 年，最高人民法院曾针对山东省高级人民法院的请示发布了《最高人民法院关于如何确定借款合同履行地问题的批复》（法复〔1993〕10 号），主要内容为：“合同履行地是指当事人履行合同约定义务的地点。借款合同是双务合同，标的物为货币。贷款方与借款方均应按照合同约定分别承担贷出款项与偿还贷款及利息的义务，贷款方与借款方所在地都是履行合同约定义务的地点。依照借款合同的约定，贷款方应先将借款划出，从而履行了贷款方所应承担的义务。因此，除当事人另有约定外，应确定贷款方所在地为合同履行地。”据此，在出借人已经出借资金后发生争议，应确定出借人所在地为合同履行地。之后，《合同法》第六十二条第一款第（三）项规定：“当事人就有关合同内容约定不明确，依照本法第六十一条的规定仍不能确定的，适用下列规定：（三）履行地点不明确，给付货币的，在接受货币一方所在地履行；交付不动产的，在不动产所在地履行；其他标的，在履行义务一方所在地履行。”该条明确规定履行地点不明的，给付货币的，接受货币一方所在地为合同履行地。就民间借贷合同而言，出借人应当先向借款人给付货币，之后，借款人应当依约向出借人给付货币。因此，出借人违反给付货币义务的，借款人作为接受货币的一方，其所在地为合同履行地；借款人违反给付货币义务的，出借人作为接受货币的一方，其所在地为合同履行地。对于此观点，《最高人民法院关于适用〈中华人民共和国民事诉讼法〉的解释》（法释〔2015〕5号）和《最高人民法院关于审理民间借贷案件适用法律若干问题的规定》（法释〔2015〕18号）皆予以肯定。《最高人民法院关于适用〈中华人民共和国民事诉讼法〉的解释》（法释〔2015〕5号）第十八条第二款规定："合同对履行地点没有约定或者约定不明确，争议标的为给付货币的，接收货币一方所在地为合同履行地；交付不动产的，不动产所在地为合同履行地；其他标的，履行义务一方所在地为合同履行地。即时结清的合同，交易行为地为合同履行地"。《最高人民法院关于审理民间借贷案件适用法律若干问题的规定》（法释〔2015〕18号）第三条规定："借贷双方就合同履行地未约定或者约定不明确，事后未达成补充协议，按照合同有关条款或者交易习惯仍不能确定的，以接受货币一方所在地为合同履行地。"

综上，民间借贷双方当事人发生纠纷，如果出借人未依约提供借款，借款人作为接受货币一方，可以选择以自己所在地为合同履行地，向其所在地法院起诉，反之，如果借款人未依约归还本息，出借人作为接受货币一方，可以选择以自己所在地为合同履行地，向其所在地法院起诉。

◎ 法条链接

1. **《民事诉讼法》**

第二十三条 因合同纠纷提起的诉讼，由被告住所地或者合同履行地人民法院管辖。

2. **《最高人民法院关于人民法院审理借贷案件的若干意见》（法民发〔1991〕21号）（已失效）**

第五条 债权人起诉时，债务人下落不明的，由债务人原住所地或其财产所在地法院管辖。法院应要求债权人提供证明借贷关系存在的证据，受理后公告传唤债务人应诉。公告期限届满，债务人仍不应诉，借贷关系明确的，经审理后可缺席判决；借贷关系无法查明的，裁定中止诉讼。

在审理中债务人出走，下落不明，借贷关系明确的，可以缺席判决；事实难以查清的，裁定中止诉讼。

3. **《最高人民法院关于如何确定借款合同履行地问题的批复》（法复〔1993〕10号）**

山东省高级人民法院：

你院鲁高法函〔1993〕44 号《关于如何确定借款合同履行地问题的请示》收悉。经研究，现答复如下：

合同履行地是指当事人履行合同约定义务的地点。借款合同是双务合同，标的物为货币。贷款方与借款方均应按照合同约定分别承担贷出款项与偿还贷款及利息的义务，贷款方与借款方所在地都是履行合同约定义务的地点。依照借款合同的约定，贷款方应先将借款划出，从而履行了贷款方所应承担的义务。因此，除当事人另有约定外，应确定贷款方所在地为合同履行地。

此复。

4.《合同法》

第六十二条 当事人就有关合同内容约定不明确，依照本法第六十一条的规定仍不能确定的，适用下列规定：

（一）质量要求不明确的，按照国家标准、行业标准履行；没有国家标准、行业标准的，按照通常标准或者符合合同目的的特定标准履行。

（二）价款或者报酬不明确的，按照订立合同时履行地的市场价格履行；依法应当执行政府定价或者政府指导价的，按照规定履行。

（三）履行地点不明确，给付货币的，在接受货币一方所在地履行；交付不动产的，在不动产所在地履行；其他标的，在履行义务一方所在地履行。

（四）履行期限不明确的，债务人可以随时履行，债权人也可以随时要求履行，但应当给对方必要的准备时间。

（五）履行方式不明确的，按照有利于实现合同目的的方式履行。

（六）履行费用的负担不明确的，由履行义务一方负担。

5.《最高人民法院关于适用〈中华人民共和国民事诉讼法〉的解释》（法释〔2015〕5 号）

第十八条 合同约定履行地点的，以约定的履行地点为合同履行地。

合同对履行地点没有约定或者约定不明确，争议标的为给付货币的，接收货币一方所在地为合同履行地；交付不动产的，不动产所在地为合同履行地；其他标的，履行义务一方所在地为合同履行地。即时结清的合同，交易行为地为合同履行地。

合同没有实际履行，当事人双方住所地都不在合同约定的履行地的，由被告住所地人民法院管辖。

6.《最高人民法院关于审理民间借贷案件适用法律若干问题的规定》（法释〔2015〕18 号）

第三条 借贷双方就合同履行地未约定或者约定不明确，事后未达成补充协议，按照合同有关条款或者交易习惯仍不能确定的，以接受货币一方所在地为合同履行地。

92. 如何确定涉外民间借贷合同纠纷的管辖法院？

——潘某佳诉项某民间借贷纠纷上诉案[①]

裁判要旨

涉外民间借贷合同纠纷当事人可以书面形式选择被告住所地、合同履行地、合同签订地、原告住所地、标的物所在地等与争议有实际联系地点的外国法院管辖；属于我国法院专属管辖的案件，当事人不得协议选择外国法院管辖，但协议选择仲裁的除外。另外，我国法院管辖涉外民间借贷合同纠纷时，只能由国务院批准设立的经济技术开发区人民法院、省会（自治区首府、直辖市）所在地的中级人民法院、经济特区、计划单列市中级人民法院、最高人民法院指定的其他中级人民法院和高级人民法院作为一审法院。

◎ 基本案情

上诉人潘某佳因民间借贷纠纷一案，不服安徽省合肥市蜀山区人民法院（2015）蜀民一初字第00243号民事判决，向二审法院提起上诉。

潘某佳二审上诉称：一、项某已加入加拿大国籍，但原审法院未对项某的真实身份予以认定。项某作为一个外国人，到中国境内参加与中国公民的诉讼，法院应查明此事。因为这涉及外国人应享受何种待遇、个人身份及委托律师是否要经过使领馆认证、是否适用涉外民事诉讼程序以及是否应由中级人民法院管辖等问题。二、项某虽然于2012年9月15日向潘某佳转款50万元，但当时无任何的借条或欠条，故该笔款项不能被认定为借款。因当时双方已同居生活、经营，产生债的混同，该笔款项是用于归还双方同居生活所产生的债务。自2012年2月至9月15日，潘某佳信用卡已消费515,014.96元，项某转款的当日，潘某佳就用该笔款项归还了银行欠款329,248元。三、潘某佳在婚姻关系存续期间向项某出具的借条是受欺诈而出具，不是潘某佳的真实意思表示。况且借条只是形式要件，项某实际履行出借义务，借款关系才真正成立。但项某之后实际的转款金额只有10万元。项某主

---

① 安徽省合肥市中级人民法院（2015）合民一终字第03401号

张潘某佳向其借款100万元，后又自认实际的借款金额是60万元，另40万元是利息。但借条上却没有利息的约定，以上陈述前后矛盾。原审判决项某婚内向潘某佳的转款10万元属于借款，违背了婚姻关系存续期间人民法院不支持财产分割的法律规定，违背了夫妻财产与债务的基本原理。综上，请求撤销原审判决，依法改判驳回项某的原审诉讼请求，本案的一、二审诉讼费由项某负担。

针对潘某佳的上诉，项某答辩称：一、潘某佳对项某身份问题的异议不成立。项某无论是否是外国人，在法院应诉和中国公民有同等的权利和义务。二、双方签订的合同合法有效，2012年9月15日至2013年9月5日期间，项某向潘某佳出借60万元，双方就借款事实达成一致。直至今天双方的往来账户上，仅有项某向潘某佳两次转款出借行为，而没有潘某佳向项某的转账或者还款行为。2013年9月5日，潘某佳收到项某最后一次转款后，出具欠条，并约定以出租车营运证为抵押担保，此借款行为系真实意思表示，不违反法律规定，应受到法律保护。三、婚内的借款10万元，并不因为结婚而发生混同，且该出借资金系项某婚前的个人财产。四、潘某佳自己的信用卡在国内的消费行为系套现行为，在境外的消费行为系赌博行为，该行为系潘某佳自身的违法行为，并没有因项某的消费而产生夫妻共同债务。故请求驳回上诉，维持原判。

二审查明：项某的国籍为加拿大。

◎ 法院审理

二审法院认为，本案系当事人之间因履行借款合同而产生的纠纷，而该合同的一方当事人项某为加拿大人，故该案为涉外合同纠纷。根据《最高人民法院关于涉外民商事案件诉讼管辖若干问题的规定》第一条、第三条第（一）之规定，涉外合同纠纷为集中管辖。本案被告潘某佳的住所地在合肥市内，而项某诉请的标的额为100万元，本市争议金额为100万元以上不满2,000万元的涉外民商事案件的一审应由合肥市中级人民法院受理，合肥市蜀山区人民法院对该第一审涉外民商事案件无管辖权。据此，二审法院内裁定如下：

一、撤销安徽省合肥市蜀山区人民法院（2015）蜀民一初字第00243号民事判决；

二、本案移送合肥市中级人民法院处理。

◎ 点评

本民间借贷合同纠纷案一方当事人为加拿大籍人士，故属涉外合同纠纷。关于涉外合同纠纷的管辖法院，我国民事诉讼法及司法解释一贯的态度是允许当事人自由选择管辖法院。1991年4月9日公布并施行的《中华人民共和国民事诉讼法》

在 2007 年修订之前其第二百四十四条规定：“涉外合同或者涉外财产权益纠纷的当事人，可以用书面协议选择与争议有实际联系的地点的法院管辖。选择中华人民共和国人民法院管辖的，不得违反本法关于级别管辖和专属管辖的规定。”最高人民法院曾在《山东聚丰网络有限公司与韩国 MGAME 公司、天津风云网络技术有限公司网络游戏代理及许可合同纠纷管辖权异议案裁定书》（中华人民共和国最高人民法院民事裁定书（2009）民三终字第 4 号）中指出，“‘可以用书面协议选择与争议有实际联系的地点的法院管辖’的规定，应当理解为属于授权性规范，而非指示性规范，即涉外合同或者涉外财产权益纠纷案件当事人协议选择管辖法院时，应当选择与争议有实际联系的地点的法院，否则，该法院选择协议即属无效；同时，对于这种选择管辖法院的协议，既可以是事先约定，也可以是事后约定，但必须以某种书面形式予以固定和确认。据此，按照我国现行法律规定，对于涉外合同或者涉外财产权益纠纷案件当事人协议选择管辖法院的问题，仍应当坚持书面形式和实际联系原则”。1991 年民事诉讼法于 2007 年、2012 年两次修订。《最高人民法院关于适用〈中华人民共和国民事诉讼法〉的解释》（法释〔2015〕5 号）第五百三十一条规定：“涉外合同或者其他财产权益纠纷的当事人，可以书面协议选择被告住所地、合同履行地、合同签订地、原告住所地、标的物所在地、侵权行为地等与争议有实际联系地点的外国法院管辖。根据民事诉讼法第三十三条和第二百六十六条规定，属于中华人民共和国法院专属管辖的案件，当事人不得协议选择外国法院管辖，但协议选择仲裁的除外。”该条规定了如下内容：第一，涉外合同或者其他财产权益纠纷的当事人，可以选择外国法院管辖。第二，当事人选择外国法院管辖时应当坚持书面原则和实际联系原则。第三，属于我国法院专属管辖的案件，当事人不得协议选择外国法院管辖。《民事诉讼法》第三十三条规定：“下列案件，由本条规定的人民法院专属管辖：（一）因不动产纠纷提起的诉讼，由不动产所在地人民法院管辖；（二）因港口作业中发生纠纷提起的诉讼，由港口所在地人民法院管辖；（三）因继承遗产纠纷提起的诉讼，由被继承人死亡时住所地或者主要遗产所在地人民法院管辖。”第二百六十六条规定：“因在中华人民共和国履行中外合资经营企业合同、中外合作经营企业合同、中外合作勘探开发自然资源合同发生纠纷提起的诉讼，由中华人民共和国人民法院管辖。”第四，当事人协议选择仲裁的，不受我国法院专属管辖规定的约束。第五，当事人未选择外国法院管辖，我国法院当然有管辖权，但应当遵循我国民事诉法及司法解释关于专属管辖和级别管辖的规定。《最高人民法院关于涉外民商事案件诉讼管辖若干问题的规定》（法释〔2002〕5 号）第一条规定：“第一审涉外民商事案件由下列人民法院管辖：（一）国务院批准设立的经济技术开发区人民法院；（二）省会、自治区首府、直辖市所在地的中级人民法院；（三）经济特区、计划单列市中级人民法院；（四）最高人民法院指定的其他中级人民法院；（五）高级人民法院。上述中级人民法院的区域管辖范围由所在地的高级人民法院确定。”其第三条第一项规定：“本规定适用于下列案件：（一）涉外合同和侵权纠纷案件。”因此，涉外合同纠纷由我国法院管辖时，应当根据《最高人民法院关于涉外民商事案件诉讼管辖若干问题的规定》（法释〔2002〕5号）第一条确定管辖法院。

本案民间借贷纠纷一方当事人为加拿大籍人士，双方当事人并未选择外国法院管辖，一审时另一方当事人也未提出管辖权异议，而是在二审时提出。《民事诉讼法》第一百二十七条规定：“人民法院受理案件后，当事人对管辖权有异议的，应当在提交答辩状期间提出。人民法院对当事人提出的异议，应当审查。异议成立的，裁定将案件移送有管辖权的人民法院；异议不成立的，裁定驳回。当事人未提出管辖异议，并应诉答辩的，视为受诉人民法院有管辖权，但违反级别管辖和专属管辖规定的除外。”《最高人民法院关于适用〈中华人民共和国民事诉讼法〉的解释》（法释〔2015〕5号）第三百三十一条规定：“人民法院依照第二审程序审理案件，认为第一审人民法院受理案件违反专属管辖规定的，应当裁定撤销原裁判并移送有管辖权的人民法院。”依据《最高人民法院关于涉外民商事案件诉讼管辖若干问题的规定》（法释〔2002〕5号）第一条，本案属于涉外合同纠纷，应当由省会所在地的中级人民法院管辖，即由合肥市中级人民法院一审，而不是由合肥市基层人民法院一审。因此，即使合肥市基层人民法院已经受理并判决了本案，合肥市中级人民法院仍然依法裁定撤销合肥市蜀山区人民法院民事判决，并将本案移送合肥市中级人民法院处理。

◎ 法条链接

1.《最高人民法院关于适用〈中华人民共和国民事诉讼法〉的解释》（法释〔2015〕5号）

第三百三十一条 人民法院依照第二审程序审理案件，认为第一审人民法院受理案件违反专属管辖规定的，应当裁定撤销原裁判并移送有管辖权的人民法院。

第五百三十一条 涉外合同或者其他财产权益纠纷的当事人，可以书面协议选择被告住所地、合同履行地、合同签订地、原告住所地、标的物所在地、侵权行为地等与争议有实际联系地点的外国法院管辖。

根据民事诉讼法第三十三条和第二百六十六条规定，属于中华人民共和国法院专属管辖的案件，当事人不得协议选择外国法院管辖，但协议选择仲裁的除外。

2. **《民事诉讼法》**

第三十三条　下列案件，由本条规定的人民法院专属管辖：

（一）因不动产纠纷提起的诉讼，由不动产所在地人民法院管辖；

（二）因港口作业中发生纠纷提起的诉讼，由港口所在地人民法院管辖；

（三）因继承遗产纠纷提起的诉讼，由被继承人死亡时住所地或者主要遗产所在地人民法院管辖。

第一百二十七条　人民法院受理案件后，当事人对管辖权有异议的，应当在提交答辩状期间提出。人民法院对当事人提出的异议，应当审查。异议成立的，裁定将案件移送有管辖权的人民法院；异议不成立的，裁定驳回。

当事人未提出管辖异议，并应诉答辩的，视为受诉人民法院有管辖权，但违反级别管辖和专属管辖规定的除外。

第二百六十六条　因在中华人民共和国履行中外合资经营企业合同、中外合作经营企业合同、中外合作勘探开发自然资源合同发生纠纷提起的诉讼，由中华人民共和国人民法院管辖。

3. **《最高人民法院关于涉外民商事案件诉讼管辖若干问题的规定》（法释〔2002〕5号）**

第一条　第一审涉外民商事案件由下列人民法院管辖：

（一）国务院批准设立的经济技术开发区人民法院；

（二）省会、自治区首府、直辖市所在地的中级人民法院；

（三）经济特区、计划单列市中级人民法院；

（四）最高人民法院指定的其他中级人民法院；

（五）高级人民法院。

上述中级人民法院的区域管辖范围由所在地的高级人民法院确定。

第三条　本规定适用于下列案件：

（一）涉外合同和侵权纠纷案件；

（二）信用证纠纷案件；

（三）申请撤销、承认与强制执行国际仲裁裁决的案件；

（四）审查有关涉外民商事仲裁条款效力的案件；

（五）申请承认和强制执行外国法院民商事判决、裁定的案件。

第五条　涉及香港、澳门特别行政区和台湾地区当事人的民商事纠纷案件的管辖，参照本规定处理。

93. 手机短信能否作为认定民间借贷事实的证据？

——饶某与西双版纳乾龙房地产开发有限公司民间借贷纠纷上诉案①

裁判要旨

手机短信属于证据中的电子数据，其作为证据应当经过质证，以查明其是否具备证据的真实性、关联性与合法性。如果手机短信满足上述条件，可以作为认定民间借贷事实的证据。

◎ 基本案情

饶某与西双版纳乾龙房地产开发有限公司（以下简称乾龙公司）从2009年起一直有资金借贷来往，乾龙公司亦一直返还本金及利息。

2013年9月2日，经双方对以往资金来往核算后，确定借款200万元，乾龙公司向饶某出具了1份借条，借条约定乾龙公司向饶某借款200万元，借款期限4个月（2013年9月2日至2013年12月2日止）、借条中未约定利息，但双方约定超期1天按金额的1%支付违约金，同时约定饶某急需用资金，须提前15天通知借款人，借款人应提前还款。乾龙公司对借据中的落款的“西双版纳乾龙房地产开发有限公司”公章、“西双版纳乾龙房地产开发有限公司财务专用章”及“黄某雄印”字样没有异议。另，饶某与乾龙公司均认可200万元借款实际是对以往资金往来的一种结算，结算后出具的借条，2013年9月2日未有实际资金来往。

2014年2月至2015年3月，饶某通过短信联系的方式向乾龙公司法定代表人黄某雄催要借款，黄某雄对该笔借款予以认可，通过短信可以看出乾龙公司法定代表人积极筹款，但因银行放贷较少，未返还借款，进而饶某诉至法院，要求乾龙公司偿还借款200万元及违约金（按月息2分计算，自2013年12月3日起至2015年5月3日止的违约金68万元，之后的违约金计算至还清借款之日止）。

---

① 云南省西双版纳傣族自治州中级人民法院（2015）西民二终字第257号

◎ 法院审理

原审法院认为，根据合同法的规定，合法的借贷关系受法律保护，借款人应当按照约定的期限返还借款并支付利息。本案中饶某与乾龙公司从2009年一直有资金借款来往，2013年9月2日双方对资金来往进行核算后，乾龙公司向饶某出具1份借据，以借据的方式来确定乾龙公司尚欠饶某借款数额，即乾龙公司还应返还借款的金额数。该份借据中明确记载借款金额合计200万元，并且乾龙公司的公章及财务用章、该公司法定代表人的印鉴及经办人的签字和手印，同时饶某以短信方式向乾龙公司法定代表人催要借款，乾龙公司法定代表人予以认可，乾龙公司向饶某借款的事实清楚、证据充分，故原审对饶某要求乾龙公司返还借款本金200万元的事实予以支持。乾龙公司认为向饶某所借款项的本息已清偿，并支付高于银行同期贷款利率4倍的大量利息，该笔款项系因乾龙公司财务管理不规范，出纳在未仔细核账的情况下出具了收据，借款实际不存在的辩解，因乾龙公司未提供证据证明其主张，亦未能证明该笔借款已经返还，故对乾龙公司的辩解不予采纳。饶某要求违约金按月息2分计算，自2013年12月3日起至2015年5月3日止的违约金68万元，之后的违约金计算至乾龙公司还清借款之日止的诉请问题，因双方约定违约金的计算方式是“超期一天按借款额1%支付违约金”，而非按月息2分计算违约金，同时也未约定利息计算方式，故对饶某的违约金计算方式不予支持；但是根据《最高人民法院关于审理民间借贷案件适用法律问题的规定》第三十条“出借人与借款人既约定了逾期利率，又约定了违约金或者其他费用，出借人可以选择主张逾期利息、违约金或者其他费用，也可以一并主张，但总计超过年利率24%的部分，人民法院不予支持。”的规定，本案中，双方约定了违约金，但按双方约定违约金已远远高于年利率的24%，超过年利率24%的部分，原审不予支持，即2013年12月3日起至乾龙公司还清借款之日止的利息，原审按年利率24%支持违约金。

原审法院判决：一、乾龙公司于判决生效之日起10日内向饶某返还本金200万元及违约金（依本金200万元按银行同期贷款年利率24%计算，自2013年12月3日起至判决确定履行之日止）；二、驳回饶某的其他诉讼请求。

一审判决宣判后，乾龙公司不服，向二审法院提起上诉，请求撤销一审判决，改判驳回被上诉人的诉讼请求或发回重审。其理由：一、一审判决认定事实不清，证据不足，判决错误。（一）认定事实不清。1. 一审避重就轻，不对双方之间过往的借款本息这一关键事实进行审核确认，本案事实为：过往被上诉人提供给上诉人的借款本金合计800万元。2. 一审过程中，上诉人已提供证据证明其向被上诉人支付了借款本息共计1,595.4万元，但对于该部分证据，一审判决中不进行说理阐述，即排除其证据效力。3.《借据》所列200万元，究竟是对双方过往借款本金还是利息的确认，一审判决也有失公正，与事实相违背。（二）认定事实证据不足。1.《借据》存在明显证据瑕疵，一审法院不应采信其记载内容。2. 逾期提交又属于电子证据的短信资料，不能作为本案定案证据使用。二、一审法院对双方举证责任分配不公，程序违法，对现有证据的审查运用存在明显偏向性。（一）一审法院在审理本案过程中没有遵照《最高人民法院关于民事诉讼证据的若干规定》的相关要求，对当事人提供的证据材料与主张，进行综合判断与认定，仅凭双方争议较大的《借据》和效力存疑的短信截图电子证据，即对全案事实作出判断。（二）一审法院违法分配双方举证责任，片面加大上诉人举证责任，同时，对现有证据的审查运用也明显偏向于被上诉人，对上诉人所提供的证据未认真审核即全盘否定，忽视案件事实和法律依据，其判决有失偏颇，不具有公信力。（三）一审审理程序违法。1. 一审简易程序转普通程序的过程不合法。2. 对被上诉人逾期提交的证据"短信资料"强行组织质证。3. 对上诉人申请延期举证获准提交的证据未安排质证，剥夺了上诉人的举证权利。

被上诉人饶某答辩称，上诉人因做房地产资金困难，通过中间人向被上诉人借了大量款项。2009 年开始，上诉人与被上诉人之间就存在大量借款，都是循环借款。2013 年 9 月 2 日，上诉人与被上诉人双方对以前的借款进行结算，上诉人尚欠被上诉人借款本金 200 万元，上诉人出具了一份借条，期限自 2013 年 9 月 2 日至 2013 年 12 月 2 日，超期 1 天，按借款金额 1% 支付违约金。借款到期后，被上诉人主要是通过短信和电话催收借款，短信里明确表示 200 万元是借款本金，黄某雄也表示会还款。短信是电子数据，能够证明存在借款事实。一审转为普通程序重新开庭的时候被上诉人又重新提交了证据，法院认为有必要质证，可以作为认定事实的依据。上诉人提出的还款凭证，都是 2013 年 9 月 2 日之前还的款，2013 年 9 月 2 日形成借条后，上诉人未还过借款。综上，一审判决认定事实清楚，适用法律正确，请二审法院维持原判，驳回上诉人的上诉请求。

综合双方当事人的诉辩主张，本案二审争议的焦点是：1. 一审法院在处理本案中是否存在程序违法情形；2. 上诉人与被上诉人之间是否存在 200 万元的借贷关系。

关于一审程序方面的问题。上诉人乾龙公司提出本案一审审理过程中，存在简易程序转普通程序的过程不合法，对被上诉人逾期提交的证据"短信资料"强行组织质证，对上诉人申请延期举证获准提交的证据未安排质证，剥夺其举证权利等程序违法情形的上诉意见。二审法院审查认为，1. 根据《中华人民共和国民事诉讼法》第一百六十三条的规定："人民法院在审理过程中，发现案件不宜适用简易程序的，裁定转为普通程序。"一审法院受理本案后，于 2015 年 6 月 16 日适用简易程序公开开庭审理了本案，同日，乾龙公司向一审法院提出延期举证申请。2015 年

8月13日，一审法院适用普通程序，组成合议庭，对本案公开开庭审理。庭审中双方当事人对证据进行了举证、质证。虽然一审法院在将本案转为普通程序审理时未予裁定不当，但并未影响双方当事人的诉讼权利，不属于严重违反法定程序的情形。2. 根据《最高人民法院关于适用〈中华人民共和国民事诉讼法〉的解释》第一百零二条的规定："当事人因故意或者重大过失逾期提供的证据，人民法院不予采纳。但该证据与案件基本事实有关的，人民法院应当采纳，并依照民事诉讼法第六十五条、第一百一十五条第一款的规定予以训诫、罚款。当事人非因故意或者重大过失逾期提供的证据，人民法院应当采纳，并对当事人予以训诫。"饶某在开庭时补充提交的证据"手机短信摘要图片"系与案件基本事实有关的证据，一审对该证据组织质证并无不当。3. 本案第一次开庭时乾龙公司向一审法院提出延期举证申请，第二次开庭时，一审法院已给予乾龙公司举证、质证的权利，并不存在剥夺其举证权利的情形。

关于上诉人乾龙公司与被上诉人饶某之间是否存在200万元借贷关系的问题。二审法院认为，《最高人民法院关于适用〈中华人民共和国民事诉讼法〉的解释》第九十条规定："当事人对自己提出的诉讼请求所依据的事实或者反驳对方诉讼请求所依据的事实，应当提供证据加以证明，但法律另有规定的除外。在作出判决前，当事人未能提供证据或者证据不足以证明其事实主张的，由负有举证证明责任的当事人承担不利的后果。"本案中，双方当事人均认可乾龙公司自2009年9月起向饶某循环借款，2013年9月2日，双方对前期借款进行核算后，乾龙公司向饶某出具了一份借款200万元的《借据》。该借据明确载明了借款金额、借款期限及超期还款违约金等，且该借据上加盖有借款人乾龙公司的公章、财务专用章及法定代表人黄某雄的印鉴，乾龙公司负责收、付款等财务事宜的出纳作为经办人，亦在借据上签名捺印。借款到期后，饶某以手机短信方式向乾龙公司法定代表人黄某雄催要借款，黄某雄对该借款亦未予以否认。饶某提供的证据《借据》、手机短信及双方当事人的陈述，能相互印证，可证明乾龙公司与饶某之间存在200万元借贷关系。乾龙公司提出双方全部借款本金为800万元，其已偿还1,595.4万元，《借据》是在其未仔细核账情况下出具，双方借款已全部清偿，不存在200万元借款的抗辩主张，但其提供的证据《银行流水打印单证》不能证明双方之间全部借款本金为800万元，其提供的已付款汇款凭证的时间均为其出具《借据》的时间之前，不足以推翻《借据》、手机短信的证明力，不能证明其抗辩主张，因此，乾龙公司应承担举证不能的法律后果。原审判决上诉人乾龙公司向被上诉人饶某返还借款200万元并支付违约金并无不当。

二审法院驳回上诉，维持原判。

◎ 点评

本案涉及手机短信能否作为证据使用的问题。民间借贷实务中，出借人为了讨要欠款，同时考虑到直接打电话有伤感情，或者借款人拒绝接听电话，经常以发送手机短信的方式向借款人主张债权。当借贷双方对簿公堂时，出借人将手机短信作为证据提交。如果借款人否认民间借贷事实，出借人则依据手机短信证明其主张的借贷事实的真实准确，而借款人则抗辩手机短信不是证据或不能作为证据使用。我们应当如何看待手机短信的证据效力呢？首先，手机短信作为证据应当符合法律规定。一般而言，证据都需要经过质证，以查明其是否具备证据的真实性、关联性与合法性。其次，手机短信属于证据中的电子数据。以前学术界和实务界对手机短信能否作为证据和作为何种证据一直存在分歧，但《最高人民法院关于适用〈中华人民共和国民事诉讼法〉的解释》（法释〔2015〕5号）已经终结了此争论。其第一百一十六条第二款规定："电子数据是指通过电子邮件、电子数据交换、网上聊天记录、博客、微博客、手机短信、电子签名、域名等形成或者存储在电子介质中的信息。"第三，手机短信能够影响诉讼时效。如果借贷双方没有约定借款期限，出借人可以随时要求借款人还款，故自出借人向借款人发送催要欠款的手机短信时起计算诉讼时效。如果借贷双方约定了借款期限，且借款期限已经届满，自出借人向借款人发送手机短信讨要欠款时诉讼时效中断。最后，为了保护债权人利益，手机短信应当采用发送主义，而非到达主义。如果采到达主义，债权人举证困难，而借款人可以通过删除手机短信消除痕迹，这给不诚信的借款人逃避债务提供了方便之门。

◎ 法条链接

1.《最高人民法院关于适用〈中华人民共和国民事诉讼法〉的解释》（法释〔2015〕5号）

第一百一十六条 视听资料包括录音资料和影像资料。

电子数据是指通过电子邮件、电子数据交换、网上聊天记录、博客、微博客、手机短信、电子签名、域名等形成或者存储在电子介质中的信息。

存储在电子介质中的录音资料和影像资料，适用电子数据的规定。

2.《最高人民法院关于审理民间借贷案件适用法律若干问题的规定》（法释〔2015〕18号）

第三十条 出借人与借款人既约定了逾期利率，又约定了违约金或者其他费用，出借人可以选择主张逾期利息、违约金或者其他费用，也可以一并主张，但总计超过年利率24%的部分，人民法院不予支持。

94. 录音资料能否作为民间借贷纠纷审理中的合法证据？

——杨某民与李某新民间借贷纠纷上诉案①

裁判要旨

以侵害他人合法权益或者违反法律禁止性规定的方法取得的证据，不能作为认定案件事实的依据。据此，如果录音资料未以侵犯他人人格权、商业秘密、隐私等民事权益的手段取得，或者未以违反法律禁止性规定的方法取得，可以作为民间借贷纠纷审理中的合法证据使用。

◎ 基本案情

杨某民与李某新系朋友关系。2002 年 1 月，杨某民起诉至原审法院，要求李某新偿还借款 50,000 元及利息。李某新对此予以否认，并反诉要求杨某民偿还自己借款 30,000 元。

◎ 法院审理

在原审法院审理过程中，杨某民提供李某新认可向其借款的录音磁带，而李某新未能提供杨某民向其借款的有效证据。

杨某民诉称：我与被告李某新于 1998 年相识后，李某新以为其母开画展和开办公司为由，从 1999 年至 2000 年 3 月共向我借款人民币 98,000 元。因李某新所借款项系我从股市里抽出来的，所以李某新口头承诺还款时补足我的亏损共计 120,000 元，并声称过几天就还给我，我基于对朋友的信任，每笔借款都没有让李某新出具借条。李某新不按约定还款，后经我多次催要，李某新于 2001 年 7 月还给我 30,000 元。后我用其中的 40,000 元与李某新合伙开办公司，剩余 50,000 元李某新至今未还，为此诉至法院，要求李某新立即归还借款 50,000 元及利息并承担诉讼费用。

李某新辩称：我没有向杨某民借款，故不同意杨某民的诉讼请求，同时反诉

① 北京市第二中级人民法院（2002）二中民终第 04835 号

称，杨某民所讲的还给他的30,000元人民币实际上是向我借的借款，故提出反诉，要求杨某民归还向我借的人民币30,000元，并承担诉讼费用。

杨某民对李某新的反诉辩称：我没有向李某新借款，故不同意李某新的反诉请求。

原审法院认为，杨某民和李某新均没有对自己的主张提供有效证据，因此，对双方诉讼请求均不予支持。

原审法院作出如下判决：一、驳回杨某民之诉讼请求；二、驳回李某新之反诉请求。

原审宣判后，杨某民提起上诉，认为其提供的录音磁带足以证明李某新向其借款的事实。

二审法院在审理过程中，双方当事人依法对杨某民提供的录音磁带进行了质证，录音中李某新不否认尚欠杨某民28,000元，录音时在场人李某赛也当庭作证佐证了上述事实。但李某新在庭审中对杨某民提供的录音磁带的真实性提出质疑，要求对录音磁带进行鉴定。中华人民共和国公安部物证鉴定中心〔2002〕公物证鉴字6043号物证鉴定书鉴定结论为：（1）检材录音中没有发现剪辑现象。（2）检材录音中的一男性说话人是样本录音中的李某新。

二审法院作出如下判决：

一、撤销北京市朝阳区人民法院（2002）朝民初字第238号民事判决。

二、本判决生效后10日内李某新偿还杨某民借款人民币28,000元（利息自2002年1月起按中国人民银行同期存款利率计算至该借款清偿时止）。

三、驳回双方其他诉讼请求。

◎ 点评

本案的争议焦点是录音资料能否作为证明民间借贷事实的证据。由于社会生活和人际关系的复杂，民间借贷双方当事人因亲情、友情、面子或其他因素的影响和制约，常常不会签订借款合同，也不出具借条、借据或欠条等债权债务凭证，出借人直接交付现金给借款人，此种情形在小额民间借贷中比较常见。之后，因借款人不守诚信，违背当初的口头承诺拒不还款，或因借贷双方原有关系破裂，出借人要求借款人立即还款，导致双方当事人对簿公堂。但是，因出借人无法提供借款合同、借条、借据、欠条、转账凭证等直接证据，其要求借款人归还借款的诉讼请求无法获得法院支持。本案即是上述情况的典型。本案民间借贷出借人杨某民与借款人李某新本是好朋友。虽然杨某民向李某新提供了借款，但没有留下任何直接证据，其只向法院提供了录音磁带来证明民间借贷事实。由于我国司法实践对录音资料作为证据的效力一直持否定观点，导致原审法院没有采纳该录音资料。《最高人民法院关于未经对方当事人同意私自录音取得的资料能否作为证据使用问题的批复》（法复〔1995〕2号）针对河北省高级人民法院的请示，作出如下答复："证据的取得首先要合法，只有经过合法途径取得的证据才能作为定案的根据。未经对方当事人同意私自录制其谈话，系不合法行为，以这种手段取得的录音资料，不能作为证据使用"。该批复的精神和内容一直作为处理民事诉讼录音资料作为证据的合法性判断标准。本案出借人杨某民提供的录音磁带未经借款人李某新同意而录制，属于非法途径获取的证据，故原审法院对该录音磁带未作为证据采纳。《最高人民法院关于民事诉讼证据的若干规定》（法释〔2001〕33号）第六十八条规定："以侵害他人合法权益或者违反法律禁止性规定的方法取得的证据，不能作为认定案件事实的依据。"该条明确了民事诉讼中的非法证据排除规则。与《最高人民法院关于未经对方当事人同意私自录音取得的资料能否作为证据使用问题的批复》（法复〔1995〕2号）不同，该规定不再将被录制者的同意作为录音资料合法性的判断标准，而是规定了两类情况：第一，以侵害他人合法权益的方式取得的证据，比如以侵犯他人人格权、商业秘密、隐私等民事权益的手段取得的证据，代表性的例子是在他人房间安放窃听、偷拍设备获取证据，私拆他人信件获取证据，用望远镜偷窥他人隐私。另外，通过暴力手段获取的证据也属此类，比如通过抢劫、抢夺、恐吓、绑架、威胁等方式获取的证据。第二，以违反法律禁止性规定的方法取得的证据。从字面上看，应当是以违反法律禁止性规定的方法，而不包括行政法规、规章、地方性法规等规范性文件。本案出借人杨某民未经借款人李某新同意而录制双方的谈话，并没有侵犯李某新隐私，也没有违反法律禁止性规定。《最高人民法院关于民事诉讼证据的若干规定》（法释〔2001〕33号）第八十二条规定："本院过去的司法解释，与本规定不一致的，以本规定为准。"因此，《最高人民法院关于未经对方当事人同意私自录音取得的资料能否作为证据使用问题的批复》（法复〔1995〕2号）不再适用，而以《最高人民法院关于民事诉讼证据的若干规定》（法释〔2001〕33号）第六十八条的规定为准。二审法院根据《最高人民法院关于民事诉讼证据的若干规定》（法释〔2001〕33号）第六十八条，结合中华人民共和国公安部物证鉴定中心的物证鉴定书和录音时在场人李某赛的证人证言，认定双方当事人之间的民间借贷事实。

◎ 法条链接

1.《最高人民法院关于民事诉讼证据的若干规定》（法释〔2001〕33号）

第六十八条　以侵害他人合法权益或者违反法律禁止性规定的方法取得的证据，不能作为认定案件事实的依据。

第八十二条　本院过去的司法解释，与本规定不一致的，以本规定为准。

2.《最高人民法院关于未经对方当事人同意私自录音取得的资料能否作为证据使用问题的批复》(法复〔1995〕2号)

河北省高级人民法院:

你院冀高法〔1994〕39号请示收悉。经研究,答复如下:

证据的取得首先要合法,只有经过合法途径取得的证据才能作为定案的根据。未经对方当事人同意私自录制其谈话,系不合法行为,以这种手段取得的录音资料,不能作为证据使用。

此复

中华人民共和国最高人民法院

一九九五年三月六日

95. 民间借贷案件当事人申请法院调取证据应当在法定期限内提出

——于某云等与广州市建亨钢材有限公司民间借贷纠纷上诉案[①]

裁判要旨

民间借贷当事人申请法院调查收集证据,不得迟于举证期限届满前7日。当事人一审未申请,可以在二审时申请,但是否允许由二审法院决定。如果对审理案件需要的主要证据,当事人因客观原因不能自行收集,书面申请法院调查收集,法院未调查收集的,应当再审。

◎ 基本案情

2006年11月22日,广州市建亨钢材有限公司(以下简称建亨公司)向张某天出具《借据》一张,内容为:兹有广州市建亨钢材有限公司借到张某天先生现金贰拾伍万元正(250,000.00),如需急用,请提前10天通知我公司。借款单位:广州市建亨钢材有限公司。借款人经手人:谢某玲。日期:2006年11月22日。出具《借据》当天张某天将250,000元现金交付给谢某玲。

又查明,建亨公司出具《借据》时公司有张某欣、谢某玲两名股东,张某欣系

---

① 广东省广州市中级人民法院民事判决书(2013)穗中法金民终字第1157号

公司当时的法定代表人，也是张某天的亲侄子。谢某玲与张某欣是夫妻关系，在公司任出纳。2007 年 9 月 7 日，谢某玲通过自己在中国农业银行庙头支行的账户向张某天在中国农业银行的银行卡账户汇入 530, 000 元。建亨公司提交的取款凭条及存款凭条上均有张某天的签名。

再查明，张某天于 2011 年 7 月 22 日去世，去世时其合法继承人为配偶于某云、女儿张某姝及儿子张某东。

于某云、张某姝、张某东在原审时的诉讼请求为：1. 建亨公司偿还于某云、张某姝、张某东借款 250, 000 元及利息（利息自起诉之日至实际偿还之日止，按照中国人民银行同期同类贷款基准利率计付）；2. 诉讼费由建亨公司承担。

◎ 法院审理

原审法院认为，本案属于民间借贷案件。民间借贷的成立有两个要件，一是双方有借款的合意，二是有实际发生交付借款的行为。建亨公司向张某天借款 250, 000 元，该行为得到双方确认，是双方的真实意思表示，不违反我国法律法规强制性规定，合法有效，原审法院予以认可。本案中，建亨公司通过谢某玲的账户向张某天汇款 530, 000 元，且张某天签名予以确认，于某云、张某姝、张某东未有举证证明建亨公司或谢某玲与张某天之间存在其他债权债务关系，故原审法院认为建亨公司通过谢某玲的账户向张某天银行账户汇款，系归还张某天借款的行为，且建亨公司汇入 530, 000 元已大于向张某天借款的数额，故于某云、张某姝、张某东要求建亨公司归还借款 250, 000 元及利息的诉讼请求，没有事实依据，原审法院不予支持。

原审法院判决：驳回于某云、张某姝、张某东的全部诉讼请求。

上诉人于某云、张某姝、张某东不服原审判决，向二审法院提起上诉称，一审法院对事实认识不清，认定事实错误，理由如下：建亨公司于 2006 年 11 月 22 日向张某元出具的借据中载明借款数额为 25 万元，但一审法院仅根据建亨公司提交的 2007 年 9 月 7 日的取款凭条及存款凭条中的数额大于建亨公司向张某天借款的数额这一事实即认定建亨公司已归还了借款，该认定事实错误。第一，一审法院依据谢某玲个人签名的存、取款凭条而认定建亨公司已履行还款义务违反了合同法的相对性原则。第二，建亨公司并未提供证据证明其与张某天之间存在其他债权债务关系。建亨公司通过谢某玲的账户向张某天银行账户汇款的金额远远大于其借款的金额，双方之间既然不存在其他的债权债务关系，建亨公司为何向张某天的账户多存入这么大的金额，这有悖于常理。第三，谢某玲和张某欣是夫妻关系，其中张某欣在 2011 年前为建亨公司的法定代表人，谢某玲在 2011 年后为建亨公司法定代表人。于某云、张某姝、张某东在一审终结后取得一份有当时建亨公司法定代表人张某欣及出纳谢某玲签字确认的支付证明单，该支付证明单开具时间为2007年9月7日，支付证明单上载明“还张某天借款金额817,765元”。由此可以说明，建亨公司自2006年11月22日至2007年9月7日通过谢某玲账户向张某天账户汇入的53万元为其归还张某天借款的行为，但是建亨公司汇入张某天账户的款项数额只有53万元，与支付证明单上载明的数额相差28万余元，这也就说明了建亨公司仍未偿清欠款，建亨公司仍欠张某天借款28万余元。建亨公司亦未提供证据证明其已归还剩余借款，现有证据也无法证明谢某玲汇入张某天账户的53万元是归还哪个阶段的借款，因此，于某云、张某姝、张某东要求建亨公司归还2006年11月22日的借款合法有理。综上所述，于某云、张某姝、张某东请求撤销原审判决，改判建亨公司向于某云、张某姝、张某东偿还借款25万元及利息（利息自起诉之日起至实际偿还之日止，按中国人民银行同期同类贷款基准利率支付），建亨公司承担全部诉讼费用。

被上诉人建亨公司答辩称，一、建亨公司由张某欣、谢某玲夫妻共同经营，公司仅有两个股东就是张某欣、谢某玲夫妻。2007年9月7日建亨公司委托谢某玲从其私人账户代建亨公司归还2006年11月22日向张某天所借的本金25万元及1.2万元利息，同时委托谢某玲代公司再借给张某天26.8万元购房。谢某玲是张某欣的妻子，同时又是建亨公司的股东，她受公司委托还款及再借款给张某天的行为完全是合情合理的。二、张某天是建亨公司老板张某欣、谢某玲的亲叔叔，张某天生前一直在建亨公司帮忙管理后勤，建亨公司委托谢某玲还钱并借钱给叔叔张某天买房符合常理。三、于某云、张某姝、张某东一审后出具的《支付证明单》没有原件，复印件纯属其单方面伪造。综上，一审法院判决认定事实清楚，适用法律正确，请求维持原判。

另查明，于某云、张某姝、张某东在二审提交两份证据，证据一《支付证明单》复印件，拟证明建亨公司至2007年9月7日欠张某天817,765元；证据二《明细分类账》复印件，拟证明张某天与建亨公司的债权债务往来，包括分红及借款给建亨公司的现金和利息的情况。于某云、张某姝、张某东称，张某天在该《支付证明单》上没有签名，《支付证明单》和《明细分类账》是建亨公司的财务张某欣的弟弟张某欣复印的，并要求建亨公司提供公司账目明细。建亨公司质证称，两份证据不属于新证据，两份证据是于某云、张某姝、张某东伪造的，建亨公司没有这两份证据，两份证据都是复印件不是原件，建亨公司无法对证据的真实性作出判断，实际情况是建亨公司已经在2007年9月7日归还向张某天的借款，也支付了利息，又借给张某天26.8万元作购房之用。

二审法院认为，本案二审争议焦点是建亨公司是否已向张某天偿还2006年11月22日的25万元借款。建亨公司主张谢某玲2007年9月7日向张某元汇款53万元中已包含涉案借款的还款，并提交了有张某天签名的取款凭条及存款凭条为证。因汇款时间是在借款之后、汇款金额大于借款金额、汇款人谢某玲是建亨公司股东，且张某天签名予以确认，建亨公司的证据形成证据链，能证实其主张，据此，原审法院认定建亨公司通过谢某玲的账户向张某天银行账户汇款系归还张某天借款的行为，并无不妥，二审法院予以确认。于某云、张某姝、张某东主张建亨公司截至2007年9月7日共欠张某元817,765元，建亨公司并未偿还涉案借款。但于某云、张某姝、张某东二审提交的《支付证明单》和《明细分类账》均是复印件，无法确定是否真实，建亨公司也不予确认，故上述证据不能证实于某云、张某姝、张某东的主张，依据《最高人民法院关于民事诉讼证据的若干规定》第二条的规定，于某云、张某姝、张某东应承担举证不能的后果，二审法院对于某云、张某姝、张某东的主张不予采纳。

另外，于某云、张某姝、张某东二审申请要求调取建亨公司账目明细，但并未在一审举证期限届满前向原审法院提出，二审法院对其申请不予准许。于某云、张某姝、张某东二审提交的两份证据上记载的时间均是2007年，于某云、张某姝、张某东未证明上述证据是一审庭审结束后新发现的，故上述证据不属于新证据，二审法院不予采纳。

二审法院驳回上诉，维持原判。

◎ 点评

本案的经验教训是民间借贷案件当事人需要高度注意举证期限，否则会承担不利后果。举证包括自己提供证据和申请法院调查收集证据两种方式。《最高人民法院关于民事诉讼证据的若干规定》（法释〔2001〕33号）第三十四条第一、二款规定："当事人应当在举证期限内向人民法院提交证据材料，当事人在举证期限内不提交的，视为放弃举证权利。对于当事人逾期提交的证据材料，人民法院审理时不组织质证。但对方当事人同意质证的除外。"第三十六条规定："当事人在举证期限内提交证据材料确有困难的，应当在举证期限内向人民法院申请延期举证，经人民法院准许，可以适当延长举证期限。当事人在延长的举证期限内提交证据材料仍有困难的，可以再次提出延期申请，是否准许由人民法院决定。"第十九条第一款规定："当事人及其诉讼代理人申请人民法院调查收集证据，不得迟于举证期限届满前7日。"可见，无论是自己提供证据还是申请法院调查取证，都应当在法定期限内进行，特别是前者未在法定期限内进行的视为放弃举证权利。但是，《民事诉讼法》修订后改变了上述规定。其第六十五条规定："当事人对自己提出的主张应当及时提供证据。人民法院根据当事人的主张和案件审理情况，确定当事人应当提供的证据及其期限。当事人在该期限内提供证据确有困难的，可以向人民法院申请延长期限，人民法院根据当事人的申请适当延长。当事人逾期提供证据的，人民法院应当责令其说明理由；拒不说明理由或者理由不成立的，人民法院根据不同情形可以不予采纳该证据，或者采纳该证据但予以训诫、罚款。”据此，当事人逾期举证的处理方式为：首先，当事人应当说明理由；其次，当事人拒不说明理由或理由不成立的，法院可以不采纳该证据；最后，当事人拒不说明理由或理由不成立的，法院可以采纳该证据，但予以训诫、罚款。因此，当事人逾期举证在《民事诉讼法》修订后不再视为当事人放弃举证权利。另外，当事人申请法院调查取证不得迟于举证期限届满前7日，因为法院调查取证需要时间，加之法院不同意当事人的申请，当事人可以申请复议，而法院处理复议也需要时间。当事人在一审未申请法院调查取证，其在二审也可以申请，当然，是否允许由法院决定。但是，如果法院不允许，此种情况可以成为启动再审程序的条件。《民事诉讼法》第二百条第（五）项规定：“当事人的申请符合下列情形之一的，人民法院应当再审：（五）对审理案件需要的主要证据，当事人因客观原因不能自行收集，书面申请人民法院调查收集，人民法院未调查收集的。”本案于某云、张某姝、张某东二审申请法院调取建亨公司账目明细，但并未在一审举证期限届满前向原审法院提出，故二审法院未同意其申请。如果上诉人想申请再审，可以此作为申请理由。

◎ 法条链接

1.《民事诉讼法》

第六十四条 当事人对自己提出的主张，有责任提供证据。

当事人及其诉讼代理人因客观原因不能自行收集的证据，或者人民法院认为审理案件需要的证据，人民法院应当调查收集。

人民法院应当按照法定程序，全面地、客观地审查核实证据。

第六十五条 当事人对自己提出的主张应当及时提供证据。

人民法院根据当事人的主张和案件审理情况，确定当事人应当提供的证据及其期限。当事人在该期限内提供证据确有困难的，可以向人民法院申请延长期限，人民法院根据当事人的申请适当延长。当事人逾期提供证据的，人民法院应当责令其说明理由；拒不说明理由或者理由不成立的，人民法院根据不同情形可以不予采纳该证据，或者采纳该证据但予以训诫、罚款。

第二百条 当事人的申请符合下列情形之一的，人民法院应当再审：

（一）有新的证据，足以推翻原判决、裁定的；

（二）原判决、裁定认定的基本事实缺乏证据证明的；

（三）原判决、裁定认定事实的主要证据是伪造的；

（四）原判决、裁定认定事实的主要证据未经质证的；

（五）对审理案件需要的主要证据，当事人因客观原因不能自行收集，书面申请人民法院调查收集，人民法院未调查收集的；

（六）原判决、裁定适用法律确有错误的；

（七）审判组织的组成不合法或者依法应当回避的审判人员没有回避的；

（八）无诉讼行为能力人未经法定代理人代为诉讼或者应当参加诉讼的当事人，因不能归责于本人或者其诉讼代理人的事由，未参加诉讼的；

（九）违反法律规定，剥夺当事人辩论权利的；

（十）未经传票传唤，缺席判决的；

（十一）原判决、裁定遗漏或者超出诉讼请求的；

（十二）据以作出原判决、裁定的法律文书被撤销或者变更的；

（十三）审判人员审理该案件时有贪污受贿，徇私舞弊，枉法裁判行为的。

2.《最高人民法院关于民事诉讼证据的若干规定》（法释〔2001〕33号）

第二条　当事人对自己提出的诉讼请求所依据的事实或者反驳对方诉讼请求所依据的事实有责任提供证据加以证明。

没有证据或者证据不足以证明当事人的事实主张的，由负有举证责任的当事人承担不利后果。

第十七条　符合下列条件之一的，当事人及其诉讼代理人可以申请人民法院调查收集证据：

（一）申请调查收集的证据属于国家有关部门保存并须人民法院依职权调取的档案材料；

（二）涉及国家秘密、商业秘密、个人隐私的材料；

（三）当事人及其诉讼代理人确因客观原因不能自行收集的其他材料。

第十九条　当事人及其诉讼代理人申请人民法院调查收集证据，不得迟于举证期限届满前七日。

人民法院对当事人及其诉讼代理人的申请不予准许的，应当向当事人或其诉讼代理人送达通知书。当事人及其诉讼代理人可以在收到通知书的次日起三日内向受理申请的人民法院书面申请复议一次。人民法院应当在收到复议申请之日起五日内作出答复。

第三十三条　人民法院应当在送达案件受理通知书和应诉通知书的同时向当事人送达举证通知书。举证通知书应当载明举证责任的分配原则与要求、可以向人民法院申请调查取证的情形、人民法院根据案件情况指定的举证期限以及逾期提供证据的法律后果。

举证期限可以由当事人协商一致，并经人民法院认可。

由人民法院指定举证期限的，指定的期限不得少于三十日，自当事人收到案件受理通知书和应诉通知书的次日起计算。

第三十四条 当事人应当在举证期限内向人民法院提交证据材料，当事人在举证期限内不提交的，视为放弃举证权利。

对于当事人逾期提交的证据材料，人民法院审理时不组织质证。但对方当事人同意质证的除外。

当事人增加、变更诉讼请求或者提起反诉的，应当在举证期限届满前提出。

第三十六条 当事人在举证期限内提交证据材料确有困难的，应当在举证期限内向人民法院申请延期举证，经人民法院准许，可以适当延长举证期限。当事人在延长的举证期限内提交证据材料仍有困难的，可以再次提出延期申请，是否准许由人民法院决定。

96. 民间借贷纠纷中当事人逾期举证如何处理？

——车某松与于某让民间借贷纠纷上诉案[①]

裁判要旨

民间借贷纠纷案件中当事人逾期举证，其应当说明理由。拒不说明理由或者理由不成立的，人民法院根据不同情形可以不予采纳该证据，或者采纳该证据但予以训诫、罚款。因此，当事人逾期举证在《民事诉讼法》修订后不再视为当事人放弃举证权利。

◎ 基本案情

于某让在本市浦东新区新场镇经营仿古董装饰品生意时，与台湾新竹市人王某交往相识，王某将熟识的车某松介绍给于某让认识。2012 年 4 月至 10 月间，车某松在于某让处先后数次购买了方铜镜等货物。

双方在交易涉案物品时，有如下交易方式：一是买卖双方一手交钱，一手交货，钱货两清，不出具任何单据；二是买方看中了欲购物品后，由卖方出具给买方一便条，注明物品的名称、价格，买方将全部货款付清，但卖方不另行出具收据等

① 上海市第一中级人民法院（2015）沪一中民一（民）终字第 1578 号

凭据；三是买卖双方挑选物品时，由在场的第三人记录物品的名称、价格，买卖双方钱货两清，如买方退货，卖方亦不再出具收款收据及退货凭据。

本案争议焦点及争议事项的认定：

一、对于某让出具给车某松的“借条”真实性的认定。车某松称，其将所购货品如数退还给于某让后，于某让以退还货款有困难为由，以借款的形式向车某松出具了借条。于某让承认借条系其亲笔出具，但称是受车某松言语威胁所致，并非其真实意思表示。然该主张遭车某松否认后，于某让认为借条是在其经营场所内形成，当时只有两人在场，故无法提供证据佐证。车某松亦确认了借条签具时，只有两人在场。原审认为，于某让作为完全民事行为能力人，对自己亲笔出具借条的法律后果理应有充分的认识。如确系受车某松威胁而出具借条，何以在长达数年时间内未提出异议，或未向当地公安部门报案。据此，对于某让的抗辩依法不予采信，并确认车某松提供的借条真实有效。

二、对车某松在于某让处所购物品价款及退还货物的认定。审理中，车某松当庭提供了如下货物清单：1. 于某让出具给车某松的购买方铜镜一只（标价20,000元《人民币，以下同》）、双铜马一对（标价30,000元）的单据一份，经庭审质证，于某让确认车某松买过上述货品，但称实际向车某松收取价款为23,000元，而不是50,000元；2. 由案外人马女士书写的，车某松在于某让处购买剑二把（标价6,000元和4,000元）、角杯二只（标价各10,000元）的单据一份，经庭审质证，于某让否认车某松在其处购买过上述物品，然证人王某到庭述称，车某松在于某让处购买上述物品时其也在场，并请了其朋友马女士代笔书写了该清单；3. 于某让出具给车某松的购买鱼化龙玛瑙、母子情深紫砂壶各一把（标价各800元）、金鸡独立、独占鳌头、不鸣则已、一鸣惊人紫砂壶各一把（上述4件物品未标价）的单据一份，车某松称6件物品共给付于某让11,600元，经庭审质证，于某让确认车某松在其处购买了上述六件货物，但实际向车某松收取货款为2,400元；4. 于某让出具给车某松的购买达摩渡江木雕一个（标价6,000元）、印度舞女木雕一个（标价12,000元）、红木插牌一个（标价50,000元）、瓷质八仙过海四挂屏（标价20,000元）、香山九老二块（标价15,000元）、紫砂壶三把（标价5,000元）、犀角杯四只（标价10,000元）、木雕挂屏四件（标价8,000元）的单据一份，车某松称上述货款合计126,000元，已用现金给付了于某让，经庭审质证，于某让确认车某松在其处购买了上述物品，但实际向车某松收取货款合计59,300元；5. 于某让出具给车某松的购买铜香薰炉一个（标价14,000元）、铜鸿运当头一个（标价8,000元）、鹤一对（标价8,000元）、黄花梨木一对（标价8,000元）、红木笔筒一个（标价5,000元）、檀木雕件一个（标价12,000元）、银香薰一个（标价15,800元）、红木仙子一对（标价6,000元）的单据一份，车某松称上述货款合计

76,800元，已用现金给付了于某让，经庭审质证，于某让确认车某松购买了上述物品，但实际向车某松收取货款合计50,800元；6. 于某让出具给车某松的购买黄杨木瘦骨罗汉一个（标价6,000元）、红木观音一个（标价8,000元）、如意一个（标价15,000元）、木观音一个（标价12,000元）的单据一份，车某松称上述货款合计41,000元，已用现金给付了于某让，经庭审质证，于某让称上述物品均是于某让赠送给车某松的，没有向车某松收取钱款，而上述物品的标价均系车某松自己添加；7. 由车某松自己书写的在于某让处购买的物品清单一份：犀牛角二只（价款20,000元）、犀牛杯十只（价款20,000元）、大小铜镜五块（价款30,000元）、大方镜二块（价款20,000元）、银香炉一个（价款15,800元），上述物品合计105,800元，已给付了于某让，经庭审质证，于某让否认有此笔交易。原审认为，双方当事人之间买卖行为的不规范，是导致本案诉讼的主要原因。然根据双方的当庭陈述、车某松提供的证据及证人证言，原审认为，车某松的涉案证据与证人证言已形成了证据链，即车某松在于某让处购货、付款、退货、退款的过程中，以现金的方式交易，并且不开具收款和收货的凭据。车某松清单上所列的货款总额，亦能与其主张相印证。而于某让在未提供相反证据的情况下，仅凭口头抗辩以否认自己亲笔出具的借条的真实性，且于某让所请证人的证言亦不能证明于某让的抗辩成立，故依法不予采信，并确认于某让拖欠车某松退货款400,000元的事实成立。

三、对于于某让主张已过诉讼时效的认定。本案审理中，于某让辩称，即使按其出具的借条上注明的日期也已超过2年，故车某松以借款主张权利也过了法律规定的诉讼时效。车某松称，出具的借条中，于某让明确言明了在2年内清付欠款，故未过诉讼时效。对此，原审认为，车某松在还款期届满后2年内提起诉讼主张权利，并未超过法律规定的诉讼时效，故于某让已过时效的主张不能成立，不予采信。

原审认为，合法的借款关系受法律保护。本案中，于某让在即时不能退还车某松退货款的情况下，以借款的形式向车某松出具了借条，故车某松以借条为依据，要求于某让在承诺的还款期满后即时清偿的主张，依法有据，应予支持。

原审法院作如下判决：于某让于判决生效之日起10日内归还车某松欠款400,000元。

于某让不服原判，上诉称：其受被上诉人逼迫无奈出具了借条，且被上诉人并未退回货物，故其并不结欠上诉人债务，不同意还款。并且，其一、二审期间均有测谎的意愿，希望通过测谎来证明其方陈述的真实性。请求撤销原判，改判驳回被上诉人原审诉请。

被上诉人车某松辩称：上诉人所述不实，货物已退回，否则上诉人不可能向其出具结欠退货款的借条。请求维持原判。

二审审理中，上诉人申请证人何某到庭作证，并称：证人何某一审期间在住院开刀故未能作证，证人与上诉人同为店主，店铺与上诉人毗邻，能够证明从未见被上诉人向上诉人退货。二审法院注意到，上诉人提交的证人出院记录显示，证人的住院日期为2014年11月6日至28日，一审的公开开庭时间为2014年12月4日。被上诉人对此认为，该证人证言不属法定“新证据”，上诉人系无正当理由逾期举证，不同意质证。

二审法院认为，即便一审期间证人因病治疗出庭不便，但遇此情况并不妨碍上诉人举证的进行。上诉人完全可向一审法院陈述相关情况并提交书面证言或申请延期举证。但相反的是，上诉人一审期间从未提及关于退货一节事实有知情人即证人何某的存在，上诉人的代理律师也未从有过延期举证的要求。值得注意的是，本案一审于2014年11月10日立案至2015年2月10日判决，审理历时1年有余。基于以上分析，二审法院认为，被上诉人对上诉人逾期举证所持异议成立，因此，该证人证言，二审法院不予审理采纳。

二审法院驳回上诉，维持原判。

◎ 点评

《最高人民法院关于民事诉讼证据的若干规定》（法释〔2001〕33号）第三十四条第一、二款规定：“当事人应当在举证期限内向人民法院提交证据材料，当事人在举证期限内不提交的，视为放弃举证权利。对于当事人逾期提交的证据材料，人民法院审理时不组织质证。但对方当事人同意质证的除外。”第三十六条规定：“当事人在举证期限内提交证据材料确有困难的，应当在举证期限内向人民法院申请延期举证，经人民法院准许，可以适当延长举证期限。当事人在延长的举证期限内提交证据材料仍有困难的，可以再次提出延期申请，是否准许由人民法院决定。”第十九条第一款规定：“当事人及其诉讼代理人申请人民法院调查收集证据，不得迟于举证期限届满前七日。”可见，无论是自己提供证据还是申请法院调查取证，都应当在法定期限内进行，特别是前者未在法定期限内进行的视为放弃举证权利。

但是，《民事诉讼法》修订后改变了上述规定。其第六十五条规定：“当事人对自己提出的主张应当及时提供证据。人民法院根据当事人的主张和案件审理情况，确定当事人应当提供的证据及其期限。当事人在该期限内提供证据确有困难的，可以向人民法院申请延长期限，人民法院根据当事人的申请适当延长。当事人逾期提供证据的，人民法院应当责令其说明理由；拒不说明理由或者理由不成立的，人民法院根据不同情形可以不予采纳该证据，或者采纳该证据但予以训诫、罚款。”据此，当事人逾期举证的处理方式为：首先，当事人应当说明理由；其次，当事人拒不说明理由或理由不成立的，法院可以不采纳该证据，或者采纳该证据，但予以训诫、罚款。因此，当事人逾期举证在《民事诉讼法》修订后不再视为当事人放弃举证权利。

◎ 法条链接

1. **《民事诉讼法》**

第六十四条 当事人对自己提出的主张，有责任提供证据。

当事人及其诉讼代理人因客观原因不能自行收集的证据，或者人民法院认为审理案件需要的证据，人民法院应当调查收集。

人民法院应当按照法定程序，全面地、客观地审查核实证据。

第六十五条 当事人对自己提出的主张应当及时提供证据。

人民法院根据当事人的主张和案件审理情况，确定当事人应当提供的证据及其期限。当事人在该期限内提供证据确有困难的，可以向人民法院申请延长期限，人民法院根据当事人的申请适当延长。当事人逾期提供证据的，人民法院应当责令其说明理由；拒不说明理由或者理由不成立的，人民法院根据不同情形可以不予采纳该证据，或者采纳该证据但予以训诫、罚款。

第二百条 当事人的申请符合下列情形之一的，人民法院应当再审：

（一）有新的证据，足以推翻原判决、裁定的；

（二）原判决、裁定认定的基本事实缺乏证据证明的；

（三）原判决、裁定认定事实的主要证据是伪造的；

（四）原判决、裁定认定事实的主要证据未经质证的；

（五）对审理案件需要的主要证据，当事人因客观原因不能自行收集，书面申请人民法院调查收集，人民法院未调查收集的；

（六）原判决、裁定适用法律确有错误的；

（七）审判组织的组成不合法或者依法应当回避的审判人员没有回避的；

（八）无诉讼行为能力人未经法定代理人代为诉讼或者应当参加诉讼的当事人，因不能归责于本人或者其诉讼代理人的事由，未参加诉讼的；

（九）违反法律规定，剥夺当事人辩论权利的；

（十）未经传票传唤，缺席判决的；

（十一）原判决、裁定遗漏或者超出诉讼请求的；

（十二）据以作出原判决、裁定的法律文书被撤销或者变更的；

（十三）审判人员审理该案件时有贪污受贿，徇私舞弊，枉法裁判行为的。

2. **《最高人民法院关于民事诉讼证据的若干规定》（法释〔2001〕33 号）**

第二条 当事人对自己提出的诉讼请求所依据的事实或者反驳对方诉讼请求所依据的事实有责任提供证据加以证明。

没有证据或者证据不足以证明当事人的事实主张的，由负有举证责任的当事人承担不利后果。

第十七条　符合下列条件之一的，当事人及其诉讼代理人可以申请人民法院调查收集证据：

（一）申请调查收集的证据属于国家有关部门保存并须人民法院依职权调取的档案材料；

（二）涉及国家秘密、商业秘密、个人隐私的材料；

（三）当事人及其诉讼代理人确因客观原因不能自行收集的其他材料。

第十九条　当事人及其诉讼代理人申请人民法院调查收集证据，不得迟于举证期限届满前七日。

人民法院对当事人及其诉讼代理人的申请不予准许的，应当向当事人或其诉讼代理人送达通知书。当事人及其诉讼代理人可以在收到通知书的次日起三日内向受理申请的人民法院书面申请复议一次。人民法院应当在收到复议申请之日起五日内作出答复。

第三十三条　人民法院应当在送达案件受理通知书和应诉通知书的同时向当事人送达举证通知书。举证通知书应当载明举证责任的分配原则与要求、可以向人民法院申请调查取证的情形、人民法院根据案件情况指定的举证期限以及逾期提供证据的法律后果。

举证期限可以由当事人协商一致，并经人民法院认可。

由人民法院指定举证期限的，指定的期限不得少于三十日，自当事人收到案件受理通知书和应诉通知书的次日起计算。

第三十四条　当事人应当在举证期限内向人民法院提交证据材料，当事人在举证期限内不提交的，视为放弃举证权利。

对于当事人逾期提交的证据材料，人民法院审理时不组织质证。但对方当事人同意质证的除外。

当事人增加、变更诉讼请求或者提起反诉的，应当在举证期限届满前提出。

第三十六条　当事人在举证期限内提交证据材料确有困难的，应当在举证期限内向人民法院申请延期举证，经人民法院准许，可以适当延长举证期限。当事人在延长的举证期限内提交证据材料仍有困难的，可以再次提出延期申请，是否准许由人民法院决定。

3.《最高人民法院关于适用〈中华人民共和国民事诉讼法〉的解释》（法释〔2015〕5号）

第一百零一条　当事人逾期提供证据的，人民法院应当责令其说明理由，必要时可以要求其提供相应的证据。

当事人因客观原因逾期提供证据，或者对方当事人对逾期提供证据未提出异议的，视为未逾期。

第一百零二条 当事人因故意或者重大过失逾期提供的证据，人民法院不予采纳。但该证据与案件基本事实有关的，人民法院应当采纳，并依照民事诉讼法第六十五条、第一百一十五条第一款的规定予以训诫、罚款。

当事人非因故意或者重大过失逾期提供的证据，人民法院应当采纳，并对当事人予以训诫。

当事人一方要求另一方赔偿因逾期提供证据致使其增加的交通、住宿、就餐、误工、证人出庭作证等必要费用的，人民法院可予支持。

97. 涉外民间借贷合同纠纷的法律适用

——陈某、樱花（福建）包装文具有限公司与郑某姐民间借贷纠纷上诉案①

裁判要旨

涉外民间借贷合同的当事人向大陆法院起诉，可以选择处理合同争议所适用的法律。涉外民间借贷合同的当事人没有选择的，适用与合同有最密切联系的国家的法律。但是，在中华人民共和国境内履行的中外合资经营企业合同、中外合作经营企业合同、中外合作勘探开发自然资源合同，适用中华人民共和国法律。

◎ 基本案情

2012 年 10 月 26 日，郑某姐与陈某签订二份《借款合同》，金额各为 1,000 万元。2012 年 11 月 10 日，郑某姐与陈某又签订一份《借款合同》，金额为 500 万元。上述三份《借款合同》均约定：郑某姐将借款以转账方式转入陈某苗的农行江口石庭支行账户（账号：95 × × ×16），银行出具转账凭证为借款合同不可分割附件。借款利息按每月 4.6% 计付，于每月初支付。其中借款金额为 1,000 万元的借款期限为 6 个月，自 2012 年 10 月 26 日起至 2013 年 4 月 25 日止；借款金额为 500 万元的借款期限为 2 个月，自 2012 年 11 月 10 日起至 2013 年 1 月 9 日止。樱花（福建）

① 中华人民共和国最高人民法院（2014）民四终字第 42 号

包装文具有限公司（以下简称樱花公司）作为陈某上述债务的担保人，提供其在马来西亚上市折合人民币共2,500万元（对应每份合同分别是1,000万元、1,000万元、500万元）的可交易股票为借款本金、利息及相关违约费用作质押担保。具体质押担保方式为：郑某姐指定以其自然人的名义在香港开立股票交易账户，樱花公司先期将股票注入郑某姐账户作为质押物；保证期限自借款到期日起2年。若陈某逾期（最长不超过30天）还款，则每日按逾期金额的0.2%计算违约金。若双方对合同产生争议，则应当先协商，若协商不成则由郑某姐住所地人民法院管辖。陈某作为借款人、樱花公司作为担保方在落款处签字、盖章。

2013年4月24日，即两份1,000万元金额的《借款合同》借款期满前1天，各方协商一致后在合同落款外签注："本借款延期6个月，借款期到2013年10月24日，相关担保责任顺延到还款期满后2年。"陈某和樱花公司分别签字、盖章确认。2013年1月8日，500万元金额的《借款合同》借款期满前1天，各方协商一致后在合同落款外签注："本借款延期6个月，借款期到2013年7月8日止，相关担保责任顺延到还款期满后2年。"陈某和樱花公司分别签字、盖章确认。

三份《借款合同》签订后，樱花公司并未按约定将股票注入郑某姐账户以质押。陈某指定的陈某苗账户分别收到如下款项：2012年10月26日林某账户汇款100万元、方某账户汇款3,674,000元、2012年10月30日林某账户汇款400万元、1,760,800元、2012年11月1日林某账户汇款4,816,000元、2012年11月2日通过林某账户汇款500万元、2012年11月13日郑某姐账户汇款477万元，七笔共计2,502.08万元。

郑某姐请求判令：1. 陈某清偿郑某姐欠款2,502.08万元、利息及违约金（暂计至起诉之日利息、违约金约为500万元）；2. 樱花公司对上述债务承担连带清偿责任；3. 本案诉讼费由一审被告承担。

◎ 法院审理

福建高院认为：本案系民间借贷纠纷，因陈某系香港特别行政区居民，本案属涉港民商事案件，应参照涉外案件适用集中管辖的规定，由该院管辖本案。案涉三份《借款合同》的履行地均发生在中国内地，依照《中华人民共和国涉外民事关系法律适用法》第四十一条的规定，本案应适用与合同具有最密切联系的法律即中华人民共和国法律作为准据法。

案涉三份《借款合同》系各方当事人真实意思表示，除约定的利息过高应予调整外，其余内容不违反法律规定，该院确认为有效合同。根据查明的事实，林某、方某二人均为郑某姐担任股东的莆田市新美万业农产品市场开发有限公司的财务人员，二人受郑某姐个人的委托汇款给陈某苗。对林某、方某代为付款的身份该院予以确认。从款项支付情况看，林某在2012年10月26日至11月2日期间，共向陈某苗汇款1,657.68万元，方某于2012年10月26日向陈某苗汇款367.4万元，上述款项共计2,025.08万元，均转入《借款合同》指定的陈某苗农行账户，数额基本符合合同约定。在陈某、樱花公司未能提供相反证据推翻的情形下，该院确认上述款项是为履行2012年10月26日的两份《借款合同》而支付的相应款项。至于多汇出25.08万元款项，郑某姐解释为：陈某在借款时承诺，具体筹资多少按实际汇款为准。福建高院认为，该情形既未在《借款合同》订立时作出约定，也没有在借款延期签注时作出说明，在没有相关证据可以佐证情况下，对郑某姐该主张不予采纳，实际支付的数额仍应以合同约定的2000万元为准。2012年11月10日的《借款合同》约定金额为500万元，郑某姐实际于当日向陈某苗汇款477万元，郑某姐承认在汇款时预扣了23万元的利息。根据《中华人民共和国合同法》第二百条规定："借款的利息不得预先在本金中扣除。利息预先在本金中扣除的，应当按照实际借款数额返还借款并计算利息。"故该份《借款合同》项下的出借金额为477万元。根据最高人民法院《关于人民法院审理借贷案件的若干意见》第六条的规定，民间借贷的利率最高不得超过银行同类贷款利率的四倍。郑某姐同时主张利息和违约金，亦不能超过法律对民间借贷利率的保护上限。案涉《借款合同》约定月4.6%的利率超过了银行同期同类贷款利率的4倍，超过部分的利息不予保护。案涉《借款合同》约定的期限为6个月或2个月，期满后均延长了6个月，故该院确定债务人陈某应按中国人民银行规定的同期1年期流动资金贷款利率的4倍标准向郑某姐支付利息及违约金，其中477万元的利息从汇款之日2012年11月13日起计算，另2,000万元借款福建高院酌定从最后一笔汇款日2012年11月2日起计算。

案涉三份《借款合同》约定以樱花公司拥有的可交易股票作为质押担保，根据《中华人民共和国担保法》第七十八条第一款的规定："以依法可以转让的股票出质的，出质人与质权人应当订立书面合同，并向证券登记机构办理出质登记。质押合同自登记之日起生效。"但樱花公司名下的股票并未按照规定办理登记。《借款合同》中还约定：樱花公司先期将股票注入郑某姐的账户作为质押物。根据《中华人民共和国担保法》第六十四条的规定："出质人和质权人应当以书面形式订立质押合同。质押合同自质物移交于质权人占有时生效。"但樱花公司并未按照约定将股票注入郑某姐股票交易账户。故《借款合同》约定的股票质权并未设定，质押合同未生效，郑某姐起诉要求樱花公司对债务承担连带清偿责任的主张没有合同和法律依据，该院不予支持。对于股票质权未能设定，应归责于樱花公司，但根据约定，樱花公司应先期将股票注入郑某姐账户作为质押物。即郑某姐在樱花公司将股票注入郑某姐账户之前，享有拒绝放款的权利。故对案涉借款未能及时收回所造成的损失，郑某姐和担保人樱花公司均有过错。依照《最高人民法院关于适用〈中华人民共和国担保法〉若干问题的解释》第八十六条的规定：“债务人或者第三人未按质押合同约定的时间移交质物的，因此给质权人造成损失的，出质人应当根据其过错承担赔偿责任。”即樱花公司应承担过错赔偿责任。至于樱花公司应承担赔偿责任的比例，参照《最高人民法院关于适用〈中华人民共和国担保法〉若干问题的解释》第七条的规定，该院酌定樱花公司对案涉债务不能清偿部分承担二分之一的赔偿责任。

福建高院判决如下：一、陈某应于本判决生效之日起10日内偿还郑某姐借款本金2477万元及其利息和违约金（利息和违约金按中国人民银行规定的同期1年期流动资金贷款利率的4倍标准支付，其中477万元从2012年11月13日起计算，其余2000万元从2012年11月2日起计算）；二、樱花公司对上述债务不能清偿部分承担二分之一的赔偿责任；三、驳回郑某姐的其他诉讼请求。

陈某和樱花公司均不服福建高院一审判决，向最高院提起上诉称：一、福建高院认定林某、方某二人受郑某姐个人委托汇款给陈某苗，不符合客观事实。陈某苗与方某及林某尚有其他经济往来，且双方是通过转账进行，福建高院认定林某和方某受郑某姐委托付款，不符合事实，是错误的。二、郑某姐主张的借款金额不符《借款合同》约定及常理，其主张借款2,502.08万元不能成立。假设林某和方某汇款与本案有关，则郑某姐汇款给陈某苗账户总金额为2,502. 08万元，这明显超过了三份《借款合同》约定金额2,500万元，不符双方的约定。三、郑某姐主张的汇款时间与《借款合同》明显不符。《借款合同》约定借款期限自2012年10月26日起算，而郑某姐主张的汇款时间分别为2012年10月26日、2012年10月30日、2012年11月1日及2012年11月2日，两者时间存在明显不同，因此，《借款合同》约定时间与郑某姐主张的汇款时间不同，足以证实郑某姐主张的前6笔汇款与本案无关。四、本案涉及金额特别巨大，郑某姐作为国家工作人员，依法应证实其资金合法来源，否则其主张2,500万元的借款应不予支持。五、郑某姐没有举证证实方某和林某的汇款是受其委托，依法应承担举证不能的责任。六、《借款合同》中按月“4.6%”计付利息，该“4.6%”系郑某姐擅自添加的，本案应认定为借款时没有约定利息。双方在签订《借款合同》时，没有约定借款利息。综上，请求撤销福建高院（2014）闽民初字第18号民事判决，依法改判。另，本院开庭审理时，陈某一方补充上诉理由称其已经向郑某姐偿还借款474万元。其明确具体上诉请求为请求二审法院改判陈某仅应偿还郑某姐欠款3万元。

最高院查明：福建高院一审判决查明的事实，有相关证据予以佐证，本院庭审时当事人亦明确表示无异议，本院予以确认。

最高院认为：1. 本案为涉港民间借贷纠纷，案涉当事人未明确约定解决纠纷适用的法律，福建高院依法根据最密切联系原则，适用我国内地法律审理本案是正确的。2. 福建高院对于合同效力的认定是正确的。3. 陈某关于一审法院认定林某、方某二人受郑某姐个人委托汇款给陈某苗，不符合客观事实的上诉理由不能成立。4. 根据常理，如果陈某未收到案涉借款，其不应在合同约定的借款期限到期后再签署延期还款的承诺。故综合考虑本案所涉证据，扣除郑某姐在汇款时预扣的利息23万元，福建高院认定郑某姐实际向陈某支付借款2,477万元是正确的。5. 郑某姐已经提交充分证据证明其履行了《借款合同》中约定的出借款项的义务，陈某主张郑某姐应证实其资金合法来源，否则其主张2,500万元的借款应不予支持的上诉理由缺乏法律依据，不予支持。6. 陈某关于已经偿还郑某姐406万元款项的主张缺乏证据证明，不予支持。7. 陈某主张已经偿还郑某姐68万元的事实，郑某姐予以认可，最高院对该项事实予以确认。陈某主张偿还的为本金，郑某姐主张偿还的为利息。最高院认为，根据《借款合同》的约定，利息应于各月月初支付，即利息应先于本金偿付。故该68万元应认定为陈某已经偿还的利息。

综上，除陈某在本院二审时提交新证据证明其已经偿还68万元利息的事实外，福建高院一审判决认定案件事实清楚，适用法律正确，应予维持。对于陈某主张已经偿还68万元的上诉请求，本院予以支持，应在其所应偿还利息中予以扣减。陈某的其他上诉请求缺乏事实和法律依据，不予支持。最高院判决如下：

一、维持福建省高级人民法院（2014）闽民初字第18号民事判决第二项、第三项；

二、变更福建省高级人民法院（2014）闽民初字第18号民事判决第一项为陈某应于本判决生效之日起10日内偿还郑某姐借款本金2477万元及其利息和违约金（利息和违约金按中国人民银行规定的同期1年期流动资金贷款利率的4倍标准支付，其中477万元从2012年11月13日起计算至实际支付之日止，其余2000万元从2012年11月2日起计算至实际支付之日止，陈某已经支付的68万元应当从利息中扣减）；

三、驳回陈某的其他上诉请求。

◎ 点评

本案民间借贷合同借款人陈某为香港居民，根据我国现行法律及司法解释的相关规定，涉港澳台案件应参照我国民诉法有关涉外民事诉讼的规定处理，故本民间借贷合同属涉外合同。对涉外合同纠纷的法律适用，我国法律以意思自治原则为主、以最密切联系原则为补充，即首先由涉外合同当事人自行选择，如果当事人没有选择的，适用与合同具有最密切联系的法律作为准据法。《民法通则》第一百四十五条规定："涉外合同的当事人可以选择处理合同争议所适用的法律，法律另有规定的除外。涉外合同的当事人没有选择的，适用与合同有最密切联系的国家的法律。"《合同法》第一百二十六条规定："涉外合同的当事人可以选择处理合同争议所适用的法律，但法律另有规定的除外。涉外合同的当事人没有选择的，适用与合同有最密切联系的国家的法律。在中华人民共和国境内履行的中外合资经营企业合同、中外合作经营企业合同、中外合作勘探开发自然资源合同，适用中华人民共和国法律”。《涉外民事关系法律适用法》第四十一条规定：“当事人可以协议选择合同适用的法律。当事人没有选择的，适用履行义务最能体现该合同特征的一方当事人经常居所地法律或者其他与该合同有最密切联系的法律。”《最高人民法院关于审理涉外民事或商事合同纠纷案件法律适用若干问题的规定》（法释〔2007〕第14号）也有类似规定。

需要注意的是，合同当事人自由选择权有如下限制：

第一，当事人选择适用法律应当以明示的方式进行。

第二，在中华人民共和国境内履行的中外合资经营企业合同、中外合作经营企业合同、中外合作勘探开发自然资源合同，适用中华人民共和国法律，当事人不得自由选择。

第三，当事人选择适用法律应当于一审法庭辩论终结前作出。

另外，法院根据最密切联系原则确定涉外合同纠纷的准据法时，适用《最高人民法院关于审理涉外民事或商事合同纠纷案件法律适用若干问题的规定》（法释〔2007〕第14号）第五条。该条第三款、第四款规定：“（一）买卖合同，适用合同订立时卖方住所地法；如果合同是在买方住所地谈判并订立的，或者合同明确规定卖方须在买方住所地履行交货义务的，适用买方住所地法。（二）来料加工、来件装配以及其他各种加工承揽合同，适用加工承揽人住所地法。（三）成套设备供应合同，适用设备安装地法。（四）不动产买卖、租赁或者抵押合同，适用不动产所在地法。（五）动产租赁合同，适用出租人住所地法。（六）动产质押合同，适用质权人住所地法。（七）借款合同，适用贷款人住所地法。（八）保险合同，适用保险人住所地法。（九）融资租赁合同，适用承租人住所地法。（十）建设工程合同，适用建设工程所在地法。（十一）仓储、保管合同，适用仓储、保管人住所地法。（十二）保证合同，适用保证人住所地法。（十三）委托合同，适用受托人住所地法。（十四）债券的发行、销售和转让合同，分别适用债券发行地法、债券销售地法和债券转让地法。（十五）拍卖合同，适用拍卖举行地法。（十六）行纪合同，适用行纪人住所地法。（十七）居间合同，适用居间人住所地法。如果上述合同明显与另一国家或者地区有更密切联系的，适用该另一国家或者地区的法律。”

◎ 法条链接

1.《民法通则》

第一百四十五条　涉外合同的当事人可以选择处理合同争议所适用的法律，法律另有规定的除外。

涉外合同的当事人没有选择的，适用与合同有最密切联系的国家的法律。

2. **《合同法》**

第一百二十六条 涉外合同的当事人可以选择处理合同争议所适用的法律，但法律另有规定的除外。涉外合同的当事人没有选择的，适用与合同有最密切联系的国家的法律。

在中华人民共和国境内履行的中外合资经营企业合同、中外合作经营企业合同、中外合作勘探开发自然资源合同，适用中华人民共和国法律。

3. **《最高人民法院关于审理涉外民事或商事合同纠纷案件法律适用若干问题的规定》（法释〔2007〕第14号）（失效）**

第四条 当事人在一审法庭辩论终结前通过协商一致，选择或者变更选择合同争议应适用的法律的，人民法院应予准许。

当事人未选择合同争议应适用的法律，但均援引同一国家或者地区的法律且未提出法律适用异议的，应当视为当事人已经就合同争议应适用的法律作出选择。

第五条 当事人未选择合同争议应适用的法律的，适用与合同有最密切联系的国家或者地区的法律。

人民法院根据最密切联系原则确定合同争议应适用的法律时，应根据合同的特殊性质，以及某一方当事人履行的义务最能体现合同的本质特性等因素，确定与合同有最密切联系的国家或者地区的法律作为合同的准据法。

（一）买卖合同，适用合同订立时卖方住所地法；如果合同是在买方住所地谈判并订立的，或者合同明确规定卖方须在买方住所地履行交货义务的，适用买方住所地法。

（二）来料加工、来件装配以及其他各种加工承揽合同，适用加工承揽人住所地法。

（三）成套设备供应合同，适用设备安装地法。

（四）不动产买卖、租赁或者抵押合同，适用不动产所在地法。

（五）动产租赁合同，适用出租人住所地法。

（六）动产质押合同，适用质权人住所地法。

（七）借款合同，适用贷款人住所地法。

（八）保险合同，适用保险人住所地法。

（九）融资租赁合同，适用承租人住所地法。

（十）建设工程合同，适用建设工程所在地法。

（十一）仓储、保管合同，适用仓储、保管人住所地法。

（十二）保证合同，适用保证人住所地法。

（十三）委托合同，适用受托人住所地法。

（十四）债券的发行、销售和转让合同，分别适用债券发行地法、债券销售地法和债券转让地法。

（十五）拍卖合同，适用拍卖举行地法。

（十六）行纪合同，适用行纪人住所地法。

（十七）居间合同，适用居间人住所地法。

如果上述合同明显与另一国家或者地区有更密切联系的，适用该另一国家或者地区的法律。

4.《涉外民事关系法律适用法》

第四十一条　当事人可以协议选择合同适用的法律。当事人没有选择的，适用履行义务最能体现该合同特征的一方当事人经常居所地法律或者其他与该合同有最密切联系的法律。

5.《关于适用〈中华人民共和国涉外民事关系法律适用法〉若干问题的解释（一）》（法释〔2012〕24号）

第八条　当事人在一审法庭辩论终结前协议选择或者变更选择适用的法律的，人民法院应予准许。

各方当事人援引相同国家的法律且未提出法律适用异议的，人民法院可以认定当事人已经就涉外民事关系适用的法律做出了选择。

98. 民间借贷纠纷中负有举证证明责任的出借人无正当理由拒不到庭，如何处理？

——曹某培诉付某平、杨某平民间借贷纠纷上诉案[①]

裁判要旨

负有举证证明责任的出借人无正当理由拒不到庭，经审查现有证据无法确认借贷行为、借贷金额、支付方式等案件主要事实，人民法院对其主张的事实不予认定。

---

① 广东省深圳市中级人民法院（2014）深中法民终字第3174号

◎ 基本案情

原告曹某培主张被告付某平于2013年11月17日因资金周转困难向其借款440,000元，原告向被告交付现金借款440,000元后，两被告于当天向其出具借据，载明"今本人付某平因资金周转困难，特向曹某培借款440,000元，月息20厘，即每个月利息8,800元，利息每个月支付1次，每月利息该月17号支付。"两被告不予认可，主张借款并未实际发生，涉案的借据实为赌债。

原告曹某培诉至法院，请求依法判令：1. 两被告连带向原告偿还借款本金人民币440,000元及利息，利息从2013年12月18日起计，按照每月利息8,800元直计至实际清偿之日止（至起诉之日上述利息为36,958元）；2. 由两被告承担本案诉讼费。

◎ 法院审理

原审认为，本案为民间借贷纠纷，故原告应就双方之间是否存在合法有效的借贷关系及是否已将借款款项交付给被告承担举证责任。本案中，原告主张以现金方式向被告交付了借款440,000元，但原告却无法提交款项来源的证据，在法庭要求原告本人到庭接受询问的情况下，原告无正当理由拒不到庭；而被告在本案两次开庭时均有亲自到庭，其陈述条理清楚，前后一致。综上，原告未能就借款的来源、借款的交付作出明确合理的解释。其提交的借据不足以证明原告已将借款款项交付给被告，故原告应就此承担举证不能的不利后果，因此原告请求被告偿还借款440,000元依据不足，不予支持。依照《中华人民共和国民事诉讼法》第六十四条第一款之规定，判决：驳回原告曹某培的全部诉讼请求。本案受理费13,570元，由原告承担。

上诉人曹某培不服原审判决，向二审法院提起上诉，请求撤销原判，支持其全部诉讼请求。其事实与理由是：一、原审法院在审查本案证据、查清案件事实方面存在严重疏忽。上诉人提交了有两被上诉人亲笔签名、按印的借据，借据的内容除打印部分外，全部是被上诉人书写，借据明确注明，两被上诉人已经收到440,000元现金借款，此借据即相当于交付凭证，上诉人依双方约定将借款以现金方式交付给了被上诉人。且被上诉人辩称其偿还了部分借款，从另一侧面亦证明借款已经交付。被上诉人为逃避法律责任，称借据为被迫书写，涉案借款为赌债，没有提供任何证据证实，本案事实清楚，证据确凿充分。一审法院仅从被上诉人的为逃避责任的单方陈述，即对全案事实作出判断，认定双方借贷关系不成立的做法，完全偏袒被上诉人，令人不可思议。二、原审判决以上诉人本人没有出庭为由，判决上诉人败诉，没有任何事实和法律依据。除离婚案件外，没有法律明确规定当事人在委托了诉讼代理人的情况下必须本人到庭参加诉讼。本案两次开庭，上诉人在收到法院传票后，均由特别授权代理人按时到庭参加了诉讼，上诉人在开庭时已经清楚陈述了借款的时间、地点、人物等情节。且一审法院也并没有出具正式传票要求上诉人本人亲自到庭接受询问，一审判决以上诉人不到庭接受询问为由判决上诉人败诉，既没有任何事实依据，也没有任何法律依据，严重违反了民事诉讼法规定。三、2014 年 4 月 14 日在上诉人与被上诉人付某平的通话中，付某平多次明确承认借了上诉人的钱 40 多万元，并且承诺贷款银行正在批复，贷款下来就予以偿还，在 2014 年 4 月 20 日上诉人与被上诉人杨某平的通话中，杨某平也明确承认了欠上诉人 40 多万元，并且说转告付某平还款事宜。四、一审判决关于诉讼费的承担明显违法。上诉人于 2014 年 5 月 21 日向一审法院提交了变更诉讼请求申请书，将诉讼标的额 976, 958 元减低为 476, 958 元，撤回对 50 万元借条的诉讼请求，另行处理，依民事诉讼法的规定，原审法院应当退回部分诉讼费。但一审法院不但没有通知上诉人办理退费手续，反而将该部分诉讼费一并要求上诉人承担，严重违反了民事诉讼法的规定。

二审法院经审理查明，原审判决查明的事实无误，二审法院予以确认。

另查明，上诉人在本案起诉时主张付某平于 2013 年 4 月 23 日、11 月 17 日分别向其借款 50 万元和 44 万元，并出具了相应的借据，后上诉人以被上诉人在其他地方可能有财产为由撤回了对于 50 万元借据的诉讼请求。

二审中，上诉人提交了其与付某平、杨某平分别发生于 2014 年 4 月 14 日和 4 月 20 日的通话录音，录音中，上诉人曾对付某平说“钱都借给你大半年了”，并称要派人到付家住到还钱为止，付某平确认欠钱，但并未明确陈述为借款，承诺等贷款下来以后归还，通话中，付某平也谈到“输钱”。

二审法院认为，最高人民法院《关于民事诉讼证据的若干规定》第二条规定，当事人对自己提出的诉讼请求所依据的事实或者反驳对方诉讼请求所依据的事实有责任提供证据加以证明。没有证据或者证据不足以证明当事人的事实主张的，由负有举证责任的当事人承担不利后果。综合本案证据来看，上诉人并未完成其作为原告应当完成的举证责任。首先，本案借款金额为 440, 000 元，数额较大，故上诉人作为出借人，除了提交证明双方之间借款关系成立的证据外，还应当举出证据证明借款已实际交付。上诉人主张借款以现金方式交付，如此大额借款以现金方式支付，不太符合常理。其次，本案借据并非手写，而是在预先打印的格式文本上填充借款人及借款数额和时间，这与一般借款关系中由借款人手写借据的惯例不相符合。再次，除了本案借据外，上诉人一审中还提交了付某平书写的另外一份 50 万元的借据，出具时间在本案借据之前半年多，在前一笔大额借款尚未偿还的情况下，时隔半年多，再次出借大额款项，亦与常理不合。最后，上诉人二审提交的电话录音中，上诉人虽然陈述了借钱给付某平的内容，付某平也确认欠款，但并未明确陈述借款事实，且在双方通话中，也提到过“输钱”，故该通话记录亦不能佐证上诉人实际交付了借款。综上，上诉人提交的证据不能满足高度盖然性的证明要求，不足以证明其已将440,000元借款实际交付给了被上诉人，应当承担举证不能的法律后果。关于诉讼费，上诉人变更诉讼请求后，原审未相应减少诉讼费，二审法院予以纠正，上诉人多交的诉讼费由法院退回。

二审法院驳回上诉，维持原判。

◎ 点评

民间借贷纠纷案件审理过程中，出借人基于某些考虑或因客观条件所限，自己不亲自出庭，只是委托律师等代理人出庭。此种做法符合我国民事诉讼法律规定，但可能会影响到民间借贷纠纷案件的审理。由于律师等代理人并不是民间借贷的当事人，他们并不了解民间借贷的详细事实和具体细节。当法院在审理过程中询问核实案件事实和相关证据时，律师等代理人可能无法回答，严重时直接影响民间借贷事实的认定，特别是出借人提供的证据不足或证据存在瑕疵时更是如此。《最高人民法院关于审理民间借贷案件适用法律若干问题的规定》（法释〔2015〕18号）第十八条规定：“根据《关于适用〈中华人民共和国民事诉讼法〉的解释》第一百七十四条第二款之规定，负有举证证明责任的原告无正当理由拒不到庭，经审查现有证据无法确认借贷行为、借贷金额、支付方式等案件主要事实，人民法院对其主张的事实不予认定。”据此，如果民间借贷出借人作为原告无正当理由拒不到庭，法院就现有证明无法确认借贷行为、借贷金额、支付方式等案件主要事实，对出借人主张的事实不予认定。因此，出借人作为当事人最好亲自出庭参加案件审理，这既方便法院的审判工作，也有利于查明案件事实，维护自己的合法权益。

◎ 法条链接

1. **《最高人民法院关于审理民间借贷案件适用法律若干问题的规定》（法释〔2015〕18号）**

第十八条　根据《关于适用〈中华人民共和国民事诉讼法〉的解释》第一百七十四条第二款之规定，负有举证证明责任的原告无正当理由拒不到庭，经审查现有证据无法确认借贷行为、借贷金额、支付方式等案件主要事实，人民法院对其主张的事实不予认定。

2. **《最高人民法院关于适用〈中华人民共和国民事诉讼法〉的解释》（法释〔2015〕5号）**

第一百七十四条　民事诉讼法第一百零九条规定的必须到庭的被告，是指负有赡养、抚育、扶养义务和不到庭就无法查清案情的被告。

人民法院对必须到庭才能查清案件基本事实的原告，经两次传票传唤，无正当理由拒不到庭的，可以拘传。

99. 当事人持有的借据、收据、欠条等债权凭证没有载明债权人的，如何处理？

——李某与郑某丽等追加第三人陆某民间借贷纠纷案①

裁判要旨

当事人持有的借据、收据、欠条等债权凭证没有载明债权人，持有债权凭证的当事人提起民间借贷诉讼的，人民法院应予受理。被告对原告的债权人资格提出有事实依据的抗辩，人民法院经审理认为原告不具有债权人资格的，裁定驳回起诉。

◎ 基本案情

被告郑某丽于2013年3月14日出具借条，借条载明："今借人民币贰拾万元（200,000元）月息3分，借款人：郑某丽，2013年3月14日"；被告郑某丽于2013年3月30日出具借条，借条载明"今借人民币壹拾万元（100,000元）利息3分，借款人：郑某丽，2013年3月30日"。该两笔借款系被告郑某丽从第三人陆某处所借，陆某直接把款交给被告郑某丽，且被告郑某丽给陆某出具了原告李某所持两张借条，被告直接跟陆某结利息。原告李某所持两张借条系陆某转交。被告李某彬于2013年10月18日转入陆某账户20万元。

原告李某请求判令被告立即偿还借款300,000元及至今的利息；并承担本案的一切诉讼费用。

原告李某为证明其主张，举证如下：

1. 身份证复印件。证明原告的主体资格。

---

① 安徽省蒙城县人民法院（2014）蒙民一重初字第01121号

2. 被告的户籍证明、婚姻登记表。证明两被告的身份，两被告系夫妻关系。

3. 借条两份。证明被告向原告借款30万元的事实。

4. 视听资料及书面整理材料一份。证明两被告通过陆某向原告李某借款的事实，原告要求中间人向被告催讨借款。

5. 银行汇款单（2013年3月15日原告给陆某汇款5万元）。证明应被告借款需求，原告向中间人陆某打款5万元给被告使用。

6. 2014年3月14日陆某与李某彬的通话内容整理资料。证明2014年3月14日中间人陆某替原告李某向被告李某彬催讨2013年3月14日的20万元借款。

◎ 法院审理

被告郑某丽、李某彬第一次开庭辩称：被告从来不认识李某，也没有向李某借过任何钱，而且李某手中所持借条并非被告所出具。30万元在本地属于较大数字的借贷金额，李某应当提供相应证据证明款项的来源。被告申请对借条的真实性进行鉴定。借条上面叙述并没有提到30万元已经交付的问题，李某应当提供证据证明该款已经交付给郑某丽的证明。3分利息约定超过法律规定，不应支持。综上，被告认为，答辩人不应单独承担责任，原告诉求不当，故请求人民法院：1. 驳回原告要求被告承担本案责任的诉讼请求。2. 诉讼费由李某自行承担。

被告郑某丽、李某彬第二次开庭辩称：原告持有的借款确实是被告郑某丽所写，但实际债权人是第三人陆某，原告不是真正的债权人。被告郑某丽、李某彬已偿还了陆某20万元，还下欠陆某10万元。月息3分过高，应予以减少。

被告为证明其主张，举证如下：

1. 视听资料及书面整理材料一份。证明目的：李某陈述虚假，与被告并不认识，被告称借钱时是其交付给被告的虚假，双方之间不存在民间借贷关系。

2. 银行转账记录。证明目的：被告于2013年10月18日转入陆某账户20万元，偿还借款。

3. 缴费单、通话记录。证明原、被告之间有过通话。

法院认为：本案中，原告李某持被告郑某丽所书写借条提起诉讼，借条即未载明出借人，并且该两笔借款系被告郑某丽从第三人陆某处所借，陆某直接把款交给被告郑某丽，被告郑某丽给陆某出具了原告李某所持两张借条，原告李某所持两张借条系陆某转交，原告李某与被告郑某丽、李某彬未有借贷行为，故原告不具有债权人资格，应驳回其起诉。

法院裁定如下：驳回原告李某对被告郑某丽、李某彬的起诉。

◎ 点评

本案的难点是原告持有的借条没有记载出借人的姓名，法院应当如何处理。此问题分两步分析。首先，法院对持有未记载出借人姓名的借条向法院起诉时，法院是否应当受理。由于借条没有记载出借人，故立案时法院无法确定借条持有人是否为真正的债权人。如果借条持有人是真正的出借人，法院不予受理则会损害出借人的利益。另外，法院对立案申请是形式审查，而不是实质审查。因此，《最高人民法院关于审理民间借贷案件适用法律若干问题的规定》（法释〔2015〕18号）第二条第二款规定：当事人持有的借据、收据、欠条等债权凭证没有载明债权人，持有债权凭证的当事人提起民间借贷诉讼的，人民法院应予受理。其次，法院受理其起诉后，被告质疑原告不是真实的出借人，不具有债权人资格，法院应当认真审查相关证据。如果被告的抗辩有事实依据，法院应当裁定驳回起诉。《最高人民法院关于审理民间借贷案件适用法律若干问题的规定》（法释〔2015〕18号）第二条第二款规定：被告对原告的债权人资格提出有事实依据的抗辩，人民法院经审理认为原告不具有债权人资格的，裁定驳回起诉。

本案原告李某向法院起诉郑某丽、李某彬，但其持有的借条上未记载出借人，只记载借款人，法院对其起诉予以受理。但是，在庭审过程中，被告抗辩其未向原告李某借款，只向第三人陆某借款，并提供了相关证据。法院审查后认为原告李某不具有债权人资格，裁定驳回其起诉。

◎ 法条链接

1.《最高人民法院关于审理民间借贷案件适用法律若干问题的规定》（法释〔2015〕18号）

第二条　出借人向人民法院起诉时，应当提供借据、收据、欠条等债权凭证以及其他能够证明借贷法律关系存在的证据。

当事人持有的借据、收据、欠条等债权凭证没有载明债权人，持有债权凭证的当事人提起民间借贷诉讼的，人民法院应予受理。被告对原告的债权人资格提出有事实依据的抗辩，人民法院经审理认为原告不具有债权人资格的，裁定驳回起诉。

100. 当事人主张的法律关系的性质或者民事行为的效力与人民法院根据案件事实作出的认定不一致的，如何处理？

——新疆广汇租赁服务有限公司与曹某革民间借贷纠纷案①

裁判要旨

诉讼过程中，当事人主张的法律关系的性质或者民事行为的效力与人民法院根据案件事实作出的认定不一致的，人民法院应当告知当事人可以变更诉讼请求。当事人拒绝变更的，如果当事人的起诉符合起诉条件，以判决驳回诉讼请求，反之，以裁定驳回。

◎ 基本案情

2014年1月20日，曹某革与新疆广汇租赁服务有限公司（简称广汇公司）签订了《广汇公司汽车租赁主合同（主要条款）》（附通用条款）、《汽车租赁合同附件一付款时间表》、《抵押合同（主要条款）》（附通用条款），上述合同约定：承租人、乙方（曹某革）因用车需要，向出租人、甲方（广汇公司）租赁车辆，车辆品牌为北京现代，型号及配置：索纳塔－2013款/索纳塔2.0L自顶级版，经销商：淮北远创汽车销售有限公司，发动机号DW××××，车架号：LBEYFAKCXDY××××，车辆融资项目为车款，车辆首付款68,940元，融资总额162,020元，租赁期限36个月，起租日2014年1月28日，每期还款租金5,849.86元，共需还款210,594.96元（包括本金162,020元，利息48,574.96元）。在租赁期内，由于国家增减有关税项、改变税率及银行利率因素必须变更租金时，甲方用手机短信方式通知乙方这种变更并提出新的实际租金，从国家宣布调整的次月开始执行新的租金，乙方须承认此变更并承付。自甲方支付购买租赁汽车所需的资金时，甲方即成为租赁车辆的唯一所有权人。租赁期内，乙方连续2期未向甲方支付租金，甲方有权解除合同并行使抵押权，乙方应同时即刻付清租金余额及其他合同规定之应付款

---

① 安徽省淮北市相山区人民法院（2015）相民二初字第00291号

项。如乙方违约，甲方有权向乙方追索因执行或保护本合同项下甲方权利而产生的合理费用，包括但不限于诉讼、仲裁费用、鉴定费用、律师费用、材料费用、调查费用、差旅费用等。承租人作为抵押人以车管所登记其名下的北京现代品牌汽车一台（型号及配置：索纳塔－2013 款/索纳塔 2.0L 自顶级版，发动机号 DW××××，车架号：LBEYFAKCXDY××××）作为抵押物，为其在汽车租赁合同项下的全部债务向出租人提供担保，出租人作为抵押权人同意接受承租人的抵押担保。抵押担保范围包括：主合同项下的全部租金、补偿金、违约金、赔偿金、实现主债权、抵押权所发生的律师费等所有费用和所有其他应付的费用。抵押期限自 2014 年 1 月 20 日至 2017 年 1 月 20 日。

上述合同签订后，广汇公司将借款 162,020 元支付给淮北远创汽车销售有限公司，曹某革接收车辆后在江苏省邳州市交巡警大队车辆管理所办理了车辆登记，并办理了抵押登记，抵押权人为广汇公司。之后，曹某革仅支付 2014 年 2 月 25 日应付款项 5,849.86 元，现尚欠借款 204,745.1 元（包括本金 158,532.32 元、利息 46,212.78 元）。

为了维护广汇公司合法权益，广汇公司提起诉讼，请求判令曹某革支付租金余额 204,745.1 元，滞纳金 2,695.62 元（暂计算至 2014 年 8 月 11 日），违约金 30,711.77 元，律师费 2,000 元，合计 240,152.49 元；实现苏 C×××TL（品牌：北京现代，发动机号 DW××××，车架号：LBEYFAKCXDY××××）的抵押权，对变卖、拍卖所得价款享有优先受偿权；曹某革承担本案诉讼费用。

◎ 法院审理

诉讼过程中，因广汇公司主张的法律关系为融资租赁合同，与法院根据案件事实作出的认定不一致，法院于 2015 年 8 月 31 日发出《通知》，告知广汇公司可以变更诉讼请求，但广汇公司未向法院提交变更诉讼请求申请书。

法院认为：本案争议的焦点是案涉汽车租赁合同的性质问题。根据《最高人民法院关于审理融资租赁合同纠纷案件适用法律问题的解释》第一条规定，"人民法院应根据合同法第二百三十七条规定，结合标的物的性质、价值、租金的构成以及当事人的合同权利义务，对是否构成融资租赁法律关系作出认定。对名为融资租赁合同，但实际上不构成融资租赁法律关系的，人民法院应按照实际构成的法律关系处理。"《中华人民共和国合同法》第二百三十七条规定，"融资租赁合同是出租人根据承租人对出卖人、租赁物的选择，向出卖人购买租赁物，提供给承租人使用，承租人支付租金的合同。"从该规定对融资租赁合同定义中可以看出，融资租赁合同具有融资与融物相结合的特点，融资租赁关系中包括两个交易行为，一是供货人和出租人之间的买卖合同，二是承租人与出租人之间的租赁合同。两个合同相互结合，构成了融资租赁合同。结合以上规定，对案涉合同性质分析如下：第一，本案供货人与出租人之间不具有买卖合同关系。广汇公司未提供其与淮北远创汽车销售有限公司的买卖合同，且曹某革支付了近三分之一的车款，显然广汇公司不是苏C×××TL车辆的买受人。第二，本案出租人对租赁物并未实际享有所有权。本案中，虽然《广汇公司汽车租赁主合同》约定，自广汇公司支付购买租赁汽车所需的资金时，广汇公司即成为租赁车辆的唯一所有权人。但是，在广汇公司支付了剩余车款后，案涉车辆苏C×××TL登记在曹某革名下，广汇公司又与曹某革签订抵押合同，曹某革以该车辆作为抵押物为其在汽车租赁主合同项下的全部债务提供担保，故租赁物苏C×××TL车辆应归曹某革所有，出租人广汇公司对租赁物并未实际享有所有权。第三，案涉合同事实上不存在真实的租赁合同法律关系。《中华人民共和国合同法》第二百一十二条规定，租赁合同是出租人将租赁物交付给承租人使用、收益，承租人支付租金的合同。本案中所谓租赁物苏C×××TL车辆所有人系曹某革，曹某革单方对自己所有的车辆不可能产生租赁关系，故本案当事人签订的合同，形式上虽有租赁条款的约定，但事实上并不存在租赁合同法律关系。合同还约定，由于国家增减银行利率变更租金时，广汇公司通知曹某革从国家宣布调整的次月开始执行新的租金，即双方实际上是“借钱还钱”关系。根据上述约定再结合法院前述的分析意见，本案所述主合同仅是单纯的融资，不存在融物。广汇公司与曹某革之间是借贷关系，即本案合同的性质是名为融资租赁实为民间借贷。

《最高人民法院关于民事诉讼证据的若干规定》第三十五条规定，“诉讼过程中，当事人主张的法律关系的性质或者民事行为的效力与人民法院根据案件事实作出的认定不一致的，不受本规定第三十四条规定的限制，人民法院应当告知当事人可以变更诉讼请求。”法院认定本案法律关系为民间借贷纠纷，并向广汇公司发出书面通知，告知该公司可以变更诉讼请求，但该公司拒绝变更诉讼请求。因广汇公司所主张的融资租赁关系及以该法律关系为基础的诉讼请求无事实与法律依据，故法院对广汇公司的诉讼请求不予支持。

法院判决如下：驳回原告新疆广汇租赁服务有限公司的诉讼请求。

◎ 点评

本案原告以融资租赁纠纷起诉，但法院查明的事实为民间借贷纠纷。

首先，我们要分清融资租赁与民间借贷的区别。融资租赁是指出租人根据承租人对出卖人、租赁物的选择，向出卖人购买租赁物，提供给承租人使用，由承租人支付租金，租赁期满，根据双方的约定，由承租人支付租赁物的残余价值，取得租赁物的所有权、续租或者退回租赁物。可见，融资租赁一般涉及出租人、承租人、出卖人三方当事人和买卖、租赁两种合同关系。融资租赁一般包含了三方面的含义：第一，出租人按照承租人的要求出资购买租赁物，并将租赁物交给承租人使用，出卖人和租赁物都是按照承租人的要求选定；第二，出卖人直接将租赁物交付给承租人，租赁物由承租人占有、使用和收益，故出租人购买租赁物的目的是出租，而不是自用；第三，承租人必须向出租人支付租金。可见，融资租赁同时具有融资与融物的功能。民间借贷是指出借人向借款人提供资金，借款人到期还本付息。民间借贷只涉及出借人和借款人，且只有融资功能，不涉及融物。

其次，我们要分析本案案情。本案的真实法律关系是民间借贷，即本案被告曹某革为了购买汽车，自己支付车辆首付款 68, 940 元，同时向本案原告广汇公司借款 162, 020 元支付购车余款，为了保障广汇公司的债权，曹某革将汽车设定了抵押。虽然本案原告广汇公司认为双方是融资租赁法律关系并以此起诉，但广汇公司与淮北远创汽车销售有限公司并不存在汽车买卖合同，且标的汽车的所有人是曹某革，故本案的事实为民间借贷。

最后，我们分析法院如何处理此种情况。《最高人民法院关于审理融资租赁合同纠纷案件适用法律问题的解释》（法释〔2014〕3 号）第一条规定："人民法院应当根据合同法第二百三十七条的规定，结合标的物的性质、价值、租金的构成以及当事人的合同权利和义务，对是否构成融资租赁法律关系做出认定。"据此，本案法院认定原被告双方不构成融资租赁关系，而是民间借贷关系。《最高人民法院关于民事诉讼证据的若干规定》（法释〔2001〕33 号）第三十五条第一款规定："诉讼过程中，当事人主张的法律关系的性质或者民事行为的效力与人民法院根据案件事实作出的认定不一致的，不受本规定第三十四条规定的限制，人民法院应当告知当事人可以变更诉讼请求。"因此，本案法院告知本案原告变更诉请请求，但本案原告拒绝变更。此时，法院应当如何处理呢？《最高人民法院关于民事诉讼证据的若干规定》（法释〔2001〕33 号）对此并未明确。综合各地法院的审理结果，通常是驳回原告的诉讼请求。至于是以裁定还是以判决驳回，应当分情况处理。《最高人民法院关于适用〈中华人民共和国民事诉讼法〉的解释》（法释〔2015〕5 号）第二百零八条第三款规定："立案后发现不符合起诉条件或者属于民事诉讼法第一百二十四条规定情形的，裁定驳回起诉。"《民事诉讼法》第一百二十四条规定："人民法院对下列起诉，分别情形，予以处理：（一）依照行政诉讼法的规定，属于行政诉讼受案范围的，告知原告提起行政诉讼；（二）依照法律规定，双方当事人达成书面仲裁协议申请仲裁、不得向人民法院起诉的，告知原告向仲裁机构申请仲裁；（三）依照法律规定，应当由其他机关处理的争议，告知原告向有关机关申请解决；（四）对不属于本院管辖的案件，告知原告向有管辖权的人民法院起诉；（五）对判决、裁定、调解书已经发生法律效力的案件，当事人又起诉的，告知原告申请再审，但人民法院准许撤诉的裁定除外；（六）依照法律规定，在一定期限内不得起诉的案件，在不得起诉的期限内起诉的，不予受理；（七）判决不准离婚和调解和好的离婚案件，判决、调解维持收养关系的案件，没有新情况、新理由，原告在六个月内又起诉的，不予受理。”可见，裁定驳回起诉主要针对不符合起诉条件的情形。提起民事诉讼需要符合哪些条件呢？《民事诉讼法》第一百一十九条规定：“起诉必须符合下列条件：（一）原告是与本案有直接利害关系的公民、法人和其他组织；（二）有明确的被告；（三）有具体的诉讼请求和事实、理由；（四）属于人民法院受理民事诉讼的范围和受诉人民法院管辖。”因此，对不符合起诉条件的，法院应当裁定驳回起诉，凡是符合起诉条件的，则应当以判决驳回。本案原告起诉符合法定的起诉条件，故本案审理法院进行实体审查后以判决驳回原告的诉讼请求。

◎ 法条链接

1.《最高人民法院关于民事诉讼证据的若干规定》（法释〔2001〕33 号）

第三十四条 当事人应当在举证期限内向人民法院提交证据材料，当事人在举证期限内不提交的，视为放弃举证权利。

对于当事人逾期提交的证据材料，人民法院审理时不组织质证。但对方当事人同意质证的除外。

当事人增加、变更诉讼请求或者提起反诉的，应当在举证期限届满前提出。

第三十五条 诉讼过程中，当事人主张的法律关系的性质或者民事行为的效力与人民法院根据案件事实作出的认定不一致的，不受本规定第三十四条规定的限制，人民法院应当告知当事人可以变更诉讼请求。

当事人变更诉讼请求的，人民法院应当重新指定举证期限。

2.《最高人民法院关于适用〈中华人民共和国民事诉讼法〉的解释》（法释〔2015〕5 号）

第二百零八条 人民法院接到当事人提交的民事起诉状时，对符合民事诉讼法第一百一十九条的规定，且不属于第一百二十四条规定情形的，应当登记立案；对当场不能判定是否符合起诉条件的，应当接收起诉材料，并出具注明收到日期的书面凭证。

需要补充必要相关材料的，人民法院应当及时告知当事人。在补齐相关材料后，应当在七日内决定是否立案。

立案后发现不符合起诉条件或者属于民事诉讼法第一百二十四条规定情形的，裁定驳回起诉。

3.《民事诉讼法》

第一百一十九条 起诉必须符合下列条件：

（一）原告是与本案有直接利害关系的公民、法人和其他组织；

（二）有明确的被告；

（三）有具体的诉讼请求和事实、理由；

（四）属于人民法院受理民事诉讼的范围和受诉人民法院管辖。

第一百二十四条　人民法院对下列起诉，分别情形，予以处理：

（一）依照行政诉讼法的规定，属于行政诉讼受案范围的，告知原告提起行政诉讼；

（二）依照法律规定，双方当事人达成书面仲裁协议申请仲裁、不得向人民法院起诉的，告知原告向仲裁机构申请仲裁；

（三）依照法律规定，应当由其他机关处理的争议，告知原告向有关机关申请解决；

（四）对不属于本院管辖的案件，告知原告向有管辖权的人民法院起诉；

（五）对判决、裁定、调解书已经发生法律效力的案件，当事人又起诉的，告知原告申请再审，但人民法院准许撤诉的裁定除外；

（六）依照法律规定，在一定期限内不得起诉的案件，在不得起诉的期限内起诉的，不予受理；

（七）判决不准离婚和调解和好的离婚案件，判决、调解维持收养关系的案件，没有新情况、新理由，原告在六个月内又起诉的，不予受理。

附　录

1.《合同法》第十二章　借款合同

第一百九十六条　借款合同是借款人向贷款人借款，到期返还借款并支付利息的合同。

第一百九十七条　借款合同采用书面形式，但自然人之间借款另有约定的除外。

借款合同的内容包括借款种类、币种、用途、数额、利率、期限和还款方式等条款。

第一百九十八条　订立借款合同，贷款人可以要求借款人提供担保。担保依照《中华人民共和国担保法》的规定。

第一百九十九条　订立借款合同，借款人应当按照贷款人的要求提供与借款有关的业务活动和财务状况的真实情况。

第二百条　借款的利息不得预先在本金中扣除。利息预先在本金中扣除的，应当按照实际借款数额返还借款并计算利息。

第二百零一条　贷款人未按照约定的日期、数额提供借款，造成借款人损失的，应当赔偿损失。

借款人未按照约定的日期、数额收取借款的，应当按照约定的日期、数额支付利息。

第二百零二条　贷款人按照约定可以检查、监督借款的使用情况。借款人应当按照约定向贷款人定期提供有关财务会计报表等资料。

第二百零三条　借款人未按照约定的借款用途使用借款的，贷款人可以停止发放借款、提前收回借款或者解除合同。

第二百零四条　办理贷款业务的金融机构贷款的利率，应当按照中国人民银行规定的贷款利率的上下限确定。

第二百零五条　借款人应当按照约定的期限支付利息。对支付利息的期限没有约定或者约定不明确，依照本法第六十一条的规定仍不能确定，借款期间不满一年的，应当在返还借款时一并支付；借款期间一年以上的，应当在每届满一年时支付，剩余期间不满一年的，应当在返还借款时一并支付。

第二百零六条　借款人应当按照约定的期限返还借款。对借款期限没有约定或者约定不明确，依照本法第六十一条的规定仍不能确定的，借款人可以随时返还；贷款人可以催告借款人在合理期限内返还。

第二百零七条 借款人未按照约定的期限返还借款的，应当按照约定或者国家有关规定支付逾期利息。

第二百零八条 借款人提前偿还借款的，除当事人另有约定的以外，应当按照实际借款的期间计算利息。

第二百零九条 借款人可以在还款期限届满之前向贷款人申请展期。贷款人同意的，可以展期。

第二百一十条 自然人之间的借款合同，自贷款人提供借款时生效。

第二百一十一条 自然人之间的借款合同对支付利息没有约定或者约定不明确的，视为不支付利息。

自然人之间的借款合同约定支付利息的，借款的利率不得违反国家有关限制借款利率的规定。

2.《最高人民法院关于审理民间借贷案件适用法律若干问题的规定》(法释〔2015〕18号)

(2015年6月23日最高人民法院审判委员会第1655次会议通过)

为正确审理民间借贷纠纷案件，根据《中华人民共和国民法通则》《中华人民共和国物权法》《中华人民共和国担保法》《中华人民共和国合同法》《中华人民共和国民事诉讼法》《中华人民共和国刑事诉讼法》等相关法律之规定，结合审判实践，制定本规定。

第一条 本规定所称的民间借贷，是指自然人、法人、其他组织之间及其相互之间进行资金融通的行为。

经金融监管部门批准设立的从事贷款业务的金融机构及其分支机构，因发放贷款等相关金融业务引发的纠纷，不适用本规定。

第二条 出借人向人民法院起诉时，应当提供借据、收据、欠条等债权凭证以及其他能够证明借贷法律关系存在的证据。

当事人持有的借据、收据、欠条等债权凭证没有载明债权人，持有债权凭证的当事人提起民间借贷诉讼的，人民法院应予受理。被告对原告的债权人资格提出有事实依据的抗辩，人民法院经审理认为原告不具有债权人资格的，裁定驳回起诉。

第三条 借贷双方就合同履行地未约定或者约定不明确，事后未达成补充协议，按照合同有关条款或者交易习惯仍不能确定的，以接受货币一方所在地为合同履行地。

第四条 保证人为借款人提供连带责任保证，出借人仅起诉借款人的，人民法院可以不追加保证人为共同被告；出借人仅起诉保证人的，人民法院可以追加借款人为共同被告。

保证人为借款人提供一般保证，出借人仅起诉保证人的，人民法院应当追加借款人为共同被告；出借人仅起诉借款人的，人民法院可以不追加保证人为共同被告。

第五条 人民法院立案后，发现民间借贷行为本身涉嫌非法集资犯罪的，应当裁定驳回起诉，并将涉嫌非法集资犯罪的线索、材料移送公安或者检察机关。

公安或者检察机关不予立案，或者立案侦查后撤销案件，或者检察机关作出不起诉决定，或者经人民法院生效判决认定不构成非法集资犯罪，当事人又以同一事实向人民法院提起诉讼的，人民法院应予受理。

第六条 人民法院立案后，发现与民间借贷纠纷案件虽有关联但不是同一事实的涉嫌非法集资等犯罪的线索、材料的，人民法院应当继续审理民间借贷纠纷案件，并将涉嫌非法集资等犯罪的线索、材料移送公安或者检察机关。

第七条 民间借贷的基本案件事实必须以刑事案件审理结果为依据，而该刑事案件尚未审结的，人民法院应当裁定中止诉讼。

第八条 借款人涉嫌犯罪或者生效判决认定其有罪，出借人起诉请求担保人承担民事责任的，人民法院应予受理。

第九条 具有下列情形之一，可以视为具备合同法第二百一十条关于自然人之间借款合同的生效要件：

（一）以现金支付的，自借款人收到借款时；

（二）以银行转账、网上电子汇款或者通过网络贷款平台等形式支付的，自资金到达借款人账户时；

（三）以票据交付的，自借款人依法取得票据权利时；

（四）出借人将特定资金账户支配权授权给借款人的，自借款人取得对该账户实际支配权时；

（五）出借人以与借款人约定的其他方式提供借款并实际履行完成时。

第十条 除自然人之间的借款合同外，当事人主张民间借贷合同自合同成立时生效的，人民法院应予支持，但当事人另有约定或者法律、行政法规另有规定的除外。

第十一条 法人之间、其他组织之间以及它们相互之间为生产、经营需要订立的民间借贷合同，除存在合同法第五十二条、本规定第十四条规定的情形外，当事人主张民间借贷合同有效的，人民法院应予支持。

第十二条 法人或者其他组织在本单位内部通过借款形式向职工筹集资金，用于本单位生产、经营，且不存在合同法第五十二条、本规定第十四条规定的情形，当事人主张民间借贷合同有效的，人民法院应予支持。

第十三条 借款人或者出借人的借贷行为涉嫌犯罪，或者已经生效的判决认定构成犯罪，当事人提起民事诉讼的，民间借贷合同并不当然无效。人民法院应当根据合同法第五十二条、本规定第十四条之规定，认定民间借贷合同的效力。

担保人以借款人或者出借人的借贷行为涉嫌犯罪或者已经生效的判决认定构成犯罪为由，主张不承担民事责任的，人民法院应当依据民间借贷合同与担保合同的效力、当事人的过错程度，依法确定担保人的民事责任。

第十四条 具有下列情形之一，人民法院应当认定民间借贷合同无效：

（一）套取金融机构信贷资金又高利转贷给借款人，且借款人事先知道或者应当知道的；

（二）以向其他企业借贷或者向本单位职工集资取得的资金又转贷给借款人牟利，且借款人事先知道或者应当知道的；

（三）出借人事先知道或者应当知道借款人借款用于违法犯罪活动仍然提供借款的；

（四）违背社会公序良俗的；

（五）其他违反法律、行政法规效力性强制性规定的。

第十五条 原告以借据、收据、欠条等债权凭证为依据提起民间借贷诉讼，被告依据基础法律关系提出抗辩或者反诉，并提供证据证明债权纠纷非民间借贷行为引起的，人民法院应当依据查明的案件事实，按照基础法律关系审理。

当事人通过调解、和解或者清算达成的债权债务协议，不适用前款规定。

第十六条 原告仅依据借据、收据、欠条等债权凭证提起民间借贷诉讼，被告抗辩已经偿还借款，被告应当对其主张提供证据证明。被告提供相应证据证明其主张后，原告仍应就借贷关系的成立承担举证证明责任。

被告抗辩借贷行为尚未实际发生并能作出合理说明，人民法院应当结合借贷金额、款项交付、当事人的经济能力、当地或者当事人之间的交易方式、交易习惯、当事人财产变动情况以及证人证言等事实和因素，综合判断查证借贷事实是否发生。

第十七条 原告仅依据金融机构的转账凭证提起民间借贷诉讼，被告抗辩转账系偿还双方之前借款或其他债务，被告应当对其主张提供证据证明。被告提供相应证据证明其主张后，原告仍应就借贷关系的成立承担举证证明责任。

第十八条 根据《关于适用〈中华人民共和国民事诉讼法〉的解释》第一百七十四条第二款之规定，负有举证证明责任的原告无正当理由拒不到庭，经审查现有证据无法确认借贷行为、借贷金额、支付方式等案件主要事实，人民法院对其主张的事实不予认定。

第十九条 人民法院审理民间借贷纠纷案件时发现有下列情形，应当严格审查借贷发生的原因、时间、地点、款项来源、交付方式、款项流向以及借贷双方的关系、经济状况等事实，综合判断是否属于虚假民事诉讼：

（一）出借人明显不具备出借能力；

（二）出借人起诉所依据的事实和理由明显不符合常理；

（三）出借人不能提交债权凭证或者提交的债权凭证存在伪造的可能；

（四）当事人双方在一定期间内多次参加民间借贷诉讼；

（五）当事人一方或者双方无正当理由拒不到庭参加诉讼，委托代理人对借贷事实陈述不清或者陈述前后矛盾；

（六）当事人双方对借贷事实的发生没有任何争议或者诉辩明显不符合常理；

（七）借款人的配偶或合伙人、案外人的其他债权人提出有事实依据的异议；

（八）当事人在其他纠纷中存在低价转让财产的情形；

（九）当事人不正当放弃权利；

（十）其他可能存在虚假民间借贷诉讼的情形。

第二十条 经查明属于虚假民间借贷诉讼，原告申请撤诉的，人民法院不予准许，并应当根据民事诉讼法第一百一十二条之规定，判决驳回其请求。

诉讼参与人或者其他人恶意制造、参与虚假诉讼，人民法院应当依照民事诉讼法第一百一十一条、第一百一十二条和第一百一十三条之规定，依法予以罚款、拘留；构成犯罪的，应当移送有管辖权的司法机关追究刑事责任。

单位恶意制造、参与虚假诉讼的，人民法院应当对该单位进行罚款，并可以对其主要负责人或者直接责任人员予以罚款、拘留；构成犯罪的，应当移送有管辖权的司法机关追究刑事责任。

第二十一条 他人在借据、收据、欠条等债权凭证或者借款合同上签字或者盖章，但未表明其保证人身份或者承担保证责任，或者通过其他事实不能推定其为保证人，出借人请求其承担保证责任的，人民法院不予支持。

第二十二条 借贷双方通过网络贷款平台形成借贷关系，网络贷款平台的提供者仅提供媒介服务，当事人请求其承担担保责任的，人民法院不予支持。

网络贷款平台的提供者通过网页、广告或者其他媒介明示或者有其他证据证明其为借贷提供担保，出借人请求网络贷款平台的提供者承担担保责任的，人民法院应予支持。

第二十三条 企业法定代表人或负责人以企业名义与出借人签订民间借贷合同，出借人、企业或者其股东能够证明所借款项用于企业法定代表人或负责人个人使用，出借人请求将企业法定代表人或负责人列为共同被告或者第三人的，人民法院应予准许。

企业法定代表人或负责人以个人名义与出借人签订民间借贷合同，所借款项用于企业生产经营，出借人请求企业与个人共同承担责任的，人民法院应予支持。

第二十四条 当事人以签订买卖合同作为民间借贷合同的担保，借款到期后借款人不能还款，出借人请求履行买卖合同的，人民法院应当按照民间借贷法律关系审理，并向当事人释明变更诉讼请求。当事人拒绝变更的，人民法院裁定驳回起诉。

按照民间借贷法律关系审理作出的判决生效后，借款人不履行生效判决确定的金钱债务，出借人可以申请拍卖买卖合同标的物，以偿还债务。就拍卖所得的价款与应偿还借款本息之间的差额，借款人或者出借人有权主张返还或补偿。

第二十五条 借贷双方没有约定利息，出借人主张支付借期内利息的，人民法院不予支持。

自然人之间借贷对利息约定不明，出借人主张支付利息的，人民法院不予支持。除自然人之间借贷的外，借贷双方对借贷利息约定不明，出借人主张利息的，人民法院应当结合民间借贷合同的内容，并根据当地或者当事人的交易方式、交易习惯、市场利率等因素确定利息。

第二十六条 借贷双方约定的利率未超过年利率24%，出借人请求借款人按照约定的利率支付利息的，人民法院应予支持。

借贷双方约定的利率超过年利率36%，超过部分的利息约定无效。借款人请求出借人返还已支付的超过年利率36%部分的利息的，人民法院应予支持。

第二十七条 借据、收据、欠条等债权凭证载明的借款金额，一般认定为本金。预先在本金中扣除利息的，人民法院应当将实际出借的金额认定为本金。

第二十八条 借贷双方对前期借款本息结算后将利息计入后期借款本金并重新出具债权凭证，如果前期利率没有超过年利率24%，重新出具的债权凭证载明的金额可认定为后期借款本金；超过部分的利息不能计入后期借款本金。约定的利率超过年利率24%，当事人主张超过部分的利息不能计入后期借款本金的，人民法院应予支持。

按前款计算，借款人在借款期间届满后应当支付的本息之和，不能超过最初借款本金与以最初借款本金为基数，以年利率24%计算的整个借款期间的利息之和。出借人请求借款人支付超过部分的，人民法院不予支持。

第二十九条 借贷双方对逾期利率有约定的，从其约定，但以不超过年利率24%为限。

未约定逾期利率或者约定不明的，人民法院可以区分不同情况处理：

（一）既未约定借期内的利率，也未约定逾期利率，出借人主张借款人自逾期还款之日起按照年利率6%支付资金占用期间利息的，人民法院应予支持；

（二）约定了借期内的利率但未约定逾期利率，出借人主张借款人自逾期还款之日起按照借期内的利率支付资金占用期间利息的，人民法院应予支持。

第三十条 出借人与借款人既约定了逾期利率，又约定了违约金或者其他费用，出借人可以选择主张逾期利息、违约金或者其他费用，也可以一并主张，但总计超过年利率24%的部分，人民法院不予支持。

第三十一条 没有约定利息但借款人自愿支付，或者超过约定的利率自愿支付利息或违约金，且没有损害国家、集体和第三人利益，借款人又以不当得利为由要求出借人返还的，人民法院不予支持，但借款人要求返还超过年利率36%部分的利息除外。

第三十二条 借款人可以提前偿还借款，但当事人另有约定的除外。

借款人提前偿还借款并主张按照实际借款期间计算利息的，人民法院应予支持。

第三十三条 本规定公布施行后，最高人民法院于1991年8月13日发布的《关于人民法院审理借贷案件的若干意见》同时废止；最高人民法院以前发布的司法解释与本规定不一致的，不再适用。

最高人民法院办公厅秘书一处2015年8月6日印

3. 《最高人民法院负责人就〈最高人民法院关于审理民间借贷案件适用法律若干问题的规定〉答记者问》

（2015年8月6日）

为贯彻党的十八届四中全会提出的全面推进依法治国的重大战略部署，切实加强社会主义法治建设，充分保护人民群众和广大民事主体在民间借贷的合法权益，维护正常的资金融通秩序，最高人民法院根据《中华人民共和国民法通则》《中华人民共和国物权法》《中华人民共和国担保法》《中华人民共和国合同法》《中华人民共和国民事诉讼法》《中华人民共和国刑事诉讼法》等相关法律之规定，结合审判实践，经审判委员会五次专题讨论，通过了《最高人民法院关于审理民间借贷案件适用法律若干问题的规定》（以下简称《规定》）。值此司法解释公布之际，最高人民法院负责人就《规定》的有关问题接受了记者的采访。

问：请您具体给我们解释一下《规定》出台的具体原因是什么，该解释与1991年出台的《若干意见》相比最大的不同是什么？

答：谢谢你提这个问题。其实民间借贷由来已久，在我国几千年的历史里一直都存在民间借贷，延续到现在。在世界各国也存在民间借贷。对于民间借贷这种现象，官府进行管制也是长期的，比如说古代明清时期，管制的利率不能超过三分，如果再高就按照刑法手段处理。新中国成立以后，最高人民法院最早于50年代初对东北辽宁就有过一个关于民间借贷的批复，里面就确定了四倍利率这样一个做法，以后长期以来这个四倍利率一直在审判实践中运用，1991年，我院曾就民间借贷案件问题颁布了《关于人民法院审理借贷案件的若干意见》，当时制定那个解释的时候继续沿用了这个做法。

现在为什么在这样一个时代，要重新全面地修改制定民间借贷的司法解释呢？1991年的司法解释是根据1979年以来改革开放的情况，总结当时的审判经验作出的。这个规定对于推动我国的社会主义市场经济的发展和完善发挥了很大的作用。但是从1991年以后，我国经济社会发生了翻天覆地的变化，特别是1993年我们确立了要建立中国特色的社会主义以来，变化就更加巨大。我觉得这个变化产生了一种新的需求，至少有这么几点：

第一，民间借贷的内容发生了变化，以前老百姓的民间借贷主要是生活性借贷，例如生活缺钱，向朋友亲戚借点。生产经营性借贷所占的比重相对较低。但是经过改革开放30多年来，我们国民的财富在增长，因此民间借贷的内容也在发生变化。就目前来讲，生产经营性的借贷大幅度上扬，相反生活性的民间借贷大幅度下降。大家生活的周围恐怕很少有朋友因为生活窘迫借款，这个所占的比重已经比较低。这是我们要考虑的一个因素。

第二，这几十年来民间借贷的主体发生了很大的变化，以前民间借贷的主体几乎都是自然人，在计划经济时代，很少有企业借贷的，在改革开放特别是1993年之后，借贷的主体逐渐地从自然人之间的借贷、自然人与企业之间的借贷发展到企业与企业之间的借贷，主体变化很多，甚至发展到企业的负责人以自然人的身份借贷，借贷以后又用于企业，这样的情况非常复杂。这是第二种变化，也是我们面对这样的情况需要考虑的现实。

第三，民间借贷大量出现以后，现在非法集资的现象在我国从南到北、从东到西非常普遍，因此民间借贷与非法集资犯罪往往交叉，这种情况也比较多。怎样把这两方面的情形理清楚，既要打击非法集资，因为非法集资所产生的恶果很大，会破坏我们的金融秩序、经济秩序，甚至危及社会稳定，但又不能说一刀切的将民间借贷都不要了，这会对我们的生产经营产生很大影响，怎么样厘清这个问题确实是当前司法工作中的难题，是需要考虑的。

第四，刚才所说的企业与企业之间的借贷已经非常普遍，以前企业间拆借是不合法的，但是出现了许多规避借贷行为被认定为无效的种种企业借贷运作模式，怎样规范企业之间的借贷，也是我们必须要着重考虑的一个问题。

第五，随着社会主义经济体制的改革不断深入，利率的市场化是一个必然的趋势，而且中央也在大力推进。在利率市场化的背景之下，出现了一些新情况，比如说央行在2013年7月就规定了不再公布同期贷款基准利率，而最高人民法院1991年公布的司法解释是要以同期贷款基准利率为标准，按四倍来计算借贷合同的利息是否受民事法律保护。一旦不公布同期贷款基准利率以后，大量的案子将没办法审理，所以在这种情况下，我们就不能不对以往的司法解释进行修改。这就是在这样的背景下为什么制定《规定》的主要原因。

问：民间借贷因涉嫌非法集资而触犯刑事法律的现象是非常普遍的，在此类案件中，当事人既有向公安机关报案要求追究犯罪嫌疑人的刑事责任，也有向人民法院提起民事诉讼，请问《规定》如何协调刑事与民事的关系？

答：民间借贷的司法解释确实涉及民刑交叉的问题，在审判实践中，存在着大量的民间借贷纠纷案件往往都与非法吸收公共存款罪，还有集资诈骗罪等刑事案件交错。在这种情况之下，如何来协调处理刑事案件和民事案件是我们当前处理民间借贷纠纷中比较重要的一个问题。

在2014年3月，最高人民法院、最高人民检察院和公安部曾经共同颁布了《关于办理非法集资刑事案件适用法律若干问题的意见》。按照这个《意见》，人民法院在审理民事案件中如果发现有非法集资的犯罪，应当要将案件移送公安机关或者检察机关。这一次我们制定司法解释的时候，实际上就对这个问题进行了重申，也就是重新把它规定到我们民事司法解释里面来。之所以如此规定，是因为非法集资案件涉及不特定的多数人的利益，在处理上应当坚持一体化解决的原则，防止有的受害人获得足额清偿而有的受害人却根本不能得到补偿的现象发生。因此，只要是涉及非法集资犯罪的案件，民事案件审理中发现了就要移送。法院就不再审理了，这是一种处理方式。

第二类处理方式，如果在审理民间借贷案件的过程中，涉及非法集资等犯罪的线索与材料，在这样一种情况下怎么办？比如有人非法集资，把非法集资来的钱又转贷给他人，后者转贷会形成民间借贷的案件，对这类案件怎么办？我们新的司法解释第六条做了规定，涉及非法集资线索的材料，我们应当要移送到公安机关或者是检察机关，但是对于后面的民间借贷的那部分案件还要继续审理。

第三类情况，在审理非法集资的案件过程中，可能会涉及担保人的担保责任问题，我们在审理案件中不因为一部分当事人的非法集资犯罪就认定整个合同无效，担保人的担保责任也没了，这是不行的。遇到这种情况，只要当事人要起诉担保人，对这类案件，人民法院是应当予以受理的。

第四种情况，如果民间借贷的案件审理过程中，案件的基本事实需要刑事案件查清以后才能继续审理的，这类案件就应当中止审理，因为犯罪事实的行为可能涉及民间借贷案件的基本事实，基本案件事实可能涉及主体、权利义务的确定等，这一类我们要先刑后民，先把刑事案件结案了，我们民事案件才能恢复审理。

问：在《规定》里提到有24%和36%这样两个数字，您刚才也说了民间借贷年利率以前是按照银行的同期利率四倍来计算，为何要作出这样的修订，请您再具体说一说。

答：你的问题涉及本次司法解释的核心问题，就是利率问题。为什么这么规定？我们本次规定利率有几个特点：第一，规定的利率是一个固定利率，而不是像以前是参照央行同期贷款基准利率。第二，我们划了“两线三区”。首先划了第一根线，就是民事法律应予保护的固定利率为年利率的24%。第二条线是年利率36%以上的借贷合同为无效，通过这两线，划分了三个区域，一个是无效区，一个是司法保护区，一个是自然债务区。为什么考虑24%的利率？刚才在前面已经讲到，年利率四倍的历史渊源流长，其实在古代的时候月利率两分，也就是大约24%的含义。我们在制定司法解释的时候就研究过从古到今利率的变化，特别是1990年以来央行颁布的整个利率的线索，我们研究发现，央行颁布的贷款基准利率变化比较大，最低是百分之二点几，最高的是百分之十二点几，中间较多的是5% -8%，最后我们折中就选了6%，又参照传统四倍的含义，四六二十四，就是这样来的。因此，24%的利率是长期以来我们在审判实践中所确立的一个执法标准，实际上也是从古至今在民间利率方面的一条规则，不算我们的独创。

第二，为什么要规定36%以上无效？按照1991年的司法解释，规定是银行贷款基准利率的四倍，超过部分不受法律保护。这个不受法律保护的含义，就是说你要向人民法院起诉，要求动用国家强制力来保护你所获得利息，超过四倍不保护，但是如果当事人愿意自动履行的，法院是认可的，如果当事人履行了以后，再反悔想要回来，法院是不支持的，1991年的司法解释是这个含义。我们总结这么多年来经济发展的情况发现，实体经济所创造的利润相应来说肯定没有这么高，如果我们不把高利贷控制住，对于实体经济，特别是对于中小微企业的发展是不利的。所以这次规定了年利率36%以上就无效，这个无效的含义是如果当事人原来自愿偿还了利息，基于合同无效，还可以要求返还，这是对1991年的司法解释重大的修改。规定36%以上无效，是基于现实社会的实际情况，经商相关主管部门，同时也参考了国外的一些立法例而划定的。国外有一些地区也规定，在利率无效的情况下是要返还的。对于24% -36%之间的这一部分我们把它作为一个自然债务看待，如果要提起诉讼，要求法院保护，法院不会保护，但是当事人愿意自动履行，法院也不反对。

问：认定企业之间借贷行为合法有效，可以说是这部司法解释的亮点之一，之前司法实践一般都认定为是无效的，本规定在认定企业之间的拆借行为效力上是一律认定为合法有效，还是有一定的限制性条件？

答：这个问题实际上涉及如何认识企业之间的借贷问题。的确正如你说的，我们对于企业之间借贷的认识有一个发展过程，这与我们国家的经济体制改革、经济发展是相适应的。以往，企业与企业之间的借贷被认定为是无效的，为什么要认定无效呢？因为当时基于1996年央行发布的《贷款通则》，加之最高人民法院也做了一些司法解释，认为企业与企业之间的借贷会破坏金融秩序，因此在当时的情况下认定企业与企业之间借贷的合同是无效的。而且这个规则一直到现在都没有废，但是随着经济的发展，特别是社会主义法治的不断健全和完善，这一规则出现了一些问题。第一，1999 年《合同法》生效，《合同法》规定要认定合同无效只能依据国家的法律和行政法规。从现有的国家法律和行政法规来讲，没有明确规定企业与企业之间的借贷是无效的。当然《贷款通则》是规定了，但是它属于一个部门规章，它的法律效力等级还没有上升到行政法规和法律的层面。《合同法》出现以后，就面临着法律上的冲突。第二个原因是与物权法的冲突。2007 年，我国颁布了《物权法》，按照物权法的规定，物权的权利人有权依法自由的处分自己的财产，货币资金当然是属于他的财产，他当然可以处分。如果依据《贷款通则》就无权处分，显然这样的规则与《物权法》的规定有冲突。基于这样的情况，近几年来，我们依据现有的法律做了调整，其实我们的实际案例已经突破了原来的规定。包括最高人民法院审理的案子，依据《合同法》、《物权法》等规则，2005 年以后陆续审结了一批企业与企业之间借贷的合同为有效合同的案件，示范效应是积极的，效果也很好。近几年来，我们在总结审判工作所取得的经验基础上，明确规定了把企业与企业之间的借贷有条件地认定为有效。这次司法解释第 11 条，对企业之间融资有效是做了一定界定的，法人之间、其他组织之间以及他们相互之间为生产经营需要订立的民间借贷合同，除存在《合同法》第 52 条和本规定 14 条规定的情形以外，当事人主张合同有效的予以支持。根据这一条规定，企业与企业之间的合同的有效是要限定这个合同是为生产和经营需要而订立的借款合同。如果作为一个生产经营性企业不搞生产经营，变成一个专业放贷人，把钱拿去放贷，甚至从银行套取现金再去放贷是不行的。司法解释规定这样的合同就会认定为无效。同时在解释中还规定了如果企业向其他企业借贷，或者从本单位职工集资，本来是为本单位的生产经营需要，但却没有投入企业经营，而去放贷，这也要认定为无效。所以我们这次对企业的放开是一个有限度的放开，企业之间如果有闲散资金，因为对方是为了生产经营需要，而不是为了借钱去放贷，这种合同应当是有效的，仅仅限于这个范围。这样做的目的既解决企业资金的短缺，又维护了我们国家的金融安全，国家金融不安全，我们经济发展就没保障。

问：现实生活中可能有的借款人在没有约定利息的情况下自愿支付利息，或者支付的利息超过了 24%，但是没有超过 36% 的情况下，事后又反悔，能够向法院主张要求出借人返还已付的利息，《规定》如何协调两者之间的利益平衡？

答：我们现在规定的利息利率是 24%，在 24% 以内当事人起诉到人民法院，人民法院对这类利息只要不突破 24%，都要给予法律保护。当然在实践中间，确实有这样一个情况，有些当事人约定的利息是超过 24%，没有超过 36%，因为 36% 就是无效，24% 与 36% 之间的，这一段的债务我们称为自然债务。这类债务如果当事人依据合同，向人民法院起诉要求保护这个区间的利息，人民法院是不予法律保护的。所以起诉到法院不予以保护，但是这个合同如果约定利率以后，借款人按照合同的约定偿还了利息，这个偿还是有效的，如果偿还以后又反悔，向法院起诉要求返还超过24%部分利息的，不能支持。但超过36%以上的是无效，即使自愿给付了，也可基于合同无效要求返还。

问：我们注意到，《规定》特别强调，出借人向人民法院起诉时，应当提供债权凭证或者能够证明借贷关系存在的证据。这一规定是否与立案登记制相矛盾？

答：这一规定不仅与立案登记制不矛盾，而且还相辅相成。早在3000多年前的西周时期，人们把借贷契约称为“傅别”，西周的《周礼》就有“听称责以傅别”的记载，说的是官员审理借贷纠纷时必须要有凭据、证据。从司法实践情况看，民间借贷纠纷案件中，当事人为证明存在借贷关系所提交的证据多为借据、收据、欠条等债权凭证，这些大都属于书证范畴。当然，债权凭证的表现形式不仅限于本《规定》已列明的“借据、收据、欠条”等形式，还包括能够证明借贷关系存在的其他证据，如短信、微信、博客、网上聊天记录等电子数据以及录音录像等视听资料。总之，原告向法院起诉，必须提供相应的证据证明，这是民事诉讼的基本要求。只要符合《民事诉讼法》第119条规定的起诉条件的，人民法院都要受理。对于不符合法定起诉条件的，即使已经进行了立案登记，也不能进入实体程序，人民法院应当通知当事人补交相关证据材料。上述规定也有利于防止当事人滥用诉权。

问：民间借贷纠纷中，经常会有其他人在借条、欠条或者收据上签名，并容易引发纠纷。请问，本《规定》是如何规范这一问题的？

答：经过调研，我们发现，审判实践中存在相当多的纠纷是由于在他人出具的借条或者欠条上签名而引发对民事责任承担的争执，进而引发矛盾形成诉讼。应当看到，传统的民间借贷更多地存在于熟人社会中，基于亲属、朋友、同事或者其他社会关系，他人或者作为借款人的保证人，或者作为借贷的见证人，或者作为中间人，或者出于其他原因而在借据上签字。然而，他人的签字是否意味着其应当承担保证责任，则存有争议。

正是由于民间借贷实践中，第三人在债权凭证或者借款合同中签字盖章的法律意义具有多种可能性，所以本司法解释才作出明确规定，包括三层意思：第一，仅有他人签名或者盖章的，不足以认定保证人身份，他人也就不承担保证责任。所谓“仅有”，是指既未在借款凭证或借款合同中表明保证人身份，也未在其中约定保证条款并指向签字或盖章人，同时也无其他证据证明该签字或盖章人为保证人。第二，只有在“通过其他事实不能推定其为保证人”的情况下，才能作出他人非为保证人的判断。第三，仅有第三人在其中签字或者盖章，但其中表明了签字或者盖章人是保证人，或者通过其他条款或事实能够推定出其为保证人的，则应当对借款承担担保责任。

问：民间借贷中，借款人向他人借钱时一般要出具欠条，相应地，出借人起诉时也要持有欠条作为证明借贷关系存在的证据。仅仅提供借据或者银行的转账凭证，是否能够认定借贷关系已经发生?《规定》就借贷关系成立的举证证明责任问题有哪些新的内容?

答：您提的这个问题很有针对性和专业性。民间借贷案件的事实审查，是民间借贷案件审理的难点和重点。民间借贷案件的基本事实，包括借贷合意是否形成、款项是否交付、本金数额、利息约定等多个方面，其中借贷事实是否真实发生是民间借贷案件的首要基本事实，也是全案展开的基本依据。

民间借贷案件的事实认定，大多是由法官根据经验法则，通过对证据材料的审查和其证明力的认定、判断、取舍，并对比各方当事人不同证据的证明力，推断当事人之间既往发生的法律关系的事实过程。这一过程中所涵盖的经验法则的选择与运用，证据证明力的判断等，都很难通过明确的法律规则来实现，更多的是依靠法官的自由心证。正因如此，司法实践中对于借贷关系是否发生的基本事实作出判断和认定的标准，存在一定程度的差异。虽然完全统一法官心证结果在客观上不可能实现，但通过更精细化的指引，规范事实认定的方向和进路，却是十分必要和可行的。

随着民间借贷市场的不断发展壮大，且游离于正规金融体系之外，容易伴生非法集资、非法吸收公众存款、金融欺诈等违法犯罪行为，危害借款人利益，冲击金融市场秩序。另外，民间借贷主体的法律意识淡薄，交易法律手续不完备，借贷行为隐秘性强，也容易引起法律纠纷。现实中，原告提起诉讼往往仅依据借据等债权凭证或者仅依据金融机构转账凭证作为证明借贷关系已经发生的证据，如果被告抗辩已经偿还借款，或者被告抗辩转账系偿还双方之前借款或其他债务，在此情况下，就存在着证明责任的承担问题，而不能仅仅依据借据、收据、欠条等，简单地认定借贷关系已经发生以及已经发生的借贷关系的内容。为此，《规定》提出了有关举证责任分配的要求，即：被告应当对其抗辩的主张提出相应的证据加以证明，而不能仅仅一辩了之。如果被告提不出相应的证据，或者提供的证据不以证明其主张的，则一般要认定借贷关系已经发生。当然，如果被告提供了证据证明其主张的，此时举证证明责任发生转移，应当由原告就借贷关系的成立承担举证证明责任。需要强调的是，对于当事人主张系现金交付的民间借贷，《规定》明确要求应当结合借贷金额、款项交付、当事人的经济能力、当地或者当事人之间的交易方式、交易习惯、当事人财产变动情况以及证人证言等事实和因素，综合判断查证借贷事实是否发生。这一规定也是近年来司法实践的经验总结，对于证据和事实认定起到了很好的指引作用，对广大法官甄别真实借贷关系，具有较强的针对性和可操作性，有利于实现维护借款人合法权益，遏制违法犯罪活动的法律效果。我们将这一经验进行修改与整合，吸收到司法解释中，作为民间借贷案件中事实审查的规定，从而明确了此类案件的举证责任、审查内容和审查标准。

问：我们注意到，《规定》特别强调要加大对虚假诉讼的防范和制裁，为什么如此关注这一问题？

答：经过调研发现，当前，民事审判领域存在许多虚假诉讼，在民间借贷案件中尤为突出。如何有效遏制民间借贷纠纷中的虚假诉讼，是摆在审判实践中的一个突出难题，也是亟待解决的一个课题。

虚假的民间借贷诉讼往往包裹在“合法”的外衣下，以正常合法的程序进入到法院，造假者们通过精心设计各种骗局，以混淆视听迷惑法官，从而获得对其有利的判决。此类案件利益关系复杂，且往往使真正权利人的利益无法得到保障，一旦法院支持了虚假诉讼当事人的利益，则不但无法化解纠纷，反而更加激化了当事人之间的矛盾，极易引发和激化社会冲突。总之，虚假民间借贷诉讼既侵犯了真实权利人的利益，又浪费了有限的司法资源；既扰乱正常的司法审判秩序，又影响了社会稳定。

虽然《民事诉讼法》第112条中新增加了对虚假诉讼的规定，但实践中审判人员很难明确识别、认定虚假诉讼，而民诉法中“虚假诉讼构成犯罪的，依法追究刑事责任”的一般性规定，在刑法中也并没有相对应的条款，没有具体的罪名，也没有相应的处罚措施。立法的不完善致使虚假民间借贷诉讼的违法成本非常低，诉讼当事人恶意串通、虚构法律关系向法院提起诉讼所追求的不法利益，与当事人制造、参与虚假诉讼付出的成本的巨大差异对当事人作出不法行为产生了不当的激励。因此，必须加大对虚假诉讼的预防和打击，以维持诚实守信的诉讼环境。

如何识别虚假诉讼是遏制虚假诉讼所面临的首要问题。之前，法院对调解率的片面强调，容易给当事人虚假诉讼提供便利；法官对调解的偏好也使调解中对事实的查明大打折扣。在虚假民间借贷诉讼案件中，由于双方当事人之间系恶意串通，不存在激烈的诉辩对抗，而且有时提交给法院的证据可能就是双方共同伪造的，这就给法官鉴别虚假诉讼增加了难度。对于这一问题，各级法院在司法实践过程中形成了不同的处理方式，但也达成了基本共识，即应当在民间借贷案件审理过程中加强对证据的审查力度。本《规定》结合了虚假民间借贷诉讼审判实践的调研结果，吸收了实践中的有益的经验做法，采纳了综合判断的规范模式，并总结出了具体列举的可能属于虚假民间借贷诉讼的十种行为，以供审判人员审理案件时借鉴、参考。当然，正确识别虚假民间借贷诉讼还要求审判人员基于自身的审判经验和对生活的认知，结合借贷发生的原因、时间、地点、款项来源、交付方式、款项流向以及借贷双方的关系、经济状况等事实，综合判断是否属于虚假民事诉讼。

经审理发现属于虚假诉讼的，人民法院除判决驳回原告的请求外，还要严格按照本《规定》的内容，对恶意制造、参与虚假诉讼的诉讼参与人依法予以罚款、拘留；构成犯罪的，必须要移送有管辖权的司法机关追究刑事责任。

问：随着互联网金融的迅猛发展，许多民间借贷改变了传统的交易模式，而由网络交易快速完成。作为新生事物的P2P网络借贷，《规定》采取了哪些措施进行规制？

答：自从1979年孟加拉国经济学家穆罕默德·尤努斯最初提出P2P概念，并将小额信贷和互联网技术相连接以来，P2P网络借贷逐步进入了人们的视野，并于2007年正式进入我国。2013年以来，P2P网络借贷出现井喷式发展，在一年之内由最初的几十家增长到几千家，从而不仅实现了数量上的增长，借贷种类和方式也得到扩张。应当看到，P2P网贷有助于一般人群、小微企业获得所需的融资，弥补银行借贷的空白，帮助传统借贷中难以获得融资的企业和个人得到资金支持。我国已经形成了有别于国外P2P网贷模式的新特点，同时也产生了平台角色复杂、监管主体缺位、信用系统缺乏等新问题，其中最主要的是P2P利用投资理财为幌子，参与非法集资。据统计，2014年，P2P网络借贷平台涉嫌非法集资发案数、涉案金额、参与集资人数分别是2013年全年的11倍、16倍和39倍，今年上半年仍然有较大幅度的增长。

在当前涉及P2P网络借贷平台的法律规范缺失的情况下，为了更好地保护当事人的合法权益，进一步促进我国网络小额借贷资本市场良好发展，本《规定》分别对于P2P涉及居间和担保两个法律关系时，是否应当以及如何承担民事责任作出了规定。按照《规定》中的条款内容，如果借贷双方通过P2P网贷平台形成借贷关系，P2P网络贷款平台的提供者仅提供媒介服务，则其对于民间借贷形成的债务不承担担保责任；如果P2P网贷平台的提供者通过网页、广告或者其他媒介明示或者有其他证据证明其为借贷提供担保，根据出借人的请求，人民法院应当判决P2P网贷平台的提供者承担担保责任。

今后，最高人民法院还将继续加强对P2P网络借贷平台法律规制的调研，密切关注这一新型事物的发展态势，结合行业特点和法律关系，制订更加充实详细的司法解释或者规范性文件，以司法的手段维护互联网对创业创新的支撑作用，推动各类要素资源集聚、开放和共享，为形成大众创业、万众创新的浓厚氛围提供有力司法保障。

问：实践中存在大量企业法定代表人以个人名义借贷用于企业生产经营，或者以企业名义借贷用于个人消费的现象，从而引发纠纷。请问，《规定》如何规范此类问题，在民事责任的承担方面作了哪些新的规定？

答：企业作为法律拟制的人，在社会经济生活中的一切活动均要通过其法定代表人来实施。一般来讲，按照法人的代表人制度理论，法定代表人的行为就可以认定为企业行为。但是根据同一理论，鉴于法定代表人自然人和代表人的双重身份，企业承受法定代表人行为的法律后果，必须是其行使“代表行为”的情况下，具体表现为以法人的名义行为和在授权的范围内行为。

本《规定》出台以前，司法实践中一直认定企业间借贷无效，基于对企业间借贷无效的规避和对资金融通的需求，实践中出现的法定代表人以个人名义借贷用于企业生产经营的情况比较突出。为了保护出借人利益，《规定》明确法定代表人以个人名义签订借贷合同，但是所借款项用于生产经营的，出借人可以请求企业与个人共同承担责任。但也要看到，有的企业的法定代表人虽以企业名义借款，但所借款项却用于个人生活和消费，为避免企业合法权益遭到损害，对于出借人、企业或者其股东能够提出证据证明的，在诉讼中人民法院可以应出借人的请求将法定代表人列为共同被告或者第三人。作出这样的规定，能够有效防止法定代表人滥用代表权，能够达到均衡保护企业和出借人双方合法权益的目标。

问：实践中还有一种现象，就是借款人往往通过买卖合同作为民间借贷合同的担保。一旦发生纠纷后，出借人往往要求履行买卖合同，进而取得标的物的所有权。请您介绍一下此类案件的处理思路?

答：正如您刚才所讲，民间借贷实践中，借贷双方当事人通过签订买卖合同作为民间借贷合同的担保，是民间借贷中比较典型的纠纷类型。债权人为避免债务人无力偿还借款，往往与债务人签订买卖合同（以房屋买卖合同为主），约定债务人不能偿还债款本息的，则履行买卖合同。在最高人民法院出台本《规定》之前，各地法院的处理方式千差万别，导致法律适用标准不一，影响了法律权威。此类案件的处理，关系到人民法院裁判的统一，关系到当事人切身利益的维护。同时，正确处理此类案件，对于防范虚假诉讼，健全担保规范，促进经济健康发展具有重要意义。

目前，从审判实践看，买卖与借贷交叉混合主要有两种类型：一是以买卖作为民间借贷的担保，二是双方既有真实的买卖关系同时又有借贷的法律关系。由于前者属于最为常见且问题最多，因此本《规定》仅针对前者作出相应的规范。对于以买卖合同作为民间借贷合同的担保，在借期届满后借款人无法偿还本金利息的，出借人往往要求履行买卖合同，进而达到其直接获取买卖标的物的目的。我们认为，此种情形下的买卖合同应当视为类似于担保合同，其效力依附于作为主合同的民间借贷法律关系。正因如此，出借人撇开主合同而要求直接履行作为从合同的买卖合同的，实际上是颠倒了主从合同关系。对此，人民法院应当按照民间借贷法律关系审理双方之间的纠纷。只有从程序上作出如此规定，才能使双方的权利义务关系真正回位到正确的实体关系中去。如果出借人坚持要求审理买卖合同的，则应当裁定驳回其起诉。

按照民间借贷法律关系审理作出的判决生效后，借款人不履行生效判决确定的偿还本息的金钱给付债务，出借人可以申请拍卖买卖合同标的物，以偿还债务。《规定》作出这样的制度设计，是对债务人不履行债务时依法处置担保物的必然安排，其目的在于保护债权人的合法权益不容侵害。但是，任何制度设计都要坚持公平、公正的原则，在保护债权人利益的同时，也不能忽视对债务人合法权益的依法保护，而通过拍卖程序有利于防止估价过高或者过低，损害另一方当事人利益。因此，《规定》要求，应当通过拍卖而非估价的方式处理标的物，以体现公平原则。此外，《规定》还特别强调，通过拍卖标的物所得的价款与应偿还借款本息之间的差额，借款人或者出借人有权主张返还或者补偿。这一规定能够在当事人之间实现利益平衡，体现了公正原则，从而真正完成从程序正义到实质正义的嬗变。

4.《最高人民法院关于认真学习贯彻适用〈最高人民法院关于审理民间借贷案件适用法律若干问题的规定〉的通知》

各省、自治区、直辖市高级人民法院，解放军军事法院，新疆维吾尔自治区高级人民法院生产建设兵团分院：

《最高人民法院关于审理民间借贷案件适用法律若干问题的规定》（以下简称《规定》）已于2015年6月23日经最高人民法院审判委员会第1655次会议通过并于8月6日予以公布，将于2015年9月1日起施行。为便于进一步学习领会和正确适用司法解释，特作如下通知：

一、充分认识《规定》出台的意义

《规定》是在党的十八大提出依法治国、深化金融体制改革、支持实体经济特别是中小微企业的发展等各项重大战略决策的背景下，最高人民法院依据我国现行相关法律规定，总结长期以来审判实践经验制定的一部重要司法解释。《规定》为全国各级人民法院正确及时审理民间借贷纠纷案件提供了具有可操作性的司法裁判依据，将为维护经济社会和谐稳定发展发挥极其重要的作用。各级人民法院要从为实现依法治国方略，维护和促进经济社会发展的大局出发，正确把握和理解适用《规定》的精神实质和基本内容。

二、及时组织学习培训

《规定》从2015年8月6日公布到2015年9月1日起施行，相隔时间短，任务急，为使各级人民法院的审判人员尽快准确理解掌握司法解释的内涵，在案件审理中正确适用司法解释，各级人民法院要在妥善处理好工学关系的前提下，优先保障、尽快及时地通过多种形式组织学习培训，做好宣传工作。

三、适用《规定》过程中应当注意的问题

鉴于我国当前民间借贷尚未有专门的法律和法规，《规定》也不是针对现行某个专门法律、法规所作的解释，而是在民间借贷相关法律、法规的基础上，就审理民间借贷案件如何适用法律制定的专门性规定，在《规定》正式实施时，要注意把握以下几点：

（一）人民法院确认民间借贷合同效力时，应当按照《最高人民法院关于适用〈中华人民共和国合同法〉若干问题的解释（一）》第三条规定的精神，对本《规定》施行以前成立的民间借贷合同，适用当时的司法解释民间借贷合同无效而适用本《规定》有效的，适用本《规定》；

（二）本《规定》施行后新受理的一审案件，适用本《规定》；

（三）本《规定》施行后，尚未审结的一审、二审、再审案件，适用《规定》施行前的司法解释进行审理，不适用本《规定》；

（四）本《规定》施行前已经审结的案件，不得适用本《规定》进行再审。

最高人民法院

2015年8月25日

5.《最高人民法院关于人民法院审理借贷案件的若干意见》（法民发〔1991〕21号）（2015年9月1日失效）

人民法院审理借贷案件，应按照自愿、互利、公平、合法的原则，保护债权人和债务人的合法权益，限制高利率。根据审判实践经验，现提出以下意见，供审理此类案件时参照执行。

一、公民之间的借贷纠纷，公民与法人之间的借贷纠纷以及公民与其他组织之间的借贷纠纷，应作为借贷案件受理。

二、因借贷外币、台币和国库券等有价证券发生纠纷诉讼到法院的，应按借贷案件受理。

三、对于借贷关系明确，债权人申请支付令的，人民法院应按照民事诉讼法关于督促程序的有关规定审查受理。

四、人民法院审查借贷案件的起诉时，根据民事诉讼法第一百零八条的规定，应要求原告提供书面借据；无书面借据的，应提供必要的事实根据，对于不具备上述条件的起诉，裁定不予受理。

五、债权人起诉时，债务人下落不明的，由债务人原住所地或其财产所在地法院管辖。法院应要求债权人提供证明借贷关系存在的证据，受理后公告传唤债务人应诉。公告期限届满，债务人仍不应诉，借贷关系明确的，经审理后可缺席判决；借贷关系无法查明的，裁定中止诉讼。

在审理中债务人出走，下落不明，借贷关系明确的，可以缺席判决；事实难以查清的，裁定中止诉讼。

六、民间借贷的利率可以适当高于银行的利率，各地人民法院可根据本地区的实际情况具体掌握，但最高不得超过银行同类贷款利率的四倍（包含利率本数）。超出此限度的，超出部分的利息不予保护。

七、出借人不得将利息计入本金谋取高利。审理中发现债权人将利息计入本金计算复利的，其利率超出第六条规定的限度时，超出部分的利息不予保护。

八、借贷双方对有无约定利率发生争议，又不能证明的，可参照银行同类贷款利率计息。

借贷双方对约定的利率发生争议，又不能证明的，可参照本意见第6条规定计息。

九、公民之间的定期无息借贷，出借人要求借款人偿付逾期利息，或者不定期无息借贷经催告不还，出借人要求偿付催告后利息的，可参照银行同类贷款的利率计息。

十、一方以欺诈、胁迫等手段或者乘人之危，使对方在违背真实意思的情况下所形成的借贷关系，应认定为无效。借贷关系无效由债权人的行为引起的，只返还本金；借贷关系无效由债务人的行为引起的，除返还本金外，还应参照银行同类贷款利率给付利息。

十一、出借人明知借款人是为了进行非法活动而借款的，其借贷关系不予保护。对双方的违法借贷行为，可按照民法通则第一百三十四条第三款及《关于贯彻执行（中华人民共和国民法通则）若干问题的意见（试行)》（以下简称《意见》（试行)）第一百六十三条、一百六十四条的规定予以制裁。

十二、公民之间因借贷外币、台币发生纠纷，出借人要求以同类货币偿还的，可以准许。借款人确无同类货币的，可参照偿还时当地外汇调剂价折合人民币偿还。出借人要求偿付利息的，可参照偿还时中国银行外币储蓄利率计息。

借贷外汇券发生的纠纷，参照以上原则处理。

十三、在借贷关系中，仅起联系、介绍作用的人，不承担保证责任。对债务的履行确有保证意思表示的，应认定为保证人，承担保证责任。

十四、行为人以借款人的名义出具借据代其借款，借款人不承认，行为人又不能证明的，由行为人承担民事责任。

十五、合伙经营期间，个人以合伙组织的名义借款，用于合伙经营的，由合伙人共同偿还；借款人不能证明借款用于合伙经营的，由借款人偿还。

十六、有保证人的借贷债务到期后，债务人有清偿能力的，由债务人承担责任；债务人无能力清偿、无法清偿或者债务人下落不明的，由保证人承担连带责任。

借期届满，债务人未偿还欠款，借、贷双方未征求保证人同意而重新对偿还期限或利率达成协议的，保证人不再承担保证责任。

无保证人的借贷纠纷，债务人申请追加新的保证人参加诉讼，法院不应准许。

对保证责任有争议的，按照《意见》（试行）第一百零八条、一百零九条、一百一十条的规定处理。

十七、审理借贷案件时，对于因借贷关系产生的正当的抵押关系应予保护。如发生纠纷，分别按照民法通则第八十九条第二项以及《意见》（试行）第一百一十二条、一百一十三条、一百一十四条、一百一十五条、一百一十六条的规定处理。

十八、对债务人有可能转移、变卖、隐匿与案件有关的财产的，法院可根据当事人申请或依职权采取查封、扣押、冻结、责令提供担保等财产保全措施。被保全的财物为生产资料的，应责令申请人提供担保。财产保全应根据被保全财产的性质采用妥善的方式，尽可能减少对生产、生活的影响，避免造成财产损失。

十九、对债务人一次偿付有困难的借贷案件，法院可以判决或调解分期偿付。根据当事人的给付能力，确定每次给付的数额。

二十、执行程序中，双方当事人协商以债务人劳务或其他方式清偿债务，不违反法律规定，不损害社会利益和他人利益的，应予准许，并将执行和解协议记录在案。

二十一、被执行人无钱还债，要求以其他财物抵偿债务，申请执行人同意的，应予准许。双方可以协议作价或请有关部门合理作价，按判决数额将相应部分财物交付申请执行人。

被执行人无钱还债，要求以债券、股票等有价证券抵偿债务，申请执行人同意的，应予准许；要求以其他债权抵偿债务的，须经申请执行人同意并通知被执行人的债务人，办理相应的债权转移手续。

二十二、被执行人有可能转移、变卖、隐匿被执行财产的，应及时采取执行措施。被执行人抗拒执行构成妨害民事诉讼的，按照民事诉讼法第一百零二条、第二百二十七条的规定处理。

后　记

近年来民间借贷纠纷案件的数量不断增长，新问题、新情况不断涌现。为了适应社会经济的发展变化，指导民间借贷纠纷案件的审理，最高人民法院颁布了《最高人民法院关于审理民间借贷案件适用法律若干问题的规定》（法释〔2015〕18号）。但是，上述司法解释如果单纯从字面理解学习肯定难以全面准确地把握其精神和适用技巧。鉴于此，作者从浩如烟海的最高人民法院和各地各级人民法院公布的相关案例中精挑细选，以典型性、代表性、新颖性为指引，最终选定100个民间借贷纠纷案例进行法律点评。

由于本书两位作者都有自己的本职工作，故只能利用晚上和节假日进行研究写作，加之水平有限，本书定有不少谬误之处，敬请各界专家、学者、读者予以斧正。

郭丁铭　刘峰　李睿

图书在版编目（CIP）数据

民间借贷纠纷实务精解与百案评析／郭丁铭，刘峰，李睿主编．—2版．—北京：中国法制出版社，2017.4

ISBN 978-7-5093-8394-0

Ⅰ．①民…　Ⅱ．①郭…②刘…③李…　Ⅲ．①民间借贷-经济纠纷-案例-中国　Ⅳ．①D925.105

中国版本图书馆CIP数据核字（2017）第064519号

策划编辑　赵宏　　　责任编辑　秦雯　　　封面设计　杨泽江

民间借贷纠纷实务精解与百案评析

MINJIAN JIEDAI JIUFEN SHIWU JINGJIE YU BAIAN PINGXI

主编/郭丁铭，刘峰，李睿

经销/新华书店

印刷/三河市紫恒印装有限公司

开本/710毫米×1000毫米　16开　　　印张/34.75　字数/557千

版次/2017年5月第2版　　　2017年5月第1次印刷

中国法制出版社出版

书号ISBN 978-7-5093-8394-0　　　定价：98.00元

北京西单横二条2号　　　值班电话：66026508

邮政编码100031　　　传真：66031119

网址：http：//www.zgfzs.com　　　**编辑部电话：66010483**

市场营销部电话：66033393　　　**邮购部电话：66033288**

（如有印装质量问题，请与本社编务印务管理部联系调换。电话：010-66032926）